仁巖 朴慶植教授 停年退任 紀念論叢 2

박경식 그리고 한국 고고미술

2023년 6월 23일 초판 1쇄 발행

지은이   仁巖 朴慶植教授 停年退任 紀念論叢 刊行委員會
펴낸이   권혁재
편 집   조혜진
표 지   이정아

인 쇄   성광인쇄
펴낸곳   학연문화사
등 록   1988년 2월 26일 제2-501호
주 소   서울시 금천구 가산디지털1로 16 가산2차SK V1AP타워 1415호

전 화   02-6223-2301
팩 스   02-6223-2303
E-mail   hak7891@chol.com

ISBN   978-89-5508-492-4 94910

仁巖 朴慶植敎授 停年退任 紀念論叢 2

박경식 그리고 한국 고고미술

4

목 차

1. 祝畵

2. 祝辭와 回顧

3. 論文 (가나다순)

목 차

祝　畫

한낮의 옛 탑(이기선 作)

「한낮의 옛 탑」에 부쳐

이기선(불교조형연구소장)

자기 그림을 두고 제 스스로 해설하는 일을 한다는 것이 얼마나 계면쩍은 일인지 알고 있습니다. 그러함에도 불구하고 군더더기 말을 덧붙이는 것은 박경식 교수와의 인연의 소치라고 핑계 아닌 핑계를 대고자 합니다.

그림은 호젓한 산속에 홀로 서 있는 석탑을 그린 것이다. 하지만 실재하는 풍경이 아니고 심상(心象, 이미지)을 그려낸 것입니다.

탑은 상륜부는 잃어 노반(露盤)과 찰주(刹柱)만 남았고 기단부도 보이지 않으며 지대석 위에 삼층으로 된 탑신부만 남아 있지요. 또한 옥개석이나 탑신석을 보면 군데군데 깨어지고 떨어져 나간 형태이며, 쌓아 올린 모습이 본래의 것이라기보다는 무너진 탑을 복원한 것으로 보입니다. 한편 지대석 주변에 자란 풀로 미루어 이곳을 찾는 사람의 발길이 잦지 않은 듯하구요.

세월의 흐름과 더불어 비와 바람에 씻기고 닳은 옛 탑. 우리 산하에 흔한 화강암으로 이루어진 작은 크기지만 당당한 풍모(風貌)는 위엄을 잃지 않고 있네요.

우리 속담에 "공든 탑이 무너지랴"라는 말이 있습니다. 이 반어적(反語的) 표현은 공든 탑은 쉽게 무너지지는 않는다는 속뜻을 갖고 있지요. 다시 말해 탑은 공을 들여 쌓아야 하는 존귀한 대상이기 때문이겠지요. 특히 사리를 봉안하기 위한 장엄으로 이루어진 건조물이 바로 탑이기 때문이랍니다.

탑의 위쪽에 붉은색으로 태양은 실제보다 과장되어 크게 표현되어 있어요. 이는 우리의 눈으로 보는 해가 아니라 풍부한 상징을 지닌 태양을 나내고 있습니다. 또한 시각(時刻)으로 볼 때 정오(正午)는 아니지만 한낮임을 강조하기 위한 표현이지요. 태양에 얽힌 여러 설화 및 상징체계를 반영하면서도 한낮의 폭염(暴炎)이 주는 삶의 고통---돌을 깎고 다듬어 세우기까지의 간난신고(艱難辛苦)는 말할 것도 없고, 파탑(破塔)의 비극, 나아가 탑을 탐구하기 위한 이들의 노고까지 포함---을 극복하고 공덕을 짓는 일을 상징합니다.

이 조그만 그림〔小品〕은 '박경식 교수 정년퇴임'을 기리어 그린 그림입니다. 반평생에 가까운 오랜 기간을 발굴 현장에서 그리고 문화유산 중 특히 석조물에 애정을 갖고 탐구해온 박 교수의 삶의 자취를 상징적으로 표현한다면 석탑이라고 생각했습니다. 새로 만들어 빈틈이 없어 완벽한 갖춤을 가진 값진 물건은 왠지 낯설게 느껴져서 쉽게 손이 가지 않아 한 곳에 놓아두고 그저 바라다 볼 뿐이지요. 하지만 오랜 세월 삶 속에서 손때가 묻은 정겹고 친근한 물건은 비록 평범한 것일지라도 흠집이 눈에 띄어도 나와 더불어 살며 함께 한 삶의 풍모를 간직하고 있어 쉽게 버리지 못하지요. 그렇듯 새로 조성한 화려한 조식(彫飾)을 갖춘 신탑(新塔)보다는 비바람에 씻기고 돌이끼가 낀 고탑(古塔)이 박경식 교수와 닮았다고 늘 여겨왔기 때문일까요. 운(韻)도 맞지 않는 오언구(五言句)를 감히 읊조려 봅니다.

심탑여관상(尋塔與觀像) 탑 찾고 불상을 배관(拜觀)함이
해량시처호(奚量時處乎) 어찌 때와 처소를 헤아려 하리오
요잡반평생(遶匝半平生) 돌고 또 돌다 보니 반평생이요
유여요지사(唯余樂之事) 이제 유일하게 내 즐기는 일이라
시초지미로(始初踟迷路) 처음에 머뭇거리고 헤매던 길
종내득자안(終乃得自眼) 마침내 스스로 안목이 갖춰지네

지족산방(知足山房)에서 초가을날에 솔재(率齋) 삼가 적다

祝辭와 回顧

박경식교수 정년퇴임을 축하하며

장준식(국원문화재연구원 원장)

우리의 만남이 어느덧 40여년이 훌쩍 지났군요. 늘 영원한 청년이자 정겨운 후배로 생각해왔던 박경식 교수가 정년이라니 전혀 실감이 나지 않을 뿐만 아니라, 형언할 표현이 없을 정도로 어색한 느낌입니다. 박교수와 같은 청년에게도 정년이 오나 싶어서 말입니다.

나와 박교수와의 첫 만남은 박교수가 학부 재학 중이던 1979년 4월 7일로 기억됩니다. 당시 중원고구려비 발견 1차 학술조사가 있었던 날이기에 중원고구려비가 위치한 충주시 가금면 용전리 입석마을에는 단국대학교 학술조사단은 물론 많은 원로학자들이 판독과 석문을 진행하였습니다. 당시 박교수는 조사단장인 정영호 교수님과 함께 탁본 작업에 여념이 없어 나와는 수인사만 나눴답니다. 이 첫 만남이 40여년이 지난 지금까지 질기게 이어졌으니 우리의 만남은 중원고구려비의 탄생?으로 연결되었음이 분명하지요.

1979년 4월 8일 이후에 단국대학교 학술조사단은 중원고구려비를 인근의 새마을 창고로 이전하고 비석을 눕힌 상태에서 탁본 작업을 계속하였는데 이 책임을 박교수가 맡은 것으로 생각됩니다. 입석마을에 하나뿐인 구멍가게에서 숙식을 하며 온종일 탁본 작업에 매달렸던 후배들이 안쓰러워 저녁에 현장을 방문하여 박교수 일행과 함께 충주로 와서 식사를 하며 처음으로 환담을 나누었습니다. 박교수는 이날 선·후배의 만남을 매우 즐거웠던 추억으로 오랫동안 기억하고 있었던 것 같습니다.

그 후 1980년대 중반 군사정권의 시대상을 반영하듯 당시 수도권의 여러 대학에서 교내분쟁의 회오리바람이 불었습니다. 단국대학교도 이러한 시대적인 분위기에 휩쓸려 학생들이 교수진을 불신하고 집단이기적인 행동을 할 때, 당시 퇴계학연구소의 연구원인 박경식을 비롯한 한·두명 만이 사학과의 명예와 교수님들을 지키고자 고군분투하고 있었습니다. 나 역시 이러한 불상사를 막아보고자 청주에서 서울로 출·퇴근하다시피 했는데, 이 때 박경식만이 내 곁에서 힘이 되어주었지요. 힘들고 괴로웠던 그해 여름 청량리역 인근의 마트 앞에서 나와 박경식 그리고 박상대라는 학생이 마주 앉아서 이 사태의 수습을 논의하다 자조적인 눈물을 한없이 흘렸던 기억이 납니다. 별로 아름답지 못한, 그래서 기억하기조차 싫은 지난 이야기를 군이 언급하는 것은 박교수가 은사님들께 향했던 제자로서의 도리와 자세, 군은 신념 등을 가장 가까이서 지켜보았기 때문입니다. 그는 유순하면서도 한편 신념이 강한 후배라서 이후 가장 아끼는 후배로 가슴 깊이 자리매김하게 되었습니다.

1992~3년 충주 탑평리의 중앙탑 부근을 발굴조사 할 때, 박교수가 현장 책임자로 충주에 오랫동안 머물렀고 이때 나와 가장 많은 시간을 보냈으며 서로 잊지 못할 추억들을 많이 남기기도 했었지요. 이 인연으로 인해 박교수와 나는 선후배의 격을 넘어 친형제와 같은 믿음과 우정을 끈끈하게 이어 왔지요. 그 후 박교수는 1995년에 단국대학교 사학과 교수로 부임하였고, 한국미술사의 원류를 찾기 위해 중국과 인도, 중앙아시아지역까지 수없이 홀로 답사하면서 견문을 넓혔습니다. 박교수가 우리나라 석탑연구에 열정을 다하였기에 이 분야에 일가견이 있는 훌륭한 학자로 자리매김하였다 할 수 있습니다.

2014년 박교수가 단국대학교 석주선박물관의 관장으로 보임된 것은 개인의 영광이기도 하겠지만 스승의 후임을 계승했다는 의미와 함께, 앞에서 말했던 1980년대 중반의 불명예스러웠던 일에 대한 명예회복이라는 의미도 내재되어 있다고 하겠습니다. 박교수는 박물관장으로 취임한 후 박물관의 자료 정리와 특별전 등을 위해 건강관리도 잊은 채 혼신을 다해 일해왔습니다. 그는 임기 말엽인 2022년 봄에도 유물을 기탁받기 위해 충주에 위치한 내 사무실로 방문하였습니다. 그리고 내가 소장하는 유물을 기증해달라는 간청을 여러 번 하기에, 결국 내가 소장해왔던 민속자료의 대부분을 기증하게 되었습니다. 임기 말까지도 박물관 소장유물의 확보를 위해 동분서주하던 열정적인 모습을 보면서, 박교수는 학부시절부터 정년퇴임 순간까지도 오직 단국대학교 박물관을 위한 박물관맨으로 살아왔음을 느꼈습니다. 박교수는 박물관장으로 재임하는 동안 단국대학교 역사관 개설의 책임을 맡아 교사와 관련된 사료수집과 개관을 위해 열정적으로 노력하였습니다. 그 결과물로 2020년 "단국사"를 한눈에 볼 수 있는 성대한 역사관을 개관하였습니다.

박교수 자신도 20대에 단국의 문을 열고 들어와 학부와 대학원을 마치고 연구원, 교수, 박물관장을 역임했던 세월이 거의 반세기에 달한다고 하겠으니, 이 모든 과정을 지켜본 나로서는 '박교수는 정말 일복이 많은 사람이자 철저한 단국인'이라는 것을 거듭 느끼게 되었지요. 박교수는 강의와 연구를 하는 과정에서도 포천의 반월산성, 이천의 설봉산성·설성산성, 음성 망이산성, 과천 관악산의 관악사지, 파주 혜음원지 등을 발굴조사 하였습니다. 유적 대부분이 국가지정문화재로 지정될 정도로 고고학적 성과와 역사적 중요성이 입증되었습니다. 그는 우리나라 고대사규명과 발굴사에도 큰 족적을 남겼는데, 이러한 노력은 앞으로도 박교수가 이사장으로 있는 한백문화재연구원에서 계승될 것임을 믿어 의심치 않습니다.

'취임사는 꿈으로 쓰고 퇴임사는 발자취로 쓴다'는 말은 박교수처럼 쌓아온 업적이 빛나는 사람에게 잘 어울리는 말일 것 입니다.

박교수를 누구보다도 잘 안다고 자부해온 내가 볼 때의 박교수는 타인에게는 언제 누구에게나 한결같이 자신을 낮추고 남을 배려하는 겸손함이 몸에 배어있으며, 학문의 탐구와 제자의 가르침에는 최선을 다하는 열정적인 학자로서의 면모를 보여왔습니다. 한마디로 박교수를 평하자면 외유내강형에 겸양지덕을 갖추었고, 그의 내면적인 정신세계는 누구보다도 강인하여, 하고자 하는 일은 반드시 성취하는 고집형이기도 합니다.

40여년 이상을 함께해온 박교수와 관련된 사진 자료를 찾아보다가 잠시 생각에 잠겼습니다. 함께한 시간도, 함께한 답사도, 함께 치른 행사도 수없이 많았는데 이상할 정도로 그의 사진은 물론 나와도 함께한 사진이 겨우 몇 장 정도 밖에 없었습니다. 그것은 박교수가 자신을 드러내지 않는 성격의 소유자로 늘 자리에 중심이 되기보다는 자신을 내려놓고, 자신이 사진에 찍히기보다는 주로 남들을 찍어주는 것이 그의 일상이었음을 새삼 발견했습니다.

박교수는 후학들을 지도하고 그들의 미래를 열어주기 위해, 일찍이 단국대학교 매장문화재연구소를 설립하여 후학들에게 공부할 수 있는 기반과 경제적 지원을 마다하지 않았습니다. 지금의 한백문화재연구원 설립도 자신의 영달이 아닌 후학들을 위해 운영하고 있음을 잘 알고 있습니다. 박교수와 나는 40여년 이상을 친형제같이 지내면서도, 자신의 일로 단 한번도 그 어떤 것도 내게 부탁한 일이 없었습니다. 늘 후배들의 강의와 취업 부탁을 하였고, 나도 박교수의 부탁은 힘 닿는데까지 챙겨주었고, 박교수도 내 부탁이면 마다하지 않고 최선을 다하였습니다. 한편 박교수가 좌절하고 몹시 힘들어했을 때는 자신의 일이 아니라, 후배들의 대학 진출과 취업이 뜻대로 되지 않고 좌절되었을 때 가장 많이 괴로워했고 고민했음을 누구보다도 잘 알고 있습니다. 때로는 선배인 내게 찾아와 하소연과 응원을 요청했지만, 나 자신의 역량부족으로 둘이서 밤새워 고민하고 한탄하면서 통음했던 일이 여러 번 있었지요. 반면 내가 어려운 일에 봉착하면 박교수는 새벽이던 밤중이던 자신의 일 같이 생각하고 한걸음에 내가 있는 곳으로 달려와 머리를 맞대고 풀어가면서 우리의 우정이 더욱 단단하게 이어져 왔답니다.

이 글을 쓰는 내내 박교수와 함께했던 40여년 시간들의 소중함을 느끼며 내 생애에 박교수가 곁에 있었기에 오늘의 내가 있었음을 생각하게 하는 가장 믿음직하고 자랑스러운 후배입니다.

아직도 한참 남았으리라 생각 해왔던 박교수의 정년이 믿어지지 않으나 정년은 인생의 또 다른 시작점입니다. 그동안 한 일보다 앞으로 할 일이 더 많고, 남긴 일 보다 남겨야 할 일이 더 많으며, 마무리 한 일보다 마무리해야 할 일들이 더 많을 박경식 교수입니다. 그렇기에 박교수는 지금까지는 자신보다 남들을 위해 살아왔던 생애이지만 이제부터는 가족과 함께 아름답고 행복한 삶을 위해 부디 건강관리에 애써주길 바랍니다. 더불어 늘 우리 곁에서 든든하게 함께 해주기를 바랍니다. 오늘 정년기념 논총 봉정식은 박경식교수 제2의 인생에 대한 출범식이 될 것이라고 굳게 믿습니다. 그동안 땀 흘린 보람으로 맞이한 영예로운 정년퇴임을 축하하며 박경식 교수의 새로운 삶의 출발을 진심으로 응원합니다.

2023년 3월

1. 충주 탑평리사지 발굴조사

2. 1993년 충주 탑평리사지

3. 1993년 대마도 답사

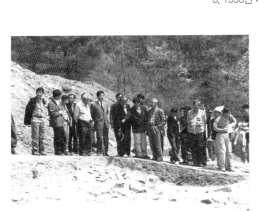

4. 충주 숭선사지 현장회의(2001. 04. 21)

5. 충주 숭선사지 2차 자문회의(2001. 10. 17)

6. 진홍섭 선생 공덕 추모비 제막식(2015. 03. 07)   7. 불국사 방문(2015. 03. 07)

8. 대마 · 한국선현현창회원 진천 김유신 유적지 답사 후 성종사 방문(2016. 10. 15)

박경식 교수와의 인연
-많은 동료, 그리고 제자들을 품은 사람-

차용걸(충북대학교 명예교수)

벌써? 금세기 이전의 80년대 초로 거슬러 올라가면 나의 선명한 기억하나가 있다. 한강 상류의 단양에서 만난 젊은 날의 박경식, 그는 매우 씩씩하고 의욕이 넘치는 인상적인 사람이었다. 후리후리한 큰 키에, 목소리도 크고 명랑했다.

단국대학교의 고 정영호 선생님을 모시고 지금의 충주댐이 건설되고 수몰되기 이전, 한강 상류 지역 경관을 기억 속에서 끄집어내는 계기는 문화유산의 조사를 겸한 답사 여정 중이었다.

나 역시 고 정영호 선생님과는 70년대 충남대학교 백제연구소에서 백제와전도록을 만드는 과정에 알았고, 단양의 단층 기와건물인 여관에 같이 투숙하면서, 더위에 지친 제자들을 위해 닭을 삶아 저녁에 몸보신을 시키는 틈에 끼어들어, 삶은 닭을 먹던 기억부터 시작된다.

이튿날 장회나루에서 강을 북쪽으로 건너 가은암산성을 같이 답사하였다. 이후로 이어진 인연은 충주댐 수몰지구 조사 이후 90년대로 접어들어서도 계속되어 이천의 설봉산성과 설성산성, 평택의 여러 성터, 안성의 죽주산성과 망이산성, 포천의 반월산성 등을 조사하는 데에 불러주면 견학하면서 의견 교환을 하게 되므로 여러 가지 면에서 배울 점이 많았다.

윗사람을 잘 모시면서도 동료를 돕고, 후배와 제자를 이끌어 학문에 정진케 하는 인간적인 유대를 이끌며, 학자이면서도 교육자적인 품성을 늘 느끼게 되었다.

그만큼 위로부터 배우며 다듬은 나름의 인간미를, 다듬어 아래를 향해 베푸는 일을 마음 깊은 곳으로부터 이루어 왔으므로, 그의 제자들이 이런 스승을 본받아, 한결 인간미가 넘치며 근면하고 꾸준히 탐구하는 품성을 이어받아 지금에 이르렀음을 지켜볼 수 있었던 것도 행복한 기억이다.

박경식 교수는 깊고 심오한 정진이 필요한 제자들에게 배움의 깊이를 더할 바닥을 더욱 천착하도록 모든 경계를 허물어 왔다. 대학원의 학위과정 학생을 보내 지도를 겸하게 하는 아량은 제자들을 진정 학문하는 사람으로 길러내는 열정이 어떤지를 알려주었다. 또 늘 함께 같은 길을 걷거나, 같이 무슨 일이든 의논할 기회를 주어 온 서영일 · 백종오 · 라경준 · 김병희 · 황정욱 · 백영종 · 오강석 · 김호준 등과 다 열거하기 힘들게 많은 그의 후학, 제자들에게서 그의 은 연중에 배어나온 참맛의 진한 인간미를 느끼게 하여왔다. 그들 가운데 일부는 나에게도 깊은 인연을 이어주었으므로 학술적 지평을 넓히는데 같이 기여할 수가 있었던 바가 되었다고 생각된다.

그의 청년시절 큰 포부와 남을 먼저 생각하는 마음이 오늘날의 박경식 교수를 만들었다고 하겠다. 그가 이제껏 셀 수 없이 많이 찍은 사진과 남이 찍은 사진에 그의 얼굴이 많지 않음은, 늘 겸손하여 억지로 스스로를 내세우는 성격이 아니기 때문일 것이다. 그가 찍은 수많은 사진들의 거의 전부는 돌을 대상으로 하였으니, 돌처럼 단단하여도 한번 다듬으면 오랜 세월을 견디는 의리의 사나이? 이기 때문이다.

나와 그는 시작은 달랐으나, 남들이 보면 이상하리만큼 돌을 사랑한 사람이요 담배중독자였다. 그만큼 스트레스를 스스로 삭이며 사는 사람이 되었다. 일찍이 나를 보고 "내가 단언하건대, 차 선생이 생전에 담배를 끊으면, 내가 성을 갈 거야!"라고 모험 섞인 말을 한 적이 있었다. 이후 내가 건강상의 피치 못할 사정으로 환갑 나이가 된 2010년에 이르러서야 금연하게 되었는데, 이후 (재)한백문화재연구원의 이사회 자리에서 금연 사실을 확인한 후, 옛 말을 잊지 않고 얘기하면서 크게 껄껄대며 웃을 수 있었는데, 그때까지도 의리(?)를 지키며 담배를 피웠을 만큼 내가 아는 그는 의리로 뭉쳐진 사나이다.

벌써? 정해진 65세가 되었다니, 책임강의시수의 사슬에서 벗어나는 자유의 몸이 되는 박경식 교수에게 그간 너무너무 고마웠던 마음을 바칩니다. 마침 후학과 제자들이 축하 겸 사랑을 전하는 장을 마련한다니 기쁘게 세월을 맞이하시고 늘 건강하시기를 바라는 마음을 전합니다.

어쩌다 최근에 사진을 정리하다가 내가 찍은 카메라에 날짜까지 박힌 사진 한 장을 발견했다. 이는 (재)국방문화재연구원의 창립과 관련된 사진인데 창립을 위한 첫 모임에 심정보(당시 한밭대교수), 조유전(당시 토지박물관장), 신형식(전 이화여대 교수), 하문식(당시 세종대교수), 최병식(도서출판 주류성) 제씨와 함께 회의하고 있던 모습이다. 나처럼 백발인 사람이 박 교수이니 그의 인물이 훤칠함을 증명하는 사진이다.

박경식 교수와의 인연

신창수((재)백두문화재연구원 이사장)

내가 박교수를 처음 만난 때가 언제 인지는 잘 기억이 나지 않지만 박교수와는 학번으로 보아 아마도 졸업한 후에 만났을 것이다. 내가 대학에 전자공학과로 입학해서 1년을 다니다 2학년때 사학과로 전과를 하면서 정영호 선생님과의 인연이 시작되었고 아마도 이 인연으로 해서 졸업 후에 박교수와의 만남도 이루어진 것으로 기억한다.

대학 졸업 후 군에 입대하여 복무를 마치고 1978년도 3월에 당시 은사님이셨던 정영호 선생님의 권유로 국립문화재연구소(현 국립문화재연구원) 산하의 경주고적발굴조사단(현 국립경주문화재연구소)에 발을 들여놓은 것이 계기가 되어 학예연구직으로 30년 가까이 근무하면서 고고학을 전공하게 되었다.

당시 경주고적발굴단에서는 경주에 있는 신라시대 가람인 황룡사지를 발굴하고 있었다. 당시 발굴현장에서는 대학에서 고고학이나 미술사 관련 수업을 듣는 학생들이 일정 기간 동안 현장 실습을 할 수 있는 기회를 주고 있었는데, 박교수도 실습생 신분으로 얼마간 현장에서 같이 일했던 것으로 기억한다. 아마 이때가 박교수와 첫 만남이거나, 아니면 군 복무 중 휴가를 나왔을 때 정영호 선생님을 따라 지표조사에 참가한 적이 있었는데 당시 박교수가 함께 참가했었다면 그때가 첫 만남일지도 모르겠다. 이후 박교수와는 개인적으로는 만날 일은 거의 없었던 것 같고, 동문 모임이나 발굴현장, 학회 등을 통해서 간간이 연락을 주고받으며 지내왔다.

이제는 세월도 많이 지난 후라 기억도 가물가물하여 박교수와의 인맥을 증명할 수 있는 에피소드는 별로 생각나는 것이 없으나, 오래전의 일이지만 한가지 잊지 못할 해프닝이 생각난다. 나는 1979년 6월에 당시 황룡사지 발굴현장에서 같이 근무하던 지금의 집사람과 결혼을 하게 되었다. 결혼식을 일주일 정도 앞두고 예비군 동원훈련 때문에 은사님께 결혼식 주례를 직접 부탁드릴 수가 없어서 어쩔 수 없이 대학 동기였던 친구에게 대신 부탁했는데, 나중에 알고 보니 학창시절 학과장으로 계셨던 차문섭 선생님께 주례를 부탁했다는 것이다. 나는 당연히 정영호 선생님이라고 생각했는데 서로의 생각이 달랐던 것 같다. 이미 결혼식이 촉박하여 되돌릴 수도 없고 해서 그대로 결혼식을 진행했다. 그런데 이 사건을 계기로 정영호 선생님께서 크게 곡해하셔서 한동안 내가 찾아가도 만나주시지도 않으셨다. 이런 상황이 오래 지속되자 정선 생님과의 오해를 풀도록 적극적으로 중간 다리 역할을 한 것이 바로 박교수였던 것으로 기억한다. 지금 생각해도 참으로 고마운 일이었다. 나중에 알게 된 일이지만 명절 때 세배를 가서 보니 선생님께서 그동안 주례를 섰던 제자들의 결혼식 사진을 병풍으로 만들어 놓고 자랑하시는 걸 보고 정말 당시에 많이 서운해하셨겠구나 하는 생각이 들었던 기억이 난다.

박교수는 학생 시절부터 정영호 선생님의 사사를 받으면서 한국미술사 연구에 관심을 가지고 꾸준히 노력해온 것으로 알고 있다. 사학과를 다니면서 매년 이어졌던 답사와 지표조사, 발굴조사에 빠짐없이 열성적으로 참여하면서 체험하고 터득한 지식을 발판으로 당시 정영호 선생님이 몸담고 계셨던 한국교원대학교에서 정영호 선생님의 지도로 박사학위를 취득하였다. 이어서 모교의 사학과 교수로 재직하면서 우리나라의 석조미술 분야에서 괄목할만한 많은 연구 업적을 남겼으며, 후배 양성에도 많은 공을 들여왔다.

나는 박교수와 개인적인 친분보다는 학회나 학술지에 발표되는 논문이나 대중을 위한 강연 모습을 보면서 박교수의 학문적 성장과 깊이를 간접적으로 느끼면서 인맥을 이어 왔다고 볼 수 있다. 그동안 서로 개인적인 고뇌나 생각을 진지하게 교감한 적은 거의 없었던 것 같다. 그러나 선후배 관계라는 인연의 끈은 끊는다고 끊어지는 것이 아닐 것이다. 이러한 인연이 앞으로도 계속 이어지기를 기대해 본다.

그동안 교수로 재직하면서 굴곡도 많았겠지만 꿋꿋하게 이겨내고 명예롭게 정년을 맞이한 박교수에게 축하를 보낸다. 박교수의 정년은 예견된 것이지만 인생의 긴 여정에서 보면 이제 정규리그가 끝난 것이다. 정규리그를 성적에 관계없이 무사히 끝낸 것만으로도 축하할 일이다. 그러나 앞으로 펼쳐질 인생은 포스트시즌이다. 포스트시즌에서 진정한 챔피언이 결정되듯이 어쩌면 정규리그보다도 더 중요하고 의미 있는 시간이 될 수 있을 것이다. 그 기간이 얼마가 될지는 사람마다 다르겠지만 적어도 건강하게 사고를 가지고 움직일 수 있는 기간이 아닐까 한다. 포스트시즌을 한참 치루고 있는 선배의 입장에서 이제 새로운 인생의 장이 될 포스트시즌을 시작하는 후배 박경식군이 지금보다 더 다채롭고 원숙한 삶으로 시즌을 잘 마무리하고 좋은 결실을 맺기 바란다.

賀書- 향원익청(香遠益淸)을 기대하며

신대현(능인불교대학원 대학교 교수)

박경식 교수님이 어느새 정년이 되어서 퇴임한다는 소식을 듣고는 정말 세월이 흐르는 강물처럼 빨리 흘러간다고 느꼈다. 얼마 전(2022년 8월) '예천 개심사지 오층석탑' 학술회에 함께 참여했을 때 오랜만에 보았다. 그때 좌장을 맡아 발표자와 토론자를 양옆에 두고서 활발하게 토론을 이끌면서 학술회의 열기를 마지막까지 북돋우던 모습을 보고서 '여전하시구나'라고 생각했던 게 기억난다.

사실 박 교수님과 나는 공부했던 대학이 서로 달랐고, 졸업 후에 본격적으로 학문의 길을 걸어가면서도 활동 영역이 서로 맞닿았던 적이 많지 않았다. 지금 봉직하고 있는 학교도 다르다. 박 교수님은 1993년에 단국대학교 사학과 교수로 부임한 후 후학 양성에 매진하고 또 매장문화재연구소장, 석주선기념박물관장 등 중책을 짊어지며 학교 발전에도 크게 기여 해왔다. 거기다가 고고미술사학계에서도 문화재위원회 전문위원·문화재위원을 맡아 중요한 역할을 해오느라 여가도 없이 바쁘게 지내왔던 일은 이쪽 사람이라면 누구나 잘 아는 일이다. 그에 비해서 나는 미술사를 공부한 연조는 비슷해도 예나 지금이나 혼자 공부하면서 조그만 성과에나 만족하는 옹색한 고질이 있기에 박 교수님과 서로 발길이 겹치거나 마주칠 기회가 많지 못했다.

그렇기는 해도 나는 평소 박 교수님과는 학문적 동문(同門)이라는 동류(同類), 동지(同志) 의식을 지니고 있다. 그 이유는 우선 우리 둘 다 학맥이 비슷해, 우현(又玄) 고유섭(高裕燮) 선생이라는 뿌리에서 자라나 뻗은 초우(蕉雨) 황수영(黃壽永)이라는 굵고 튼튼한 줄기에서 다시 갈라져 나온 가지라는 학맥의 동질성이 있기에 그렇다. 박 교수님은 황수영 선생님의 맏제자 정영호(鄭永鎬) 선생님이 은사이고, 나 역시 정명호(鄭明鎬) 선생님을 사사한 것이다. 그래서 나는 박 교수님을 볼 때면 늘 가까운 친척을 대하는 듯한 기분이 들곤 한다. 거기다가 우리 둘 다 처음에 사학에서 출발해 미술사로 이어지는 공부의 궤적이 같았던 점도 더욱 친근한 마음을 갖게 했다. 평소 존경해오던 마음으로 내가 박 교수님을 외우(畏友)라고 생각하고 있으나, 이렇게 표현하면 나이가 네댓 살 차이라 우리나라 정서 상 혹시 박 교수님에게 실례될지는 모르겠다.

내가 박 교수님을 처음 본 게 언제인지는 정확히 기억나지 않는다. 1980년대 중반부터 학회나 모임에서 서로 보곤 했을 텐데 서로 수인사라도 했는지 모르겠다. 아마도 눈인사 정도로 그냥 스쳐 지나갔을 듯하다. 그러다가 서로를 인식하게 된 건 1994년 한국문화사학회 창립을 전후한 시기였다. 우현 고유섭 선생의 50주기를 맞아 선생의 제자 황수영·진홍섭(秦弘燮) 두 선생님을 모시고서 단국대학교의 정영호 선생님이 주도하여 한국문화사학회를 창립하였다. 그렇기에 한국문화사학회는 고고미술사를 전공하는 사람들끼리 모인 '또 하나의 학회'가 아니라 우현 선생님의 학문을 직접 기리고 그분의 학문적 전통을 계승한 사람들이 만든 '새로운 학회'라고 할 수 있다.

단국대에서는 정영호 선생님의 제자로서 박 교수님이 중요한 실무를 도맡았던 걸로 안다. 동국대학교 쪽에서도 정명호 선생님이 동국대학교 박물관의 이기선(李基善) 선생과 함께 적극적으로 나서셨기에 황수영·정명호 두 선생님을 모시며 공부하던 나도 자연스럽게 참여하게 되었다.

한국문화사학회는 이 해에 기관지로 『문화사학』을 냈다. 그래서 학회 창립과 기관지 창간 발행 등으로 이때 박 교수님을 만날 기회가 자주 생긴 것이다. 더불어 창간호에 나도 논문을 싣는 영광도 가졌다. 사실 나는 그때 석사과정 중이어서 감히 논문을 낼 처지는 아니었으나, 우현과 초우의 학맥을 잇는다는 취지여서 분에 넘치는 대우를 받았던 것 같아서 고맙기 그지없다. 비록 이후 학회 활동이나 논문 투고 등에서 적극적으로 나서지 못해 미안한 마음이 크지만, 『문화사학』이 최근 58호를 간행했으니 지금 그때를 다시 떠올리면서 감회가 여간 새로운 게 아니다.

한국문화사학회를 창립하고 『문화사학』을 창간한 그해 박 교수님에게 마음의 빚을 하나 더 졌다. 박 교수님이 단국대학교 사학과에서 발행하는 『사학지』에 게재해보라고 권유해준 것이다. 앞에서 말했듯이 당시 나는 석사과정 재학 중이었는데 석사 과정생이 유수의 학술지에 논문을 게재하는 일은 상당히 이례적이었다. 물론 그런 기대에 부합하려고 나름으로 아주 열심히 쓰기는 했다. 이후에도 그런 기분을 이어가며 어느 때보다 공부에 더욱 진력해갔다.

나는 동국대학교 대학원 미술사학과에 1985년에 입학했었으나, 이런저런 이유로 졸업하지 못한 채 한동안 방황하다가, 1993년에 다시 과정에 입학하면서 공부를 이어가게 되었다. 그래도 처음엔 지나간 몇 년이 아쉬워 약간은 의기소침해 있었던 게 사실이다. 그러다가 다시 마음을 다잡고 나름으로 열심히 공부했는데, 이 무렵 박 교수님이 보여준 이런 호의가 내가 그렇게 하는 데에 큰 도움이 되었다. 그동안 이런 마음을 박 교수님에게는 물론이고 주변에도 한 번도 할 기회가 없었는데, 지금 이 박 교수님의 정년기념논총의 지면을 빌려서야 감사의 말을 전하게 되었으니 송구할 뿐이다.

　　박 교수님은 말을 명확하게 하고 호불호를 마음속에 굳이 감추지 않고 얼굴에 그대로 드러내는 솔직한 성격이다. 그래서 그와 말할 때는 오해가 거의 생기지 않는다. 또 말투도 약간 쉰 듯한 목소리로 빙빙 돌리지 않고 바로바로 시원시원하게 말하는 스타일이라 그의 성격이 아주 활기차다고 느끼는 사람도 많을 듯하다. 그런데 나는 그가 겉으로 드러내는 씩씩함의 이면에는 또 다른 면도 있다고 본다. 이중섭의 〈황소〉가 떠올려지는 그 커다랗고 착해 보이는 두 눈에서 누구보다도 따뜻하고 배려심이 깊은 그의 속마음을 읽곤 해서다. 비록 그와 30여 년을 서로 알고 지내 왔어도 평소 격의 없이 어울리는 사이가 아니니 성격과 생각을 속속들이 안다고 할 수 없겠지만, 나는 그게 바로 그의 진면목이라고 생각한다.

　　그러고 보면 그의 성격이 돌아가신 호불(豪佛) 정영호 선생님과 닮았다. 정영호 선생님도 공부에 엄격하고 발굴이나 답사 현장에서 제자들에게 매서운 지시를 자주 내리는 직선적 스타일이라 처음엔 어려워하는 학생이 많았다고 들었다. 그렇지만 이는 겉모습 일부가 그러했던 것이고, 속으로는 제자를 아끼고 사랑하는 마음이었을 것이다. 이러한 마음은 결국은 상대에게 전달되기 마련이고, 나중에는 진심으로 따르게 된다. 이런 모습은 정영호 선생님을 누구보다도 잘 아는 황수영, 정명호 두 선생님이 평소 내게 해주었던 이야기하고도 일치한다. 나는 정영호 선생님의 제자가 아니었으나 황수영·정명호 선생님과 관계된 자리에서 여러 차례 뵌 적이 있었다. 그때마다 언제나 따스하게 말씀하고 이것저것 공부에 도움이 되는 얘기를 자상하게 해주시곤 했다. 그런데 박경식 교수님의 풍모 역시 이런 호불 선생님과 아주 흡사해 보이는 것이다. 하기야 그가 호불 선생님의 훈도를 가장 많이 받았던 제자이니 어쩌면 당연한 일이겠지만 말이다.

　　요즘은 기념논총 내는 일이 전 같지 않게 부쩍 줄어든 듯하다. 이렇게 박 교수님의 논총이 나오니 얼마나 아름다운 일인지 모르겠다. 논총에 실린 논문들은 대부분 박 교수님을 가까이서 뵈며 배운 제자들이라고 알고 있는데 그중에는 나도 아는 사람도 있어서 반갑다. 모두 지금 학교나 연구 기관에서 한창 공부와 연구에 매진하는 중일 텐데, 앞으로 박 교수님과 마찬가지로 훌륭한 학자가 되리라고 믿는다. 나도 학교에 봉직하는 처지에서 이렇게 좋은 제자들을 키워낸 박 교수님이 여간 부러운 게 아니다. 내가 그를 도저히 못 따라갈 방면이 이 논총으로 인해 두 개쯤 더 생긴 셈이다.

　　학교를 떠나서도 공부를 멈추지 않는 게 학자의 길이다. 학생 지도와 행정의 짐에서 벗어나게 되었으니 그간 온축된 지식과 경험을 바탕으로 하여 훨씬 흥미로운 글들을 내놓을 기회가 더 많아질 것 같다. 박경식 교수님도 이제 강단을 떠나기는 하나 앞으로도 그가 더욱 원숙한 논저들을 내리라고 생각한다. 황수영 선생님이 그러하셨고, 두 제자인 정영호·정명호 선생님들도 그러했었다. 그분들의 학풍을 잘 이어받은 박 교수님이니만큼 역시 그러한 발자취를 어김없이 걸어갈 거라고 믿는 것이다.

　아름다운 꽃의 향기는 멀수록 더욱 맑게 퍼져나가는 법, 그의 학문과 인품의 아취(雅趣)가 향원익청(香遠益淸) 하여서 우리 학계에 짙은 향기를 더해주시기를 기대해본다.

　신대현

박경식 교수님과의 인연

김사덕(명지대학교 문화재보존관리학과)

먼저 한평생 석조문화재 발전을 위해 많은 후학을 양성하시고 문화재 관련 저술 활동을 하셨던 박경식 교수님께 퇴임을 축하드리며 존경의 인사를 보냅니다.

석조문화재 보존처리 등 수리 관련을 논할 때는 저는 항상 박교수님과 함께 있었다고 말하고 싶습니다. 아마 박교수님과 첫 만남은 2000년쯤 제가 총괄하여 보존처리 수리 복원한 경천사지10층석탑의 양주 삼보석재 복원현장으로 생각됩니다. 경천사지10층석탑 보존처리의 주요공정 중 하나로 결실부나 1960년에 시멘트로 복원된 부분의 제거 후 대리석으로 원형복원이 있었습니다. 원형복원은 결실부 면적이 넓어 많은 어려움이 있었는데 박교수님께서 탑 자체의 세부장식 분석, 원각사지10층석탑과 비교 검토하여 양주 현장에서 복원 방향 등 자문과 조언을 해 주신 기억이 생생하게 납니다. 또한, 가복원 현장지도도 기억납니다. 경천사10층석탑은 상하좌우 부재 모두 연관성이 있고 최소 3단을 확인해봐야 문제점, 복원 방향을 파악할 수 있는 탑이었습니다. 이러한 어려운 사업에 많은 도움을 주셔서 잘 복원될 수 있지 않았는가 하는 생각이 듭니다. 지금 생각해 보니 감사하다는 인사말도 제대로 하지 못한 것 같아, 이 글을 통해 다시 한번 감사 인사를 전합니다.

박교수님과 본격적인 인연은 2002년부터 시작되었습니다. 저는 2001년부터 2005년까지 5년간 국보, 보물 등 모든 국가지정 석조문화재 530여 건에 대한 보존상태 종합조사를 담당하였습니다. 석조문화재 풍화 상태, 생물분포 현황, 구조진단 등 종합조사 결과 보존상 문제점이 파악되어 문화재청에서는 그 자료를 바탕으로 2002년부터 연차적으로 많은 건수의 중요 석조문화재가 보존처리, 해체복원 등 수리를 시행하게 되었습니다. 그 당시 저는 박교수님과 같이 해체복원 등 석조문화재 수리현장을 다니면서 석조문화재 구조, 결구 상태, 지반 등에 대한 자문과 조언을 받고 저 또한 많은 공부를 하게 되었습니다.

아마도 이 국가지정 석조문화재의 종합조사 결과로 엔가드 등 많은 보존과학회사가 탄생하였고 석조문화재를 전공하는 많은 전문가와 학생들에게 도움을 주고, 그 결과 석조문화재 보존 처리 관련 기술과 수리기술이 발전하지 않았나 생각이 듭니다.

제가 문화재청에 근무할 때 직원교육 중 하나로 박교수님께 『한국 석탑의 이해』라는 제목의 강의를 들었습니다. 주요 강의 내용은 우리나라는 왜 석탑의 나라인가, 석탑의 원형은 무엇인가, 우리나라 석탑의 변천 등에 대해 강의하셨는데 아직도 기억이 납니다. 이 강의는 제가 석조문화재 보존을 담당하면서 많은 도움이 되었습니다.

2002년부터 제가 국립문화재연구원 퇴직 전까지 경주 불국사삼층석탑, 문경 봉암사, 미륵사지 석탑 등 수 많은 중요한 석조문화재 수리현장에서 항상 교수님과 함께했던 기억이 납니다. 수리현장에서 사진 촬영, 조사, 지도 등 현장의 추억 등이 아직도 생생합니다. 벌써 교수님이 퇴직하셨다니 믿기가 어렵습니다.

교수님! 건강이 최고입니다. 지금까지는 학교, 석조문화재 현장 등 일로만 달려왔지만, 이제는 조금 내려놓으시고 여유를 가지시고 사셨으면 합니다. 교수님 앞으로 30년은 더 석조문화재를 위해 일하셔야 않겠습니까! 건강하시길 빌겠습니다.

석조문화유산이 있는 곳이라면!

이찬희(공주대학교 문화재보존과학과, 문화재위원)

석조문화유산이 있는 곳이라면 어디든, 언제든, 어떤 분이 동행하든, 아니 혼자서도 큰 카메라와 가방 둘러메고 나서시는 분이 계십니다. 공부와 연구를 위해서든, 자문과 지도를 위해서든, 발표와 토론을 위해서든, 대한민국을 넘어 해외로도, 일일이 헤아리기는 어렵습니다. 박경식 교수님의 석조문화유산 사랑에는 사명감 이상의 숙명과도 같은 인연이 있었던 것이 분명합니다. 그 많은 사진자료는 어떻게 하셨을까? 모두 한곳에 모아 아카이빙을 해야 할 텐데~ 앞으로도 하실 일이 많으십니다.

항상 가까운 곳에 계셔서 자랑스럽고, 든든하고, 의지가 되고 때론 위로가 되신 분께서 정년을 맞이하시게 되어 기쁜 마음을 다해 축하드릴 수 있어 아주 좋습니다. 그런데 이렇게 졸문을 쓸 수 있는 기회기 있다니 민망하지만 더욱 영광입니다. 박경식 교수님과 동행했던 일이 아주 많지만, 존경의 마음을 담아 세 번의 경험을 소개하며 교수님을 오래도록 기억하고자 합니다.

첫 번째는 충주 탑평리 칠층석탑의 보존처리 현장에서 있었던 일입니다. 박경식 교수님을 닮은 석조문화유산 하나를 꼽으라면 저는 이 중앙탑이 떠오릅니다. 장소의 중요성 못지않게 웅장하면서 당당한 모습이지만 약간의 빈틈이 오히려 정감이 넘치는 아주 멋진 탑이지요. 감사하게도 훌륭한 학생을 만나게 되었고 운도 좋아 이 탑을 아주 상세하게 공부하면서 함께 고민해 손상된 부분을 보수하고 보존처리하던 때의 일입니다.

이 탑에는 기단부 곳곳에 탈락된 석재가 많아 콘크리트와 시멘트 모르타르로 보수한 부분이 흉하게 노출되어 있었지요. 논의를 거듭한 끝에 탑의 원석재와 동일한 암석의 산지를 찾아 보수용 석재를 구하고 이를 원형에 가깝게 가공하여 수리하도록 제안하셨지요. 지금은 당연한 과정이지만 당시로서는 쉽지 않은 과제였습니다. 현장 책임자이기도 하고 석사학위논문도 써야 했던 당시의 김무연 이사는 이를 흔쾌히 받아들여 저와 함께 다양한 조사와 연구를 거듭하였습니다.

탑평리 칠층석탑의 석재는 대부분 중립질 흑운모 화강암이며 기단의 일부는 홍장석 화강암이었습니다. 석재의 산지를 탐색하기 위해 여기저기를 조사하다 드디어 산척산 아래 송강천 일대의 화강암반에서 채석흔적을 찾았습니다. 또한 이 화강암이 석탑의 석재와 성인적으로 동일하다는 것을 입증하였습니다. 당시 석재는 일차적으로 송강천을 따라 목계나루까지 약 9km 이동하고, 여기서 다시 남한강을 통해 석탑이 입지한 탑평리까지 약 7km를 운송한 것으로 해석하였습니다. 이렇게 원석재의 산지를 찾았고 과학적으로 동질성을 입증한 후에 어렵게 동일한 화강암을 구해 아주 모범적인 보수사례를 남기게 되었습니다.

또한 교수님은 석탑으로 접근할 수 있는 가장 좋은 동선을 생각하셔서 관람을 위해 석탑으로 안전하게 오를 수 있도록 언덕에 계단을 두고 정비방법까지 제시하시며 현장을 지키시던 모습이 생생합니다. 그 계단은 지금도 형태를 잘 유지하고 있어 갈 때마다 교수님을 떠 올립니다. 이 과정과 결과는 학술지에 게재되어, 결손된 석재의 과학적 보존처리까지 매우 유기적인 보존시스템을 구축하였으며 미래지향적 맞춤형 보존처리 사례를 정립하는 계기가 되었습니다. 정말로 감사한 일을 같이 해냈습니다.

두 번째는 강원도 정선의 정암사 수마노탑에 관한 이야기입니다. 수마노탑은 정암사의 적멸보궁 뒤편 산비탈에 축대를 쌓아올려 조성한 좁은 평탄지에 서있습니다. 수마노는 물에서 나는 마노를 부르기도 하는 보석에 일종입니다. 여러 의미와 해석이 있지만 큰 탑에 모두 보석을 쓰기는 어려웠을 것이고, 마치 보석과 같은 옥색의 돌을 곱게 물갈이하여 수마노라고 한 것으로 믿고 싶은 탑입니다. 이 탑은 모두 수마노로 불리는 옥색 대리암으로 만든 것처럼 보이지만 기단부에 사용한 암석은 크게 화강암과 사암으로 대별되며 담홍색 화강암, 담갈색 사암, 회록색 사암 및 조립질 사암으로 매우 다양합니다.

탑신은 대부분 강한 변질을 받은 백운암질 또는 고회암질 탄산염암으로 이루어져 있으며, 부분적으로 역시 강한 변질을 받은 세립질의 쇄설성 퇴적암을 혼용하였습니다. 따라서 단위 석재마다 회색, 담갈색 및 암회색 등의 색상으로 구분할 수 있습니다. 표면에 노출된 석재는 대부분 벽돌모양으로 일정하게 다듬었으며, 일부는 전돌의 형태로 자르는 과정에서 생긴 가공흔적도 볼 수 있습니다.

수마노탑 인근에 분포하는 기반암은 사암이지만, 기단을 구성하는 사암과는 암석학적 특성이 많이 다릅니다. 기단부 사암과 유사한 특징을 갖는 석재는 정암사로부터 2~3㎞ 떨어진 곳에 분포하는 소위 고한층에 속하는 암석입니다. 화강암은 수마노탑과 가까운 거리에서 볼 수 있는 화강암과는 전혀 다른 특징을 보여 정암사 주변이 아닌 다른 지역에서 가져다 사용한 것으로 밝혀졌습니다.

탑신부의 대부분을 구성하는 백운암질 대리암은 북쪽으로 약 5㎞ 떨어진 막골층 암석과 유사한 것으로 판단하고 있습니다. 특히 고변성을 받아 혼펠스화된 부분이 산지일 수 있으며, 엽납석 등 변질광물의 함량으로 보아 태백산 일대에 분포하는 납석질암과도 비교가 됩니다. 따라서 앞으로 수마노탑의 수리가 필요하다면 동일 종류의 석재를 사용할 수 있는 근거는 마련하게 되었습니다.

수차례의 학술조사와 자문, 학술대회 주관과 발표, 지정신청서 준비와 홍보 등 모두 다 말씀드리기 어려운 눈물겨운 수마노탑 사랑이 있으셨지요? 그 덕으로 국보로 승격하였고 지대한 공헌을 인정받으시어 자랑스러운 '명예정선군민'이 되시기도 했습니다. 저도 그 옆을 서성이며 연구도 발표도 국보승격도 거들 던 추억이 오랫동안 기억되기를 소망합니다.

세 번째는 캄보디아와 라오스에 분포하는 앙코르 왕조의 석조문화유산을 우리 손으로 복원하기 위한 종합계획을 세울 때의 일입니다. 두 번의 치열한 경쟁을 거쳐 문화재청 사업으로 '동아시아 크메르 유적 기초조사 및 라오스 세계유산 복원 종합계획 수립 연구'를 하게 된 것입니다. 자문위원을 포함하여 25분이 참여하는 참으로 거대한 조직을 만들어 모든 분들을 모시고 현지를 돌아봤었지요. 무슨 배짱과 패기가 있어 추진했던지 지금 생각해도 웃음이 납니다.

그 연구가 씨앗이 되어 우리나라에서도 캄보디아와 라오스의 세계유산에 대한 복원사업에 참여하게 되었으니 아주 보람 있는 연구를 했습니다. 곽동해 교수님, 김학범 교수님, 백종철 박사님, 성춘기 팀장님, 송인범 차장님, 양윤식 원장님, 이경훈 국장님, 조원창 원장님, 최병욱 교수님, 최석원 총장님, 최성은 교수님, 한병일 대표님, 홍성걸 교수님 그리고 서영일 원장님도 계셨던 것 기억하시지요? 또한 당시 학생이었던 김지영 박사, 전유근 박사, 전병규 박사, 김란희 박사, 조영훈 교수까지 함께 하였습니다.

전공도 다양하고 참 많은 분들이 모이다 보니 일화도 많았습니다. 캄보디아 시엠립 공항을 들어서며 가지고간 장비가 세관에 걸려 모든 분들께 불편을 끼치며 정말로 지루한 줄다리기 끝에 무사히 반입하던 일이 제일 먼저 떠오르는군요. 참여하신 분들 중에는 동남아뿐만 아니라 해외여행이 처음이신 분도 계셨습니다. 또한 돌에 새긴 연화문을 열심히 촬영하던 분은 훗날 그 연화문과 한국 고대 연화문을 비교해 연관성을 찾기도 하셨고, 동남아시아 역사를 연구하시는 분은 '시다공주의 방'이라는 멋들어진 이름도 만들어 주셨습니다.

길지 않은 여정에 재미있는 해프닝도 많았지만 두꺼운 보고서를 내며 크메르 유적의 자연환경과 기초조사, 세계유산 보존복원 사례분석, 라오스 홍낭시다 유적에 대한 역사지리, 고고학, 건축학, 미술사, 조경학, 보존과학 등을 종합적으로 조사했습니다. 이를 바탕으로 홍낭시다 유적의 학술조사 계획, 복원계획, 관리운영 및 활용계획, 인력양성 계획, 예산계획, 국제협력 방안을 세웠지요. 이것이 결국 캄보디아와 라오스 세계유산 복원 종합계획 수립으로 정리가 되었습니다. 이 또한 여러분들이 함께해서 가능한 일이었으며, 박경식 교수님께서는 처음부터 끝까지 연구에 참여하시어 촌철살인의 위트와 유머를 발휘하시며 많은 용기를 주셨습니다.

박경식 교수님! 돌이켜보니 20여 년간 정말로 많은 현장에 함께 있었습니다. 그런데 저는 처음 뵙던 날의 느낌이 지금도 생생합니다. 풍부한 경험에서 우러나온 특유의 논리적 달변과 카랑카랑한 음성은 좌중을 압도하였으며 겸손하신 마무리로 내공을 짐작케 하셨지요. 그 후로 현장에서, 학술대회장에서, 여러 위원회를 오가며, 때로는 난처한 일에도, 정말로 큰 공부도 되었고 은혜도 입었습니다. 엄격한 절도와 넉넉한 인품이 함께 하시어 저는 늘 교수님이 좋았습니다. 언젠가부터 항상 교수님의 건강이 염려되곤 했지요! 얼마 전에 경주에서 뵈었을 때처럼 특유의 씩씩한 어조로 설득력 있게 논리를 펴시는 건강하신 모습을 오래도록 뵙고 싶습니다.

내가 보았던 형의 지난 날, 그 키워드

서영일((재)한백문화재연구원 원장)

사람은 살아가면서 다른 사람과 다양한 관계를 형성한다. 대부분 짧은 인연으로 끝나기도 하지만 일생에 걸쳐서 그 관계가 이어지기도 한다. 나에게 배우자나 부모형제 외 평생의 그런 인연이 이어지고 있는 사람이 있냐고 묻는 다면 주저없이 대답할 수 있다. 바로 박경식 형이다. 피를 나눈 형제는 아니지만, 그 인연은 지금까지 살아오면서 인생의 모든 과정에서 서로의 삶의 일부가 되었다. 이제 40년 전부터 내가 지켜보고 같이 살아온 그 삶의 이야기를 해보고자 한다.

1. 만남, 의리, 신뢰

처음 형을 알게 되었던 것은 1982년 단국대학교 사학과에 입학한 후이다. 내가 입학하기 전부터 단국대학교 박물관은 호불 정영호 선생님의 주도하에 일년에 하나의 시·군을 골라서 일종의 광역지표조사를 실시하고 있었다. 그 결과는 매년 학술조사보고서로 발간하여 학계에 소개하였다. 충주고구려비, 단양신라적성비 등의 발견도 그러한 조사 활동의 결과였다. 그 덕분에 사학과와 박물관의 대외적인 인지도도 높았다. 형은 학부시절부터 여기에 참여하였으며, 졸업 후에는 박물관 연구원으로 근무하면서 호불 선생님을 도와 '학술조사단'의 주축적인 역할을 하고 있었다.

한편, 학술조사에는 학부 재학생들이 다수 참여하였다. 그 학생들은 소위 "박물관 멤버"로 불렀다. 형은 이들을 총괄하면서 '박물관 멤버'들의 상징적 인물이었다. 첫 인상은 큰 키에 마르고, 매사에 열정적이고 빈틈도 없어 보여 쉽게 다가가기 어려워 보였다. 하지만 사실은 후배들에게는 누구보다도 따뜻한 사람이었다. 학술조사단 활동은 물론이고 학교 생활에서의 후배들의 멘토였고 롤 모델이었다.

처음 사학과에 들어온 후, 나는 고고학이나 미술사에는 별 관심이 없었다. 교복도 없고, 머리도 기르고, 술도 마실 수 있는 신입생의 자유로운 삶을 만끽하였다. 그런데 동기 중 몇몇은 입학 전부터 학술조사단의 활동에 대해서 잘 알고 있었고 입학한 직후부터 열정적으로 참여하였다. 나는 그들을 통해서 학술조사단이 무엇을 하는지 어렴풋이 이해하기 시작하였다. 더구나 내가 입학할 무렵에 형은 국방의 의무를 이행하기 위해, 남들 보다 늦은 나이에 입대하였다. 당연히 형과의 직접적인 접점은 없었고, 형이 휴가 나왔을 때 잠깐 만났던 기억이 있을 뿐이다.

1학년 여름 방학에 충주댐수몰지구 발굴 조사가 있었는데, 1학년 대부분은 3조로 나누어서 여기에 참여하였다. 나는 여기에 참여하지 않고 친구 몇 명과 배낭을 메고 전국을 돌아다니며 여행을 하였다. 사실 그 이전, 2학년 선배 중 박물관 멤버였던 유원금과 박상대 등이 학술조사단에 따라 가면 매일 저녁 술과 로스구이를 먹을 수 있다는 말에 끌려서 진천지역 조사에 몇일 따라간 적이 있었다. 하지만 그 경험에서도 학술조사단 활동에 대한 매력을 크게 느끼지는 못했다. 다만 그때 같이 갔던 선배들로부터 박경식 형과 장준식 선생님에 대한 관한 전설적인 무용담을 들으면서 어렴풋이 야외 조사 활동이 흥미로운 갓일 수도 있겠다는 생각은 하였다. 하지만 여전히 고고학이나 미술사에 대한 관심은 크지 않았고, 그 보다 개인적으로 전국을 여행하는 꿈이 더 컸다. 그런 이유로 발굴조사에 참여하지 않은 것이었다.

충주댐수몰지구 발굴조사는 그 뒤에도 이어졌다. 1학년 2학기 가을에 동기들애게 이끌려서 정금사지 발굴현장에 가게 되었다. 처음 10일 정도 참여하려고 했는데 막상 가서 보니 점점 흥미를 느끼게 되고 정영호 선생님께서도 무언의 압력을 가하셔서 거의 한달 가까이 현장에 있게 되었다. 그 때 처음으로 발굴과 고고학에 대한 관심이 생겨났다. 발굴조사가 끝나고도 박물관에 호출되어 이것 저것 선배들의 정리작업을 돕고 선생님이 조사나갈 때 따라가기도 하였다.

2학년이 되면서, 바로 위 선배들이 하나 둘 입대하였다. 갑자기 생긴 빈 자리 덕분에 나는 2학년임에도 박물관 조사활동에서 꽤 비중있는 역할을 하였다. 그것은 선생님이 가장 소중하게 여기는 카메라 가방을 메고 사진 옆에서 촬영을 보조하는 것이었다. 호불 선생님은 보좌하려면 무엇보다 민첩하고 눈치가 빨라야 했다. 그리고 긴장의 연속이었다. 선생님 옆에 붙어 있다 보니 자연히 이전에 선생님이 하셨던 조사활동에 대한 얘기를 많이 들었다. 특히 그 중에서도 선생님은 군대에 가 있었던 형의 얘기를 가끔 들려주었다. 나도 그렇게 열심히 하라고 당부하셨다. 그러면서 선생님과 형의 사이는 일반적인 사제관계를 넘어서 부자관계에 비견되는 강력한 신뢰가 형성되어 있다고 느꼈다. 그 느낌은 이후에도 오랫동안 내가 두 분의 관계를 이해하는 바탕이었다.

나는 2학년 내내 경기도 광주 지표조사, 몽촌토성 지표조사 등 호불 선생님을 따라서 부지런히 다녔다. 84년 3월 나는 2학년을 마치고 입대하였다. 입대 이틀전까지 여주 지역 지표조사에 참여하고 있었다. 신륵사 조사를 마치고, 여주 '관광여관'에서 소주와 삼겹살, 큰 솥에 한가득

끓인 동태탕을 먹으며 입대 환송식을 치루었다. 그 때, 선생님은 제대 후 복학해서도 박물관 활동에 열심히 참여하고 공부하라고 격려하셨다. 하지만 그 해 11월에 휴가를 나왔을 때는 학교에서 더 이상 선생님을 볼 수 없었다. 형도 박물관에 없었고 2부대 교학과에서 만날 수 있었다. 당시 형은 바쁜 시간을 쪼개어 석사학위 논문을 쓰고 있었다.

87년 3월에 나는 복학하였다. 3년만에 다시 돌아 왔지만, 모든 것이 변해 있었다. 그 변화에 적응하기가 어려웠다. 더구나 캠퍼스는 87년의 정치적 격랑이 휩쓸고 있었다. 강의도 원활히 이루어지지 않았다. 나 역시 그 정치적 격랑에서 자유로울 수 없었다. 6월이 지나고 학교는 조금 안정을 되찾았고, 나도 미래를 생각하게 되었다. 형은 그 때 퇴계학연구소에서 근무하고 있었다. 낮에는 업무를 보고 주말에는 박사 논문 준비를 위해 전국을 누비는 초인적인 삶을 살고 있었다. 동기들 몇몇과 형을 찾아가 우리의 구심점이 되어 달라고 청하였는데, 형은 반갑게 맞아 주면서 기꺼이 그것을 수락하였다.

그 후 졸업하기까지 2년 동안 형을 따라 지표조사, 발굴 등 다양한 현장을 다니면서 고고학이나 미술사와 관련된 경험을 할 수 있었다. 또한 퇴계학연구소에서 진행하던 도산서원 전적 조사에도 참여하였다. 형을 통해서 호불 선생님, 장준식 선생님과도 다시 만나게 되었다. 그 덕분에 화순 운주사지 발굴현장 등에서 경험을 쌓을 수 있었다. 학부 졸업 후, 석사과정에 진학한 후, 충주 탑평리 발굴조사에도 참여하였다. 그 이전에도 형과 같이 여러 발굴현장에서 경험을 쌓았지만 대부분 조사 과정에 일부에 참여하여 견학과 크게 다를게 없었다. 그런데 탑평리 발굴조사는 처음부터 끝까지 참여하면서 형으로부터 발굴 계획의 수립, 현장 운영, 보고서 작성 등, 발굴조사 전 부분에 걸쳐서 노하우를 전수받았다. 그 덕분에 발굴 현장을 고고학은 물론 미술사에 대한 지식도 쌓을 수 있었다.

그 과정에서 호불 선생님과 형의 관계를 보면서 많은 생각을 하게 되었다. 학부시절 선생님과 형에게 들었던 두 분의 관계를 내가 직접 목격하고 이해할 수 있었다. 그것은 일반적인 사제관계와는 큰 차이가 있었다. 서로에 대한 신뢰는 부자지간 보다도 강하다고 느꼈다.

비단 이것만 아니었다. 아마도 선생님과의 관계는 형이 다른 사람들과 인간관계를 설정하는데 기준이 되었던 것 같다. 형은 선후배, 동료 등과의 관계에서도 신뢰와 의리를 가장 중요하게 여겼다. 그것은 또 자연스럽게 후배들에게도 큰 영향을 주었다. 나 역시 마찬가지다. 이후 내가 교원대에서 조교로 2년간 근무하면서 선생님을 모셨다. 그 때도 항상 나는 형이 선생님에게 했던 것을 떠올리며 그대로 하려고 노력하였다. 하지만 그것이 쉬운 일은 아니었다. 다만 그 때의 경험은 지금까지 내가 살아오면서 지키려고 했던 가장 소중한 가치가 되었다.

형은 나를 포함한 후배들이 학문의 길로 들어서는데 큰 영향을 주었다. 나는 학부 졸업논문을 '고구려의 남진'을 주제로 작성하려고 하였다. 그와 관련하여 형의 도움으로 관련된 문헌, 유적, 유물 등 다양한 자료와 학문적 성과를 알 수 있었다. 그 덕분에 어렵지 않게 논문을 작성할 수 있었다. 이 논문이 다듬어져 2년 만에 석사학위를 받을 수 있었다. 이 때 형으로부터 전수받은 연구방법과 조언이 이후 내가 박사학위는 물론이고 학문의 길을 가는데 바탕이 되었다.

형은 후배들의 취업에도 절대적인 도움을 주었다. 내가 단국대 사학과 조교, 교원대 역사교육과 조교, 사학과 강의교수 등을 할 수 있었던 것도 형의 도움이 절대적이었다. 그 덕분에 학부 졸업 후 석사과정과 박사과정은 내 스스로 학비를 마련할 수 있었다. 석사 학위 취득 후에는 바로 수원여대, 경원대, 단국대 등에서 강의할 수 있도록 배려해 주었다. 학문에 대한 열정과 의지가 생계에 걸려서 좌절할 수 있었지만, 그 시기를 무사히 넘길 수 있었던 것은 모두 형의 도움이었다.

형은 내가 옆에서 지켜본 40 여년의 세월 동안 참 많은 사람들과 인연으로 연결되었다. 어떤 사람이던 도울 수 있다면, 그 것을 가벼이 넘기지 않았다. 한번 맺은 인연은 어려운 상황이 닥쳐도 신의를 지키려고 노력하였다. 그러한 성정 때문에 고생했던 순간도 많았다. 하지만 그런 일로 삶의 신조가 달라지지는 않았다.

내 주변의 사람들 중에는 형과 나의 인연이 오랫동안 이어진 이유에 대하여 질문을 하기도 한다. 형이 살아온 과정과 그 속에서 맺어진 사람들과의 인간관계를 떼어 놓고 그 대답을 하기가 어렵다. 형이 지금까지 살아오면서 많은 사람들과 인연 속에서 무엇을 어떻게 해왔는지 보고 느끼면서 자연스럽게 받아들이게 된 결과이다. 그것은 나 뿐만 아니라 지금도 형과 인연을 이어가는 사람들 역시 마찬가지일 것이다.

2. 열정, 집념, 끈기

현재 형은 석조미술사에서는 독보적인 학자로 인정 받고 있다. 현재가 있기까지 주경야독을 하면서 누구보다 열심히 노력한 결과일 것이다. 앞에서도 말했지만, 내가 공부를 시작할 무렵 형은 퇴계학연구소에 근무하고 있었다. 사실 미술사를 전공하는 사람이 뜬금없이 단과대 교학과를 거쳐서 퇴계학연구소에 있다니, 그 상황이 잘 어울리는 모습은 아니다.

기억이 퇴락되어 가물 가물 하지만, 형은 그 당시 퇴계학연구소에서 연구소의 연구 계획을 수립하고 이를 집행하는 모든 업무를 거의 전담하였다. 대부분의 시간을 자신의 전공과 무관한 일에 집중할 수밖에 없었다. 낮에는 거의 연구소 업무에 몰두 하고, 퇴근 후에야 전공 공부와 연구를 할 수 밖에 없었다. 아침부터 밤까지 시간을 쪼개서 써도 바쁜 나날의 연속이었다. 그런 상황이다 보니, 대부분 연구소에서 숙식을 해결하는 날이 다반사였다. 내가 학교에서 공부하다 밤 늦게 집에 갈 때, 퇴계학연구소는 언제나 불이 켜져 있었다.

그 모습은 형을 따르던 후배들이 닮고 싶어하던 것이었다. 그래서 퇴계학연구소는 형 주변후 배들의 공부방이었다. 거의 매일 일과가 끝난 후 저녁, 각자의 일을 마친 사람들이 연구소에 모여들었다. 거기에서 저녁도 먹고 토론도 하였고, 때로는 일상의 세세한 일도 논의하였다. 형은 후배들에게는 언제나 기댈 수 있는 버팀목이었다. 지금 생각하면, 바쁜 시간에 후배들의 방문 이 항상 반가운 일이 아니었을 것이다. 하지만 그 당시 후배들에게는 그겨 언제나 무엇이든 상 의할 수 있는 선배가 있다는 것이 좋았다.

나의 40년 지기인 정제규 선생도 석사과정에 진학하면서 자연스럽게 형을 따라하였다. 이호 영선생님 연구조교로 있었는데 그 연구실에서 퇴계학연구소는 멀리 서로 마주보고 있었다. 정 제규 선생은 퇴근하기 전 퇴계학연구소에 불 꺼졌냐 보고, 불이 켜져 있으면 다시 책상에 앉아 서 공부를 했다고 한다. 나도 그렇지만 그렇게 하지 않으면 무엇도 이룰 수 없다고 생각하였다. 우리에게는 가까이에 학문에 대한 열정과 집념을 배울 수 있는 선배가 있다는 것이 큰 행운이 었다.

주말이나 공휴일, 형은 사진기와 배낭을 들고 답사를 다녔다. 어느날 갑자기 운전면허 시험 을 보겠다고 하더니 얼마되지 않아서 바로 면허를 땄다. 그러더니 며칠 후 베이지색 중고 스텔 라를 몰고 학교에 나타났다. 번개불레 콩구어 먹듯이 그렇게 차를 마련한 이유는 답사다니는 시간과 공간 제약을 벗어나기 위한 것이었다. 이후, 그 차는 형의 발이 되었다. 시간이 나면 스 텔라를 몰고 석탑, 석등, 마애불, 사지 등을 조사하느라 전국을 누비고 다녔다. 사실 형의 전공 과 관련된 석조물들은 대체로 외진 곳에 떨어져 있어서 대중교통을 이용해 찾아가기가 무척 어 렵다. 스텔라는 그런 어려움을 해결하여 단시간에 많은 곳을 방문할 수 있는 이기였다. 그러다 보니, 해가 저물 때까지 답사를 하다가 첩첩산중에 홀로 남겨질 때가 많았고, 매번 편안한 숙박 처를 찾을 만큼 여유도 없었다. 그 때문에 차에서 자는 경우가 많았다. 차 트렁크에는 텐트와 코펠, 이불, 음식 등 어디를 가던지 숙식을 해결할 수 있는 물건들이 가득 실려 있었다.

이렇게 전국을 몇 바퀴 돌 수 있을 정도로 답사를 다니다 보니, 그 과정에서 찍어 온 필름의 양도 무척 많았다. 먹고 입고 자는 비용을 아껴서 사진 촬영에 다 쏟아 넣는 것이었다. 하지만 그 비용이 너무 많이 들어서, 그 많은 필름을 다 현상해서 인화할 수 없는 일이었다. 흑백필름 은 형이 직접 현상도 하고 인화도 하였다. 퇴계학연구소 한편에는 현상한 필름들이 국수 가락 처럼 매달려 있었다. 필름을 현상하고 분류하여 정리하는 것도 쉽지 않은 일이었다. 그때부터 계속 누적된 필름과 사진들은 지금도 형의 가장 중요한 재산이다. 한푼 두푼 아끼고, 직접 발로 뛰며 촬영하고 정리한 것이고 젊은 시절의 노력이 고스란히 담긴 것이기에 그러한 애착은 당연한 것이다. 그런 열정과 집요한 노력이 어려운 환경을 극복하고 현재의 형을 만들었다.

형의 학문적 활동은 석조미술 연구에만 국한되었던 것이 아니다. 사지나 건물지 발굴 등 역사고고학에 대한 열정도 넘쳤다. 특히 형은 석탑 연구로 학위를 준비하면서도 사지, 건물지 등에 발굴현장에 많은 시간을 보냈다. 지금이야 미술사와 고고학 사이에 뚜렷한 구분이 있지만, 그 때만 하더라도 연구자의 수도 적고 발굴도 많지 않아서 서로 병행하는 것이 대부분이었다. 사실 형은 학부 시절부터 황룡사지 발굴 현장에 참여하였다. 이후 단국대학교 박물관에서 실시하는 발굴조사를 실질적으로 주관하였다. 충주댐수몰지구, 몽촌토성 등 발굴조사에 참여하였고, 군대 휴가 기간에도 발굴 현장에 있었다. 그 덕분에 1990년대 초반에는 건물지 발굴에서는 이미 권위자가 되어 있었다.

1992년 교원대 박물관이 발굴조사를 시작하면서 주말과 방학은 거의 발굴 현장에서 보냈다. 호불 선생님을 대신하여 발굴 현장을 총괄하였다. 내가 발굴 현장에 익숙하게 된 것도 그 덕분이었다. 학부시절에 충주댐 수몰지구 정토사지 발굴에 참여하였으나 형을 따라 다니면서 본 것은 신세계였다. 트렌치 설치, 굴착, 유구 해석, 기와 분석 등 하나 하나 배우면서 역사고고학에 빠져들어 갔다. 하지만 나는 문헌사를 전공하려고 하였고 발굴 현장에는 큰 관심이 없었다. 다만, 그 때도 문헌사를 하더라도 고고학, 미술사등 넓게 공부하는 것이 필요하다고 조언하였다. 그 말을 들었던 것이 내가 살아오면서 가장 잘한 결정 중 하나였다.

발굴 현장에 많은 시간을 빼앗기면서도 형은 자신의 전공 분야에 대한 연구를 계속하였다. 충주 탑평리 발굴조사를 할 때, 형은 박사학위 논문을 쓰고 있었다. 탑평리 주변에는 조사단이 머물 수 있는 숙소가 부족하였다. 형은 후배들에게 방을 내 주고 현장 한가운데 텐트에서 생활하였다. 텐트 속에 작은 탁자 위에 PC와 모니터를 놓고, 멀리 전봇대에서 전기를 끌어왔다. 발굴현장의 바쁜 하루 일과가 끝나면 밤에 논문을 작성하였다. 여름에는 비와 바람이 몰아쳐서 방해했지만 그나마 상황이 나았다. 하지만 가을로 접어들면서 텐트 안은 점점 추워졌다. 늦가을 텐트 안은 난방이 안되어 손이 시려워 키보드를 두드리기 어려웠다. 그 속에서 손을 불어가며 키보드를 두드리며 논문을 썼다. 밤 늦도록 그러다 추우면 술한잔 마시고 차가운 몸을 달래며 침낭 속에서 쪽잠을 잤다. 아침에 일어나면 간밤의 추위로 언 몸을 움직이며, 다시 발굴 현장을 지휘하는 생활이 반복되었다. 이런 생활이 겨울에 땅이 얼어 발굴이 중지될 때까지 이어졌다.

나 역시 그 모습을 직접 보지 못했다면 그 상황을 믿기 어려웠을 것이다. 그런 상황을 어떻게 극복하고 논문 작성을 마쳤는지 지금도 의문이다. 다만, 선생님과의 약속, 맡은 일에 대한 책임감, 학문에 대한 열정 등이 그 상황을 이겨 나갔던 원동력이 아닐까 생각할 뿐이다.

3. 성공, 배려, 의리

형이 모교에 교수로 임용된 후부터는 형이 직접 발굴 조사를 계획하고 실시할 수 있게 되었다. 사실 석조미술 전공사가 발굴조사에 나서서 현장에서 고생할 필요는 없었다. 그냥 교수로서 미술사학자로서 연구와 강의를 한다고 해도 이상할 것이 없었다. 하지만 형이 발굴조사에 뛰어들었던 것은 자기 자신 보다는 주위의 필요성 때문이었다.

형의 주변에는 미술사 뿐만 아니라 역사고고학을 전공하는 후배들이 많았다. 또한 학교에서도 이전의 단국대학교 사학과의 명성을 다시 찾고자 지표조사나 발굴조사 등에 적극적으로 나서기를 바라고 있었다. 그러한 주변의 기대를 충족하기 위해서는 오로지 개인의 학문과 생활에 집중할 수 없었다. 형도 그렇게 하면 지금까지 자기를 믿고 따라 준 후배들에게 또 학교측에도 의리를 다하지 못하는 것이라 생각하였다.

그 때문에 박물관이 아닌 사학과의 이름으로 학술발굴을 하게 되었다. 아마도 박물관이나 고고학연구소가 아닌 학과 이름으로 발굴조사를 한 것은 최초의 사례일 것이다. 지금도 그렇지만 그 당시에도 말도 안되는 상황이었다. 발굴조사 허가가 쉽게 내려지기 어려웠다. 하지만 이미 그 이전에 사지 발굴에 있어서는 명성이 자자하였기 때문에 그 말도 안되는 상황이 실현되었다. 그렇게 포천 반월산성 발굴조사가 시작되었다.

반월산성 발굴조사는 나에게도 인생의 전환점이었지만, 형에게도 마찬가지였다고 생각된다. 학부에 제자들이 발굴에 참여하면서 미술사뿐만 아니라 역사고고학에도 더 깊게 발을 담글 수밖에 없었다. 사실 형의 첫 제자들은 미술사가 아니라 고고학에서 시작되었다. 사실 미술사를 전공하는 제자가 나오기까지는 그 때부터 상당한 시간이 흐른 뒤였다. 반월산성 조사에서 형은 발굴조사 전 과정에서 빠질 수가 없었다. 단장부터 조사원의 역할까지 혼자서 모든 일을 수행하였다. 나는 형을 보조하고 간식을 조달하고 필요한 물품을 겨우 챙기는 정도였다. 형은 항상 지쳐 있었고 가끔 번아웃도 생겨서 링거를 맞고 겨우 기운을 차릴 정도로 혹독하게 자신을 몰아 넣었다.

그 열정은 발굴 현장에 참여하였던 학생들에게도 전해졌다. 여름방학 내내 발굴 현장을 체험하려는 학생들이 줄을 이었다. 여름의 발굴 현장은 한편으로는 고고학을 전공하여는 학생들의 실습장이었지만, 다른 한편으로는 동기 선후배과 함께 땀흘리며 화합하고 또 고민을 풀어가는 곳이었다. 학교 생활에 문제가 있던 학부생이 발굴 현장에 들어와 지내면서, 스스로 그 문제를 극복하였던 경우도 있었다. 그런 측면에서 반월산성 발굴 현장은 고고학 공부뿐만 아니라 인성 교육의 장이기도 하였다.

발굴 현장에 학생들이 넘쳐나면서 예기치 못한 문제도 생겼다. 식비와 여비 등 비용을 감당하기 어려웠다. 당시 간식 조달은 내가 담당했었는데, 매일 포천시장에 가서 생닭, 통닭, 삼겹살, 과일, 과자. 라면, 음료수 등을 잔뜩 사왔다. 그 양이 얼마나 많았는지, 정육점, 닭집, 채소 가게 등에서는 내가 음식점을 운영하는 줄 알았다. 사정이 이러니, 발굴조사가 끝나고 나면 비용 정산을 하면 항상 모자랐다. 그 사정을 모르는 사람들은 발굴 조사로 상당한 수당을 챙겼다고 오해하였다. 하지만 그 반대로 조사가 끝나면 모자란 비용을 충당하기 위해서 심지어 대출까지 받아야 했던 적도 있다. 대부분 형이 원고료를 받아서 갚기도 하였다. 가끔은 나와 둘이서 골프장 지표조사를 나갔고 그 비용으로 부족했던 현장운영비를 대신하였다.

반월산성 발굴조사는 1차 조사부터 학계에 주목을 받았다. 그 덕분에 형은 점차 산성 조사 전문가가 되었다. 경기도 다른 시군에서도 발굴 조사 요청이 들어왔다. 그 덕분에 이천 설봉산성, 설성산성, 안성 망이산성, 죽주산성 등 산성 발굴이 계속 이어졌다. 산성 조사에서 성벽 조사와 함께 건물지 조사도 이루어지지만 그래도 역시 주류는 성벽 조사였다. 건물지 조사는 파주 혜음원지가 본격적인 조사였다.

이렇게 많은 조사 과정에서 유구 조사, 우물 수습, 토층 분석, 사진 촬영, 인부 관리 등 대부분의 일을 형이 주도적으로 수행하였다. 실내 작업시 보고서 작성도 대부분 형이 직접하였다. 이런 상황이 내가 어느 정도 조사원으로서 역할을 할 수 있을 때까지 지속되었다. 반월산성 연차 조사가 진행되면서 나도 경험이 쌓이고 역할도 조금씩 늘기 시작하면서 형의 짐은 조금씩 줄어들었다. 하지만 나 역시 그 때까지는 고고학을 내 본업이라고 생각하지 않았다. 내 역할이 넘차 늘어가는 상황을 선 듯 받아들이기 어렵기도 하였다.

그러던 중, 반월산성 3차 조사 중이었던 걸로 기억한다. 그 때 발굴조사도 마무리 단계에 다달아 현장은 형과 나, 그리고 인부들로만 운영하고 있었다. 점심시간이 지나고 갑자기 비가 내려서 현장에서 철수하였다. 오랜만에 여유가 생기자 형과 같이 목욕탕에 갔다가 포천의 한 식당에서 늦은 점심을 먹고 있었다. TV에서는 5공 비리와 관련된 국회 청문회가 화제가 되고 있었다. 한 때 국가를 주무르던 권력자들 사이에 공방과 채인 회피가 되풀이되고 있었나. 형과 나는 그것을 두고 한참을 서로 얘기하였다. 사실 같은 길을 걸어온지 상당한 세월이 지났지만, 그 때까지도 사람 사이의 관계에 대해서 깊게 대화해 본 적은 많지 않았다. 그때 그 자리에서 서로의 생각이 많은 부분이 일치한다는 것을 알았다. 또한 앞으로 내가 연구하고 싶은 것이 고고학을 공부함으로써 이룰 수 있다는 확신도 가지게 되었다. 그리고 그 꿈으로 형과 평생을 같이 하면서 가기로 약속하였다.

그후 나는 이전보다 더 적극적으로 발굴조사에서 내 역할을 늘리기 위해서 노력하였다. 그 덕분에 나의 현장 운영 능력도 점차 나아졌다. 형은 그런 나에게 힘을 실어주었다. 현장 조사에서 보고서 작성은 물론 행정기관과 협의 등 내가 담당하는 역할이 늘어나게 되었다. 그 결과 나는 산성과 건물지 조사 등 역사고고학 분야에서 조금씩 내 위치를 잡아 갔다. 그 때부터 형의 적극적인 지원이 바탕이 되어 지금에 이를 수 있게 되었다.

한편, 단국대학교에서 실시한 발굴조사에서 형은 항상 중심적 역할을 하였지만, 지금까지도 그 발굴 자료를 활용하여 개인적 성취를 위한 논문을 쓴 적이 없다. 못써서가 아니라 아예 쓰지 않았다. 그 성과가 후배와 제자들이 성장하는데 기반이 되기를 바랐기 때문이다. 그 덕분에 나와 같은 후배들과 제자들이 발굴자료를 활용하여 학위를 받고 논문을 발표할 수 있었다. 자신은 원래 전공 분야인 석조 미술과 관련된 연구에 몰두하였다. 그런 결심은 처음 반월산성 발굴조사를 시작하면서 말하였고 그 약속을 어긴 적이 없었다. 그런 생각의 바탕에는 제자들에 대한 사랑과 배려가 있었다고 생각한다. 그것이 역사고고학 분야에서 많은 제자들을 길러낼 수 있었던 원동력이 아니었을까.

그 생각은 조사법인을 만들고 운영할 때도 이어졌다. 사실 형의 입장에서 굳이 법인을 만들 필요성이 없었다. 그 당시는 매장문화재 조사의 중심을 대학에서 민간법인으로 이전하는 것이 국가의 정책적 목표였다. 단국대학교 매장문화재연구소는 더 이상 유지가 어려웠다. 그 여파로 고고학을 전공하는 제자들이 공부하고 살아갈 기회가 박탈될 수밖에 없었다. 고민 끝에 형은 그 해결책으로 한푼 두푼 저축한 돈을 털어서 법인을 설립하였다. 그리고 그 곳에서 자신의 역할과 한계도 미리 정해 두었다. 처음 4년 임기의 원장을 끝내자 마자 미련없이 법인에 대한 운영을 모두 나와 제자들에게 물려주고 떠났다. 아마도 그 당시 주변의 많은 사람들은 그 진심을 정확히 이해하지 못했다. 자신이 말한 것은 어떤 상황이 와도 지켜야 한다는 생각, 학자로서의 자존심, 후배와 제자들에 의리가 그 속에 숨어 있었던 것을 몰랐기 때문이다

어느 덧 세월은 흐르고 형도 정년을 맞이하고 20대부터 혼신의 힘을 다했던 학교를 떠나게 되었다. 교수로서의 말년은 학부 졸업 후 연구원으로 들어가서 하나 하나 자신의 손으로 살피던 유물들과 함께하면서, 박물관의 정상화를 위해서 남은 힘을 쏟아 부었다. 어찌 본다면 그것이 20대 청운의 꿈을 품고 미술사 연구의 길로 뛰어들었을 때의 꿈이 아니었을까 한다. 다만 그

런 꿈이 좀 더 일찍이 이루어졌다면 하는 아쉬움도 남는다.

　사실 형의 정년을 맞이하여 과거를 회상하는 글을 쓰면서 이렇게 구구절절 길게 늘어질 것이라 생각 못했다. 짧고 핵심만 꺼내어 쓰겠다고 했다. 하지만 기억도 희미해지고 나의 글 실력이 일천하여 만담이 되고 말았다. 한편으로는 짧은 글로는 그 인생을 표현하기가 그리 쉽지가 않기도 하였다. 나의 번잡한 글이 형의 삶에 역정에 누가 되지 않기를 바란다.

박경식 교수님의 정년을 맞이하며

정제규(문화재청 문화재전문위원)

박교수님을 떠올리면 저는 항상 이 말을 생각합니다. '맹귀우목(盲龜遇木)' 곧 '눈먼 거북이 나무를 만나다'란 뜻으로, 어려운 처지에서 마주하는 뜻밖의 행운을 말합니다. 『잡아함경』이라는 불경에 나오는 이 말은 '맹귀부목(盲龜浮木)'으로도 쓰며, 좀처럼 만나기 어려운 기회를 뜻하는 말입니다. 결국 거북은 그런 기회를 통해 꿈에도 그리는 '뭍'에 오르게 되었습니다. 박교수님은 항상 '뭍'에 오르기를 희망하던 눈 먼 거북이인 제게 '나무'가 되어 오르게 해주신 그런 분입니다.

박교수님을 처음 뵈었던 것은 1984년 군복무중이었던 시절입니다. 대학에 입학한 이후 동기로부터 "박물관에 계셨던 선배님", "수기사에서 군복무하고 있는 성격좋은(?) 선배님" 정도로만 들었던 분을 직접 만났을 때 "네가 제규냐"라고 정겹게 인사를 건넸던 순간을 기억합니다.

대학에 재직하셨던 모든 순간들, 항상 그렇게 아이들을 바라보고, 기억하고, 마음을 주었을 것입니다. 정년의 시간이 다가오는 지금 그런 순간들에 대한 애정이 컸던만큼 박교수님의 마음 역시 아쉬움이 많을거라 생각합니다. 함께 '뭍'에 오르기를 희망했던 순간들이 있었기에 그동안 너무 애썼다는 위로의 말과 함께 앞으로의 동행에도 함께 해달라는 당부의 말을 드리며 약간의 기억을 담습니다.

1989년, 한남동 퇴계학연구소에서 밤늦게 꺼지지 않았던 불빛

제가 다니던 1980년대 단국대학교의 공간은 서울 한남동이었습니다. 현재의 죽전캠퍼스와는 모습도 분위기도 다르지만, 묘하게도 '언덕배기에 위치한 학교'라는 느낌은 같아 슬며시 웃음짓기도 합니다.

군 복무 이후 복학하여 박교수님과의 인연은 퇴계학연구소에서 이루어졌습니다. 당시의 퇴계학연구소는 사범대 운동장과 과학관 사이로 빠져나와 있었던 작은 건물에 있었습니다. 그곳

은 초라하였고, 학교의 구성원들에게 반가움의 대상이 되는 공간은 아니었던 것으로 기억하고 있습니다. 그러나 그곳은 80년대 중반 어려웠던 학내의 분위기 속에서 오로지 은사의 명예와 위치를 지키기위해 애썼던 박교수님에게 그나마 쉴 수 있었던 작은 공간이었습니다.

박교수님을 기억하는 후배들은 '熊史會'라는 모임을 구성하고 항상 방앗간 찾는 참새마냥 연구소를 드나들었습니다. 일이 있으면 달려가 의논하고, 문제가 생기면 쪼르륵 달려가 해결책을 찾고, 잘못이라도 하면 꼼짝없이 들어가 정신나갈 정도의 꾸지람을 듣기도 했습니다.

1989년 대학원에 진학한 저는 고 이호영 교수님의 연구실에서 연구조교로서 책을 읽으며 지냈습니다. 지금 한백문화재연구원을 이끌고 있는 서영일 원장은 당시 사학과 조교로서 뜨거운 명성(?)을 날리고 있었는데, 우리 둘은 공간은 다르나 항상 선생님을 가까운 거리에서 모시면서 함께 자료들을 정리하고, 내 전공 분야의 책들도 마음껏 읽을 수 있었던 너무 소중했던 시간이었습니다.

연구실은 문리대 5층 교수연구실 가운데 동편 끝에 위치하였는데, 밖으로 체육관으로 올라가는 길이 한 눈에 내려다 보이는(아래로 내려가면 사범대와 퇴계학연구소로 연결되는) 뷰가 좋았던 곳이었습니다. 밤 늦은 시간 그날의 과제를 마치고 편한 마음으로 창문을 열고 밖을 내려다 볼 때는 무엇인가 했다는 만족감에 항상 행복하였던 기억이 있습니다.

그런데 언제부터인가 또하나의 즐거움이 있었습니다. 마치 북극성을 중심으로 북두칠성과 카시오페아 별자리가 서로 마주한 것처럼 저쪽 너머에도 항상 불을 밝혔던 곳이 있었기 때문이었죠. 바로 박교수님이었습니다.

그 존재를 알고부터 항상 위로와 함께 격려를 받았습니다. 또한 존경하게 되었습니다. 언젠가 서로 그 시절 이야기를 했을 때에 박교수님은 제게도 격려를 해주시더군요. "나 역시 네가 있는 연구실의 불빛을 보며 힘을 얻곤 했다"

질풍노도와 같았던 20대 후반의 그 시간과 공간에서 느꼈던 박교수님의 '晝耕夜讀'은 본인은 외롭고 힘들었을지도 모르나 저와 같은 후학들에게는 항상 빛을 밝혀주는 큰 등대였습니다.

1992년, 탑평리석탑 토단위에서의 깊은 상념

박교수님의 회상처럼 1992년 충주 남한강변 탑평리의 겨울은 무척 추었습니다. 지금도 기억나는 것은 저녁이면 박교수님을 중심으로 천막에 모두 모여 정리도, 계획도 하곤 하였는데 천막에 비닐까지 둘렀음에도 추위에 떨었던 순간들 그리고 후배들을 위로하기 위하여 매일 저녁 찾아 주셨던 충청대학교에서 정년을 마치신후 지금은 국원문화재연구원을 이끌고 계시는 장준식 교수님의 후배 사랑입니다. 누구나에게 '라떼'가 있듯이 그때는 정말 '탑평리와 우리'밖에 없었던 시간이었습니다.

탑평리사지는 주변에 있는 장미산성과 누암리고분군 그리고 중원고구려비의 존재 때문에 상당한 기대를 품고 조사에 임했던 지역이었습니다. '과연 이곳에서 무엇이 나올까' 하는 기대감이 모두에게 있었다고 생각됩니다.

발굴이 시작되기 전인 7월의 어느날 박교수님이 석탑의 높은 토단 위에 올라 가만히 아래를 내려다보고 있었습니다. 시간이 지나도 내려오지 못하는 교수님을 보다가 가볍게 물었습니다. "무엇을 그리 생각하세요". 교수님은 웃으면서 가볍게 대답하시더군요. "어떻게 해야 할 지를 고민했다. 트렌치를 어떻게 넣어야 되나 하고 말이야."

그 순간의 박교수님이 지금도 뇌리속에 뚜렷합니다. 발굴을 시작하는 책임자로서 해야할 당연한 고민이었지만 30여 년이 지난 지금도 저는 그 탑평리 토단위에서 고뇌하던 그 모습을 아름답게 기억합니다.

박교수님의 박사학위논문의 표지에는 1992년 12월이라는 날짜가 인쇄되어 있습니다. 1992년 탑평리에서의 매서운 추위와 동토에서의 어려웠던 발굴에도 불구하고 박사논문이 나온 것이죠. 지금도 그때를 떠올리면 정말 무서운 분(?)이라는 사실을 새삼 느끼곤 합니다.

2016년, 한백문화재연구원 10주년의 자리

제가 아이들에게 늘 하는 말이 있습니다. "학교 다니면서 맘에 맞는 선배와 친구가 있거든 진심으로 가까이 지내라" 이같은 안해도 될 우려는 요즘 아이들이 지나치게 독선적이지 않을까 하는 나의 생각때문이기도 하지만, 내 인생에서 차지하는 친구와 선배, 후배의 모습이 크기 때문이기도 합니다.

2016년 2월 한백문화재연구원의 10주년 행사가 있었습니다. 2005년 창립을 위한 발기인대회가 있었고, 2006년 개원한 이래 10년을 달려온 날을 기념하는 날이었습니다. 행사를 주관한 서영일 원장을 중심으로 그 날 행사에 참석해주신 여러 선생님들이 계시는데, 한백의 토대를 마련하셨던 박교수님을 비롯하여 지금은 고인이 되신 정영호 선생님을 중심으로 김동현 선생님, 장경호 선생님, 조유전 선생님, 장준식 원장님, 지현병 원장님 한국 역사고고학계를 이끌고 계셨던 여러 선생님들께서 참석해서 축하해주셨던 자리로 기억합니다.

그 사진이 지금도 한백문화재연구원의 홈피에 올라와 있는데, 중앙에는 이제는 옆에 계시지 않는 정영호 교수님이 그리고 바로 그 뒤에 박교수님이 서계십니다. 그 사진 속에 박교수님은 내가 아는 모습으로 서있습니다. 박교수님의 표정이 여러 가지가 있는데 그 중 하나는 은사님 앞에서 보이는 '엉거주춤한 듯한 모양으로 수줍은 듯 웃는' 모습입니다. 평소에는 굳세고 포기 없이 나아가는 분이 갖는 유일한 표정인 지라 혼자 웃곤 하는데, 그래도 그마음에 은사님에 대한 깊은 존경과 애정이 담겨 있어 항상 자극을 받습니다.

그 날의 모임에서 박교수님은 후배들에게 감사패를 받았습니다. 선배로서 후배들에게 받는 감사의 마음은 정말로 특별했으리라 생각합니다. 당시 제가 했던 생각은 "형 고생이 비로서 보답을 받는구나" 하는 마음이었습니다.

제가 걸어온 길에서 인생의 전환점이 되는 이력이 몇 가지가 있습니다. 89년 대학원 진학을 결정했을 때, 90년 교원대 조교로 내려가기 전, 94년 충청대학교에서 첫 강의를 시작했던 때, 95년 결혼하던 때, 98년 학교를 떠나 목아박물관으로 자리를 옮기던 때, 2000년 박사학위를 심사받던 때, 그 모든 순간순간이 제게는 새로운 길에 대한 선택이었기에 항상 긴장되고 힘들었던 것 같습니다. 그런데 새로운 도전을 할 때마다 나의 시간과 공간은 다양했지만 항상 똑같은 사실이 하나 있습니다. 항상 박교수님이 계셨다는 겁니다. 술 한 잔속에 마음을 위로해주고, 때로는 질책하고, 때로는 응원하며 눈 먼 거북이 같은 후배를 이끌어 주셨습니다. 다시 한번 이 글을 통해 깊은 감사를 드립니다.

2018년, 문화재위원으로서의 박경식 교수님

문화재청의 전문위원으로서 박교수님과는 두 번의 조사 인연이 있습니다. 서로 맡은 분야가 다르기에 조사를 같이 할 기회가 없었으나 금석문과 역사적 기록이 중요한 논의 사항이었기에 함께 할 수 있었습니다. 하나는 북한산 옛 삼천사지에 위치하고 있으나 지금은 귀부와 이수만 남아 있는 '고양 삼천사지 대지국사탑비'조사이며, 다른 하나는 서산에 위치한 '명종대왕태실' 조사입니다.

그날 박교수님의 조사하는 모습을 보며 옛날일이 떠올랐습니다. 당시 들고 다녔던 커다란 카메라 가방에는 카메라만 세 대가 있었습니다. 칼라와 흑백 그리고 슬라이드 이 세 대가 현란하게(?) 돌았던 기억이 납니다.

제가 대학에 입학했던 1982년은 충주댐으로 인한 수몰지구에 대한 본격적인 조사가 이루어졌던 시기입니다. 지금은 고인이 되신 정영호 교수님께서 충주댐수몰지구 발굴조사단을 이끌었고, 중원문화권 유적 조사를 위해서도 남한강 유역의 여러 도시를 다녔습니다. 당시 선생님 역시 커다란 가방에 카메라만 세 대를 가지고 다니셨는데, 항상 선생님의 옆에는 눈치빠른 막내 한 사람이 붙어있곤 했습니다. 막내의 역할은 선생님 옆에 꼭 붙어서 카메라 세 대가 돌아가는 것에 맞추어 준비한 새필름과 다찍은 필름을 받아 정리하는 일이었습니다. 흔히 하는 말로 33방짜리와 36방짜리가 섞여 있고, 혹여 24방짜리도 있는 날은 단단히 혼찌검이 났던 기억이 있습니다.

그런데 박교수님은 은사이신 정교수님과는 달랐습니다. 무거운 가방을 들고 항상 직접 찍고, 직접 필름을 교체하고, 직접 간수하곤 했습니다. 땀을 뻘뻘 흘리면서도 힘들어하지 않고 항상 진지하고, 프로답게 유물을 촬영하곤 했던 기억이 납니다.

북한산의 삼천사지와 서산의 태실에서 함께 한 박교수님은 여전한 모습이었습니다. 우리가 비록 30대의 청춘에서 50대를 훌적 넘긴 모습으로 만났고, 카메라도 필름카메라에서 디지털카메라로 바뀌었고, 세 대나 되었던 카메라가 한 대로 줄었지만 진지하고, 프로다웠던 형님의 모습이 그대로 남아 있었습니다.

박교수님

한동안 문화재위원으로서 활동을 하지 않았던 선생님께서 금번 위원회에서는 많은 활동을 하고 있습니다. 후배들과 제자들을 위해서 얼마나 다행인 지 모릅니다.

어느 때 어떤 모습이던지 저희들에게는 여전히 의지하고, 때로는 상의하고 때로는 매서운 질책도 받을 수 있는 선생님이시고, 선배님이십니다.

동토에서의 발굴기를 인생의 1기, 대학에서의 시간을 인생의 2기라 한다면, 정년 이후의 시간은 또다시 맞이하는 새로운 시작입니다.

항상 건강하셔야 합니다.

언제나 소박한 모습 보여주며 웃어주시기를 희망합니다.

정년을 진심으로 축하드립니다.

2022년 11월 후학 정제규 올림

스승님과의 인연, 배움 그리고 감사함

한병일((재)한국문화재보존연구원 원장)

　2000년, 나이 마흔이 넘어 문화재 보존과학업을 시작했다. 모든 것을 배워야 했고 문화재 가까이서 느껴지는 숨결조차 조심스러웠다. 국립문화재연구소에서 퇴임하신 故김병호 선생님에게 문화재보존업무를 기초부터 배우면서 경험을 쌓아갔다. 문화재 보존현장에 자문위원으로 오신 故호불 정영호 박사님을 자연스레 뵙게 되었다. 당시 박사님께서는 단국대학교 석주선기념박물관장으로 계시면서 동국대 대학원에 강의도 하셨다. 나도 문화재에 대한 뒤늦은 공부를 위해 동 대학원에서 "한국의 석조미술"이란 박사님 수업을 수강하였다. 박사님께서는 제천 장락동 칠층모전석탑, 울진 구산리 삼층석탑, 장흥 고산사 석불입상 등 여러 석조문화재의 보존처리 현장에서 자문과 본인의 경험을 말씀해 주셨고, 나는 학교와 현장에서 박사님께 학문과 실전을 동시에 배울 수 있었다. 스승님의 가르침과 경험을 통해 마치 조적탑에 돌을 하나씩 쌓아 올리듯이 석조미술과 문화재보존에 대해 기본부터 차근하게 배울 수 있었다. 대학원을 졸업하자 공부를 더 해보라는 박사님의 권유로 단국대학교 교수로 계신 박경식 교수님을 찾아뵈면서 인연을 시작하였다.

　문화재 그리고 미술사를 공부하는 분들은 다 아는 사실이지만 호불 정영호 박사님은 우리나라의 고고미술사를 개척하고 이끌어오신 우현 고유섭, 초우 황수영의 대를 이어 고고미술사의 커다란 학맥을 이어 오신 분이시고, 박경식 교수님은 그의 수제자로서 현재 단국대 석주선기념박물관장으로 재직하고 있다. 나는 정영호 박사님께 석사과정을 지도받으면서 첫 번째 큰 스승님으로 모실 수 있었고, 박경식 교수님을 박사 지도교수로 모셔 석조미술 분야의 스승과 제자로 인연을 갖게 되었다. 인생에 있어 훌륭한 스승 한 분도 만나기도 어려운데 학문과 인품으로 존경받는 두 분을 스승으로 모시게 되어 석조미술을 공부하는 모든 사람이 부러워하는 복 많고 행복한 제자가 되었다. 두 스승님께 배우고 함께한 인연은 내 인생의 소중한 보석으로 무엇보다 빛나고 감사한 일이다.

박경식 교수님은 박사 논문을 지도하시면서 여러 도움과 조언을 아끼지 않으셨고, 우둔한 늦깍이 제자를 자상하게 이끌어 주셨다. 일제강점기부터 현대까지 우리나라 석조문화재 보수역사를 정리하는데 있어서 많은 가르침은 물론 현장에서 석조문화재의 올바른 보존방법을 찾아내기 위해 함께 고민하고 노력해 주셨다. 이러한 교수님의 도움이 없었다면 어려운 과정을 쉽게 헤쳐가지 못했을 것이다. 그리고 교수님의 격려와 독촉으로 박사논문을 보완하여 2010년에 "보수사례로 본 석조문화재보존"이라는 단행본을 발간하는 기쁨과 영광도 누리게 되었다. 교수님의 헌신적인 가르침과 다 갚지 못할 큰 은혜에 진심으로 감사드린다.

교수님과 나의 20여년간 짧지 않은 인연의 기간에는 학문적 배움 외에도 문화재보존현장, 그리고 해외 문화재 답사에서도 많은 지도와 가르침을 받았다. 교수님이 자문을 맡아주신 현장 중 봉암사 지증대사적조탑비와 탑, 삼층석탑, 정진대사원오탑 그리고 양주 회암사지 석등과 부도, 상주 상오리 칠층석탑, 사명대사기적비 복원 등이 특히 기억에 새롭다. 2009년부터 5년 동안 진행된 봉암사 소재 석조문화재 보존현장은 우리 직원들은 석조문화재에 새롭고 안전한 보존기술을 응용하면서 열성적으로 보존, 복원 작업을 수행하였고 교수님도 적극적으로 지도해 주셨다. 봉암사는 우리나라 제일의 수행도량으로 부처님오신날을 제외하고는 일반인의 출입을 금하는 곳이다. 교수님은 학교에서 꽤 먼 거리임에도 작업 과정에서 도움이 필요할 때마다 내려오셔서 미술사적 판단과 기단부 시굴조사는 물론 안전문제까지도 세세한 신경을 써주셨다. 뜨거운 여름 교수님께서 많은 땀을 흘리면서도 삼층석탑 상륜부의 보륜 조립 시 부재 하나까지 기울기, 방향 등을 점검하셨고, 정진대사원오탑의 해체복원 시 작업의 모든 공정을 빠짐없이 사진기록 하시는 모습은 제자로서 고마움을 넘어 존경하는 마음을 갖게 하였다. 보존처리 완료 후 봉암사 지증대사적조탑비는 보물에서 국보로 승격되었으며, 봉암사삼층석탑도 현재 보물에서 국보로 승격 준비 중이다.

2005년 양주 회암사지 석등(보물)의 보수공사 때 일이다. 석등을 해체하는 데 화사석 받침에서 유난히 많은 수의 쐐기가 나와 모두 의아했다. 복원 시에도 화사석을 해체와 같은 방향으로 조립하여 수평을 맞추니 해체 시와 같이 네 방향 모두에 쐐기가 필요하였다. 교수님이 회암사지 석등은 네 방향의 조각과 형태가 같아 후대에 방향을 잘못 잡아 복원되었을 수 있으니 화사석의 방향을 바꿔 올려 보자고 하셨다. 교수님 의견에 따라 화사석의 방향을 바꾸니 쐐기가 거의 필요 없이 수평이 완벽하게 맞아 현장에 있는 사람들 모두 기뻐했고 모든 작업 과정을 보고서에 상세히 기록하였다. 문화재를 보수하고 복원하는 일은 학문적 이론도 필요하지만 많은 경험도 중요하다는 것을 교수님을 통해 현장에서 다시금 배울 수 있었다.

교수님과 몇 번에 걸쳐 해외 문화재 답사를 동행하였다. 답사 때마다 큰 배낭에 무거운 카메라와 여러 렌즈의 촬영 장비를 메고 다니시는 모습을 보면 작은 카메라 하나 갖고 다니는 나로서는 항시 부끄러움을 느끼기도 하였다. 문화재 하나라도 엄청난 양의 사진을 촬영하시고 저녁에 숙소로 들어와 그날의 사진을 정리하시는 모습을 보면서 학문에 대한 열정에 매번 감탄하게 되었다. 또한 2016년에 떠났던 인도 답사 때는 문화재와 미술사 전공자가 아닌 일반인들도 합류했는데 교수님께서는 여행의 피곤함에도 불구하고 매일 답사한 문화재와 관련 역사에 대해 별도의 시간을 내서 쉽고 재미있게 설명해주셔 답사동행인들이 진심으로 고맙고 유익한 여행이 되었다고 감사했던 기억은 지금도 생생하다.

교수님께 받은 많은 감사함을 조금도 갚지 못하고 아직도 배움에 목말라 있는데 어느덧 교직 정년퇴임을 하신다고 하니 아쉬움과 죄스러움이 앞선다. 교수님이 베풀어주신 귀한 가르침과 은혜를 받은 제자들이 모여 스승님의 정년퇴임논총을 준비한다고 하여 감히 스승님과의 인연을 간략하게 적어보았다. 스승님과 앞으로의 배움과 인연이 지나온 시간보다 더욱 귀하고 빛나는 시간이 되도록 노력하리라 다짐하며 교수님의 건강과 가족분들 모두의 행복을 기원해본다.

스승님의 가르침에 진심으로 감사드립니다.

사진 1) 봉암사 삼층석탑 상륜부 조립

사진 2) 봉암사 정진대사 촬영

사진 3) 회암사지 석등 해체복원

사진 4) 인도답사 시 강의모습

박경식 교수님과의 만남, 학문의 시작

백종오(한국교통대학교 교수, 한국고대학회장)

박경식 교수님께서 징년을 맞이 하신단다. 어떻게 표현할 수 있을까 고민해 보았다. 몇몇 성어로 키워드가 정리된다.

"教學相長, 晴耕雨讀, 學問的 蘊蓄, 切磋琢磨, 高足弟子"

2022년 12월 7일, 강원고고문화연구원에서 주관한 '원주 해미산성의 역사적 가치' 학술대회에 참석했다. 프로시딩의 프로그램을 보니, 개회사 지현병 원장(강원고고문화연구원), 사회 황정욱 팀장(강원고고문화연구원), 발표는 김호준 실장(국원문화재연구원), 김진형 팀장(강원고고문화연구원), 백종오 교수(한국교통대학교)이고, 토론은 유재춘 교수(강원대학교), 김철주 위원(문화재청), 김병희 원장(한성문화재연구원), 토론 좌장은 차용걸 교수님(충북대학교)께서 맡아주셨다. 그리고 플로어에 장준식 원장님(국원문화재연구원), 김성찬 학예사(원주시청), 東垣 李洪根(1900~1980) 선생의 男孫 이제희 동문(단국대) 등이 있었다.

필자 발표문은 '원주 海美山城[金臺山城] 정비 및 활용 방안'이다. 공교롭게도 그 결론은 40여 년 전 豪佛 鄭永鎬(1934~2017) 교수님께서 중원문화권유적 정밀조사 시 해미산성에 대한 의견과 동일했다. 즉 향후 방안에 '유적의 중요성과 보존관리를 위해 문화재로 지정해야 한다'는 은사님의 고견이 현재까지 미완이었다. 『中原文化圈遺蹟精密調查報告書』(1985, 단국대학교 중앙박물관)에 수록되었는데 그 혜안에 절로 고개가 숙여진다. 또한 학술대회 참석자들의 면면을 보니 하나의 공통점이 있었다. 모두 故정영호 교수님의 門徒라는 것이다.

올해가 박교수님의 현역 마지막 학기였다고 한다. 년초부터 車載斗量한 제자들이 정년 논총을 준비하였다. 필자 역시 용기 내어 교수님의 회고를 적어 본다.

필자는 1986년에 단국대학교 입학 후 반수했다가 다시 제자리로 돌아왔다. 이듬해 복학하면서 단국대 퇴계학연구소에 근무하시는 박교수님을 찾아뵈었다. 인사 겸 전공을 여쭤보기 위해서다. 교수님 曰, "미술사 분야의 문헌목록 작성, 연구사 정리, 현장 답사 등이 중요하다"고 말씀해 주셨다. 그러면서 답사 때는 현장 안내표지판을 필사하라고 주문하셨다. 당해 문화재와 약도까지 그리라고 하셨다. 손수 작성하신 표 양식을 받아 복사집에서 두툼하게 2권을 제본했다. 그 후 답사 때마다 채우는 정성을 기울였다. 그 첫 코스가 충북 충주시 중앙탑 일대였다. 당시 충주공용버스터미널은 구시가지인 문화동 544번지에 있었다. 그 옆 문화동 1024번지는 제6보병사단의 창설지(1948)이자 주둔지였다. 한국전쟁 발발 후 처음으로 승리한 동락전투(1950. 7.7)와 북진시 압록강을 가장 먼저 진격(1950.10.26)한 부대였다. 충주가 과연 교통과 군사의 요충인 것은 현대사에서도 마찬가지다.

필자는 젊은 호기에 배낭을 메고 터미널부터 중앙탑까지 도보로 갔던 기억이 난다. 원거리를 걷다 보니 교련화는 뒤꿈치를 패이게 했다. 이것이 충주와의 由緣을 맺게 된 계기였다고 생각된다. 이후 충주 탑평리사지 발굴(1992), 충주 청룡사지 발굴(1995), 충주대학교 임용(2007) 등으로 연결되었다. 늘 장준식 교수님과 박경식 교수님께서 함께 해 주셨다.

教學相長과 晴耕雨讀을 실천하다.

1992년에는 박교수님을 따라 청원과 충주에서 보냈다. 청원 비중리 일광삼존불 발굴조사와 충주 탑평리사지 발굴조사가 연이어 있었다. 이때는 학부생들이 발굴의 주역이었다. 비중리 현장에는 30여 명 정도가 있었다. 학생들의 규율 문제로 86학번 동기들과 함께 한여름 밤에 모기들에게 흡혈 당한 형벌은 아직도 생생하다. 초저녁 변씨 齋室, 툇마루에 걸터 앉은 대대장과 그 앞에 도열한 병장들과의 얼차려와 신경전이기도 했다. 필자와 김인한, 김기민, 김병현 등이다. 옆에 있던 한 학번 아래인 박준범, 손기언은 얼떨결에 동참(?)하였다. 우린 제물이었고 모기는 잔칫날이었다.

한편 모든 발굴 과정은 삽과 수레가 원칙이었다. 굴삭기는 상상도 못했다. 북한의 천리마 운동을 체험할 수 있는 남한 유일의 발굴장이었다. 또 탑평리의 방중 현장에는 학부생들이 70여 명 가량이 되었다. 그러다 보니 현장 군기는 엄격해질 수밖에 없었다. 발굴조사도 어려운데 학생들 생활까지 임장했던 것이다. 군 작전보다 더 일사불란했다. 그렇지 않아도 군용 야상을 입고 워커를 신는 것이 유행이던 시절이었다. 사단장이신 정영호 교수님, 연대장이신 장준식 교수님, 대대장이신 박경식 교수님, 중대장이신 조익현 선생님, 소대장이신 서영일 · 정제규 · 박성상 선배님 등 모두 워커를 애용하셨다. 연대장님만은 워커를 그다지 좋아하지 않으셨던 걸로 기억한다. 이들 워커는 간혹 공격용이나 자폭용 드론이 되기도 했다.

　박교수님은 이러한 일정 속에서도 항상 현장 텐트에서 생활하셨다. 처음엔 숙소에서 주무시지 왜 저러실까? 하는 의문이 끊이지 않았다. 나중에 보니 螢窓雪案으로 발굴보고서와 박사논문을 쓰고 계셨던 것이다. 요즘 말로 '뜨악'이다. 그야말로 刺股懸梁이다. 이 두 현장은 교원대, 충청대, 단국대 등이 함께 진행하였다.

청원 비중리사지 발굴 현장(1992, 건물지 초석이 청동기시대 석관묘)

충주 탑평리사지 발굴 현장(1992, 우측 텐트가 박교수님 연구실)

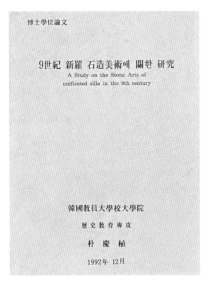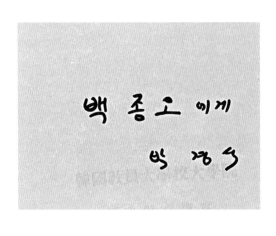

박교수님 박사학위 논문과 속지

정영호 교수님의 주도로 중원지역을 조사하기 시작한 것은 1960년대 후반부터였다. 그중 단국대 고적조사단의 단양신라적성비(1978)와 중원고구려비(1979) 발견 등 연이은 쾌거가 그 기반이 되었음은 두말할 나위가 없다. 아울러 단국대 박물관이 실시한 1980년대 초반 충주댐 수몰지구 발굴과 중원문화권 정밀조사의 노하우가 그대로 90년대 전반까지도 청원 비중리 및 충주 탑평리 발굴까지 이어지게 된 것이 아닌가 한다. 이는 정영호 교수님과 그 제자인 장준식 교수님, 박경식 교수님의 작품이었다.

필자는 1993년 2월, 학부 졸업 후 국립부여문화재연구소에서 근무하였다. 가을 되면 연구소 내 잣나무를 털어 매년 20병 정도의 잣솔방울주를 담가 놓았다. 델몬트병을 써서 말이다. 신선이 좋아하는 불로장생의 효능이 있다고 한다. 학과에서 백제문화권 답사를 오셨을 때 은사님들께 선물로 드렸다. 차문섭 교수님, 송병기 교수님, 김원모 교수님, 서영수 교수님, 이호영 교수님, 한창균 교수님, 한시준 교수님, 문철영 교수님께는 안성맞춤이었다. 후에 교수님들께서는 관절염에 효능 있었다고 하셨다.

1994년 어느날, 그 잣솔방울주들이 빈 병만 남는 사건(?)이 벌어졌다. 범인은 김병희, 정순호, 황정욱이었다. 부여 능산리 능안골 고분군의 긴급 발굴을 위해 아르바이트 와 있었다. 능안골 고분군 일대는 공설운동장을 짓기 위해 군부대의 중장비로 터파기하다가 출장가던 필자에

포천 반월산성 지표조사(1994)와 발굴조사(1995)

양양 진전사지 발굴보고서(1989)와 포천 반월산성 지표조사 보고서(1995)

의해 적발된 유적이다. 공사 책임자에게 '노란색 신분증'을 보여주면서 공사 중지를 요청했다. 지금 생각해도 그 용기가 가상했다. 이 긴급 발굴을 진행하면서 필자 집을 숙소로 사용했던 것이 패착이었다. 아직 가을 추수는 멀었는데 타작했다. 50대 중반이 되어가는 그들은 아직도 관절은 튼튼하다고 좋아한다. 이곳에서는 모두 58기의 백제 석실분이 조사되었으며 후에 국가 사적으로 지정되었다. 12년 지난, 2006년도에야 규암면에 부여종합운동장이 들어섰다. 군민들은 뭐라고 생각할까?

1994년, 박교수님께서 처음으로 포천 반월산성의 지표조사를 진행하셨는데 필자에게 유적

현황의 정리를 말씀하셨다. 당시 연구소 근무 중 인지라 매우 난감했다. 하지만 최맹식 소장님의 배려로 현장 조사와 보고서를 정리할 수 있었다. 이후 안성 망이산성과 죽주산성, 이천 설봉산성과 설성산성, 포천 반월산성 등 조사단에 '비상주조사원'으로 참여하게 해주셨다. 주말이나 휴일은 현장에서 보내며 귀중한 경험을 축적하였다. 그러면서 성곽과 기와에 대한 식견을 넓힐 수 있었으며 그 분야가 현재의 세부 전공이 되었다. 교수님의 은덕이라고 생각한다. 이들 분야는 전공자가 별로 없었다. 이유는 자명했다. 산성은 높은 곳을 올라야 하고 상대적으로 조사 및 연구 토대가 취약했기 때문이다. 남들이 어려워하는 분야였다.

切磋琢磨로 高足弟子를 양성하다.

아직도 『陳田寺址 發掘報告』(1989, 단국대학교 중앙박물관)와 『포천 반월산성 지표조사 보고서』(1995, 강남대학교 한국학연구소)를 발간하신 후 흐뭇해 하시던 모습이 눈에 선하다. 반월산성 보고서의 서문에는 각자의 역할을 아래와 같이 쓰고 있다.

"지표조사의 진행 과정에서 현장의 조사는 박경식의 주관하에, 성벽을 비롯한 성내의 시설물의 조사는 백종오가, 반월산성의 전체 평면도를 비롯한 구조물과 유물의 실측은 박성상, 김인한, 최상아, 이정원이 담당하였다. 수습된 유물 및 사진 정리는 김철웅, 최상아, 김향규가 전담하였다. 조사의 전 과정에 있어 사진 촬영은 박경식이 담당하였다. …(중략)… 보고서의 작성에 있어 반월산성의 역사적 배경은 서영일이, 조사내용은 백종오가 서술하였고, 출토유물 및 종합 고찰을 비롯한 나머지 부분은 박경식이 집필하였음을 밝힌다."(同書, 23~24쪽.)

오래전 일이다. 박교수님이 책임조사원을 맡으셨다. 如是我聞 "산성 논문은 너희 전공자들이 써야 한다. 나는 미술사만 쓸 것이다."라고 입버릇처럼 말씀하셨다. 평생 그 약속을 지키셨다. 진정한 조사자이자 진정한 연구자이시다. 현 세태에서는 조사와 연구를 겸비한다는 것이 쉽지 않기 때문에 더더욱 존경스럽다. 의욕과 열정이 넘친 콜라보였기에, 드림팀이었기에 그리움은 더할 수밖에 없다. 한편 글쓰기를 무척 강조하셨다. 그러기 위해서는 타인의 논문이나 각종 소설들을 많이 읽으면서 배워야 한다고, 문장력이 중요하다고 누누이 역설하셨다.

여러 추억들이 떠오른다. 비중리사지 지도위원회 날에 뱀을 잡은 후 과년한 규수 앞니가 깨진 일, 중국집 래리성에서 새신랑 발바닥 때려 주신 일, 석사 논문의 최종 심사 때 1시간 넘게 필리버스터로 훈시해 주신 일, 1997년 경기도박물관 근무 시, 안성 봉업사지의 발굴 허가를 위해 문화재위원회 심의에 함께 가주신 일(문화재위원 曰, 단국대 박교수가 왜 경기도박물관 심의에 왔소? …(默言)… 덕분에 발굴 허가를 득했다). 집사람 투병 시 눈시울 붉히며 두 손 잡아주시던 일, 그때 명차와 와송을 보내 주신 일 등등 그간의 기억을 소환하게 된다. 이렇듯 학문은 엄격하시고 가슴은 따뜻하신 분이다.

금번 정년 논총의 소회는 여기까지만 술회하고자 한다. 앞으로 喜壽, 米壽, 白壽까지 누리셔야 하기 때문이다. 그때마다 새로운 장이 펼쳐지면 좋겠다. 학자의 정년은 '學問的 蘊蓄'이라는 영예의 수식어가 따른다. 앞으로의 여정은 좀 더 평안하게 즐기시길 바랄 뿐이다. 한 평생을 묵묵히 응원하고 지켜주신 사모님께도 지면을 빌려 깊은 감사를 드린다. 마지막으로 박경식 교수님의 정년을 진심으로 감축드리며, 늘 훈시받는 高足弟子 백종오로 남고 싶다.

미술사 하는 남자

이해주(단국대학교 석주선기념박물관 연구 전담 교수)

선생님께서는 당신 스스로 "미술사 하는 남자"라고 생각하신다. 이 사실을 알게 된 날 얼마나 웃었는지 모른다. 남자 선생님이시고 미술사를 전공하시니 당연한 말씀인데 그 조합이 왜 그렇게 신선하고 재미있었을까. 언젠가 답사 중 현지 시장에서 선생님께서 소형 조각품 고르시는 과정을 지켜본 적이 있었다. 우연이라기엔 그 당시 선생님의 시선과 손길이 머무는 물건들이 다들 보기 좋았다. 의외였다. 전혀 촌스럽다거나 투박하지 않아서 속으로 많이 놀랐다. 선생님의 안목에 대한 믿음이 생겨 이 답사를 기념 삼아 소장할 만한 것을 골라주십사 부탁드렸다.

추천해주신 석재·목재 조각상들이 모두 귀여워서 구경하는 내내 즐겁고 신났었는데, 그런 제자의 만족스러움을 눈치채셨는지 앞서 걸어가시던 선생님께서 뒤돌아보시며 의기양양한 표정으로 물으셨다. "좋텐다. 으이구~ 내 전공이 뭐냐?" 석탑을 떠올리며 곧장 대답했다. "석탑, 돌? 돌이요!" 그랬더니 뽐내는 표정으로 바로 잡으셨다. "하여간, 임마, 돌이라니! 내가 '미술사 하는 남자'잖냐." "으하하하 미술사 큭큭큭 남자" 시장 바닥에 그대로 주저앉아 한참을 소리 내 웃었다. 언뜻 '꽃을 든 남자' TV 광고가 뇌리를 스쳤던 것도 같다. 아무튼, 선생님께서 미술사와 남자라는 개념으로 자신을 정의하셨던 그 순간은 특별했다. 그때 필자가 지도 교수님께 막연히 품고 있던 거리감이 순식간에 사라졌기 때문이다. 한편으로는 드라마에 나오는 하얗고 말끔한 소위 미대 오빠 이미지와 눈앞의 선생님 인상이 그날따라 대책 없이 멀게만 느껴진 탓도 있었다. 그렇지만 맞다. 우리 선생님께서는 미술사를 공부하신다는 사실에 대단한 자부심을 품고 계신 분이다.

미술사 하는 남자다운 면모는 선생님의 일상 곳곳에서 찾을 수 있다. 일단 생활 속에서 아름다움을 추구하신다. 선생님께서는 달고 부드러운 디저트류를 무척 좋아하시는데, 포장을 개봉하실 때 손톱이나 치아로 거칠게 뜯지 않으시고 도구를 사용하신다. 차분하게 가위를 찾아 봉지 상단을 수평으로 가르시는 우아한 모습에 감화돼, 그런 생활 태도를 본받고 싶어진 필자도 작은 가위를 마련해 이용하고 있다.

또 이왕이면 예쁜 그릇에 담아 제대로 갖춰서 드시는 것을 좋아하신다. 학교에서도 시간 여유가 있는 경우에는, 커피, 차, 음료도 종이컵에 대충 따라 마시기보다 아끼시는 찻잔에 담아 드신다. 유년기를 지켜준 피터 래빗 찻잔에 대해 좋은 기억을 갖고 계신 선생님께서는 어린 시절에 대한 향수를 불러일으키는 그 잔을 연구실에 보관하시면서 소중히 다루셨다. 보이차를 즐기시면서 주전자, 찻잔 등 예술성 높은 茶器들을 수집하시는 취미도 선생님의 이러한 미적 취향에서 비롯된 것이 아닌가 싶다.

더불어 끼니든 간식이든 한꺼번에 혹은 다급하게 드시는 경우를 거의 보지 못했다. 과자는 차와 함께 천천히 음미하시고, 적당히 드신 후에 절단된 부분을 깔끔하게 접으시고는 그 위에 테이프를 반듯하게 붙여 봉하신다. 이런 모범을 보이심으로써 번번이 식탐에 굴복해 용량이 큰 과자도 앉은 자리에서 끝장을 보고야 마는 자들에게 절제의 미덕을 교육하신다. 참 스승이시다. 다만, 이런 습관과 조화되지 않는 선생님의 볼록한 배 앞에서 갸우뚱하게 되는데, 후술하겠지만, 이것은 '인격 주머니'로 봐야 할 것 같다.

미술사 하는 남자라는 선생님의 자부심은 외모에 대한 긍지와 맞닿아 있다. 이만하면 키도 크고 어깨도 딱 벌어졌고 얼굴도 준수한 편이 아니냐며 스스로에 대한 애정을 감추지 않으신다. 농담이 아니라 진담이다. 그때마다 필자는 선생님을 향한 존경심은 외모에 호감을 느껴서 싹튼 게 아니라고 단호하게 말씀드렸다. 그러면 선생님께서는 당신의 젊은 시절 모습을 알지 못하는 필자를 그저 안타까워하셨다. 그러다 6년 전쯤 기회가 찾아왔다. 어느 가을날, 황룡사지 발굴조사 40주년 기념사진 전시회 책자를 건네시면서, 이 안에서 선생님을 찾아보라는 지령을 내리셨다.

이 미션이 떨어졌을 때, 선생님께서 대학교 1학년 때부터 황룡사지 발굴에 참여하셨다는 사실을 익히 들어 알고 있던 터였다. 드디어 오늘 선생님의 20대 모습을 보는구나 싶어 내심 기대됐다. 책을 펼쳐 한 장 한 장 넘기던 중 〈사진 1〉을 보자마자 환호했다. 얼마나 반갑던지 즉시 보고드렸다. 사회에 불만이 많아 보이는 청년 박경식 군을 한눈에 알아봤노라고. 연세 드시면서 점차 인상이 부드러워진 것 같다는 소견도 함께 곁들였다. 70년대 말의 미남자는 이런 스타일이었는 말씀에 수긍할 수 없었다.

그런데 지금 이 글을 쓰면서 6년 만에 다시 79년도의 선생님 모습을 마주하니, 반골 기질이 가득한 표정이라기보다 진지하고 책임감 강한 23세 청년인 것 같기도 하다. 내친김에 90년대 후반, 필자의 대학 시절 선생님의 사진을 찾아봤다. 지금도 그렇지만 그 시절 우리 선생님의 트레이드마크는 백발이었고, 그로 인해 선생님은 노안의 대명사였다. 실제 발굴 현장에서 오랜 시간 함께 작업해왔던 마을 어르신들조차 '저 노교수님' 춘추는 어떻게 되는지 궁금해하곤 하셨으니 적어도 동안과는 거리가 먼 분이셨던 것은 분명하다.

1. 1979년   2. 1997년 3월

　그런데 어찌 된 일인지 지금 필자의 눈에는 모자를 쓰고 웃고 계신 선생님이 앳돼 보이기까지 하다〈사진 2〉. 참 젊으시다. 왜 이렇게 보이는 걸까. 그 이유를 알 것도 같다. 25년 전, 사진 속 선생님의 연세는 고작 마흔 하나에 불과하기 때문이다. 필자가 이미 41세를 훌쩍 지나와서 그런지, 사진 속 젊은 선생님이 어떤 면에서는 애잔하게 느껴진다.

　낼 모래 쉰 살을 앞뒀음에도 불구하고 필자는 그저 미숙하여 매 순간 선생님을 의지하고 있고, 선생님께서 계시지 않는 순간을 상상할 수조차 없기 때문이다. 고백하건대, 간혹 선생님과 연락이 닿지 않아 시간을 다투는 중요한 사안에 의견을 구하지 못하고 홀로 판단해서 결정해야 할 때, 길 잃은 6세 아동이 된 듯한 불안감과 두려움을 느낀다. 필자 역시 선생임에도, 내 선생님의 목소리를 듣거나 얼굴을 직접 봬야 안심이 되는 순간들이 적지 않다. 인정한다. 필자가 미욱하여 스스로 서지 못한 탓도 크다.

　그 아무리 역량이 출중하다 한들, 97년의 선생님께서는 마흔을 갓 넘긴 병아리 교수님이셨다. 아마도 짐작하건대, 당신 스승의 응원과 지지가 간절하셨을 것이다. 그런 시점에조차 선생님께서는 당신께서 받기 원하셨던 사랑을 후배와 제자들에게 베푸셨다. 조심스럽게 헤아려보자면, 선생님께서는 학자의 길을 걷고자 하는 이들이 곁에 모이기 시작하자, 그들을 책임지고 돌봐야 한다고 결심하셨던 것 같다. 어떤 심정이셨을까. 不惑이라고는 하나, 그것은 지향일 뿐 어디 현실이 그렇던가. 앞이 보이지 않는 상황 속에서 선생님께서는 도대체 어떤 희망을 품으셨기에 후학들의 길잡이를 자처하셨던 것일까.

저 사진을 보면서, 선생님께서는 현재의 필자 나이보다 어렸던 저 당시에, 가진 게 많아서가 아니라, 잔뜩 짊어지신 삶의 무게를 힘겹게 견디시면서도 그런 내색을 하지 않으시고 제자들을 위해 어른 역할을 해주셨던 게로구나 생각하니 어쩐지 가슴이 먹먹해진다. 감사하고 죄송하고 속상하다. 이렇게 묵묵하게 30년 가까이 주변을 돌보시다 정년을 맞이하신 선생님의 인생을 반추해보니 오늘따라 선생님이 거인처럼 크고 높게 느껴진다. 지금 느끼는 이런 경건한 기분을 발판 삼아서, 선생님과 학교에서 지내온 시간을 돌이켜 몇 가지 추억들을 더 꺼내 보겠다.

선생님과의 인연은 1996년 3월 필자가 단국대학교 사학과에 입학하면서 시작됐다. 미술사 과목이 따로 없었던 당시에는 한국사 시간에 선생님을 뵐 수 있었다. 파격적이고 신선한 수업에 몹시 끌렸다. 한국사 교과서가 있기는 했지만, 선생님께서는 강의실에 맨몸으로 오셔서 교재에 구애받지 않고 선생님만의 강의를 펼치셨다. 이전까지는 한 학기 동안 지정된 교과서를 떼는 것이 곧 수업을 듣는 것이었는데, 선생님 덕분에 새로운 경지에 눈을 뜨게 됐다. 다른 책이나 메모지의 도움 없이 문헌사와 미술사를 자유자재로 누비시며 재담을 곁들여 활력 넘치는 강의를 하셨기 때문이다.

특히 기억에 남아있는 장면은 석탑의 미감을 언급하셨던 대목이다. 석탑 지붕의 처마 길이와 반전 곡선의 기울기 등에 시대의 미감이 반영돼 시대별 스타일이 각기 달리 나타난다고 설명하시던 눈빛과 목소리가 지금도 생생하게 떠오른다. 실제, 백제 토기와 삼국시대 불상의 미의식, 종교 조형물에 표현된 다양한 문양의 의미 등에 대한 필자의 관심은 학부 시절 선생님 강의에서 받은 지적 자극에 힘입은 바 크다. 덕분에 현재까지 미술사 공부를 이어가고 있다.

그래서 운명이라고 믿는다. 선생님께서 그리고 미술사라는 학문이 필자 개인에게 끼친 영향

3. 2016년 1월 인도 부다가야 마하보디 대사원

력을 생각하면, 망설임 없이 운명이라고 말하고 싶다. 만약, 누군가 필자에게 선생님과 함께 공부한 시간과 겪어온 과정을 사랑하는 것인지 이 공부 자체를 좋아한 것인지 묻는다면 쉽게 답하지 못할 것 같다. 하지만 질문의 방향을 바꿔서, 다시 스무 살로 돌아가 선생님을 만나 이 길을 걷고 싶은 생각이 있냐고 물어본다면 대답할 수 있다. 네, 그렇습니다.

끝으로, 한없이 소소한 에피소드일 수 있지만, 어떻게 보면 또 의미심장하고 인상적인 두 사건을 소개하며 마치고자 한다. 하나는 대표적인 불교 성지인 인도 부다가야 마하보디 대사원에서 지켜본 '강아지의 조복' 사건이다. 마하보디 대탑은 2016년 1월 초에 떠났던 인도 답사의 이틀 차 마지막 방문지였다. 어두운 밤이있는데도, 석가모니가 깨달음에 이른 금강보좌와 보리수가 있는 성지답게 탑 주변은 전 세계에서 모여든 신도들과 관광객들로 붐볐다. 사원 입구에서 신발을 벗고, 계단을 내려가 거대한 탑을 한 바퀴 돌고 있었는데, 어느 틈엔가 검정 개 한 마리가 홀연히 나타나 선생님을 졸졸 따라다녔다.

처음에는 검정 개에게 별 관심을 두지 않았다. 그저 잠시 필자의 양말을 염려했다. 실수로 저 개의 소변을 밟으면 어쩌나 싶어서 말이다. 하지만 대탑 주변에 앉아서 명상에 들거나 오체투지의 절을 올리는 신도들의 모습을 카메라에 담는데 정신이 팔려 어느새 검정 개의 존재를 잊었다. 그러다 문득 멈춰서서 선생님께서 어디 계신지 살피는데 저 멀리 그 개가 시야에 들어왔다. 놀랍게도 용케 선생님을 놓치지 않고 뒤쫓아 꼬리를 살랑이며 걷고 있는 게 아닌가. 심지어 선생님께서 난간 바닥에 자리를 잡으시고 카메라 렌즈를 교체하시는 동안에는 호위 무사 인양 바짝 다가앉아서 선생님을 지키는 눈치였다〈사진 3〉.

이 녀석이 훌륭한 사람을 용케 알아본다고 기뻐하시는 선생님께, 필자는 선생님 옷에서 선생님 댁 강아지들 냄새가 나는 것 같다고, 그래서 지금 이 개가 친구들 냄새 맡고 좋아하나보다고 겉으로는 중2병 환자처럼 굴었다. 하지만 속으로는 알고 있었다. 선생님께서 탑에 운집한 방문자 중에서 반려견과 생활하시는 유일한 분일 확률이 얼마나 되겠는가. 솔직히 말해 가슴이 뭉클했다. 사람을 능가하는 후각과 청각을 소유한 저 개가 동식물을 사랑하시는 선생님, 그리고 제자들에게 관음보살이자 약사여래인 선생님의 佛性을 알아본 것일지도 모르겠다 싶어 감동했기 때문이다. 그래서였다. 저 순간을 오래도록 간직하고 싶어서 부랴부랴 카메라 셔터를 눌렀던 것은.

다른 하나는 필자의 주차 훈련 사건이다. 필자는 주차와 운전에 임하는 마음가짐을 선생님께 배웠다. 이 과정을 통해 필자의 머리가 '서두'임이 증명됐고 선생님께서 부처님 가운데 토막이심이 밝혀졌다. 서두는 선생님께서 96년에 지어주신 별명이다. 언뜻 상서롭다는 뜻으로 곡해해서 받아들인 적도 있지만(瑞頭), 본디 '쥐 대가리(鼠頭)'라는 취지로 탄생했다.

참고로 필자는 운전면허를 02년에 받았지만, 운전은 15년 여름에 뒤늦게 시작했다. 별도의 도로연수를 받았음에도 주차에 영 자신이 없었다. 다른 사람이나 자동차에 위해를 가하게 될까 봐 조심스러웠다. 하여 언감생심 돌발 변수가 많은 마트에 주차해 장을 볼 엄두는 내지 못하고 그나마 익숙한 집 주차장에 간신히 주차하곤 했다. 이를 측은히 여기신 선생님께서 감사하게도 삼복더위가 한창인 여름방학 때, 태양이 작열하는 학교 주차장에서 필자의 주차 연습을 도와주셨다.

지나치게 긴장해서 좌우를 구분하지 못하는 데도, 목소리를 높이시거나 한숨을 쉬지 않으셔서 필자는 점점 더 주눅이 들었다. 조금 더 하면 나아질 수 있는 사람에게만 화를 내시기 때문이다. 선생님의 상냥한 목소리와 평온한 표정에서 체념을 읽었다. 선생님께서는 정말 쥐에게 운전을 가르치시는 중이셨다. 그 와중에도 풀이 죽은 필자의 기운을 북돋아 주시려고 틈틈이 덕담을 건네셨다. "선생님 믿지? 선생님한테 배운 사람들은 다 운전 도사가 됐어. 너도 선생님을 믿어."

세 시간이면 습득할 주차의 ABCD를 사흘에 걸쳐 익히고, 마침내 학교 근처 이마트에 주차 실습을 나가 단번에 주차라인 안에 차를 넣었던 그 날의 벅찬 감정을 잊지 못하겠다. 신나서 선생님께 인증샷을 전송했더니, 문자로 쓰다듬어 주셨다. '장하다, 내 새끼!'

다시 차를 끌고 학교로 복귀했을 때, 선생님께서 눈을 맞추고 말씀하셨다. "해주야, 주차 한 번에 성공 못 해도 돼. 여러 번 넣었다 뺐다 하면서 저 라인 안에 세우기만 하면 돼. 그렇게 했는데도 학교에서 주차를 못 하겠거든, 그땐 언제든 선생님한테 전화를 해. 알았지? 그럼 선생님이 가서 해줄게." 이 말씀을 들은 이후로 필자는 자동차와 관련된 문제로 선생님을 찾은 적이 단 한 번도 없다. 위기 상황이 없었던 것이 아니다. 그럴 리가 있겠는가. 실력이 나아졌던 것도 아니다. 다만 그날 이후 필자는 혼자가 아니었기 때문에 크게 당황하지 않는 운전자로 거듭날 수 있었다. 내겐 전화하면 와주실 선생님이 계시지 않은가! 뒷배가 든든했다. 그 말씀을 떠올리면서 놀란 마음을 심호흡으로 진정시키면 혼란한 상황에서 빠져나올 수 있었다.

이런 맥락에서 우리 선생님 배를 '인격 주머니'라고 보는 것이고, 제자를 위하는 선생님의 마음을 관음보살이자 약사여래에 비견하는 것이다. 소년 시절에 목사를 꿈꿨던 분께 부처님이 웬 말인가 싶기도 하다. 하지만 어쩌겠는가. 필자는 제출 마감 시간이 코앞인데 논문 마무리에 난항을 겪는 긴박한 때에도 잠깐 눈을 감고 선생님 말씀을 떠올린다. "선생님한테 전화해, 선생님이 도와줄게." 떠올리는 것만으로 마음이 평온해진다. 온갖 번뇌가 사라진 적멸의 순간을 경험한다. 이렇게 선생님 덕분에 천주교 신자인 필자는 부처님 세계를 가깝게 느낀다.

박경식 교수님과 함께했던 10년간의 아름다운 추억

김은주(前 단국대학교박물관)

낯선 교정을 들어서며 옷깃을 여미던 2012년도 3월의 차가운 공기가 엊그제 같은데, 2022년 8월 어느 무더운 여름비가 내리 날 교수님의 정년 퇴임식을 보며 세월이 찰나의 순간으로 지나갔구나 생각했습니다. 교수님과의 10년, 짧은 것 같지만 결코 짧지 않은 시간이었습니다. 흔히 우연에 우연히 겹치면 인연이 된다고 하더군요. 나름 삶의 작은 우여곡절을 넘어 교수님을 만나게 된 건 인생에 있어 아주 귀한 인연을 만나기 위함이 아니었을까 생각해봅니다.

혹시 덕후라는 이야기 들어 보셨는지요? 저는 흔히 이야기하는 덕후입니다. 제 기억이 시작하는 어린 시절부터 지금 이 글을 쓰고 있는 순간까지 소위 덕질[1]을 한 번도 멈춘 적이 없습니다. 애니메이션, 종교, 배우, 가수, 드라마 기타 등등 장르를 가리지 않고 덕질을 하였습니다. 이 글을 읽고 계실 분들은 어떻게 생각하실지 모르겠지만, 자신의 전공 분야에서 석사를 받고 박사를 받는 일련의 과정들이 어쩌면 그 자체가 덕질이며, 전문적인 덕후, 즉 일명 전문가가 되는 과정 아닐까 생각하는 사람 중 하나입니다. 왜냐면 덕질도 공부도 시간과 열정 그리고 에너지와 애정으로 몰두해야지만 얻을 수 있고 인정받을 수 있기 때문입니다. 그래서 이 글을 읽고 계신 여러분들은 바로 '덕후'라 지칭하고 싶습니다. 부정하지 마세요. 여러분이 관심을 가지고 전문적으로 일을 하시거나 애정을 품고 계신다면 그 분야의 덕후입니다.

생각의 연장선으로 교수님께서는 탑(塔) 덕후계의 정점을 찍고 계시고 있는 분이시기에, 덕후 중의 덕후. 탑(塔) of Top 덕후라고 이야기하고 싶습니다.(언어유희) 오랜 세월 쉬지 않고 석탑에 대해 심도 깊이 공부하시고 저서도 남기시며, 학자로서뿐만 아니라 강단에서 교수로 자신의 배움을 끊임없이 제자들에게 나눠 주는 교수님이야말로 덕후 중에 덕후라 생각됩니다. 저는 탑(塔) 덕후이신 교수님을 지난 10년간 제자로서 팬(FAN)으로서 덕질을 해왔습니다. 딱히 큰

※ 글을 시작하기 전, 저는 선생님과의 추억이 딱딱한 글이 아닌 그냥 한 귀퉁이 오늘의 소소한 유머 같은 글이었으면 하는 마음으로 쓰게 되었습니다, 교수님도 이 글을 읽으시는 분들도 가벼운 마음으로 읽어주셨으면 좋겠다 생각해 봅니다. 그리고 온전히 저의 중심적 추억이기에 박교수님이 기억하시는 거와 다를 수 있다는 점을 강조하고 싶습니다.

1 어떤 분야에 대해 애정을 가지고 그와 관련된 물건이나 정보를 수집하며 파고드는 일.

계가 있어 시작한 건 아니지만, 자연스레 스며든 팬심(FAN心)이라 할 수 있습니다.

저는 학부는 타 대학을 다녔기에 전혀 교수님에 대해 누구에게 들은 바도 없었고, 그렇다고 일면식(一面識)도 전혀 없었습니다. 그냥 졸업 후 탑(塔)을 공부해보고 싶다는 생각에 대학원을 준비하는 과정에서 읽었던 선생님의 글들이 교수님을 만나게 된 인연의 작은 연결고리였습니다. 아마 그때 선생님의 글을 읽어보지 않았으면 저는 지금 전혀 다른 삶을 살지 않았을까 생각이 드네요. 아마 이것이 저의 덕후 생활의 시작점이 아니었을까요.

교수님을 뵈었던 세월 동안 깊은 1대 1의 대화를 많이 해본 것은 아니지만, 짧게 일상에서 오고 가는 대화 속에 형식적인 말이 아닌 누구보다 진심 담긴 한마디 한마디가 선생님의 진심을 느낄 수 있었습니다. 항상 담긴 말씀 속에는 제자에 대한 따뜻한 관심과 애정이 담겨 있었습니다. 아마 제가 교수님 자제분들과 비슷한 또래라 부모의 마음이 크시지 않았나 짐작해 볼 뿐입니다. 또한 제가 생각한 교수님은 본인께선 잘 모르실 것이라 생각되지만, 겉으로는 무심한 듯 보이시지만 실상은 무척 매너가 좋으시고 세심하면서 다정하신 분이라고 주변 분들에게 이야기하곤 합니다.

글을 쓰며 추억을 되짚어보니, 남들이 보기엔 너무 사소한 부분들이라 이야깃거리가 되나 싶은 일들만 떠오르네요. 그래도 몇몇 추억을 떠올려 보면, 그중 처음은 대학원에 들어와 연구실에 계시는 교수님을 찾아뵈었을 때가 아닐까 싶습니다. 처음 뵈었던 면접장에서보다 더 다가가기 어려운 Aura를 뿜으며 연구실에 앉아 계시는 교수님의 모습은 막연히 '어려운 분이겠구나'라고 생각했었습니다. 하지만 들어가 앉자마자 다정히 '잘 왔고 열심히 해보자'라고 이야기하시며 '이번에 너랑 동기로 석탑 공부하고 싶다는 남자애가 있는데 수업 들어가면 찾아봐라'라고 말씀하셨습니다. 낯가림이 심한 저로서는 용기를 내 볼 수 있는 포인트를 만들어 주신 교수님께 너무나 감사한 순간이었습니다. 그 말씀 덕분에 용기를 얻어 귀한 대학원에서의 인연이 닿게 되어 지금까지도 우정이 지속되고 있습니다.

교수님과 가장 큰 추억은 두 번의 중국답사이지 않을까 생각이 듭니다. 답사 이전까지는 교수님의 글과 강의를 들으며 존경심 가득한 팬심(Fan心)을 키우게 되었다면, 답사 때부터는 소위 본격적인 교수님 덕후(?)로 거듭나지 않았나 생각이 듭니다.

중국답사는 그동안 강의실 안에서 교수님이 보여주셨던 사진들을 답사를 통해 실견하면서 다시 한번 짤막한 설명을 곁들여 되짚어 주시는 그 시간들이 너무 좋았습니다. 이러한 학문적인 경험치를 쌓는 시간도 좋았지만, 앞에서 이야기했던 교수님의 세심하고 다정한 면을 느낀 순간도 있었습니다.

첫 번째 답사였던 서안 답사에서 개인적으로 찾아온 위기의 순간은 중국 음식이었습니다. 중국이 처음이 아니라 두 번째 온 것이었지만 전혀 몰랐었죠. 음식이 위기가 될 수 있다는 사실이… 이전에 중국에 왔을 땐 동북 3성의 한식당으로만 다녀서 본토의 향신료의 위험성을 전혀 알지 못했습니다. 첫 식사부터 짜릿하게 다가오는 고수(香菜)의 향기, 왜 음식에서 샴푸 맛이 나는 건지, 탕수육 깐풍기만 생각한 저로서는 많은 생각이 들었습니다. 왜 한국 사람들이 해외에 나가면 고추장을 챙겨 다니는지 그제야 알게 되었죠. 숙소에 비상 고추장을 깜박하고 두고 나와 쌀밥만 깨작거리고 있었을 때였습니다. 같은 테이블에 앉아 계시던 선생님께선 평소에 잘 먹던 제가 밥만 깨작거리고 있는 게 안쓰러우셨는지 '끼니는 잘 챙겨 먹어야 된다.' 말씀하시며, 고추장과 함께 그나마 먹을 수 있는 음식들 위주로 제 앞으로 밀어주셨습니다. 한편으로 '너무 티 나게 앉아 있었나'하는 마음에 민망하기도 하면서 눈여겨보시고 살뜰히 챙겨주신 마음이 참으로 감사했었습니다. 그 후로도 식사 때마다 향신료가 많이 들어가지 않는 음식들을 많이 주문해주셔서 덕분에 쌀밥만 먹지 않게 되었죠. 그리고 두 번의 중국답사를 다니는 동안 젊은 제자들이 굶을까 얼마나 걱정을 하시던지… 20대에 들어와서 삼시세끼 꼬박꼬박 챙겨 먹었던 건 그때가 거의 유일하지 않았나 생각됩니다. 힘든 답사 일정을 소화하면서 '힘든 일정에 식사라도 잘 챙겨 먹이자'는 제자들을 향한 교수님만의 사랑 표현방식이 아니었나 짐작만 해볼 뿐입니다. 이러한 면에서 학자로서의 존경심 플러스 다정한 면모를 알게 되어 괜스레 감동받게 된 순간이었습니다. 또한 두 번의 중국답사를 통해 저에겐 저 멀리에서 교수님의 자연스러운 모습을 카메라에도 담아 보기도 하고 짧은 동영상으로도 자료 수집을 할 수 있었던 시간이었습니다. 덕후의 기본자세는 자료 수집 아니겠습니까.(웃음)

또 다른 추억은 아무래도 누구나 교수님과의 교류가 많아지는 시기, 졸업논문을 쓰는 기간에 있었던 일입니다. 한참 제가 논문을 쓰던 때는 처음 교내 박물관 관장 보직을 맡으신 해이기도 하셔서 교수님을 참 뵙기 힘든 때였습니다. 그런 시기 어렵게 뵌 교수님께 논문 쓰겠다는 사람이 정말 준비 하나 없이 해맑게 목차 한 장만 달랑달랑 들고 '논문 쓰겠습니다.' 얼굴 내밀며 찾아간 제가 얼마나 어이가 없으셨을지… 지금 제가 생각해도 하룻강아지 범 무서운 줄 모른다고, 정말 천진난만했던 시기였네요.

대책 없이 찾아간 후 교수님께선 일과(日課) 시간에는 도저히 시간이 되지 않으셔서 일과를 마친 저녁 시간에 어렵게 시간을 내 논문 지도를 해주셨던 기억이 납니다. 세 번에서 네 번 정도 선생님을 뵈었던 것 같은데, 그때마다 어디서 그런 에너지를 내시는지… 정말 쉬지 않고 세·네 시간 교수님과 함께 논문의 방향성을 잡아가고 작성 해온 글을 고쳐가면서 너무 죄송하면서도 감사했는지 모르겠습니다. 솔직히 그냥 대충 봐주실 수도 있는데, 저녁 시간을 온전히 논문 지도를 위해 내어주신 것만으로도 교수님께 표현은 못 했지만, 감동의 감동이었습니다.

어느 날, 논문을 쓰다가 막혀서 헤매는 부분이 있었는데 은근슬쩍 넘어가려 했었던 날이 있

었습니다. 아니 근데 어쩜 그렇게 그 부분만 귀신같이 찾아내시면서 크게 혼내시는지, 지금에
서 얘기지만 조금 섭섭하기도 하고 도저히 풀리지 않은 부분이었기에 내 논문이지만 내 마음
같지 않았습니다. 그 순간에 해결하지 못한 저에게 화가 교수님 앞에서 울었던 기억이 납니다.
그때 교수님이 큰 목소리로 '뭘 잘했다고 우냐고' 그러셨는데… 울고 있는 와중이라 정확한 기
억이 아닐 수도 있지만, '잘해서 우는 게 아니라 못 고치는 저한테 화가 나서 웁니다.' 라고 말씀
드렸던 것 같습니다. 괜찮다며 다정한 어투로 '고치면 되지 왜 울어'라며 오히려 달래주시던 교
수님의 모습이 떠올라 괜히 웃음이 나네요. 혼내시다가 다정해지신 교수님 표정이 갑자기 부드
러워지셨거든요, 사실 그때 심정으로는 연구실 문을 박차고 뛰쳐나가고 싶었습니다. 아마 문을
열고 뛰쳐나갔다면, 열두 배로 더 혼나지 않았을까하는 생각에 등골이 서늘해집니다.(큰 웃음)

그리고 보니 교수님께서는 어디 학회에 가시거나 발표하시는 경우가 많으셨는데, 당시 제자
들에겐 말씀해 주지 않으시다 한참 뒤에 교수님께 듣게 되거나 우연히 인터넷 검색으로 다녀오
셨다는 사실을 알게 된 경우가 굉장히 많았습니다. 그러던 어느 날 우연히 검색하던 중 선생님
이 서울 모처의 한 학술회의에서 발표하신다는 것을 알게 되었습니다. 말씀을 안 해주시니 우
리도 몰래 다 같이 한 번 가보는 게 어떻겠냐는 생각에 교수님껜 말씀드리지 않고 친한 선생님
두 분과 함께 학술회의를 다녀왔습니다. 정말 눈에 띄지 않게 듣고 있었기에, 학술회의가 다 끝
날 때까지 저희가 온 사실을 교수님께선 까마득하게 모르셨습니다. 모든 발표가 끝난 후 퇴장
하시면서 인사드리려고 깜짝 손님처럼 서 있던 저희를 발견하시고는 엄청 놀라신 표정을 지으
셨는데, 놀란 눈빛 그리고 반가움 가득한 표정이셨습니다. 속으로 서프라이즈 파티를 성공시킨
기분이었죠. 저희에게 말씀하시지 않고 다니셨던 건 짐작하건대 공부하기 바쁜 제자들에게 부
담감과 시간을 뺏고 싶지 않으셨던 것이 아닌가 생각해 봅니다.

그리고 또 소소하게 생각나는 기억이 하나 있습니다. 때는 2017년 봄으로 기억하는데, 당시
학부 답사가 강원도 지역으로 결정되었고, 토요일에 국립춘천박물관이 답사 코스에 있다는 소
식을 사전에 듣게 되었습니다. 그때 저는 취업 후 춘천에 거주 중이었고, 바로 박물관이 있던
동네에 살았던 터라 오랜만에 교수님을 뵐 생각에 며칠 전부터 두근거렸습니다. 평일도 아니고
주말 얼마나 좋습니까!!

그러나 누가 그랬죠… '덕후는 계를 탈 수 없다고…'[2] 수많은 날 중에 왜 갑자기 주말에 현장
회의가 잡혔는지… 입사하고 한두 번 있을까 말까 하는 주말 현장이 왜 하필 그날이었는지. 당시

---

2 내가 좋아하는 최애(最愛)가 내가 갔던 장소에 한·두 시간 전, 아니면 전날이나 다음날에 다녀가거나, 내
 가 급한 일이 생겨 참여하지 못한 행사에 갑자기 등장해 만나거나나 기타 다양한 이유로 덕질 대상인 최애
 (最愛)가 나를 피해서 갈 때, 푸념 섞인 말로 사용하는 문장입니다.

업무가 5시에 끝나는데, 시간상 거의 못 뵌다고 생각했었습니다. 반쯤 포기하는 마음으로 현장을 정리하면서 당시 답사에 동행 중이었던 친한 선생님께 '혹시 떠나시지 않으셨을까?' 하는 마음에 확인차 연락을 해봤었습니다. 그런데 아직 박물관 관람 중이라는 소식을 전해 듣고 정말 허둥지둥 박물관으로 뛰어갔습니다. 그나마 당시 현장이 관내 현장이라는 사실이 얼마나 다행이라 생각했었는지… 몰골이 처참한 상황이었지만 일단은 뵙자는 일념 하에 교수님을 뵈러 갔습니다. 다행히 박물관 입구에 손 씻을 수 있는 곳이 있어 더러워진 손부터 깨끗이 씻었습니다.

　드디어!!! 저 멀리 보이는 우리 교수님!! '선생님!!'을 외치며 반갑게 인사드렸습니다. 교수님께 인사를 드리고 안부 인사를 나누며 만나 뵙기까지의 힘든 여정을 강하게 어필하였습니다. 또 교수님이 먼 춘천까지 오셨는데 뵙지 않을 수가 없고, 그냥 지나가는 건 팬이자 덕후로서 있을 수 없는 일이기에 만남은 매우 중요하다는 이야기를 드렸습니다. 선생님의 반응 이떠셨을지 상상이 되시나요? '정말 어이없지만 기분은 엄청 좋다'라는 표정으로 웃으시며 혀를 두 번 끌끌 차셨습니다.(웃음) 저는 괜히 쑥스러우셔서 그러신 거라고 제 마음대로 생각했습니다.(웃음) 그리고는 5월 1일에 '학교에 잠시 들리겠다.'라고 말씀드렸더니 무심하게 악수해주시며 '점심 사주시겠다. 연락해라.' 하셨습니다, 그리고는 헤어지기 전 저에게 시크한 표정을 짓다 웃으시며 '오늘 악수 두 번 했다'라는 사실을 강조하셨습니다.[3] 진짜 그 자리에서 엄청 크게 웃었던 거 같은데, 지금 생각해도 웃음이 나네요. 평소에 무뚝뚝하신 교수님과 그날 두 번이나 악수한 성공한 덕후가 된 저에게 그 상황을 스스로 강조하신 상황이 너무 웃음이 나더라고요. 교수님과 헤어진 후 집에 도착해서 한참 앉아 웃었던 기억이 납니다. 덕분에 만남 이전에 가라앉았던 기분이 만남 이후에는 즐겁고 행복한 기억으로 남아 있게 되었습니다. 정말 오랜 시간이 지난 후 당시 그 상황을 지켜보셨던 어떤 분이 당시 크게 인사하던 제가 생각이 났다는 이야기를 추후에 전해 듣기도 했었습니다.

　다른 제자분들에 비해 저의 추억은 짧은 시간이지만, 10년 동안의 기억을 떠올려 보니, 글로 옮겨 적은 이야기 외에도 참 많은 일들이 소소하게 생각이 납니다. 가끔 선생님과 점심 식사를 하고 소소하게 커피 마시던 일상, 캐주얼이 아닌 정장에 분홍색 셔츠를 입고 오셔서 소매를 걷고 있던 교수님의 새로운 모습이 신기하고 잘 어울리셔서 눈여겨보았던 순간, 계절감을 잊은 선생님의 옷차림에 걱정되었던 기억, 연구실에 놀러 갔다가 컴퓨터 바탕화면을 제가 찍은 교수님 사진으로 마음대로 바꾸고 나왔던 어느 날, 금방 바뀔 것이라 생각했지만 한동안 바뀌지 않았던 교수님의 컴퓨터 바탕화면. 그리고 코로나 이전 교수님의 많은 제자분들과 떠났던 3번의 답사 등 매 순간 따뜻하고 즐거웠던 기억들이 아련히 떠오릅니다. 물론 좋은 날만 있었던 건 아니지만, 교수님에 대해 좋은 기억만 계속 생각나는 건 그 시간들이 참으로 소중했고, 따뜻한 온

---

3 첫 악수는 인사드릴 때 해주셨습니다.

기들로 가득 물들어 있어서가 아니었나 하는 마음입니다.

그러고 보니 10년이라는 시간이 저의 인생에 있어서는 3분의 1정도 인생의 비율을 차지하고 있네요. 글을 쓰고 있는 지금. 인생의 조각들 속에 많은 부분 교수님과 함께한 추억들로 가득 차 있다는 생각하니 마음 한구석이 울컥하면서도 뭉클해져 옵니다. 비록 지금은 정년을 맞이하시고 캠퍼스를 떠나셨지만, 앞으로는 캠퍼스 안이 아닌 밖에서 교수님과 새롭게 쌓일 추억들을 생각하니 조금 설레기도 합니다.

항상 버릇처럼 본인은 해준 것이 없다고 말씀하시지만, 전혀 생각지도 못한 순간순간 많은 부분들에 있어 도와주시고 조언과 응원을 아끼지 않아 주셨던 교수님이자 인생의 길잡이가 되어주신 선생님께 애정 어린 존경의 마음과 함께 감사함을 가득 담아 이 글을 바칩니다. 선생님 항상 건강하시고 앞으로 더 많은 추억 남기고 싶습니다!! 존경합니다!!!

2022년 어느 날 제자 은주 올립니다.

몰골이 말이 아니던 국립춘천박물관에서

마음대로 바꿔놨던 컴퓨터 배경화면

호원회 답사 중 거돈사지에서

의리와 뚝심의 박경식 교수
- 36년의 인연을 회상하며 -

권혁재(학연문화사 대표)

나와 박경식 교수와의 첫 인연은 1987년 3월 정도로 기억된다. 1985년 출판사에 취직한 나의 첫 업무는 제작과 관리였다. 당시에는 회사 사정도 어렵고 사무실 직원을 많이 힘들게 했던 사장님 때문에 고민하다 영업하는 직원들이 자유로워 보여 영업으로 보직을 옮겼다.

영업을 위해 단국대학교 석주선박물관을 방문했을 때였다. 한창균 선생님이 박물관에 근무하다 지금 단국대학교 2부 교학과에 미술사를 하는 선생님이 있는데 책을 판매할 수 있을 것이라고 소개를 해주었다. 그때 교학과를 방문했고, 박경식 교수와의 첫 만남이 시작되었다.

처음 박경식 교수를 만났을 때 힘도 의욕도 없어 보였다. 그 이후로도 몇 번 2부 교학과에서 만남을 갖고 구내식당에서 점심식사까지 하게 되었다. 박경식 교수도 영업하는 내가 안되어 보였는지 이런 말을 내게 해 주었다.

"우리가 지금은 고생하고 있지만, 열심히 맡은 일에 충실하면 좋은 날이 올 것이다. 둘 중 누구든 잘 되면 먼저 잘 된 사람이 서로 도와주면서 열심히 함께 살아보자."라고 이야기를 한 말이 아직도 머리에 생생하게 남아있다.

얼마 후인 1988년 박경식 교수는 퇴계학연구소로 발령이 났다. 그는 "이제는 내가 연구할 수 있는 공간도 생겼으니 언제든지 부담없이 방문해도 된다"고 좋아하며 내게 말했다. 책을 꼭 팔지 않더라도 자주 들러 차도 한 잔 마시면서 이야기도 하고, 점심 대접도 많이 받았다.

그 후부터 박경식 교수는 바쁘게 일을 시작했다. 발굴도 많이 하고, 박사과정 공부도 열심히 했으며, 발굴현장에도 나를 꼭 초대해서 발굴 상황을 설명을 해주었다. 수많은 선후배들도 소개시켜 주면서 누구보다 나를 챙겨주었고, 학연문화사 일이라면 발벗고 나서서 도움을 주었다.

박경식 교수는 1993년도 한국교원대학교에서 박사학위를 취득했고, 바로 모교인 단국대학교 사학과 교수로 임용되었다. 교수로 임용되자 본격적으로 학연문화사를 도와주기 시작했다. 스승이신 정영호 교수님을 소개해주고, 또 주위에 많은 선후배들과 교류할 수 있도록 해준 것이다. 1994년 정영호 교수님이 한국문화사학회를 창립하셨을 때도, 그런 연유로 1994년 창간호부터 2022년까지 18년 동안 문화사학을 학연문화사에서 출간할 수 있도록 해주었다.

학연문화사는 1994년 박경식 교수의 저서인 "통일신라 석조미술연구"를 출간했다. 책을 출간했을 때 박경식 교수가 기뻐하던 모습은 지금도 생생하게 기억에 남는다. 그 이후에도 "사학지"를 비롯해 단국대학교에서 출간되는 모든 책자는 학연문화사에서 출간하도록 배려를 해 줘서 초창기 회사 운영이 많은 보탬이 되었다.

박경식 교수와의 인연은 계속 이어져 초우 황수영 박사님의 팔순 기념논총(1997년)과 구순 기념논총(2007년)도 만들 수 있게 배려를 해주어 정말 감사하게 생각한다.

그 후 박경식 교수의 저서인 "한국의 석탑"(2008년)과 "한국의 석등(2013년)을 출판하게 되었다. 특히 한국의 석등은 2014년 문체부 세종도서로 선정되었다.

박경식 교수는 후배나 제자들의 원고가 있으면 꼭 출판을 해주었으면 좋겠다고 추천해주어 다양한 책을 출간할 수 있도록 도움을 주었다. 책을 출간할 때마다 박경식 교수는 학연문화사 직원들도 모두 초대해 푸짐하게 식사 대접도 해주고, 직원들에게 격려도 아끼지 않았다. 지금도 생각나고 그리운 식당이 단국대학교 앞에 있던 중식당 래리성과 을지로의 횟집 송원이었다. 진정으로 베풀어 준 은혜에 다시 한 번 진심으로 감사를 드린다.

나와의 만날 때면 박경식 교수가 늘 해주던 격려가 있었다. 권 사장은 많이 고생하고 힘들었지만 그런 노력이 당대인 권 사장 때가 아니라 후대인 자녀들에게 덕이 돌아올 것이니 힘들고 어려워도 잘 참고 좋은 책을 내면 꼭 후대에 복을 받을 것이라는 말이었다. 그런 그의 덕담 때문인지 아들과 딸이 모두 출판업에 종사하고 있는데, 덕담처럼 좋은 일들이 더 많이 생기길 기대해본다.

　의리와 뚝심의 사나이 박경식 교수의 정년을 맞이하여 퇴임 논총을 준비하는 제자들의 노고와 정성을 보며, 박경식 교수도 인생을 참 보람있고 멋지게 살아왔다는 것이 느껴졌다. 예전에 박경식 교수가 스승님께 정성스럽게 준비했던 것들이 이제 제자들을 통해 빛이 난다고 생각한다.

　박경식 교수와 나와의 36년 간의 멋진 인연이 오래도록 지속되고 건강이 더 좋아지길 바란다. 연구도 더 많이 하여 좋은 저서도 많이 출간하기를 바란다.

　인연은 36년 째인데 함께 찍은 사진이 별로 없어 아쉽다. 아주 오래전에 ˝사학지˝ 출간 기념으로 둘이 찍은 사진이 있을 텐데, 아무리 찾아보아도 찾을 길이 없다. 초우 황수영 박사님 팔순 논총 봉정식 뒷풀이때 찍은 사진과 구순 때 찍은 사진이 전부이다. 아쉽지만 이 사진으로 옛 추억을 기억해보려고 한다.

초우 황수영박사 팔순논총 봉정식 기념식 후 뒷풀이(1997년)

초우 황수영박사 구순논총 봉정식(2007년)

박경식 교수 추천으로 한국문화사학회에서 감사패를 받음(2002년)

論 文

『朝鮮古蹟圖譜』를 통해 본 傳 개성 출토 고려시대 공예품의 양상과 특징

강경남(국립중앙박물관)

Ⅰ. 머리말

국립중앙박물관에서 발간한 유리건판 조사보고서는 삼국시대를 비롯해 북한의 불교미술 등 여러 분야를 아우르고 있으며, 최근에는 고려시대에 해당하는 유리건판 자료집도 발간되었다. 이 자료집은 고려시대 수도였던 개성의 궁궐과 능묘에 대한 내용으로 구성되어 있다.[1] 고려궁성의 옛 모습과 기와를 중심으로 한 출토 유물이 소개되어 있으며, 일제강점기 당시 남아있던 궁궐터의 실측도도 실려 있다. 고려분묘의 모습은 도굴된 상태가 그대로 드러나 있으며, 상당량의 공예품이 부장품으로 활용되었던 상황을 살필 수 있다.

현재 유수의 박물관과 해외 소장품 중 온전한 상태를 유지하고 있는 고려시대 공예품의 대부분은 개항 이후 청자 수집에 대한 광풍이 불면서 고려청자를 얻기 위해 개성 부근 무덤을 도굴하면서 그 존재가 알려지게 된 것이 많다. 곧이어 일제하에 이왕가박물관과 조선총독부박물관이 세워지면서 박물관 본연의 기능인 전시를 위한 전시품이 필요하였고 골동시장에 유통되고 있는 여러 문화재들이 구입의 형태로 박물관에 소장되었다. 즉, 지하에 수 백년 간 매장되어 있던 고려의 부장품들이 갑자기 '도굴'되어 박물관에 소장되었던 것이다.[2] 이왕가박물관은 구입

---

1 국립중앙박물관, 『유리건판으로 보는 개성-宮闕과 陵墓』, 2019.
2 황수영 편, 『일제기 문화재 피해 자료』(사회평론아카데미, 2014), pp.172-177.

으로, 조선총독부박물관은 조사와 기증, 구입 등으로 소장품을 확보했다. 고려시대 공예품 중 가장 크게 주목받은 것은 '청자'였다. 일례로 시장에 나온 부장품을 사들였던 무리들의 회고록에는 고려청자와 관련된 것이 대부분이다.

국립중앙박물관에는 일제강점기 개성 부근의 고려분묘에서 출토된 것으로 알려진 혹은 짐작되는 많은 유물들이 소장되어 있다. 이 중에서 청자는 이미 여러 차례 전시와 조사를 통해 많이 알려져 있지만 다른 재질 유물에 대해서는 이제 막 시작하는 단계이다. 최근 고려 건국 1,100주년을 맞아 국립중앙박물관에서 개최된 특별전 "대고려918-2018, 그 찬란한 도전"에서는 다양한 재질로 된 공예품이 선보여 많은 이들의 관심을 끌었다. 개성 부근 고려분묘 출토 유물에 대한 정식 보고가 이루어지지 않았지만 현 시점에서 그 전모를 살펴보고 특징을 파악하려는 시도는 필요하다고 생각한다. 이를 위해서 일제강점기에 발간된『朝鮮古蹟圖譜』고려편을 중심으로 그 양상과 특징을 살펴볼 것이다. 이러한 과정을 통해 일제강점기에 다시 세상 밖으로 나오게 된 고려시대 공예품의 인식 형성과 그 면모, 분묘 부장품으로 기능했던 본래의 가치에 대해 다시 생각해 보는 기회를 갖는 데 의의를 두고자 한다.

Ⅱ. 일제강점기 고려시대 공예품의 재등장과 인식 형성

청자를 포함하여 고려시대 공예품은 어떤 경로를 거쳐 세상에 알려지게 되었을까? 고려시대 공예품이 다시 등장하게 된 시기와 배경을 살펴보고 일제강점기 이왕가박물관과 조선총독부박물관의 소장품 수집과 전시방식 등을 고찰한다면 이 시기에 청자를 포함한 고려시대 공예품이 세상에 나오게 된 과정과 이유, 그와 관련된 당대 인식을 확인할 수 있을 것이다. 그동안 축적된 연구 성과를 바탕으로 이번 장에서는 고려청자와 고려시대 공예품의 재등장과 그에 대한 인식을 확인해 보고자 한다.[3]

---

3 고려청자의 경우 근대기에 본격적인 재등장과 관련된 여러 논문이 발표된 바 있다(김윤정, 근대 미국에서 한국 도자에 대한 인식 변화와 그 배경: 박혜상, 「한국 근대기 고려청자의 미술품 인식 형성과 확산」, 이화여자대학교 대학원 석사학위논문, 2009; 장남원, 「고려청자에 대한 사회적 기억의 형성과정으로 본 조선 후기의 정황」, 『미술사논단』 29, 한국미술연구소, 2009; 조은정, 「일제강점기 요지조사와 고려청자 연구의 의미」, 미술사학제33호, 2017).

1. 고려시대 공예품의 재등장 배경

먼저 고려시대 공예품의 재등장 시기와 배경에 대해 살펴보겠다. 본격적으로 고려청자가 세상에 알려지게 된 것은 개항과 더불어 외국인들의 수집활동이 시작되면서부터이다. 20세기 동양침탈의 승기를 잡은 구미지역에서는 중국 송대 청자가 높은 관심을 받고 있었고, 송대 청자와의 연관성으로 인해 고려청자 역시 구미인들의 주목을 받았다. 이들의 동양 미술품 수집과 연구에 자극받은 일본 역시 고려청자에 주목하게 되면서 고려고분에서 발견된 고려청자 수집이 대유행으로 이어지게 된다. 개항 이후 일본 상인들은 인삼을 사기 위해 개성으로 들어와 인삼을 수확할 때 땅 속에서 고려자기가 나온 것이 계기가 되어 이에 관심을 갖기 시작했다.[4] 이를 뒷받침하는 근거 중 하나가 이유원(1884~1888)의 『林下筆記』 중 「薛荔新志」 기록이다.

> 일본 사람들은 고려자기를 좋아하여 값을 아끼지 않는다. 甲申年에 개성 사람 하나가 高塚을 파들어 가다가 왕릉에서 玉帶를 발굴하고 또 운학이 그려진 자기반상기 한 벌을 발굴하였는데, 값이 700金이나 되었다. 그때는 원나라 장인들이 왕래했기 때문에 그 만듦새가 여느 것과 달랐다. 사람들은 (무덤에서 발굴하여) 더러운 기운이 깊이 스며 있는 것조차 모르고 좌석 주변에 놓아두기를 좋아하는데, 종래의 중국 기록에서는 이를 비난하는 경우가 많았다.

위에서 언급된 운학이 그려진 반상기는 13세기 이후 운학문이 상감된 고려청자로 추정된다. 이유원이 『林下筆記』의 1차 정리를 끝낸 것은 1872년이지만, 「薛荔新志」 등은 그 후에 추가로 저술되었다. 따라서 책이 완성된 해는 1884년으로, '甲申'에 해당하는 때는 1824년으로 볼 수 있다. 이 기록을 참고한다면 이미 19세기 전반에 일본인들이 조선에 들어와 고려고분에서 도굴한 상감청자 등을 비싼 값에 사들이고 있었던 것이다.[5]

이와 같이 19세기부터 일본은 조선을 왕래하여 고려고분에서 발견된 고려청자 구입에 열을 올리고 있었고, 도굴을 통해 확보한 다량의 문화재는 골동상을 통해 유통되었다. 조선총독부 초대 통감이 된 이토 히로부미는 경성에서 소문난 고려청자 수집광이었으며, 이왕가박물관 설립에 중요 역할을 했던 고미야 사보마쯔(小宮三保松) 역시 집안 가득 고려청자를 소장하고 있었던 것으로 알려져 있을 만큼 당시 고려청자의 수집 열풍은 매우 거셌다.[6]

---

4 佐佐木兆治, 「朝鮮古美術業界20年回顧」, 『京城美術俱樂部創業20年記念誌』, 주식회사경성미술구락부, p.18.
5 장남원, 「고려청자에 대한 사회적 기억의 형성과정으로 본 조선 후기의 정황」, 『미술사논단』 29, 한국미술연구소, 2009, pp.159~160.
6 박혜상, 「한국 근대기 고려청자의 미술품 인식 형성과 확산」, 이화여자대학교 대학원 석사학위논문, 2009.

고려청자에 대한 외국인들의 애호와 관심은 고려 당대부터 있었지만 본격적으로 수집과 구매를 통해 관심이 표출된 것은 1910년 한일합방 전후였던 것으로 알려져 있다.[7] 이러한 당시 상황을 반영하듯 일제강점기 일본인들에 의해 시작된 고적조사사업의 주요 관심 대상지 중 하나는 오래된 무덤이었다. 조선 사람들과 달리 일본인들은 일찍부터 한국의 무덤에 대해 관심을 갖었다. 여기에는 조선총독부를 비롯한 정부기관에 의한 '합법적'인 관심과 일반인들에 의한 '비합법적인' 관심으로 구분된다. 전자는 고적조사라는 명목 하에 실시되었는데 이 때 발굴 유물들은 조선총독에게 보고하는 것이 원칙이었다. 이 과정에서 개인에 의해 산일되는 경우가 많았고, 이렇게 흩어진 유물들은 매매 혹은 기증 등의 형태로 원 소재지로부터 일탈하게 되었다. 후자는 도굴을 통해 고분이나 사찰의 유물을 약탈하는 경우였다. 발굴 유물이나 도굴품 등은 일본으로 건너가 대학에서 연구 목적으로 소장 보관되는 경우가 많았으며, 박물관에 소장되거나 지방군수 혹은 도굴자 및 발굴자 개인들의 손에 들어가 개인 소장에 머무는 경우도 있었다.

고려청자가 부장되어 있는 개성의 고려 고분은 주된 피해지역 중 하나였다. 조선총독부박물관에서 발간한 『조선고적도보』에 소개된 유물 중 조선총독부(박물관)와 이왕가박물관은 낙랑·대방군시대, 삼국시대, 신라통일시대 및 고려시대 등 전 시기에 걸친 유물들을 고루 소장하고 있었다. 그런데 고려시대 유물의 경우 그 출토지를 전혀 밝히고 있지 않아 대부분의 유물들이 정상적인 발굴조사에 의해 수집되지 못했던 것을 알 수 있다.[8]

즉, 1876년 강제적인 개항 이후 일본을 비롯한 제국주의 국가들의 각축장이 되면서 고려자기는 옛 무덤 속 보물의 개념이자 전리품으로 인식되어 19세기 전반부터 불법 도굴을 통해 유통되었다. 처음에는 비교적 낮은 가격에 매매되었는데, 이왕가박물관 등 박물관을 세우면서부터는 국가 재정 예산으로 물건을 사들이게 되면서 가격이 많이 인상되었고, 재산 가치로 인식되면서 불법도굴의 굴레에서 벗어나지 못하고 본래의 역할을 상실한 채 세상 밖으로 나와 흩어지게 되었다.

이러한 과정에서 청자를 비롯한 고려시대 공예품이 박물관의 수집품이 됨으로써 '미술품'의 지위를 획득하게 되었고 관련 도록과 보고서를 발간하게 되면서 식민지 당위성을 띠는 연구성과가 축적되었다.[9] 총독부가 지원하는 공식적인 학술활동을 통해 조선시대 이전의 문화가 부각

----

7 청일전쟁과 러일전쟁 사이에 서양인들이 한국 및 중국 등을 탐방하면서 기록한 여행기록을 보면, 한일합방 이전 고분에서 출토된 고려청자 등을 수집하는 사례가 적지 않았다. 조선 후기 기록 및 서양인들의 기록에서 서양인들의 수집은 19세기 후반 이후 활발했던 것을 알 수 있다.
8 이순자, 『일제강점기 고적조사사업 연구』, 숙명여대박사논문, 2007, p.331
9 박혜상, 「한국 근대기 고려청자의 미술품 인식 형성과 확산」(이화여자대학교대학원 석사논문, 2010), pp.99-100.

되었으며, 이러한 양상은 '조선 미술 쇠망론'을 내세우는 일본의 의도와 맞아떨어지는 것이었다.

2. 박물관 전시와 연구 성과를 통해 본 일제강점기 고려시대 공예품의 인식

고려청자에 관심이 높아지는 가운데 이왕가박물관을 비롯하여 조선총독부박물관에서도 구입과 기증, 조사를 통해 고려청자를 입수했다. 설립 시점을 기준으로 본다면 두 기관 중 먼저 설립된 기관은 이왕가박물관이다. 1908년에 설립된 제실박물관은 1910년 한일강제합병 후 명칭이 '이왕가박물관'으로 변경되었다. 해방 후 덕수궁미술관이 되었다가 1969년 국립박물관과 통합되면서 현재 국립중앙박물관 소장 덕수품의 근간을 이루고 있다. 이왕가박물관은 설립 당시부터 구입을 통해 본격적인 소장품 확보에 나섰는데, 당시 실질적인 책임자였던 고미야 사보마쯔의 회고록에는 그러한 상황이 잘 드러나 있다.

> 1908년 1월부터 먼저 진열품의 수집에 전력을 경주하였다. 이때 경성에 고려시대의 분묘에서
> 나온 찬연한 고려문화를 볼 수 있는 다수의 도자기·금속품·옥석류가 많이 매매되고 있어서,
> 그것을 好機로서 그러한 출토품과 함께 삼국시대·신라통일시대의 작품과 관련 있는 중요한
> 影像의 구입에 노력하고, 혹은 조선시대의 회화·공예품 등도 수집했다.[10]

1908년 1월 26일 곤도 사고로(近藤佐五郎)에게 〈청자철화국화문매병〉(도1)을 구입한 것으로부터 시작된 소장품 수집은 이왕가박물관 설립 초기에 집중되어 있다. 소장품의 92.8%가 박물관이 설립된 지 10년 이내에 수집되었으며, 그 중에서도 1908년부터 1910년 한일병합 직전까지 불과 3년 동안 전체 소장품의 40.6%가 수집되었다. 초기 10년 동안 수집한 유물을 연도별로 분석해보면, 개관을 준비하던 1908년에 도자기와 금속공예품을 다량으로 구입한 것을 알 수 있다.[11] 이는 당시 경성에서 고려시대 분묘 출토 공예품 즉 도자기, 금속기, 옥석류가 활발히 매매되고 있던 상황에 그 원인이 있다고 생각된다.

도 1. 청자철화국화문매병, 고려 13세기, 국립중앙박물관 소장

10 小宮三保松, 「緖言」, 『李王家博物館所藏品寫眞帖』, 1912(목수현, 「일제하 이왕가 박물관(李王家博物館)의 식민지적 성격」, 『미술사학연구』 227, 2000, p.88. 재인용).
11 박혜상, 앞의 논문, pp.78-79.

　　박물관 최초의 소장품 목록으로 추정되는 『李王家博物館所藏品目錄 甲部』에는 1908년부터 1911년까지의 소장품이 기록되어 있는데, 총 수집품 2,916점 중에 고려시대 도자기 1,058점을 비롯해 고려시대 유물이 전체의 2/3를 차지한다.[12] 당시 고려고분 도굴품이 대량으로 골동 시장에 유통된 결과이다.

　　이왕가박물관의 전시 진열 모습에서 청자를 비롯하여 고려시대 공예품의 가치를 높게 평가 했던 정황을 확인할 수 있다. 이왕가박물관은 창경궁 내 명정전, 경춘전, 환경전, 통명전 및 양 화당 등 400여 평에 이르는 건물 일곱 채를 수리해서 내부 설비를 갖추어 전시실로 사용했다. 1911년 9월에는 창경궁 동북쪽 언덕의 자경전 자리에 지하실을 포함하여 연건평 220평의 3층 벽돌 건물을 지어 박물관 본관으로 사용하였다. 박물관 본관에는 가장 중요하게 여겨지는 소장 품이 전시되었으며, 불교조각상, 신라시대의 금속품, 옥석기류, 그리고 고려시대의 도자기, 금 속품, 목죽류, 옥석기를 진열하였다.[13] 이왕가박물관의 여러 전시 공간 중 중요 건물인 본관에 고려시대 공예품이 전시되었다는 의미는 그 중요도에 무게를 둔 것이라고 생각한다.

　　그렇다면 조선총독부에서 식민지 문화재관리와 식민사관 주입을 위해 1915년 건립한 조선 총독부박물관에서는 고려시대 공예품을 어떻게 인식하고 있었을까?

　　조선총독부는 1916년부터 고적조사를 본격적으로 실시하였는데, 이를 위해 5개년 계획이 세워졌다. 조사 첫 해에는 한사군, 고구려시대, 역사시대 이전의 유적이 주된 조사 대상이었다. 이와 별도로 『大正五年度古蹟調査報告』에는 「高麗諸陵墓調査報告書」가 수록되어 있다. 이 보고 서를 제출한 이마니시 류(今西龍)는 "적어도 능묘의 형태로 도굴되지 않은 것이 없고, 심한 것 은 한 능묘에 두 세 차례 도굴된 것도 적지 않았다. 이미 봉토 석물을 잃고 외면으로 보아 분묘 인지 분명하지 않은 것조차 교묘하게 도굴하여 처참하기 이를 데 없다"라고 하여 당시 매우 극 심했던 고려고분의 도굴 상황을 언급하고 있다.[14] 이것은 모두 비싼 값에 매매가 가능한 고려청 자를 노린 것이다. 또 조선총독부박물관 관보에 "유일한 유적인 고분은 고려소(고려청자)와 기 타 유물을 얻기 위해 전부 도굴되어 소멸되고, 이 전시실에 진열되어 있는 유물도 학술적 조사 를 거친 것은 적은 것이 유감이다"[15]라고 하며 고려고분 도굴의 심각성을 지적하였다.

　　조선총독부박물관 본관은 2층 6실로 구성되었으며(도2), 유물들을 역사적인 시대 순서에 따 라 전시하였다.[16] 고려시대 문화재는 서쪽 아래에 위치한 제3실에 조선시대와 함께 전시하였

12 송기형, 「창경궁박물관 또는 이왕가박물관의 연대기」, 역사교육 72, 역사교육위원회, 1999, pp.179-180.
13 천혜봉, 「장서각의 역사」, 『장시각의 역사와 자료적 특성』, 한국정신문화연구원, 1996, p.31.
14 조선총독부, 『大正五年度古蹟調査報告』, 1916.
15 조선총독부박물관, 「박물관보」제1편 제1호, p.9.

다. 3실에는 진열장이 10개였으며, 그중 6개를
고려에 할애했다. 중국산 백자를 시작으로 각종
기법의 고려청자, 철화청자에 진열장 3개를, 청
동제기(종과 은상감병)·장식품 및 문방구·금
속제 식기류 등에 각각 진열장 1개씩을 배당하
여 전시하였다. 또 다른 전시실인 5실, 특수품 진
열실에는 고려고분에서 출토된 각종 銅鏡 수백
점을 시대 순서에 따라 배치하였다.[17]

도 2. 조선총독부박물관 제3전시실 고려청자 전시 모습

　마지막으로 일제강점기에 고려시대 공예품 연구 성과를 살펴보겠다. 고려청자 연구의 흐름
은 시기별로 변화하는데, 19세기부터 1900년대 초반에는 고려청자 전시품이나 도굴 등을 통
한 수집품만을 대상으로 할 수밖에 없는 여건 속에서 역사적으로 계보를 정리하고 종류를 구
분하는 등 고려청자를 개념적으로 연구했던 시기이다. 첫 시도는 야마요시 모리요시(山吉盛義,
1859-1912년경)라는 도자기 수집가로부터 시작되었고, 이후 1910-1920년대는 전국 가마터
지표조사를 시작으로 전남 강진 가마터 등이 본격적으로 조사되었다. 이와 같은 조사 성과를
중심으로 1930년대에는 나카오 만죠의『朝鮮高麗陶磁考』(1935), 오다 쇼고(小田省吾)의『朝鮮
陶磁史文獻考』(1936), 고유섭의『朝鮮의 靑瓷』(1939), 노모리 켄의『高麗陶磁의 硏究』(1944) 등
단행본이 발간되어 현대적 의미의 도자사 연구로 분야가 세분화되었다.[18] 關野貞은 1909년 조
사에서 고려시대 문화재 중 고려자기와 동경이 중요하다고 언급하며, 특히 고려청자와 백자에
사용된 여러 기법을 보고 기술 발달이 놀라울 정도라는 논평을 했다.[19] 그러나 다른 재질의 공
예품은『朝鮮의 美術과 工藝』에서 금속공예품을 소략하게 언급했을 뿐, 큰 의의를 두지 않았다.
금속공예품 연구 성과로는 梅原末治·高田一郎 등이 범종에 관한 글을 발표한 바 있다. 高田一
郎은 1920년부터〈朝鮮鐘의 現狀補遺〉를 지속적으로 발표했지만 단순한 유물 소개에 그쳤다.[20]

16　1921년 8,400점에서 1941년에는 14,704점을 전시한 것으로 기록되어 있어 매해 꾸준히 전시품 수량
　　이 증가했던 상황을 확인할 수 있다. 전시품은 고대사 및 한사군 문화와 관련된 유물을 집중적으로 전시
　　함으로써 고대사회부터 조선 역사의 외인론을 강조하고 고대 일본과의 문화적 긴밀성·동원성을 증명하
　　고자 하였다. 그리고 이와 같은 전시의도를 구체적으로 드러내기 위한 전시 방법으로서 비교방법을 사용
　　하였다.
17　중국 唐鏡, 宋鏡, 女眞字鏡 등도 함께 비교 전시한 것으로 추정된다. 이처럼 중국과 비교 전시한 것은 한
　　반도 문화가 중국 등 외래문화에 종속된 것처럼 보이도록 의도한 것이다.(이순자, 『일제강점기 고적조사
　　사업 연구』, 숙명여대박사논문, 2007, pp.204~207 참조).
18　조은정, 「일제강점기 요지조사와 고려청자 연구의 의미」, 『미술사학』33, \mø ㄱP!YŒ, 2017, p.172.
19　국립문화재연구소, 『1909년 조선고적조사의 기억』, 2016, pp.40~42.
20　안귀숙, 「韓國工藝史硏究 30年 金屬工藝」, 『미술사학연구』188호, 한국미술사학회, 1990, p.131.

이상에서 살펴본 바와 같이 일제강점기 당시 고려시대 공예품에 대한 인식 형성은 박물관 수집이나 진열의 위계, 학술적인 연구 모두 고려청자가 중심이었고 금속공예품이나 다른 공예품에 대한 연구는 단순 소개에만 그쳤다. 간혹 나전칠기나 은입사 금속공예품의 기술적인 면모에 주목하기는 했으나 여전히 그 외 공예품은 주요 대상에서 논외였다.

구한말 국가적 위기 상황 속에서 고려고분에 묻혀 있던 공예품은 무분별한 도굴과 무성의한 조사를 통해 다시 세상 밖으로 나오게 되었고 식민지 아래에서 조선역사의 한 부분을 장식하는 용도로 이왕가박물관과 조선총독부박물관 등에 진열된다. 조선총독부는 다량의 공예품이 매장되었을 것으로 추정되는 고려 왕릉의 중요성을 뒤늦게 인식하여 형식적으로나마 도굴 후 잔재들을 조사하기도 하였다. 이러한 연결고리에는 고려청자라는 희대의 명품이 중심에 있었고 나머지는 부수적인 것으로 처리되는 상황을 낳았다.

III. 『朝鮮古蹟圖譜』에 수록된 고려시대 공예품의 종류와 양상

본 장에서는 조선총독부에서 발간한 『朝鮮古蹟圖譜』를 중심으로 '개성 부근' 출토 고려시대 공예품의 종류와 양상을 살펴보고자 한다. 일제는 조선을 영구적인 식민지로 만들기 위해 역사 · 지리 · 풍토 · 인물 등 사회 전반에 걸친 광범위한 조사를 실시하였다. 식민지화를 위한 기초 자료를 수집하는 데 일차적인 목적이 있었으며, 그 첫 단계로 고적조사사업을 실시하였다. 이 사업에는 일본 도쿄대학 · 교토대학 학파를 중심으로 한 일제의 어용학자들이 동원되었다. 도쿄제국대학 교수 세키노 타다시는 식민정부 지원 아래에서 1909년부터 1914년까지 한반도 전역에 걸친 고적과 건축물 및 공예품에 대한 조사를 주도하였다. 이러한 조사 결과를 바탕으로 조선총독부는 1915년부터 『朝鮮古蹟圖譜』 전15권의 간행에 착수하였다.[21] 유물과 유적을 시대순으로 정리하고, 그 안에서 종류별로 배열한 이 책은 일반인들이 자유롭게 접할 수 있는 것이 아니었고, 총독부에서 독점하여 내외 저명인과 학자에게 총독 본인이 증정하는 형식으로 배포되었다. 이는 보고서가 지니는 본래의 학문적 기능보다 식민지배의 도구로 이용된 것이었음을 의미한다.[22]

---

21 일제가 조선에서 진행한 조사 사업 가운데, 가장 장시간에 걸쳐 가장 많은 조사자들에 의해 가장 체계적으로 진행된 고적조사 사업은 『도보』라고 하는 방대한 결과물을 생산해 냈다. 실질적으로는 1915년부터 정리되기 시작한 『도보』의 형성에 기초가 되는 상당수의 유물과 발굴과 조사, 또 『도보』에 실리게 될 주요 사진들이 실질적으로 촬영된 것은 1900년대 초 10여 년 사이에 세키노 다다시의 주도 하에 이루어진다(이희인, 「조선고적도보의 고건축 사진을 통해 본 일본제국주의의 이미지 전략 연구」, p.26).

『조선고적도보』 15권 가운데 고려시대와 관련된 것은 6~9권에 해당한다. 그중에서 6권과 7권은 城址나, 석탑, 불상, 석조물들이 게재되었고, 청자를 위시한 고려시대 공예품은 1928년과 1929년에 출판된 8권과 9권에 수록되었다. 책의 서문에는 유물들이 고려분묘에서 나온 것이라고 서술되어 있다. 정식 학술조사를 바탕으로 나온 전수조사품이 아니기 때문에 정확한 비율은 다소 오차가 있을 수 있지만 고려의 옛 수도였던 개성 부근 무덤에서 쏟아진 공예품, 즉 부장품의 전모가 드러나지 않은 상황에서 유의미한 통계자료라고 생각한다.[23] 이 책에 수록된 고려분묘 출토품의 종류와 양상을 도자기와 금속공예품·옥석제·칠기로 분류하여 다음과 같이 살펴보았다.

1. 도자기

도자기는 『조선고적도보』 제8권에 수록되어 있다. 총 368점이며, 종류는 크게 고려청자와 중국도자로 나뉜다. 그 밖에 고려백자와 고려도기가 소량 있다. 순서는 종류 및 기법 내에서 기종별로 배치하였다. 본고에서는 고려도자를 중심으로 살펴보았다.

고적도보에 수록된 고려청자 중에서 盒이 35점으로 가장 많은 수량을 보이며, 병·주자·매병·발·완 등으로 순서를 확인할 수 있다. 고려백자는 주자와 매병이 각 1점씩, 도기는 병만 9점이 게재되었다. 특히 통상적으로 생산지인 가마터와 유통로인 해저유적, 각종 소비유적에서 다른 기종에 비해 매우 적은 수량이 확인되는 청자 합이 고적도보에서는 가장 많은 수량이 게재된 사실은 주목할 만하다.

합은 생산유적, 해저유적, 소비유적에서 모두 극히 소량만 확인되는 특수한 용도의 고급기종이다. 고려 왕실 도자의 대표적인 생산지인 강진 사당리와 부안 유천리 가마터의 기종별 출토 수량을 보면 더욱 극명하게 드러난다. 1960~1970년 강진 사당리 일대를 발굴조사 결과에 따르면 가구역과 나구역에서 합이 각각 119점(0.84%)과 8점(0.78%)으로[24] 매우 적은 수량이 확

----

22 국립중앙박물관, 『한국 박물관 개관 100주년 기념 특별전』, 2009, p.48.

23 국립중앙박물관 소장품 가운데 '덕수'로 분류된 것 중 '개성 부근'에서 출토되었다고 명기된 일군의 유물이 있다. 덕수품은 일제강점기 이왕가박물관 소장품으로, 대부분 소장품 확보를 위한 공개 매입을 통해 수집되었다. 현재 국립중앙박물관 덕수품으로 관리되고 있는 소장품은 총 11,114점 가운데 서화탁본류는 33.6%이고 도토공예품을 비롯하여 금속, 옥석, 목제 등 각종 공예품이 66.4%를 차지하고 있다. 이 중 한국도자기는 고려청자가 1,100점(51.4%)로 절반 이상의 비율을 차지하고 있다. 특히 청자는 『국립박물관소장품목록 : 구덕수궁미술관』에서 '개성 부근' 출토품이 전체 고려청자에서 927점(85.0%)로 매우 높은 비율을 보이고 있다.

24 보고서에는 합 뚜껑이 따로 계측되지 않았지만, 뚜껑(개)의 15, 16형에 해당하는 것으로 판단하여 통계에 포함하였다(국립중앙박물관, 『강진 사당리 도요지 발굴조사 보고서』, 2015).

인되었다.[25] 부안 유천리 가마터에서도 합의 몸체와 뚜껑이 각각 72점, 12점이 나왔지만 전체 출토수량인 총 20,855점에서 비중은 0.4%에 불과하다.[26] 고려도자의 주요 유통로였던 해저유적 출수품으로는 진도 명량대첩로 해역의 경우 고려청자 500점 중 0.6%[27], 태안 대섬에서는 이례적으로 청자합 21조가 출수되었지만 전체 23,749점에서 차지하는 비중은 0.09%에 불과했다.[28] 보령 원산도 해저유적은 강진의 최상급 청자들이 운송과정에서 침몰된 것으로 추정하고 있는데, 1,513점이 넘는 수량 중 합은 25점이 확인되었다.[29] 군산 비안도 유적에서는 전체 3,177점 중에서 11점(0.34%)이 나왔다.[30] 한편, 경기도, 충청도, 전라도, 경상도, 강원도에 분포되어 있는 고려시대 분묘 127기를 대상으로 부장품을 조사한 결과 청자 356점 중 합은 단 2점만 나왔다.[31]

도3. 『조선고적도보』에 수록된 청자합

고적도보에 수록된 합은 높이가 5cm미만이고 지름이 10~15cm 내외인 것, 큰 합 안에 작은 합이 한 조를 구성하는 모자합, 盒身이 깊은 원통형 합 등이 있다(도 3). 장식기법은 상감기법이 가장 많고 산화철안료를 사용한 철화기법, 음각기법 등이 있다.

『고려사절요』에는 문종 34년(1080)에 여진을 토벌한 무장에게 은합에 丁香을 담아 하사했다는 기록이 있다. 정향은 항염 · 항균 · 구충 및 구취 제거제 또는 화장품 재료나 향료로 사용되었으며, 때에 따라서는 약재로도 활용되었다. 예종 2년(1107)에는 병 때문에 관직에서 물러나는 위계정에게 차와 약을 담은 은합을 하사했다는 기록도 있다. 어떤 물품을 어떤 재질과 형태의 합에 담았는지에 대해서는 정확하게 알려

---

25 강진 사당리 43호 가마터에서도 별도로 합이 분류되어 있지 않지만 뚜껑 중 합으로 볼 수 있는 예가 총 693점 가운데 5점(0.7%) 가량 확인되는 것으로 보아 일상용기가 아닌 특수기종이었음을 알 수 있다(민족문화유산연구원, 『강진 사당리 43호 고려 청자요지 발굴조사 보고서』, 2015).

26 국립중앙박물관, 『부안 유천리 도요지 발굴조사 보고서』, 2011, pp.19~23.

27 국립해양문화재연구소, 『진도 명량대첩로 해역 수중발굴조사 보고서』 I, 2015.

28 국립해양문화재연구소, 『태안 대섬 수중발굴 조사보고서』, 2007, pp.208~216.

29 해저출수품의 전체 수량은 게재되어 있지 않고 대접 · 접시 · 완 · 잔의 통계자료만 있다.(국립해양문화재연구소, 『보령 원산도 수중발굴 조사보고서』 -본문-, 2009, p.44, pp.107~108.)

30 국립해양유물전시관(현 국립해양문화재연구소), 『群山 飛雁島 海底遺蹟』, 2004, p.51

31 이 통계는 현문필의 2005년 학위논문에 수록한 부장품의 종류구성표에 고려왕릉, 강원도 출토품의 통계와 기종을 추가하여 재구성한 것을 인용한 것이다(이종민, 「高麗 墳墓 出土 陶磁 硏究」, 『호서사학』 26집, 2007, pp.11~13.).

진 바 없지만 당시 귀하게 여겼던 香·藥·차나 화장용품 등을 보관했던 것으로 추정된다.[32]

이처럼 생산유적, 해저유적, 소비유적에서 모두 극히 소량만 확인되는 기종이며 香·藥·차나 화장용품 등 당시 귀중한 물품을 보관했던 합이 『조선고적도보』에 가장 많이 수록되었다는 것은 개성 부근의 고려시대 분묘에 부장된 공예품의 높은 위상을 단적으로 보여주는 사례라고 할 수 있다.

그 다음으로 병·주자·매병·발·완 등이 많은 것은 당시 성행했던 飮茶문화 또는 茶禮와 관련이 있을 것이다. 『고려사』에는 차가 藥·香 등과 함께 귀한 품목으로 여겨지며 왕실의 하사품 및 의례의 필수품으로 기록되어 있어 당시 차의 위상을 확인할 수 있다. 또 茶房, 茶店, 茶所, 茶亭, 茶院 등 차와 관련된 다양한 기능을 가진 시설과 행정구역이 설치되었던 것은 고려시대에 차를 마시는 것이 널리 유행했던 상황을 보여준다. 특히 다방은 약을 조제하여 바치거나 주정다례를 거행하는 기관이었는데, 왕이 순행할 때 동행하여 다례를 받들기도 했다. 고려왕실에서 이루어지는 대부분의 의례와 절차에서 다례에 대한 법도가 정해져 있었고, 그 순서와 법식을 다방이 주관했다. 외국 사신 입조 때 영접의례와 정원의식, 왕실축하연회, 백관연회, 책봉례 등 왕실행사를 비롯하여 도교의식인 醮祭, 국가전제인 八關會나 燃燈會 등 불교행사는 일정한 법식과 절차를 따라 행해졌다. 즉 다방의 전담 하에 국가 대소사에 편재된 각종 茶禮를 거행했고, 격식을 통해 국가의 통치력과 위계질서를 확립하고자 했다.[33]

이처럼 다례를 올리기 위해서는 반드시 茶具가 필요했고, 도자기로 만든 다구는 보온에 적합하고 그 색과 질감에 따라 다양한 풍미를 즐길 수 있었으므로 애호되면서 그 수요가 증가하였다. 중국의 경우 당대이후 벽화에서 피장자를 위한 제례준비 장면과 散樂, 備茶 등이 중요한 제제로 등장한다. 고려에는 특히 남한에서는 유사한 사례가 극히 드물지만 분묘 부장품의 동반관계를 통해 그 용례의 공통점을 확인할 수 있다.

이밖에 향을 태울 때 사용되는 향로와 탁잔도 각각 10점, 7점이 게재되었다. 향로는 향에 불을 붙여 연기를 발산할 때 사용하는 기물로, 고려시대에는 왕실과 불교의례 등에 사용됐다. 왕실 의례에서는 그 시작을 알리기 위해서였고, 불교에서는 향의 연기를 부처의 사자로 인식하여 설법

도4. 원덕태후 곤릉 출토 청자삼족향로(중앙)

---

32 박수현, 「고려시대 청자 합 연구」, 명지대학교대학원 석사학위논문, 2018, p.136.

33 장남원, 「소비유적 출토 도자(陶瓷)로 본 고려시대 청자의 수용과 다례(茶禮)의 관계」, 『역사와 담론』 59, 호서사학회, 2011, p.404.

을 청하는 의미를 담고 있다. 당시 왕의 무덤을 조성하고 어떠한 의식을 행했는지에 대해서 정확한 자료는 남아있지 않지만, 강화의 원덕태후 곤릉에서 삼족향로(도4)가 출토되어 왕릉을 만들고 모종의 제례 시 향을 피웠던 것으로 생각된다.

탁잔은 잔과 잔 받침[盞托]이 한 벌로 구성된 기종으로, 고려시대에 磁器製, 金屬製, 木製 등 다양한 재질로 된 탁잔이 제작되었다는 사실이 알려져 있다. 그리고 최근 연구에서는 잔탁에 음각된 이룡문을 분석하여 그것의 용도를 의례기로 추정하기도 하였다.[34] 즉, 향로와 탁잔은 기종의 성격이 일상생활용이 아닌 의례와 연관되는 것으로, 매장 당시에 행했던 의례 행위를 암시하며 동시에 특수한 목적의 기종이 고적도보에 게재된 고려청자의 위상을 보여준다.

그렇다면 고려의 수도가 아닌 곳, 한반도 중부지역 이남에 조성된 고려분묘에는 어떤 기종들이 많이 부장되었을까? 경기도, 충청도, 전라도, 경상도, 강원도 등에 분포되어 있는 분묘 127기를 대상으로 한 분석 결과에서는 고려청자 356점 중 발이 35.9%로 가장 많고 병(반구병, 매병, 유병 포함)이 21.9%, 접시가 21.0%로 뒤를 이었다. 이와 같은 통계는 발, 접시, 병 세 기종이 분묘 부장품으로 가장 많이 활용된 그릇이라는 것을 알려준다.[35]

한반도에서 남한지역 고려분묘의 부장용기로서 생활성이 강한 기명들이 선호되었던 이유는 고려시대 도자가 기본적으로 부장을 전제한 것이 아니라 식생활문화를 반영하는 일상용기 중심으로 제작되었던 것에서 찾을 수 있다. 여기에 匙箸를 더하여 발+접시+병+시저는 기본적인 일상용기 조합으로서, 무덤에도 기본적으로 들어가는 부장 일괄품이었던 것으로 추정된다.[36]

고적도보의 고려청자 역시 발+접시+병(매병, 유병 포함)이 많은 수량을 차지하고 있지만 개성 부근 고려고분라는 지정학적 차이점에서 사회·경제적 차이점으로 확대된다. 앞서 언급한 세 기종 외에 합과 주자의 수량이 많은 점과 향로, 연적 등 고려의 고급문화를 보여주는 공예품이 주목된다. 개성 이남 지역에 조성된 분묘에서는 발, 완 등이 주로 출토되고 있는데 반해, 개성 부근 분묘에서는 합, 병, 주자 등 특수한 용도의 기종 수량이 많아 당시 왕도였던 개경의 위상이 높았음을 알 수 있다.

....

34 김윤정, 「12세기 고려청자 螭龍紋의 圖像的 특징과 연원」, 『미술사학』 제35호, 2018; 이준광, 「고려 螭龍文 청자의 특징과 용도」, 『미술자료』 제92호, 2018.

35 이 통계는 현문필의 2005년 논문에 수록한 부장품의 종류구성표에 고려왕릉, 강원도 출토품의 통계와 기종을 추가하여 재구성한 것이다(이종민, 「高麗 墳墓 出土 陶磁 硏究」, 『호서사학』26집, 2007, pp.11~13.).

36 이종민, 「高麗 墳墓 出土 陶磁 硏究-소비방식의 관점에서-」, 『역사와 담론』 46, 호서사학회, 2007, pp.13~14.

2. 금속공예품 · 옥석제 · 칠기류

금속공예품과 옥석제, 칠기 등은 『조선고적도보』 9권
에 수록되어 있으며, 책의 서문에 고려분묘에서 나온 것
이라는 내용이 있다. 가장 많은 수량을 차지하고 있는 것
은 총 727점 중 620점(85.2%)이 수록된 금속공예품이
며,[37] 옥석 및 유리제도 100점가량 소개되어 있다. 칠기
와 나전칠기는 10점 정도인데, 나무라는 재료 특성상 지
하의 밀폐된 공간이라 하더라도 부식이 쉽게 진행되기
때문에 남아 있는 수량이 적을 수밖에 없었을 것이다.

도 5. 『조선고적도보』에 수록된 동경

금속공예품 가운데 가장 많은 수량을 차지하는 것은
동경(248점, 40%)이다(도5). 국립중앙박물관에는 고려
동경으로 분류된 거울이 약 1,500여 점 소장되었다고

보고되었으며, 관련 전시도록과 보고서가 발간되었다.[38] 최근 연구 성과에서는 왕족과 귀족이
소비를 이끌었던 개성 부근에서 나온 고려동경이 지방분묘 출토 동경보다 품질이 좋다는 것과
고대사회의 위세품 역할에서 벗어나 일상용품으로 사용됐다는 사실이 밝혀졌다.[39] 또한 다양한
단추형 장식품(도6)의 수량이 62쌍으로 많은 수량이 수록되어 주목된다. 단추형 장식품은 지름

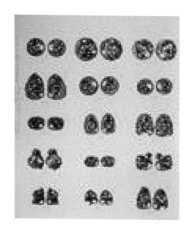

도 6. 『조선고적도보』에 수록된 단추형 장신품

도 7. 중국 요대 진국공주묘 출토 단추형 장식품

37 동종, 금고 등 금속으로 제작된 불교미술품은 7권에 있다.
38 국립중앙박물관 테마전 전시도록, 『고려동경-거울에 담긴 고려 사람들의 삶』, 2010; 국립중앙박물관,
    『국립중앙박물관 소장 고려시대 동경 자료집』, 2012.
39 안경숙, 『高麗 銅鏡 硏究』, 한양대학교 대학원 박사학위논문, 2015.

3.0cm 내외로, 외곽이 원형이거나 유선형, 상형 그자체로 된 것도 있다. 용, 연꽃과 오리, 원앙, 동자, 신장 등이 조각되어 있는데, 매우 섬세하고 정교하다. 이와 같은 단추형 장식품은 중국 요대 진국공주묘에서 나온 鍍金銀冠을 입체적으로 장식했던 단추형 장식품(도7)과 매우 유사하여,[40] 고려의 무덤에서 나온 장식품 역시 의복 등을 장식했던 것으로 추정된다. 그리고 당시 북방의 거란족이 세운 요나라와의 교류와 영향관계도 생각할 수 있다.

　금속공예품의 종류는 실로 방대하다. 동경과 거울걸이 · 타출병 등 꾸밈용품부터 침통 · 족집게 · 가위 · 귀이개 · 촛대 · 자물쇠 등 생활용품, 동곳 · 허리장식품 · 과대 · 팔찌 · 반지 등 차림새와 관련된 장식품, 합 · 유개호 · 완 · 탁잔 · 정병 · 시루 · 편구발 · 젓가락과 숟가락 등 음식 관련기명, 마구와 등자 등 말갖춤까지 금속으로 제작된 공예품의 범위는 모든 생활전반에 걸쳐 있다고 해도 과언이 아닐 정도다. 다만 금속공예품은 전문적인 기술 없이는 다루기 힘들고 더불어 쉽게 소유할 수 없다는 희소성 때문에 주로 지배층의 권위를 상징하는 용품이나 종교적인 의례와 관련된 용품으로 제작되어 사용되었다.

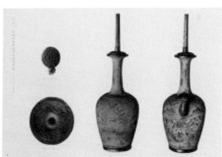

도8. 『조선고적도보』에 수록된 청동은입사정병

고려의 금속공예기술 중 '입사기법'은 당시 다른 나라에서는 찾아보기 힘든 장식기법으로, 동아시아라는 범주 내에서 볼 때, 고려 금속공예기술의 우수성을 보여주는 대표적인 사례로 손꼽힌다. 이러한 기조는 고적도보에 실린 〈청동은입사정병〉(도8)의 위상을 통해서도 확인할 수 있다. 고적도보에는 2쪽을 할애하여 이 작품을 소개하고 있는데, 첨대 받침부와 주구 뚜껑의 윗면 장식까지 세부 사진을 수록하여 당시에도 은입사기법의 중요성과 가치를 인식하고 있었던 정황을 확인할 수 있다.[41]

　옥석 및 유리제품 역시 소재 특성에 따라 그릇과 같은 일상용기보다는 장신구가 대부분을 차지한다. 玉에 부조로 장식된 단추형 장신구 등은 중국 특히 요나라 제품들과 비교할 수 있어 당시 동아시아의 유행 경향에 고려도 동참하고 있었던 것을 확인할 수 있다.[42] 이처럼 장식품

---

40 內蒙古自治區文物考古硏究所, 『遼陳國公主墓』, 北京: 文物出版社, 1993, p.71
41 다른 정병이나 병, 주자 등은 1쪽 당 유물 4개를 편집하여 게재한 것과 비교하면 〈청동은입사정병〉의 가치를 높게 평가했음을 알 수 있다.
42 고려 금속공예품과 중국 북방문화와의 연관성을 연구한 다음 논문을 참고할 수 있다(안귀숙, 「고려 금속공예에 보이는 遼文化의 영향」, 『고려와 북방문화』, 양사재, 2011).

이 주를 이루는 가운데 석제탁잔과 주자(도9), 마
상배, 변구발, 탁자 등이 수록되어 있어 눈길을
끈다. 석제탁잔과 석제주자는 2018년 국립중앙
박물관에서 개최된 특별전 "대고려918·2018,
그 찬란한 도전"에 전시되었다. 그중 석제탁잔은
우리나라에서 특별전시에 소개된 첫 사례로 꼽
을 수 있다.[43] 전시준비를 위한 재질분석 결과 녹
니석으로 밝혀졌는데, 이 암석은 입자가 조밀하

도9.『조선고적도보』에 수록된 석제탁잔과 주자

고 경도가 높지 않아서 공예품 제작에 선호하는 재질이다. 석제탁잔과 주자의 존재를 통해 의
례용으로 사용된 잔탁을 석제, 자기, 나무, 금속 등 다양한 재질로 제작했던 고려시대 공예품
제작 경향을 살펴볼 수 있으며, 여러 소재로 제작되었다 하더라도 재질 간 위계가 존재했던 것
으로 생각된다.[44]

　칠기와 나전칠기는 각각 6점(0.8%), 5점
(0.7%)으로 수량이 매우 적다. 그러나 나전향상
의 경우, 9권에서 가장 첫 번째로 총 5쪽에 걸쳐
소개하고 있어 흥미롭다(도10). 고적도보에는 유
물에 대한 상세한 설명이나 가치 등에 대한 내용
이 없다. 재질을 포함한 유물명칭, 소장처, 크기

도10. 나전향상 (『조선고적도보』9권 수록)

만 있어서 여타 상세한 정보를 얻기 어렵지만 배치, 순서 등을 포함한 책의 편집을 통해서 당시
발간 주체가 가치를 높이 평가하는 유물을 확인할 수 있다. 바로 그중 하나가 나전향상이다. 나
전칠기로 장식된 이 향상은 1910년 이왕직박물관에서 일본인 아오키 후미히치[青木文七]로부
터 구입하였다. 뚜껑과 속상자, 속상자 위에 걸쳐지는 懸子 등 세 부분으로 구성되어 있고, 발견
당시 꽃모양 연향이 내부에 들어 있었다고 한다. 나전, 복채한 玳瑁, 금속선 등을 이용한 평탈
기법으로 수양버들, 냇돌, 각종 꽃나무, 오리, 국화꽃과 당초문, 모란 등을 장식하였다. 특히 나
전문양 주변의 여백에 描金문양을 더하여 외관을 화려하게 꾸몄는데 이는 고려의 다른 나전칠
기에서는 찾아볼 수 없는 특징이다.[45] 이외에도 칠기로 모자합, 발우, 소호, 골상이 있다. 고려

43　석제주자는 국립중앙박물관 상설전시관 고려실에서 전시된 바 있다.
44　고려시대 석제탁잔의 조형적 특징과 제작 시기는 다음 논문을 참고하였다(강경남, 「국립중앙박물관 소장
　　〈石製托盞〉 소개」,『미술자료』95호, 국립중앙박물관, 2019).
45　이 향상은 발견 당시부터 상태가 좋지 않았던 것으로 추정되며 안타깝게도 한국전쟁 중에 크게 손상되어
　　현재는『조선고적도보』사진으로 옛모습을 추정한다(이용희, 「고려시대〈포류수금나전묘금향상〉의 현

시대에는 왕실 전용 물품을 생산하는 中尙署에 漆匠이 소속되어 있었으며, 국가에서 관장할 정도로 칠기 제작을 중시했지만 현재 알려진 예는 극히 드물다.[46]

이상에서 『조선고적도보』 8권과 9권에 수록된 고려시대 고분에 나왔다고 전해지는 도자기와 금속공예품, 각종 옥석류와 칠기류를 살펴보았다. 이 책에는 수록된 유물은 출처 등 자세한 설명이나 정보는 없지만 개성 부근 고려시대 고분에서 나왔다고 서문에서 분명히 명시하고 있다. 그 고분들은 대부분 왕이나 왕실 친인척 또는 신분 높은 귀족의 것으로 추정되며, 부장품 역시 당시 공예기술의 정점을 확인할 수 있는 최고급품이라고 할 수 있다. 비록 경제적 이익을 위한 불법 도굴로 인해 본래의 자리에서 벗어나 세상 밖으로 나오게 되었지만 당시 공예 기술의 성취와 문화상을 보여주는 귀중한 작품이자 역사자료라고 생각한다.

IV. 고려시대 공예품의 가치 재구성을 위한 제언

개성 부근에서 출토되었다고 전해지는 고려시대 공예품들은 앞서 살펴본 바와 같이 크게 고려청자와 중국도자, 동경을 포함한 금속공예품이 중심을 이루는 가운데 그 외에도 옥석 및 유리제, 칠기류 등이 확인되고 있다. 이와 같은 고려시대 공예품들은 2018년 국립중앙박물관이 개최한 특별전 〈대고려918·2018, 그 찬란한 도전〉에 일부 선보였으며, 특히 각종 옥석류들은 많은 관람객들의 눈길을 사로잡았다.

전시에 선보인 공예품은 현재 박물관 진열장 안의 전시품이 되었지만 과거에는 개성 부근 어딘가에 묻혀 있었을 것이다. 그리고 무덤의 주인과 함께 묻힌 각종 도자기, 금속공예품, 옥석류 등이 어떤 의미와 가치를 담고 있으며 그것이 얼마나 유기적으로 구성되어 있는가라는 기초적이고 근본적인 물음이 꼬리를 물게 된다. 앞서 살펴본 바와 같이 체계적이고 신중한 학술조사가 이루어지지 못한 채 고려청자를 얻기 위해 자행되었던 도굴로 인해 대부분의 기초 자료들은 얻기 어려운 형편이 되었다. 그러나 그 위치를 알 수 없다고 하여, 그리고 그것이 온전하지 못하다고 하여 연구할 가치가 없거나 반감되는 것은 아니다. 현재 주어진 상황 안에서 그것의 의미를 찾기 위한 노력이 필요하다고 생각한다. 그렇다면 앞으로 어떤 행동이 필요할까? 이번 장

황, 재질 및 제작기법」, 『국립중앙박물관 소장 고려나전향상과 동아시아 칠기』, 국립중앙박물관, 2014, p.24.).

46 경기도 파주 혜음원지에서 진사안료로 '惠蔭'이라는 명문이 있는 칠기굽접시가 출토되어 왕의 행궁으로서 그 위상을 짐작할 수 있다(한백문화재연구원, 『파주 혜음원지 5차 발굴조사 보고서』 2010).

에서는 '개성 부근'에서 나왔다고 전해지는 공예품이 갖고 있는 새로운 의미를 찾기 위한 몇 가지 의견을 제시하고자 한다.

첫째, 공예 분야 연구의 범위 확대를 위한 장르 간 공동연구가 필요하다. 한국 공예사 연구는 도자사와 금속공예사에 집중되어 있는데, 재료와 기술을 중심으로 고찰하는 분야이다 보니 융합될 수 없는 부분이 존재하는 것도 사실이다. 개성 부근에서 출토된 다양한 종류의 공예품의 성격을 규명하기 위해서는 한 분야의 연구성과가 아니라 다양한 분야의 연구가 함께 발맞춰 이뤄질 때 한 단계 발전할 수 있을 것이다. 즉, 재료 중심으로 연구 분야를 가르고 그 내부에 집중하는 단선적인 연구 풍토를 바꾸어 인접 학문과의 긴밀한 연계와 소통을 통해 전체상을 포괄적으로 파악하는 통합적 인식이 시도되어야 한다. 낱낱의 성과가 전체상을 그리는 전제가 됨을 부정할 수 없지만, 전체를 의식하고 진행된 연구와 그렇지 못한 결과 사이에는 적지 않은 차이가 존재할 수밖에 없다.[47] 고려시대 공예품의 수량이 도자기와 금속공예가 대다수를 이루고 있지만 절대 이 분야만으로는 당시 공예사를 재구성할 수 없을 것이다. 각 분야별 연구가 동시에 유기적으로 이뤄져야만 기초 자료를 잃은 고려시대 공예사의 한 단면을 복원해 낼 수 있다.

둘째, 새로운 연구 주제 및 방법론 개발에 대한 대안을 모색해야 한다. 공예사의 방법론과 관련하여 근대 이전의 원형으로 거스르는 탈근대적 관점, 대상을 초월하는 횡적인 연대, 나아가 인접 학문과의 소통의 필요성이 매우 중요하다. 최근 연구는 공예품을 따로 떼어서 보는 것이 아니라 삶을 구조화하고 생활주체와 연동해서 대상을 인식하는 방법, 특히 사회경제사적인 측면의 연구가 활발하게 진행될 수 있어야 한다.[48]

그동안 고려시대 목공예품에 대한 연구는 나전칠기를 제외하고 거의 전무하다고 봐도 과언이 아닐 정도로 불모지 분야였다. 최근에는 고려시대 목공예품과 관련하여 흥미로운 연구성과가 발표된 바 있다. 이 연구는 고려 전기 의례에 사용된 '案'의 종류와 그 성격을 밝힌 것이다.[49] 현재 고려시대 안은 남아있지 않기 때문에 미술사적 관점에서 본다면 연구가 불가능한 주제이다. 그러나 사료의 꼼꼼한 분석을 통해 의례 성격에 따라 안의 위치와 명칭이 변경된다는 사실을 밝혀냈고 그것을 관리하는 관청과 의례품 동원에 관한 사항을 확인하였다. 연구 대상품이 현존하지 않기 때문에 연구가 불가능할 것이라는 인식을 깨고 인접 학문과 밀접한 교류를 발판으로 삼아 새로운 주제를 개척한 것이다. 개성 부근 출토품 역시 고려시대 옥석류와 유리에 관한 연구와 조사가 본격적으로 이루어지지 않았지만 새로운 자료의 출현으로 이 분야에 대한 관

47 최공호, 「한국 공예사의 장르관습과 위계구조」, 『미술사학』21, 한국미술사교육학회, 2007, p.393.
48 최공호, 앞의 논문, 한국미술사교육학회, 2007, p.408.
49 한혜선, 「고려전기 의례에 사용된 안(案)의 종류와 의미」, 『역사와 현실』119, 한국역사연구회, 2021.

심이 촉구되는 바이다.

셋째, 개성 부근 출토 공예품은 대부분 분묘의 부장품이라고 할 수 있으므로, 동 시기 다른 지역의 부장품과 비교 연구가 필요하다. 도굴 후 분리되어 판매된 다종다양한 공예품은 본래 가치가 퇴색되어 버렸다. 동 시기 다른 지역 즉, 개성 이외 지역에서 발굴된 고려시대 분묘 및 중국 송·요·금·원의 옛 무덤에서 나온 부장품을 비교 연구한다면 그것이 지니는 가치가 더욱 입체적으로 규명될 것이라고 생각한다.

고려시대 공예품 연구는 도자사와 금속공예사를 중심으로 기종별·시기별 또는 기술과 대외교류사 및 유통 분야에서 주목할 만한 성과들이 있었다. 그러나 연구대상품 중 일부가 고려분묘에서 나왔다는 부분을 간과한 채 개별적으로 다루어져 왔던 것이 사실이다. 현재 이처럼 개별적으로 흩어져 있는 공예품이 亡者를 위한 부장품이었다는 본래 기능을 상기할 필요가 있다. 이 부분이 보완된다면 고려의 생활상을 좀 더 입체적으로 재구성해 볼 수 있는 발판이 될 것이다.

V. 맺음말

본 발표는 2018년 고려 건국 1100주년 기념 특별전 〈대고려918·2018, 그 찬란한 도전〉을 준비하는 과정에서 개성 부근 출토 공예품을 새롭게 인식하게 되면서 출발하였다. 준비 과정에서 목록으로만 존재하던 유물을 먼저 시각적으로 조사할 수 있었던 1차 자료는 『조선고적도보』와 『이왕가박물관 소장품 사진첩』이었고, 여기에 게재된 사진들은 모두 유리건판으로 촬영된 것이었다. 비록 식민지 정책의 일환으로 우리 문화재를 촬영하여 남긴 것이지만 우리의 먼 과거와 현재를 이어주는 가교 역할을 한다는 것은 부인할 수 없는 사실이다.

개성 부근에서 나온 도자는 비교적 연구가 많이 진행되었지만 다른 재질 공예품은 『조선고적도보』와 『이왕가박물관 소장품 사진첩』 등 1차 자료를 바탕으로 향후 전수 조사가 필요하다고 생각한다. 이러한 조사를 바탕으로 재질별 연구가 이뤄져야 하고, 이 단계가 충실히 진행된 이후에 거시적 관점에서 종합적으로 고찰한다면 좀 더 입체적으로 그 시대성에 가까워질 수 있을 것이라고 기대한다.

* 이 논문은 2020년 미술사연구회 추계학술발표회 발표논문을 수정 보완한 것이다. 傳 개성 출토 고려시대 공예품에 대해 고찰할 수 있는 기회를 주셨던 국립중앙박물관 정명희 학예연구관께 감사한 마음을 전한다.

【참고문헌】

전시도록

국립중앙박물관,『한국 박물관 개관 100주년 기념 특별전』, 2009

국립중앙박물관 테마전 전시도록,『고려동경-거울에 담긴 고려 사람들의 삶』, 2010

국립중앙박물관,『유리건판으로 보는 개성-宮闕과 陵墓』, 2019

국립중앙박물관,『대고려918·2018, 그 찬란한 도전』, 2018.

단행본

內蒙古自治區文物考古硏究所,『遼陳國公主墓』, 北京: 文物出版社, 1993

황수영 편,『일제기 문화재 피해 자료』, 사회평론아카데미, 2014

자료

小宮三保松,「緖言」,『李王家博物館所藏品寫眞帖』, 1912

佐佐木兆治,「朝鮮古美術業界20年回顧」,『京城美術俱樂部創業20年記念誌』, 주식회사경성미술
        구락부

조선총독부박물관,「박물관보」제1편 제1호, 1915

보고서

조선총독부,『大正五年度古蹟調査報告』, 1916

국립해양유물전시관(현 국립해양문화재연구소),『群山 飛雁島 海底遺蹟』, 2004

국립해양문화재연구소,『태안 대섬 수중발굴 조사보고서』, 2007

국립해양문화재연구소,『보령 원산도 수중발굴 조사보고서』 -본문-, 2009

한백문화재연구원,『파주 혜음원지 5차 발굴조사 보고서』, 2010

국립중앙박물관,『부안 유천리 도요지 발굴조사 보고서』, 2011

국립중앙박물관,『국립중앙박물관 소장 고려시대 동경 자료집』, 2012

국립중앙박물관,『강진 사당리 도요지 발굴조사 보고서』, 2015

민족문화유산연구원,『강진 사당리 43호 고려 청자요지 발굴조사 보고서』, 2015

국립문화재연구소,『1909년 조선고적조사의 기억』, 2016

논문

안귀숙, 「韓國工藝史研究 30年 金屬工藝」, 『미술사학연구』188호, 한국미술사학회, 1990

천혜봉, 「장서각의 역사」, 『장서각의 역사와 자료적 특성』, 한국정신문화연구원, 1996

목수현, 「일제하 이왕가 박물관(李王家博物館)의 식민지적 성격」, 『미술사학연구』 227, 2000

任眞娥, 앞의 논문, 2005

이순자, 『일제강점기 고적조사사업 연구』, 숙명여대박사논문, 2007

이종민, 「高麗 墳墓 出土 陶磁 硏究-소비방식의 관점에서-」, 『역사와 담론』 46, 호서사학회, 2007

최공호, 「한국 공예사의 장르관습과 위계구조」, 『미술사학』21, 한국미술사교육학회, 2007

박혜상, 「한국 근대기 고려청자의 미술품 인식 형성과 확산」, 이화여자대학교 대학원 석사학위논문, 2009

장남원, 「고려청자에 대한 사회적 기억의 형성과정으로 본 조선 후기의 정황」, 『미술사논단』 29, 한국미술연구소, 2009

안귀숙, 「고려 금속공예에 보이는 遼文化의 영향」, 『고려와 북방문화』, 양사재, 2011

李鍾玟, 「高麗 中期 輸入 中國白磁의 系統과 性格」, 『미술사연구』 25호, 미술사연구회, 2011

장남원, 「소비유적 출토 도자(陶瓷)로 본 고려시대 청자의 수용과 다례(茶禮)의 관계」, 『역사와 담론』 59, 호서사학회, 2011

송기형, 「창경궁박물관 또는 이왕가박물관의 연대기」, 역사교육72, í¬P!ÐŒ

이용희, 「고려시대 〈포류수금나전묘금향상〉의 현황, 재질 및 제작기법」, 『국립중앙박물관 소장 고려나전향상과 동아시아 칠기』, 국립중앙박물관, 2014

안경숙, 『高麗 銅鏡 硏究』, 한양대학교 대학원 박사학위논문, 2015

조은정, 「일제강점기요지조사와 고려청자 연구의 의미」, 『미술사학』 제33호, 2017

이희인, 「조선고적도보의 고건축 사진을 통해 본 일본제국주의의 이미지 전략 연구」

김윤정, 「12세기 고려청자 螭龍紋의 圖像的 특징과 연원」, 『미술사학』 제35호, 2018

이준광, 「고려 螭龍文 청자의 특징과 용도」, 『미술자료』 제92호, 2018

박수현, 「고려시대 청자 합 연구」, 명지대학교대학원 석사학위논문, 2018

강경남, 「국립중앙박물관 소장 〈石製托盞〉 소개」, 『미술자료』 95호, 국립중앙박물관, 2019

한혜선, 「고려전기 의례에 사용된 안(案)의 종류와 의미」, 『역사와 현실』 119, 한국역사연구회, 2021.

조선 16세기 왕실의 관요 백자 소비 확대와 辛酉貢案

김귀한((재)민족문화유산연구원)

| 목 차 |

Ⅰ. 머리말

조선은 공안(貢案)과 횡간(橫看)에 기초하여 국가의 재정을 운용하였다.[1] 국가 개정 가운데 큰 비중을 차지하는 왕실 재정 또한 공안과 횡간에 의거하여 체계적으로 확보·집행되었다. 따라서 왕실 재정을 규명하기 위해서는 공안이나 횡간에 대한 검토가 선행되어야 한다.

일반적으로 16세기 왕실의 재정 수요는 연산군대부터 급증한 것으로 이해된다. 이를 가능하게 한 제도사적인 배경으로는 연산군대에 제정된 신유공안(辛酉貢案)이 언급되고 있다.[2] 율곡 이이(栗谷 李珥, 1536~1584)는 선조대 방만한 국가 재정 운용의 원인을 신유공안에서 찾았다.[3] 이이

※ 이 글은 김귀한, 2020, 「조선 16세기 왕실의 관요 백자 소비 확대와 辛酉貢案」, 『야외고고학』39, 한국문화유산협회, pp.73-92를 수정·보완하였다.

1 『經國大典』, 「戶典」, 經費. "凡經費 用橫看及貢案"

2 신유공안은 1501년(연산군 7) 공안 개정 작업에 착수한 이후 2년이 지난 1503년(연산군 9) 계해년에 완성되었다. 따라서 당시에 이를 '계해공안(癸亥貢案)'이라고 언급하였으며, 이 용어를 그대로 수용한 연구자도 있다(高錫珪, 1985, 「16·17세기 貢納制 개혁의 방향」, 『한국사론』12, 서울대학교 인문대학 국사학과, p.186). 하지만 16세기 중반 이이는 연산군대의 공안을 '신유공안'으로 인식하였다. 아울러 현재 대부분의 연구자들 또한 '신유공안'이라는 명칭을 사용하고 있다. 이에 따라 이 글에서도 연산군대에 제정된 공안을 '신유공안'으로 지칭하였다(소순규, 2019, 「燕山君代 貢案改定의 방향과 辛酉貢案의 특징」, 『사학연구』134, 한국사학회, p.152).

3 『栗谷全書』卷5, 「疏箚 3」, 萬言封事. "臣伏以 所謂改貢案以除暴斂之害者 祖宗朝 用度甚約 取民甚廉 燕山中年 用度侈張 常貢不足以供其需 於是 加定以充其欲 臣於曩日 聞諸故老 未敢深信 前在政院 取戶曹貢案觀之 則

의 시각은 관련 연구자들에게 그대로 수용되었다.[4] 최근에는 신유공안을 성종대 공안과 비교하여 합리적인 공안으로 평가하려는 견해가 제시되기도 하였다.[5]

신유공안의 핵심은 물품의 전용(轉用)·가정(加定)에 있다. 전용은 물건을 본래의 목적대로 사용하지 않고 다른 용도로 돌려 사용하는 것을 말한다. 가정은 매년 정해진 수량 이외에 추가로 물건을 더 거두는 것을 의미한다. 왕실은 전용과 가정을 통해 소비를 증대하였다. 이러한 흐름은 관요 백자에도 그대로 적용되었다.

지금까지 16세기 왕실의 백자 소비 증가는 점각명(點刻銘) 백자 등을 통해 설명되었다.[6] 선행연구는 점각명 백자의 종류와 성격을 밝히는 성과를 거두었다. 아울러 관련 연구가 더욱 확장될수 있는 계기를 마련하였다는 점에서 연구사적으로 큰 의미가 있다. 하지만 아직까지 관요 백자를다른 물종(物種)과 동일 선상에 두고 재정사적인 측면에서 해명하려는 시도는 이루어지지 않았다.

이 글의 목적은 16세기 왕실에서 신유공안의 전용·가정 조례를 악용하여 관요 백자 소비를확대하였음을 증명하는 데 있다. 나아가 왕실에서 국용(國用) 백자를 내용(內用)으로 전용하면서 왕실 관련 명문을 점각하였고,[7] 가정이 늘어나면서 별번(別燔)이 강화되었다는 견해를 제시해 보고자 한다. 이번 연구는 관요 백자에 보이는 다양한 변화를 당대의 역사적 상황 속에서 파악하기 위한 기초 작업으로도 일정한 의미가 있을 것으로 기대된다.

II. 辛酉貢案의 제정과 특징

조선 초 공안은 1392(태조 1) 10월에 처음으로 상정되었다.[8] 이후 세종과 세조, 그리고 성종

諸般貢物 皆是弘治辛酉所加定 而至今遵用 考其時則乃燕山朝也 臣不覺掩卷太息曰 有是哉 弘治辛酉 於今爲七十四年 聖君非不臨御 賢士非不立朝 此法何爲而不革耶 (하략)"

4 高錫珪, 「16·17세기 貢納制 개혁의 방향」, pp.179-180; 김성우, 2001, 『조선중기 국가와 사족』, 역사비평사, pp.54-57.

5 소순규, 「燕山君代 貢案改定의 방향과 辛酉貢案의 특징」, pp.123-164.

6 박정민, 「조선 전기 명문백자 연구」, 명지대학교 대학원 미술사학과 박사학위논문, pp.191-213; 김윤정, 2014, 「조선 16세기 백자에 표기된 왕실 관련 한글 명문의 종류와 의미」, 『한국학연구』51, 고려대학교 한국학연구소, pp.143-175.

7 내용은 국용에 대비되는 개념으로 왕실에서 사적으로 소비하는 물건을 의미한다(박경자, 2009, 『朝鮮 15 世紀 磁器貢納에 관한 硏究』, 충북대학교 대학원 사학과 박사학위논문, pp.144-151).

8 『太祖實錄』卷2, 태조 1년(1392) 10월 12일. 『조선왕조실록』 등 DB로 구축된 자료는 원문이나 번역문을 제시하지 않았다(국사편찬위원회 한국사 데이터베이스(http://db.histroy.go.kr) 참조). 다만, 본문에서 사료의 번역문을 직접 인용한 경우에는 원문을 각주로 처리하였다.

대에 한 차례씩 개정되었다. 세조와 성종대는 무엇보다 공액(貢額)의 감소라는 측면이 중시되었다. 그 결과 세조대는 세종대 공액의 1/3, 성종대는 세조대를 기준으로 1/2 정도가 감소하였다.[9] 세종대는 예비비를 포함하여 예상 지출량의 2배에 이르는 공물을 수취하였다. 세조대는 횡간이 완성되면서 1년의 지출량이 감소하였기 때문에 공액을 1/3 정도로 줄여도 국가를 운용하는 데 큰 문제가 되지 않았다. 하지만 성종대는 공액을 무리하게 감축하여 경비가 부족한 상황에 직면하였다. 이에 따라 1494년경 공안을 다시 개정하여 공액을 증가시키고자 하는 분위기가 조성되었다. 하지만 그해 12월 성종이 훙거하면서 공안의 개정은 연산군의 과제로 남게 되었다. 1501년(연산군 7) 신유년에 공안을 개정하기 위한 공안상정청(貢案詳定廳)이 설치되었고, 1503년(연산군 9) 계해년에 작업이 완료되었다. 당시에 제정된 공안이 바로 신유공안이다.[10]

조선시대 공안에 관한 구체적인 기록은 남아 있지 않다. 다행히 신유공안은 1501년(연산군 7) 7월 공안상정청에서 연산군에게 보고한 9가지의 조례[可行條例]가 남아 있어 공안 개정의 방향을 추정할 수 있다. 여기에서는 9가지의 가행조례 가운데 이 글과 밀접한 관련이 있는 5가지의 조례를 중점적으로 살펴보도록 하겠다.

사료 II-1
(1501년 7월 17일) 詳定廳에서 실행할 수 있는 條例에 대해 아뢰었다. "① 1. 모든 관사의 雜物은 남는 것도 있고 부족한 것도 있으니 남는 것을 감해서 부족한 것을 채우고, 부족한데 남는 것이 없어 서로 보충할 수 없는 것을 헤아려 加定하소서. ② 1. 雜物이 비록 用度에 부족하더라도 그것이 민간의 희귀한 물건은 경솔하게 가정할 수 없습니다. 用處의 긴요 여부를 상고해서 감해도 될 것은 영구히 없애고 代用할 수 있는 것은 그 司의 남은 물건으로 대신하되, 본 司에 만약 대신할 물건이 없으면 다른 司의 남는 물건으로써 대신하는 것을 공안으로 정하소서. ③ 1. 진상이나 제향 이외의 긴요하지 않은 곳에 쓰는 물건이 부족하면 적당히 감하소서. ④ 1. 각관에 바친 잡물 가운데 혹 그 관사의 所用이 아닌데도 답습하여 바치는 것은 옳지 않으니 그것이 쓰이는 관사에 移送하소서. ⑤ 1. 비록 공안에 실려 있더라도 본디부터 쓸 곳이 없는 것들은 아예 아니 바치며, 이런 것들은 공안에서 삭제해 버리소서. (중략)" 하니, 그대로 좇았다.[11]

9 『燕山君日記』 卷28, 연산군 3년(1497) 10월 20일.
10 소순규, 「燕山君代 貢案改定의 방향과 辛酉貢案의 특징」, pp.127-138.
11 『燕山君日記』 卷40, 연산군 7년(1501) 7월 17일. "詳定廳啓可行條例 一 諸司雜物 或有餘或不足 減有餘 補不足 其不足而無有餘 不得相補者 量宜加定 一 雜物雖用度不足 民間稀貴之物 不可輕易加定 須考用處緊歇 可減者永除可代用者 以其司餘物代之 一 本司若無可代之物 以他司餘物代用 定爲貢案 一 進上及祭享外 凡不緊處供用之物不足則量減 一 各官所納雜物內 或非其所用 而因循納之未便 移送該司用之 一 雖載貢案 本無用處 則全不納 此等之物 貢案削去 (중략) 從之"

연산군대 공안 개정의 배경을 고려하였을 때 신유공안의 목적이 공액의 증대에 있었음을 부인하기는 어렵다. 그러나 동시에 가정을 최소화하기 위한 장치도 마련하였다. 사료 Ⅱ-1-①에 의하면 물건을 가정하기에 앞서 각사의 부족분과 여유분을 파악한 다음 여유분으로 부족분을 상쇄하여 가정을 줄이고자 하였다. 사료 Ⅱ-1-②는 희귀한 물건이 부족하면 가정하지 않고 다른 것으로 대용(代用)하도록 규정하였다. 해당 관사에서 대용품을 보유하고 있지 않으면 다른 관사의 물품을 전용할 수도 있었다. 긴요하지 않은 희귀 물종은 공물로 받지 않도록 하였다. 사료 Ⅱ-1-③은 진상이나 제향 이외에 꼭 필요하고 중요하지 않은 곳에 사용되는 품목은 감하도록 조치하였다. 사료 Ⅱ-1-④에 따르면 각관은 관리하는 물종이 별도로 정해져 있었는데, 이를 엄수하여 각사에서 관리하는 물건의 부족분과 보유분을 정확히 파악하고자 하였다. 사료 Ⅱ-1-⑤는 공안에 기재되어 있더라도 실제 필요하지 않으면 공안에서 삭제하도록 하였다.

신유공안이 사료 Ⅱ-1에 보이는 방향으로 개정되었다면 희귀하거나 불필요한 물건을 준비하기 위한 민의 수고를 덜 뿐만 아니라 각사는 현재 보유하고 있는 재원을 효과적으로 재분배하여 공액의 증가를 최소화할 수 있었을 것이다. 1529년(중종 24) 대사간(大司諫) 어득강(魚得江, 1470~1550)은 신유년에 3공(公)이 각사의 공물을 의논하여 정할 때 더러는 남아도는 것도 있고 부족한 것이 있어 당시 모든 경비와 공안을 일체 상정하여 고쳤다고 하면서 신유공안을 긍정적으로 평가하였다.[12] 신유공안은 공액의 증대라는 목적을 이루면서도 이를 최소화하기 위해 제도적인 장치를 마련한 합리적인 공안이었다.[13]

중종은 신유공안이 개정된 이후 얼마 지나지 않은 1506년(중종 1) 반정을 통해 왕위에 올랐다. 그는 즉위 후 일체의 법제(法制)를 성종조에 의하게 하였다.[14] 신유공안도 연산군대에 제정되었다는 이유로 폐지되었다. 하지만 1507년(중종 2년) 신유공안은 다시 국가 재정 운용의 기반으로 등장하였다. 이러한 사정은 아래의 사료에 자세히 기록되어 있다.

사료 Ⅱ-2
(1507년 8월 31일) 호조가 아뢰기를, "(중략) 또 공안은 지난 癸亥年에 대신 등이 辛巳年의 案에 의거, 참작하여 줄이고 보태서 定式을 만들어 나라와 백성도 모두 편의를 얻었습니다. 지금은 외방의 각관에서 다 廢朝 때의 別例貢이라 하여 辛巳年의 예로 받아들이기 때문에 國用이 부족합니다. 廢朝 때의 법이라 하여 쓰지 않을 수 없습니다. 이런 뜻을 각도에 빨리 下諭하여 계해년의 안에 따라서 거두어들이게 하는 것이 어떻겠습니까?"하니, 전교하기를, "계한 바에

12 『中宗實錄』 卷65, 중종 24년(1529) 5월 25일.
13 소순규, 「燕山君代 貢案改定의 방향과 辛酉貢案의 특징」, pp.139-151.
14 『中宗實錄』 卷1, 중종 1년(1506) 9월 3일.

의해시 하라."고 하였다.[15]

위의 사료 II-2에 보이는 '계해년의 안[癸亥之案]'은 1501년(연산군 7) 신유년에 개정에 착수하여 1503년(연산군 9) 계해년에 완료된 신유공안을 의미한다.[16] '신사년의 예[辛巳例]'는 '계사년의 예[癸巳例]'의 오기로 추정된다.[17] 중종은 신유공안을 폐지하고 성종대 공안[계사년의 예]을 채택하였다. 하지만 이는 연산군대 공안을 개정한 배경을 고려하면 합리적이지 못한 선택이었다. 조정은 곧 국용의 부족이라는 문제에 직면하였다. 호조는 다시 신유공안에 따라 공물을 수취할 것을 건의하였다. 중종은 공액을 현실적으로 조정한 신유공안에 근거하여 국가의 재정을 운용할 수밖에 없었다.[18]

신유공안은 별도의 개정 없이 16세기 국가의 세입장부로 사용되었다. 국가의 재정을 횡간과 공안에 의거하여 운용한다고 하더라도 한 해의 세입액과 세출액은 일정 부분 유동적일 수밖에 없다. 특히 신유공안은 각사의 보유분과 부족분을 살펴 공액을 조정하였기 때문에 예비비가 계상되지 않았다.[19] 그럼에도 불구하고 신유공안은 다시 개정되지 않았다. 그 이유를 단정하기는 어렵다. 다만, 왕실과 중앙 관청이 전용·가정을 통해 재정 부족분을 계속 보충하였으며, 그러한 방법이 그들에게 유리하였기 때문으로 추정해 볼 수 있다.

호조판서 이계남(李季男, 1448~1512)은 1504년(연산군 10) 8월 연산군에게 대개 공부의 법은 1년의 용도를 헤아려 상정하는 것이나 지금 이미 부족하기 때문에 추가로 부과할 것을 건의하였다. 연산군은 성인이 다시 태어난다고 하더라도 경상(經常)의 법을 다 따르지 않는다고 하면서 각도에서 공물을 더 걷고, 만약 또 부족하다면 더 거두어도 좋다고 하였다.[20] 1505년(연산군 11) 연산군은 앞으로 국용이 충족할 때까지 각도 노비의 신공(身貢)으로 한 사람마다 면포 1필을 더 정하여 바치도록 전교하였다. 이에 대해 국고가 고갈되어 용도가 부족하므로 호조가 청하여 입법(立法)하니 공물을 가정하는 것이 여기서 비롯하였다고 하였다.[21] 하지만 신유공안이 1503년(연산군 9)에 완성되었음을 고려할 때 1505년(연산군 11)의 가정 또한 신유공

---

15 『中宗實錄』卷3, 중종 2년(1507) 8월 13일. "戶曹啓曰 (중략) 且貢案 則去癸亥年 大臣等 據辛巳年之案 參酌損益 以爲恒式 於國於民 咸得便宜 今者外方各官 皆以爲廢朝時別例貢 而以辛巳年例收納 故國用不足 不可以廢朝時法 而莫之用也 此意須下諭各道 使遵癸亥之案收納何如 傳曰 依所啓"

16 앞의 주) 2.

17 소순규, 「燕山君代 貢案改定의 방향과 辛酉貢案의 특징」, p.153.

18 이후 중종은 1507년(중종 2) 11월에 연산군대 제정된 법을 검토하여 쓸 만한 것은 그대로 준용토록 하였다(『中宗實錄』卷4, 중종 2년(1507) 11월 1일).

19 소순규, 「燕山君代 貢案改定의 방향과 辛酉貢案의 특징」, p.147.

20 『燕山君日記』卷55, 연산군 10(1504) 8월 15일.

21 『燕山君日記』卷59, 연산군 11(1505) 9월 30일.

안에 바탕을 두고 있는 것으로 이해해야 한다. 1506년(중종 1) 연산군대의 법제가 폐지된 이후 1507년(중종 2) 신유공안이 다시 활용되었고, 이후로도 물품의 전용·가정이 활발히 이루어졌음을 고려할 때 이러한 추측은 크게 틀리지 않을 것으로 판단된다. 앞서 율곡 이이가 선조대 방만한 국가 재정 운용 원인을 신유공안에서 찾은 것도 동일한 맥락에서 이해할 수 있다.

그렇다면 중종대 이후 전용·가정이 신유년과 같이 합리적으로 이루어졌을까? 1525년(중종 20) 7월 홍문관 부제학 정옥형(丁玉亨, 1486~1549) 등은 지금 탕장(帑藏)이 고갈되어 일상의 용도도 한 해를 지탱할 수 없다고 하였다. 불시의 수요와 무명의 비용으로 인해 담당 관청의 재정이 고갈된 곳이 하나가 아니며, 부족분을 보충하기 위해 내년 공상을 인납한다고 지적하였다. 더하여 국가의 경비는 본래 정해진 것이 있는 법이지만 전하께서 어디다 쓰셨는지 알 수 없다고 언급하였다.[22] 동년 9월 참찬관 이환(李芄, 1484~?)은 중종에게 선공감의 숯이 매번 부족하여 인납하고 또 가정한 것이 3,300여 섬에 이르러 상정액과 다름이 없게 되었다고 아뢰었다. 중종은 호조가 숯을 더 배정한 것은 인납의 폐단을 바로 잡으려고 한 것이었지만 민폐가 적지 않았다고 호조를 두둔하였다. 이에 대해 동지사 허굉(許磁, 1471~1529은 숯뿐만 아니라 다른 것도 모두 그러하니 가부하는 단서를 한 번 열어놓으면 폐단을 막기 어려울 것이라고 반박하였다.[23]

이러한 기록은 신유년 이후 왕실과 중앙 관청이 전용·가정을 통해 물품을 무분별하게 소비하였음을 보여준다. 선행 연구에서 지적하였듯이 신유공안에는 예비비가 계상되지 않았기 때문에 매년 각사의 보유분으로 부족분을 상쇄하거나 물품을 가정할 수밖에 없는 실정이었다.[24]

이상의 내용을 종합하면 신유공안은 공액을 증대시키기 위한 목적을 달성하면서도 공액의 증가를 최소화하기 위해 여러 가지 방안을 고려한 합리적인 공안이었다. 그러나 신유년 이후 왕실과 중앙 관청에 의한 무분별한 전용·가정이 이루어졌다. 이러한 이유로 신유공안은 16세기 공물 폐단의 원인으로 지목되었던 것이다.

Ⅲ. 왕실의 辛酉貢案 轉用·加定 條例 악용

임금은 한 나라의 국왕임과 동시에 한 가정의 가장이었다. 왕의 개인적인 사치는 차치하더라도 아버지로서 국왕은 가족들의 생활을 풍족하게 유지하고 각종 기복 행사를 시행하기 위해 신

---

22 『中宗實錄』 卷54, 중종 20년(1525) 7월 19일.
23 『中宗實錄』 卷55, 중종 20년(1525) 9월 14일.
24 소순규, 「燕山君代 貢案改定의 방향과 辛酉貢案의 특징」, pp.146-147.

료들의 간섭과 통제에서 자유로운 사유재산을 확보할 필요가 있었다.[25]

연산군은 2명의 부인에게서 4남 2녀만을 두었으나 재위 중에 경비를 지원해야 하는 인원은 조모 인수왕대비(덕종비, 연산군 10년 사망)·증조모 인혜대비(예종계비, 연산군 4년 사망), 자순정현왕비(성종계비, 중종 25년 사망)를 비롯하여 왕의 제매(弟妹)와 군이 15명, 옹주가 11명에 달하였다.[26] 중종은 12명의 부인에게서 9남 11녀를 두었다. 왕실의 구성원이 늘어날수록 각릉(各陵)·각전(各殿), 군과 옹주 등의 증가와 이에 따른 사여(賜與), 계속되는 왕 자녀의 길례·저택 신축 등에 소요되는 경비는 증대될 수밖에 없었다.[27]

이러한 상황에서 신유공안의 전용·가정 조례는 연산군대와 중종대를 거치면서 부족한 왕실의 재정을 확보하기 위한 방편으로 악용되었다. 신유공안의 장점 가운데 하나가 가정을 시행하기 이전에 각사의 재정을 전용하여 이를 최소화하는 것이었다. 다만, 이것이 악용될 경우 상급 관청에서 하급 관청의 재정을 전용할 여지를 제공할 수도 있었다.[28] 특히 전용은 당시 최상위 신분계층인 왕실에 매우 유리한 조건으로 작용하였다.

왕실은 횡간에 기록되지 않은 경비를 입내와 내수사 등을 통해 마련하였다. 전술하였듯이 왕실의 소비 증가는 중앙 관청의 재정에 부담을 주었다. 각 관청은 왕실의 요구에 우선 보유분으로 이를 공급하였지만 물품이 부족하면 인납이나 가정을 통해 공물을 추가로 거둘 수밖에 없었다.

사실 왕실에 의한 국가 재정의 남용은 1501년(연산군 7) 이전부터 확인된다. 성종 또한 몇 차례 국용의 물품을 사적으로 사용하였다.[29] 다만, 그 정도는 연산군이나 중종과 비교하여 훨씬 미약하였다. 이는 1519년(중종 14) 사신(史臣)이 성종은 왕자·왕녀가 많았으나 모두 공정한 사급(賜給)만 있었다고 칭송한 기록을 통해 짐작할 수 있다.[30] 하지만 1499년(연산군 5) 의정부 좌의정 한치형(韓致亨, 1434~1502) 등은 근래에 별사(別賜)·별부(別賻)·특사(特賜)가 많으며, 수시로 입내하라는 명이 있는가 하면 내수사로 수납하라는 수가 너무 많다고 언급하였다. 더하여 1498년(연산군 4) 횡간 이외의 별용물(別用物)을 상고하니 쌀·콩이 2천 9백여 섬, 포가 3천 6백여 필, 횡포가 1천 9백여 필, 기름·꿀이 90여 석이며, 기타 부비(浮費)는 헤아리기도 어려울 정도라고 하면서 경상비 이외의 기타 부비를 일체 줄일 것을 상소하였다.[31] 그렇지만 신유공안

25 宋洙煥, 2000, 『朝鮮前期 王室財政 硏究』, 집문당, pp.235-236.

26 田川孝三, 1964, 『李朝貢納制の硏究』, 東京: 東洋文庫, p.214.

27 朴道植, 2011, 『朝鮮前期 貢納制 硏究』, 혜안, pp.172-184.

28 김성우, 『조선중기 국가와 사족』, pp.69-70.

29 『성종실록』 권225, 20년(1489) 2월 2일; 『성종실록』 권261, 23년(1492) 1월 4일; 『성종실록』 권267, 23년(1492) 7월 2일; 『성종실록』 권267, 23년(1492) 7월 9일.

30 『중종실록』 권37, 14년(1519) 11월 4일. 성종은 국고를 전용하는 대신 폐지되었던 내수사 장리(長利)를 다시 시행하는 등 내수사의 기능을 강화하였다(『成宗實錄』 卷148, 성종 13년(1482) 11월 2일).

이 제정된 이후 입내의 규모는 급증하였다.[32] 아울러 모든 관청은 각사의 보유분과 부족분을 살펴 물건을 전용할 수 있었는데, 이는 내수사가 국용의 재산을 침탈하는 근거로 악용되었다.

　연산군은 1500년(연산군 6) 2월 진성대군(晉城大君)이 출합할 때 내수사의 재정이 좋지 않아 곡식 7,000석을 국곡(國穀)으로 마련해 주려고 하였다. 이에 대해 정승들은 예전에 그러한 예가 없다는 이유로 반대하였다.[33] 하지만 연산군에게 신유공안의 가행조례가 보고된 이후인 1502년(연산군 8) 삼정승(三政丞) 한치형·성준(成俊, 1436~1504)·이극균(李克均, 1437~1504)은 군자감이 풍저창이 되었다는 소문이 있다고 하면서 영응대군(永膺大君, 1434~1467)의 집에 곡식을 보낸 일을 비판하였다.[34] 연산군은 1503년(연산군 9) 휘순공주(徽順公主)가 출궁할 때 내수사의 재정이 부족하자 호조에서 곡식을 준비해 주도록 하였다.[35] 1534년(중종 29) 중종은 공주와 옹주가 대궐에서 나가는 길례에 사용되는 물품이 떨어지자 사섬시(司贍寺)에서 오승목면(五升木綿) 20동 등과 공조의 납철(鑞鐵) 1,000근·상감석(霜甘石) 50근 등을 내수사로 실어 보내도록 하였다.[36] 특히 1530년(중종 25) 호조 서리 지서학(智書學)과 군자감 서리 홍양생(洪良生) 등은 내수사에 진배한다고 공문을 위조하여 쌀 50석을 착복하려고 시도하였다.[37] 내수사 공문 위조사건은 내수사에 의한 공적 재정의 침탈이 어느 정도였는지를 잘 보여준다. 결국, 명종은 내수사의 물건을 국용으로 인식하기까지 하였다.[38]

　왕이 내수사를 통해 경제적으로 지원해야 하는 대상이 늘어날수록 내수사에 의한 국용의 전용은 증가할 수밖에 없다. 내수사는 1504년(연산군 10) 직계제가 확립되면서 승정원을 거치지 않고 왕에게 직계하였다.[39] 연산군은 일찍이 내수사에서 공장(工匠)들을 모아서 일을 시켰는

---

31 『燕山君日記』卷32, 연산군 5년(1499) 3월 27일.
32 김성우, 『조선중기 국가와 사족』, pp.68-69. 그는 국왕 혹은 왕실이 손쉽게 처리할 수 있고 대다수가 지주층인 관료들에게 실질적인 세액 증대가 이루어지지 않는 선에서 타협한 결과를 신유공안으로 이해하였다. 즉, 국가경상비의 대부분을 차지하는 전세 수입은 고정시키되 공물·진상 수입을 대대적으로 증액하여 왕실의 재정수요를 보충하려는 방안이 바로 신유공안이라는 것이다(김성우, 『조선중기 국가와 사족』, p.63).
33 『燕山君日記』卷36, 연산군 6년(1500) 2월 7일.
34 『燕山君日記』卷43, 연산군 8년(1502) 3월 25일. 군자미는 군량과 흉년의 빈민구제를 대비하는 국가의 예비 재원으로 군자감에서 관장하였다.
35 『燕山君日記』卷49, 연산군 9년(1503) 3월 1일.
36 『中宗實錄』卷76, 중종 29년(1534) 2월 6일.
37 『中宗實錄』卷67, 중종 25년(1530) 1월 21일.
38 『明宗實錄』卷22, 명종 12년(1557) 1월 10일. 사신(史臣)은 지금 내수사의 용도가 만민의 정당한 공물이 아니고 사사로운 재물에 불과하니 당나라의 경림고(瓊林庫)·대영고(大盈庫)와 같다고 지적하였다. 더하여 임금이 나라를 사사로이 하면 경대부는 반드시 자기 집을 위해 사사로이 하게 되고 사서인은 자기 몸을 위해 사사로이 하게 되어 결국 상하가 이욕의 추구에만 급급하게 되어 나라가 나라꼴을 이루지 못하게 된다고 개탄하였다.
39 『燕山君日記』卷53, 연산군 10년(1504) 5월 9일. 내수사 직계제는 이전부터 논란이 되어 오다가 1504년

데, 시키는 것이 무슨 일이냐고 말한 자가 있었다고 하면서 향후 이런 자가 있으면 중죄로 논한다고 하였다.[40] 내수사의 성격을 고려하였을 때 왕은 내수사에서 담당하는 업무가 신료들에게 공개되지 않는 편이 유리하였다. 명종은 1550년(명종 5) 내수사 담당 내시에게 당상인(堂上印)을 발급하였다. 내수사는 정5품아문에서 정2품아문으로 격상되었다.[41] 16세기 왕실 재정 수요가 증가하면서 내수사의 기능이 한층 강화되었던 것이다.

한편, 왕실은 신유공안이 제정된 이후 승정원을 거치지 않고 감결을 통해 물품을 입내하였다. 사헌부는 1539년(중종 34) 조종조 때부터 내용 물품은 모두 승정원을 거쳐 대궐로 들어갔으나 신유년(1501) 이후 용도(用度)에 절제가 없어 구례를 고쳐 감결을 쓰기 시작하였으며, 반정 뒤에도 일체 감결에 의해 입내가 이루어지고 있음을 지적하였다. 더하여 이를 왕실에서 입내하는 물품이나 규모 등을 외방에 알리지 않으려는 의도로 해석하였다. 이에 대해 중종은 횡간 내에서만 쓴다면 1개월도 지탱할 수 없다는 것을 전제한 다음 한 번 승전(承傳)을 받아 많은 물품이 들어오면 물의가 일어날 수도 있기 때문에 용도를 헤아려 상고·궁방·등촉방·사약방·사옹원에서 공용하는 물품이 부족할 경우에 부득이 감결을 받들게 하고 있다고 주장하였다.[42]

신유공안이 제정되면서 왕실 소비가 무분별하게 늘어났고, 왕실은 필요한 물품을 가능한 한 은밀하게 확보하기 위해 감결을 사용하였다. 감결에 의한 입내가 일반적인 방법으로 자리를 잡으면서 왕실의 소비는 더욱 촉진되었고, 이는 다시 입내가 증가하는 배경으로 작용하였을 것이다.

이상의 내용을 정리하면 왕실은 신유공안의 전용·가정을 악용하여 재정을 확대하였다. 그리고 은밀하고 효율적으로 물품을 확보하기 위해 내수사 직계제와 감결을 활용하였던 것으로 보인다.

IV. 轉用·加定을 통한 왕실의 관요 백자 소비 확대

1467년경 관요가 설치된 이후 왕실에서 소비하는 백자는 사옹원과 내수사에서 생산하였다.[43] 더하여 이를 제작한 관청에 따라 백자의 성격은 국용과 내용으로 구분된다.

국용 백자는 사옹원에서 생산·관리하였다. 사옹원은 왕실 재정 가운데 공재정(公財政)에 속

(연산군 10)에 확립되었다.

40 『燕山君日記』卷53, 연산군 10년(1504) 5월 9일.

41 『明宗實錄』卷10, 명종 5년(1550) 1월 5일.

42 『中宗實錄』卷91, 중종 34년(1539) 6월 8일.

43 박정민, 2015, 「'處'명백자를 통해 본 조선 전기 내수사(內需司)의 왕실용 백자제작」, 『야외고고학』22, 한국문화유산협회, pp.54-73.

하였다.[44] '天·地·玄·黃'명 백자는 국용의 범주에서 왕실에 공급된 그릇이었다.[45] '天·地·玄·黃'은 사옹원의 창고군(倉庫群)을 의미하는 명문으로 추정된다.[46] 1560년대 왕실은 관영 수공업 체제가 해제되어 가는 일반적인 흐름 속에서도 관요를 관영 수공업 체제로 유지하고자 하였다. 이에 따라 관요의 관리·감독을 강화하기 위한 방편으로 '天·地·玄·黃'을 생산분반을 의미하는 '左·右'로 교체하였다.[47] 그렇지만 재정의 성격은 그대로 유지되었다(〈표 1〉).

〈표 1〉 15~16세기 관요 출토 명문백자 일괄

명문의 종류	
天·地·玄·黃 (국보 제286호, 기고 11.1, 구경 21.1, 저경 7.9㎝ 내외, 삼성미술관 리움)	左·右(곤지암리 1호 요지, 한국문화유산연구원)
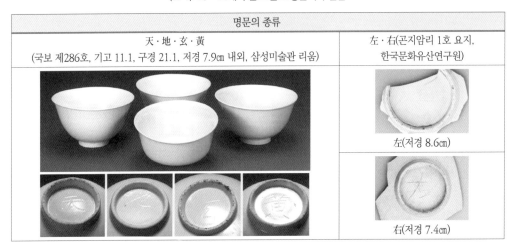	左(저경 8.6㎝) 右(저경 7.4㎝)

내용 백자는 '大·中·世·處' 등이 새겨진 그릇으로 내수사에서 번조하였다.[48] '大'는 대전, '中'은 중궁전, '世'는 동궁전, '處'는 處所를 의미한다(〈표 2〉). 최근 사적 제314호 광주 조선백자 요지에 대한 학술조사가 이루어지면서 '大·中·世·處'명 백자가 우산리 4호 요지(1460~1470년대)와 14호 요지(1480년대)에서 집중적으로 제작되었다는 사실이 밝혀졌다.[49]

---

44 宋洙煥, 『朝鮮前期 王室財政 研究』, pp.24-25.
45 사옹원이 관리했던 그릇 중 임금의 수라상에 오르는 식기는 주로 은기 등의 금속기일 가능성이 크기 때문에 '天·地·玄·黃'명 백자가 사옹원의 전반적인 업무에 사용되었을 것으로 보는 견해도 있다(박정민, 2016, 「조선 전기 관요백자의 명문이 갖는 二元的 성격」, 『미술사학연구』 290·291, 한국미술사학회, pp.70-71). 하지만 사옹원 사기장은 오로지 진상하는 어기를 만든다는 기록이 남아 있고, 관요 백자를 진상자기로 인식하였다는 점에서 최상품 명문백자는 기본적으로 왕실 소용이었을 것으로 판단된다(『承政院日記』 14冊 (탈초본 1冊) 인조 4년(1626) 7월 19일; 『承政院日記』 29冊 (탈초본 2冊) 인조 8년(1630) 2월 19일).
46 김귀한, 2020, 『15~17世紀 朝鮮 官窯 研究』, 단국대학교 대학원 사학과 박사학위논문, pp.149-152.
47 김귀한, 2013, 「15~17세기 관요 백자 명문의 변화와 그 배경」, 『야외고고학』 17, 한국문화유산협회, pp.16-19.
48 박정민, 「'處'명백자를 통해 본 조선 전기 내수사(內需司)의 왕실용 백자제작」, pp.59-67. 그는 한양도성에서 출토된 '處'명 백자를 왕실의 자녀를 포함한 왕족을 위해 제작된 것으로 이해하였다.

〈표 2〉 우산리 4 · 14호 요지 출토 '大 · 中 · 世 · 處'명 백자 일괄(경기도자박물관)

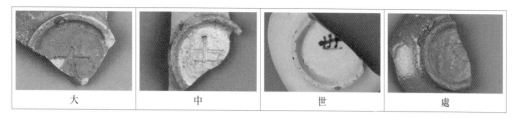

大	中	世	處

'大 · 中 · 世 · 處'명 백자의 조형적 특징과 품질은 '天 · 地 · 玄 · 黃'명 백자와 동일하다. 다만, '天 · 地 · 玄 · 黃'이 대부분 굽 안바닥에 유면음각으로 새겨지는 데 반해 '大 · 中 · 世 · 處'는 철화나 음각으로 표기되기도 한다. 생산단계에서 명문을 통해 백자의 소비처를 구분하였다는 점에서 왕실 관련 명문이 새겨진 백자는 각전(各殿)에 부속된 사장(私藏)에서 관리하였을 가능성이 크다. 현종대의 사료이지만 국가의 옛 제도를 그대로 답습하면서 각전마다 모두 사장이 있었는데, 주상에게는 내수사, 대왕대비 · 왕대비 · 중전도 그들대로 각기 사유의 내탕(內帑)이 하나씩 있었다는 기록도 주목된다.[50]

왕실은 사옹원과 내수사에서 백자를 공급받았고, 그 성격은 공적인 재정과 사적인 재정으로 구분되었다. 신유공안은 각사의 물품을 전용하는 데 국용과 내용의 구별을 두지 않았다. 왕실은 다른 물품과 마찬가지로 국용인 사옹원의 백자를 내용으로 사용하였다. 1502년(연산군 8) 연산군은 휘순공주에게 화룡준(畫龍樽)을 내려 주라고 명하였다. 그러나 승지 등은 화룡준은 중국 사신이 올 때도 오히려 쓰지 않는 것인데 하물며 공주의 집에 하사할 수 없다는 논리로 반대하였다. 연산군은 공주에게 화룡준을 줄 필요가 없다며 뜻을 거두었다.[51] 하지만 연산군이 공주에게 화룡준을 주라고 한 사실을 고려할 때 특수기명이 아닌 일상생활기명의 전용은 이미 일반화되었을 것으로 추측된다. 이는 백자에 왕실 관련 명문이 점각된 사실을 통해서도 짐작할 수 있다.

최근 왕실 관련 명문이 점각된 백자에 대한 연구가 활발히 진행되면서 점각명 백자의 양상과 성격이 밝혀졌다. 왕실 관련 점각명은 백자의 소유권이 변동되는 시점에 표기되었다.[52] 명문의 성격은 왕실의 사장과 밀접한 관련이 있다.[53] '天 · 地 · 玄 · 黃'이나 '左 · 右'가 새겨진 백자는 사옹원의 공적 재정에 속하였다. 이러한 백자에 왕실 관련 명문이 부가되는 것은 해당 그릇

49 경기도자박물관 2019a, 『광주조선백자요지(사적 제314호) 3차 발굴조사보고서』; 경기도자박물관, 2019b, 『광주조선백자요지(사적 제314호) 4차 발굴조사보고서』.
50 『顯宗改修實錄』 卷9, 현종 4년(1663) 9월 5일.
51 『燕山君日記』 卷46, 연산군 8(1502) 10월 29일.
52 박정민, 『조선 전기 명문백자 연구』, pp.191-192.
53 김윤정, 「조선 16세기 백자에 표기된 왕실 관련 한글 명문의 종류와 의미」, pp.144-170.

이 국용에서 내용으로 성격이 변화되었음을 의미한다.[54] 점각으로 새겨진 왕실 관련 명문의 의미가 '大·中·世·處'와 일치하는 사실도 이를 방증한다(〈표 3〉·〈표 4〉).[55]

〈표 3〉 한양도성 출토 점각명백자 일람표

구분	명문				점각명의 의미(출토지)
	부가	기법	기존	기법	
한자	上	점각	左	유면음각	대전(청진 12~16지구 유적)
	大上	점각	地	유면음각	
	中	점각	地	유면음각	중궁전(경복궁 광화문)
	世	점각	·	·	동궁전(청진 9지구 유적)
	恭(王大)[56]	점각	天	유면음각	공의왕대비(1547~1577년 사이에 사용) (종로 어영청지 유적)
	大茶	점각	地	유면음각	대전의 다방(청진 12~16지구 유적)
한글	地·웃졔	점각	右	유면음각	대왕대비나 왕대비(청진 12~16지구 유적)
	黃·웃궁	점각	地	유면음각	대왕대비나 왕대비(청진 8지구 유적)
	웃쇼 파닐	점각	地	유면음각	대왕대비나 왕대비전에 속한 소주방 (경복궁 소주방지)
	대쇼	점각	地	유면음각	대전 소주방(청진 12~16지구 유적)
	큰쇠	점각	天	유면음각	대전 소주방(청진 5지구 유적)
	동쇼[57]	점각	天	유면음각	동궁전 소주방(청진 2~3지구 유적)
	혜슌	점각	天	유면음각	혜슌옹주(1512~1583, 1522년 출궁) (창덕궁 상방지)

54 기존에 명문이 표기되어 있지 않은 백자에도 왕실 관련 명문이 점각된다. 이는 명문이 일정한 수량의 백자를 의미하는 대표성을 지니고 있기 때문이다. 1463년(세조 9) 내노가 어용의 자완을 도둑질하는 사건이 발생하자 세조는 자완에 표지(標紙)가 있는지를 물었다. 이에 대해 형조판서 이극감(李克堪, 1423~1465)은 자완을 실견한 다음 징험할 만한 표지는 없지만 어용이라고 보고하였다. 그는 특별한 표지가 없더라도 표지가 있는 유물과 제작상의 특징과 품질이 유사하면 어용으로 이해하였던 것이다. 모든 어용 자기에 명문이 새겨지지는 않았던 것이다(『世祖實錄』 卷30, 세조 9년(1463) 3월 10일; 김귀한, 『15~17世紀 朝鮮 官窯 硏究』, pp.153-154).
55 '恭王大'·'혜슌'·'영양'·'덕흥'·'경신' 등은 '處'가 새겨진 백자의 소비범위에 포함되는 것으로 판단된다. 한편, 〈표 3〉·〈표 4〉는 박정민과 김윤정의 연구를 참고하여 한양도성 내에서 출토된 왕실 관련 명문이 점각된 백자의 대표적인 사례만 제시하였다. 한양도성에 대한 발굴조사의 증가에 따라 점각명 백자의 출토 수량 또한 계속 늘어날 것으로 추정된다.
56 '恭(王大)'은 인종의 비인 인성왕후 박씨(仁聖王后 朴氏, 1514~1577)를 지칭하는 것으로 보인다. 명종은 1547년(명종 2) 왕대비에 오른 그녀에게 '공의(恭懿)'라는 존호를 바쳤다(『明宗實錄』 卷6, 명종 2년(1547) 9월 21일).
57 김윤정, 「조선 16세기 백자에 표기된 왕실 관련 한글 명문의 종류와 의미」, pp.155-156; 박정민, 2020, 「한양도성 내 조선시대 유적 출토 백자의 특징과 양상」, 『동아시아의 도자 문화: 백자』, 한성백제박물관 기증자료 특별전시회 연계 심포지엄, p.79.

한글	영양	점각	玄	유면음각	영양군(1521~1561, 1532년경 출궁) (경복궁 협생문지)
	덕흥	점각	·	·	덕흥군(1530~1559, 1538년 책봉, 1542년 출궁) (경복궁 월대)
	경신	점각	上	점각	정신공주(1526~1552)(청진 8지구 유적)

〈표 4〉 한양도성 출토 점각명백자 현황

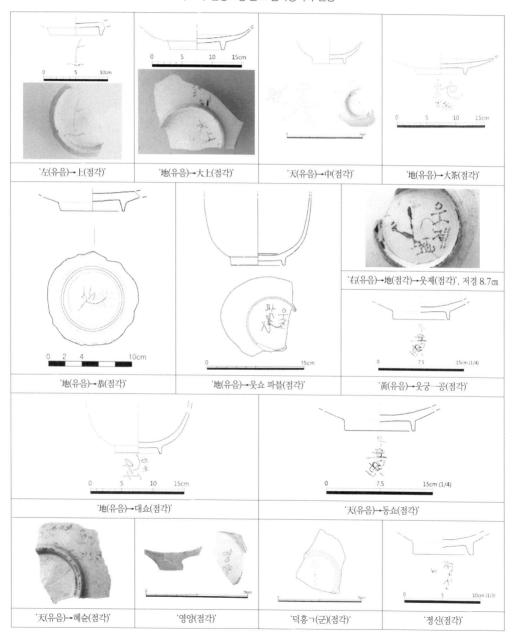

'左(유음)→上(점각)'	'地(유음)→大上(점각)'	'天(유음)→中(점각)'	'地(유음)→大茶(점각)'
'地(유음)→恭(점각)'	'地(유음)→웃쇼 파블(점각)'	'右(유음)→地(점각)→웃졔(점각)', 저경 8.7㎝ '黃(유음)→웃궁 一공(점각)'	
'地(유음)→대쇼(점각)'		'天(유음)→동쇼(점각)'	
'天(유음)→혜슌(점각)'	'영양(점각)'	'덕흥ㄱ(군)(점각)'	'경신(점각)'

관요 백자에 왕실 관련 한글 명문이 점각되는 시기는 16세기 전반으로 추정된다.[58] 특히 군·옹주의 명칭이 점각된 백자는 중종대부터 확인된다.[59] 따라서 시기적으로도 왕실 관련 점각명 백자가 신유공안과 밀접한 관련이 있음을 부인하기는 어려울 것으로 생각된다.[60]

그런데, 왕실이 전용 조례를 활용하여 백자를 확보하였기 때문에 가정 또한 이루어졌다고 보는 것이 합리적이다. 아래의 사료를 살펴보도록 하자.

사료 Ⅳ-1
(1504년 6월 21일) 전교하기를, "규화배 1,000점과 앵무배 100점을 번조하라."고 하였다.[61]

사료 Ⅳ-1에 의하면 1504년(연산군 10) 연산군은 규화배(葵花盃) 1,000점과 앵무배(鸚鵡杯) 100점을 번조하라고 전교하였다.[62] 흥미로운 점은 이 사료에 연산군의 명에 따라 규화배와 앵무배를 제작하는 관청에 대한 정보가 없다는 사실이다. 『경국대전』에 의하면 사기장이 배속된 관청은 사용원과 내수사뿐이었다. 내수사는 소속된 사기장이 6명에 불과하였으며, 백토나 시지(柴地) 등 백자를 생산하는 데 필요한 제반여건이 제공되지 않았다. 이에 비해 사용원 분원인 관요는 백자를 제작하기 위한 체계가 갖추어져 있었다. 결국, 당시 규화배와 앵무배는 1505년경에 운영된 관요인 도마리 요지에서 생산되었을 가능성이 크다. 이와 관련하여 도마리 1호 요지는 41점, 7호 요지는 11점 등 다른 관요와 비교하여 비교적 많은 수량의 규화배가 출토되어 주목된다.[63]

17세기 이후의 문헌에 의하면 관요의 번조는 연례진상자기를 제작하기 위한 연례번조와 별

----

58 박정민, 『조선 전기 명문백자 연구』, pp.192-193.

59 김윤정, 「조선 16세기 백자에 표기된 왕실 관련 한글 명문의 종류와 의미」, pp.163-166.

60 회암사지에서 출토된 '天·地·玄·黃'명 백자 또한 국용에서 내용으로 전용된 물품으로 추정된다. 여기에서 출토된 백자에는 '회암사'나 '회암' 등 소비처를 의미하는 명문이 표기되지 않은 것은 회암사가 도성에서 떨어져 있어 그릇에 명문을 부가하지 않아도 소유권을 둘러싼 문제가 발생할 가능성이 없기 때문이다.

61 『燕山君日記』卷54, 연산군 10년(1504) 6월 21일. "傳曰葵花盃一千鸚鵡盃一百燔造"

62 규화배는 흔히 '화형잔'이라고 불린다. 규화는 '향일(向日)'의 속성을 가지고 있기 때문에 '충(忠)'의 강력한 상징물로 인식되었다. 이에 따라 규화배는 왕과 관련된 특정한 의식이나 행사에 국한되어 사용된 왕실의 특수 주기로 추정된다(윤효정, 2013, 「조선전기 백자 규화배(葵花盃)의 조형과 성격」, 『역사와 담론』 68, 호서사학회, pp.413-454).

63 國立中央博物館, 1995, 『廣州郡 道馬里 白磁窯址 發掘調査 報告書 -道馬里 1號 窯址-』; 韓國文化遺産研究院, 2013, 『廣州 道馬里 7號·武甲里 14號 窯址』; 윤효정, 「조선전기 백자 규화배(葵花盃)의 조형과 성격」, pp.430-431. 다만, 지금까지 관요에서 앵무배가 출토된 사례는 확인되지 않는다. 그렇지만 연산군이 전교를 내렸기 때문에 앵무배도 번조되었을 것으로 추정된다. 앵무배의 제작 현황은 향후 관요에 대한 발굴조사 성과가 축적되면 밝혀질 것으로 기대된다.

기를 생산하기 위한 별번으로 구분되었다.[64] 15~16세기는 이러한 상황을 파악할 수 있는 문헌이 존재하지 않는다. 그러나 1560년대경부터 '別'명 백자가 제작된 것으로 보이기 때문에 적어도 16세기 중반부터는 별번의 존재를 인정할 수 있다(〈사진 1〉).[65] 더하여 조선시대 진상이 연례진상과 별진상으로 구성되어 있음을 음미할 때 관요의 번조 또한 처음부터 연례번조와 별번으로 이루어졌을 가능성이 크다.[66]

〈사진 1〉 백자음각'別'명전접시 (곤지암리 1호 요지, 1572년경, 한국문화유산연구원)

이상의 해석이 타당하다면 관요의 번조는 처음부터 연례번조와 별번으로 구별되었으며, 기존에 별번은 횡간에 기재되어 있는 범위 내에서 시행되었을 것이다. 하지만 신유공안이 제정된 이후 연산군은 사료 IV-1과 같이 횡간에 기재되지 않는 품목을 번조하라고 전교하였다. 이는 앞에서 언급한 불시의 수요에 해당하기 때문에 가정으로 이해할 수 있다. 16세기 왕실의 재정 수요가 증대하는 일반적인 상황을 고려할 때 왕실에서 사적으로 사용하기 위해 백자를 가정하는 사례 또한 늘어났을 것이다. 이러한 흐름 속에서 별번이 점차 증가되었고, 1560년대에 '別'명 백자가 제작되었던 것으로 판단된다.[67]

한편, 사옹원은 어부로 불릴 정도로 친왕실적인 관청이었다. 왕실은 신유공안에 의해 사옹원 국용 물품을 합법적으로 전용할 수 있었다. 그리고 전술하였듯이 감결을 통해 사옹원의 백자를 공급받았을 수 있었기 때문에 백자 소비 욕구를 충족시키는 데 별다른 문제가 없었을 것이다.

---

64 『承政院日記』100冊 (탈초본 5冊) 인조 26년(1648) 윤3월 15일. 조선시대 진상은 각 도의 관찰사·절도사·절제사 등이 도 단위로 지방의 토산물을 임금에게 바치던 것을 말한다. 진상품은 어부인 사옹원 등에 납입되었고, 이후 왕실에서 사용하였다. 그러나 관요 백자는 문헌에 '연례진상자기'로 언급되어 당시에 진상품으로 인식되었음을 알 수 있다. 그 이유를 정확히 설명하긴 어렵지만 사옹원이 어부로 진상품의 수납도 담당하였다는 점, 사옹원 분원인 관요에서 백자를 생산하고 사옹원에서 이를 관리하였다는 점, 관요 백자를 왕실에서 사용하였다는 점에서 이를 진상품과 동일한 성격의 물종으로 여겼던 것으로 추측된다.

65 최근 '別'명 백자에 대한 기초적인 연구가 진행되어 많은 도움을 준다(김귀한, 2022, 「조선 16~17세기 관요(官窯) '별(別)'명 백자의 성격과 제작 배경」, 『문화재』55-2, 국립문화재연구원, pp.215-228).

66 제사 등 왕실의 행사에 필요한 물품은 횡간에 수록되었다. 하지만 왕실 행사에 소비되는 백자를 연례진상자기로만 공급받기는 어려웠을 것이다. 가례나 사신접대, 제사에 필요한 그릇의 수량이 일정치 않기 때문이다. 따라서 이러한 물품은 처음부터 횡간을 근거로 별기로 충당하였을 가능성이 크다. 별번과 '別'명 백자는 별도의 논고에서 자세히 검토할 예정이다.

67 이 경우 연례번과 별번을 위한 가마가 구분되어 있었는지가 중요한 문제로 대두된다. 필자는 별번을 위한 가마가 별도로 존재하지는 않았을 것으로 판단한다. 관요 가마는 번조 성격이 아닌 번조 방식에 따라 차이가 있었지만 별번이 증가하면서 그러한 차이가 사라지는 것으로 추측된다(김귀한, 『15~17世紀 朝鮮 官窯 硏究』, pp.109-139). 이에 대해서는 별도의 논고에서 자세히 검토할 예정이다.

요컨대, 왕실은 신유공안의 전용·가정을 악용하여 왕실 재정 수요를 충족시켰다. 이러한 방식은 관요 백자에도 그대로 적용되었다. 사옹원의 국용 백자를 사적으로 전용하면서 도성에서 왕실 관련 명문을 점각하여 소유권의 변동 사항을 표기하였다. 아울러 가정을 통해 백자의 소비를 확대하였고, 이 과정에서 '別'명 백자가 생산된 것으로 추정된다.

V. 맺는말

지금까지 16세기 왕실의 관요 백자 소비 확대를 재정사적인 측면에서 검토해 보았다. 관요 백자는 기본적으로 왕실에서 사용하는 진상품이기 때문에 왕실재정사의 일반적인 흐름 속에서 접근해야 한다.

16세기 왕실 재정은 연산군대에 제정된 신유공안에 근거하여 운용되었다. 신유공안 자체는 합리적이었지만 왕실은 전용·가정 조례를 악용하여 재정 수요를 확대하였다. 관요 백자 또한 다른 물건들과 같은 방법으로 수요를 증가시켰다.

왕실은 사옹원과 내수사를 통해 백자를 공급받았다. 사옹원은 국용, 내수사는 내용 백자를 생산하였다. 그러나 왕실은 사옹원의 백자를 사적으로 전용하였고, 횡간에 기재된 수량 이외의 백자를 가정하였다. 사옹원은 친왕실적 성격의 관청으로 어부로 인식되었다. 왕실은 1501년(연산군 7) 공안이 개정되기 시작한 이후 감결을 통해 사옹원의 물품을 입내를 하였다. 이에 따라 별다른 문제 없이 관요 백자 소비를 확대할 수 있었다.

왕실의 백자 소비 증가는 관요 백자와 백자의 제작 양상에도 영향을 주었다. 왕실은 사옹원의 국용 백자를 내용으로 전용하면서 소유권을 둘러싼 분쟁을 방지하기 위해 왕실 관련 명문을 점각으로 부가하였다. 그리고 기존의 별번에 가정이 더해지면서 점차 별번이 강화되었고, 그 결과 1560년대에 '別'명 백자가 생산되기 시작하였던 것으로 생각된다.

관요 백자는 소비품의 하나로 수요·공급에 변동이 발생하면 백자 또는 백자의 생산 방식에 영향을 줄 수밖에 없다. 16세기 왕실의 백자 수요 증가는 관요에 입역하는 사기장의 이탈을 촉진하였을 것이고, 관요 운영 상황은 더욱 악화되어 물질자료에 일정한 변화가 나타났을 것으로 추정된다. 향후 이러한 측면에 주목하여 관요에 대한 보다 심도 있는 연구를 진행해 나갈 계획이다.

【참고문헌】

『朝鮮王朝實錄』

『承政院日記』

『經國大典』

『栗谷全書』

경기도자박물관, 2019a, 『광주조선백자요지 (사적 제314호) 3차 발굴조사보고서』.

경기도자박물관, 2019b, 『광주조선백자요지 (사적 제314호) 4차 발굴조사보고서』.

高錫珪, 1985, 「16 · 17세기 貢納制 개혁의 방향」, 『한국사론』12, 서울대학교 인문대학 국사학과.

국립문화재연구소, 2008a, 『景福宮 小廚房址 發掘調査報告書』.

국립문화재연구소, 2008b, 『景福宮 咸和堂 · 緝敬堂 行閣址 發掘調査報告書』.

국립문화재연구소, 2011a, 『경복궁 발굴조사 보고서 제1권 光化門址 · 月臺址, 御道址』.

국립문화재연구소, 2011b, 『경복궁 발굴조사 보고서 제4권 協生門址, 營軍直所址 · 哨官處所址』.

國立中央博物館, 1995, 『廣州郡 道馬里 白磁窯址 發掘調査 報告書 -道馬里 1號 窯址-』.

김귀한, 2013, 「15~17세기 관요 백자 명문의 변화와 그 배경」, 『야외고고학』17, 한국문화유산협회.

_____, 2020, 『15~17世紀 朝鮮 官窯 研究』, 단국대학교 대학원 사학과 박사학위논문.

_____, 2022, 「조선 16~17세기 관요(官窯) '별(別)'명 백자의 성격과 제작 배경」, 『문화재』55-2, 국립문화재연구원.

김성우, 2001, 『조선중기 국가와 사족』, 서울: 역사비평사.

김윤정, 2014, 「조선 16세기 백자에 표기된 왕실 관련 한글 명문의 종류와 의미」, 『한국학연구』51, 고려대학교 한국학연구소.

명지대학교 부설 한국건축문화연구소, 200, 『창덕궁 상방지 발굴조사 보고서』.

박경자, 2009, 「朝鮮 15世紀 磁器貢納에 관한 研究」, 충북대학교 대학원 사학과 박사학위논문.

朴道植, 2011, 『朝鮮前期 貢納制 研究』, 서울: 혜안

박정민, 2014, 『조선 전기 명문백자 연구』, 명지대학교 대학원 미술사학과 박사학위논문.

_____, 2015, 「'處'명백자를 통해 본 조선 전기 내수사(內需司)의 왕실용 백자제작」, 『야외고고학』22, 한국문화유산협회.

_____, 2016,「조선 전기 관요백자의 명문이 갖는 二元的 성격」,『미술사학연구』290 · 291, 한국미술사학회.

_____, 2020,「한양도성 내 조선시대 유적 출토 백자의 특징과 양상」,『동아시아의 도자 문화: 백자』, 한성백제박물관 기증자료 특별전시회 연계 심포지엄.

소순규, 2019,「燕山君代 貢案改定의 방향과 辛酉貢案의 특징」,『사학연구』134, 한국사학회.

宋洙煥, 2000,『朝鮮前期 王室財政 硏究』, 서울: 집문당.

윤효정, 2013,「조선전기 백자 규화배(葵花盃)의 조형과 성격」,『역사와 담론』68, 호서사학회.

韓國文化遺産硏究院, 2011,『廣州 昆池岩里 492番地 遺蹟』

韓國文化遺産硏究院, 2013,『廣州 道馬里 7號 · 武甲里 14號 窯址』

한울문화재연구원, 2011,『종로 어영청지 유적』.

_____, 2012,『종로 청진5지구유적』.

_____, 2013a,『종로 청진2~3지구유적』.

_____, 2013b,『종로 청진8지구유적』.

_____, 2013c,『종로 청진12~16지구유적』.

田川孝三, 1964,『李朝貢納制の硏究』, 東京: 東洋文庫.

조선 후기 성곽 여장 구조의 발달

김병희((재)한성문화재연구원)

| 목 차 |

Ⅰ. 머리말

여장(女墻)은 성곽의 체성벽 위 바깥쪽 가장자리를 따라 축조한 작은 살받이담으로 성가퀴라고 하며, 성벽 없이 여장만 축조하여 성벽을 대신한 예도 있다. 형태에 따라 평여장(平女墻), 볼록여장(凸女墻), 원여장(圓女墻), 혹은 반원여장(半圓女墻) 등이 있다. 평여장은 위치에 따라 지형의 기울기에 따라 가장 일반적으로 사용된 평(平)여장, 경사지에 경사면을 따라 쌓은 경사 여장, 경사지에 층단으로 쌓은 계단형 여장이 있다. 성벽의 기본구조에서는 맨 아래의 기초와 성(城; 아랫부분으로 벽체 하부 내외의 경사진 부분을 포함하는 Batter), 중간의 체성인 벽(Wall, Vallum), 맨 위의 작은 담인 여장(Battlement)으로 구성된다. 여장의 수를 셀 때의 단위는 타(垜)·첩(堞)이라 하였다. 여장은 성벽 위 수비하는 사람이 몸을 숨기고 바깥쪽 동향을 살피고 외부에서 날아오는 시석(矢石) 등으로부터 보호되는 기능을 가진다.

조선시대 후기에 이르러 화약 병기의 사용에 대한 대책과 새로운 전술이 나오면서 성곽 여장 시설에 전반적인 변화가 생기게 된다. 축조재료는 쇄석(碎石)이나 벽돌, 기와를 흙과 함께 사용하여 여장을 축조하고, 그 위의 지붕과 벽의 틈새를 삼물(三物)로 마무리하였다. 벽체에는 큰 구멍을 내어 총포를 발사하도록 총안(銃眼)을 설치하였으며, 지붕을 두어 옥개부를 마련하였다.

한양도성을 비롯하여 북한산성, 탕춘대성, 남한산성, 수원화성, 강화산성 등에서 여장은 사괴석 담돌 여장, 벽돌 여장, 장대석 여장 등 다양한 모습으로 발달하며, 18세기 후반에는 1개의 타에 원총안, 근총안을 설치하고 지붕을 놓은 완성된 형태의 여장이 나타나게 된다.

성곽 여장 시설에 대하여 먼저 임란 이전 초기 여장의 모습을 살펴보고, 조선 후기에 이르러 다양하게 발전한 여장의 축조기법을 통하여 그 구조적 특징에 대하여 알아보겠다.[1]

II. 초기 여장의 모습

1. 성곽 내 초기 여장 시설

여장은 체성벽 위에 이어서 다시 쌓아 올린 담장으로 성 밖 외부에서의 무기 공격이나 성벽을 넘는 침입을 막기 위해 구축하는 일종의 성벽 보완 시설이다. 여장은 성곽이 태동할 때부터 여러 모습으로 쌓기 시작했을 것으로 여겨지는데, 고대의 목책과 토루에서 여장이 어떤 모양으로 시설되었는지는 아직 조사된 사례가 부족하여 그 형태를 알 수 없다.

삼국시대 고구려 성곽에서 체성벽 상단부에 여장이 설치되었던 흔적이 있다. 환인 오녀산성, 환인 고검지산성, 집안 환도산성, 집안 패왕조산성, 신빈 태자성, 요양 백암성(연주성), 수암 송수구산성, 사암 낙랑산성, 장하 성산산성, 평양 평양성(장안성), 곽산 능한산성, 용강 황룡산성, 신원 장수산성, 은율 구월산성 등에는 현안 없이 체성벽 바깥쪽에 담장 형태로 여장이 설치되어 있다.[2] 환인 오녀산성의 경우 동벽 성벽에서 길이 13m, 폭 1.2~1.5m, 높이 0.2~0.6m의 여장 시설이 남아있으며,[3] 집안 환도산성에서는 동벽에 여장 흔적이 확인되고 있는데 석재로 3~4단을 쌓았는데 여장 폭은 0.8m 내외이며, 잔존 높이는 0.5~0.8m이다.[4]

삼국시대 신라의 경우 삼국사기에 북한산성(北漢山城)에 여장(陴屋 · 성가퀴)에 대한 기록이 있어 신라 성곽에 여장이 존재하였음이 확인된다.[5]

1 국립문화재연구소, 2013, 『한국고고학전문사전』 성곽 · 봉수편 (차용걸).
  김병희 · 김호준, 2022, 〈한양도성 남산구간 여장 원형조사 및 시범보수설계용역〉, 서울특별시 · 조선건축사 사무소.
2 徐吉洙, 2009, 『高句麗 築城法 硏究』, 학연문화사, 167~187쪽.
3 遼寧省文物考古硏究所, 2004, 『五女山城』-1996~1999, 2003年桓仁五女山城調査發掘報告-, 文物出版社, 16~26쪽.
4 吉林省文物考古硏究所 · 集安市博物館, 2004, 『丸都山城』-2001~2003年集安丸都山城調査試掘報告-, 文物出版社, 24~63쪽.
5 『三國史記』 卷第五 新羅本紀 第五 太宗武烈王 八年 (661)
  "……5월 9일에 고구려 장군 뇌음신이 말갈 장군 생해와 함께 군사를 합하여 술천성을 공격해 왔다. 이기지 못하자 북한산성으로 옮겨가 공격하는데, 포차를 벌여놓고 돌을 날리니 그곳에 맞는 陴屋(성가퀴)이나 건물은 그대로 부서졌다. ……"

고구려 집안 환도산성 동벽 잔존 여장 모습[6]

제천 덕주산성 여장 (고려)　　　　　　청주 우암산성 여장 기초부 (고려)

원주 영원산성 여장 (고려)　　　　　　속초 권금성 여장 (고려)

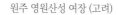

삽도 1) 초기 여장 모습들

고려시대 성곽의 여장 시설은 서긍(徐兢)이 저술한 '선화봉사고려도경(宣和奉使高麗圖經)'에 "고려는 종묘와 사직을 세우고 읍주에는 집과 거리를 만들었으며, 높은 성첩(城堞)으로 주위를 둘러 中華(중화)를 본받았다"라는 기록에서 여장이 모습을 찾아볼 수 있다.

청주 우암산토성 발굴조사에서 여장 시설이 발견되었다. 우암동토성 여장은 토축성벽 위에 여장 하부 구조로 보이는 석렬시설이 내외측으로 성벽을 따라 진행되고 있다. 제천 덕주산성 동문 북서쪽 성벽에 일부 모습만 남은 여장은 볼록 여장의 형태로 타구만 있고 총안 없이 凸자 형으로 돌출된 모습이다. 또한 고려시대 축성된 입보형 산성의 하나인 속초 권금성과 원주 영 원산성에 여장을 찾아볼 수 있는데 타의 구분 없이 체성벽 위에 낮은 담벽을 쌓아 올린 형태이 다. 고려시대 이전 여장의 초기 모습에서 확인된 것은 체성벽 보다 낮은 폭을 가진 담장으로 타의 구분을 짓는 타구 없이 체성벽과 함께 이어지고 있다.

2. 문헌 기록 속 여장의 모습과 개축 논의

조선시대 성곽의 여장 시설은 임란 이전까지 높이 2~3자(60~90cm)로 낮고 총안 등 세부 구조가 발달하지 못하였다. 조선 전기 문종실록 기록[7]에 지방 읍성에 대하여 순행하여 각 고을의 성의 현황에 대하여 보고한 내용을 보면 조선 전기 당시 지방 읍성 여장의 높이는 1척, 1척 5촌에서 3척까지였다. 조선 전기 1척이 31cm였다고 하면 여장은 높이 90cm 내외였으며, 기록 내 물려서 쌓아야 할 곳과 개축하여야 할 곳이라 한 높이 2척 아래의 낮은 읍성(함열현 읍성, 무장현 읍성, 부안현 읍성, 옥구현 읍성, 장흥부 읍성, 영광군 읍성, 흥덕현 읍성)들은 여장 높이가 50cm 아래로 매우 낮았음을 알 수 있다. 그 외 임란 이전 문헌 기록에서는 여장의 높이 외 구조를 알 수 있는 것은 찾아볼 수 없다. 모든 읍성에 성의 주위(둘레)와 그 성의 여장 개수에 대한 수치가 기록되었음을 볼 때 당시 체성벽 위 여장 시설은 타의 구분이 명확하게 있는 여장의 형태를 보인다.

임란 이후 조선 조정에서는 성곽에 대한 수·개축을 시작하면서 여장의 중요성을 인식하고 구조와 개축에 대해 논의하게 된다. 먼저 유성룡은 "조선의 여장은 겨우 두어 자 정도이므로 사람들이 모두 쥐처럼 기어 다녀도 적의 탄환을 면할 수 없다."·"타와 타 사이는 좁을수록 좋아서 겨우 활을 쏘거나 앞을 내다볼 만하면 되는데 우리나라 여장은 사이에 두어 사람씩 들어설

6 이병건, 2020, 「한반도 성곽유적에서 추정해본 발해 상경성 성곽시설 여장의 복원적 고찰」, 『백산학보』 118호.
7 『문종실록』 9권, 문종 1년 8월 21일 병술 5번째 기사 (1451년)

수 있으니 잘못이다."[8] "근래 중국에는 '현안'이라는 방식이 있다. 곧 타 안에다 구멍을 뚫어 바로 성 밖까지 나와서 성 밑의 적을 환히 내다보고 때려잡는 방법인데 이 방법이 매우 좋다."[9] 라고 하여 우리나라 성의 여장이 높이가 낮고, 현안 제도가 없음을 구체적으로 말하여 방어가 불리함을 이야기하였다.

순검 박충간은 선조에게 성의 개축을 알리는 글[10]에서 임진왜란 당시 우리나라 여장의 모습과 현안에 대하여 중국 제도를 비교하였으며, 당시 현안(총안)이 밑으로 나 있지 않고 수평으로 되어 있어 가까이 오는 적을 쏠 수 없다고 하여 당시 여장에 근총안이 없음을 지적하였다.

또한 임진왜란시 명나라 유격장 진운홍의 접반사로 명나라와 일본이 진영 견문을 통하여 성제의 단점을 파악한 이시발(李時發)은 명나라 제도를 기반으로 하여 새로운 축성 기술론인 『수성조약(守城條約)』[11]을 만들었다. 새로운 성제에는 "성곽 내 여장 시설은 여장의 높이는 6척이고, 길이가 7척이며 … 매 타마다 중간에 현안을 두게 한다"라고 하여 여장의 구체적인 모습을 제시하였다.

Ⅲ. 조선 후기 여장 축조기법

1. 한양도성(漢陽都城)

한양도성은 수도 한양을 둘러싸고 있는 도성으로 1396년(태조 5년)에 축성을 완료하였다. 총 둘레 18.6km로 1422년(세종 4년)에 토축이었던 것을 모두 석축으로 쌓는 등 대대적 보수가 있었으며, 이후 계속하여 수·개축이 이루어졌다.

임란 이후 한양도성에 대하여 체성은 일부 남아있거나 무너진 곳이 많으며 여장은 모두 무너

---

8 『만기요람(萬機要覽)』 군정편 4 관방 부관방총론.
9 『선조실록』 68권, 선조 28년 10월 22일 신유 3번째 기사 (1595년)
10 『선조실록』 86권, 선조 30년 3월 3일 계사 3번째 기사 (1597년)
　　"우리나라 성첩의 제도는 높이가 4척, 너비가 4척 8촌, 두께가 2척 2촌이며, 성가퀴 사이는 높이가 3척, 너비가 1척 7촌인데, 더러는 넓기도 하고 더러는 좁기도 하여 성가퀴의 제도가 같지 않을 뿐만 아니라 그 사이가 넓고 형세가 낮아서 방패가 없이는 외적(外賊)의 탄환(彈丸)을 막을 수가 없습니다. 성가퀴의 구멍도 밑으로 나 있지 않고 수평으로 되어 있어서 가까이 오는 적을 쏠 수 없습니다."
11 『벽오유고(碧梧遺稿)』 권 6. 「守城條約」.
　　「수성조약」은 『벽오유고』 권6에 수록되어 있으며, 1605(선조 38)~1607년 사이에 이시발이 함경감사로 부임하던 시기 작성되었다.

져 한 곳도 완전한 데가 없다고 하였다.[12] 도성에 대한 본격적인 수개축은 숙종 30년(1704)에 오군문(五軍門)에서 분담하여 시작하였다. 숙종 36년에 여장 수축공사에 사용할 벽돌을 도성으로 실어들이는 내용이 처음 나온다. 영·정조 연간에는 체성부와 여장에 대하여 대대적인 수축공사가 진행되었다.[13] 순조 연간에도 여장에 대한 개축이 이루어졌으며, 헌종 10년(1844) 훈련도감·금위영·어영청 담당 구간의 여장 4,799타에 대한 공사를 마쳤다.

한양도성 여장은 18세기 숙종 연간 그리고 영·정조 연간과 19세기 순조 연간으로 축조기법이 변화하며 특징적 모습을 보인다.

1) 숙종 연간 여장 (18세기 초)

한양도성은 숙종 연간에 전 구간에 걸쳐 여장이 개축되었다. 그러나 현재 숙종 연간의 여장 모습을 찾아볼 수 있는 곳은 창의문 일대와 인왕 구간이다. 숙종 연간에 축조된 여장은 사괴석 막돌 여장으로 자연석을 장방형으로 다듬어 가공돌을 사용하였다. 석재는 크기 10~20cm 내외의 사괴석을 바른층으로 6~7단 쌓아 올려 여장 몸체를 구성하였다. 총안 상면에는 장방형의 석재를 놓아 덮개로 사용하였다. 전체 여장 규모는 길이 300cm, 높이 110cm이다. 근총안은 안쪽에서 바라보았을 때 너비 13cm 내외이며, 바깥쪽은 높이 50~60cm이다.

2) 영·정조 연간 한양도성의 여장 (18세기 중후반)

영·정조 연간에는 앞선 숙종 연간의 사괴석 담돌여장에서 석재의 크기와 가공도가 다른 석재가 축조되었다. 여장 몸체는 면과 모서리가 잘 가공된 장대석을 사용하였으며 지붕에 옥개석 모양으로 가공한 돌을 올려놓은 장대석 여장의 모습이 나타난다.

여장의 규모는 길이 300cm, 높이 100cm 내외이다. 몸체는 장대석 3단을 쌓았으며, 높이가 같은 석재를 사용하여 수평줄눈이 일정하다. 장대석의 크기는 길이 10~60cm, 높이 30~40cm 내외이다. 상면에 옥개 지붕돌을 가공하여 놓았으며, 체성벽과 여장 사이에 미석은 없다. 총안 크기는 안쪽 30×30cm이며, 바깥쪽 근총안은 30×60cm이다.

3) 순조 연간 여장 (19세기)

순조 연간에 개축된 여장들은 현재 한양도성의 원형 여장 중 대부분을 차지하고 있다. 순조

---

12 숙종실록 30년 3월 5일(갑진), 비변사등록 숙종 30년 3월 4일(계묘)
13 영조 연간의 수축공사는 주로 1745년(영조 21)부터 1747년(영조 23)까지 3년간에 집중되어 있다. 정조 연간은 즉위년(1776부터 19까지 삼군문에서 분담 구역에 대한 수축공사가 진행되었다.

연간의 여장은 영·정조 연간에 축조된 여장과 재료에 있어 동일하나 근총안의 내부 길이가 체성벽의 상단까지 관통되어 있다. 바깥쪽에서 바라보았을 때 근총안 외부는 하단 아래까지 내려와 있다.

숙종 연간 여장 창의문 일대[14]

영·정조 연간 바깥쪽 숙정문 일대   순조 연간 바깥쪽 숙정문 일대

순조 연간 여장 안쪽 및 측면[15]

삽도 2) 한양도성 연간별 여장 모습

여장은 모서리와 면이 잘 가공된 장대석을 이용하여 3단을 놓고 그 위에 화강암을 맞배지붕 모양으로 가공한 옥개석을 얹어 놓았다. 여장 1타의 길이는 약 300cm, 높이는 약 100cm 내

벽돌여장과 사괴석 여장 (광희문)[16]

사괴석 여장 (인왕구간)

벽돌여장 (숭례문)

벽돌여장 (오간수문)

장대석 여장 (흥인지문)[17]

장대석 여장 (낙산지역)[18]

삽도 3) 구한말 · 일제강점기 한양도성 여장 옛 사진

14 김기호, 2013, 「숙종 이후 서울성곽 체성과 여장의 축조형식에 관한 연구」, 명지대학교 대학원 석사학위
　　논문. (위 51쪽, 아래 숙정문 일대 영 · 정조 연간 및 순조 연간 100쪽 게재)
15 서울특별시, 2014, 『서울 한양도성』 정밀실측조사보고서 (1단계)

외이다. 장대석의 크기는 하단 79~97×38cm, 중단 55~64×29cm, 상단 75~102×34cm 내외이다. 옥개석은 여장 1타 길이 보다 30cm가량 길며 높이는 약 15cm의 지붕돌이다. 총안의 크기는 안쪽에서 30cm 내외이며, 바깥쪽 근총안은 폭보다 내부 길이가 3배 정도로 길이는 90cm에 이른다.

4) 옛 사진 자료 속 한양도성 여장

한양도성 여장의 모습을 볼 수 있는 사진 자료는 구한말과 일제강점기에 외국인이 촬영한 기록들에서 여장의 모습을 살필 수 있다. 여장은 재료에 따라 사괴석 담돌 여장, 벽돌 여장, 장대석 여장으로 구분된다.

2. 북한산성(北漢山城)

북한산성은 1711년(숙종 37) 훈련도감(訓練都監) · 어영청(御營廳) · 금위영(禁衛營)의 삼군문(三軍門)이 분담하여 7개월간 총 둘레 7,620보(步, 21里 60步) 12.7km의 산성을 축성하였다. 북한산성 여장은 석재를 이용하여 쌓았는데 성문과 수구문에는 하나의 석재를 이용한 통돌 평여장을 체성벽 구간에는 사괴석 담돌여장을 축조하였다. 담돌 여장은 자연석을 장방형 또는 납작하게 다듬어 비교적 바른층으로 쌓았으며 총안 내에는 석회모르타르로 마무리하였다. 체성벽 구간의 여장은 지형에 따라 평여장과 층단여장, 연속 평여장, 지축여장 등으로 나누어진다. 북한산성은 고종 때까지 계속 유지 보수되었는데 주변 성곽들처럼 벽돌로 바뀌거나 사용한 흔적을 찾아볼 수가 없다.[19]

1) 통돌 평여장

화강암으로 된 통돌을 정교하게 평여장처럼 하나의 석재로 다듬어 축조된 여장이다. 하나의 타 안에 총안 하나가 있으며 타의 양단을 〈 〉형태로 뾰족하게 가공하였다. 현재 중성문, 대서문,

16 국립민속박물관, 2006, 『헤르만 산더의 여행』 1906~1907 한국 · 만주 · 사할린 (아래 숭례문 포함)
17 서울특별시, 20002, 『사진으로 보는 서울』2, 서울특별시사편찬위원회, 22쪽.
18 서울특별시 서울역사아카이브 H-TRNS-102216-814.
19 라경준, 2012, 『조선 숙종대 관방 시설 연구』, 단국대학교 박사학위논문
　경기문화재단, 2011, 『북한산 조사 연구 자료집』
　김대성, 2012, 「조선 숙종대 북한산성 축성법에 관한 연구」-체성과 여장을 중심으로-, 명지대학교 대학원 석사학위 논문,

수문터 등에 남아있다. 여장의 높이는 약 85cm 내외이다. 총안은 근총안 없이 원총안으로만 되어 있다.

2) 평여장

북한산성의 여장은 대부분 평여장이다. 일정한 길이로 마련된 여장에 타구와 총안이 있다. 총안은 3개가 있는데, 가운데 근총안이 있고 좌우에 하나씩 원총안이 있다. 여장 몸체를 쌓은 석재는 깬돌을 사용하여 축조한 구간도 있고 자연석을 다듬은 후 석회와 함께 사괴석 담장처럼 축조한 구간도 있다.

평여장 1타 길이는 370~390cm 내외이다. 총안 크기는 20~25cm 내외이며, 근총안 내부는 반듯한 석재를 아래로 기울이고 회로서 내부 마감하였다. 여장의 상부는 옥개부에 얇고 평평한 판석을 놓고 그 가운데 묵직한 큰 돌을 올려 지붕을 놓았다.

3) 층단 평여장

지형이 급경사를 이루는 일부 구간에서 층단이 있는 층단 평여장이 있다. 쌓기법은 체성벽의 윗부분을 계단처럼 층단을 주었으며, 총안 부분도 여장을 따라 내려가며 가로석으로 층을 맞춰서 쌓고 있다.

4) 연속 평여장

북한산성 여장은 타(垛)와 타구(垛口)가 구별되는 일반 평여장과 타와 타구가 없고 총안만 일정한 간격으로 계속 나오는 연속 평여장이 대부분을 차지하고 있다. 연속 평여장도 근총안(近銃眼)과 원총안(遠銃眼)이 일정한 간격으로 연결되어 있다. 여장의 재료는 사괴석으로 깬돌이나 주변에서 쉽게 구할 수 있는 막돌을 주로 사용하였다. 돌과 돌 사이의 틈은 석회 바름으로 보강한 흔적이 있다.

5) 지축여장

여장 아래 체성 없이 암반에 여장만 쌓은 것을 지축여장이라 한다. 지축여장은 한양도성과 남한산성 등에서 찾아볼 수 없는 북한산성의 특징적인 모습이다. 지축여장은 북한산성 내 암벽이 돌출된 지점에 축조하였으며, 구조에 있어 일반 여장과의 차이점은 없다.

중성문 통돌 여장 (중성문)   평여장 (부암동 암문-나한봉 구간)

층단 평여장 (중성문-백운대 구간)   연속 평여장 (용출봉-용혈봉 구간)

지축여장 (북문-원효봉 구간)   여장 상부 (부암동 암문 구간)

삽도 4) 북한산성 여장의 여러 가지 형태

3. 남한산성(南漢山城)

남한산성은 신라 주장성으로 알려져 있으며 조선시대 1626년(인조 4)에 수 · 개축을 완성하였으며 그 후 여러 차례 증 · 개축을 해왔다. 병자호란 이후 원성의 보호를 위해 증축된 3개의 외성이 있다. 여장의 축조재료는 처음에는 벽돌로 쌓았으나 1744년(영조 20)에 벽돌을 제거하고 기와로 다시 쌓았다. 그 후 1779년 (정조 3) 원성을 수축하면서 기와로 덮었던 것을 치우고 다시 벽돌로 개축하였다. 원성에 남아있는 여장은 대부분 벽돌로 축조한 것이고, 부분적으로 자연석을 이용하여 축조한 여장이 있다.

남한산성 여장의 일반적인 축조 모습은 체성벽 상단부에 지대석을 놓고 20~30cm 크기의 자연석을 허튼층쌓기 형태로 기단부를 조성한 후, 그 위로 벽돌 방전을 이용하여 바른층쌓기 하였다. 석재와 벽돌 사이에 사춤재(석회모르타르)를 사용하여 벽돌을 접합하였다. 여장의 규모는 위치에 따라 약간의 차이가 있으나 1타의 길이는 300~360cm, 높이 130~140cm, 폭 76cm 내외이다. 타와 타 사이의 간격은 15㎝ 정도이나 타의 양단을 ∧형태로 뾰족하게 처리하여 간격이 좁더라도 넓게 조망할 수 있도록 하여 공격과 방어의 효율성을 높였다.

일부 여장은 동장대나 동문 등 급경사 지역에서 경사면의 중간에 단을 두어 계단과 같이 축조하는 층단식 평여장을 설치하였으나, 대부분은 단을 두지 않고 바닥의 경사면과 평행하게 경사 평여장을 설치하였다. 여장 1타에는 3개의 총안이 설치되었으며, 총안의 크기는 폭 20~25cm, 높이 24~28cm이다.[20]

인조 4년 (1626) 축성 때 남한산성 초기 여장의 형태는 체성과 여장 사이에 편마암으로 된 두께 8cm, 내민 길이 15cm가량의 미석이 사용되었다. 근총안은 여장의 중간부에서 시작하여 미석을 아래를 지나 70cm ~ 80cm가량 여장 몸체를 뚫고 체성부까지 내려와 형성되었다. 이 근총안을 통천미석 근총안으로 칭할 수 있다. 이러한 근총안은 개축 여장 간격보다 60cm 정도 길게 나타나고 있어, 인조 축성 당시 여장의 길이는 440cm 정도로 추정된다.[21]

봉암성과 한봉성 구간은 조선시대 후기 정조의 수축 이후 여장의 보수가 이루어지지 않아 원형의 모습을 간직하고 있는 원형 구간이다. 봉암성 여장의 벽체의 축조방식은 본성과 비슷한 형식으로 축조하였다. 모두 하부 2단은 자연석 막돌로 쌓고 상부는 벽돌을 사용하여 축조하였다. 이렇게 하부 막돌, 상부 벽돌로 쌓은 축조방식은 본성에서도 가장 많이 나타나는 형식

---

20 홍경모, 1846, 『南漢地』 卷一上篇 城池條
   한국토지공사 토지박물관 · 광주군, 2002, 『남한산성 문화유적 지표조사보고서』.
21 이천우, 2006, 「남한산성 축성법에 관한 연구」, 명지대학교 문화재학석사 학위논문.

원성 평여장 (인조, 지붕 옥개전, 미석) 원성 평여장 (인조, 미석)

원성 평여장 총안 (총안 1·3, 지붕 옥개전) 봉암성 평여장 (정조)

봉암성 경사 평여장 (정조) 봉암성 층단 평여장 (정조, 지붕 기와)

봉암성 막돌 여장 (정조) 봉암성 여장 (정조, 총안 없음)

삽도 5) 남한산성 여장 모습

으로 봉암성과 한봉성 전체구간에서 95% 이상 이런 방식으로 쌓여 있다. 여장의 평균 길이는 390cm이다. 여장 옥개부는 전체구간이 기와로 덮여 있다. 설치 방식은 한식 담장과 거의 같으며, 낙수면은 암기와 1장을 깔고 그 위에 수키와를 덮었고, 마루기와는 암기와 2장을 덮어서 마무리하였다. 영조 20년의 기록에서 '기와로 덮었다(覆瓦)'로 표현한 것은 옥개부만을 기와로 중수한 것으로 보인다.

4. 수원 화성 (水原 華城)[22]

수원 화성은 평산성으로 도시의 중심부를 포용하여 평면 형태는 타원형을 이루는데 전체 둘레는 5,744m이다. 정조 18년(1794)에 정약용이 쓴 『성설(城說)』을 설계의 기본으로 하여 돌과 벽돌을 재료로 병용하여 축성하였으며, 대포와 총 등의 화약 무기를 방어할 수 있는 근대적 성곽 구조를 갖추었다. 순조 1년(1801)에 발간된 『화성성역의궤』에는 축성과정에 있어 동원된 기술자와 사용된 각종 재료, 법식, 시공기계, 가공법 등의 자료가 상세히 기록되어 있다.

여장 시설은 두께 10~15cm 되는 미석을 돌출시켜 놓고 그 위에 높이 100~135cm의 여장 몸체를 쌓았는데 사괴석(四塊石) 크기의 가공석 또는 벽돌을 이용하였다. 문루, 포대 등 주요 시설에는 벽돌로 쌓은 여장을 두었으며, 체성벽에는 잘 다듬은 가공돌로 여장 몸체를 쌓고 그 위에 옥개전(석회모르타르)을 포개어 놓아 지붕을 구성하였다. 여장은 아래 미석을 두고 내부에 총안을 설치하였다. 1타의 길이는 360~380cm 내외이다. 하나의 타에 근총안 1과 원총안 2를 두었으며 총안의 크기는 25cm×25cm이다.

삽도 6) 1950년대 화성 여장 모습 (서북 공심돈, 남북공심돈)[23]

22 경기문화재단, 『화성성역의궤 국역증보판』(2005). 『화성성역의 건축용어집(2007)
23 수원화성 박물관 홈페이지 (https://hsmuseum.suwon.go.kr)

5. 강화산성(江華山城) 및 강화 돈대(江華 墩臺)

강화산성은 병자호란 때 허물어진 것을 1677년(숙종 3)에 다시 쌓았고, 1711년(숙종 37)에 유수 민진원이 규모를 확장하여 지금의 모습으로 개축하였다. 외성은 1618년(광해군 10)부터 숙종과 영조 연간에 지속적인 축조와 수축을 진행하였다. 성벽은 토성과 석성구간, 벽돌로 쌓은 전축성 구간이 남아있으나, 여장에 대해서는 그 흔적을 찾을 수 없다. 다만 근대 사진 자료의 기록물을 통하여 조선 말기의 여장의 모습을 추정해 볼 수 있다. 강화산성은 잘 다듬은 장대석으로 몸체를 쌓고 지붕에 옥개석을 올린 장대석 여장의 모습이 확인된다. 축성 시기와 개축, 보수에 따라 장대석 여장, 사괴석 담돌여장과 벽돌여장이 축조된 것으로 파악된다. 강화돈대는 석재와 벽돌 사이 과도기적인 성격의 얇고 넓은 돌을 규격화하여 사용하였다고 문헌 기록에 있으나 그 형태를 현재 찾아볼 수 없다.

IV. 조선 후기 여장의 구조와 특징

조선시대 임진왜란과 호란을 겪으면서 화기(火器)의 사용에 대한 대책으로 방어시설인 성곽은 전반적으로 변화되며 특히 조선 후기에 이르면 여장 시설은 본격적으로 발전하게 된다. 여장의 가장 큰 변화는 미석(楣石)을 가진 구조와 포혈과 사혈 등이 타구 내에 설치되는 것이다. 또한 임진왜란을 겪고 관방 유적의 개선 필요성을 여러 대신이 언급하면서 여장 내에 가깝게 접근하는 적을 방어하기 위한 근총안의 필요성이 제기되며 조선 후기 여장에는 근총안과 원총안이 설치된다.

여장의 축조재료는 자연 할석재, 가공돌, 장대석 등의 석재와 벽돌, 기와 등이 흙과 함께 사용되었으며, 위에 얇은 판석·기와·벽돌을 이용하여 맞배 형태나 외면을 향해 비탈을 둔 지붕이 설치되었다. 여장 축조에 있어 벽돌 여장은 한양도성을 비롯하여 남한산성·수원 화성·강화산성 등 조선 후기에 축성된 성곽에서 활발하게 사용되는데 주로 성문과 치성, 옹성 등 주요 시설 구간에 그 모습을 찾아볼 수 있다. 여장 재료로 벽돌을 사용하면서 맞춤새에 있어 석회와 물을 가미한 석회모르타르가 접합재로 사용되게 된다. 석회모르타르는 남한산성의 본성과 봉암성 등에서 전체구간에 벽돌을 여장에 이용하면서 주 접합재로 사용되었다. 한양도성은 근대 사진 자료에서 할석재와 석회모르타르를 이용한 담돌 여장이 축조되는 것을 볼 수 있는데 조선 말기 붕괴한 여장을 보수하는 과정에서 일부 구간에 사용된 것으로 보인다.

조선 후기 축성된 도성 및 외곽 성곽에서 확인된 여장의 모습을 형태에 따라 유형을 분류하면 타구의 유무와 지형에 따른 분류, 조성 재료에 따른 분류로 유형을 나눌 수 있다. 먼저 타구에 의한 분류로 일정한 길이로 마련된 하나의 여장에 타구와 총안이 설치된 일반 평여장과 타와 타구의 구분이 없으며 총안만 일정한 간격으로 나오는 연속 평여장이 있다. 주로 총안인 3개가 있는 평여장의 1타의 길이는 북한산성 370~380cm, 탕춘대성 380~390cm, 남한산성 300~360cm 이며, 수원 화성 388cm(20척)이다. 조선 후기 축성된 성곽에 있어 여장의 길이가 유사한 값을 나타내는 것은 당시 1타의 길이가 성곽의 둘레를 측정하는 기준이 되었기 때문이다.

연속 평여장은 타구 없이 성벽처럼 계속 이어지고 있는 특징적 모습을 보이며 북한산성과 남한산성, 탕춘대성에서 확인된다. 성벽이 조성된 외부가 급경사일 때 축조된 것으로 평여장의 규격을 따르지 않았으며 방어에 유리하게 맞춰 축조되었다.

1. 급경사 지형에 있어 확인되는 여장 구조적 특징

체성벽이 급경사 지형에 축조되었을 경우 지형에 따라 계단식을 이루는 층단여장이 축조되었으며, 북한산성과 탕춘대성의 경우 지축여장만을 축조하여 체성벽을 대신하였다. 층단 평여장은 급경사를 보이는 경사로 부근에서나 암반으로 이어지는 부근에 층단여장을 쌓았을 것으로 추정된다. 층단 평여장의 쌓기법은 체성벽의 윗부분을 계단처럼 층계를 주어 여장을 쌓고 있으며, 총안 부분도 여장의 층단 부분을 따라 내려가는데 세로석으로 총안을 구획하여 쌓은 것보다 가로석으로 층을 맞춰서 쌓는 모습이 보인다.

남한산성의 층단 평여장은 경사지에 체성벽 윗부분을 계단식으로 만들어 층단 여장을 쌓은 방법은 비슷하나 재료가 벽돌로 되어 있어서 축조법을 비교하기에는 한계가 있다.

지축여장은 체성 없이 여장만 쌓은 것을 지축여장이라고 한다. 지축여장은 북한산성 내 암벽이 있는 곳이면 지축여장이 축조되었으며, 여장만 따로 보았을 때 평여장과 층단여장과 차이점은 없다. 다만 지축여장은 암반 위에 그대로 여장을 올리기 때문에 하단에 앞뒤로 돌출된 지대석을 놓고 있다. 지축여장은 북한산성과 탕춘대성의 암반이 돌출된 지역과 체성벽을 쌓을 수 없는 지역에 축조되었다.

2. 재료에 의한 여장 유형

조선 후기 축성된 성곽에 있어 여장은 축조재료에 따라 시기성과 특징적 모습을 잘 보여주고 있다. 재료는 석재와 벽돌을 이용하여 몸체를 구성하고 있으며 지붕 상부는 기와, 벽돌, 석재를 사용하였다.

1) 석재로 쌓은 여장

(1) 평여장

여장 몸체를 쌓은 석재는 깬돌을 사용하여 축조하거나(북한산성), 자연석을 다듬어 가공돌로 사괴석 담돌여장을 축조(한양도성, 강화산성, 수원화성)하였다. 한양도성의 여장이 모두 붕괴하여 숙종 연간에 새로 개축하게 되었을 때 축조되었던 여장의 모습은 다듬은 가공돌을 바른층 쌓기하여 6~7단 쌓아 여장 몸체를 구성하고 있다. 정조 연간에 축성된 수원화성의 체성벽 구간은 잘 다듬은 마름 가공돌을 바른층으로 쌓아 여장부를 축조하였다. 18세기 중후반 이후 영정조 연간에 이르면 한양도성은 석재를 잘 다듬어 가공한 장대석으로 3단을 쌓아 여장 몸체를 구성한 장대석 여장이 나타난다. 한양도성 여장의 모습은 18세기 초 숙종 연간 그리고 18세기 중후반 영정조 연간, 19세기 순조 연간으로 그 구조와 특징을 알 수 있다. 한양도성 여장에 있어 장대석 여장의 출현은 체성벽 성돌의 변화와 밀접한 관련이 있다. 도성 체성벽의 성돌이 규격화·정방형화하면서 장대석 여장이 올라올 수 있는 체성벽의 구조적 안정감이 높아져 견고한 형태의 새로운 여장의 모습이 완성되었다.

(2) 통돌 평여장

북한산성에서 확인되는 여장으로 화강암의 하나의 통돌을 정교하게 다듬어 여장을 축조하였는데 성문과 수문 등 주요시설에 남아있다. 하나의 통돌 타에 총안 하나가 있으며 타의 양단을 〈 〉형태로 뾰족하게 가공하였다. 현재 원형이 남아있는 곳은 중성문, 대서문, 수문터 등이다.

여장 밑에는 모두 높이 20~30cm가량 되는 장방형 석재가 기단석 역할을 하고 있다. 중성문 여장의 높이는 약 85cm 내외로 다른 평여장에 비해 약간 낮으며 별도로 옥개 부분이 없는 것이 특징이지만, 수문에 설치된 통돌 평여장은 특이하게 옥개 부분을 다듬어 묘사하였다.

여장 내 총안은 하나만 있는데 위치한 지형에 따라 근총안과 원총안을 각각 설치하였다. 북한산성 중성문은 원총안이고, 대서문은 근총안, 수문은 근총안이다. 수문의 방어에 따라 총안을 달리 하였던 것임을 알 수 있다.

2) 벽돌로 쌓은 여장

벽돌로 여장을 축조한 것은 영조 연간 이후 남한산성과 강화외성에서 축조되었으며, 수원화성에서 완성된 양상을 보여준다. 한양도성도 이 시기 성문에 축조된 여장부는 벽돌로 개축하였던 것으로 파악된다. 벽돌로 쌓은 여장은 남한산성에서 잘 남아있으며 영·정조 연간에 쌓은 시기적 특징을 잘 보여준다. 남한산성의 여장은 처음에는 벽돌로 쌓았으나, 1744년(영조 20)에 벽돌을 제거하고 기와로 다시 쌓았다. 그 후 1779년(정조 3) 원성을 축조하면서 기와로 덮었던 것을 치우고 벽돌로 다시 개축하였다고 한다. 원성에 현재 남아있는 여장은 대부분이 벽돌로 축조한 것이다.

조선 후기 여장 및 체성벽에 벽돌 사용이 증가하였는데, 중국에 다녀온 북학파들이 화포 공격에 대한 벽돌의 효율성 건의에 따라 기인한 것으로 보인다. 이러한 시도는 영조 20년(1744)에 강화외성의 체성벽을 벽돌로 쌓아 전축성이 등장하게 되었다. 이후 정조 20년(1796) 화성(華城) 축성과정에서 중요 건물지에 벽돌 사용이 급증하며 『화성성역의궤』에는 대소방전(大小方甎), 반방전(半方甎), 마루벽돌(宗甓), 귀벽돌(耳甓) 등 벽돌의 다양한 모습이 수록되어 있다.

남한산성에서 가장 일반적으로 사용된 것은 평여장이며 평여장은 경사면에 따라 경사 여장, 층단여장을 쌓았다. 기본적으로 체성 위에 2단 이상 막돌로 기단을 쌓았으며, 그 위에 몸체는 5~6단을 벽돌 방전으로 바른층쌓기하였다. 막돌과 벽돌 방전 사이에는 석회모르타르를 접합재로 사용하였다. 옥개부는 기와를 이용하여 한식 지붕의 모습을 하였다. 원형 구간의 벽돌 쌓기 방법은 지대석 위 벽돌 바른 층 쌓기 유형과 지대석 없이 벽돌 바른 층 쌓기 유형이 있다.

남한산성 여장 수축공사에는 여장 옥개부의 모서리에 사용되는 귀마루 벽돌과 총안 상부에 서로 맞물리도록 설치하기 위한 유단식(有段式) 벽돌이 확인되었다. 여장 축조에 벽돌 사용 증가와 더불어 수요가 급증하게 된 것이 석회다. 석회는 그 자체로는 강도가 약하지만, 여기에 황토와 모래를 적당량 배합하여 굳히면 시멘트처럼 단단해지게 된다. 조선 초기에 돌무덤을 만들지 말고 회격묘를 만들라는 태종의 명에 따라 무덤 묘곽을 만드는 데 주로 사용되던 석회는 숙종 대 이후 성벽 여장 공사에 본격적으로 사용되기 시작하였으며, 정조대 이후에는 벽돌 사용과 함께 석회 수요가 급증하게 되었다. 정조 연간 수축한 봉암성과 한봉성 여장을 보면 여장 기초 부분부터 벽돌 사이사이에 벽돌 두께만큼의 석회 삼합토가 사용되었으며, 특히 여장 옥개부에는 약 20cm 두께로 삼합토를 깔고 옥개부를 올려놓아 여장 안으로 물이 스며들지 않도록 하였다. 일부 붕괴한 여장을 보면 한 타의 여장이 한 덩어리를 이루고 있음이 확인된다.

여장에 벽돌이 사용된 것은 조선 후기 영·정조 연간 이후 본격적으로 시작되었으며 한양도성은 성문 등 주요 시설이 있는 구간에 벽돌을 이용하여 여장부를 개축하였다. 이후 남한산성, 수원화성, 강화도의 산성과 외성에서도 주요 시설이 있는 지점의 여장에는 벽돌 여장이 주로 축조되었다.

표 1) 조선 후기 성곽 여장 유형 분류

성곽	타구에 의한 분류		급경사 지형 분류		재료에 의한 분류		
					석재		벽돌
	평여장	연속 평여장	층단 여장	지축 여장	평여장	통돌 평여장	
북한산성	○	○	○	○	○	○	
탕춘대성	○	○	○	○	○		
남한산성	○	○	○		○		○
강화산성 외성, 돈대	○				○		○
수원화성	○				○		○
한양도성	○		○		○		○

표 2) 여장 구조 및 특징

성곽	여장 구조 및 특징
북한산성	**사괴석 담돌 여장 (숙종, 18세기 초)** 자연석 깬 돌 사용, 지붕은 판석 이용, 총안 내 석회 사용
탕춘대성	**사괴석 담돌여장 (영조, 18세기 중반)** 자연석 깬 돌 사용, 북한산성과 동일
남한산성	**벽돌 여장 (원성 영조 개축, 원형 봉암성-정조 개축, 18세기 중후반)** 지대석을 쌓고 바른층+줄눈 석회모르타르로 5~6단 벽돌 방전 쌓기 한식 담장 기와 쌓기로 지붕 구성
강화산성	장대석 여장, 벽돌여장, 잘 다듬은 마름돌, 옥개 지붕부 (18~9세기)
강회외성	일정한 크기로 석재를 규격화하여 사용 (18~19세기)
강화돈대	자연석과 벽돌 사이의 박석을 규격화하여 사용 (18~19세기)
수원화성	**벽돌 여장, 가공돌 석재 여장 (18세기 후반, 정조 축성)** 장방형으로 잘 다듬은 가공석으로 6~7단 바른층쌓기, 옥개방전 지붕
한양도성	**사괴석 담돌 여장(18세기 초, 숙종)** 가공돌 6~7단 바른층쌓기 **장대석 여장 (18세기 중후반 영·정조, 19세기 초 순조)** 장대석으로 3~4단 쌓고 옥개 지붕을 올림

V. 맺음말

여장은 체성벽 위에 다시 쌓아 올린 담장으로 성 바깥 무기 공격을 피하고 성벽을 넘는 침입을 막기 위해 구축하는 중요 시설이다. 조선 후기에 이르면 한양도성과 주변 방어체계를 위하여 남한산성, 북한산성, 수원 화성, 강화산성 등이 본격적으로 축성·수개축되는데, 여장 시설도 다양한 형태로 구조가 변화하며 축조되었다.

여장의 재료는 자연 할석재와 가공돌에서 점차 잘 다듬은 장대석과 벽돌이 여장 재료로 사용되기 시작한다. 여장 상단 지붕에는 얇은 판석을 잇대어 놓은 사괴석 담돌여장(북한산성), 하나의 옥개 지붕을 놓는 장대석 여장(한양도성), 기와를 놓은 한식 지붕의 벽돌여장(남한산성), 벽돌을 이용한 옥개방전을 놓은 벽돌 지붕(수원화성) 등이 설치되었다.

조선 후기 축성된 도성과 주변 성곽에서 확인되는 여장의 유형은 타구에 의하여 평여장과 연속 평여장으로 나누며, 지형에 따라 층단여장과 지축여장이 있다. 평여장은 여장 재료에 상관없이 체성벽의 지형에 따라 조성되었다. 연속 평여장은 북한산성과 남한산성, 혹은 탕춘대성에서 확인된다. 체성벽이 급경사 지형에 축조되었을 경우 지형에 따라 계단식을 이루는 층단여장이 축조되었는데 산 지형에 축성한 모든 산성에서 확인되며 한양도성에 있어 지형을 맞추어 계단식을 이루는 층단여장이 주로 축조되었다.

재료에 따라 석재와 벽돌·기와로 나눌 수 있으며 시기적 차이와 특징적 모습을 보여준다. 석재는 한양도성·북한산성·탕춘대성·남한산성·강화산성 등에서 여장에 사용되었다. 화강암 통돌 평여장은 하나의 석재를 가지고 가공한 것으로 북한산성만이 가지고 있는 여장 형태이다.

석재를 사용하여 쌓은 여장은 우리나라 성곽에 있어 고대부터 시작되었으며 조선 후기 성곽에 있어 타의 구분이 뚜렷해지고 근총안이 본격적으로 설치되었음이 확인된다. 북한산성과 탕춘대성에서는 18세기 초 사괴석 담돌 여장이 축조되었으며, 18세기 후반 정조 연간에 축성된 수원화성은 잘 다듬은 마름 가공돌을 바른층으로 쌓아 여장을 축조하였다. 한양도성은 18세기 중후반 영·정조 연간부터 장대석으로 여장 몸체를 구성하였다. 장대석 여장은 도성 체성벽의 성돌이 규격화·정방형화하면서 체성벽의 구조적 안정감이 높아짐에 기인하며 체성벽과 여장이 가장 발달한 모습이라 할 수 있다.

벽돌로 여장을 축조한 것은 영조 연간 이후 남한산성과 강화외성에서 축조되었으며, 수원화성과 한양도성, 강화산성 등의 주요 시설물에 축조되었다. 18세기 후반 정조 연간에 개축된 남한산성 원성과 봉암성 등에서 그 모습을 잘 찾아볼 수 있다. 중국에 다녀온 북학파들이 화포 공격에 대한 벽돌의 효율성 건의에 따라 벽돌이 여장 주 재료로 사용되었다. 봉암성 구간의 벽돌 여장은 체성벽 상단에 막돌로 허튼층 쌓기 하여 여장 기단을 조성한 후 벽돌 방전을 이용하여 바른층으로 몸체를 쌓았다. 그 위로 기와를 포개어 놓아 한식 지붕의 모습을 하였다. 남한산성과 수원화성에는 당시 신소재라 할 수 있는 벽돌과 함께 대량의 석회가 접합재로 사용되었다.

石手가 바라본 문화재 현장의 治石방식과 그에 대한 小考

金成旭((주)보광석재 이사)

목 차

Ⅰ. 머리말

　석공의 길에 발을 담근 필자는 문화재 복원 및 건설 현장에서 옛 장인의 솜씨를 눈으로 확인할 때마다 존경 이상의 경외심을 느낀다. 그에 반해 현실은 어떠한가? 우리의 문화와 전통 기술을 보전하고자 국가와 민간에서 노력을 기하고 있지만, 현장에서 전통적인 치석법을 활용 할 기회는 그다지 많지 않다. 현재 활동하는 석수 중 상당수는 현대의 치석법 중 하나인 기계가공만을 구사하거나 전통기법을 다룰 기회가 부족하여 우리 전통의 치석기술을 완벽히 구현하지 못하고 있다. 게다가 이를 구현할 수 있는 석수의 대다수는 노년층으로 해마다 그 수가 급속히 줄어들고 있는 것이 현실이다.

　이에 전통의 석재치석방식과 그에 상응하는 현대의 석재치석방식의 특징을 정확히 알고 인지하는 것은, 점차 전통 기술을 지닌 기술자가 감소하는 현재의 문화재현장에서 어떠한 대책을 세우기 앞서 선행되어야하는 연구이다. 이를 바탕으로 석수의 시각에서 우리의 문화재 석재 산업 현장이 보다 앞으로 나아갈 수 있는 방향에 대해 의견을 제안하면서 본고를 마치고자 한다.

※ 본고에서 말하는 문화재현장은 문화재 보수, 복원, 보존처리와 같은 좁은 의미에 더하여, 문화재와 그 주변에 대한 정비 및 개발 사업 등을 포함하는 보다 포괄적인 범위를 뜻한다.

Ⅱ. 석재 치석에 있어 인력가공(전통방식)과 기계가공(현대방식)[1]의 비교

석수의 전통기술에 대한 연구와 기록화는 석장이 중요무형문화재로 선정되고 崇禮門 해체복원 사업, 彌勒寺址石塔 완전해체 복원 사업 등 대규모로 석재를 다뤄야 하는 일련의 문화재 복원 사업이 진행되면서 최근 들어 자연스럽게 이뤄지고 있다.[2] 그러나 실제 현장에서는 전통의 인력가공 못지않게 현대의 기계가공도 문화재 사업에서 광범위하게 활용되고 있다. 현대기법이라고 할 수 있는 기계장비를 활용한 석재가공에 대한 논의가 전무에 가깝다는 점은 현실과의 괴리감을 느끼게 한다.[3] 따라서 본 장에서는 석재 치석에 있어 인력가공과 기계가공에 대해 살펴보고 그 둘의 차이에 대해 알아보고자 한다.

1.인력가공의 치석

전통적인 인력가공의 치석이라 함은 사람의 힘을 동력으로 삼아 석재를 다듬는 도구인 우리의 전통 석재 수공구를 활용하여 석재를 치석하는 방식을 뜻한다. 한반도에 분포한 암석의 대부분은 화강석이며, 현존하는 석조문화재에 사용된 석질 또한 동일하다. 화강석은 여러 암석 중 강도가 매우 단단한 편에 속하며 우리 선조의 돌을 다루는 법과 치석 공구 또한 원석의 특성에 맞게 진화해왔다. 따라서 연질의 석재 가공에 활용하는 칼이나 줄 등으로 석재를 깎고 갈아내는 방식은 찾아보기 힘들며, 정과 메, 도드락 망치, 날망치 등 뾰족하고 작은 면적에 강한 타격을 통해 석재의 깨고 입자를 떨어트려 치석하는 방식이 주를 이룬다.

1　본고에서는 전통수공구를 활용해 인력의 힘만으로 치석하던 전통 방식과 그에 상응하는 개념인 현대에 들어 개발된 기계장비를 활용해 기계의 힘으로 치석하는 방식을 비교하고자 한다. 그러나 이를 전통과 현대의 차이로 구분짓기에는 현대의 치석방식은 기계공구를 활용한 방식과 여전히 수공구로 인력가공 하는 경우가 병존하고 있으므로, 개념이 약간 모호해질 가능성이 있다. 따라서 본고에서는 동력원을 기준으로 하여 인력의 힘으로 치석하는 전통 방식인 "인력가공"과, 기계의 힘으로 치석하는 방식인 "기계가공"이라는 용어로 구분해 사용하고자 한다.
2　전통의 치석방식과 현장 설치에 관해서는 다음의 보고서 및 단행본을 참고하면 보다 자세하게 살펴볼 수 있다. 문화재청, 2013, 『崇禮門 復舊 및 城郭 復原工事 修理報告書』, 문화재청; 국립문화재연구소 외, 2019, 『익산 미륵사지 석탑 보수정비 Ⅰ』, 국립문화재연구소 외; 국립문화재연구소, 2009, 『석장(중요무형문화재제120호)』, 국립문화재연구소
3　다음 단행본에는 인력가공 및 기계가공을 통한 치석과 문화재 석재 산업 전반에 대해 살펴볼 수 있다(張起仁, 1997, 韓國建築大系 Ⅶ 石造, 普成閣).

1) 전통 치석도구

전통 치석도구는 일반적으로 쐐기, 정, 메, 도드락망치, 날망치, 날메(털이개) 등이 있다. 과거에는 각 석수들이 자신의 필요에 맞게 공구를 다듬었기에, 크기나 형태 등에서 다소의 차이가 있었다.

쐐기는 암반에서 원석을 채석할 때, 가공에 필요한 크기로 돌을 소분 혹은 형태에 맞게 필요 없는 부분을 도려내는 등 큰 덩어리의 돌의 때어낼 때 사용하는 도구이다. 쐐기의 재료는 나무 쐐기와 쇠쐐기로 구분된다. 나무쐐기는 철이 부족했던 시기 혹은 석산에서 원석을 채취하는 경우와 같이 큰 돌을 때어낼 때 사용되었지만, 점차 철의 보급이 원활해지면서 나무쐐기의 사용은 특수한 경우를 제외하곤 쇠쐐기로 대체되었다. 쐐기는 장방형의 삼각기둥 형태를 하고 있으며 크기는 때어내고자 하는 돌의 양에 맞게 크고 작은 것들로 구분된다.

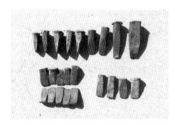  

사진 1. 각종 쇠쐐기   사진 2. 다양한 종류의 정   사진 3. 메

정은 가장 기본적인 치석도구이다. 때어내고자 하는 부위에 한손으로 정의 끝을 위치시키고, 다른 손으로 메를 들고 정의 머리를 내리쳐 돌에 충격을 가해 떨어트린다. 정의 단면은 사각, 팔각, 원형 등으로 구분되며, 일반적으로 짧은 정에서 긴 정, 굵은 정에서 얇은 정으로 다양하게 구비한다. 석수는 용도에 맞는 정을 골라 사용하는데, 주로 굵고 긴 정은 거칠거나 1차 작업에 사용하며, 섬세하고 고운 마감이 필요할수록 얇고 짧은 정을 활용한다.

메(망치)는 정과 함께 가장 기본적인 치석도구 중 하나이다. 석수는 무거운 메를 들었다 내려 치면서 모든 힘을 메의 머리에 집중시켜 돌을 직접 타격하거나 정, 날메(털이개), 쐐기 등 다른 치석 도구의 머리를 쳐서 석재를 다듬는다. 메는 머리의 크기에 따라 3-4가지 종류로 구분되며, 자루의 길이도 머리의 크기에 비례하여 길어지는게 일반적이다.[4]

도드락 망치는 망치의 머리 끝에 작고 균일한 돌기가 솟아나 있는 형태의 도구이며, 정다듬

---

4 메의 자루는 전통적으로 나무를 사용하였다. 특히 물푸레나무를 선호하였는데, 이 나무는 옹이가 적고 적당한 굵기로 곧게 자라서 가공이 수월했으며, 무엇보다 결이 질겨 내구성이 좋을뿐만 아니라 메질시 잔진동을 잡아주어 메를 잡는 손에 피로감을 줄여준다.

을 마친 석재 겉면의 요철을 보다 깔끔하게 고르기 위해 석재 표면을 직접 타격하며, 이를 도드락 다듬이라 부른다. 돌기는 대략 사방 5cm 정도의 정사각형 단면에 9눈부터 16눈, 최대 100눈까지 새겨져 있으며, 돌기가 망치의 한쪽에만 있는 경우와 양쪽 모두 있는 경우가 있다.

날망치는 납작한 마름모꼴 모양의 머리를 가진 망치로, 망치의 폭은 약 2~7cm 정도이다. 날카롭게 벼림질한 양쪽 끝 모서리로 석재의 가공면을 두드리면서 반듯하고 고운 면을 만드는데, 이 과정을 잔다듬이라 부른다.

날메는 전체적으로 메와 닮았지만 한쪽 끝이 얇은 직사각형 모양으로 가공된 형태의 도구로 많은 양의 석재를 때어낼 때 사용한다. 날메는 정과 비슷하게 직사각형으로 가공된 면을 타격하고자 하는 석재의 위치에 가져다 놓고 반대쪽을 메로 내려쳐 석재를 가격하는데, 정보다 넓은 면으로 석재에 충격을 줘서 한 번에 많은 양의 석재를 때어낼 수 있다.

사진 4. 도드락망치　　　　　사진 5. 날망치　　　　　사진 6. 날메

2) 인력가공 치석 과정

앞서 살펴본 기본적인 전통 치석 수공구를 활용하여 석재를 치석하는 과정을 간략하게 살펴보자. 〈표1〉에서와 같이 전통적인 인력가공은 가장 거친 마감에서 고운마감 순으로 순차적으로 진행하며 원하는 석재 마감을 완성하는 과정이다. 석수가 경질의 화강석을 치석하는 방식은 석재를 타격하여 일부를 떼어내는 원리이다. 초기공정은 좁은 면에 강한 타격을 가해 많은 양의 석재를 제거하는 과정이라면, 이후의 공정은 점차 넓은 면적에 힘을 분산시켜 타격하면서 초기공정으로 생긴 요철을 줄여가는 작업이다. 특정 지점에 가해지는 힘의 세기는 공정이 진행됨에 따라 약해지기에, 석재에 남은 경질의 요철을 선행 공정을 거르고 후행 공정에서 다듬기는 어려움이 따른다. 따라서 전통의 치석과정에서 원하는 수준의 다듬기를 얻기 위해서는 반드시 선행 공정부터 순차저으로 진행해야한다.

표1. 인력가공의 공정 순서

인력가공의 공정순서
할석→혹두기→거친정다듬→고운정다듬→25눈도드락→64눈도드락→100눈도드락→잔다듬

석재 가공 중 가장 고운 마감인 잔다듬 마감을 기준으로 석재 치석 방식에 대해 살펴보겠다.

①할석

석재를 치석할 때, 가장 먼저 할 일은 원석 덩어리를 할석하여 필요로 하는 크기의 석재를 얻는 과정이다. 전통방식의 할석은 원석에 15~30cm 간격으로 쐐기 구멍을 파고 쐐기를 심은 후 모든 쐐기를 망치로 균일하게 내려쳐 필요로 하는 석재 덩어리를 때어내게 된다. 쐐기는 자르고자 하는 돌의 크기와 매를 고려하여 1면~3면(바닥면을 제외)에 심는다. 그리고 석재가 반듯하

사진 7. 인력가공의 할석

게 떨어지지 않은 가능성에 대비하여 할석할 크기에 여유를 두고 쐐기를 심어야 한다. 이 때 고려해야 할 점이 일명 매라는 일컫는 석재의 결이다. 나무와 마찬가지로 유심히 관찰하면 석재도 각 입자가 특정한 방향성을 가지고 형성되었으며, 이 방향에 맞추어 할석을 하면 석재가 보다 손쉽고 반듯하게 떨어진다.[5]

적당한 크기의 석재를 할석한 후에는 본격적인 치석작업을 시작한다. 수공으로 진행하는 공정 상 일정부분의 오차는 필연적인데 과거에는 3차원의 입체 형태를 측량하는 도구가 제한적이었다. 이러한 오차를 줄이고 원하는 규격의 완성품을 얻는 단순하면서도 정확한 방법은 매 공정에 있어 수평과 수직에 입각하여 치석하는 것이다. 더구나 석재는 단일석으로 제작하는 경우보다 여러 석재 및 타 자재와 결구 혹은 조립하여 완성된다. 따라서 자재 간의 원활한 결합과 완성품의 완성도를 높이기 위해 수평·수직에 입각한 치석은 필수적이다.

---

5 석재의 매는 특히 거대한 크기로 할석해야하는 석산에서 중요하며, 석산에서의 할석은 매를 최우선으로 진행되었다. 그러나 장비의 현대화 속에서 석산에도 와이어쇼와 같은 기계장비가 보급되었다. 금강석이 일정간격으로 달려있는 쇠줄을 고속으로 회전시키면서 석재를 할석하는 이 장비의 도입으로 석산에서도 원석의 매를 고려할 필요성이 많이 줄어들었다.

②기준면 잡기

첫 번째 공정은 기준면을 잡는 것이다. 할석을 통해 얻은
석재는 반듯하지 않다. 그래서 도면에 적시된 형태로 석재를
가공하기 위해선 기준이 될 수 있는 한 면을 반듯하게 치석해
야한다. 기준면을 잡을 때는 먼저 대나무로 만든 먹칼에 먹물
을 찍어 임의의 직선을 하나 표시한다. 직선을 그을 때는 다
듬고자 하는 석재 면의 가장 깊은 부분보다 미세하게 깊을 정
도의 위치에 선을 표시해야 이후 치석할 석재의 양을 줄일 수
있다. 그 후 직선의 한 쪽 끝에 긴 자를 세워 고정시킨 후, 반
대쪽에도 먹선에 맞춰 자를 세운다. 그리고 뒤에 서서 눈앞의
자와 반대편에 있는 자 사이의 공간이 아주 미세하게 보이는
시선을 찾아 고정하고, 눈앞의 자의 먹선부분은 고정한 채,

사진 8. 기준선 잡기

아래쪽을 좌우로 조금씩 회전시킨다. 자와 자 사이의 위쪽과 먹선부분의 간격이 평행해지는 지
점을 찾아, 잡고 있던 자의 아래쪽에 먹칼로 표시한다. 그 후 반대편에 고정시켰던 자의 아래지
점에도 점을 찍어 선을 그으면 반듯한 기준면을 다듬을 수 있는 가장자리 선이 완성된다.

③혹두기

기준면의 위치를 사방에 표시했다면, 가장 먼저
날메와 메로 먹선에 맞추어 돌의 가장자리를 털어
낸다. 날메를 놓는 자리에 요철이 심하다면 정, 도
드락망치, 날망치를 활용하여 반듯하게 다듬은 후
날메질을 하면 보다 많은 양의 석재를 때어낼 수
있을 뿐만 아니라, 선명한 모서리를 만들 수 있다.
때어낼 돌의 양이 많은 경우는 1차로 먹선에서 약
2~3cm 떨어진 지점에 날메를 놓고 날을 세워 강

사진 9. 날메를 이용한 혹두기 공정

하게 메질을 한 뒤, 2차로 날메를 먹선에 맞게 놓고 날을 더 기울인 후 날메질을 한다. 이처럼 날
메와 메만을 사용하여 석재의 가장자리와 두드러진 부분만을 다듬은 과정을 혹두기라 부른다.

④정다듬

날메질이 끝나면 정과 메로 남아있는 돌을 치석한다. 정다듬은 거친 정도에 따라 거친 정다

듬과 고운 정다듬으로 나뉜다.[6] 일반적인 경우 정다듬을 할 때, 작업자는 가공할 면을 세운 상태에서 위에서 아래를 내려다보며 1차 정다듬을 하고, 상당부분 평평하게 가공했을 때, 가공면을 바로 눕혀서 2차 정다듬을 진행한다.[7]

⑤도드락다듬

도드락다듬은 고운정다듬을 마친 가공면을 더욱 반듯하고 깔끔하게 다듬는 공정이다. 도드락다듬은 고운 정도에 따라 25눈 도드락, 64눈 도드락, 100눈 도드락으로 구분하며, 이는 사방 5cm 크기의 도드락망치 단면에 새겨진 돌기 개수를 말한다.[8]

작업자가 도드락망치를 양손으로 잡고 정다듬을 마친 면을 두드리면 돌기 모양의 자국이 돌에 박히면서 다듬을 수 있다. 망치는 항상 전체 면이 동시에 돌에 맞닿을 수 있도록 주의를 기울여야 하며, 석재의 가장자리 주변은 작은 충격에도 파손될 우려가 있으므로 되도록 도드락질을 피해야한다.

⑥잔다듬

작업자는 도드락다듬을 할 수 없는 석재의 가장자리 주변, 혹은 도드락다듬을 마친 가공면을 더욱 깔끔하게 다듬고자 할 때, 날망치로 잔다듬 공정을 진행한다. 길이 약7cm 가량의 날 전체로 가공면을 2~5mm 간격으로 고르게 두드리면서 가공하기 때문에 석재가 깨질 우려가 적고 반듯하게 가공할 수 있다. 잔다듬은 1~3회 진행하며, 2회차 이상을 진행할 때는 각 전 단계와 수직으로 방향을 바꿔 작업한다.

이렇게 혹두기부터 잔다듬까지 마친다면 일반적으로 전통 기법을 활용하여 가장 반듯하게 치석할 수 있는 과정이 끝난다. 중량의 석재는 맨손으로 뒤집거나 움직이는 데 어려움이 있다. 그래서 통상 한 면을 마지막 공정까지 끝마친 뒤 돌을 뒤집어 전과 동일한 공정을 반복한다.

....

6 문화재시방서에 따르면 거친정다듬은 정으로 1회 다듬어 평평하게 가공한 상태, 고운정다듬은 거친정다듬 후 정으로 1회 더 다듬어 가공한 상태를 말한다. 그러나 그 기준이 모호한 경향이 있다. 2019년 완공된 미륵사지 서석탑 해체 복원 과정에서 가공 정도에 대한 기준을 보다 객관적으로 데이터화 하였다. 보고서에 따르면 정다듬을 거친정다듬, 중정다듬, 고운정다듬 총 3가지로 구분하였다. 이는 사방 100mm 공간 안에 찍는 정자국의 개수로 구분하였는데, 거친정다듬은 15개 내외, 중정다듬은 25개 내외, 고운정다듬은 70개 내외의 정자국이 나도록 가공하는 것이라 정리하였다(국립문화재연구소 외, 2019, 『익산 미륵사지 석탑 보수정비Ⅰ』, 국립문화재연구소 외, p403).
7 위에서 아래를 내려다보며 작업을 하면, 정을 내려치는 메에 더 큰 힘을 줄 수 있어, 한 번에 더 많은 양의 돌을 때어낼 수 있다. 그러나 가공할 면이 반듯하여 털어낼 양이 많지 않은 경우, 가공할 면을 바로 눕혀 정다듬을 시작하는 경우도 있다.
8 근래에 생산·유통되는 도드락 망치의 경우 크기가 사방 3.5cm정도로 과거에 비해 작아졌다. 돌기 크기를 기준으로 봤을 때, 사방 3.5cm 망치는 25눈 도드락의 경우 16눈, 64눈 도드락의 경우 49눈, 100눈 도드락의 경우 64눈으로 대체할 수 있다.

| 사진 10. 정다듬공정 | 사진 11. 도드락공정 | 사진 12. 잔다듬공정 |

2. 기계가공과 비교

산업화가 발달하면서 석재 산업에도 작업의 효율성을 높여주는 기계공구들이 개발·도입되었다. 인력을 활용한 전통수공구만 사용하던 우리나라의 석재 산업 현장에 기계공구가 보급된 시기는 대략 1970년 초이다. 그 후 점차 개량되던 기계공구는 2000년을 기점으로 제품의 소형화와 it기술의 발달 속에서 다양하게 개발되고 있다.[10] 이번에는 문화재 석재 산업 현장에서 일반적으로

사진 13. 치석에 사용되는 에어공구와 날[9]

사용되는 대표적인 기계공구와 이를 활용한 현대방식의 치석과정에 대해 살펴보고자 한다.

1) 기계공구의 종류

기계공구는 동력원의 종류에 따라 전동공구와 에어공구 크게 2가지로 구분할 수 있다. 우선 에어공구에 대해 살펴보자. 에어공구는 컴프레서라 불리는 기계에서 생산된 압축 공기의 힘으로 작동하는 공구이다. 소형조각기(f20), 중형조각기(f25), 치핑해머, nb-10 등이 있으며 크기와 힘의 차이가 있지만, 작동 원리는 비슷하다. 기계는 본체 앞에 각종 날을 결합하고 본체 뒤편으로 에어 주입구에 에어호스를 연결하여 작동한다. 압축공기를 주입하면 본체의 피스톤 안에 있는 헤머추가 날의 머리를 타격하면서 전·후 반복운동을 한다. 날 끝은 각 용도에 맞게 정,

9 사진 상단 왼쪽에서부터 소형에어툴(F20), 중형에어툴(F25), 치핑해머, NB-10이며, 하단 왼쪽은 중·소형 에어툴에 장착되는 날, 하단 오른쪽은 치핑해머와 NB-10에 장착되는 각종 날이다.
10 3D프린터의 보급은 각종 산업 현장에서 변화를 일으키고 있다. 석재산업에도 이와 유사한 CNC조각기계가 최근 등장하였다. 이 기계는 컴퓨터 그래픽을 통해 모델링한 형태를 연질의 석재인 대리석 혹은 사암을 깎아 자동으로 조각한다.

사진 14. 대형절삭기   사진 15.소형절삭기(8인치, 4인치 그라인더)

도드락 9눈·25눈·64눈, 평날 등 다양하게 가공하여 사용한다. 운동 속도와 힘에서 차이는 있지만, 에어공구는 동력원이 인력에서 압축공기의 힘으로 바뀌었을 뿐, 석재를 타격하고 두드려 가공하는 원리는 인력가공방식과 유사하다고 볼 수 있다.

다음으로 전동공구에 대해 살펴보자. 석재 현장에서 사용되는 전동공구는 대부분 절삭기(그라인더)이다. 이는 다시 작업장 내에 설치하여 석재를 할석 또는 절단하는 대형 절삭기와 작업자가 손에 들고 직접 돌을 절삭하는 소형절삭기(핸드그라인더)로 구분한다. 대형 절삭기는 특수 처리된 금강석을 용접한 지름 150~250cm의 원형톱날을 모터의 힘으로 회전시켜 석재를 절삭한다. 석재를 올린 대차가 레일을 따라 x축으로 이동하고, 톱날이 yz축으로 이동하며 절삭하는 방식과 대차는 이동 없이 회전만 하며 톱날이 yz축으로 이동하며 절삭하는 두 가지 방식이 있다. 이러한 대형 절삭기는 기계적으로 움직이며 석재를 절삭하기에 원하는 치수에 맞게 반듯하게 절삭한다는 장점이 있다.

소형절삭기는 지름 4인치 톱날을 사용하는 그라인더와 지름 8인치 톱날을 사용하는 그라인더 2가지로 구분하며, 톱날의 종류도 습식, 건식, 절삭용, 조각용 등으로 나뉜다. 양손으로 잡고 움직이며 석재를 보다 다양한 방향에서 손쉽게 절삭할 수 있지만, 작업자가 직접 들고 움직이기 때문에 가공면에 오차가 발생할 수 있다.

2) 기계가공의 치석과정

앞서 살펴본 인력가공의 치석과정과 비교하여 기계가공의 치석과정이 어떻게 다르고 그에 따른 결과물의 차이를 확인해보겠다.

①할석

할석의 원리는 과거와 달라진 점이 없다. 다만 인력으로 쐐기 구멍을 파고, 쐐기를 큰 메로 내려치던 과정이 기계공구의 등장으로 보다 정밀하고 빨라졌다. 작업자는 착암기(함마드릴)을 이용해 일정간격으로 쐐기 구멍을 파고, 새롭게 개량된 쐐기(쎄리야)를 넣어 압축 공기로 작동하는 치핑해머로 쐐기를 때려 석재를 할석한다.

또한 와이어쏘라는 장비의 등장으로 보다 정밀한 할석이 가능해졌다. 금강석이 일정간격으로 달려있는 다이아몬드와이어를 고속으로 회전시키며 석재를 절삭하는 이 장비는 기존 원형톱을 사용하는 대형절삭기에 비해 한 번에 절삭하는 크기의 제한이 사라지면서 석산 및 작업장에서 대형의 원석도 반듯하게 할석할 수 있게 되었다.[11]

②형태가공

인력가공으로 특정 형태를 가공하는 과정은 앞서 살펴본 바와 같이 가장 먼저 기준면을 잡는 작업 후, 쐐기, 날메, 정 등을 이용하여 순차적으로 석재를 치석하는 것이다. 반면 기계공구를 활용한 경우, 대형절삭기에서 수평과 수직이 정확한 육면체의 석재를 필요한 규격에 맞춰 절삭하기 때문에 별도의 기준면을 잡는 공정을 거칠 필요가 없다. 더구나 장대석과 같은 육면체는 대형절삭기에서 형태가공이 마무리되며, 작업자는 기계 절삭면을 정다듬, 도드락, 잔다듬 등의 질감으로 표현하는 마무리 가공만 진행하면 된다. 그러나 속파기, 굽은 면, 비정형의 형태 가공 등에는 작업자가 소형 절삭기를 활용해 형태가공을 하며, 공구가 미치지 못하는 곳에는 과거와 같이 쐐기, 날메, 정 등을 활용해 치석해야 한다.

사진 16. 와이어쏘를 활용한 할석

사진 17. NB-10을 사용한 도드락 작업

11 다이아몬드와이어는 필요에 따라 길이를 연장하여 사용할 수 있다. 따라서 절삭 면적에 한계가 있는 원형톱날에 대비에 적삭 면적의 제한이 사라졌다.

③마무리 가공

인력가공의 경우 앞서 살펴본 바와 같이 거친 마감에서 고운 마감 순서(혹두기→거친정다듬→고운정다듬→25눈도드락→64눈도드락→100눈도드락→잔다듬)로 작업 공정을 단계적으로 진행하면서 원하는 마감으로 치석하였다. 그러나 기계공구의 마무리 가공은 전통방식과 다소 차이가 있다. 그 이유는 형태가공에 있다. 통상적인 경우 기계가공은 절삭기를 사용하여 반듯한 형태가공이 완료되기에 전통방식과 같은 별도의 선행 공정이 생략된다. 다만 절삭기가 석재 표면을 지나가면서 석재에는 특유의 매끈한 절삭면이 생긴다. 이 면은 인력가공에서는 나타날 수 없는 표면형태이다. 따라서 문화재 공사에 있어서는 이질감을 줄 수 있는 절삭면의 흔적을 말끔히 제거하는 과정이 마무리 가공에 필수적이다.

64눈, 100눈 도드락은 곱고 일정한 질감을 가공면 전체에 빈틈없이 새겨야 하는 공정이다. 이러한 공정은 그 자체만으로 석재에 새겨진 절삭면이 모두 제거된다. 그러나 정다듬 혹은 25눈 도드락과 같이 거친 질감을 표현하는 경우 가공면에 빈틈을 주면서 타격을 가하게 되고, 그 과정에서 절삭면이 남아있는 경우가 있다. 이런 상황을 차단하고자 고운 마감인 도드락 64눈을 먼저 선행작업으로 절삭면 전체에 진행한 후 거친 마감인 정다듬 혹은 25눈 도드락 작업을 진행하면, 절삭면이 모두 제거되어 보다 자연스러운 결과물을 얻을 수 있다. 일반적으로 거칠고 넓은 면적에 마무리 가공 작업을 진행할 경우, 치핑해머 혹은 NB-10에 날을 장착하여 두드리며, 곱고 좁은 면적에 마무리 가공을 작업할 경우 중·소형에어툴(F20, F25)를 사용한다.

그렇다면 현대방식의 기계가공으로 치석한 석재의 결과물은 전통 수공구를 이용한 인력가공과 어떠한 차이를 보일까. 다음의 표를 보고 비교해보자.

	거친정다듬	고운정다듬	도드락 25눈	도드락 64눈	잔다듬
인력가공					
기계가공					

인력가공과 기계가공의 각 공정의 결과물이 전체적으로 비슷하지만, 면밀히 살펴보면 다소 간의 차이점을 확인할 수 있다. 우선 정다듬의 경우 기계가공의 결과물이 인력가공보다 정자국

사진 18. 치핑해머를 이용한 거친 정다듬 작업   사진 19. 치핑해머를 이용한 도드락 작업

이 깊게 새겨지는 경향이 있다. 정다듬은 메로 타격하는 매순간 그 위치에 맞게 정의 방향과 힘의 세기 등을 조절하여야 한다. 그러나 압축공기의 힘을 빌리는 에어공구의 경우 균일하게 발산하는 출력의 강약을 조절하기에 한계가 따른다. 결국 기계가공을 통한 정다듬이 인력가공보다 조금 거칠어 보이는 결과를 낳았다.

다음으로 도드락의 경우 정다듬과 달리 기계가공의 도드락이 인력가공의 그것보다 다소 부드럽게 표현되었다. 정다듬이 에어공구에 달린 정으로 힘을 주어 석재를 꾹꾹 찌르는 방식이라면, 도드락은 상하 운동하는 도드락 날이 어긋나지 않게 조절하며 가공면 전체를 훑는 방식이다. 이런 도드락 공정에서는 오히려 곱고 부드러운 질감 표현에 이점이 있지만, 거친 표면질감 표현에는 난점이 있다. 그에 따라 위의 결과물에서는 인력가공 64눈도드락과 기계가공 25눈도드락이 유사한 질감으로 표현되었다. 이와 같은 원리로 잔다듬에서도 기계가공은 인력가공과 같은 날자국이 선명한 결과물을 얻기엔 어려움이 있었다.

Ⅲ. 문화재 석재 산업에 대한 소고

우리나라의 문화재 복원 및 산업 현장은 과거에 비해 양과 질적 측면 모두에서 장족의 발전을 거듭하고 있다. 특히 근래에 완성된 숭례문 복원, 불국사삼층석탑 전면해체복원, 미륵사지서 석탑 전면해체복원 등 우리나라를 대표하는 문화재의 해체 복원에는 전통산업의 장인집단뿐만 아니라 보존처리, 구조건축 등 사회 각 분야의 전문가들이 참여하였으며, 오랜 기간에 걸쳐 문화재 조성 당시의 기법을 현시점에 최대한으로 구현하여 문화재의 본래 모습을 찾는 과정이었다. 이를 통해 문화재 관련 산업 기술은 한 단계 발전하였다고 할 수 있다.

그러나 필자가 석공업에 재직하며 얻은 경험에 따르면, 우리나라에 산재한 크고 작은 문화재 현장들 중 대부분은 위에 언급한 대형 복원 현장과 달리 예산, 인력, 공기 등에 있어 많은 제약이 있다. 그럼에도 불구하고 보다 나은 결과물을 얻기 위해 문화재 현장에서 고려할 사항은 어떤 것이 있을까. 물론 학계 및 관련 산업 전반에 이론적, 학술적으로 우수한 안목을 지닌 전문가들이 많은 보고서와 자문을 통해 우리 문화재 관련 산업이 발전적인 방향으로 나아갈 수 있도록 많은 노력을 하고 계신다. 그러나 각 세부 공정은 이를 다루는 기능공만이 느낄 수 있는 바가 존재한다고 생각한다. 이 기회를 통해 문화재 석조 산업에서 필자와 주변 석공들이 느낀 바를 제안함으로써 우리의 문화재 산업 현장의 발전에 조금이나마 도움이 되었으면 한다.

문화재 석재 산업 현장에서 논의되는 주요한 요소 중 하나는 석재 치석에 있어 인력가공이냐 기계가공이냐의 결정일 것이다.[12] 앞서 Ⅱ장에서 살펴본 바와 같이, 인력가공과 기계가공의 결과물에 있어서 어느 정도 유사한 점도 있고, 상치되는 점도 있었다. 전통 기법의 계승이라는 측면과 더불어 주변 문화재와의 융화를 고려한다면, 인력가공이 최적의 선택일 수 있지만, 그로 인해 발생하는 작업 기간 및 예산의 증가 등으로 진행이 어려운 측면도 있다. 이 경우 기계가공도 충분한 대안이 될 수 있다. 오히려 석재 가공은 인력가공이든 기계가공이든 작업자의 의지를 통해 표현된다. 그 점에서 동일한 기법의 작업이라도 치석하는 석공 각자의 역량과 의지에 따라 결과물도 상당히 달라질 수 있는 점을 고려하여 사전에 적정한 석재의 마감 상태를 상호 간에 결정하는 것이 중요할 것이다.

사진 20. 중형에어툴을 사용한 석재 모서리의 도드락 가공

다만 유념해야할 점은 문화재 관련 석재 공사에서 인력가공은 좋은 것이고, 기계가공은 나쁜 것이라는 이분법적인 사고를 주의하는 것이다.[13] 전통기법을 고수할 것이냐의 문제에서만 벗어날 수 있다면 정확한 규격의 치석과 바른 면을 통한 시공 상의 편의점, 공기의 단축 등 기계가공이 지닌 장점도 있다. 예를 들어, 기계가공을 활용하면 석재의 좁은 공간 혹은 가장자리에도 도드락다듬이 가능해져 섬세한 형태 가공과 함께 석재 전체에 일체감 있는 마무리 가공도 가능해진다.

다만 유념해야할 점은 문화재 관련 석재 공사에서 인력가공은 좋은 것이고, 기계가공은 나쁜 것이라는 이분법적인 사고를 주의하는 것이다.[14] 전통기법을 고수할 것이냐의 문제에서만 벗어날

---

12 제작할 형태의 외형적 특징 및 양식에 대한 논의는 석재뿐만 아니라 모든 문화재 산업 현장에서 가장 중요시되는 결정사항이다. 여기에는 시대, 지역, 미술, 고고학 등 학문적으로 여러 고려할 사항들이 있지만, 이는 석수가 논할 수 있는 영역은 아니기에 본고에서 언급하지 않았다.

13 일반적으로 기계가공은 문화재 석재 공사에서 적은 예산으로 공사를 진행해야하는 경우가 대부분이다. 이런 상황에서 석재 산업 자체도 비용적인 측면에 맞춰 성장하다보니, 기계가공은 저렴하고 완성도가 떨어지는 방식이라는 선입견이 팽배해졌다고 생각한다.

수 있다면 정확한 규격의 치석과 바른 면을 통한 시공 상의 편의점, 공기의 단축 등 기계가공이 지닌 장점도 있다. 예를 들어, 기계가공을 활용하면 석재의 좁은 공간 혹은 가장자리에도 도드락다듬이 가능해져 섬세한 형태 가공과 함께 석재 전체에 일체감 있는 마무리 가공도 가능해진다.

　다음으로 필자는 석재관련 문화재 공사에 있어 가공방식만큼 중요한 사항은 현장에서 사용할 원석의 선정이라 생각한다. 그 이유는 돌이라는 재료가 내포하고 있는 지역적 특성 때문이다. 한반도에 형성된 암석은 결코 넓지 않은 국토임에도 불구하고 지역에 따라 입자, 색상, 성분 등이 상이하게 나타난다. 현재 혹은 최근까지 우리나라 소재의 석산에서 채석된 원석 샘플을 확인해보자. 암석을 구성하는 광물에 대한 논의는 차치하더라도 각 석산마다의 특징이 한눈에 확인될 정도로 지역마다 개성있는 원석이 채석되는 것을 확인할 수 있다.

표. 국내 석산에서 채석되는 원석 종류

보령 오석(충남 보령시)	마천석(경남 함양군)	고흥석(전남 고흥군)	영주석(경북 영주시)
황등석(전북 익산시)	거창석(경남 거창군)	포천석(경기 포천시)	운천석(경기 포천시)
경주석(경북 경주시)	장흥석(전남 장흥군)	화북석(경북 상주시)	보성석(전남 보성군)

14　일반적으로 기계가공은 문화재 석재 공사에서 적은 예산으로 공사를 진행해야하는 경우가 대부분이다. 이런 상황에서 석재 산업 자체도 비용적인 측면에 맞춰 성장하다보니, 기계가공은 저렴하고 완성도가 떨어지는 방식이라는 선입견이 팽배해졌다고 생각한다.

근대 이전의 어느 과거 시점에서 고하중의 석재를 타지역으로부터 대량으로 운반하기란 국가적 차원의 대규모 사업이 아니고서는 불가능에 가까웠을 것이다.[15] 더구나 한반도는 전 국토의 70% 이상이 산지로 형성되어 있으며, 전국에서 다양한 원석을 비교적 손쉽게 구할 수 있다. 결국 이 땅에 조성된 수많은 석조문화재 혹은 옛 건축물 등에 활용된 석재 중 대부분은 조성지 인근의 어딘가에서 확보했을 것이며, 이는 현존하는 석조문화재 인근 암반에서 어렵지 않게 확인되는 할석했던 쐐기구멍을 통해서도 유추할 수 있다.

더욱이 동화사 비로암 석조비로자나좌불과 같은 일부 조각상에서 채색 혹은 금박 등을 통해 석재의 겉면을 가리는 경우가 있지만 이러한 소수의 경우를 제외한 대부분의 석조 문화재는 석재 본연의 색상과 무늬, 입자를 그대로 외장의 수단으로 활용하고 있다. 이처럼 재료 본연의 원산지를 가공된 결과물에서도 직접적으로 들어내는 경우는 돌이라는 자재의 특이섬이라 생각한다.

돌이 가진 지역적 특성은 치석을 통해 조성한 석제품의 색상, 입자 이상으로, 외형 및 세부조각과 같은 석제품의 핵심적인 부분까지 영향을 줄 수 있다. 각각 9세기와 10세기에 조성된 것으로 추정되는 두 곳의 석탑, 보령 성주사지 삼층석탑과 상주 상오리 칠층석탑을 비교해보면 더욱 이해가 쉬울 것이다.

성문왕대 승려 無染에 의해 크게 중창되면서 신라 말 구산선문 중 하나인 聖住山門의 중심 도량으로 자리 잡은 것으로 알려진 충남 보령에 위치한 성주사지에는 9세기작으로 추정되는 4기의 석탑이 현존하고 있다. 특히 금당지 배면에 나란히 위치한 3기의 삼층석탑은 마치 쌍둥이와 같이 유사한 양식으로 조성되었는데, 화려한 초층탑신받침과 초층탑신석의 사실적인 문비조각, 옥개석 등에서 섬세한 조각술이 그대로 현재까지 보존된 신라 하대 석탑의 수작이라 할 수 있다.

사진 21. 성주사지 4기의 석탑

사진 22. 성주사지 중앙삼층석탑 문비조각

15 조선왕조실록에는 도성의 공사에 사용할 원석 채취와 관련한 기록을 찾아볼 수 있는데, 국가에서 진행하는 사업임에도 원거리에서 원석을 운송하는 것은 많은 어려움이 따르는 작업이었음을 확인할 수 있다 (『조선왕조실록』 숙종 30년(1704) 3월 25일 기사.).

신라의 변방이라 할 수 있는 충청남도에서 성주사지 석탑과 같은 빼어난 걸작이 탄생할 수 있었던 배경이 무엇일까? 성주사지의 거대한 사역[16]과 문제자의 수가 2000명에 달하였다는 기록을 통해볼 때[17], 성주산문의 위세는 어느 사찰에 뒤지지 않았을 것이며, 그러한 불교세력에 의해 진행된 불사였기에 가능했을 수 있다. 그러나 아무리 우수한 석공과 재원을 드린다 하더라도, 이를 표현할 석재가 없었다면 과연, 지금과 같은 걸작이 조성될 수 있었을까.

성주사지가 위치한 충남 보령시 성주면 인근에는 우리나라 최고의 비석돌로 칭송하는 보령 오석이 채석되는 석산이 자리하고 있다. 그리고 우리나라 원석 중 조각에 가장 적합하다는 보령 애석이 90년대까지 채석되던 장소가 지척에 위치한다. 보령 오석과 애석은 모두 우리나라에서 찾기 힘든 사암 계열로 화강석에 비해 매우 고운 입자 크기와 균일한 입자색을 지닌 특징이 있다. 이처럼 섬세한 조각에 적합한 원석을 성주사지 주변에서 채석할 수 있었다는 점은 우수한 석공과의 시너지 효과를 통해 매우 섬세하고 사실적인 조각이 가미된 성주사지 석탑군을 완성시킬 수 있었던 원동력이었으며, 그 덕분에 우리는 약1200년이 지난 지금에서도 육안으로 손쉽게 즐길 수 있게 되었다고 생각한다.

한편, 경북 상주시 화북면의 속리산 자락 골짜기에 들어서면 사방이 산으로 둘러싸인 곳에 세장하게 우뚝 솟은 석탑 1기가 자리하고 있다. 상오리 칠층석탑으로 불리는 이 석탑은 중층의 기단에 칠층의 탑신과 옥개석이 놓였으며 최상부에는 상륜으로 방형의 노반만 현존하고 있다. 이 탑은 전체적으로 신라석탑의 형식을 따르지만, 좁은 폭의 기단에 높이를 강조한 초층탑신, 그리고 단촐하게 새긴 우주와 일정하지 않은 결구수법, 갑석을 중심으로 한 석탑의 세부 양식에서 보이는 투박한 표현 등이 특징적이다. 이처럼 석탑 양식을 단순화 시키면서 안정적인 구조 보단 다층의 탑신을 통해 좁고 높은 세장미를 강조한 석탑군은 고려시대에 들어서면서 유행한다는 것이 일반적인 학계의 인식이다.

석조미술에 있어 조각양식의 최정점을 신라하대로 삼고, 그 이후 고려시대에는 점차 그 기법이 퇴화한다는 시각이 강하다. 그러나 신라 말까지 쌓아온 우리민족의 빼어난 치석기술이 불과 수백년 사이에 이토록 퇴화할 수 있었던 것인가? 물론 불교문화의 지방 확산 및 당시의 정치·사회·종교적 요인이 복합적으로 작용했을 것이라 생각한다. 그러나 필자는 이러한 요인에 더하여 당시 확보할 수 있었던 원석의 석질도 고려대상이 되어야 한다고 생각한다.

상오리 칠층석탑이 위치한 경북 상주시 화북면 일대에는 최근까지 화북석이라 일컫는 원석

---

16 『崇嚴山 聖住寺 史蹟』에는 과거 성주사의 거대한 사역에 대해 자세히 기록하고 있다.(黃壽永, 1968,「崇嚴山 聖住寺 史蹟」,『考古美術』98, 韓國美術史學會, p.25.)

17 許興植, 1984,『韓國金石全文』古代篇, 亞細亞文化社, p. 221.

사진 23. 상오리 칠층석탑

사진 24. 화북석 절삭면에서 확인되는 구멍자국

이 채석되어 유통되었다. 화북석은 국산 원석 중 붉은 색상을 가장 강하게 발색하는 매력을 지
녔다. 반면 이 석재는 암석의 입자가 지나치게 굵고, 강도가 약하며, 원석 곳곳에 수많은 구멍
자국이 남아있다. 현재 상오리 칠층석탑의 표면에도 크고 작은 구멍자국을 손쉽게 찾을 수 있
다. 이러한 요소는 치석에 있어 까다로운 걸림돌이며, 현대의 기계공구를 사용하더라도 세부조
각에 많은 어려움이 따른다. 그러니 전통수공구를 활용하여 모양을 잡고 곧은 면을 맞추기는
고난이도의 작업이며, 섬세한 조각은 힘들뿐더러, 조각을 새겼다 하더라도 거친 입자와 표면의
구멍으로 인해 표현이 잘 되지 못 하는 한계가 있다. 결국 당시 많은 공력의 결집이 필수적이었
을 석탑 건립에 있어 섬세한 표현보다 9.2m의 장대한 세장미를 강조한 점에는 주변에서 채석
한 암석의 부득이한 특징도 원인 중 하나였을 것이라 생각한다.

　　두 석탑을 통해 살펴보았듯 과거 대부분의 석조문화재 혹은 석제품의 제작에 활용된 주변
의 원석은 지역에 따라 상이한 성격을 보였다. 원석의 성질은 치석의 한계점까지 설정할 수
있는 요소이며, 이를 가공해서 제작할 결과물의 설계 과정에 상당한 영향을 주었을 것이라 판
단한다.

　　위에서 살펴본 바와 같이 한반도의 각 지역에 매립된 암석의 성질은 상이하며, 이를 활용하
여 조성한 석조문화재 및 석제품은 원석이 지닌 지역적 색채를 고스란히 발산하고 있다. 또한
원석에 따라 치석하여 표현할 수 있는 영역에 한계가 있다. 따라서 문화재 공사의 석조 영역에
있어 밑바탕이 될 수 있는 원석의 종류를 선택하는 과정은 기존에 사용된 혹은 새롭게 조성할
석재의 특징을 면밀히 파악하여 그에 알맞은 원석을 찾아가는 방식이 되어야 할 것이다.[18]

---

18 국내산 원석이 다양하게 유통되는 것은 문화재 관련 석재 산업의 발전에 큰 기여를 할 것이다. 안타깝게
　도 국내 인건비의 상승과 값싼 외국산 석재의 수입, 그리고 국내 환경훼손 문제 등 다양한 원인으로 인해

Ⅳ. 맺음말

문화재 공사 현장에서 전통방식의 작업에 대한 중요성을 모르는 이는 없을 것이다. 그러나 모든 현장에서 전통방식으로 석재를 치석하기에는 현실적인 어려움이 많다. 결국 전통의 치석 방식인 인력가공과 현대의 치석 방식인 기계가공이 병행되어야 한다. 그에 따라 본고에서는 석재 치석에 있어 인력가공과 기계가공의 차이를 실제적으로 살펴보고자 하였다. 그리고 실제 현장에서 직무를 수행하는 석수가 생각하는 석재 관련 문화재 현장의 발전 방향에 대한 소견도 제시해보았다.

앞서 머리말에서도 언급했지만 현재 석재 산업에 있어 가장 큰 문제점은 인력난이다. 인력가공과 기계가공 사이에서 고민하는 것도 이를 작업할 기술자가 있을 때 가능한 것이다. 기술이라는 것이 짧은 기간에 완성되는 것도 아니고, 한번 익힌다고 하더라도 활용하지 않는다면 기능이 유지될 수 없는 것이다. 인력가공을 활용할 작업이 연속적이지 않은 현 상황에서, 현재까지는 과거 오랜 기간 인력가공을 몸에 익힌 석수들이 활동하고 있지만, 앞으로 10년 뒤를 생각하면 전통 기법을 활용할 수 있는 석수가 전국에 결코 많지 않을 것이다. 작업의 특성 상 석공은 혼자서 할 수 있는 작업이 아니다. 합동작업을 하는 작업인 만큼 인력난이란 문제는 다른 분야보다 더 심각한 문제로 다가온다. 따라서 인력난 문제는 먼 미래의 문제가 아니라 당장 눈앞에 닥친 문제라고도 볼 수 있다

사실 모든 전통 기술 분야와 마찬가지로 석공예에 있어 전통 인력가공은 상당히 고된 작업으로, 기존의 석수들 또한 꺼려하는 것이 사실이다. 이를 개인의 사명감에 의지할 수는 없는 것이며, 새로운 인재의 유입과 함께 그들이 전통 기법을 지속적으로 유지할 수 있는 산업의 환경에 대한 합리적 고려와 사회적 변화를 준비해야 할 것이다.

현재 경북 상주시 화북석·화서석, 전남 장흥군 장흥석, 경기 포천시 운천석, 경북 문경시 문경석 등 국내의 많은 석산이 폐업하였다. 국내에 유통되는 원석의 종류가 줄어다는 현실은 문화재 관련 석재 산업의 발전적 측면에 걸림돌일 수 밖에 없다.

【참고문헌】

1. 사료

『朝鮮王朝實錄』

2. 보고서·단행본

국립문화재연구소 외, 2019, 『익산 미륵사지 석탑 보수정비 Ⅰ』, 국립문화재연구소 외.

국립문화재연구소, 2013, 『경복궁 석조조형물 학술연구 및 보존관리방안 연구 Ⅱ.경복궁 석조 조형물 보존과학적 조사와 관리방안, 국립문화재연구소』, 국립문화재연구소.

국립문화재연구소, 2009, 『석장(중요

무형문화재제120호)』, 국립문화재연구소.

대한광업진흥공사 익산사업소, 1996, 『석공예 입문』, 대한광업진흥공사 익산사업소.

문화재청, 2022, 『문화재수리표준시방서』, 문화재청.

_____, 2013, 『崇禮門 復舊 및 城郭 復原工事 修理報告書』, 문화재청.

張起仁, 1997, 『韓國建築大系 Ⅶ 石造』, 普成閣.

許興植, 1984, 『韓國金石全文』古代篇, 亞細亞文化社.

3. 연구논문

黃壽永, 1968, 「崇巖山 聖住寺 史蹟」, 『考古美術』98, 韓國美術史學會.

파주 혜음원지 대지조성 공법 연구

김종길((재)한백문화재연구원)

| 목 차 |

Ⅰ. 머리말

파주 혜음원지(사적 464호)는 파주시 광탄면 용미리에 있는 고려시대 대규모 건축유적이다. 고려 중기 남경을 건설되면서 새로운 교통로가 개설되고 그 길목인 혜음령에 여행객을 위한 원의 건립 필요성이 제기되어 혜음원을 축조하게 된다.[1]

개경과 남경을 연결하는 교통로는 고려 중기 이전에는 개경-장단-적성-양주-의정부-남경으로 이어지는 길이었으며, 남경의 건설과 함께 고려 중기부터는 개경-장단-임진-파주-혜음령-고양-남경으로 이어지는 길이 활발히 사용되었다.

고려시대 남경으로의 순행에서는 그 규모가 주목된다. 왕의 남경 순행에는 기간은 약 40일 정도 소요되며, 수행 인원은 약 1,000명에 이르는 것으로 해석되고 있다.[2] 이 같은 상황에 새로운 교통로의 주요 길목에는 그에 걸 맞는 규모의 시설이 설치되어야 했으며, 그것이 바로 혜음원이었다.

혜음원은 문헌기록 외에는 그 위치가 정확하게 알려지지 않았으나 1999년 동국대학교 학술조사단과 한양대학교 박물관 조사에서 위치가 확인되었다. 그 후 2001년부터 2015년까지 10

---

1 『高麗史』, 卷56, 地理志, 南京留守官 揚州.
　『高麗史節要』, 卷5, 文宗 21年 12月.
2 최혜숙, 2004, 『고려시대 남경 연구』, 경인문화사.

차례에 걸친 발굴조사가 이루어졌다.[3] 발굴조사를 통해 '惠蔭院·惠陰寺'명 기와와 함께 건물지 37동, 우물지, 연못지, 배수로, 외담 등의 유구와 용두, 취두, 귀면와, 막새[4], 명문기와, 청자[5], 중국자기, 금동불, 칠기굽접시 등의 수많은 유물이 출토되었다. 그리고 '개성 고려궁성'과 비견되는 고려시대 대표적인 건축유적으로 주목받고 있으며, 그 가치가 높게 평가되고 있다.[6]

하지만 유적의 대외적인 위상에 비해 유구에 대한 연구는 미진한 상황이었고 최근 들어서 건축학적 접근이 조금씩 이루어졌다.[7] 이러한 연구의 성과는 건물배치, 공간구성, 석재계단 등 비교적 건축학적 접근이 주를 이루었는데, 이러한 연구가 유적을 이해하고 분석하는 데 있어 가장 유효한 접근이며, 성과를 담보할 수 있기 때문일 것으로 생각한다.

하지만 대규모 건축유적의 특성상 가장 중요하고 기초적인 요소는 건축물이 세워지는 입지라고 할 수 있으며, 이는 건축물의 규모에 걸 맞는 대지를 조성하는 것이다. 이러한 작업이 선행되어야만 그 상부에 건축물을 시설할 수 있는 기본이 마련되는 것이다.

대규모 건축유적은 입지가 차지하는 비중이 매우 높다. 그러나 삼국시대 건축유적 대지조성 공법 연구는 상당수 이루어진 것에 비해, 고려시대 건축유적에서는 전무한 상황이었고, 이번 연구는 이러한 아쉬움에서 시작되었다.

혜음원이 다른 건축물과 달리 주목할 점은 왕을 위한 행궁이 존재했다는 점이다. 행궁과 함께 남경을 오가는 대규모 순행단을 위한 숙박 시설이 필요했다. 따라서 행궁을 중심으로 이 일대에는 그만큼의 공간을 확보하기 위한 대지 조성 노력이 있었을 것으로 추정할 수 있으며, 그에 걸 맞는 토목공정이 수반되었을 것이다.

---

3 『東文選』, 卷64, 記 「惠陰寺新創記」.
　『新增東國輿地勝覽』, 卷11, 坡州 古跡.
　『輿地圖書』.
　한양대학교박물관 외, 1999, 『파주시의 역사와 문화유적』, pp.83~88.
　단국대학교매장문화재연구소, 2006, 『파주 혜음원지 발굴조사 보고서-1차~4차-』.
　(재)한백문화재연구원, 2010, 『파주 혜음원지 5차 발굴조사 보고서』.
　(재)한백문화재연구원, 2014, 『파주 혜음원지 -6·7차 발굴조사 보고서-』.
　(재)한백문화재연구원, 2017, 『파주 혜음원지 -8·9·10차 발굴조사 보고서-』.
4 최문환, 2005, 「파주 혜음원지 출토 막새기와 연구」, 단국대학교 대학원 석사학위 논문.
5 강경남, 2003, 「파주 혜음원지 출토 고려청자 연구」, 단국대학교 대학원 석사학위 논문.
6 국립문화재연구소, 2009, 『개성 고려궁성』.
7 김재홍, 2018, 「고려 혜음원지 건축유구의 조형적 특징-석재 계단을 중심으로-」, 『한국건축역사학회 2018년도 추계학술대회 논문집』, 한국건축역사학회. 최은정 외, 2018, 「고려시대 파주 혜음원지의 공간구성」, 『한국건축역사학회 2018년도 추계학술대회 논문집』, 한국건축역사학회. 우성훈, 2018, 「혜음원지와 고려 정궁지 건축유구의 특성에 대한 고찰」, 『건축역사연구』 제27권 6호, 한국건축역사학회. 오원경, 2017, 「고려시대 남한지역 궁성지의 성격 연구」, 부산대학교 대학원 석사학위 논문.

　혜음원은 인접해 있는 우암산에서 뻗어 내린 능선의 줄기가 감싼 계곡부에 위치하고 있다. 건물을 계획하고 조성하는 데 있어 우선 선행되어야 하는 것은 입지의 선정과 기초대지를 조성하는 것이다. 중요 건물지는 계곡부에 주로 입지하고 있으며, 건물지를 보호하기 위해 조성한 외곽담장(외담)은 능선과 계곡을 포함하는 곳에 시설되었다. 즉, 입지조건은 능선 상단, 능선 경사면, 계곡부(자연하천) 등으로 구분된다. 이러한 입지에 따라 대지조성 공법도 다양하게 사용되었다. 입지별로 기와보강법, 부엽법, 석축법, 판축법 등으로 구분되며, 이 중 기와보강법이 가장 주목된다.

　기와보강법은 기초대지를 조성하는 과정의 마무리에 해당하는 공정으로 점토다짐으로 조성한 기초에 기와를 깔아 마감하는 공법이다. 이러한 공법은 건축유적에서는 현재까지 확인된 사례가 없다. 삼국시대 건물지에서 기와를 사용해 기단을 와적으로 마감하는 공법은 있으나, 대지조성 과정에 기와를 사용한 사례는 아직까지 확인된 바 없는 파주 혜음원지에서 최초로 사용한 공법이다.

　더불어 이번 연구를 통해 고려시대 판축토성에서도 기와보강법을 사용한 것을 알 수 있었는데, 축성시기가 혜음원지 조성 이후인 13세기 전후로 편년된다는 점이 주목된다. 즉, 기와보강법은 건축유적인 혜음원지에서 처음으로 사용하였고, 그 공법이 발전하여 판축토성의 축성으로 계승된 것으로 고고·건축학적으로 상당한 가치와 의미가 있다.

사진 1. 남쪽에서 바라 본 혜음원지 전경

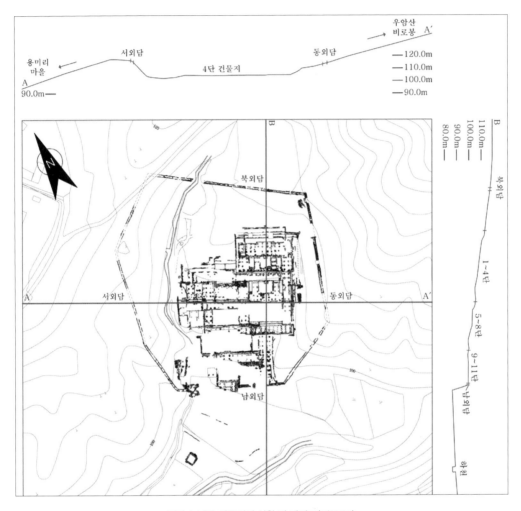

도면 1. 파주 혜음원지 현황 및 단면도(1/2,500)

따라서 이번 연구를 통해 건축유적에서 성곽유적으로 계승·발전된 대지조성 공법인 기와보 강법을 최초로 제시하고, 향후 고려시대 대지조성 공법 연구에 조금이나마 기여하는 데 그 목 적이 있다.

Ⅱ. 혜음원지 입지분석

혜음원은 우암산 비호봉에서 내려오는 산자락 아래 계곡 깊숙한 곳에 자리하고 있으며, 현재 지방도 78호선(옛길)에서 직선거리로 약 500m 이상 떨어진 곳이다. 지리적 위치와 지형적 요인을 살폈을 때 많은 위해(危害) 요소가 존재한다. 더구나 행궁이라는 시설은 많은 위험으로부터 안전성을 확보하고 보안의 효율성을 극대화할 필요성이 있었을 것이다. 이에 외담은 1140년에 대대적인 증·개축 이후 화재로 인해 폐기되었다.

외담은 계곡부에 조성된 중심사역을 기준으로 계곡의 상·하단을 차단하고 동·서쪽에 자리하고 있는 능선을 감싸 안아, 입지와 형태는 포곡식산성과 비견된다.(도면 1) 전체규모는 둘레 약 610m이며, 그 내부 면적은 약 23,930㎡ 이상이다.

혜음원의 지형은 북동쪽에서 내려오는 능선이 평면형태 'ㅅ'자 형태로 동-서로 갈라지고, 남쪽이 열려있는 형태이다. 단면 형태는 횡방향으로 동쪽과 서쪽은 높고 중앙은 낮으며, 종방향으로 북쪽에서 남쪽으로 낮아지는 지세이다. 따라서 남쪽과 북쪽 일부를 제외한 외곽담장은 주로 능선 지형을 따라 축조하였다. 즉, 북쪽과 동·서쪽은 능선의 상단과 경사면이 주를 이루고, 일부 북쪽의 주계곡부와 동쪽의 능선사이의 소계곡부가 포함된다.

표 1. 파주 혜음원지 외담의 입지와 구간별 조성방법

| 유구명 | 구간 | 평면 위치 | 입지 | | | 단면상 경사도 | 해발 고도 (m) | 상대 비고 (m) | 축조 공법 | 비 고 |
			능선 상단	능선 경사면	계곡부					
동외담	A	북쪽	-	●	-	완경사	116~120	4	기와보강법	-
	B	중앙	-	-	●	급경사	113~115	2	석축법/판축법	암거
	C	남쪽	●	-	-	급경사	95~115	20	기와보강법	-
서외담	A	북쪽	●	-	-	평탄지	117~121	4	기와보강법	-
	B	중앙	●	-	-	완경사	115~120	5	기와보강법	-
	C	중앙	●	-	-	평탄지	113~115	2	기와보강법	-
	D	남쪽	●	-	-	급경사	95~115	20	기와보강법	-
북외담	A	동쪽	-	●	-	완경사	116~120	4	기와보강법	-
	B	중앙	●	-	-	평탄지	117~121	4	기와보강법	-
	C	중앙	-	●	-	급경사	111~116	5	기와보강법	-
	D	중앙	-	-	●	급경사	108~109	1	석축법	수로
	E	서쪽	-	●	-	급경사	111~119	8	기와보강법	-
남외담	A	동쪽	-	-	●	완경사	93~95	2	석축법	암거
	B	중앙	-	-	●	완경사	93~95	2	부엽법	중앙문지
	C	서쪽	-	-	●	완경사	93~95	2	석축법	수로

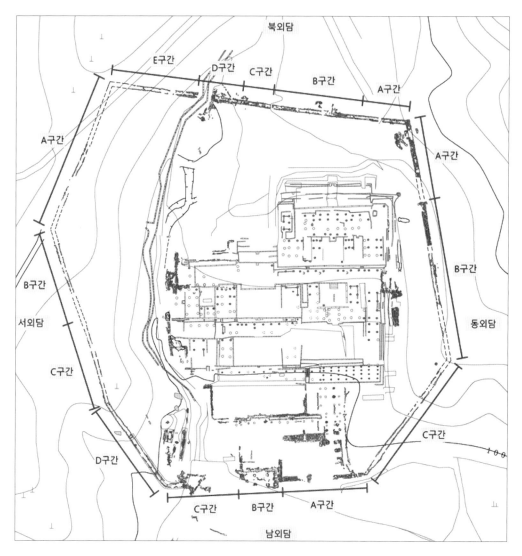

도면 2. 파주 혜음원지 외담 구간 현황

사진 2. 서외담 능선 상단 완경사지역

사진 3. 서외담 능선 상단 급경사지역

1. 능선 상단부

능선 상단은 서외담 전구간, 동외담 C구간, 북외담 B구간에 해당한다. 능선 상단에 위치한 외담은 전체 610m 중 309m로 가장 많은 비율인 50%를 차지하고 있다. 또한 경사도에 따라 단면상 5°이하는 평탄지, 6~15°는 완경사, 15°초과는 급경사로 설정하여 평탄지역·완경사지역·급경사지역 등 3가지 입지로 구분하였다.

평탄지역은 서외담 A·C구간과 북외담 B구간에서 확인되었다. 이 중 서외담 A구간과 북외담 B구간은 외곽담장 중 가장 북쪽에 위치하고, 해발 117~121m에 입지한다. 서외담 C구간은 평면상 대칭하는 동외담 B구간과 비슷한 해발고도에 조성된 것을 알 수 있었다.

완경사지역은 서외담 B구간에서 확인되었다. 이 구간은 서외담 중앙부에 위치하고, 해발 115~120m에 입지한다. 상대비고는 약 5m 이내이며, 경사각은 10°내외로 완경사를 이루고 있다. 평탄지(서외담 A구간)에서 경사면으로 연결되는 부분에 해당하는 곳이다. 평면상 대칭되는 동외담 A구간과 단면상 위치, 해발고도, 상대비고 등과 유사한 양상의 입지 조건을 나타낸다.

급경사지역은 동외담 C·서외담 D구간에서 확인되었다. 이 구간은 측면의 외담 중 가장 남쪽에 위치하고, 해발 95~115m에 입지한다. 상대비고가 약 20m에 이르며, 경사각이 15°이상으로 급경사를 이루고 있다. 급격한 경사도로 인해 단면상 계단식으로 조성하였다. 각 단의 간격은 대략 3~3.3m로 균일하다.

2. 능선 경사면

능선 경사면 일대는 동외담 A구간, 북외담 A·C·E구간에 해당한다. 능선 경사면에 위치한 외곽담장은 전체 610m 중 118m로 19%의 비율을 차지하고 있다. 대부분 북쪽 일대에 접한 곳으로 완경사와 급경사지역으로 구분된다.

완경사지역은 동외담 A구간과 북외담 A구간에서 확인되었다. 이 구간은 외곽담장 중 북동쪽회절부에 해당하며, 해발 116~120m에 입지한다. 상대비고는 약 4~5m 이내이며, 경사각은 10~13°로 완경사를 이루고 있다. 북외담 A구간이 동외담 A구간보다 2~3°가량 경사각이 높게 나타난다. 북쪽으로 이어지는 원지형이 동쪽보다 급하기 때문인 것으로 판단된다.

급경사지역은 북외담 C·E구간에서 확인되었다. 이 구간은 외곽담장 중 가장 북쪽 중앙과 북서쪽에 위치하고, 가운데에 자연하천(서쪽수로)이 관통하고 있는 곳이다. C구간은 해발 111~116m, D구간은 해발 111~119m에 입지한다. 상대비고가 약 6~8m에 이르며, 경사각이 15~20°로 급경사를 이루고 있다. 급격한 경사도로 인해 단면상 계단식으로 조성하였다. 각 단의 간격은 대략 2.5~3m로 확인되었다.

3. 계곡부

계곡부 일대는 동외담 B구간, 북외담 D구간, 남외담 A~C구간에 해당한다. 계곡부에 위치한 외곽담장은 전체 610m 중 183m로 약 30%의 비율을 차지한다. 계곡부는 위치에 따라 경사면 계곡부와 자연하천으로 구분하였다.

경사면 계곡부는 동외담 B구간에 해당하며 동외담의 중앙부 일대를 포함한다. 우암산 비호봉에서 남-북 방향으로 뻗어 내린 능선의 서쪽 경사면에 형성된 계곡부이다. 동외담 B구간은 해발 113~116m로 완경사를 나타내고 있으며, 가장 낮은 부분에서는 암거 2개소를 배치하였다. 계곡부의 유수를 치수하고자 했으며, 암거는 건물지 방향으로 진행하며, 동쪽수로와 연결된다.

자연하천 계곡부는 북외담 D구간과 남외담 A~C구간에 해당한다. 북외담 D구간은 전체사역의 북동쪽에서 북서쪽으로 돌아 혜음원지의 서쪽으로 흐르는 자연하천과 교차하는 구간이다. 해발 108~110m로 동고서저의 지세에서 가장 낮은 곳으로 주변이 습지로 이루어져 있으며, 사역 내측으로 집수지가 형성되어 있다. 이 구간의 서쪽 끝부분은 하천과 직접적으로 접하

사진 4. 동외담 능선 경사면 완경사지역

사진 5. 북외담 능선 경사면 급경사지역

사진 6. 동외담 경사면 계곡부

사진 7. 남외담 계곡부

는 곳으로 수문 내지는 수로가 조성되었을 것으로 추정된다. 현재 2010년경 정비공사로 인해 신축 배수로가 시설되어 있다.

남외담 A~C구간은 전체사역의 남쪽 전체구간으로 평면형태'ㅅ'형의 아래쪽이 개방된 곳이다. 중앙에는 11단 중앙문지, 동·서쪽 끝부분에는 수로를 포함하고 있다. 해발 93~95m로 전체사역 중에서 가장 낮은 곳으로 유수의 흐름이 가장 많고, 하부에 습지를 포함하고 있다. 남외담의 동쪽으로 치우쳐 암거형 수로가 시설되었으며, 서쪽으로 치우쳐 개방형 수로가 시설되어 동·서쪽으로 유도된 건물지 내 유수를 안전하게 외부로 유도하였다.

대부분의 건물지는 계곡부의 중앙에 대지를 조성하여 배치하였다.(사진 7) 입지에 있어 가장 취약한 곳에 해당하는 곳이다. 하지만 양쪽의 능선이 감싸고 있어 외부로부터의 노출은 최소화할 수 있는 장점도 있다.

Ⅲ. 혜음원지 대지조성 공법 검토

혜음원지의 대지는 입지에 따라 다른 공법으로 조성하였으며, 기와보강법, 부엽법, 석축법, 판축법 등으로 구분된다. 그 중 기와보강법이 주로 사용되었는데 입지상 능선의 상단과 경사면에서 사용하였다.

이 장에서는 구간별로 적용된 대지조성 공법에 대해 자세하게 살펴보고자 한다.

1. 기와보강법

기와보강법은 외담 기초부 조성방식 중 가장 많이 사용된 공법이다. 동외담 A·C, 서외담 전 구간 A·B·C·D, 북외담 A·B·C·E 총 10구간에서 확인되었다. 입지조건상 능선 상단과 능선 경사면에 해당한다.

기와보강은 대지를 조성하기 위한 공정 중 하나로 기초를 강화하는 데 주 목적이 있다. 전체 공정은 『암반면(생토면) 정지→기반 조성→기초석렬 시설→기초석렬 외측 점토보강→기와보강』의 순으로 진행된다.

우선 입지상 주로 능선 상단에 입지하기 때문에 암반면(생토면)을 정지할 때, 능선 상단의 중심을 고른면으로 정지하였다. 중심부를 기준으로 정지하면 공력을 비교적 줄일 수 있는 장점이 있다. 하지만 서외담 B구간의 경우에는 암반면을 계단식으로 정지하였는데, 능선 상단의 중심이 아닌 외측 경사면으로 벗어난 곳을 정지하였다. 외담의 축선을 직선화하기 위해 중심부를 벗어난 곳을 정지하여 기반을 조성한 것이다.

기초석렬은 암반면을 정지한 후 황갈색 점토를 다짐하여 조성한 기반의 상면에 시설하였다. 평면형태는 ∣∣'형으로 전 구간이 동일한 양상으로 조성하였다. 다만, 지형에 따라 너비의 차이가 나타나는데, 능선의 상단을 중심으로 내·외측의 경사도가 급한 구간은 1.6~1.7m, 완만한 구간은 2m 내외이다. 높이는 대체로 1~2단 높이 50㎝ 내외이며, 할석재를 사용하였다. 일부 구간에서는 기와를 사용하여 와적기단의 형태로 시설한 곳도 있다. 기초석렬의 속채움은 점토다짐으로 채웠으며, 이 공정과 함께 기초석렬 외측으로 점토를 보강하였다.

기와보강은 기초석렬 외측 점토보강의 상면에 시설하였다. 점토 내에 기와가 섞여 있는 경우도 있지만 대체로 상면에 시설하였다. 기와는 기초석렬에 외측으로 덧대어 너비 2m 내외의 규모로 깔아놓았다. 기초석렬과 접한 곳은 기와를 수직으로 시설하여 지반과 석렬의 안정성을 강화하였다. 단면상으로 능선의 내·외측 경사도에 따라 완경사와 급경사로 나타난다. 기와를 수평으로 보강하지 않고 입지의 경사도에 따라 자연스럽게 시설하였다. 또한 단면상 기와보강의 최대높이는 기초석렬 상면까지를 기준으로 하였다.

이러한 공정을 통해 기와보강은 기반과 기초석렬의 내구성을 강화하여 대지를 견고하게 조성하는 데 목적을 갖고 시설하였다.

서외담 B구간의 전체적인 축조양상은 아래의 도면을 통해 파악할 수 있다.(도면 4 참조) 먼저 1층은 풍화암반층이다. 2층은 능선의 서쪽으로 형성된 계곡부를 매립한 층이다. 3·4·5층은 정지된 암반면 위에 조성된 기반층으로 점토+암반부스러기, 점토+석립, 점토+기와편이 혼입되어 다짐한 층이다. 6층은 주혈을 매립한 층이다. 7층은 내측 기초석렬을 시설한 후 내·외측

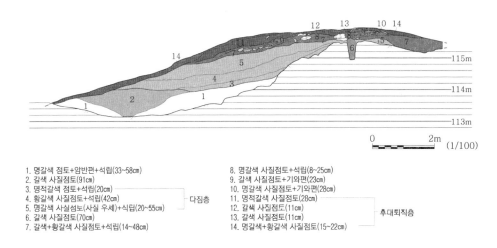

1. 명갈색 점토+암반편+석립(33~58㎝)
2. 갈색 사질점토(91㎝)
3. 명적갈색 점토+석립(20㎝)
4. 황갈색 사질점토+석립(42㎝)
5. 명갈색 사실섬토(사실 우세)+식립(20~55㎝)
6. 갈색 사질점토(70㎝)
7. 갈색+황갈색 사질점토+석립(14~48㎝)
} 다짐층

8. 명갈색 사질점토+석립(8~25㎝)
9. 갈색 사질점토+기와편(23㎝)
10. 명갈색 사질점토+기와편(28㎝)
11. 명적갈색 사질점토(28㎝)
12. 갈색 사질점토(11㎝)
13. 갈색 사질점토(11㎝)
14. 명갈색+황갈색 사질점토(15~22㎝)
} 후대퇴직층

0   2m
(1/100)

도면 4. 파주 혜음원지 서외담 B구간 단면도

의 높이를 맞추기 위해 다짐한 층이다. 8층은 기초석렬의 속채움 층이다. 9·10층은 기와+점토층으로 기초석렬의 외측을 보강한 층이다. 11~14층은 외담 폐기 후 퇴적층이다.

층위를 살펴보았듯이 B구간에서는 외담의 선형을 직선화하기 위해 능선의 상단부에서 외측으로 벗어난 위치에 대지를 조성하였다. 그러기 위해서 암반면을 계단식으로 정지하여 지반의 안정성을 강화하였으며, 암반면의 최상단부에서 외측으로 약 8~9m 가량 대지를 조성하여 다른 구간에 비해 상대적으로 넓은 범위로 대지를 확보하려고 했던 점에 주목된다.

북외담 C구간은 해발 110~115m 일대에 해당하는 곳으로 능선 경사면에 해당한다. B구간의 평탄지에서 서쪽의 계곡(자연하천)으로 급경사를 이루며 연결되는 구간이며, 총길이 대비 상대비고 5m로 급경사를 이룬다. 기와보강은 다른 구간과 달리 1·2차에 걸쳐 시설하였다. 1차 보강은 기초석렬 내·외측이 다른 양상이다. 내측은 150~200㎝의 너비로 시설하였다. 외측은 잡석+점토+와편을 혼합하였다. 2차 보강은 기초석렬 내·외측 1차 보강층 상부에 황갈색 점토를 20~40㎝ 성토다짐을 한 후, 단면 '⌒'형태로 기와를 시설하였다. 이 구간에서는 다른 구간에 비해 사용된 기와의 수량이 월등히 많은 것으로 확인되었다. 경사도에 따른 취약성 때

사진 8. 동외담 C구간

사진 9. 동외담 C구간 단면

사진 10. 서외담 A구간 기와보강

사진 11. 서외담 A구간 기초 및 주혈

사진 12. 서외담 B구간 기초 및 주혈

사진 13. 서외담 B구간 단면

사진 14. 서외담 B구간 계단식 암반지정

사진 15. 서외담 B구간 기와 보강

사진 16. 북외담 C구간 전경

사진 17. 북외담 C구간 2차 보강 외측

문에 보다 많은 물량을 투입한 것으로 파악된다. 특히, 완만한 지형에서 급경사로 떨어져 연결되는 부분에서 더욱 두드러진 양상이다.

2. 부엽법

부엽법은 성벽의 기초 또는 제방의 기저부를 이루는 층 내에 일정 정도의 수분을 유지하여 건조로 인한 경화를 예방하고 층간의 밀착력을 높이기 위한 목적으로 층간에 나뭇잎이나 나뭇가지와 같은 식물유기체를 여러 겹 깔아서 지반을 단단하게 다지는 방법이다.[8] 주로 삼국시대 제방이나 토성에서 사용하는 공법으로 알려져 있다. 다만, 석축산성의 토축부에서 부엽공법이 사용된 사례가 있어 주목되기도 했다. 석축부 내측으로 토축부를 조성하는 방식 중 하나로 성토다짐(부엽법)을 사용하였다. 대표적으로 설봉산성 북벽이 있다. 계곡부에 입지하며 수직으로 기초를 삭토한 후 협축성벽을 축성하고 내측으로 경사삭토한 부분은 부엽공법으로 성토다짐하였다. 다짐층은 뻘흙과 모래를 섞어서 사용하였다. 나뭇가지를 깔고 그 위로 성토하는 과정을 반복하여 조성하였다. 이외에도 죽주산성 서벽, 반월산성 동문지 부근, 성설산성 서벽 토축부에서 확인되고 있어 7세기 신라 석축산성의 토축부에 대체로 부엽법이 사용되었던 것을 알 수 있었다.[9] 현재에는 우리나라 삼국시대 토축 구조물에 보편적으로 이용된 특징적인 토목기술로 평가되고 있다.[10]

부엽법을 사용한 토축 구조물은 대체로 계곡부나 연약지반에 입지한다.[11] 혜음원지에서 부엽법이 사용된 부분의 입지도 계곡부(남외담 B구간)에 해당한다. 사역 중 가장 낮고 넓은 계곡부의 연약지반에 중앙문지를 배치하였다. 정면 3칸, 측면 2칸으로 동-서 1,500㎝, 남북 760㎝이다. 교통로에서 혜음원으로 접근하면 가장 먼저 접하게 되는 대표적인 건물이다. 따라서 건물의 안정성을 최대한 확보하기 위해 연약한 지반에 뻘과 모래, 그리고 나뭇잎으로 추정되는 식물유기체를 혼입하여 지반을 단단하게 조성하였다.

남외담 B구간은 해발 94~95m 일대에 해당하는 곳으로 혜음원지 가장 남쪽 계곡부 중앙부에 위치한다. 11-1건물지(중앙문지)가 배치된 곳이며, 건물지의 좌우로 외담이 연결된다. 이 구간은 건물지의 하부에 해당한다.

계곡부에 해당하며, 물의 흐름과 고임현상으로 반복적으로 발생하여 뻘층이 형성되어 있다. 연약지반 상부에 뻘층·모래·점토·식물유기체 등을 혼입하여 다짐한 후 그 상부에 황갈색 점토를 성토다짐하여 대지를 조성하였다. 즉, 퇴적층 정지→부엽층 조성→점토다짐층 조성→

---

8 신희권, 2014, 「삼국시대 토축 구조물의 부엽법 연구」, 『백산학보』제98호, 백산학회, pp.359~360.

9 서영일, 2009, 「고대 산성 축조 공법 비교 연구-석축 공법의 보편성과 특수성」, 『고대의 목간 그리고 산성』, 국립가야문화재연구소 학술총서, 제44호, 국립가야문화재연구소, pp.369~374.

10 신희권, 2014, 위의 논문,

11 서영일, 2009, 위의 논문, p.372.

적심 및 초석 시설 등의 과정을 통해 건물지의 기초를 조성하였다.

대지를 조성한 층위는 적심 아래로 19개 층위로 세분되는데, 크게 정지층·부엽층·점토다짐층 3가지로 구분된다.

부엽층은 자연퇴적되었던 뻘층(⑯~⑲층)을 정지한 후, ⑮층(흑색점토+황적갈색사질점토)→⑭층(흑회색사질토)→⑬층(흑색사질점토+황적갈색사질점토+굵은모래)→⑫층(흑회색사질점토+황적갈색사질점토+굵은모래)→⑪층(흑색점토+황적갈색점토)→⑩층(흑회색사질토)→⑨층(흑색점토+회색사질토+황적갈색사질토) 순으로 약 80㎝ 정도의 부엽층을 조성하였다. 이 층위 중 ⑨·⑪·⑮층에서 식물유기체가 혼입되었다.

점토다짐층은 부엽층 위로 ⑧층(흑색점토+회갈색사질토+황적갈색사질토)→⑦층(흑회색사질점토+황적갈색사질점토)→⑥층(연녹색사질점토+황적갈색사질점토)→⑤층(회갈색사질점토+황적갈색사질점토)→④층(갈색사질토+황갈색사질토+회색사질점토)→③층(암갈색사질점토)→②층(갈색사질토+황갈색사질점토+자갈)→①층(황갈색사질토+굵은모래) 순으로 약 120㎝ 정도 점토다짐하였다.

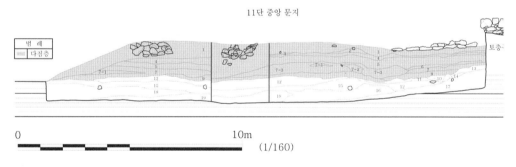

도면 5. 남외담 B구간 토층도

사진 18. 남외담 B구간 전경

3. 석축법

석축법은 동외담 B구간, 북외담 D구간, 남외담 A · C구간에서 확인되었으며, 입지분류에 있어 동외담은 경사면 계곡부, 북외담은 자연하천(서쪽수로), 남외담은 계곡부에 해당하는 곳이다. 각각의 구간 내에서 가장 낮은 레벨에 속하고 있다. 또한 북외담 D구간은 자연하천과 습지를 접하고 있으며, 동외담 B구간은 경사면 계곡부에 위치하고 있어 지형적 입지에서 다소 차이점이 있다. 하지만 축조기법과 관련시설(수로, 암거 등)의 유사함이 있어 입지분류(계곡부)를 동일하게 적용하였다. 각 구간별로 축조기법은 동일하게 나타나고 있으나, 조성목적 등에서 다소 차이가 있다. 각 구간별로 살펴보면 다음과 같다.

동외담 B구간은 해발고도 114~116m로 최대 2m 이내의 고저차로 단면상 완만한 선형을 나타내고 있다. 조사결과 높이 1~8단 110~130㎝의 석축을 조성하였으며, 석축 내에 암거를 설치하여 배수를 용이하게 하였다. 또한 동외담 B구간은 서외담 B · C구간과 대칭되는 양상을 나타낸다. 발굴조사를 통해 확인된 외담은 중앙부의 건물지군을 기준으로 기본축선, 해발고도, 경사각 등이 동-서, 남-북 대칭을 이루고 있다. 따라서 이 일대에 석축법을 사용한 것은 계곡부의 입지적 단점을 극복하고 동-서 대칭의 기본적인 축조양상을 지키고자 했던 것으로 판단된다.

북외담 D구간은 해발 108~112㎝로 최대 4m의 고저차로 단면상 동쪽은 완만하고 서쪽은 급경사를 이루고 있다. 조사결과 높이 1~3단 10~40㎝의 석축이 잔존하고 있으며, 하천과 접하는 부분은 배수로 축대공사로 인해 유실되어 정확한 규모는 알 수 없었다. 하지만 전체적인 규모를 보았을 때 150~200㎝의 석축을 조성했을 것으로 추정된다. 이 구간은 혜음원지 서쪽 수로로 이어지는 자연하천이 관통한다. 따라서 유실된 자리에 수로가 조성되었을 것으로 추정된다. 수로를 통해 유입된 물이 내측으로 형성된 습지에 고인 후 남쪽으로 유출되어 우물지 서쪽으로 흘러간 것으로 판단된다. 따라서 이 일대에 석축법을 사용한 것은 수로를 조성하여 유수를 안전하게 유입시키기 위한 목적이었다. 더불어 지속적으로 물의 영향을 받는 곳이기 때문에 석축법을 사용할 수밖에 없었다.

동외담 B구간 남쪽 일대는 해발 113~116m 일대에 해당하는 곳으로 능선의 경사면에 형성된 계곡부에 해당한다. 3~6단 건물지의 동쪽 외곽이며, 상대비고는 7~12m 이다. B구간 내에서 가장 낮은 곳이며, 남쪽으로 동외담 C구간으로 이어진다. 계곡부에 해당하며, 황갈색 점토층 그 상면에 바로 기초석렬을 시설하였다. 기초석렬의 외측을 황갈색 점토를 보강하였다. 즉, 암반면(생토, 퇴적토) 정지→기초석렬 시설→기초석렬 외측 점토보강 등의 과정을 통해 외담의 기초대지를 조성하였다.

　기초석렬의 평면형태는 'ㅣㅣ'로 2열의 석렬을 너비 160㎝의 규모로 시설하였다. 내측은 외면을 면맞춤하여 수직으로 8~9단을 석축하였다. 외측은 내측과 마찬가지로 수직으로 석축한 후 단면 삼각형 형태의 석축을 높이 4~5단 40~40㎝ 규모로 덧대어 보강하였다. 보강석축은 계단식으로 들여쌓기 하였다. 기초석렬의 내·외측으로는 석축 후 그 상면에 황갈색 점토를 보강하여 마무리하였다. 황갈색 점토층 내에 기와가 혼입되어 있었으나 기와보강층으로 보기에는 개체수가 확연한 차이가 있어 석축법에서는 기와보강은 없었을 것으로 보았다.

　북외담 D구간은 해발 108~112m 일대에 해당하는 곳으로 혜음원지 북쪽으로 형성된 계곡부에 해당한다. 북외담 중 가장 낮은 곳이며, 외부와 연결되는 수로가 있었던 곳으로 추정되나 현재는 유실된 상태이다. 계곡부에 해당하며, 퇴적층 상부를 정지 한 후 점토를 성토하여 그 상면에 기초석렬을 시설하였다. 기초석렬의 외측을 황갈색 점토를 보강하였다. 즉, 암반면 정지(?)→기초석렬 시설 등의 과정까지 확인되었다.

　기초석렬의 평면형태는 'ㅣㅣ'로 2열의 석렬을 너비 180~210㎝의 규모로 시설하였다. 내·외측 외면을 면맞춤하여 수직으로 석축하였다. 속채움은 기초석렬의 상면 높이만큼 황갈색 점토를 다짐하였다. 남외담 C구간은 해발 93~95m 일대에 해당하는 곳으로 혜음원지 북쪽에서부터 내려오는 자연하천이 포함된 계곡부에 해당한다. 서쪽으로 흐르는 하천의 유수가 집중되는 곳으로 혜음원지 내에 지리·지형적으로 가장 취약한 여건을 지닌 곳이다.

　계곡부에 해당하며, 퇴적층 상부를 정지한 후 점토를 성토다짐한 후 그 상면에 석축하였다. 즉, 퇴적층 정지→성토다짐→기초석렬 시설 등의 과정까지 확인되었다. 기초석렬의 평면형태는 'ㅣㅣ'로 2열의 석렬을 너비 160~400㎝, 높이 8단 최대 180㎝의 규모로 시설하였다. 상단은 좁고 하단부는 넓어지는 양상이다. 하단부는 배수시설과 연결되는 곳이기 때문에 너비를 넓혀 안정성을 높이고자 하였다. 입면상으로 성토다짐한 층위를 약 40°의 경사각을 주어 사선으

사진 19. 동외담 B구간 석축법(내측)

사진 20. 동외담 B구간 석축법(외측)

사진 21. 동외담 B구간 석축법(상면)

사진 22. 동외담 B구간 석축법(암거)

사진 23. 남외담 A구간 석축법

사진 24. 남외담 C구간 석축법 단면

로 정지한 후 경사면에 할석재를 덧대는 방식이다. 속채움은 단면상 중심을 기준으로 남쪽(외측)은 할석재를 사용하였으며, 북쪽(내측)은 점토를 속채움 하였다. 이러한 양상은 석렬의 너비가 넓어지는 것과 연관성이 있는데, 하단 외측으로 석축을 확장하면서 할석재를 사용하였기 때문이다. 상단에서 이어지는 부분은 기존의 점토 속채움 담장이 이어지는 것이다.

4. 판축법

판축법은 동외담 B구간 일부에서 확인되었으며, 입지분류에 있어 경사면 계곡부에 해당한다. 이 일대는 사역의 중심사역인 1·2단 건물지가 배치된 곳의 동쪽 상단 해발 115m 일대로 약 5m의 상대비고를 나타낸다. 호우 시 계곡부에서 유입되는 유수의 양이 집중되어 유입되는 지역이다. 따라서 이 일대의 건축요소 중 가장 우선되어 고려해야 할 점이 배수문제였을 것으로 추론 가능하다.

이 구간의 외담 북쪽과 남쪽에는 암거 2개소가 배치되었다. 암거는 북쪽과 남쪽의 하단에 위

사진 25. 동외담 B구간 판축법 입면 　　　　　사진 26. 동외담 B구간 판축법 단면

치하고 있어 경사면에서 내려오는 유수가 분산되어 암거를 통하도록 하였다. 이 과정에서 암거와 암거 사이를 약 180㎝ 판축하여 유수를 암거로 유도하는 효과를 높이도록 하였다.

　동외담 B구간은 해발 113~115m 일대에 해당하는 곳으로 능선의 경사면에 형성된 계곡부에 해당한다. 1단 건물지의 동쪽 외곽에 해당하며, 1단 건물지와 상대비고 5m 이다. 계곡부에 해당하며, 암반을 정지한 후 황갈색 점토와 회갈색 사질토를 반복하여 95㎝ 가량 판축하였다. 그 상면에 황갈색 점토를 약 40㎝ 가량 다져서 기반을 조성한 후 기초석렬을 시설하였다. 기초석렬의 외측을 황갈색 점토를 보강하였으며, 보강토의 상면은 기와를 깔아 마감하였다. 즉, 암반면 정지→판축 및 성토다짐→기초석렬 시설→기초석렬 외측 점토보강→기와보강 등의 과정을 통해 외담의 기초대지를 조성하였다.

　기초석렬의 평면형태는 ‘ㅣㅣ’로 2열의 석렬을 너비 160㎝의 규모로 시설하였다. 그 내측으로 할석재를 속채움한 후, 상면에는 기초석렬의 상면의 높이만큼 황갈색점토를 다짐하였다. 외측에 보강한 층위와 같은 곳으로 동시에 진행했을 것으로 보인다. 기와보강은 담장의 외곽으로만 확인되었으며 내부로는 기와편 일부가 산재해 있었다. 외곽에서는 계곡부에서 유입되는 지하수 및 토압 등에 의한 외부요인이 발생하기 때문에 외측에만 시설했을 가능성이 크다. 기와는 기초석렬의 외면에 덧대는 방식으로 너비 150~160㎝로 점토와 함께 시설하였다.

Ⅳ. 기와보강 대지조성 공법의 특징

　파주 혜음원지 내 기와보강법이 사용된 구간은 대부분 능선부에 입지하였다. 계곡부 중심으로는 부엽법과 석축법이 주로 사용되었으며, 일부 판축법을 사용한 구간도 확인되었다.

판축토성의 입지에 있어 강화 중성은 봉재산을 중심으로 이어진 능선의 정상부를 따라 조성하였다. 제주 항파두리성 외성은 제주도의 북쪽 중산간지대 완만한 구릉의 경사면에 입지하고 있다. 구릉의 동·서쪽으로 하천이 흐르고 있어 자연해자의 역할을 하였다. 김해 고읍성은 평지에 입지하고 있다. 연약지반에 해당하며 혜음원지의 북쪽과 남쪽의 계곡부와 유사한 양상으로 볼 수 있다. 혜음원지에서는 주로 석축법을 사용한 반면 김해 고읍성은 기와보강법을 사용하였다. 다만 기단석축을 시설하여 기본적인 양상은 대부분 유사한 것으로 평가할 수 있다. 평택 비파산성은 비파산의 주능선상을 따라 축성하였다.

살펴본 바와 같이 입지는 능선의 상단, 능선 경사면, 계곡부, 평지 등 다양하다. 능선의 상단이 가장 많은 비율을 차지하고 있지만 특정 입지에서만 나타나는 것이 아니다. 이는 기와보강법이 다양한 입지에서 적용 가능한 공법이란 근거이다. 경사도의 차이, 토양의 상태, 평면 위치 등 어떠한 조건에서도 사용 가능한 공법이다. 기와보강법의 이런 장점으로 인해 건축유적인 혜음원지에서 처음으로 사용한 후 성곽유적인 판축토성에서 계승하여 사용할 수 있었다.

기와보강법은 기본적으로 기초부를 강화하는 데 그 목적이 있다. 입지에 따라 규모는 다소 차이가 있지만 전체적인 양상은 동일하다. 앞서 살펴본 유적의 사례를 통해 전체적인 공정을 알 수 있었는데, 『암반면 정지→기반 조성→기초석렬 시설→기초석렬 외측 점토보강→기와보강』의 순으로 이루어졌다.

각 공정별로 자세한 조성 공법을 살펴본 후 기와보강법의 성격 및 변화에 대해 살펴보고자 한다.

1. 정지 및 기초대지 조성

모든 공정에서 가장 기초가 되는 것은 암반면 또는 생토면 정지이다. 바닥면이 고르지 않으면 그 위로 시설하는 어떤 것이든 불안정하기 때문이다. 암반면 정지는 일반적으로 능선부의 정지법으로 가장 많이 사용되는 것은 삭토법이다. 더불어 연약지반에서는 보강법이 사용된 사례도 있다.

삭토법은 고대 산성의 축조에서부터 사용되는 방법으로 단면의 형태에 따라 ①계단식삭토법·②수직삭토법(L자형삭토법)·③경사+수직삭토법으로 구분된다.[12] 앞서 살펴본 유적에서는 주로 ③공법이 주로 사용되었으며, ①·② 공법은 일부에서 확인되었다.

---

12 서영일, 2009, 앞의 논문, p.358.

사진 27. 제주 항파두리성 외성 1지점
(제주고고학연구소, 2014)

사진 28. 김해 고읍성 1구역
(동아세아문화재연구원, 2008)

경사삭토법은 파주 혜음원지 · 평택 비파산성에서 주로 사용되는 공법이다.[13] 암반면과 생토면을 완만한 경사를 이루며 정지하는 방식으로 모든 구간에서 이루어지는 공정이다.

계단식삭토법은 파주 혜음원지에서만 확인되었다. 서외담 B구간에서 계단식으로 암반면을 정지한 후 그 상부에 정토를 다짐하여 기반을 조성하였다. 계단식 삭토법은 주로 산성에서 확인되는 공법으로 경사가 급한 편축성벽에서 안정성을 확보하고자 사용하는 공법이다.

수직삭토법은 파주 혜음원지, 제주 항파두리성 외성에서 확인되었다. 암반면을 L자형삭토로 정지하여 기반을 안정적으로 확보하였다. 혜음원지는 동외담 A구간에서 가장 상단부에서 사용하였는데, 암반면을 삭토하여 공간을 확보한 후 동외담과 내부에 건물지 1동을 배치하였다.

보강법은 김해 고읍성에서 확인되었다. 평지의 연약지반 구간에서 사용되었는데, 뻘층에 할석재를 혼입하였다. 동일한 방법은 아니지만 혜음원지 남외담 B구간에서 사용된 부엽법과 같은 맥락으로 이해할 수 있다.

기반은 주로 점토를 다지는 방식이다. 파주 혜음원지 · 제주 항파두리성 외성은 점토를 성토다짐, 김해 고읍성은 정지면 상부에 회갈색 · 갈회색 사질점토를 반복적으로 성토, 평택 비파산성은 갈색점토와 약간의 자갈을 다져서 기반을 마련하였다. 사용된 재료의 차이는 있으나 정지면의 상부에 기반을 조성하는 방식은 동일하다.

----

13 기존에 보고된 경사삭토법은 상단부 생토층을 경사면을 따라 단면이 사서을 이루도록 삭토하다기 하단부는 수직으로 삭토하는 방식이지만, 이 글에서 분석한 유적에서는 하단부 삭토방식은 없었다. 그렇기 때문에 완만한 경사를 이루는 삭토방식을 경사삭토법으로 사용하고자 한다. 또한 기초를 정지하는 방식에 대해 일반적으로 구체적인 기술을 하지 않는 경향이 많기 때문에 단순히 암반면 정지로 표현한 사례가 많아 명확한 구분은 어려운 현실이다.

2. 기초석렬[14]

기초석렬은 기본적으로 형태는 유사하지만 전체적인 규모가 다르기 때문에 너비·간격·높이 등은 차이가 있다. 하지만 기본적인 축조방식은 동일한 구조라고 볼 수 있다.

파주 혜음원지는 기초석렬의 규모가 너비 160~200㎝이다. 급경사구간에서는 평균 160㎝ 내외이며, 완경사구간에서는 190~200㎝ 내외로 경사도에 따라서 규모가 다르다. 너비의 차이는 급경사구간이 상대적으로 능선 상단의 활용할 수 있는 공간이 좁기 때문이다.

판축토성에서는 기초석렬의 규모가 강화 중성과 제주 항파두리성 외성은 너비 450㎝내외, 김해 고읍성은 900㎝, 평택 비파산성은 600㎝이다. 김해 고읍성은 평지성이며 연약지반이기 때문에 기저부의 규모를 비교적 넓게 계획한 것으로 볼 수 있다. 판축토성의 경우에는 전체구간에 대해 조사가 이루어진 것이 아니라서 경사도에 따른 단면의 전체적인 양상은 확인할 수

사진 29. 동외담 A구간 유선형 기초석렬

사진 30. 동외담 B구간 유선형 기초석렬

사진 31. 서외담 D구간 계단식 기초석렬

사진 32 서외담 D구간 계단식 기초석렬

14 기초석렬은 혜음원지에서 사용한 용어이다. 토성은 석축, 기단 등으로 혼재되어 사용되었다. 이 장에서는 기초석렬을 포괄적 의미로 사용하고자 한다.

없었다. 다만 기본적인 기능과 구조는 동일하다.

입면 양상은 파주 혜음원지와 제주 항파두리성 외성에서 파악할 수 있었는데, 입지에 따라 구분된다.

완경사 또는 수평구간에서는 수평형 또는 유선형(사직선화형)으로 구분된다. 유선형은 완경 사면에 해당하는데 유선형의 경사면을 그대로 활용하는 방식이다. 파주 혜음원지 동외담 A · B, 서외담 B · C, 북외담 A · B구간에 사용되었다. 사직선화형은 경사각이 형성되면 그 경사각에 따라 사직선화하는 것으로 제주 항파두리성 외성에서 보이는 방식이다. 기본적으로 유선형과 같은 맥락이다.[15]

급경사구간에서는 계단식으로 시설하였다. 급한 경사각으로 불안정한 기초석렬에 안정성을 확보하기 위해 일정간격으로 단을 두어 계단식으로 조성하였다. 각 단은 약 3~3.3m 간격으로 구분하여 석재를 놓아 단을 주어 구분하였다. 혜음원지 동외담 C구간, 서외담 D구간에서 사용되었다.

3. 기와보강[16]

기와보강은 지반의 강화와 상부의 하중에 의해 유실되는 것을 방지하기 위하여 보강하는 방식이다.

파주 혜음원지는 기초석렬 외측으로 단면상 기초대지의 경사각에 따라 점토와 함께 시설하였다. 입지상 능선 상단과 능선경사면에 주로 사용되었다. 기초석렬과 나란히 시설하였으며, 규모는 대부분 너비 160~200㎝이며, 북외담 B구간 일부에서만 최대 400㎝까지 확인되었다. 단면상 높이는 최대 기초석렬의 상면까지 시설하였다.[17]

기와는 기초석렬과 접한 부분은 석렬에 덧대거나 수직으로 세워 넣어 시설하였다. 이후 그 상면으로 와적의 형태로 불규칙하게 깔아서 마감하는 방식이다. 기와를 시설함으로써 기반을 강화하였으며, 기초석렬의 외측으로 보강함으로써 석렬의 내구성도 강화되는 효과를 볼 수 있었다. 또한 급경사로 연결되는 구간에서는 다른 구간에 비해 비교적 다수의 기와를 사용하여

---

15 혜음원지는 외담 전구간을 조사하였기 때문에 공법을 정확하게 파악할 수 있었으나, 다른 유적들은 부분적인 조사를 통해 파악했기 때문에 사용하는 명칭이 다소 차이를 보일 수밖에 없었다.

16 판축토성에서는 와적층으로 기술하였지만 이 장에서는 기와보강으로 통일하여 정리하였다.

17 외담에 사용된 기와는 담장의 기초석렬에 조성된 층위에서 확인되었다. 기초석렬의 외측에 덧대는 방식으로 기초석렬과 기와는 동일한 토층 내에서 시설되었기 때문에 상부에서 무너져 내린 기와라고 보기에는 층위상으로 이해하기 어렵다.

안정성을 확보하고자 한 점도 있다.

외담에 사용된 기와는 별도로 제작된 것이 아니라 건물지의 폐기와 내지는 잉여기와를 사용하였다. 그리고 기와의 공급은 명문기와의 출토위치와 출토량을 통해 외담의 위치에서 가장 근거리에 배치된 건물에서 공급한 것으로 볼 수 있다. 서외담 D구간에서 '惠陰寺'銘 기와가 다량으로 출토되었다. 서외담 내에서는 물론 다른 건물지와 외담의 출토양상과 비교해도 '惠陰寺'銘 기와의 출토비율이 상당히 높은 것을 통해 가능성이 있다고 볼 수 있다.

강화 중성은 단면상 기초석렬 외측으로 약 200㎝ 이격하여 내·외피토루의 하부에 해당하는 부분에 시설하였다. 기와는 일정한 너비로 균일하게 기초석렬의 축선과 동일하게 진행하며, 와적의 형태로 깔아서 마감하였다. 단면상 경사면으로 떨어지는 면에 시설하여 기반을 보강하고 이로 인해 기초석렬과 내·외피토루의 하부를 강화하는 효과를 보았다.

제주 항파두리성 외성은 단면상 기초석렬의 외측으로 점토를 보강한 후 그 상면에 시설하였다. 기와는 기초석렬에 바로 덧대는 방식으로 혜음원지와 유사하다. 기초석렬을 보강하고 기반을 강화하였다.

김해 고읍성은 단면상 기초석렬의 전면에 점토를 보강한 후, 그 상면에 점토와 함께 기와를 시설하였다. 이 일대는 연약지반으로 기와를 통해 지반을 강화하였다. 또한 기초석렬 전면에 점토를 보강한 후, 기와를 시설하여 기초석렬의 내구성도 강화하였다.

평택 비파산성은 기초석렬 외측으로 약 150㎝ 이격하여 내·외피토루의 하부에 해당하는 부분에 시설하였다. 단면상 경사면으로 떨어지는 면에 시설하여 기반을 보강하였는데 강화중성과 유사한 양상이다. 사용된 기와는 무문, 어골문 복합문 등 고려시대 기와로 확인되어 고려시대 개축 시에 기와보강이 이루어졌다.

살펴본 바와 같이 기와보강은 기반과 기초석렬의 내구성을 강화하여 대지를 견고하게 조성하는 데 목적을 갖고 시설한 것이다.

파주 혜음원지에서는 능선의 상단의 좁은 공간을 경사면까지 확장하여 대지를 조성하기 위해 기와를 보강하였다. 즉, 경사면에 조성한 대지를 강화하여 상부구조물의 안정성을 확보하였다. 따라서 주로 능선에 해당하는 곳에 적용하여 이 공법을 사용하였다. 계곡부에 입지한 외담은 주로 석축법을 적용하였으며, 부엽법과 판축법의 사례도 확인되었다.

반면 판축토성에서는 능선의 상단은 물론 평지의 연약지반에서도 기와보강법을 사용하여 대지를 조성하였다. 능선부에 제한적으로 시설되었던 공법이 다양한 입지에 확대되어 적용된 것이다.

기존에는 판축토성에 사용된 기와보강의 성격에 대해서 대체로 빗물 또는 유수로 인해 토

사진 33. 북외담 B구간

사진 34. 북외담 B구간

사진 35. 북외담 B구간

사진 36. 서외담 C구간

사진 37. 강화 중성 중심토루 (중원문화재연구원, 2012)

사진 38. 제주 항파두리성 외성 5지점 (제주고고학연구소, 2014)

사진 39. 김해 고읍성 1구역 (동아세아문화재연구원, 2008)

사진 40. 김해 고읍성 2구역 (동아세아문화재연구원, 2008)

성 기단의 유실을 방지할 목적으로 기단을 비롯한 기저부를 보강한 시설일 가능성으로 보고되었다. 하지만 상부에서 유입되는 물의 영향을 차단하기 위한 기능은 부가적인 것이다. 건축유적·성곽유적 등 대지를 조성하는 유적은 기본적으로 견고한 대지조성이 선행되어야 한다. 따라서 물에 의한 영향은 대지를 강화하고 기초석렬의 내구성을 향상시키는 공정이 완벽하게 이루어진 다음에 고민해야 할 대상인 것이다.

위와 같이 기와보강법은 1120~1140년경에 조성된 대표적인 고려시대 건축유적인 혜음원지에서 처음으로 사용되었던 공법이다. 이후 12세기 중후반부터 13세기까지 판축토성에서 계승하여 사용되었다. 그리고 공법이 적용되는 입지가 다양하게 확대되면서 발전하게 되었다.

IV. 맺음말

이 글은 고려시대 대표적인 건축유적인 파주 혜음원지의 입지분석을 통한 대지조성 공법을 검토한 것이다. 이를 위해 혜음원지에 대한 면밀한 분석과 유사한 공법을 사용한 유적에 대한 분석을 통해 고려시대 대지조성 공법인 기와보강법의 특징과 변화상을 살펴보고자 하였다.

혜음원지는 발굴조사 결과 지리·지형적 입지에 따라 적용하는 공법이 차이를 확인할 수 있었다. 유적이 입지한 지형은 우암산 비호봉에서 내려오는 능선과 그 사이의 계곡부를 포함하고 있는 것을 알 수 있었으며, 능선 상단부·능선 경사면·계곡부 등 3가지로 구분하였다. 각 입지별로 총 15구간(동외담 A·B·C, 서외담 A·B·C·D, 북외담 A·B·C·D·E, 남외담 A·B·C)으로 설정하였다.

혜음원은 입지별로 구분되는 조건에 따라 대지조성 공법을 달리 적용하였다. 기와보강법·부엽법·석축법·판축법 등 총 4가지로 구분하였다. 그 중 기와보강법이 총 15구간 중 10구간에서 적용되어 가장 많은 비율을 확인하였다. 특히, 기와보강법은 건축유적에서는 유일한 사례이기 때문에 더욱 주목되는 점이다. 기와보강법의 공정은 『암반면 정지→기초대지 조성→기초석렬 시설→기초석렬 외측 점토보강→기와보강』의 순으로 이루어진다.

검토한 결과를 통해 대지조성 공법 중 기와보강법의 특징을 정리하였다. 입지에 있어서는 능선의 상단, 능선 경사면, 계곡부, 평지 등 다양하게 확인되었으며, 이를 통해 기와보강법이 다양한 입지에서 적용 가능한 공법이란 것을 알 수 있었다. 기와보강법의 장점을 통해 건축유적을 비롯해 성곽유적인 판축토성에서 계승하여 사용할 수 있었던 것이다. 기와보강법은 기초부를 강화하는 데 목적이 있으며, 기와보강을 통해 기반과 내구성을 향상시키는 효과가 있다. 이를 통해 상부구조의 안정성을 확보할 수 있었으며, 건축유적에서 사용된 공법을 성곽유적에서 계승·발전시키게 된 것을 알 수 있었다.

이상과 같이 기와보강법은 12세기 초 건축유적인 혜음원지에서 처음으로 사용한 대지조성 공법이다. 이후 12세기 중후반부터 13세기에 이르러 성곽유적인 판축토성에서 기와보강법을 계승·발전하여 사용하였다는 데에 그 의미와 가치가 있다.

이번 논문은 고려시대 대표적인 건축유적인 파주 혜음원지의 한정된 분야에 대해서만 연구가 이루어지고 있는 현실 속에서 연구를 시작하였다. 특히, 건축유적의 가장 기초적인 분야인 대지조성 공법 연구가 전무한 상황 속에서 신라와 백제시대의 대지조성 공법의 연구가 비교적 활발하게 이루어지는 점이 더욱 아쉬운 점이었다. 이번 연구를 통해 부족하나마 고려시대 대지조성 공법에 대한 연구의 시작점이 되어 향후 보다 많은 연구의 밑거름이 되었으면 한다.

【참고문헌】

『高麗史』
『高麗史節要』
『東文選』
『新增東國輿地勝覽』
『輿地圖書』
국립문화재연구소, 2008, 『개성 고려궁성』.
국립문화재연구소, 2009, 『개성 고려궁성』.
김호준, 2017, 『고려 대몽항쟁과 축성』, 서경문화사.
손영식, 『한국의 성곽』, 주류성출판사, 2009.
조원창, 2011, 『백제의 토목건축』, 서경문화사.
조원창, 2013, 『백제사지 연구』, 서경문화사.
단국대학교매장문화재연구소, 2004, 『평택 서부 관방산성 시·발굴조사 보고서".
＿＿＿＿＿＿＿＿＿＿＿＿, 2006, 『파주 혜음원지 발굴조사 보고서-1차~4차-』.
(재)동아세아문화재연구원 외, 2008, 『김해 고읍성』.
(재)제주고고학연구소, 2014, 『제주 항파두리성 외성Ⅰ』.
＿＿＿＿＿＿＿＿＿＿, 2017, 『제주 항파두리성 외성Ⅱ』.
(재)중원문화재연구원 외, 2012, 『江華 玉林里 遺蹟』.
(재)한백문화재연구원, 2010, 『파주 혜음원지 5차 발굴조사 보고서』.
＿＿＿＿＿＿＿＿＿, 2014, 『파주 혜음원지 -6·7차 발굴조사 보고서-』.
＿＿＿＿＿＿＿＿＿, 2017, 『파주 혜음원지 -8·9·10차 발굴조사 보고서-』.
한양대학교박물관 외, 1999, 『파주시의 역사와 문화유적".

강경남, 2003, 「파주 혜음원지 출토 고려청자 연구」, 단국대학교 대학원 석사학위 논문.
오원경, 2017, 「고려시대 남한지역 궁성지의 성격 연구」, 부산대학교 대학원 석사학위 논문.
최문환, 2005, 「파주 혜음원지 출토 막새기와 연구」, 단국대학교 대학원 석사학위 논문.
곽종철 외, 2014, 「신라의 토목」, 『신라고고학 개론 上』, 중앙문화재연구원 학술총서 16, (재)중앙문화재연구원.
김동현, 1998, 「황룡사지 기초공법에 관하여」, 『신라문화』, 제5집, 동국대학교 신라문화연구소.

김용덕, 2015, 「제주 삼별초의 대몽항쟁-제주 항파두리성의 조사 성과」, 2015년 제주학회 제42차 전국학술대회, 제주학회.

김재홍, 1994, 「신라 중고기의 저습지 개발과 촌락구조의 재편」, 『한국고대사논총』, 7, 한국 고대사회연구소.

김재홍, 2018, 「고려 혜음원지 건축유구의 조형적 특징-석재 계단을 중심으로-」, 『한국건축 역사학회 2018년도 추계학술대회 논문집』, 한국건축역사학회.

김호준, 2007, 「경기도 평택지역의 토성 축조방법 연구」, 『문화사학』, 27호, 문화사학회.

박방룡, 2001, 「황룡사와 신라왕경의조성, 황룡사의 종합적 고찰」, 『신라문화제 학술논문집』 제22집, 경주사학회.

서영일, 2009, 「고대 산성 축조 공법 비교 연구-석축 공법의 보편성과 특수성」, 『고대의 목간 그리고 산성』, 국립가야문화재연구소 학술총서, 제44호, 국립가야문화재연구소.

신희권, 2008, 「중한 고대 축성방법 비교 연구-서산성지와 풍납토성의 비교를 중심으로」, 『호서고고학』, 18권, 호서고고학회.

_____, 2014, 「삼국시대 토축 구조물의 부엽법 연구」, 『백산학보』, 제98호, 백산학회.

심종훈 외, 2007, 「김해 고읍성 축성과 시기」, 『한국성곽학보』, 제11집, 한국성곽학회.

우성훈, 2018, 「혜음원지와 고려 정궁지 건축유구의 특성에 대한 고찰」, 『건축역사연구』, 제 27권 6호, 한국건축역사학회.

이동주, 2018, 「고려시대 기단석축형 판축토성의 체성부 구조에 대한 검토-부산·김해지역 을 중심으로-」, 『선사와 고대』, 제58호, 한국고대학회.

이민형, 2018, 「신라 황룡사 대지조성공법과 범위」, 『신라문화유산연구』, 제2호, (재)신라문 화유산연구원.

_____, 2019, 「신라 황룡사 대지의 구조와 축조기술의 계통」, 『신라문화유산연구』 제3호, (재)신라문화유산연구원.

이진주 외, 2014, 「황룡사 건립과 관련한 지반조성의 일고찰」, 『수리·토목고고학의 현황과 과제』, (재)우리문화재연구원·수리토목연구회 공동 국제학술발표회, (재)우리문화재 연구원·수리토목연구회.

이진주, 2015, 「신라왕경의 미지형에 대응하는 고대토목기술-유적 내 층과 지반정지를 중심 으로-」, 영남대학교 대학원 문화인류학과 석사학위 논문.

최은정 외, 2018, 「고려시대 파주 혜음원지의 공간구성」, 『한국건축역사학회 2018년도 추계 학술대회 논문집』, 한국건축역사학회.

공주 계룡산성의 현황과 축성사적 가치

김호준((재)국원문화재연구원)

| 목 차 |

Ⅰ. 머리말

계룡산은 차령산맥의 연봉으로 해발 846.5m의 주봉인 天皇峯을 비롯한 20여 개의 봉우리들이 남북으로 이어지고 산세가 급한 편이다. 계룡산에 성곽이 존재한다는 사실은 알려지지 않았다. 왜냐하면 계룡산성이 고려~조선시대의 문헌 및 각종 지리지에서도 기록이 없었기에 광역 지표조사 및 문화유적분포지도에도 현황이 소개되지 않았다.

1994년도에 계룡산국립공원사무소에 근무하던 조성열님이 산성을 인지하여 학계에 알렸다. 이후 충남대학교 고고학과 박순발 교수가 2003년도에 약식 지표조사하였고,[1] 이후 조성열님이 계룡산성에서 수습한 명문기와를 소개하였다.[2] (재)금강문화유산연구원이 2017년에 지표조사한 결과, 성곽의 현황과 성벽의 축성방식, 명문기와를 통해 고려 대몽항쟁기에 경영되었을 가능성과 조선시대의 유물도 수습되고 있다고 하였다.[3] 그러나 계룡산성은 지표조사 이후에 발굴조사가 진행되지 않았다. 현재로서는 지표조사 당시의 학술조사 내용 이외에는 계룡산성에 대한 연혁과 배경에 대해서 논의할 수 있는 고고학 자료가 매우 부족한 상태라 할 수 있다. 이러한 배

※ 본고는 필자가 2022년 6월에 역사문화학회에 투고하여 게재된 논문이다.(김호준, 2022, 「공주 계룡산성의 현황과 축성사적 가치」, 『지방사와 지방문화』 25, 349~382쪽.)

1　박순발·정원재, 2004, 「公州 鷄龍山城」, 『百濟硏究』 제40집, 충남대학교 백제연구소, 257~282쪽.
2　조성열, 2013, 「계룡산 성터와 출토 문자기와」, 『웅진문화』 제26집, 공주향토문화연구회.
3　(재)금강문화유산연구원, 2017, 『공주 계룡산성터 학술자료 확보를 위한 문화재 지표조사 보고서』.

경에는 고려시대 성곽에 대한 고고학조사가 삼국시대 성곽에 비해 비중이 작기 때문에 당시 문화현상에 대한 적극적인 이해와 연구가 소홀할 수 밖에 없었던 것[4]이 작용한 것으로 보인다.

이 글은 계룡산성에 대한 지표조사 내용과 필자가 2020년에 2차례 답사하고 실견한 유물의 특징을 바탕으로 작성되었다. 그래서 계룡산성 지표조사보고서에서 소개하는 성곽의 현황에 대한 축성사적 검토와 함께 수습된 유물을 분석할 수 있었다. 관심을 가져야 하는 '鷄龍山防護別監' 명 기와는 고려 대몽항쟁기에 파견된 방호별감의 실체를 증명한 최초의 고고학자료라고 할 수 있기에, 이 기와에 대한 명문의 해석과 분석을 실시고자 한다. 계룡산성이 고려 대몽항쟁기라는 시간적인 범위와 함께 조선시대 속에서 역사적 위치를 파악할 수 있는 문헌기록은 부족하다. 이를 보완하기 위해 고려 대몽항쟁기 당시 전투와 入保한 기록이 있는 산성을 비교하여 검토하겠다. 이를 바탕으로 계룡산성이 갖고 있는 역사적 위치와 축성사적 가치를 밝히도록 하겠다.

II. 계룡산성의 현황

1. 성곽의 현황

1) 입지

계룡산성은 행정구역상 충청남도 공주시 계룡면과 반포면, 계룡시 신도안면에 걸쳐져 있으며, 계룡산 정상인 천황봉(845.1m)과 연접한 능선들인 쌀개봉(830.6m), 관음봉(765.8m), 문필봉(752.1m), 연천봉(742.9m) 및 그 남쪽의 계곡부에 걸쳐 내외 2중의 성벽으로 축조되었다.[5] 산성은 성벽이 북쪽의 해발 830m의 쌀개봉 주변의 봉우리를 연결하여 남쪽으로 흘러내리는 능선을 따라 해발 425m 남쪽 계곡의 외성 수문지를 감싸 돌고 있어 북고남저의 입지를 보이다. 높은 산줄기로 둘러싸인 계룡산성은 예로부터 산성이 들어서기에 가장 알맞은 지형으로 평가되어 온 栲栳峰형태 라고 할 수 있다. 그리고 둘레 약 3,960m의 外城과 약 546m의 內城으로 이루어진 內城과 外城의 複合式 산성 구조를 보인다. 한편 남벽에서 동벽으로 회절하는 지점의 쌀개봉에서 남쪽의 천황봉으로 연결되는 산마루에 약 358m의 차단벽이 확인되어 주목된다.

---

4 백종오, 2002, 「경기지역 고려성곽 연구」, 『사학지』 35, 95~133쪽.
5 (재)금강문화유산연구원, 앞의 책, 1쪽.

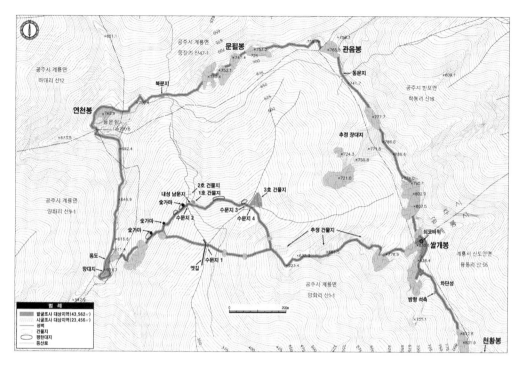

〈도면 1〉 공주 계룡산성의 현황[6]

지표조사 결과에서는 계룡산성은 외성을 두르고 다시 그 내부에 내성을 돌린 것이 아니라, 내성을 포함한 성벽을 축조하면서 남문지 외곽으로 외성 성벽 구간을 추가로 축성하여 취약한 방어력을 보완한 구조로 보고 있다.[7]

그러나 필자가 현지를 답사한 결과, 내성과 외성은 성벽의 축조방식과 규모 면에서 차이를 보이고 있어, 동시기에 축조했을 개연성은 없다. 이 부분은 내성과 외성의 성벽을 소개하면서 자세히 기술하겠다. 그리고 대몽항쟁기 3차 침입기와 관련하여 삼국시대 산성에서 외성을 축조하는 경우는 안성 죽주산성, 영월 정양산성 등이 있으며, 지형이 높은 삼국시대 아래쪽의 계곡부를 감싸도는 외성을 축조하고 있다.[8] 대몽항쟁기의 계룡산성과 같은 계열의 險山大城의 성곽은 높은 곳의 내성에서 외성을 축조하거나, 높은 지형의 외성에서 낮은 곳에 내성을 축조하고 있다.[9]

6 (재)금강문화유산연구원, 앞의 책, 91쪽의 별지 1을 전재함.
7 (재)금강문화유산연구원, 앞의 책, 19쪽.
8 김호준, 2016.12, 「對蒙抗爭期 3次 戰爭과 竹州山城 築城의 變化」, 『文化史學』 제46호.
9 장흥 수인산성은 정상부의 (先)내성→(後)외성으로 확장되면서 공간의 분할이 이뤄지고 있으며, 담양 금성산성과 동복 옹성산성의 경우는 (先)외성→(後)내성으로 공간이 분할된다.(고용규, 2009, 「修仁山城의 歷史와 性格」, 『장흥 수인산성 종합학술조사』, 18~64쪽.)

다음 절에서 자세히 검토하겠지만, 성벽의 축조방식은 외성이 고려 대몽항쟁기 입보용성곽과 같으며, 내성이 조선시대에 축조된 성벽과 유사성을 보이고 있다. 계룡산성의 내성과 외성에 대한 축조시기는 발굴조사를 통해서 명확하게 밝혀지겠지만, 기존 연구사례를 통해 보면 외성을 먼저 축조한 이후에 계룡산성의 주배수가 이루어지는 남쪽 계곡부의 방어력을 높이기 위해 후대에 내성을 축조한 것으로 보는 것이 바람직하다고 필자는 판단한다.

2) 성벽

① 외성

계룡산성은 험준한 지형적 요건으로 절벽이거나 가파른 巖山 등의 성벽 축조가 불필요한 곳에는 석축을 하지 않고 나머지 구간에만 석축을 하였다. 부분적으로 남아있는 석축도 3~4단 정도를 자연석으로 쌓아 올렸으나, 지금도 붕괴가 진행되고 있는 상황이다.

성벽은 전체적으로 내탁식으로 축조하였으며, 일부에서는 폭이 2m, 높이 1m 정도되는 石墙 형태의 협축 성벽도 있다. 성벽은 주변에서 구할 수 있는 세장방형의 할석을 단을 맞추어 쌓아 올렸고, 석재의 빈틈을 잔석재로 채웠다. 지형적 여건에 따라 암반과 암반 사이를 자연 할석에 잔석재와 토사 등으로 채워 성벽 및 이동로를 사용하거나, 능선부를 석재로 메워 단순하게 쌓아 올린 곳도 있다.

〈사진 1〉 계룡산성 외성 성벽 현황[10]

〈사진 2〉 계룡산성 외성 남벽 수문지 1 주변 모습[11]

내성과 외성의 계곡부에는 수문 혹은 수구지가 축조되었는데, 이곳의 성벽은 협축으로 축조하였다.

외성 남벽의 수문지 1 주변 성벽을 보면, 계곡의 동쪽 사면에 경사면을 따라 올라가면서 대형 할석을 배치한 위에 작은 할석들을 쌓아 올렸다. 규모는 성벽 하부의 너비가 약 540cm, 성벽 상부 잔존 최대 너비는 380cm 정도이다.(사진 2) 이러한 축성방식은 대몽항쟁기에 사용되었던 괴산 미륵산성[12]의 축성법과 유사성을 보인다. 미륵산성의 계곡부 성벽은 성벽의 기초를 내외에서 보강하여 일정한 높이로 만든 후 안쪽에 단을 두고 외측으로 石墻을 內外夾築한 축조방식을 보인다.(도면 2)

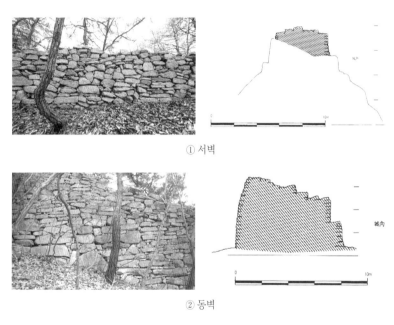

① 서벽

② 동벽

〈도면 2〉 괴산 미륵산성 성벽 축조방식[13]

② 내성

내성은 외성 수구지 1에서 북쪽으로 도상거리 약 150~200m 정도에 위치한다. 성벽이 잘 남

10 2020년 4월 필자 촬영.

11 (재)금강문화유산연구원, 앞의 책, 66쪽의 사진 27과 28과 2020년 4월 필자 내벽 촬영.

12 충북대 호서문화연구소, 1996,『槐山 彌勒山城 地表調査 報告書』.
    (사)한국성곽학회, 2012,『미륵산성』.
    (재)충청북도문화재연구원, 2013,『괴산 미륵산성 서문지 주변 발굴조사 보고서』.

13 김호준, 2017,『고려의 대몽항쟁과 축성』, 서경문화사, 262쪽의 사진과 도면을 전재함.

〈사진 3〉 계룡산성 내성 남벽 협축성벽 외벽, 단면, 내벽 모습[14]

아 있는 곳은 지표조사보고서에서 수문지 2로 명명된 곳이다. 이곳은 외성 수구지 1에서 계곡을 따라 150m 정도 북서쪽으로 올라간 지점에 위치한다. 주변은 내성 남문지와 1호와 2호 건물지가 위치한다. 이곳의 성벽은 외성 수구지 1과 같이 협축으로 축조되었다. 내성의 협축성벽 너비는 약 380cm, 외벽의 잔존 높이는 420cm, 내벽의 잔존 높이가 200cm 정도이다.

③ 내성과 외성의 축성방식 검토

고려전기에 축조된 음성 망이산성의 성벽은 기저층 상면에 지대석을 설치한 후 그 위에 면석보다 크기가 큰 기초석을 배치하고 있는 특징이 있다. 그리고 면석은 전면과 측면을 가공하였고, 뒤뿌리를 삼각추 형태로 축조한 특징을 보다. 다음은 조선시대 단종 원년(1452)~성종 6년(1474)에 축조된 것으로 추정되는 서산읍성의 성벽은 기저암반 위에 잔석재로 기저층을 조성하고 그 위에 지대석을 설치한 후 면석보다 크기가 큰 기초석을 배치하고 있는 모습을 보인다.[15] 반면에 임진왜란 이후 숙종 대 남한산성 제 3치성의 성벽은 왜성의 축조방식을 받아들여 왜성 성벽의 기울기와 隅角石을 설치하고 있는 양상을 보이며, 우각석 설치시 50°에 가깝게 뒷심을 기울여 축조하였다. 이러한 축조방식은 수원 화성에서 나타난 規式으로서의 圭形城身도

① 고려전기 음성 망이산성   ② 조선전기 서산읍성   ③ 임진왜란 이후 남한산

〈사진 4〉 고려~조선시대 산성 및 읍성의 석축성벽

---

14 2020년 4월 필자 촬영.
15 姜秀虎, 2014, 「충남지역 읍성·진성 축성법 연구」, 고려대학교 석사학위논문.

이런 맥락과 연결되는 양상이라고 할 수 있다.[16]

내성 남벽의 협축성벽은 지대석의 배치 양상을 확인할 수 없으나, 외벽 면석은 하부의 경우 크기가 크고, 상부로 갈수록 작아지는 양상을 보인다. 붕괴된 양상이지만 하부의 큰 석재들이 뒷심을 기울여 마치 임진왜란 이후 왜성의 축조방식을 차용한 우각석 설치의 모습과 비슷하며, 성벽의 기울기 양상이 圭形 형태로 착각하는 양상을 보여주고 있다. 현재 이 성벽에 대한 정밀 실측과 발굴조사가 진행되지 않은 상태이고, 층위를 동반한 유물이 축조되지 않아 단언하기 힘들지만, 내성 남벽은 임진왜란을 전후한 시기에 축조되었을 개연성이 있다.

이상과 같이 계룡산성의 외성 성벽은 고려 대몽항쟁기 險山大城의 성벽 축조방식과 큰 차이를 보이지 않는다.[17] 다만 계곡부의 내성과 외성의 성벽은 축성방식에서 차이가 있다. 외성의 남벽은 대몽항쟁기의 괴산 미륵산성 협축성벽과 축조방식과 유사성을 보인다. 내성의 남벽은 조선 임진왜란 이후의 왜성 성벽의 축성 양상과 크게 다르지 않다. 향후 발굴조사를 통해 성벽의 단면과 축성방식, 출토유물을 통해 축조시기가 밝혀지겠지만, 임진왜란과 병자호란을 전후한 시기에 축조되었을 것으로 보인다.

따라서 계룡산성의 외성과 내성 축조순서는 외성이 먼저 축조된 이후에 계룡산성의 주배수가 이루어지는 남쪽 계곡부의 방어력을 높이기 위해 후대에 내성을 축조한 것으로 보는 것이 바람직하다고 필자는 판단한다.

3) 문지 및 수구지

계룡산성의 문지는 3개소가 확인되었고, 계곡 중심부의 내성 남문지, 연천봉고개의 외성 북문지, 관음봉 고개의 동문지가 파악되었다.

내성 남문지는 평면형태가 직선형 또는 '一자형'으로 추정되며, 출입형태는 문지 바닥이 편평한 平門式 혹은 한 단 높은 懸門式인지 알 수 없었다. 다만, 남문의 상부 구조는 문지 상부에 가로 걸쳐진 장대석 모양의 대형 할석으로 보아 開据式보다는 平据式이었을 가능성이 높다고 추정하고 있다.

외성 북문지는 연천봉고개(해발 681m) 마루에 있는데, 원형을 알 수 없을 정도로 훼손된 상태이다.

외성 동문지는 관음봉고개에 평면 일자형 문지로 추정되지만, 성문의 구체적인 구조는 확인할 수 없을 정도로 훼손되었고, 내부에 9×12.3m 정도의 평탄지가 확인되는 정도이다(해발 731m).

16 라경준, 2012, 『조선 숙종대 관방시설 연구』, 단국대학교 박사학위논문, 226~227쪽.
17 김호준, 2014.6, 「高麗 對蒙抗爭期 險山大城의 入保用山城 出現」, 『先史와 古代』 40호.

① 계룡산성 내성 남문지

② 원주 영원산성 남문지

③ 원주 영원산성 북문지

④ 인제 한계산성 하성 남문

〈사진 5〉계룡산성 및 대몽항쟁기 입보용산성의 문지 사례[18]

산성 내부를 관류하는 여러 곳의 물길에 만들어진 수문지들은 외성에 수문지 1이, 내성에 수문지 2~4가 축조되어 있다. 여러 개의 물길이 합수한 지점에 축조된 수문지 1은 상류 쪽에 설치된 수문지 2~4에 비해 훨씬 큰 규모로 축조되었다.

지표조사 결과 외성의 남벽의 수문지 1에서 廢道가 된 옛길을 확인하였고, 수문지 1을 외성 남문과 수문의 기능을 동시에 했던 것으로 보았다. 다만 수문지 1은 계룡산성의 주 계곡부이기 때문에 축조 당시의 현황이 남아 있지 않지만, 계곡 좌우측 즉 동서쪽의 협축성벽과 성 안쪽의 사각면체 형태로 자연암반을 가공한 점으로 보아 외성 남문지 겸 수문지 일 가능성이 매우 높다.

대몽항쟁기 입보용산성의 성문은 원주 영원산성의 남문지와 북문지가 발굴조사된 바 있으며,[19] 인제 한계산성의 상성 남문지가 복원된 상태이다. 영원산성의 문지는 조선시대까지 3차례 이상 재사용되었고, 문의 구조는 입면상 '懸門[= 다락문 구조]'로 판단하였다. 다만 성곽 축

----

18 계룡산성과 한계산성 사진은 필자가 촬영한 것이며, 영원산성은 강원고고문화연구원, 앞의 책 원색사진을 전재 함.
19 강원고고문화연구원, 2016, 『원주 영원산성 I 』.

성 당시의 문지는 조사여건 상 진행되지 못해, 명확한 구조는 판단하기 어렵다. 현문은 삼국시대에 산성에서 확인되며 성벽 개구부의 입면 형태가 凹字形으로 일명 다락문이라고 한다. 또한 현문의 상단부가 온전히 남아 있는 경우가 드물어 대부분 開渠式으로 추정하고 있다.[20]

이시기의 성문 구조는 高麗 高宗 24년(1237) 이정년 형제가 반란을 일으키자 김경손이 나주 읍성에서 이를 진압했던 記事에 일부 엿볼 수 있다. 그 내용은 '김경손이 별초 30명을 선발하여 금성산신에게 제사 드린 후 직위를 표시하는 일산을 들고 출전하기 위해 문을 열고 나가는데 懸門이 속히 내리지 않았으므로 수문장을 불러 죽이려 하니 현문을 곧 내렸다.'[21]라고 하였다. 나주읍성이 문지는 아래위로 여닫는 구조로 보인다. 그러나 원주 영원산성과 같이 사다리 등을 걸쳐 놓고 통행하는 문인지는 연구된 사례가 없다.

따라서 계룡산성의 문지는 향후 조사를 통해 그 성격을 밝힐 필요가 있다.

4) 건물지 및 장대지

지표조사 결과 장대지는 1개소가 확인되었다. 장대는 전투 시 군사를 지휘하기 용이한 지점에 축조한 장수의 지휘처소로써, 대체로 산성 내 지형 중 가장 높고, 관측이나 지휘가 용이한 곳에 설치하였다. 그리고 장대는 전투시에는 지휘소인 반면 평시에는 성의 관리와 행정기능을 수반하는 장소로 활용되었을 것으로 보인다.[22] '馬鞍峰'형을 비롯한 삼국시대 이후 대형 성곽과 고려 대몽항쟁기에 축조된 '險山大城'의 입보용 성곽에서는 2군데 이상을 설치하였다.

필자가 답사하면서 조성열님이 '防護別監'명 기와가 수습된 곳은 2곳이라 하였고, 그 중 1개소가 연천봉 남쪽에 있는 현재 동은암 부지라고 하였다. 이 2곳은 산성의 동쪽과 서쪽 성벽에 인접하고 있으며, 동장대지는 해발 약 740m와 서장대지는 해발 약 700m 정도의 고지대에 위치하고 있으며, 인접한 주변 봉우리를 통해 성 밖의 관측과 지휘가 가능한 지역이었다. 그리고 건물이 입지할 수 있는 대지와 식수를 구할 수 있는 용이한 지역이었다. 그리고 각각의 장대지에서 서로 호응할 수 있는 조망이 양호한 곳이라는 장점이 있다. 이 명문기와는 계룡산성이 축성될 시점에 제작되었고, 방호별감이 산성 방어에 책임자였기에 장대지와 연관질 수 있는 중요

---

20 김병희 · 이규근 · 김호준 · 백영종 · 이원재, 2011.11, 「古代 石築山城 懸門 調査研究」, 『야외고고학』 제 12호, 43~94쪽.

21 『高麗史』卷103, 列傳16, 金慶孫. "慶孫登城門, 望之曰, 賊雖衆, 皆芒屬村民耳. 卽募得可爲別抄者三十餘人. 集父老, 泣且謂曰, 爾州御鄕, 不可隨他郡降賊. 父老皆伏地泣. 慶孫督出戰, 左右曰, 今日之事, 兵少賊多, 請待州郡兵至乃戰. 慶孫怒叱之, 於街頭, 祭錦城山神, 手奠二爵曰, 戰勝, 畢獻. 欲張蓋而出, 左右進曰, 如此, 恐爲賊所識. 慶孫又叱退之. 遂開門出, 懸門未下. 召守門者, 將斬之, 卽下懸門."

22 김호준 · 강형웅 · 강아리, 2008, 「고대산성의 지표조사 방법」, 『야외고고학』 4호.

〈사진 6〉 추정 동장대지 및 서장대지(현재 동은암 부지)[23]

한 유물이라고 생각된다.

특히 추정 동장대지는 완만한 경사지에 길이 70~100cm 정도의 달하는 대형 석재들이 열을 지어 노출되어 있었고, 건물지 주변 일대에 '계룡산방호별감'명 명문기와와 각종 문양기와들이 집중적으로 산포되어 있었다. 이곳은 향후 조사가 진행된다면 정확한 현상을 파악할 수 있을 것이라 판단되는 지역이다.

5) 望臺址

계룡산성에서는 쌀개봉(830.6m), 관음봉(765.8m), 문필봉(752.1m), 연천봉(742.9m) 등의 봉우리와 연결되는 산마루의 봉우리들의 상면에서 주위를 조망하고 관측하기 용이하기 때문에 망대지의 역할도 가능했을 것으로 판단된다.

지표조사에서 확인된 망대지는 연천봉에서 정남향으로 이어진 능선의 선단부 주위를 'U'자 형으로 감싸도록 108.7m 정도로 길게 甬道를 내어 성벽을 축조한 끝 지점에 위치하고 있다. 이곳에서는 산성 북서쪽의 공주방면에서부터 남서쪽의 논산으로 이어지는 주요 교통로와 주변 군소 산성들이 한 눈에 조망되는 위치이다. 그리고 계룡산성에서 가장 낮은 남벽과 수문지와 연결되는 계곡부, 남쪽의 신원사에서 성으로 진입할 수 있는 계곡 일대를 조망과 관측하기 가장 유리한 지역이다.

망대지 상부는 해발 595m 정도의 표고에 해당되는데, 완만한 평탄지를 형성하고 있다. 망대지는 평면 형태가 사다리꼴이며, 회절부는 모두 직각으로 각이 지게 축조하였다. 망대지 남벽은 19.7m, 서벽은 7.8m, 북벽은 18m 정도이며, 망대지 서북쪽 모서리 쪽이 급경사 지대라서 2단으로 성벽을 부가하여 쌓아 올렸다.

망대는 대몽항쟁기 성곽의 경우 입보용 산성 城壁이 산의 능선을 따라 단조롭게 이어지는 구

---

23 도면과 동장대지는 (재)금강문화유산연구원, 앞의 책에서 필자가 수정 후 전재하였고, 동은암은 2020년 4월 필자 촬영.

간의 주요 突出된 곳곳의 岩壁 및 봉우리의 공간에 축조되었다. 즉 고루봉형 입지의 산성에서는 정상부와 주능선에서 뻗어 내려간 가지능선이 만나는 곳에 망대가 설치되었다. 그러나 인제 한계산성의 경우에는 성으로 올라오는 초입에 망대를 설치한 경우도 있다.[24] 망대는 성벽 주변의 조망이 양호하여 人工的으로 階段狀으로 쌓거나 혹은 自然的인 地形에 성벽을 덧대어 쌓은 특징적인 모습을 하고 있다. 대체적으로 望臺는 윗면을 평탄하게 만들어 方形 내지 長方形의 구획을 두기도 하였다.

망대는 중부내륙지역의 입보용산성 가운데 원주 영원산성과 춘천 삼악산성 내성, 제천 臥龍山城 및 상주 금돌산성 등에서 확인된다. 그리고 조성된 위치는 城壁이 능선 상면에서 회절하는 부분에 능선을 따라 외부로 성벽을 길게 돌출하게 하여 끝 부분에 施設하였다.

중부내륙지역의 中世山城에서는 古代의 山城에서 보이는 雉城이나 曲城 등의 시설이 望臺로 변화되는 모습을 보인다. 변화된 양상은 자연지형을 이용한 큰 구조물로 넓이가 넓어지거나, 자연지형을 이용한 작은 규모의 曲城이 유행하고, 城郭에 길게 이어지는 甬道 등이 발달하여 望臺로 사용되는 것이다.[25] 이는 한국의 성곽이 중세에 이르러서는 戰術的 變化와 함께 望臺라는 성곽 시설물이 중요해지고 있음을 보여준다.

6) 甬道

계룡산성에서 확인된 甬道[26]는 2기이다. 외성 남서쪽 회절부에 망대지가 있던 곳과 외성 동남쪽 회절부의 쌀개봉에서 천황봉으로 이어지는 산마루에서 확인되었다. 후자는 지표조사에서 차단성으로 보았던 곳이다.[27]

망대지가 위치한 용도는 능선의 선단부 주위를 'U'자형으로 감싸도록 108.7m 정도로 길게 성벽을 내었다. 성벽은 급경사의 자연지형으로 인해 유실되어 규모 및 축조방식을 지표조사 여

24 한계산성에는 성내에서 문지로 진입하는 부분과 성 밖에서 성 안쪽으로 진입하는 도로의 요충지에 망대와 같은 시설이 독립적으로 배치되어 있다. 이를 墩堠址라고 지표조사를 담당했던 유재춘교수가 명칭을 붙였다(강원대학교박물관, 2010, 『인제 한계산성 기초현황 및 성벽 안전성 검토 학술조사 보고서』; 유재춘, 2015.2, 「한계산성의 역사와 축성사적 특징」, 『한계산성의 역사적 성격과 조사·보존방안』).

25 김호준, 앞의 책, 297~298쪽.

26 용도는 양쪽에 여장을 쌓아 외성 또는 돌출된 치성으로 통하는 좁고 긴 길이다. 남한산성 2·3남옹성과 수원 화성에서 그 예를 찾아볼 수 있다고 한다.(국립문화재연구소, 2011, 『韓國考古學專門事典-城郭·烽燧篇』, 932쪽.) 甬道는 규모가 작은 古代城郭에서 보이지 않는 것으로서 대몽항쟁기 입보용산성이 험산으로 올라가면서 성벽과 직교하는 능선 지형에 길게 연장하여 축조한 석축성벽이다. 그리고 중세 성곽에서의 확인되는 특징 중 하나이기도 하다(김호준, 앞의 책, 298~299쪽).

27 (재)금강문화유산연구원, 앞의 책, 37~38쪽.

〈사진 7〉 계룡산성 외성 동남쪽 회절부 일대의 용도 및 방형 석축[28]

건상 확인되지 않았다.

쌀개봉과 천황봉을 잇는 구간의 용도는 지표조사 당시 358m 정도로 계측했으나, 현재 천황봉 정상부 주변의 안테나 건물 등까지 연결된 것으로 보았을 경우 약 400m 정도로 추정된다. 현재까지 조사된 대몽항쟁기 險山大城의 입보용 산성 중에서 가장 길다고 할 수 있다. 성벽은 동쪽면만 남아 있으며, 자연 할석으로 면을 맞추어 80~100cm 정도 높이로 축조하였다. 대부분 편축으로 축조한 것으로 보이지만 일부에서 내벽선이 확인되기도 하였다.

이 용도에는 쌀개봉 성벽에서 남쪽으로 약 200m 되는 지점에 방형의 석축시설이 확인되었다. 성벽의 내면에 잇대어 동-서 4.4m, 남-북 3.2m, 최대 잔존 높이 1.2m 정도의 규모로 성벽의 석재와 거의 같은 할석을 이용해 축조하였다. 이 석축시설은 용도 중간의 망대시설 혹은 城廊과 같은 시설이었을 것으로 보인다. 이곳은 동쪽의 동학사 계곡과 멀리 대전까지, 서쪽으로는 양화저수지 일대의 주요 교통로 일대를 한눈에 조망할 수 있는 위치이다. 용도의 끝 부분은 해발 845m의 천황봉 정상부로 보이며, 이곳은 계룡산의 상봉으로서 이곳에서 내려다보면 계룡산성의 주요 시설물 대부분이 한 눈에 조망된다. 따라서 용도의 축조 목적은 천황봉 정상부에 보루성 혹은 망대를 연결하기 위한 것으로 보인다.

甬道는 규모가 작은 古代城郭에서 사례가 드물며, 대몽항쟁기에 입보용산성이 험산에 축조되면서 성벽과 직교하는 능선 지형을 따라 길게 연장한 석축성벽이다. 그리고 대몽항쟁기 입보용산성에서의 확인되는 특징 중 하나이다. 甬道는 춘천의 삼악산성 內城, 원주의 영원산성, 충주의 대림산성, 제천의 와룡산성, 상주 금돌산성 외성, 영월의 태화산성, 동해 두타산성, 속초 권금성 등에서 주로 확인되고 있다.[29]

甬道가 축조된 지점은 주요 접근로 혹은 통행로를 관측할 수 있는 지점이며, 대부분 끝부분에 望臺가 설치되어 있다. 한편 甬道는 성내 면적의 확대뿐만 아니라 방어 기능을 높이기 위한

---

28 2020년 4월 필자 촬영.
29 김호준, 앞의 책, 298~299쪽.

시설이 성벽 바깥으로 연장되는 현상으로 봐야 한다. 성벽의 회절부에서 밖으로 천험의 지형을 이룬 능선 끝 마루까지 甬道[Chauss'ee Fortifi'e]처럼 성벽을 달아내어 그 끝에 망대, 혹은 포루 등을 설치하는 방향으로 발전하였다.[30]

〈사진 8〉은 대몽항쟁기 甬道가 조선시대에 변화된 모습을 보여준다. 용도는 대몽항쟁기에는 적의 침입을 감시하기 위해 성벽을 길게 늘인 끝부분에 망대를 설치하였지만, 병자호란 이후에는 남한산성 옹성 포루와 같이 망대 기능 및 화포를 설치하는 공간으로 변해 갔음을 알 수 있다.

① 원주 영원산성 북문지 용도

② 북한산성 나한성 치성

③ 남한산성 2남옹성

〈사진 8〉 조선시대 甬道의 변화 모습[31]

2. 유물의 편년과 검토

계룡산성에서 수습된 기와는 평기와류가 가장 많았고, 막새류는 소량이 수습되었다.

기와 중 '鷄龍山防護別監金', '鷄龍山別監金' 등의 명문와가 수습되어, 계룡산성의 경영문제를 풀어줄 수 있는 단서를 확보할 수 있었다. 이 명문기와는 명문 내용에 따라 2 종류로 구분되며, '鷄龍山別監金'은 서체에 따라 다시 2가지로 구분된다.

〈도면 3-①〉 명문은 '鷄龍山防護別監金, 城子蓋覆瓦守山造儒城, □□□東面□□□□' 3행으로 판독되었다.[32] 그리고 〈도면 3-②-a〉 명문은 〈3-①〉과 같이 3행으로 '鷄龍山別監金, 城子蓋覆瓦守山造儒城, □□□東面□□□□'으로 판독된다. 〈도면 3-②-b〉 명문은 〈도면 3-②-a〉와 달리 2행에 서체가 다르며, '鷄龍山別監金, □□□東面□□□□'으로 판독된다.[33]

30 김호준, 앞의 책, 298~299쪽.
31 강원고고문화연구원, 2017, 『원주 영원산성 II』, 104쪽의 사진 6과 김도연, 2019.12, 「북한산성을 통해 본 조선후기 축성사」, 『백산학보』, 39~73쪽에서 전재 함.
32 지표조사보고서에서 '鷄龍山防護別監金, 城子蓋((西 誤記))覆瓦守山造儒城, □□□東面□□□□'로 판독한 '西'자 부분을 필자가 바로 잡았다.
33 3-②-b 명문은 출토사례가 적어 2행으로 분석하였으나, 동일한 기와의 출토량이 많아지면 3행으로 판단할 수도 있다.

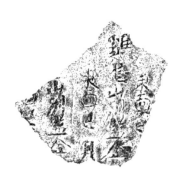

① '鷄龍山防護別監金, …'　　②-a '鷄龍山別監金, …'　　②-b '鷄龍山別監金, …'

〈도면 3〉 '鷄龍山防護別監金, …'명 기와 분류

① '防護別監'의 이름이 확인된 사례는 대몽항쟁기 관련 3차 전쟁 당시에 宋文胄[34] · 李世華,[35] 5차 전쟁 당시에 權世侯[36] · 白敦明[37] · 尹椿[38] · 鄭至麟[39] · 趙邦彦[40] · 金允候,[41] 6차 전쟁 당시에 周尹 · 盧克昌[42] · 柳邦才[43] · 鄭琪[44] · 安洪敏[45] · 王仲宣[46] 등 이다. 이외에 수로방호별감으로 宋吉儒,[47] 해도 방호사로 羅得璜[48] 등을 들 수 있다.

아쉽게도 계룡산성에서 수습된 '鷄龍山(防護)別監金'銘 명문기와는 대몽항쟁기에 파견된 방호별감의 이름을 확인시켜 주지 못하고 있다.

고려 대몽항쟁기의 방호별감은 대몽항쟁기 江都정부의 淸野入保 전략 일환으로 해도와 산성 입보민을 효율적으로 통제해서 몽골군의 공격을 방어해냈던 점에서 산성입보와 관련하여 주목

---

34 『高麗史』 卷23 世家23 高宗 23년 9월; 卷103 列傳16 宋文胄.
35 『東國李相國集』 後集 권12, 『東文選』 권122의 「李世華墓誌銘」.
36 『高麗史』 卷101 列傳14 權世侯.
37 『高麗史』 卷101 列傳14 白敦明.
38 『高麗史』 卷24 世家24 高宗 40년 10월.
39 『高麗史』 卷130 列傳43 韓洪甫.
40 『高麗史』 卷24 世家24 高宗 40년 10월.
41 『高麗史』 卷103 列傳16 金允候.
42 『高麗史』 卷24 世家24 高宗 45년 8월.
43 『高麗史』 卷24 世家24 高宗 45년 9월.
44 『高麗史』 卷24 世家24 高宗 45년 12월.
45 『高麗史』 卷130 列傳43 趙暉.
46 『高麗史』 卷80 志34 食貨3 賑恤.
47 『高麗史』 卷122 列傳35 宋吉儒.
48 『高麗史』 卷25 世家25 元宗 1년 2월.

할 부분이 많다.[49]

防護別監은 총 5차례에 걸쳐 파견되었다. 제1차는 고종 14년 4월, 제2차는 同王 23년 6월, 제3차는 30년 2월, 제4차는 39년 7월, 제5차는 44년 5월에 각기 分遣되었다. 제1차 파견은 대몽전쟁기 이전에 倭寇가 자주 출몰하는 경상남도 해안 일대에 分遣된 것이었다. 그러므로 결국 대몽항쟁기에 파견된 방호별감은 제2~5차까지 총 4회에 국한된다고 하겠다. 제2~5차 파견까지 산성방호별감은 총 15사례, 해도방호별감은 2사례, 수로방호별감은 1사례가 나타난다. 압도적으로 산성방호별감의 사례가 많이 등장하는데 주요 대몽전투가 내지에서 벌어지는 까닭이다. 그렇지만 산성입보와 해도입보가 거의 동시에 이루어지는 만큼 席島·濟州島 방호별감 이외에 전략거점 도서에 방호별감이 많이 파견되었으리라 짐작된다. 그리고 慶尙道水路防護別監 宋吉儒의 예에서 보듯이 수로방호별감도 필요에 따라 분견되었을 것으로 여겨지는데, 그의 임무는 대체로 해도입보를 추진하고 하천을 활용하여 몽골병의 남하를 저지시키는 것이었을 것이다.[50]

이외에 대몽항쟁기가 끝난 후 합단적이 침투했을 당시, 고려 忠烈王 17년(1291)에 원주 산성방호별감 卜奎가 승전하여 포로 58명을 바쳤던 기사도 있다.[51]

② '山城別監'은 고려 원종 11년(1270)에 무신정권의 林惟茂가 왕이 강화도에서 출륙하라는 명령을 따르지 않고 항전을 준비하면서 水路防護使와 山城別監을 각지로 보내 백성들을 모아 방어하도록 한 기사[52]와 함께 대몽항쟁기가 끝난 이후 합단적이 침투했을 당시, 충주의 山城別監이 적을 격파하고 참수한 머리 40급을 바쳤다는 기사[53]와 교주의 산성별감이 합단적의 침입 사실을 알린 기사[54]에서 확인된다.

이외의 명문기와는 '定山', '元則' 등 地名을 쓴 명문와도 있었고, '大王', '造', '卍'자가 타날된 것들도 있었다. '卍'자명 기와는 불교 관련 '化主' 명문이 새겨진 수막새편[55]과 같이 사찰에 사용된 기와임을 알려준다. 어골문과 결합된 것으로 미루어 산성 축조시기에 성내에 있었던 사찰

49 홍민호, 2021, 「고려·몽골 전쟁기 방호별감(防護別監)의 운영과 내륙 입보의 보완」, 『한국사연구』 193, 127~173쪽.
50 강재광, 2007, 『蒙古侵入에 대한 崔氏政權의 外交的 對應』, 서강대학교 박사학위논문.
51 『高麗史』 卷30 世家30 忠烈王 17년 4월 6일.
52 『高麗史』 卷30 世家30 忠烈王 17년 4월 6일.
53 『高麗史』 卷30 世家30 忠烈王 17년 4월 9일.
54 『高麗史』 卷30 世家30 忠烈王 17년 5월 3일.
55 수막새는 지표조사보고서에서 드림새 중앙에 梵語가 배치된 것으로 보았다. 그러나 필자가 검토한 바로는 중앙에 문양이 훼손되어 범어로 잘못 인식한 것으로 보이며, 드림새의 중앙과 외연 사이에 양각선을 배치하여 '化主' 등의 명문이 좌서된 상태이다. 나머지 명문은 사찰 등에 기와를 시주한 인물의 이름으로 보인다. 필자가 실견한 결과 고려말 이전에 제작된 것으로 보기는 어렵고, 드림새의 양상과 명문의 내용으로 보아 조선시대 후기에 제작되었을 것으로 판단한다.

혹은 성 밖에서 유입된 기와일 가능성도 높다고 추정된다.

명문이 없는 기와들은 사격자문, 어골문, 사격자문과 어골문이 결합된 방격복합문, 차륜문, 화문 등 다양한 문양 등은 장판타날판으로 타날 한 것으로 보이며, 어골복합문 계열로 보아 고려시대 기와의 특징을 보인다고 할 수 있다. 그리고 청해파문+화문의 문양[56]은 조선후기에 제작된 것으로 보이며, 시문된 수막새편은 주연 부분이 낮고, 연주 대신 선문이 장식된 것, 양각선으로 구획하여 내부에 명문으로 보아 조선후기에 제작된 것으로 보인다.

자기류로는 청자완편, 분청자 및 백자 대접편들이 수습되었다. 계룡산성에서 수습된 자기류는 11세기대 이후부터 고려 후기까지의 청자류와 조선시대 후기의 백자편들이 주류를 이루는 것으로 판단된다.

현재 확인된 유물은 '化主'명 수막새편, 청해파문기와, 조선시대 후기 백자류를 제외하고 대부분 고려시대 몽골침입기와 그 이전에 제작된 것이라 할 수 있다. 이러한 유물이 출토된 정황을 보면, 공주 계룡산성은 대몽항쟁기 이전에 축성되었을 가능성을 배제할 수 없다.[57] 그러나 계룡산성의 조사가 지표조사의 한계로 인해 성의 축성시기를 밝힐 수 있는 조사는 아직 실시되지 않았다. 이와 반면으로 '鷄龍山防護別監金', '鷄龍山別監金' 등 방호별감이 새겨진 명문와는 고려 대몽항쟁기 이후의 경영 문제를 논의할 수 있는 결정적인 자료로 보인다.

① 청해파문+화문 기와   ② '化主'명 수막새편   ③ 고려청자 및 조선후기 백자

〈사진 9〉 계룡산성 수습 조선시대 기와 및 고려~조선시대 자기류

---

56 조선 전기의 청해파문은 반전 없이 한 방향으로 구성되어 있으며, 조선 후기 청해파문은 상하대칭되는 청해파문을 중복하여 배치하거나 상하대칭의 청해파문 하단에 선문이 배치된다고 보고 있다. 한편 조선 전기의 곡선복합문은 청해파문과 종선이 하나의 방향으로 3차례 중복되거나, 곡선이 교호로 배치되며, 조선 후기 곡선복합문은 청해파문+곡선 또는 청해파문+원문+중호문, 청해파문에 꽃이 가운데에 배치되기도 한다고 하였다(이인숙, 2014, 「호남지역 조선시대 기와」, 『한국기와학회 학술대회 발표자료집』12회, 91~117쪽).

57 박순발 · 정원재, 앞의 글, 257~282쪽.

III. 대몽항쟁기 입보용 성곽과의 비교

1. 입지 및 규모

대몽항쟁기의 6차례의 전쟁 속에서 고려의 성곽은 險山大城의 입보용산성으로 확대 축조되었다. 이러한 성곽은 古代 산성에 비해 훨씬 대형화되고 있으며, 교통로에서 멀리 떨어진 산세가 험한 지형으로 옮겨 가고 있었다. 그리고 입보산성의 축조 및 변화는 여러 군현을 통합하여 입보하는 정책의 변화와 직접 관련이 있으며, 몽골의 공성전을 겪으면서 그에 대응책의 변화와도 관련이 있다. 특히 암석이 많은 산악지대를 선택한 것도 화살과 투석에 필요한 석재 이용이 용이한 점과 몽골 기마병들의 진입이 어렵고, 투석기 등의 공성용무기를 운반하기 어려운 자연적 이점을 선택했을 것이다. 이 점은 이전의 북방 유목민족과 겪어왔던 우리의 대응책이었다.[58]

① 공주 계룡산성　　② 충주 대림산성　　③ 원주 영원산성　　④ 충주 천룡산성

⑤ 양평 양근성　　⑥ 속초 권금성 내성　　⑦ 춘천 삼악산성 내성　　⑧ 인제 한계산성 내성

〈도면 4〉 대몽항쟁기 3~6차 침입기 입보용 성곽 및 내성[59]

---

58 본고에서 '대몽항쟁기'는 몽골의 침략에 대항해 고려 정부와 무신정권, 삼별초 등의 항쟁을 포함하는 용어로 적합하다고 판단되며, 대몽전쟁 당시 성곽공방전 양상과 고려 성곽의 변화를 설명하기에는 '대몽항쟁'이라는 용어가 적합하다고 판단한다.(김호준, 2019.9, 「高麗 對蒙抗爭期 金允侯將軍의 3次例 勝戰의 意義」, 『백산학보』 제112호, 121~152쪽.)

59 김호준, 2017.6. 「고려 대몽항쟁기 인제 한계산성의 성격과 위상」, 『문물』 제7호, 한국문물연구원의 도면을 필자가 일부 보완 함.

산성의 입지는 시대에 따라, 산성의 기능에 맞춰 다양하게 변해 왔지만, 산성을 축조함에 있어 무엇보다도 식수원의 확보와 방어하는데 유리한 지형선택이 가장 중요한 요인으로 작용한다. 그래야만 넓은 활동공간을 확보하여 많은 수의 주민들을 수용할 수 있을 뿐만 아니라 장기간의 전투에도 대비할 수 있기 때문이다.[60]

계룡산성은 둘레 약 3,960m의 外城과 약 546m의 內城의 규모를 보이며, 內城과 外城의 複合式 산성 구조이다. 그리고 쌀개봉(830.6m)을 가장 높은 곳으로 보았을 때 해발고가 600m보다 높은 곳에 축조되었다고 할 수 있다. 이러한 점은 대몽항쟁기에 축조된 성곽 사례로 볼 수 있다.

계룡산성은 고려 대몽항쟁기에 경영되어 조선시대에 複合式 산성구조를 갖춘 것으로 보인다. 그리고 전남지역의 장흥 수인산성, 담양 금성산성, 화순 동복 옹성산성도 이러한 변화를 보인다.

〈도면 4-②·③〉의 충주 대림산성과 원주 영원산성은 5차 침입기 당시에 고려군이 몽골군에 승전했던 성곽이다. 충주 대림산성은 기존의 성곽을 보수하고 용도 등을 부가시키고 있다. 원주 영원산성은 통일신라 이후에 축성된 원주 해미산성보다 높은 지형과 큰 규모, 용도를 설치하고 있다. 그리고 성곽의 평면에서 능선은 돌출시키고, 곡부를 만입시켜 방어를 극대화하였다. 이러한 성곽은 〈도면 4-④·⑤〉의 충주 천룡산성[61]과 양평 양근성에서도 보인다. 특히 천룡산성은 불가사리 모양을 하여 방어하는 측면에서 곡사화기 등의 사용을 극대화하였다. 그러나 5차 침입 당시 대림산성과 영원산성은 주변 성곽과의 연계를 통해 승전을 이끌었다. 반면에 천룡산성과 양근성은 단일 성곽이 몽골군을 방어하였고, 규모도 3km도 안 되고 대부분 포위가 가능하며, 물과 식량을 확보하지 못했던 것으로 보인다. 특히 천룡산성은 수확기 이전에 몽골군치 침공하여 식량을 확보하지 못했던 기록이 남아 있다.[62]

〈도면 4-⑥〉의 권금성의 내성은 제5차 침입인 1253년(고종 40) 10월 21일 몽골군에 의하여

---

60 산성의 입지 조건에 대해서는 조선시대 후기, 1812년 다산 정약용이 그의 저서 『與猶堂全書』 遺補3, 「民堡議 民堡擇地之法」에서 民堡를 설치하기에 적합한 지형을 4가지로 구분하였다. 이 분류 방법은 그 후 1867년 훈련대장으로서 수뢰포의 제작자였던 신관호가 그의 저서 『民堡輯說』에서 그대로 인용하여, 산성을 축조하는데 적당한 지형을 栲栳峰, 蒜峰, 紗帽峰, 馬鞍峰의 4가지로 구분하였다(김호준·강형웅·강아리, 2008, 「고대산성의 지표조사 방법」, 『야외고고학』 4호, 11~12쪽).

61 忠淸大學 博物館, 2011, 『忠州 寶蓮山城 및 天龍寺址 地表調査 報告書』.

62 몽골과의 5차 전쟁 당시 몽골군의 향도였던 李峴이 양근성 방호별감 윤춘과 天龍山城을 지키던 黃驪縣令 鄭臣旦과 방호별감 趙邦彦을 회유했던 전투내용은 천룡산성에 대한 조사내용을 바탕으로 백종오가 정리한 바 있다(백종오, 2013, 「高麗 後期 天龍山城의 現況과 性格」, 『先史와 古代』 39, 한국고대학회, 311~346쪽).

함락된 양주성으로 볼 수 있다. 이때 함락된 양주성은 속초 설악산의 산성, 아마도 '권금성'을 지칭하는 견해가 있다.[63]

〈도면 4-⑦ · ⑧〉의 춘천 삼악산성과 인제 한계산성의 내성은 원주 영원산성과 같이 능선부마다 성벽을 길게 돌출하고 있다. 이들 성곽은 영원산성보다 해발고도가 높은 지형에 축조되었고, 규모 면에서도 둘레가 2,000m를 전후하는 비슷한 양상을 보인다. 춘천 삼악산성은 5차 침입시에 함락당했던 춘주성으로 비정되는 춘천 봉의산성에 대한 보완책과 인제 한계산성은 권금성의 단점을 보완하기 위한 시도가 있었던 것으로 보인다. 이들 성곽의 외성 축조는 몽골군의 6차 침입을 대비하기 위해 주변의 입보민을 많이 수용하기 위한 목적과 성곽을 포위하기 어렵게 할 목적이 부가되었을 개연성도 있다.

〈도면 5〉는 대몽항쟁기 내륙 입보용 성곽 23개소와 공주 계룡산성의 규모와 축조 해발 높이를 정리해 보았다. 둘레가 대체로 5~7km 정도로 큰 규모이며, 해발고가 600m 이상 높은 곳에 축조된 성곽은 인제 한계산성을 비롯한 제천 덕주산성, 춘천 삼악산성, 속초 권금성, 상주 금돌성, 괴산 미륵산성, 정읍 입암산성, 담양 금성산성, 장흥 수인산성 등이 있다. 이들 성곽은 고로봉(외성)+사모봉형(내성)의 입지조건을 가진다. 그리고 이들 성곽의 공통점은 몽골의 6차 침입기에 전투기사가 있거나, 혹은 경영되었던 사례라고 할 수 있다. 6차 전쟁의 양상과 같이 이들

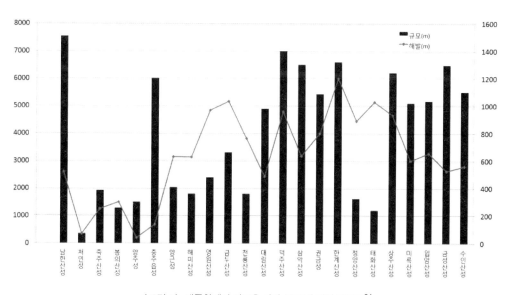

〈도면 5〉 대몽항쟁기 입보용 성곽 규모 및 해발 일람표[64]

63 윤용혁, 2015.2,「여몽전쟁과 1259년 한계산성 전투」,『한계산성의 역사적 성격과 조사 · 보존방안』, 105쪽.

성곽은 전국으로 확대되었음을 알 수 있다. 계룡산성은 해발 830m의 험산에 축조되었으며 고로봉(외성)+사모봉형(내성)의 구조이다. 하지만 내성은 축조수법과 수습된 유물이 양상으로 보아 임진왜란 이후에 축조된 것으로 보인다. 따라서 계룡산성은 둘레 약 3,960m의 外城과 2개소의 甬道가 설치된 점은 대몽항쟁기 5차 전쟁을 대비하여 축조된 성곽 사례로 볼 수 있는 여지가 매우 높다.

2. 축성방식

대몽항쟁기 입보용산성의 성벽은 삼국~고려시대 석축성벽과 달리 규모가 작고 자연석을 그대로 쌓아 올린 경우가 많다. 그리고 지형적으로 地勢의 險峻한 곳은 人工의 石築을 하지 않는 특징을 보인다. 대체적으로 성벽은 능선을 따라 축조되어지며, 계곡부에서는 성 안쪽으로 彎曲하게 축조하였다. 성돌은 주변의 암석에서 떨어진 자연석을 거칠게 가공하거나, 자연할석을 재사용하였다.

대몽항쟁기 입보용산성 축성방식의 특징은 크게 3가지로 구분할 수 있다.

첫째, 단지 石墻만을 축조한 것이다. 삼국~고려시대 석축성벽보다 너비가 좁지만 內外夾築으로 축조된다. 이런 성벽은 급경사의 산사면과 암반 혹은 암벽을 이루는 지형에서 확인된다. 양평 양근성, 원주 해미산성, 충주 대림산성 용도, 괴산 미륵산성, 춘천 삼악산성 내성 및 외성, 속초 권금성 내성, 장흥 수인산성에서 이러한 성벽이 확인된다.[65] 공주 계룡산성에서는 외성의 남쪽 계곡부를 제외하고 동벽·북벽·서벽 잔존구간과 남동쪽 회절부의 용도 성벽에서 확인되었다.

둘째, 자연석 등을 內托한 것이다. 첫째 사례와 같이 확인되며, 절벽의 암석 사이에 축조되기도 한다. 공주 계룡산성에서는 북벽의 봉우리 암반 사이에 그 흔적이 남아 있다.

셋째, 첫째 사례보다는 규모가 크게 內外夾築한 후에 성 안쪽에 段을 두고 있다. 안쪽의 段은 2~3단을 이루거나, 계단의 형태를 만든 것도 괴산 미륵산성에서 확인되며, 상주 금돌성, 춘천 삼악산성 외성, 원주 해미·영원산성, 장흥 수인산성에서 확인되었다.[66] 공주 계룡산성에서는 외성의 남벽에서 확인되었다.(앞의 사진 2 및 도면 6-① 참조)

한편 대몽항쟁기 입보용산성 성벽에서는 석축성벽에 수직 기둥 홈이 확인되지만, 필자가 답사한 부분에서는 확인할 수 없었다.[67]

....

64 김호준, 잎의 책, 283쪽의 표를 필자가 수정 함.
65 김호준, 앞의 책, 293쪽.
66 김호준, 앞의 책, 293쪽.
67 필자가 일정상 답사한 구간이 동벽과 북벽, 서벽 일부와 더불어 남동벽 회절부의 용도, 내성과 외성 남벽

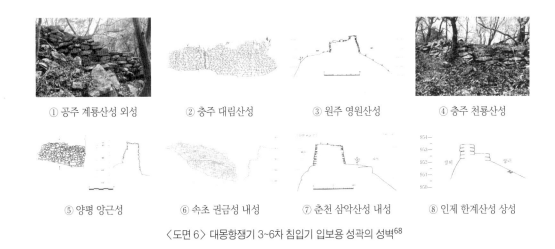

① 공주 계룡산성 외성　　② 충주 대림산성　　③ 원주 영원산성　　④ 충주 천룡산성

⑤ 양평 양근성　　⑥ 속초 권금성 내성　　⑦ 춘천 삼악산성 내성　　⑧ 인제 한계산성 상성

〈도면 6〉 대몽항쟁기 3~6차 침입기 입보용 성곽의 성벽[68]

Ⅳ. 맺음말을 대신하며: 공주 계룡산성의 축성사적 가치

지금까지 공주 계룡산성의 입지, 축조 방식, 수습된 유물 등을 검토하였고, 산성이 활발하게 경영되었던 시기의 입보용성곽과 비교 검토하였다. 그 결과를 바탕으로 공주 계룡산성이 갖는 축성사적 가치를 정리해 보면 다음과 같다.

첫째, 계룡산성은 대몽항쟁기 입보용산성 중에서도 險山大城의 전형적인 사례이며, 충청남도 내에서는 가장 높고 험준한 곳에 축조된 대형산성이라 할 수 있다. 그러나 주변의 공주 공산성과 삼국 및 통일신라시대에 축조되어 경영된 여러 산성에 비해 아쉽게도 최근에 소개되었다. 충청남도에는 백제의 수도였던 웅진과 부여를 포함하고 있어, 관방유적에 대한 연구는 백제도성과 주변 성곽에 대한 다양한 방면으로 진행되었다. 그리고 조선시대 연해읍성과 관련한 발굴조사 및 이에 대한 연구도 활발하게 진행되었다. 그러나 중세시기의 성곽에 대한 뚜렷한 연구성과가 진행되지 못했다. 계룡산성은 충청남도 일대의 중세성곽으로서 확고한 위치를 가지고 있으며, 연구성과를 기대할 수 있는 중요한 성곽이라 할 수 있다.

둘째, 계룡산성은 산성 북서쪽의 공주방면에서부터 남서쪽의 논산으로 이어지는 주요 교통

일대이기에 공주 계룡산성의 성벽 전체에 대해서 논하기는 어렵다. 향후 잔존 성벽부에 대한 정밀 실측이 진행된다면 성벽에서 수직 기둥 홈이 확인될 가능성도 있다고 생각된다.

68 김호준. 2017.6, 「고려 대몽항쟁기 인제 한계산성의 성격과 위상」, 『문물』 제7호, 한국문물연구원의 도면을 필자가 일부 보완하였다.

로와 주변 군소 산성들이 한 눈에 조망되는 위치되는 高地이면서 험지에 입지하고 있다. 따라서 축조 이후 고려~조선시대 전쟁과 관련한 역사자료로써 중요한 위치에 있다고 할 수 있다. 고려 대몽항쟁기 성곽과 관련한 연구에서도 계룡산성은 빠져 있었다. 계룡산성은 대몽항쟁기 3차 전쟁과정에서 몽골군이 공주 일대에 대한 침공 사실과 그 전황 5차 전쟁 당시 전라도 일대에 대한 침공 기록과 6-2차 전쟁 당시 전라도 일대의 전황 등의 전황에 대한 검토가 가능하게 하며, 공주 지역에 대한 충렬왕 19년(1290) 합단의 침입과 격퇴, 우왕 6년(1380) 7월의 왜구 침입과 대응에 대한 전황 역시 검토할 수 있는 중요한 역사자료라고 판단된다. 또한 기록에는 명확하게 남아 있지 않지만 수습된 조선시대 후기 유물로 보아 임진왜란과 병자호란 이후의 전쟁과 관련한 성곽의 수개축 부분도 검토해 볼 수 있는 성곽자료라고 생각된다.

　셋째, 계룡산성의 甬道는 2개소에서 확인되었다. 이중 외성 남서쪽 외성 남서쪽 회절부에 망대지가 있던 용도는 대몽항쟁기 이후의 입보용 성곽에서 확인되는 사례와 크게 다르지 않다. 이러한 용도의 사례를 밝힌 점에서 계룡산성의 축조시기를 대몽항쟁기에 축조되었을 사례로서 검토할 수 있는 자료라 할 수 있다. 이와 더불어 남동쪽 회절부의 용도는 현재 천황봉 정상부 주변의 안테나 건물 등까지 연결된 것으로 보았을 경우 약 400m 정도로 추정된다. 현재까지 확인된 대몽항쟁기 5차 전쟁기 이후 축조된 입보용산성 중에서 가장 길다고 할 수 있다. 그리고 중간에 방형의 석축시설이 존재하는데, 그 기능에 대해서 조사된 사례가 없다. 용도가 길기 때문에 방어를 위한 목적으로 중간 지점에 망대시설 혹은 城廊과 같은 시설을 설치했을 것으로 추정할 뿐이다. 그리고 이 용도는 외성 성벽과 같이 축조되었는지, 짧은 것이 길게 확장되었는지에 대해서도 조사할 필요가 있으며, 조선 후기 남한산성에서 봉암성 치성에서 신남성 돈대를 연결하는 용도와 같은 기능이었는지에 대해서도 비교 검토할 필요가 있다. 이상을 정리해 보면, 남동쪽 회절부의 용도는 향후 발굴조사가 진행된다면 대몽항쟁기 축조 및 활용 사례와 더불어 임진왜란 이후의 축성 및 활용 사례를 검토할 수 있는 중요한 자료라고 판단된다.

　넷째, 계룡산성에서 수습된 '鷄龍山(防護)別監金'銘 명문기와는 대몽항쟁기에 파견된 방호별감의 실체를 밝혀준 최초의 고고학자료라고 할 수 있다. 고려 대몽항쟁기 강도정부가 몽골군을 대적할 목적으로 파견한 방호별감은 그 동안의 연구성과에 의하면 문헌을 위주로 산성입보와 관련하여 주목한 부분이 많았다. 이 명문기와는 이러한 기존 연구성과를 증빙할 수 자료로써 그 가치가 매우 높다고 할 수 있다. 그리고 이 명문기와가 수습된 동쪽 추정장대지 일대에 대한 발굴조사가 진행되어 기와편이 많이 확보하여 명문에 대한 판독이 면밀하게 진행된다면, 고려시대 이후 기록에는 확인되지 않지만 계룡산(공주)에 파견된 방호별감의 이름도 확인할 수 있는 가능성도 고려해 볼 필요가 있다. 더불어 '儒城' 지역과 3행에서 확인되는 '東面'은 고려시대

지방제도와 비교할 수 있는 자료로서 그 가치가 있다고 할 수 있다.

다섯째, 계룡산성에서 수습된 '卍'자명 기와와 불교 관련 '化主' 명문이 새겨진 수막새편은 계룡산성 내 사찰에서 사용되었을 가능성을 제시한 지표조사단의 견해가 있다. 대몽항쟁기 입보용성곽에서는 입보민들의 신앙처였던 제단시설 혹은 성곽 주변에 사찰 등의 중요한 종교시설이 위치한 경우가 많다. 그 당시 입보민들은 몽골군의 잔인한 살인과 약탈을 피해 산성으로 입보하였지만, 몽골군과의 항전에 대한 보복으로 잔인한 살상을 감수하거나, 식량 부족으로 굶어 죽을 수 있는 상황을 모두 감수해야하는 처지라고 할 수 있다. 이들에게는 구원에 대한 희망을 채워줄 수 있거나, 반드시 지켜야 할 종교와 신앙 대상이 위치한 곳에 입보하는 경우가 많다고 할 수 있다. 다른 한편으로 계룡산성 내에서 수습된 불교관련 기와편 등은 계룡산 일대의 사찰과 신앙시설, 관청 등에서 성곽으로 옮겨왔을 개연성도 높다고 할 수 있다. 계룡산성에서 몽골군과의 전투를 준비하는 과정 즉 淸野入保를 실시했을 경우를 고려할 필요가 있다. 불교 사찰 관련 기와는 청야입보에 의해 성안으로 반입되었다고 한다면, 동학사·갑사·신원사 등과 비교하여 연구가 진행된다면, 이들 사찰의 고려~조선시대 경영 문제를 검토할 수 있는 자료로 판단된다.

여섯째, 계룡산성은 충청남도에 위치한 內城과 外城의 複合式 산성 구조를 보이는 성곽 중에서 중세성곽의 특징을 갖고 있다. 한편으로 현재 계룡산성은 문화재로 지정되지 않고, 정비 및 보수가 진행되지 않은 성곽이기에 많은 고고학 자료를 확보할 수 있는 성곽이라 할 수 있다. 내성 성벽의 축조방식과 규모면에서 외성과 다르기 때문에 향후 발굴조사를 통해 내성과 외성 축조의 순서 뿐만 아니라 성곽의 시대별 경영문제도 밝힐 수 있는 사례라고 할 수 있다. 이와 관련하여 대몽항쟁기 3차 침입기의 성곽은 삼국시대 산성에 외성을 덧붙여 축조하는 경우가 있다. 안성 죽주산성, 영월 정양산성 등이 그러하며, 삼국시대 산성 아래쪽의 계곡부를 포함하는 외성을 축조하고 있다. 5차 침입기의 險山大城은 높은 곳의 내성에서 외성을 덧붙여 축조하거나, 높은 지형의 외성에서 낮은 곳에 내성을 포함하도록 축조하고 있다. 계룡산성의 내성은 산성 내 주 배수가 이뤄지는 계곡이 외성 남벽을 지나고 있어, 붕괴될 가능성이 매우 크기에 후대에 이를 보완하기 위한 축조했을 개연성도 있다. 따라서 계룡산성은 외성에서 방어의 목적으로 내성을 덧붙여 축조한 것인지에 대해서는 향후 발굴조사가 진행된다면 이와 관련된 변화상을 찾을 수 있는 좋은 사례라고 판단된다.

필자는 계룡산성에 대한 향후 발굴조사가 진행되어, 축성 이후 고려 말 왜구의 침입 당시의 전황, 조선 후기 임진왜란과 병자호란 등의 전쟁사를 보완해 줄 수 있는 자료가 확보되기를 바란다.

마지막으로 본고를 작성하는데 여러분의 도움을 밝히고자 한다. 2020년 4월과 7월에 계룡산성의 현황을 현장에서 설명해 주셨던 조성열님에게 감사를 드린다. 그리고 같이 동행하여 계룡산성 주변 설명과 유물을 실견하게 해주신 계룡산국립공원사무소 박종철 과장님과 한혜성 주무관님, 불교문화재연구소 박찬문 실장님과 이현수 팀장님께도 감사의 마음을 전한다.

【참고문헌】

1. 사료

『高麗史』, 『高麗史節要』, 『太宗實錄』, 『宣祖實錄』, 『仁祖實錄』, 『新增東國輿地勝覽』, 『武經總要』

2. 단행본 및 보고서

강원고고문화연구원, 2016, 『원주 영원산성Ⅰ』.

강원고고문화연구원, 2017, 『원주 영원산성Ⅱ』.

강원대학교박물관, 1986, 『寒溪山城 地表調査 報告書』.

강원대학교박물관, 2010, 『인제 한계산성 기초현황 및 성벽 안전성 검토 학술조사 보고서』.

국립문화재연구소, 2011, 『韓國考古學專門事典-城郭·烽燧篇-』.

(재)금강문화유산연구원, 2017, 『공주 계룡산성터 학술자료 확보를 위한 문화재 지표조사 보고서』.

김호준, 2017, 『고려의 대몽항쟁과 축성』, 서경문화사.

(재)대한문화유산연구센터, 2009, 『장흥 수인산성 종합학술조사』.

윤용혁, 1991, 『高麗對蒙抗爭史研究』, 一志社.

忠淸大學 博物館, 2011, 『忠州 寶蓮山城 및 天龍寺址 地表調査 報告書』.

충북대 호서문화연구소, 1996, 『槐山 彌勒山城 地表調査 報告書』.

(재)충청북도문화재연구원, 2013, 『괴산 미륵산성 서문지 주변 발굴조사 보고서』.

(사)한국성곽학회, 2012, 『미륵산성』.

3. 연구논문

姜秀虎, 2014, 「충남지역 읍성·진성 축성법 연구」, 고려대학교 석사학위논문.

강재광, 2007, 『蒙古侵入에 대한 崔氏政權의 外交的 對應』, 서강대학교 박사학위논문.

고용규, 2009, 「修仁山城의 歷史와 性格」, 『장흥 수인산성 종합학술조사』.

구산우, 2017, 「고려시기 성곽에서 발견된 기와 명문의 종합적 검토 - 최근 소개된 面 명문 등을 대상으로」, 『한국중세사연구』 50.

김도연, 2019.12, 「북한산성을 통해 본 조선후기 축성사」, 『백산학보』, 39~73쪽

김병희·이규근·김호준·백영종·이원재, 2011.11, 「古代 石築山城 懸門 調査研究」, 『야외

고고학』 제12호, 43~94쪽.

김호준, 2013, 『고려 대몽항쟁기의 축성과 입보』, 충북대학교 박사학위논문.

김호준, 2014.6, 「高麗 對蒙抗爭期 險山大城의 入保用山城 出現」, 『先史와 古代』 40호.

김호준, 2016.12, 「對蒙抗爭期 3次 戰爭과 竹州山城 築城의 變化」, 『文化史學』 제46호.

김호준, 2017.6 「고려 대몽항쟁기 인제 한계산성의 성격과 위상」, 『문물』 제7호, 한국문물연구원.

김호준, 2019.9, 「高麗 對蒙抗爭期 金允侯將軍의 3次例 勝戰의 意義」, 『백산학보』 제114호.

김호준·강형웅·강아리, 2008, 「고대산성의 지표조사 방법」, 『야외고고학』 4호.

라경준, 2012, 『조선 숙종대 관방시설 연구』, 단국대학교 박사학위논문.

박순발·정원재, 2004, 「公州 鷄龍山城」, 『百濟硏究』 제40집, 충남대학교 백제연구소.

백종오, 2002, 「경기지역 고려성곽 연구」, 『사학지』 35, 95~133쪽.

백종오, 2013, 「高麗 後期 天龍山城의 現況과 性格」, 『先史와 古代』 39, 한국고대학회.

서정석, 2012, 「公州 茂城山城의 구조와 축조시기」, 『역사와 담론』 제62집.

이인숙, 2014, 「호남지역 조선시대 기와」, 『한국기와학회 학술대회 발표자료집』 12회, 91~117쪽.

유재춘, 2006, 「중부내륙지역 중세 산성의 성격과 특징」, 『한반도 중부내륙 옛 산성군 UNESCO 세계문화유산 등재 추진 세미나 발표집』.

유재춘, 2015.2, 「한계산성의 역사와 축성사적 특징」, 『한계산성의 역사적 성격과 조사·보존방안』.

윤용혁, 2015.2, 「여몽전쟁과 1259년 한계산성 전투」, 『한계산성의 역사적 성격과 조사·보존방안』.

조성열, 2013, 「계룡산 성터와 출토 문자기와」, 『웅진문화』 제26집, 공주향토문화연구회.

홍민호, 2021, 「고려·몽골 전쟁기 방호별감(防護別監)의 운영과 내륙 입보의 보완」, 『한국사연구』 193, 127~173쪽.

청주읍성의 활용사례로 본 상주읍성의 보존 방향

라경준(청주고인쇄박물관)

| 목 차 |

Ⅰ. 머리말

한국은 "성곽의 나라"[1]라고 자부하였다. 우리 조상들은 오늘날 중국의 동북지역과 거기에 붙은 한반도의 산악과 구릉지가 많은 자연지형을 잘 활용하여 독특한 방어체계를 발전시켜 왔다. 현재 한국의 영토 중 남한에만 성 터가 1,895개 확인되어 있다.[2]

성곽은 쌓는 위치와 기능에 따라 도성(都城), 읍성(邑城), 산성(山城), 진보(鎭堡) 등으로 나눌 수 있다.[3] 문화재청에서 밝힌 자료에 따르면,[4] 남한에 남아 있는 성곽 중 90%이상이 산성으로 쌓여진 것임을 알 수 있다.

고조선(古朝鮮) 이후 한국은 북방과 남쪽의 외적으로부터 수많은 침략을 받았다. 한반도가 차지하는 지정학적·전략적 가치로 인한 결과의 산물이라고 볼 수 있다. 고조선과 중국(漢)과의

---

1 『世祖實錄』卷3, 세조 2년 3월 28일 丁酉.
　集賢殿直提學梁誠之上疏曰 : 然臣以爲吾東方, 城郭之國也。
2 2006년 문화재청 발표 자료에 따르면 약 2,137개의 성 터가 있었다.
　이춘근, 2006,「중부내륙 옛 산성군의 세계문화유산 등재 방법」,『한반도 중부내륙 옛 산성군 UNESCO 세계문화 유산 등재 추진 세미나 발표집』, 6~7쪽.
　그러나 국립문화재연구소에서 간행한『한국고고학전문사전(성곽·봉수편)』에 따르면 1,895개의 성 터가 현재 남한에 분포하고 있음을 알 수 있다.
　국립문화재연구소, 2011,『한국고고학전문사전(성곽·봉수편)』.
3 孫永植, 1987,『韓國城郭의 硏究』, 문화재관리국, 49~84쪽.
4 이춘근, 2006, 위의 글.

전쟁, 고구려와 중국(魏, 鮮卑族, 隋, 唐 등)과의 전쟁, 백제·고구려와 신라·중국(唐)과의 전쟁, 고려와 중국(遼, 金, 蒙古, 紅巾賊)과의 전쟁 혹은 왜구(倭寇)의 침탈(侵奪)에 대한 극복 등 크고 작은 전쟁이 수없이 있었다. 이에 우리 조상들은 이민족의 침입에 맞서 국토와 백성들의 삶을 지키기 위하여 많은 노력을 기울여 왔다. 이민족과의 침략에 맞서 싸운 흔적은 국내·외에 산재해 있는 성곽 등 각종 관방시설이 이를 증명해 준다.

고려를 이은 조선왕조는 고려 말기부터 성행하던 왜구를 격퇴하기 위하여 수많은 전투와 더불어 새 왕조의 도성(都城)을 축조한 다음 연변(沿海)·연해(沿邊)지역을 중심으로 방어 체제 구축을 위해 영진보성(營鎭堡城)을 쌓았다.[5] 세종 대에는『축성신도(築城新圖)』[6]를 반포하면서까지 읍성 축성에 전국적인 체계화를 꾀하였다. 이에 따라 8도(八道)의 전체지역에 종래의 산성 경영에 대신하여 점차 연변·연해지역 읍성을 중심으로 한 방어체제로 변화되기 시작하였다. 이 변화되는 시기의 양상은『경상도지리지(慶尙道地理志)』,『세종실록지리지(世宗實錄地理志)』,『경상도속찬지리지(慶尙道續撰地理誌)』를 거쳐『신증동국여지승람(新增東國輿地勝覽)』에 이르도록 그 양상의 대략이 기록되어 있다. 영진보성을 기본으로 하는 조선왕조의 방어체제는 세조 때에 진관체제(鎭管體制)로 그 완성을 보았다. 진관체제는 전국에 주진(主鎭)을 두고 그 밑에 거진(巨鎭)을 설치하였고, 또한 거진 산하에 작은 진(鎭)을 여러 개 설치함으로써, 지방의 군사조직을 완비하였다. 각 진관은 평시에 주진의 통제를 받았으나 유사시에는 독자적인 작전권을 행사하여 한 진관이 패퇴하면 다른 진관이 방위의 공백을 메워서 싸우게 하는 등 연계적인 체제로 운영되었기 때문에 지방 내륙에 대한 군사 방어 조직이 한층 강화되는 계기가 되었다.

상주읍성은『경상도지리지』에 따르면, 홍무(洪武) 을축(乙丑)인 고려 우왕 11년(1385)에 쌓았다고 하며, 이에 앞서 우왕 6년(1380) 상주에 왜구가 침입하여 7일간 머물며 관아와 민가를 불태웠다는 기록이 있다. 권근은『풍영루기(風詠樓記)』에서 왜구 침입 사실을 논하면서 우왕 7년(1381) 반자(半刺) 전리(田理)가 처음 읍성을 쌓기 시작했다고 전한다.[7]

상주읍성은 임진왜란 직전인 선조 24년(1591) 왜적에 대한 대비로 증축되었으며, 이때 참호

---

5 읍성에 대한 연구 성과는 다음과 같다.
　沈奉謹, 1995,『韓國南海岸城址의 考古學的 硏究』, 학연문화사.
　沈正輔, 1995,『韓國 邑城의 硏究-忠南地方을 中心으로-』, 학연문화사.
　李日甲, 2007,『慶南地域 沿海邑城에 대한 硏究』, 동아대학교박사학위논문.
　이수진, 2019,『조선시대 읍성 연구』, 목포대학교박사학위논문.
6 『世祖實錄』卷102, 세종 25년 11월 3일 甲寅.
7 韓基汶, 2002,「朝鮮時期 尙州 邑城의 沿革과 規模」,『歷史教育論集』28.
　韓基汶, 2002,「朝鮮時代 尙州 邑城의 位相과 構造」,『民族文化論叢』57, 401~402쪽.

(塹)가 설치되었다.[8] 또한 1870년 고종 때에 전국의 읍성을 보수할 때, 사대문과 성첩을 수리하였음을 알 수 있다.

상주읍성을 비롯한 우리나라 읍성은 대부분 20세기 초반에 훼철되었다.[9] 직접적인 원인은 광무 11년(1907) 8월 1일자 관보(官報)에 공포된 "내각제1호 성벽처리위원회(內閣令第一號 城壁處理委員會)에 관한 건"[10]에 기인한다. 이 법령은 1907년 7월 30일 날 제정되어 8월 1일자로 관보에 공포되었다. 이 법령에 근거하여 전국 읍성들의 훼철이 시작된 것으로 추정된다.[11] 성벽처리위원회에서는 도시의 성벽을 없애 교통 원활의 목적으로 도성 훼철의 목적으로 시작되어 지방의 대구와 진주, 평안북도 동림진(東林鎮)의 성벽을 없애고, 1908년 9월 5일(내각령 제9호)로 폐지되었다. 그러나 그 후 1912년 9월 7일(훈령 제9호) 조선총독부는 각도 장관에게 "지방에 있어서 추요(樞要)한 시가지(市街地)의 시구개정(市區改正) 또는 확장(擴張)을 하려고 할 때에는 그 계획설명서(計劃說明書) 및 도면(圖面)을 첨부하여 미리 허가(許可)를 받을 것, 다만 일

----

8 『宣祖修正實錄』권 25, 선조 24년 7월 1일 甲子, 修築湖嶺城邑。…永川, 清道, 三嘉, 大丘, 星州, 釜山, 東萊, 晋州, 安東, 尚州左右兵營, 皆增築設塹。…
9 라경준, 2004, 「忠州邑城의 復元的 研究」, 『제16회 중원문화학술대회』, 48~50쪽.
10 30日

○ 內閣令第1號 城壁處理委員會에 관한 件
『高宗實錄』光武 11年 7月 30日 官報 光武 11年 8月 1日

內閣令第一號
城壁處理委員會에 關한 件
第一條 城壁處理委員會는 內部 度支部 軍部 三大臣의 指揮監督을 受하야 城壁의
毀撤 其他 此에 關聯한 一切事業을 處理함
第二條 會長은 內部 度支部 軍部 次官中에서 該三部大臣이 協議한 後 此를 選任함
委員은 六名으로 定하고 內部 度支部 軍部에서 各二名을 該三部大臣이 選任함
特別한 必要가 有할 境遇에는 前項定員外 臨時委員을 選任함 을 得함
第三條 會長은 委員會의 決議한 事項을 執行함
尚 且 委員會의 豫히 委任한 事項은 此롬 專行함
第四條 委員會에 關한 庶務에 從事케 함을 爲하야 吏員 二名을 置함
附 則
第五條 本令은 公布일로부터 施行함

1907年 7月

光武十一年七月三十日
內閣總理大臣 勳二等 李完用
11 충청도병마절도사영과 청주목이 위치하였던 청주읍성은 1914년 소위 '시구개정'이라는 명목하에 훼철되었다.

부의 경이(輕易)한 변경(變更)은 그러하지 아니하다."라는 훈령을 시달해 시구개정 사업이 시행되면서 지방의 읍성 철거가 시작되었다. 상주읍성도 1912년부터 일본제국주의의 소위 '시구개정(市區改正)'이라는 명목으로 시작되어 1915년까지 읍성 중앙에 "十"자 도로가 개통되면서 동문, 서문, 북문이 훼철되었고, 1924년 남문 훼철로 읍성이 완전히 사라지게 되었다.

상주읍성은 임진왜란 전까지 경상감영이 있었던 곳으로 읍성 내 관련 유적이 있었지만, 일제에 의해 훼철되어 그 흔적을 찾아보기 어렵다. 최근 상주시에서는 상주 역사 찾기 및 회복 차원에서 상주읍성의 주요 부분을 복원하고자 노력하고 있다. 읍성과 관련 유적의 복원에 있어 무엇보다도 중요한 것은 진정성과 완전성이다.

위와 같은 사례는 필자가 살고 있는 청주의 조선시대 청주읍성을 들 수 있다. 청주읍성은 현재 청주시 상당구 남문로, 북문로, 서문동 일대에 있었던 성으로 『세종실록』에는 둘레가 1,084 보였다고 기록되어 있으며, 근래의 실측 결과에 의하면 높이 4m에 둘레가 대략 1,773m인 것으로 알려져 있다. 청주읍성에는 성문 4곳, 옹성 2곳, 우물 13곳, 포루 8곳이 있었다.

임진왜란 후 청주의 중요성이 강조되어 효종 2년(1651) 해미에 있던 충청도병마절도사영이 청주로 옮겨오면서 청주목성 뿐만 아니라 병영성의 역할도 병행하였다. 조선시대 청주목과 병영을 수호하던 청주읍성은 1914년 일제의 소위 '시구개정사업'이라는 미명하에 훼철되었다.

청주시에서는 청주 역사 회복 차원의 일환으로 2011년부터 2013년까지 청주읍성 터에 대한 발굴조사를 거쳐 2013년에는 35m 정도의 읍성을 복원하였고, 동시에 시민들이 참여하는 활용사업을 진행하였다.

이에 본고에서는 청주읍성의 복원과정과 활용사례를 바탕으로 상주읍성의 보존 방향을 제시하고자 한다.

Ⅱ. 청주읍성의 활용 사례

1. 복원 과정

1) 성벽 터 발굴조사

조선시대 충청도병마절도사영과 청주목이 위치하고 있던 청주읍성도 일제강점기인 1914년 일제의 소위 '시구 개정사업'이라는 명목하에 성벽을 훼철하였으며, 훼철된 성벽 터는 상주읍성과 마찬가지로 대부분 도로로 사용되고 있다. 청주읍성 복원에 대한 논의는 2000년대부터 지역에서 제기되기 시작하였다. 그러나 청주읍성 성벽 터가 대부분 도로에 위치하고 있으며, 성벽과 관련된 유적의 실체를 확인할 수 없기에 어려움이 많았다.

청주읍성 복원과 관련된 구체적인 실행은 2011년부터이다. 2011년 6월 13일부터 7월 15일까지 청주읍성 성벽이 묻혀 있다고 추정되는 도로변에 대한 발굴조사를 통하여 그 실체를 확인하였다.[12]

그리고 2012년 5월 2일부터 8월 29일까지 성벽 복원이 가능한 중앙공원과 YMCA 사이(청주읍성 서벽)와 동쪽 성벽 터로 추정되는 남궁타워 앞 인도에 대한 발굴조사를 실시하였다. 발굴결과 서쪽 성벽이 위치한 것으로 추정되는 중앙공원과 YMCA 사이에서 성벽 터가 확인되었고, 남궁타워 앞 인도에서도 동쪽 성벽 터의 실체를 밝혔다.[13] 또한 2013년 3월 12일부터 6월 26일까지 청주읍성 남서쪽·북서쪽·북동쪽 성벽 터에 대한 발굴조사를 실시하였다. 발굴조사 결과 남서쪽 구간에서 10m 가량 성벽 기저부가 확인되었다. 그러나 북서쪽과 북동쪽 구간에서는 근래 통신·전기(고압선)·도시가스가 매설되면서 성벽 터의 흔적을 찾을 수 없었다.[14]

그림 1. 2011년 발굴된 청주읍성 서쪽 성벽

12 충청북도문화재연구원·청주시, 2013, 『청주읍성 성벽구간 발굴조사 Ⅰ』.
13 충청북도문화재연구원·청주시, 2014, 『청주읍성 성벽구간 발굴조사 Ⅱ』.
14 충청북도문화재연구원·청주시, 2015, 『청주읍성 성벽구간 발굴조사 Ⅲ』.

그림 2. 2012년 발굴된 청주읍성 동쪽 성벽 터

그림 3. 2013년 발굴된 청주읍성 남서쪽 성벽 터

2011년부터 2013년까지 청주읍성 추정 성벽 터 발굴조사를 통하여 동쪽과 서쪽, 그리고 남서쪽 구간에서 성벽 기저부 규모 확인을 통하여 일제강점기 훼철된 유적의 흔적을 찾았다.

2) 성돌 찾기 및 기록화[15]

2011년부터 2013년까지 발굴조사를 통하여 청주읍성 성벽 터의 기저부를 확인함에 따라 청주시에서는 일부 구간만이라도 상징적인 복원을 하고자 하였다. 청주시에서는 청주읍성 복원에 가능한 옛 성돌을 중심으로 시공하고자 했는데 일제강점기 훼철된 청주읍성 성돌은 대부분 무심천 제방공사 축조에 사용된 것으로 추정되지만, 일부분의 성돌이 시내 곳곳에 산재하고 있었다. 이에 따라 성벽 복원시 기존의 성돌을 최대한 사용하기 위하여 2013년 3월 7일 "청주읍성 성돌 모으기 추진본부(이하 '추진본부'로 약칭)"가 시민단체를 중심으로 발족하였다. 청주문화원(원장 류귀현), 서원향토문화연구회(회장 양영석), 문화사랑모임(대표 정지성), (사)충청북도문화유산연구회(회장 박상일)가 주축이 된 추진본부는 3월 21일 청주읍성의 중심지에 위치한 국보 용두사지철당간 광장에서 청주시민들과 함께 선포식을 거행하고 본격적으로 성돌 모으기 추진을 하였다. 먼저 청주읍성이 위치한 성안동민을 대상으로 청주읍성 및 성돌 찾기 교육을 시작하였다. 처음에는 청주읍성이 위치한 성안동주민자치센터만을 대상으로 하였으나 차츰 읍성을 둘러싸고 있는 주변 동주민자치센터로 확대하였다.

그리고 청주읍성 복원의 진정성과 완전성을 확보하고자 청주시에서는 3월 27일 '청주읍성 재현을 위한 청주읍성 발굴성과와 활용방안' 학술대회를 개최하였다. 또한 일제강점기 청주읍성 사진 등 관련 자료를 용두사지철당간 광장에서 3월부터 6월까지 상시 진시를 통하여 시민들

---

15 청주시, 2013, 『청주읍성 성돌 실태조사 및 기록화사업 보고서』를 참고하여 정리하였다.

에게 읍성 복원의 당위성을 홍보하였다. 추진본부를 중심으로 시민들이 참여한 성돌 찾기 결과 [부록 1]과 같이 17곳에서 956개(기존 2곳 87개, 실태조사 15곳 869개)의 성돌을 확인하였고, 이 결과 토대로 2013년 12월 말에 청주시에서는 『청주읍성 성돌 실태조사 및 기록화사업 보고서』를 발간하였다.

3) 읍성 성벽 복원[16]

청주시에서는 청주 역사 회복 차원의 일환으로 일제강점기 훼철된 청주읍성의 일부 구간을 복원하기로 결정하였다. 2013년 9월 2일부터 12월 1일까지 사업비 606백만원을 투입하여 3.75m 높이로 35m 구간을 복원하였다. 청주읍성 성벽 복원과 관련하여 추진본부를 중심으로 시민들이 참여하여 찾은 기존 성돌을 활용하는 것을 원칙으로 하였다. 또한 충청북도문화재위원 및 성곽전문가들을 중심으로 자문위원회를 구성하여 설계부터 성벽 복원까지 운영하였다. 즉 설계도서는 문헌자료 등 관련 고증자료를 기본으로 자문위원회의 자문을 받아 작성하였다. 청주읍성 복원구간은 상당구 남문로1가 119-5번지 YMCA건물 북쪽 끝을 시점으로 하여 2012년 발굴 조사하여 밝혀진 성곽기초를 따라서 중앙공원 서북측 담장 경계까지 약 35m로 결정되었다. 성돌은 구재를 최대한 수습하여 쌓도록 하고 보충석은 기존 석재와 가장 유사한 것으로 성곽의 폭, 높이, 내탁의 마감, 여장설치 여부는 자문위원회의 의견을 들어 설계하였다. 읍성 성벽 복원으로 변형되는 도로 및 공원 선형에 대하여는 관련부서와 협의하여 설계하였으며, 설계 및 시공은 문화재청에서 인가된 문화재전문설계업체 및 문화재전문시공업체가 맡았다. 청주읍성 성벽 복원 설계는 2013년 5월 31일부터 8월 28일까지 이루어졌으며, 이 기간 동안 3차례의 설계자문회의를 개최하였다.[17]

또한 청주읍성 성벽 복원 공사는 2013년 9월 7일 기공식을 시작으로 12월 1일까지 이루어졌으며, 동 기간 내에 시공과 관련된 자문회의를 4차례 개최하였다.[18]

16　청주시, 2014, 『청주읍성 백서』를 참고하여 정리하였다.
17　설계 자문위원은 다음과 같다.
　　- 차용걸(충청북도 문화재위원, 충북대학교 역사교육과 교수)
　　- 박상일(충청북도 문화재위원, 청주대학교박물관 학예연구실장)
　　- 김형래(충청북도 문화재전문위원, 강동대학교 건축과 교수)
　　- 노병식(충청북도문화재연구원 조사연구실장)
18　시공 자문위원은 다음과 같다.
　　- 차용걸(충청북도 문화재위원, 충북대학교 역사교육과 교수)
　　- 박기화(문화재청 사적분과 문화재전문위원, 한국전통건축연구소 연구실장)
　　- 김형래(충청북도 문화재전문위원, 강동대학교 건축과 교수)

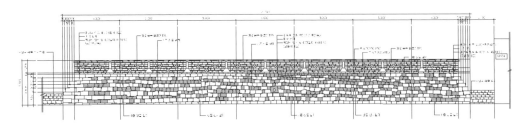

도면 1. 복원 성벽 정면도

그림 5. 복원된 충청도병마절도사명기 및 각 영장기

청주읍성 복원에 사용된 성돌 유구 중 대부분을 차지한 것은 대한불교수도원 입구의 계단에 사용된 석재이다. 청주시에서는 이 성돌 463개(34.62㎡)를 해체하여 청주읍성 성벽 복원 성돌로 재사용하였으며, 대신에 해체된 대한불교수도원 계단은 화강석으로 시공하였다.

청주읍성 성벽 복원은 행정기관인 청주시뿐만 아니라 청주시민 모두가 원하던 사업이기 때문에 기공식부터 완공식까지 시민들이 함께 했다. 2013년 9월 7일 개최된 기공식 때에는 조선시대 성벽 기초를 다지던 달고 행사를 재현하여 시민들의 뜨거운 호응을 얻었다. 또한 완공식 때에는 청주읍성 내 위치했던 충청도병마절도사 사명기(司命旗)와 각 영장기(營將旗)를 재현하여 조선시대 모습을 최대한 복원하였다.

- 박상일(충청북도 문화재위원, 청주대학교박물관 학예연구실장)
- 노병식(충청북도문화재연구원 조사연구실장)

2. 활용 사례

1) 청주성 탈환 축제

1990년대까지만 해도 청주읍성 내에는 일제강점기의 흔적이 남아 있었다. 대표적인 것이 청주읍성 남문에서 북문 사이의 번화가를 시민들은 본정통이라고 불렀다. 일제강점기 번화가를 혼마찌(本町)로 부른 영향이 남아 있었기 때문이다. 청주의 한 시민단체는 본정통이라는 명칭이 잘못 되었다고 문제를 제기하고 시민운동으로 확산시켜 결국 행정동 명칭도 문화동에서 성안동으로 변경되었다. 문화사랑모임 이라는 명칭을 사용하는 이 시민단체는 청주읍성 사대문 자리에 표지석을 설치하여 시민들에게 청주읍성의 존재를 알리기 시작하였다.

청주읍성의 존재를 알기 시작한 시민들은 2000년대 이후 동 유적에 대한 관심이 높아지면서 우리 고장 역사를

그림 6. 동문 표지석

그림 7. 청주읍성 축제

그림 8. 청주읍성 성벽 터 답사

그림 9. 청주읍성 내에 설치된 청주읍성도

그림 10. 청주읍성내 근대유산 설명 안내판

알고자 하는 욕구가 커졌다. 2000년대 이전까지만 해도 청주의 대표적인 축제는 시민의 날 행사이다. 통일신라 때 서원경이 설치된 날을 양력으로 환산하여 매년 4월 15일 청주를 가로지르는 무심천변에서 시민의 날 행사를 개최하였다. 그러나 2000년대 중반 이후 민선 자치가 본격화 되면서 청주만이 할 수 있는 특화 축제의 필요성이 대두되어 청주성 탈환 축제가 기획되었다. 즉 청주는 임진왜란 때 육전(陸戰)에서 최초의 승리를 거둔 곳으로 이것을 기념하는 청주성 탈환 축제가 시작된 것이다.

청주성 탈환 축제는 임진왜란 때 조헌, 영규대사, 박춘무 등 의병장들이 이룬 청주성 탈환 전투 날짜를 양산으로 환산한 9월 초에 복원하고 있다. 이 축제를 통하여 청주시민들은 청주읍성 성벽 터 및 성내 유적을 답사하고, 복원된 성벽 앞에서 펼쳐지는 청주성 탈환 퍼포먼스를 통하여 국방의 중요성과 청주읍성의 가치를 되새기고 있다.

또한 청주시민이나 청주를 찾는 국내·외 관광객들에게 청주읍성을 널리 알리고자 조선후기에 제작되어 구례 운조루에 소장된 『청주읍성도』를 읍성 내에 설치하여 읍성의 존재를 알리고 있고, 근대유적의 설명판도 제작하여 읍성의 변천사를 보여주고 있다.

2) 청주 야행

문화재청에서는 그동안 문화재 보존 위주의 정책 활용을 병행하는 방향으로 추진하고 있다. 문화재가 걸림돌이 아니라 이것을 활용하여 주변에 살고 있는 주민들의 사람에 도움을 주기 위한 것으로 해석된다. 문화재청에서는 주간에 문화재를 답사할 수 없는 직장인과 시민들에게 야간에 문화재를 답사할 수 있는 야행 프로그램을 만들어 2016년에 처음 전국 지방자치단체를 대상으로 공모를 하였다. 서울, 부여, 청주, 군산, 전주, 대구, 경주, 부산 등에서 개최된 야행을 통하여 많은 시민들이 주간이 아닌 야간에 문화재를 관람하였다. 청주도 8월 26일부터 28일까지 3일간 75,000여명이 청주읍성 내 유적을 관람하였는데, 많은 호평을 받았다.

그림 11. 청녕각(청주목 관아)에서 펼쳐진 청주 야행　　　　그림 12. 전통시장과 함께 한 청주 야행

청주 야행은 크게 3개 권역을 중심으로 이루어졌다. 청주읍성 내 충청도병마절도사영과 청주목이 위치하였던 중앙공원과 청주시 제2청사, 1937년대 근대건축물이 위치한 충청북도청, 그리고 청주향교에서 개최되었다. 중앙공원에서는 문화재 투어 및 전통문화 공연과 무형문화재와 함께하는 체험전을, 충청북도청에서는 근대유산 투어와 만담 공연을, 그리고 향교 일원에서는 청주 근대거리 재현과 먹거리 코너를 통한 특색 있는 행사를 통하여 시민들의 만족도를 높였다.

또한 중앙공원 인근에 위치한 전통시장(서문시장)과 연합하여 지역 경제 활성화에도 기여하는 역할도 하였다.

Ⅲ. 상주읍성의 보존 활용 방향

1. 보존 정비 방안

1) 보존 방안

현재 상주읍성의 경우 비지정문화재로 되어 있어 각종 개발의 압력에 노출되어 있다. 청주읍

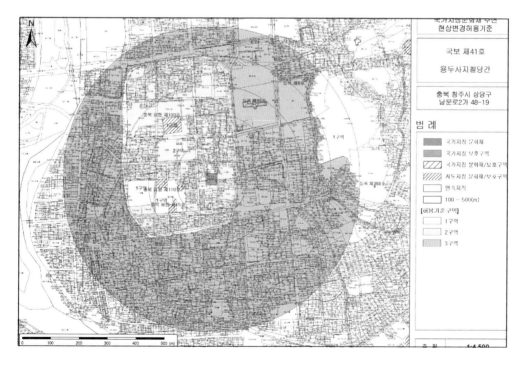

그림 13. 국보 용두사지철당간 역사문화환경보존지역 지정 현황

성의 경우 상주읍성과 같이 비지정문화재이다. 그러나 청주읍성 내에 위치하고 있는 고려시대 용두사지철당간이 국보로 지정되어 있으며, 청주목 관아 건물인 청녕각(충청북도 유형문화재 제19호)과 충청도병마절도사영의 정문인 영문(충청북도 유형문화재 제15호)이 충청북도지정 문화재로 지정되어 있어 읍성 관련 유적의 보존이 비교적 잘 되어 있다. 청주시에서는 도로로 사용되고 있는 청주읍성 성벽의 보호를 위하여 앞에서 언급한 국가 및 충청북도지정 문화재 역사문화환경보존지역 지정 때, 청주읍성 터를 원지형 보존을 할 수 있는 제1구역으로 지정 고시하여 보존하고 있다.

또한 국보 용두사지철당간 역사문화환경보존지역(제2구역)으로 고시된 청주읍성내에서 건

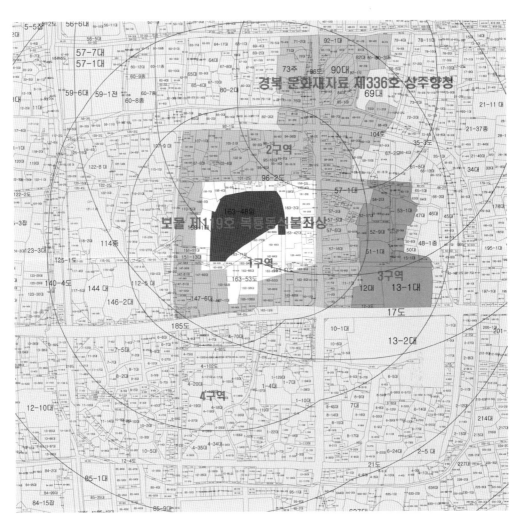

그림 14. 보물 복룡동 석불좌상 역사문화환경보존지역 지정 현황

물을 신축할 경우 4층 이내로 제한되며, 4층 이상으로 건물을 지을 경우 문화재청 문화재위원회 심의를 받아야 한다. 그리고 읍성 내외 지역에서 각종 개발행위를 할 경우 사전에 매장문화재 조사를 통하여 청주읍성과 관련된 매장유적의 훼손을 방지하고 있다.

상주읍성의 경우 현지 조사 결과 아직까지 읍성 내에 개발 압력이 크지 않지만, 언젠가는 각종 개발로 인하여 훼손될 수 있는 여지가 크다.[19] 또한 읍성 내에서 이루어지는 소규모 개발시 매장문화재 조사도 이루어지지 않고 있어 매장문화재의 훼손이 우려된다.

읍성 내외에는 복룡동석조여래좌상(보물)과 상주향청(경북 문화재자료 제336호)이 있어 현상변경허가 대상 검토 구역에는 북문과 성벽이 부분적으로 편입되어 있으나 "2구역"으로서 최고높이만 통제될 뿐 청주읍성과 같이 읍성 터의 보호와는 무관하게 운영되고 있다.

2019년 상주박물관에서 "상주읍성지 발굴조사(2019-0802)"를 진행하면서 해자가 조사되어 지적도에 나타나는 성벽의 존재가 확인되었다. 2020년에는 해자를 따라 성벽 선에 연장되는 곳에 근린생활시설을 건축하기 위해 조사 결과 성벽 기저부가 확인되었다. 또한 2021년에는 도시계획 도로 개설을 위해 조사한 결과 기 확인된 성벽 기저부에 연결되는 성벽 기저부가 재확인되었다.

이에 따라 상주시의회 의원 연구단체에서는 "상주읍성 복원 및 관광 자원화 방안 연구" 용역을 실시하여 복원의 범위와 관광 연계 방향을 설정하였다. 또한 상주시에서는 "상주읍성 북문 복원계획"을 용역 중이며, 2022년에는 북문 일대 토지 매입비로 20억 원의 예산을 계상하였다.

상주읍성 성벽 및 관련유적의 보존을 위해서는 동 유적에 대한 경상북도지정 문화재 지정이 필요하다. 또한 문화재 지정과 동시에 고시하여야 하는 역사문화환경보존지역의 경우 재산상 불이익을 염두에 둔 토지주들의 반발이 예상되는 바, 이 부분은 공동체적인 합의를 통하여 최소화시켜야 한다. 만약 읍성 주변 거주민들의 반발로 경상북도 문화재 지정이 어렵다면 상주시

그림 15. 상주읍성 해자 발굴조사 전경

그림 16. 상주읍성 기저부 발굴조사 전경

19 읍성 북쪽 지역의 경우 고층 아파트가 들어선 상태로 이와 같은 개발은 읍성내로 확대될 개연성이 크다.

조례로 상주읍성 보호 조례를 만들어 보존해야 한다. 그리고 연차적인 계획을 세워 읍성 내 토지를 매입하여 관련 유적 터를 보존해야 한다.

2) 정비 방안

상주시에서는 경상북도·전라남도 및 나주시 등 4개 자치단체가 협약을 하여 2015년부터 2021년까지 총사업비 각각 500억 원을 투입하여 "영호남 지명유래 고도전통문화 자원화사업"을 예비타당성 조사 대상 사업으로 추진했다. 예타 대상 사업으로 추진한 것은 곧바로 나타나지 않는 문화사업에 막대한 사업비를 시비로 충당하기는 어려움이 있어 국비와 도비의 지원을 받기 위함이었다. 그러나 2번에 걸쳐 문화체육관광부의 대상 사업으로는 선정하였으나 기획재정부의 심사에서 탈락함에 따라 이 사업계획은 추진이 불가하였다. 이 사업은 옛 상주읍성의 상징적 보존과 구도심 유적을 보존하고 활용하기 위하여 원래의 위치인 동헌과 북문을 복원하고 성벽의 일부를 복원하는 것을 주요 내용으로 하고 있다. 그러나 "영호남 지명유래 고도전통문화 자원화사업" 추진이 불가함에 따라 상주읍성 성문이나 성벽의 일부 복원에 어려움이 있다. 보물로 지정된 복룡동 석불좌상이나 경상북도 문화재자료인 상주향청으로는 상주읍성 복원에 제한이 있다. 현행 문화재보호법 상 국비를 지원[20] 받으려면 해당 유적(상주읍성)이 국가지정문화재이어야 한다. 광역 지정문화재의 경우 문화재청 예산이 아닌 행정자치부 교부세 및 경상북도의 지원을 받고 있다. 따라서 상주읍성 정비를 위하여 문화재 관련 국비를 받고자 한다면, 동 유적이 사적으로 지정되어야 하는 선행 조건이 충족되어야 한다. 그러나 상주읍성은 광역문화재도 지정이 안 된 비지정문화재이므로 문화재 관련 국비나 도비의 지원을 쉽지 않은 상황이다.

청주읍성의 경우 2013년 복원한 성벽 35m 구간의 재원은 도시재생사업의 일환으로 국비

---

20 문화재보호법 제51조(보조금) ① 국가는 다음 각 호의 경비의 전부나 일부를 보조할 수 있다. [개정 2015.3.27] [[시행일 2016.3.28]]
  1. 제34조제1항에 따른 관리단체가 그 문화재를 관리할 때 필요한 경비
  2. 제42조제1항제1호부터 제3호까지에 따른 조치에 필요한 경비
  3. 제1호와 제2호의 경우 외에 국가지정문화재의 관리·보호·수리·활용 또는 기록 작성을 위하여 필요한 경비
  4. 삭제 [2015.3.27] [[시행일 2016.3.28]]
  ② 문화재청장은 제1항에 따른 보조를 하는 경우 그 문화재의 수리나 그 밖의 공사를 감독할 수 있다.
  ③ 제1항 제2호 및 제3호의 경비에 대한 보조금은 시·도지사를 통하여 교부하고, 그 지시에 따라 관리·사용하게 한다. 다만, 문화재청장이 필요하다고 인정하면 소유자, 관리자, 관리단체에게 직접 교부하고, 그 지시에 따라 관리·사용하게 할 수 있다. [개정 2015.3.27] [[시행일 2016.3.28]]

지원을 받았다. 앞서도 언급했지만 발굴조사비의 경우 문화재 부서에서 확보하여 2011년부터 2013년까지 추진을 하였지만, 복원비의 경우 건설교통부에서 추진하고 있는 도시 재생사업에 포함되어 국비지원을 받았다. 상주읍성의 경우도 건설교통부 주관 도시재생 사업비를 확보하여 복원하는 것도 한 방법이라고 생각한다.

상주읍성 복원 사업비를 확보한다면 앞서

그림 17. 도시재생사업비로 복원한 청주읍성 35m

청주읍성 복원에서 밝혔듯이 먼저 해당 지역에 대한 매장문화재 발굴조사를 거쳐 위치와 규모를 규명하여 진정성을 확보한 다음 관련전문가들의 철저한 고증과 자문을 거쳐 설계와 시공이 필요하다.[21]

또한 상주읍성 지표조사로 어느 정도 흩어진 성돌의 위치를 규명하였지만,[22] 상주읍성 성돌 찾기를 범 시민운동 차원으로 승격시켜 상주읍성 복원에 대한 시민들의 관심을 유도할 필요가 있다.

2. 활용 방향

상주읍성의 상징적인 복원을 위해서는 먼저 상주시민들의 의지가 중요하다. 상주시에서 좋은 사업을 정책적으로 추진한다고 해도 시민들이 원치 않는 사업은 추진에 어려움이 있다. 상주읍성 복원이 시민들의 삶에 긍정적인 영향을 줄 수 있는 것임을 인지하는 것이 가장 중요하다고 생각된다. 즉 문화유산이 거주민들에게

그림 18. 청주성 탈환 퍼포먼스

걸림돌이 아니라 이것을 활용하면 주변에 살고 있는 사람들이 혜택을 받을 수 있다는 믿음이 필요하다.

청주시에서 청주성 탈환 축제를 통하여 청주읍성을 시민들에게 알렸듯이 상주시에서도 상주

---

21 설계와 시공은 문화재청의 인가를 받은 문화재 전문업체가 해야 한다.
22 상주시·동국문화재연구원, 2015, 『상주읍성 문화재 지표조사 보고서』, 60~92쪽.

그림 19. 읍성내 골목

그림 20. 일제강점기 건물

그림 21. 면사무소 터

그림 22. 남쪽 성벽 터

그림 23. 해자 터

그림 24. 상주읍성 성돌

그림 25. 동문 터

그림 26. 해자길 걷기

그림 27. 발굴조사 터

그림 28. 향청

그림 29. 읍성 사인물

읍성과 관련된 콘텐츠를 개발하여 축제로 기획할 필요가 있다.

임진왜란 때 순절한 상주판관 권길, 호장 박걸을 비롯한 상주 민병 800여명이 일본군 주력 부대인 고니시 유키나가(小西行長)가 이끄는 17,000여명의 병력을 맞아 4월 25일 산화한 사실 및 1592년 11월 23일 정기룡 장군의 상주성 탈환을 근거로 호국영령들의 넋을 기리고 당시 상주인들의 의기를 널리 알리는 행사를 개최하는 것도 한 방법이다.

그리고 문화재청에서 추진하는 활용사업 공모를 통하여 상주읍성을 알리는 것도 한 방법이다. 앞서도 언급했듯이 문화재청에서는 주간에 문화재를 답사할 수 없는 직장인과 시민들에게 야간에 문화재를 답사할 수 있는 야행 프로그램을 만들어 2016년부터 전국 지방자치단체를 대상으로 공모를 하였다. 그 결과 서울, 부여, 청주, 군산, 전주, 대구, 경주, 부산 등에서 야행 프로그램을 운영하여 높은 호응을 얻었고, 현재 전국 각 기초자치단체로 확대되고 있다.

상주시에서도 2021년 8월 상주역사공간연구소(소장 : 김상호)와 상주시도시재생센터에서 읍성 내 전통시장과 연계한 읍성 골목 야행 프로그램을 기획하여 야간에도 골목에 남아 있는 옛 정취와 향수를 되살려 상주의 아름다움을 널리 알리어 국내외 관광객들이 스쳐 지나가는 상주가 아닌 머물다 갈 수 있는 상주로 만드는 계기를 만들고 있지만, 상주시만의 프로그램이 아닌 전국적인 행사로 발돋음 할 필요가 있다.

상주읍성과 관련된 축제나 야간 투어 프로그램의 추진도 중요하지만, 가장 앞서 시행하여야 할 것은 상주읍성 성벽 터나 주요 유적지 터를 알리는 것이다. 상주시민들이나 상주를 찾는 국내외 관광객들이 상주읍성 및 관련 유적지 답사를 하고 싶어도 위치를 모르면 할 수 없기 때문이다.

필자가 상주읍성 성벽 터를 돌아보면서 느낀 것은 표지석이나 안내판이 부족하다는 것이다. 상주문화원과 상주시에서 4대문 터에 대하여 표지석을 설치하여 성문의 경우 위치를 알아볼

그림 30. 동문 터 표지

그림 31. 남동쪽 성벽 터에 위치한 상주읍성 표지판

수 있지만, 성벽 터나 해자 추정 터, 그리고 상산관 등 관련 유적지 터의 경우 안내를 받지 않으면 찾을 수 없는 상태이다. 성벽 터에 상주시에서 표지사인을 해 놓았지만 눈에 띄지 않는다. 성벽 터나 해자 추정 터의 경우 도로로 사용되고 있기 때문에 표지사인을 설치하기에는 어려움이 있을 것이다. 그러나 대구와 같이 성벽 터를 알 수 있게 화강암 경계석을 설치한다던지, 아니면 관련 부서와 협의를 통하여 도로 위에 성벽 터임을 알 수 있도록 글씨를 크게 써 놓는 것도 상주읍성의 위치를 알리는 방법이다.

또한 상주객사인 상산관이 위치했던 상주경찰서 초입에 작은 표지석이 상산관이 있었던 자리임을 알리고 있다. 그러나 처음 상산관 터를 찾는 사람들은 찾기 힘든 상황이므로 상주경찰서와 협의하여 큰 표지석과 일제강점기 옮기기 전 상산관 사진 자료 등을 포함한 안내판을 설치하여 홍보할 필요가 있다.

제주읍성의 경우 일제강점기 제주읍성 및 관련 유적 사진자료들을 해당 유적지에 상설 전시하여 제주읍성의 위치를 알리고 있다. 상주읍성도 최근 발굴된 성문 등 관련 사진을 해당 유적지에 상설 전시하여 홍보하여야 한다.

상주읍성의 상징적인 복원을 위해서는 상주시민은 물론 이곳을 찾는 국내외 관광객들이 상주읍성의 중요성과 가치를 인정하여 복원의 필요성을 공감하여야 한다. 이렇게 하기 위해서는 상주시에서는 연차적인 계획을 세워 읍성 내 주요 유적지 터 토지를 지속적으로 매입하면서 상주읍성을 손쉽게 찾고 이해할 수 있는 안내판과 표지석을 설치해야 한다. 그리고 문화원, 예총 등 시민단체에서는 시민들과 공감할 수 있는 축제나 행사를 기획하여 상주읍성이 상주시민들의 생활에 걸림돌이 아닌 긍정적인 역할을 할 수 있는 중요한 문화유산임을 인지시켜야 한다. 또한 상주시민들은 상주시 역사 회복 차원에서 일제강점기 강제로 훼철된 상주읍성 성돌을 찾고 모으는데 합심하여야 한다.

IV. 맺음말

상주시에서는 상주시 역사 회복 차원에서 상주읍성의 북문과 성벽 일부분의 상징적인 복원을 추진하고 있다. 이와 관련하여 필자는 청주읍성 복원 및 활용사례를 통하여 상주읍성의 보존 방향을 제시하였다. 이것을 정리하면 다음과 같다.

첫째, 고려 우왕 11년(1385)에 쌓은 상주읍성은 광무 11년(1907) 8월 1일자 관보(官報)에 공포된 "내각제1호 성벽처리위원회에 관한 건"에 기인하여 일제강점기인 1912년에 훼철되었다. 상주읍성의 경우 청주읍성과 같이 비지정문화재로 남아 있어 각종 개발의 압력에 노출되어 있다.

둘째, 상주읍성 및 주변유적의 보존 방안이다. 상주읍성 성벽 및 해자 터의 경우 대부분 도로로 변했고, 성내 건물이 위치한 곳도 민가로 인하여 훼손된 상태이다. 이러한 비지정유산의 경우 경상북도 문화재로 지정하여 보존하여야 하며, 광역 문화재 지정이 어려울 경우 상주시에서 상주읍성을 보존할 조례 제정이 시급하다.

셋째, 상주시에서는 2015년부터 2021년까지 총사업비 500억원을 투입하여 전남 나주시와 "영호남 지명유래 고도전통문화 자원화사업" 계획은 결국 추진에 실패했고, 상주읍성이 국가나 경상북도 지정 문화재로 되어 있지 않아 문화재 관련 예산을 확보하기 어렵다. 이에 따라 청주읍성 복원과 같이 건설교통부에서 추진하는 도시재생 관련 국·도비를 확보하는 것도 한 방법일 수 있다.

넷째, 상주읍성 및 주변유적의 활용 방향이다. 상주읍성의 상징적인 복원을 위해서는 상주시청 만이 아닌 상주시민이 공감하여야 한다. 상주시민들이 상주읍성 복원에 공감하기 위해서는 상주읍성이 생활에 걸림돌이 아닌 함께 해야 하는 것임을 느낄 수 있게 해야 한다. 상주읍성의 중요성 및 가치를 상주시민 및 상주를 찾는 국내외 관광객들에게 인지시키기 위해서는 상주읍성을 활용한 축제나 야간에도 동 유적을 관람할 수 있는 프로그램을 기획하여 운영하여야 한다. 즉 주간에는 상주시 외곽지역의 문화유산 관광을, 야간에는 상주읍성을 중심으로 한 문화유산을 관람하고 즐길 수 있도록 하여 상주읍성 및 주변유적이 시민들의 생활에 걸림돌이 아닌 새로운 관광자원이 될 수 있음을 상주시민, 특히 상주읍성 주변 거주민 및 토지소유자들에게 느낄 수 있게 하여 인식의 변화를 주어야 한다. 이러한 활용 방안을 통한 문화재 주변 거주민과 토지주들의 인식을 변화시켜 상주읍성 및 주변유적을 복원·보존하여야 한다.

〔부록 1〕청주읍성 성돌 조사 현황

o 발견 장소 및 수량 : 17곳 956개(기존 2곳 87개, 실태조사 15곳 869개)

조사 현황		개 수	비 고
조사장소	위 치		
계		1,289	
성안로 74번길 6(김철수가옥)	골목길 입구	1	치석된 장대석
	앞집 담장 옆	1	성돌
	마당 정원석	50	성돌 및 치석된 장대석
청주 남문로 2가 남궁타워 신축 부지	발굴현장	35	성돌
남사로 108번지 앞 도로 발굴현장	발굴현장	1	성돌
한국산업연수원 부지(영동 102)	발굴현장	2	성돌(기증)
대한불교수도원 (충북 청주시 상당구 수동 67)	일주문 진입로 계단	9	치석된 장대석
	계단	463	성돌
	장독대 계단	3	치석된 장대석
	장독대 축대	13	전면 7, 서측 2, 동측 4
	미륵불상 전면 향로석 받침	1	성돌
	미륵불상 조성 공적비 동측	1	성돌
	미륵불상 동측 축대	5	성돌
	범종각 동측 화단	25	성돌
	범종각 동측 화단 북측	1	치석된 장대석
	청주불교청년회 사무실 앞 화단	1	치석된 장대석
	청주불교청년회 사무실 앞 화단	10	성돌
	요사채 기단	5	성돌
	요사채 디딤석	2	치석된 장대석
우암산로 브룩스 카페 옆 산책로	계단	65	성돌
대성로 108번지 (문화동 중앙초등학교 내)	교정 서쪽 담장 안쪽	6	치석된 장대석
남문로 1가 48-1번지(상당로25번길)	민가 내부 정원석	2	성돌
남문로 1가 (상당로 5번길50-9)	민가 내부 및 담장 밖	4	성돌
남문로 1가 (상당로 13번길39-5)	민가 내부 화단 축대	2	성돌
남문로 1가 (구자작나무아기사진관)	내부 정원석	11	성돌 2, 원형 초석 9
남문로 1가 233-23 (무심동로94-10)	마당 우물가 계단	1	성돌
남문로 1가 100번지 (상당로 13번길 24-1)	외부 방화벽 기초	10	성돌
	내부 정원석	7	성돌
남문로 1가 95번지 (상당로 13번길 24-2)	초석	10	성돌
남문로 1가 경로당	마당	9	치석된 장대석
	내부 정원석	5	성돌
청주 탑동 양관 5호관	남측 지하벽면석	104	성돌
	서측 지하벽면석	86	성돌
충북문화관 (구도지사관사)	디딤돌	5	치석된 장대석
청주 교도소	계단석 및 바닥석	300	치석된 장대석
한월동 고가	담장석	33	치석된 장대석

〔부록 2〕발굴 성돌 크기 (단위 : mm)

번 호	가 로	높 이	뒷길이	번 호	가 로	높 이	뒷길이
1	380	340	270	21	500	330	270
2	400	320		22	420	320	
3	340	240	300	23	400	340	240
4	360	320		24	430	290	
5	330	320		25	400	330	250
6	370	300	240	26	410	320	
7	390	340		27	420	310	
8	340	310		28	350	320	250
9	390	360	260	29	370	310	
10	390	310		30	370	320	240
11	350	350	250	31	400	310	
12	430	320		32	360	310	250
13	350	340	300	33	340	330	
14	410	340		34	390	330	
15	370	340	230	35	420	330	
16	390	340		36	370	320	260
17	380	330	340	37	380	300	
18	450	340		38	450	350	364
19	450	300		39	410	310	
20	420	330		40	470	320	450

삼국·통일신라 마애불의 변화양상과 성격

박윤희(평택시청)

| 목 차 |

Ⅰ. 머리말

삼국시대 불교가 전래된 이후 예배의 대상이었던 불교조형물들은 다양하게 조성되었다. 특히 불상의 경우 석불, 목불, 금동불, 철불, 소조불등 다양한 재료를 사용하였다. 특히 석불은 우리나라에 산재해 있는 양질의 화강암으로 만들어져 지금까지도 우리의 삶 속에서 변하지 않는 모습으로 조형미를 뽐내고 있다.

마애불 또한 돌을 재료로 사용하기 때문에 석불의 범주에 속할 수 있으나, 절벽이나 바위의 한 면을 부조나 선각으로 조성한 것이 특징이다.[1] 이런 이유로 마애불이 조성된 위치와 관련된 지역적 특성이나, 국적을 쉽게 파악할 수 있는 장점이 있다. 또한 마애불이 조성된 시기와 함께 만들어진 불상들과 양식적 친연성이 있다. 그렇기 때문에 마애불을 연구한다는 것은 조각사 연구에 중요한 위치를 차지하며, 한편으로는 시대적 미적 특성을 밝히는 귀중한 자료가 된다.[2]

삼국·통일신라시대 마애불은 마애불이 최초로 나타나기 시작한 7C부터 불상이 전국적으로 퍼져나가는 9C의 다양한 모습들을 알 수 있어 중요하다. 삼국시대의 마애불의 경우 그 특성상 각국의 조각적 특징을 알 수 있으며, 통일신라시대 이후의 마애불은 위치나, 명문을 통해 조성 세력의 다양화, 교통로 등이 확인 가능하다.

본고에서는 이러한 사실을 바탕으로 삼국·통일신라 마애불의 종합적 성격에 대해 살펴보

---

1 문명대, 1991, 『마애불』, 대원사, pp.11-13.
2 윤철현, 2006, 「三國時代 磨崖佛의 造形的 特性 研究」, 『경희대학교 사학』 24, 경희대학교사학회, p.448.

도록 하겠다. 이를 위해 먼저, Ⅱ장에서는 마애불 조성에 있어 삼국과 통일신라시대 양식적 변화와 특성에 대해 알아보고자 한다. 다음으로 Ⅲ장에서는 양식적 특성을 토대로 마애불의 신앙적, 지역적 성격과 조성주체 세력에 대해 알아볼 것이다. 이를 통해 삼국·통일신라 마애불의 의의에 대해 논하도록 하겠다.

Ⅱ. 마애불의 양식적 특징

〈표 1〉 삼국·통일신라 시기에 따른 양식 변천

구분 시기		7C	8C	9C
불	머리 두발	갸름한 상호의 표현 소발, 육계	소발, 나발 등장	양감과 비만이 강조된 상호등장 육계의 표현이 불확실함
	삼도	無	有	有
	옷 주름	두꺼운 통견법의, 우견편단 U자형 무늬 ▽형 띠매듭 입상에서 편단우견	얇아진 대의 자연스런 옷주름 통견법의 우전왕식, 아육왕식 표현이 보임 좌상에서 편단우견	형식화된 평행밀집선 의문 왼쪽 어깨 띠매듭 등장 편단우견에 편삼을 착용한 양식 등장
보살	두발	삼신관	삼면관, 삼신관	보관
	옷 주름	X자 천의	천의, 치마에 편삼	천의, 치마
	지물	보주	정병, 꽃가지	정병, 화반, 꽃가지
대좌		복연좌가 주류 상현좌	앙복연좌 혹은 앙연좌	상·중·하대의 대좌 갖춤의 등장
광배		보주형과 원형두광 주류를 이룸 화불의 표현	보주형 두광 신광조식 외연에 화염문 조식	원형의 두광과 신광형태의 거신광배

본 장에서는 동 시대에 만들어진 불상들과 비교를 통해 마애불의 양식적 특징을 언급해 보겠다.

〈표 1〉에서 시대에 따른 불상의 특징을 간략히 정리하였다. 마애불의 경우 원각상과 비슷한 형태로 조각이 이뤄지나, 세세한 부분에서 차이점을 드러낸다.

상호의 경우 대체로 갸름했던 7C표현에서 점차 비만해지고, 양감이 강조되는 모습을 보인다. 그러나 육계의 경우 대부분 소발의 형태로, 8C에 석불상에서 나발이 유행한 것과 다르다.. 또한 육계는 7-8C 작인 영주 가흥리 마애삼존불상이나 경주 남산 칠불암마애불상군에서 나타난 크고 뚜렷한 모습에서 9C 작인 영풍 월호리마애석불좌상과 같이 머리와 구분이 불확실한 형태로 나타나는 경향을 보인다.

옷주름의 경우 당시 유행했던 양식의 변천과 유사하다. 특히 삼국시대 마애불의 경우 중국에서 들어온 새로운 법의의 양식들이 마애불에서도 확인된다. 삼국시대 초기에는 서산 용현리 삼존불입상의 본존불과 같이 두꺼운 통견법의를 입고, 가슴에 띠매듭과 U자형 의문(衣紋)이 나타난다. 한편 7C에 새롭게 들어온 신 양식이 신라 지역에서 나타나는데, 경주 단석산신선사마애불상군에서 나타나는 우견편단의 의문의 모습이 대표적이다. 8C에는 대체로 석굴암 본존상과 같이 얇아진 대의에 우견편단 형식의 불상이 많이 나타나는데, 대표적으로 경주 남산 칠불암 마애불상군의 본존상이 석굴암상과 비슷한 형태를 보인다. 9C에 나타나는 불상의 모습은 형식화된 평행밀집선 옷주름을 특징으로 꼽을 수 있으며, 경주 월성 골굴암 마애불좌상에서 잘 표현되어 있다.

대좌의 상·중·하대가 나타나기 시작한 것은 8C부터로, 9C에 들어 석불좌상, 부도 등 다양한 형태로 유행하게 된다. 마애불에서도 영향을 받아 보성 유신리 마애불좌상, 경주 남산 부흥곡 마애불좌상에서 보인다.

광배는 대체로 금동상과 원각상에서는 보주형의 두광과 신광, 화염이나 화불을 새겨 광배를 정교하게 표현한 경우가 많다. 그러나 마애불의 경우 대체로 화려한 모습보다는 두광과 신광을 간단하게 표현하거나, 선각으로 조각하는 경우가 대부분이다. 물론 보성 유신라마애여래좌상이나, 남원 신계리마애여래좌상과 같이 양각의 화려한 형태를 띠는 경우도 있다. 이것은 당시의 사람들이 다양한 방법을 통해 마애불의 조각을 시도하였으며, 불상을 효과적으로 암벽에 새기기 위해 노력했다는 것을 알 수 있다.

7C는 목탑이 신라의 분황사 모전석탑이나, 백제의 미륵사지 석탑과 같은 석탑의 형태로 바뀌고, 금동불에서 석불로 전이되는 시기였다.[3] 초기 마애불은 돌에 대한 자신감의 표현으로[4] 대부분 부조형식으로 제작되었다. 7C는 대체로 서산 마애삼존물과 같이 원각상의 형태가 주를 이룬다. 양각과 선각의 예는 단석산 신선사 마애불상군과 같이 회화성이 강조되고 있다.[5] 8C

─────────────────────────────────

3 이러한 현상이 일어나게 된 원인은 금동불이나 목탑보다는 돌이라는 재료가 보다 견고하고 강건하며, 쉽게 구할 수 있는 장점 때문이다. 박경식, 2008, 『한국의 석탑』, 학연문화사, pp.74-78.
4 청동기시대부터 조성되었던 지석묘와 역사시대로 들어서면서 건립되었던 여러 무덤들의 형태를 볼 때 삼국시대 사람들은 석제의 채취 및 가공에 대한 자신감이 있었던 것으로 추정된다. 박경식, 『한국의 석탑』, pp.74-78.
5 신라 초기에 이러한 현상이 나타나는 것은 고대 암각화의 형태가 이 지역에서만 나타난 전통의 바탕이라는 견해도 있다. 이성도, 2006, 「백제, 신라 마애불의 조형성 연구」, 『美術敎育論叢』 20, pp.380-381.

또한 경주 남산 신선암 마애보살반가상을 통해 자연스런 천의의 모습에서 당시 마애불의 조각적 우수성이 유추된다.

9C에 들어서 마애불은 증가와 더불어 선각이나, 산각과 양각이 결합된 혼합양식이 늘어난다. 특히 혼합양식의 경우 상호나 수인과 같이 중요한 부분을 양각으로 강조하고, 신체와 옷주름은 선각으로 처리하였다. 이는 경주 남산 삼릉계 마애석가여래좌상과 구미 황상동 마애여래입상에서 확인된다. 뿐만 아니라 9C에 경주 남산 삼릉계곡 마애선각육존불에서 마애불의 회화적 측면 또한 나타나고 있다. 시대가 지남에 따라 편리성이 강조되고, 다양한 미감이 활용된 것으로 추정하고 있다.

〈표 2〉 시기에 따른 마애불의 크기 변화

크기	자세	7C (%)	8C (%)	9C (%)
1-2m	좌상	12 (23.5)	8 (29.6)	10 (25)
	입상	18 (35.2)	5 (18.5)	2 (5)
2-3m	좌상	6 (11.7)	2 (7.4)	5 (12.8)
	입상	7 (13.7)	9 (33.3)	10 (25)
3m 이상	좌상	2 (3.9)	·	5 (12.8)
	입상	6 (11.7)	3 (11.1)	7 (17.6)
총 계		51(15)	27(13)	39(26)

한편 시기에 따라 마애불의 크기가 변화되는 양상을 보인다. 〈표 2〉를 보면 7C는 1-2m 크기의 불상이 전체에서 절반 이상을 차지하는 것이 확인된다. 이는 당시에 불상조성이 삼존상이나, 불상군의 형태가 대다수를 이루고 있기 때문에, 한 면에 다양한 불상을 조성하기 위한 불가피한 선택이라고 생각한다. 8C에 들어 불상들은 점차 등신대 크기의 상들이 조성되며 9C에는 3m이상의 대형 상들이 증가하는 양상을 띤다. 또한 위의 표와 같이 좌상의 상들은 대체로 1-2m의 크기의 상이 많으며, 2-3m 혹은 3m이상의 상들은 입상이 대다수를 이루고 있다. 즉 마애불 또한 원각상과 마찬가지로 좌상보다 입상에서 대형화되는 추세를 보이는 것이다. 9C에 제작된 것으로 추정되는 경주 남산 약수계 마애여래입상은 12.6m로 삼국과 통일신라를 통틀어 가장 거대한 불입상의 형태를 띤다.[6] 이처럼 대형화된 불상은 경상남도 지역에 산재해 있다가 구미 황상동 마애불입상을 기점으로 충청도 지역으로 전파되는 모습을 보인다.

이상에서 시기별 마애불의 양식과 조각형식의 변천을 살펴보았다. 대체로 양식은 동시대의

---

6 박경식, 『한국의 석탑』, p.75.

불상과 크게 동떨어지지 않는 선에서 함께 변화해간 반면 조각형식은 더욱더 다채로워 진 것을 확인하였다. 이를 통해 마애불이 조각적 편의에 따라 더 간편하게 표현할 수 있는 방식을 채택했다는 것을 알게 되었다. 한편 시기가 지남에 따라 마애불의 크기가 등신대 이상으로 커지며 전국적으로 확대해 나가는 모습이 확인된다.

III. 마애불의 성격

1. 신앙

불상은 한 시대를 상징하는 것이기도 하지만 그 사회를 반영하는 문화의 일부이다. 즉 어느 사회의 소산이냐에 따라 불상의 성격도, 이에 따른 부처의 존명도 다르다. 불상의 존명을 파악하는데 있어 수인은 중요한 기준이 되고 있다.[7] 아래의 표는 각 시기별 마애불의 수인과 자세를 총 6가지 형태로 분류한 표이다.

〈표 3〉 시기에 따른 수인의 변화

유형	수인	자세	시기		
			7C	8C	9C
A	시무외 · 여원인 (통인)	좌상	6	·	4
		입상	9	8	4
B	항마촉지인	좌상	·	3	3
C	아미타인	좌상	1	4	·
		입상	·	1	2
D	설법인 (전법륜인)	좌상	·	·	2
		입상	·	·	1
E	약함을 든 경우	좌상	·	1	7
		입상	·	·	2
F	기타	좌상	13	1	8
		입상	22	9	9
총 계			51(15)	27(13)	38(26)

〈표3〉 구분하면 총 5가지 유형의 수인이 확인된다. A 유형의 수인은 삼국시대의 경우 불상의

7 문명대, 1998, 「佛像의 手印에 대하여」, 『僧伽』 5, 중앙승가대학교, p.114.

종류와 관계없이 거의 다 취하고 있어 통인(通印)이라고 불린다.[8] 景4년 辛卯銘 금동광배[9]와 경주 단석산신선사마애불상군[10]에서 나타난 명문을 통해 미륵과 아미타신앙의 유행이 유추된다. 특히 단석산 신선사 마애불상군 중 북쪽 암벽에 부조된 상이 A유형을 취하고 있으며, 미륵불임이 명문에 명시되어 있다. 한편 A유형뿐만 아니라 반가상의 자세를 취한 불상도 미륵불로 취급된다.[11] 특히 반가상은 삼국시대에 유행하여 서산 마애삼존불의 좌협시 보살, 중원 봉황리 마애불상군의 본존 등이 마애불에서 나타난다. 이와 같은 정황을 통해 당시 미륵신앙이 유행했다는 것을 알 수 있다.

당시는 삼국 전쟁이 활발했던 시기로 국토를 미륵용화세계로 해석하고, 전륜성왕사상에 의해 국가 간의 병합을 인정하는 추세였다.[12] 때문에 각 국은 미륵신앙을 수용하여 왕실의 왕권강화의 사상적 뒷받침을 하였다.[13] 한편 민중들의 경우 전시의 상황과 맞물려 당시의 혼란과 고통에서 벗어나 평온한 미래를 위해 미륵을 신봉했을 것이다.[14]

B, C, D 유형의 수인은 아미타불과 연관된다. B유형의 경우 군위 삼존석불에서 나타난 도상을 추론하여 아미타불의 도상으로 추정한다.[15] 마애불의 경우 칠불암 마애삼존불의 본존상이나 동화사 입구 마애불좌상에서 나타나고 있다. 대체로 항마촉지인계 불상들은 조각적으로 유려한 모습을 보이고 있어, 왕실과 관련된 사찰에서 만들어진 것으로 추정된다.

C유형은 아미타불을 나타내는 수인으로 각 시기에 따라 손 집는 위치에 차이가 있다. 8C에 만들어진 굴불사지 서면 아미타상의 수인은 오른손을 들어 엄지와 검지가 붙어있는데, 9C에 만들어진 합천 치인리 마애불입상에는 엄지와 중지를 결한 수인으로 변화한다. C유형이 다양해진 이유는 사회가 혼란해 짐에 따라 신앙의 범위가 확대되기 때문이라고 파악된다.[16]

---

8 진홍섭, 2009, 『한국의 불상』, 일지사, p.87.
9 景4년 辛卯銘 금동광배의 명문에서 '무량수불을 조성하며 죽은 스승과 부모, 현재 선지식은 미륵을 만나기를 염원하고 있다.'는 내용을 통해 당시 성행한 불교신앙의 단면을 추측할 수 있다. 양은경, 2005, 「景四年辛卯銘 금동삼존불의 새로운 해석과 中國 불상과의 관계」, 『先史와 古代』 23, 한국고대학회, pp.45-47.
10 "……己罪仍於山巖下創造伽籃曰靈虛名神仙寺作 彌勒石一區高三丈菩薩二區明示微妙相相." 韓國古代社會硏究所編, 1992, 『譯註韓國古代金石文 I』, 가락국사적개발연구원, pp.194-197.
11 강우방·곽동석·민병찬, 2004, 『불교조각 I』, 솔, pp.200-203.
12 김혜완, 1992, 「新羅時代 彌勒信仰의 硏究」, 성균관대학교 박사학위논문, pp.28-32.
13 김남윤, 1993, 「신라미륵신앙의 전개와 성격」, 『역사연구』 2, 역사학연구소, p.11; 길기태, 「백제사비시대의 미륵신앙」, 2006, 『백제연구』 43, 충남대학교 백제연구소,, pp.170-177.
14 박성상, 『한국 고대 마애불상』, p.193.
15 김리나, 1989, 『한국고대불교조각사연구』, 일조각, p.341.
16 지강이, 2012, 「신라하대 합천 치인리 마애불입상 연구」, 『美術史學硏究』 274, 한국미술사학회, pp.42-44.

한편 D유형은 9C에 들어서 좌상과 입상에서 다양하게 표현된다. 좌상의 경우 진전사지 삼층석탑의 초층탑신과 같이 사방불의 형태를 취하는 반면 입상은 구미 황상동 마애불입상과 같이 독존형식의 거대한 형태로 표현되기 시작한다. 특히 입상 양식의 경우 중국이나 일본은 사례가 없어[17] 한국적인 표현이라고 생각한다.

신라 중고기 아미타 신앙의 발전은 통일신라시기에 왕실에서 민중까지 광범위하게 뿌리내리게 되었다.[18] 왕실의 경우 경덕왕과 굴불사의 사면석불[19] 기사를 통해 신라의 불국토 신앙과 중대왕권강화를 위해 불교를 활용했다는 것을 알 수 있다. 또한 욱면의 왕생설화[20]를 통해 사회최하층에 이르기까지 불교가 적극적으로 수용되었음을 알 수 있다.

E유형의 수인은 현세 구복적인 경향이 주축을 이루는 신앙으로 8C중반부터 조성되었다. 칠불암 사방불의 동면상처럼 대부분 사방불로 동쪽에서 약함을 들고 있는 모습이다.[21] 8C 후반에는 좌상, 입상 등 다양한 자세를 취하며, 항마촉지인과 약함을 가진 경우와 설법인과 약함을 가진 경우로 나타난다.[22] 통일신라 후반기로 접어들면서 약사불이 많이 만들어진 원인은 기근과 역병, 왕실의 반란으로 인한 사회 혼란 때문으로 추정된다. 한편 수인의 다양화는 지방화의 원인으로 이해된다.[23]

이상에서 삼국과 통일신라시기에 유행한 신앙을 살펴보았다. 마애불에서 나타나는 삼국시대 불교신앙은 미륵신앙이 주를 이루었다. 통일신라시대에는 다양한 신앙과 함께 도상이 들어와 수인의 큰 변화가 있었는데, 아미타 신앙의 경우 수인의 변화와 함께 9C에 들어 한국적인 색체가 가미됐다고 생각된다. 또한 9C에는 사회 혼란의 증가로 구복적인 느낌이 강한 약사신앙이 증가하였고, 이런 특징이 마애불에서도 나타나는 것을 확인하였다. 이를 통해 마애불의 조성은 시대에 따라 가장 친숙한 형태의 신앙들이 바위 면에 새겨졌다고 여겨진다.

---

17 지강이. 「신라하대 합천 치인리 마애불입상 연구」, pp.171-173.

18 정병삼, 2005, 「8세기 신라의 불교사상과 문화」, 『新羅文化』 25, 신라문화연구소, p.11.

19 『三國遺事』 권3, 「塔像」 4, 四佛山 · 掘佛山 · 萬佛山. "又景德王 遊幸柏栗寺 至山下 聞地中有唱佛聲 命掘之 得大石 四面刻四方佛…."

20 『三國遺事』 권5, 「感通」 7, 郁面婢念佛西昇. "郁面娘入堂念佛…중략…捐骸變現眞身 坐蓮臺 放大光明…."

21 사방불의 명칭은 명문이 없어서 정확히 알 수 없지만 대체적으로 관불삼매경등의 사방불로 추정해야 할 것이다. 이러한 사방불은 사방으로 확대되어 가는 정토관념을 보여주는 일면도 있다 이해주, 2013, 『삼국시대 불상의 미의식 연구』, 학연문화사. p.105. 각주86, 재인용.

22 왼손의 약함 오른손의 법인을 취한 마애불의 경우는 굴불사지 사면석불의 동면상부터 시작하여 보리사 석불좌상의 광배 뒷면의 약사불좌상, 동화사 금동사리함의 선각약사불좌상, 진전사지 삼층석탑 탑신사 방불의 동면 약사불좌상등 다양하게 나타나고 있다. 김리나, 1992, 「統一新羅時代 藥師如來坐像의 한 類型」, 『佛教美術』 11, 동국대학교 박물관, pp.102-103.

23 임남수, 2005, 「고대한국 藥師信仰의 전개양상과 조상」, 『史林』 24, 수선사학회, pp.97-98.

2. 위치

마애불의 지역상 분포와 조성위치와의 관계를 확인하는 작업은 교통로와 함께 문화전파 통로를 알 수 있어 중요하다. 삼국시대 마애불상은 대체로 군사적 요충지와 교통로에 조성되었다.

[그림 1]에서 보듯 백제지역의 마애불의 위치는 서산, 태안, 예산에 자리 잡고 있다. 서산과 태안은 중국으로부터 신문물을 수용하기 위해 활용된 지역으로, 5C 후반 한강유역을 상실한 백제가 조성하였다. 예산 화전리에 만들어진 마애불의 경우 사방불로서 방향이 남과 북쪽을 모두 바라보고 있어 수도와 교통로를 잇는 역할을 했던 것으로 추정된다.

한편 봉화, 영주, 군위 등이 위치한 경상북도 북부는 일찍이 고구려의 남진 루트로 사용된 지

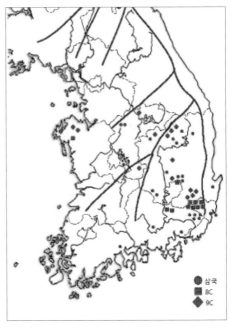

[그림 1] 삼국 · 통일신라 마애불 분포도

역으로, 군사적 요충지이다.[24] 이 지역은 군사적 요충지로서 역할도 하였지만, 고구려의 승려인 묵호자가 일선군의 모례(毛禮)집에 왔던 기록[25]등을 봤을 때 문화전파 경로로도 사용되었을 것이다. 한편 신라의 마애불들은 단석산, 선도산과 남산에 조성되었다. 이 산들은 신라 초부터 신앙의 장소로 활용되었기 때문에 국가수호의 역할로 마애불을 조성했을 것이다.[26]

8C는 강력한 전제왕권이 확립되었던 시기로 불교 조형물도 경주를 중심으로 문화가 발전하였다. 마애불의 경우 남산, 팔공산 등 신성한 지역에 위치하고 있다. 반면 9C에 들어서 중앙의 통제력이 지방에 미치지 못하게 되며, 경주 중심의 문화권이 점차 지방으로 이동하게 되었다. 특히 이러한 양상은 5소경을 중심으로 이뤄진다. 신라는 통일 이후 수도의 편제를 해결하기 위해 5소경을 지정하여 경주를 연결하는 도로망을 구축하게 된다. 이 지역은[27] 시간이 지남에

---

24 박성상, 『한국 고대 마애불상』, pp.167-179.

25 『三國遺事』 권3, 「興法」 3, 阿道綺羅條.

26 박성상, 『한국 고대 마애불상』, p.175.

27 이제까지 추정된 신라의 五小京은 『三國史記』를 토대로 추정하였다. 中原京은 충주, 北原小京은 원주, 西原小京은 청주, 南原小京은 남원으로 경주와 九州를 이어주는 역할을 하였다. 양기석, 1993, 「新羅 五小京의 設置와 西原京」, 『호서문화연구』 11, 충북대학교 중원문화연구소; 서영일 위의 글 참조.

따라 그 역할이 확대되어 정치 · 군사 · 경제 · 문화적인 교류의 장이 된다. 즉 8C에 형성된 행정적 형태의 5소경이 9C에 들어서 문화를 전파하는 5통(五通)의 역할을 하게 된 것이다.[28]

<표 4> 교통로 상에 분포한 마애불

교통로 (명칭)	노선	마애불
1경로 (추풍령로)	경주↔팔공산↔안동↔태백산↔설악산	영주 두월리 약사여래불상, 봉화 동면리 마애비로자나불좌상, 안동 옥산사 마애약사불좌상
2경로 (계립녕로)	경주↔팔공산↔성주↔성주산	용봉사 마애불, 진천 태화 4년명 마애불입상, 진천 사곡리 마애여래입상
3경로 (죽령로)	경주↔팔공산↔상주↔충주↔원주↔홍천↔설악산	구미 황상동 마애여래입상, 문경 봉정리 약사여래좌상 등
4경로 (동해안로)	경주↔울주	경주 골굴암 마애여래입상, 울산 불당 계곡마애여래입상
5경로 (남해로)	경주↔팔공산↔가야산↔지리산↔가지산	보성 유신리 마애여래좌상, 남원 신계리 마애여래좌상, 방어산 마애불 등

<표 4>에서 보면 동해방면의 4경로를 제외하고는 팔공산을 중심으로 교통로들이 교차되고 있다. 팔공산은 중사를 지냈던 신라 오악(五岳)[29] 중 하나로[30] 대구 팔공산 동봉석조약사여래입상, 동화사 입구 마애불좌상 등 다수의 불교유적이 분포하고 있다.

대구를 중심으로 뻗어난 교통로들은 각각의 중심지를 따라 이동하고 있다. 전 시기를 거쳐 형성된 교통로는 후삼국시기에 교통로 혹은 군사적 요충지로 활용되었다. 신라의 중앙양식이 꽃핀 경주의 문화가 교통로를 따라 지방으로 퍼져나가 문화를 계승하고, 새로운 문화를 재창조하여 이후 발생하는 문화에 큰 영향을 끼치게 된다.

한편 마애불이 위치하여 바라보는 시선을 생각할 때 조성위치를 살펴보는 것 또한 마애불의 성격을 알아보는데 중요한 역할을 한다. 마애불은 각 시대를 막론하고 대부분 산 정상에서 조망하며 아래를 내려다보는 경우가 가장 많다. 마애불이 높은 곳에 위치하고 있다는 것은 시계를 확보하여 모든 세계를 조망한다는 뜻이 있어 사람들을 굽어보고 그들의 평안(平安)을 기원하는 의미를 가진다. 즉 마애불의 조성을 통해 전쟁을 하고 물자를 이동시켰던 당대(當代) 사람들에게 위안과 안식을 제공해 주는 역할을 한 것이다. 한편 길목에 배치된 경우는 영주 가흥리 마

28 서영일, 1999, 「新羅 五通考」, 『白山學報』 52, 백산학회, p.593.
29 『三國史記』 권32, 「雜誌」 1, 祭祀 新羅條에 의하면 오악은 동쪽의 吐含山, 남쪽의 地理山, 서쪽의 鷄龍山, 북쪽의 太伯山, 중앙의 父岳山혹은 公山을 일컫는다.
30 『三國史記』 권32, 「雜誌」 1, 祭祀條.

애삼존불상과 창원 삼정자동마애불좌상이 있다. 이 상들은 각각 강가나 마을입구에 조성되었다. 이렇게 길목에 위치한 마애불은 길목에서 사람들과 친근한 모습으로 마을이나 강을 건너는 사람들을 지켜주었을 것이다.

3. 조상세력

대체로 고대의 불상들 중 명문이 남아있는 불상의 수는 많지 않다. 마애불도 이와 마찬가지로 명문이 남아있는 경우는 3개 정도이다. 때문에 마애불을 건립하기 위한 조상세력과 목적을 확인하기 위해 당시 사료와 명문이 있는 불상을 활용하도록 하겠다. 〈표 5〉은 불상과 관련된 기록을 정리한 것이다.

〈표 5〉 사료와 명문내용에 따른 조상세력

불상명(시기)	조상세력	명문내용	비고
단석산 신선사 마애불상군(7C)	잠훼부 (모량부)	...佳有菩薩戒弟子岑喙...[31]	
용봉사 정원십오년명 마애불 입상 (799)	백사 원오법사	貞元十五年己卯四月日仁符 ○佛願大 伯士元烏法師 ○香徒官人長珎大舍[32]	
방어산 마애불 (801)	대나마 관등	成人弥刀秦 貞元十七 年辛巳 三月十六日 鴻巖仏 成記願旨 一父子不又 ○王日弥 二父母弥又 一切衆生○[33]	
보림사 철조비로자나불좌상 (858)	김수종 헌안왕	....大中十二年戊寅七月十 七日武州長沙副官金邊 宗聞奏　情 王○八月 廿二日勅下令○躬作不 覺勞困也[34]	
도피안사 철조비로자나불좌상 (865)	향도 1500명	香徒佛銘文幷序 .....唐天子咸通六年正月日新羅國漢州北界 鐵員郡到彼岸寺成佛之入士入龍岳堅清于時入 見居士結緣一千五百餘人堅金石志勤不覺勞因[35]	

31 이전시기 명문해석에 따르면 "菩薩戒弟子岑珠"라고 해석되어 졌는데, 韓國古代社會研究所, 『譯註 韓國古代金石文』 II, (駕洛國史蹟開發研究院, 1992), 이 논문에선 신종원에 의해 菩薩戒弟子岑喙로 해석된 것을 따름. 신종원, 1994, 「斷石山神仙寺 造像銘記에 보이는 彌勒信仰 集團에 대하여 : 신라 中古期의 王妃族 岑喙部」, 『역사학보』 143, 역사학회 참조.
32 문명대, 2003, 「홍성 용봉사의 정원 십오년명 및 상봉 마애불입상의 연구」, 『원음과 적조미』, 예경, p.310.
33 지강이, 2005, 「咸安 防禦山 藥師三尊像에 관한 연구 : 제작배경을 중심으로」, 『文物研究』 9, 동아시아문물연구학술재단, pp.91-99.
34 韓國古代社會研究所(1992), 『譯註 韓國古代金石文』 II, pp.312-313.
35 지강이, 「咸安 防禦山 藥師三尊像에 관한 연구 : 제작배경을 중심으로」, pp.91-99.

삼국시기 불사 참여 계층의 확인은 경주 단석산신선사마애불상군의 명문에서 확인된다. 명문에서 나오는 '잠훼'는 신라 6부의 하나로 "岑啄", "牟梁", "漸梁"이라고 불리며 모량부에 해당된다.[36] 『三國遺事』를 따르면 모량부가 지배한 위치가 서쪽인데, 단석산 신선사 마애불의 위치와 일치한다.[37] 잠훼 즉 모량부(잠탁부)의 지배세력은 신라 중고기에 왕비를 많이 배출한 가문으로 상당한 세력을 가졌던 것으로 추정된다.[38] 이는 삼국시기에 신라의 귀족층이 마애불 조성에 참여했음을 의미한다.

8C에도 왕실과 귀족층의 불사는 더욱 활발한 모습을 보인다. 특히 경덕왕대(742-765) 조성되었다고 추정되는 굴불사지 사면석불과 석굴암ㆍ불국사는 왕실이나 귀족과 관련된 사찰로 보인다. 표면적으로 김대성이 부모를 위해 만들었다는 석굴암ㆍ불국사의 경우 왕실 부모의 명복과 호국사찰의 동기로서 창건되었다고 설명된다.[39]

대체로 왕실중심이었던 마애불 조성주체가 다양해 진 것은 9C에 들어서이다. 이는 왕권의 권위 하락과 연관되는데, 대체로 왕권과 신권이 균형을 이뤘던 헌안왕(857~861)과 경문왕(861~875)사이의 불사는 왕실의 추복과 안녕을 기원하는 불상조성이 증가하였다.

858년 작인 보림사 철조 비로자나불좌상의 명문은 발원인인 김수종이 헌안왕과 경문왕의 결연을 언급하고 있다. 특히 경문왕 시기는 신라 하대의 부흥기로 화엄종 승려뿐만 아니라 선종 승려들과의 융화를 통해 왕실의 안정을 추구했다. 이는 불교조각에서도 나타났는데, 화순 쌍봉사 철감선사탑(868), 곡성 대안사 적인선사 조륜청정탑(872) 등 많은 불교 조형물들이 만들어졌다.[40]

왕실과 관련된 지역이 왕실을 위해 불상을 발원한 경우도 있다. 방어산 마애삼존불상과 같은 경우 죽은 약사불을 통해 소성왕의 정토왕생을 기원함과 동시에 애장왕의 장수기원을 포함하는 내용을 담고 있다.[41] 함안은 10정(十停)이 위치한[42] 지방의 중심지로서 역할을 수행한 곳으

---

36 신라 6부로는 啄部(梁部), 沙啄部(沙梁部), 岑啄部(岑啄, 牟梁, 漸梁部), 本彼部, 漢祇部, 斯彼部(習比部)가 있다. 全德在, 1998, 「新羅 6部 名稱의 語義와 그 位置」, 『慶州文化研究』 1, 경주대학교 경주문화재연구소, pp.32-70.

37 양은경, 2007, 「신라 단석산 마애불 : 공양주와 조성시기를 중심으로」, 『역사와 경계』 62, 부산경남사학회, p.79.

38 양은경, 「신라 단석산 마애불 : 공양주와 조성시기를 중심으로」, p.79.

39 문명대, 1985, 「경주 석굴암 불교조각의 비교사적 연구」, 『신라문화』 2, 동국대학교 신라문화연구소, pp.90-91.

40 이외에도 경문왕 때 에는 다양한 불교행사와 다양한 조상활동을 하였다. 경문왕6년에는(866) 皇龍寺에 행차하여 연등행사를 하였으며, 11년(871)과 13년(873)에는 벼락 맞은 황룡사 9층목탑을 중수하여 완성하기도 하였다. 『三國史記』 권11, 「新羅本紀」 11, 경문왕조.

41 지강이, 「咸安 防禦山 藥師三尊像에 관한 연구 : 제작배경을 중심으로」, p.110.

42 『三國史記』 권40, 「雜志」 9, 職官 下條. "十停[或云三千幢] … 五曰召參停", 『三國史記』 권34, 「雜志」 3, 地

로, 중앙과도 긴밀하게 연결되어 있었다. 당시 지방의 불사에 왕이 참여한 사례 혹은 지방의 관리가 중앙의 불사에 하나로 참여한 사례가 있어[43] 중앙으로부터 영향을 받은 지방이 왕실을 위한 불사를 지을 가능성이 있다.

한편 호족이나 지역의 촌주가 발원한 불상의 예는 다음과 같다. 용봉사 마애불 조성기를 보면 소성왕 1년(799) 대백사 원오법사와 장진대사가 발원하고 작업을 주도하였으며, 홍성지역의 촌주를 중심으로 향도집단이 불상 조성에 참여한 것으로 보인다.[44] 또한 방어산 마애불의 명문을 보면 부모와 중생에 앞서 소성왕과 애장왕으로 추정되는 부자를 위해 조성했다는 내용이 있다. 이를 통해 그 시기 계속된 천재지변과 기근, 질병에서 벗어나기 위한 약사상임을 알수 있다.[45] 발원자인 미도는 대나마의 관등을 가진 것으로 보아 지역사회 촌주 계층으로 추정된다.[46]

불교가 서민계층까지 확산된 것은 8C후반부터라고 추정된다. 이는 민중주도의 불사를 통해서도 나타나는데, 〈표 5〉에서 나타나는 도피안사 철조비로자나불상이 대표적인 예이다. 불상의 명문에서 민중이 직접 불상을 발원하고 시주를 한 정황이 보인다. 향도 1500명이 시주한 이 철불을 보면 당시 불교신앙이 민중으로 뻗어나갔다는 것을 알 수 있다.

이렇듯 조성세력을 보면 7C와 8C에는 주로 왕실과 귀족 관련된 석조물들이나, 불상들의 건립이 주를 이룬다면 8C 후반부터 민중과 불교의 거리가 좁혀지다가 9C에 들어 다양한 계층의 참여가 가속화되어 왕실, 중앙귀족, 호족, 민중들까지 불교 조형물 건립에 참여하게 된다.

IV. 맺음말

삼국 · 통일신라 마애불의 양식의 변화양상을 살펴보았고, 마애불의 성격을 신앙적, 위치적, 조성세력의 측면으로 나누어 검토하였다.

....

理 一條. "咸安郡…景德王改名 今因之 領縣二 玄武縣 本召乡縣 景德王改名" 이라고 전하는 것을 통해 함안에 十停에 위치해 있음을 살필 수 있다.

43 예를 들어 앞서 언급한 보림사 철조비로자나불의 경우 왕실의 후원을 받아 지방에 불상을 조성한 사례이다. 곽승훈, 1994, 「新羅 中代 末期 中央貴族들의 佛寺活動」, 『李基白先生古稀記念 韓國史學論叢(上)』, 일조각, pp.360-361

44 대사는 골품제도에서 4두품에 올라갈 수 있는 최고의 관등으로 나타난다. 곽승훈, 2006, 『신라 금석문 연구』, 한국사학, pp.202-203.

45 정병삼, 2013, 「신라 약사신앙의 성격」, 『佛敎研究』 39, 한국 불교연구원, p.71.

46 곽승훈, 『신라 금석문 연구』, pp.202-204.

먼저 마애불의 양식은 동시대의 원각상과 비교할 때 대체로 비슷한 모습을 보이고 있으나 세세한 부분을 표현함에 있어 단순화 했다는 것을 확인하였다. 몇몇 화려한 마애불이 나타나는 것을 확인할 때, 조각적인 어려움에서 이러한 양상이 나타나기 보다 필요에 따라 간편한 양식을 취사선택했음을 유추할 수 있었다. 한편 시기가 지남에 따라 마애불에서 단독상이 증가하며 등신대 이상의 불상이 나타나는데 이것은 이후 나타나는 거석불 신앙과 연관되어 생각해봐야 할 중요한 특징이라고 생각된다.

한편 마애불은 시대에 따라 가장 친숙한 신앙형태가 바위면에 새겨지는 것을 확인하였다. 또한 마애불은 대체로 삼국시대 개통된 교통로에서 크게 벗어나지 않게 조성되었으며, 이후 9C에 분포된 마애불을 통해 문화전파 경로가 8C에 만들어진 5소경의 분포와 대체로 일치하는 것을 알게 되었다. 특히 9C 마애불의 분포를 통해 문화전파 경로를 파악하고, 이를 통해 경주에 몰려있던 마애불의 개체가 점차 시대가 변화함에 따라 확산됨을 알 수 있었다. 그리고 이렇게 조성된 마애불을 건립한 세력은 대체로 초기에 왕실과 관련되었다면 후기로 갈수록 호족적인 성향이 증가하고 민중까지 확대되었다.

이처럼 발전한 마애불은 고려시대 들어서 더욱 활발히 조성되며 다양한 모습을 띠게 되는데 그 속에서 삼국과 통일신라의 성격이 녹아있는 모습을 보이게 된다. 문화적 연속성이 마애불에 그대로 반영된 것이다. 이와 관련한 연구는 향후의 과제로 삼아 보완해 나가도록 하겠다.

【참고문헌】

『三國史記』
『三國遺事』

곽승훈, 2006, 『신라 금석문 연구』, 韓國史學.

김리나, 1989, 『한국고대불교조각사연구』, 일조각.

문명대, 2003, 『마애불』, 대원사.

박경식, 2008, 『한국의 석탑』, 학연문화사.

박성상, 2004, 『한국 고대 마애불상』, 학연문화사.

서영일, 1999, 『신라 육상교통로 연구』, 학연문화사.

진홍섭, 2009, 『한국의 불상』, 일지사.

韓國古代社會研究所編, 1992, 『譯註韓國古代金石文』I, 서울: 가락국사적개발연구원.

韓國史學論叢刊行委員會, 1994, 『李基白先生古稀記念 韓國史學論叢(上)』, 일조각.

길기태, 2006, 「백제사비시대의 미륵신앙」, 『百濟研究』43, 충남대학교 백제연구소.

김남윤, 1993, 「신라미륵신앙의 전개와 성격」, 『역사연구』2, 역사학연구소.

김리나, 1992, 「統一新羅時代 藥師如來坐像의 한 類型」, 『佛敎美術』11, 동국대학교 박물관.

金英美, 1985, 「統一新羅時代 阿彌陀信仰의 歷史的 性格」, 『韓國史研究』50·51, 한국사연구회.

김혜완, 1992, 「新羅時代 彌勒信仰의 研究」, 성균관대학교 박사학위논문.

문명대, 1974, 「新羅 法相宗(瑜伽宗)의 成立問題와 그 美術(上) : 甘山寺 彌勒菩薩像 및 阿彌陀佛像과 그 銘文을 中心으로」, 『역사학보』62.

_____, 1985, 「慶州 石窟庵 佛像彫刻의 比較史的 研究」, 『新羅文化』2, 동국대학교 신라문화연구소.

_____, 1988, 「佛像의 手印에 대하여」, 『僧伽』5, 중앙승가대학교.

辛鐘遠, 1994, 「斷石山神仙寺 造像銘記에 보이는 彌勒信仰 集團에 대하여 : 신라 中古期의 王妃族 岑喙部」, 『역사학보』143, 歷史學會.

徐榮一, 1999, 「新羅 五通考」, 『白山學報』52, 백산학회.

양기석, 1993, 「신라 오소경(五小京)의 설치와 서원경(西原京)」, 『호서문화연구』11, 충북대학교 중원문화연구소.

양은경, 2005, 「景四年辛卯銘 금동삼존불의 새로운 해석과 中國 불상과의 관계」, 『先史와 古代』 23, 한국고대학회.

_____, 2007, 「신라 단석산 마애불 : 공양주와 조성시기를 중심으로」, 『역사와 경계』 62, 부산경남사학회.

이성도, 2006, 「백제, 신라 마애불의 조형성 연구」, 『美術敎育論叢』 20, 한국미술교육학회.

全德在, 1998, 「新羅 6部 名稱의 語義와 그 位置」, 『慶州文化硏究』 1, 경주대학교 경주문화재연구소.

정병삼, 「8세기 신라의 불교사상과 문화」, 『新羅文化』 25, 동국대학교 신라문화연구소, 2005.

_____, 2013, 「신라 약사신앙의 성격 : 교리적 해석과 신앙활동」, 『佛敎硏究』 39, 韓國佛敎硏究院, 2013.

지강이, 2005, 「咸安 防禦山 藥師三尊像에 관한 연구 : 제작배경을 중심으로」, 『文物硏究』 9, 동아시아문물연구학술재단.

_____, 2012, 「신라하대 합천 치인리 마애불입상 연구」, 『美術史學硏究』 274, 한국미술사학회.

청주읍성 축성에 대한 고찰

박한철((재)국원문화재연구원)

| 목 차 |

Ⅰ. 머리말

청주읍성은 지방의 정치·경제·사회·문화의 중심지로서 행정적인 기능과 군사적 기능을 동시에 갖고 있다. 청주읍성의 역사는 통일신라시대의 서원술성·서원경성, 고려시대의 청주성·청주나성, 조선시대의 청주읍성으로 통일신라부터 조선시대까지 읍성으로서 줄곧 사용되어 왔다. 이처럼 오랜역사를 간직해 온 청주읍성은 일제강점기에 시구개정이라는 명목아래 무차별하게 철거되어 성벽이 겉으로 노출되지 않은 상태이다. 그러나 최근에 들어 청주읍성과 관련된 유적이 발굴조사를 통해 확인됨에 따라 청주읍성에 대해 관심이 높아지고 있다.

청주읍성에 대한 발굴조사는 민간인의 개발지역에 대한 구제발굴조사에서 시작되었다. 여기에 청주읍성과 관련한 대표적인 발굴조사는 지난 2006년에 (재)중원문화재연구원에서 청주 서문동에 위치한 마야복합상영관 신축부지 발굴조사[1], 2011년에 (재)충청북도문화재연구원에서 조선시대 청주읍성 동남쪽에 위치한 남궁타워 예정부지[2]·우리은행 청주지점 신축부지에 대한 발굴조사[3]등이 있으며 이후 성내 소규모 발굴조사가 진행되었다.

발굴조사가 활발히 이루어짐에 따라 청주시에서는 청주읍성의 정체성을 찾고 자긍심을 고취

---

1 (재) 중원문화재연구원, 2008,『청주 서문동 마야복합영상관부지내 淸州 西門洞유적』(조사보고서 제 61 책).
2 (재) 충청북도문화재연구원, 2011,『청주 남문로2가 남궁타워 신축부지 내 유적 발굴조사 보고서』.
3 (재) 충청북도문화재연구원, 2011,『청주 우리은행 청주지점 신축부지 내 유적 발굴조사 보고서』.

시키고자, 조선시대 청주읍성 성벽구간에 대해서 연차적으로 발굴조사를 실시하였다. 1차 발굴조사는 2011년에 실시하였으며, 청주읍성 서쪽 성벽구간으로 추정되는 곳에서 성벽의 기초부를 확인한 바 있다.[4] 그리고 2차 발굴조사는 2012년에 실시하였으며, 서쪽성벽 안쪽의 시설과 동남쪽 성벽 일부구간에서 뒷채움시설 등을 확인하였다. 여기에 1차 발굴조사에서 확인된 성벽 기초부와 2차 발굴조사에서 확인된 성벽 후면부를 연장하여 청주읍성 성벽의 폭이 약 7.5~8m 가량이었을 것으로 추정하였다.[5] 2013년에도 성벽을 확인하기 위해 발굴조사를 실시하였다. 발굴조사결과 서남쪽 회곡부에서 성벽의 기저부를 약 10m 가량 확인하였으며, 북서쪽 회곡부에서 성벽의 내황 추정지를 확인하였다.[6]

발굴조사를 통해본 청주읍성은 성벽의 기초부가 확인됨에 따라 성벽의 실체와 잔존상태를 추정할 수 있는 좋은 기회가 되었다. 따라서 본 원고는 발굴조사 자료와 문헌사료, 고지도를 통해 청주읍성 축성과 복원에 대해 알아보고자 한다.

II. 청주읍성의 연혁

1. 統一新羅時代 西原述城 · 西原京城

『삼국사기』에 의하면 신라 文武王(661~681)대에 金庾信의 맏아들 三光이 집정하였을 때에 裂起가 오늘날의 보은지역인 三年山郡의 太守가 되었고, 그와 함께 김유신을 보좌하던 친구 仇近은 김유신의 셋째아들인 元貞을 따라 西原述城을 쌓고 있었다.[7] 그리고 新羅 神文王(681~692) 5년(685) 3월에 西原小京을 설치하고, 阿湌 元泰를 소경의 통치 책임자인 仕臣으로 삼았다고 하며, 신문왕 9년(689) 윤 9월 26일에 신문왕이 獐山城에 행차하고, 西原京城을 쌓았다.[8]

이들 기록에서 보이는 西原述城과 西原京城은 동일한 城의 異記인지 명확하지 않지만, 여기에 대해서는 西原述城의 述字의 의미를 京을 述로 표현한 것으로도 해석하여 述을 서울의 한 옛말로도 표현한 것이라고 하여[9] 축조시기가 거의 동시기라는 점에서 같은 城으로 인식하기도 하

4 충청북도문화재연구원, 2011, 『청주읍성 성벽구간 발굴조사 I』.
5 충청북도문화재연구원, 2012, 『청주읍성 성벽구간 발굴조사 II』.
6 충청북도문화재연구원, 2013, 『청주읍성 성벽구간 발굴조사 III』.
7 『三國史記』 「列傳」 第7, 裂起. "後庾信之子三光執政 裂起就求郡守 不許 裂起與祗園寺僧順憬 曰 我之功大 請郡不得 三光殆以父死而忘我乎 順憬說三光 三光授三年山郡太守 仇近從元貞公 築西原述城."
8 『三國史記』 「新羅本紀」 第8, 神文王. 五年 "置西原小京 以阿湌元泰爲仕臣 置南原小京 徙諸 州郡民戶分居之"
9 車勇杰, 2001, 「우암산의 성터」, 『우암산 그 역사의 숨결』, 청주문화원, p.45~46

였다[10]. 한편 西原京城의 위치에 대해서는 上黨山城[11], 唐山土城[12] 등으로 보기도 하며, 현재의 청주 시가지를 중심으로 한 청주읍성을 중심으로 보는 견해[13]가 있어 주목된다.

따라서 신라시대 서원경과 관련한 도시의 구조는 平地城과 背後山城이 연관되어 배치된 상태로 인식될 수 있겠다. 하지만 아직 구체적인 공간적 위치를 알 수 없으므로 여기에 대해서는 보다 적극적인 자료의 출현과 면밀한 조사연구가 필요하기도 하다.

2. 高麗時代 淸州城 · 淸州羅城

『高麗史』 및 『高麗史節要』에서는 서기 919년 8월에 王建이 청주에 행차하여 城을 쌓게 했다.[14]는 기록이 있다. 그리고 『高麗史節要』에서는 행차하여 羅城을 쌓았다고 하였다.[15] 그리고 『高麗史』에는 고려 후기인 1362년 8월 恭愍王이 홍건적의 난을 피하여 청주에 이동하여 다음해 2월 4일 청주를 떠날 때까지 7개월간 임시 수도가 된 사실이 있는데, 이때 무지개가 동쪽에서 솟아 왕궁의 양쪽에 걸쳤는데 淸州 內城을 넘지 않았다[16]고 하였다. 이러한 사실은 淸州城이 羅城이며, 그 안에 위치한 內城이 있었음을 알 수 있다. 그리고 공민왕 11년(1362) 10월 癸未日에 큰 비가 내리며 번개치고 벼락쳤으며 淸州城 안에서 물이 범람하여 죽은 뱀이 물에 떠내려가고 달팽이가 나뭇가지 위에 올라갔으며 기후는 여름과 같았다.[17] 라고 기록되었다. 그리고 恭讓王 2년(1390) 5월 戊午일에 淸州에 갑자기 벼락치고 큰 소낙비가 내려서 앞에 강물이 갑자기 범람하여 城의 南門이 허물어뜨리고 北門을 곧바로 마주쳤는데 성 안에서 물이 한 길 이상 불었으며 官舍와 民家가 물에 잠기고 떠내려가기도 하여 거의 다 없어졌다. 3년 가을 7월 辛亥日에 큰물이 났다.[18] 라고 하여 고려후기에 淸州城이 존재하고 있었음을 알 수 있다.

여기에 고려시대의 청주읍성은 곧 고려 太祖가 축성토록 한 것으로서 內城과 外城으로 구성

10 車勇杰, 1993, 「西原京의 位置와 構造」, 『湖西文化硏究』 제11집, 忠北大學校湖西文化硏究所, p.38
11 李在俊, 1981, 「紗啄部銘 平瓦에 대한 小考」, 『西原學報』 2집, 西原學會.
12 朴泰祐, 1987,「統一新羅의 地方都市에 대한 硏究」, 『百濟硏究』18, p.65
13 梁起錫, 1993,「新羅 五小京의 設置와 西原京」, 『湖西文化硏究』제11집, 忠北大學校湖西文化硏究所. p.27
羅庚峻, 2000,「新羅 西原京治址硏究」 檀國大學校大學院 碩士學位論文.
14 『高麗史』「世家」 卷第一 太祖 一年 " 秋八月 癸卯 以靑州首鼠順逆 訛言屢興 親幸慰撫 遂命城之"
『高麗史節要』 劵第一 己卯二年 "秋八月 幸靑州時 靑州反側訛言屢興 親往慰撫 而城之 乃還".
15 『高麗史節要』 劵第一 庚寅十三年 "幸靑州 築羅城".
16 『高麗史』「志」 劵第七, 恭愍王十一年 八月 壬辰 "駕至淸州… 九月癸亥虹躋于東低跨王宮兩端不過淸州內城…"
17 『高麗史』「志」 卷第七 恭愍王十一年 十月 癸未 "大雨震雷, 淸州城內, 水漲, 有死蛇漂出, 蝸上樹梢, 氣候如夏"
18 『高麗史節要』「志」 劵第三十四, 恭讓王二年 五月 乙巳 "…前川暴張毁城南門直衝北門城中水深丈餘…"

된 羅城의 구조로 존재하였으며, 나성의 특성으로 보아 산을 배경으로 축조된 內城과 그 아래 평지의 주거지를 포함하여 축조한 外城이 있었던 것으로 보인다. 따라서 淸州內城은 곧 오늘날의 牛岩山 기슭으로 추정되며, 淸州城은 청주 시가지에 있는 朝鮮時代의 邑城 구역이 되거나 淸州內城과 外廓의 羅城을 포함한 전체의 城郭이 될 것이다. 따라서 청주나성은 산성에서 이어져서 평지의 도시까지를 에워싸는 것이었다.

淸州羅城은 이전의 신라시대 서원경과 관련한 도시의 구조에서처럼 平地城과 背後城이 배치된 상태에서 고려시대에 왕건에 의해 지금의 우암산성은 평지와 결합된 나성구조로서 이루어졌던 것으로 보인다.[19] 따라서 山城과 平地城이 이어진 羅城構造로서 이전의 山城을 중심으로 한 방어체계보다 발전된 양상을 보여주고 있다. 여기에 淸州羅城의 구조는 이전의 성곽을 재사용하면서 같은 시기 邑城의 구조적인 결함을 보강하거나 기능을 강화하려는 목적에서 이루어진 것으로 보인다.

고려시대의 羅城의 축조와 관련해서 큰 의미는 당시 開城과 淸州에만 羅城이 축조되었다는 것이다. 王建은 후삼국을 再統合하는 과정에서 三南地域의 요충지에 해당하는 청주지역의의 중요성을 인식하여 淸州城과 淸州羅城을 쌓은 것이다. 이러한 사실은 이 시기를 즈음한 주변의 豪族勢力이 귀부하기 시작한 시점으로서[20] 이는 자기세력의 확보 차원에서 이루어진 것으로 다른 王都를 중심으로 한 지역의 나성과는 차이를 보이고 있다.

지금으로서는 高麗時代의 羅城과 관련한 흔적은 동쪽의 우암산에서 일부 확인되며, 아래 평지지역의 본래 모습은 알 수 없다. 淸州羅城이 원형을 잃은 이유는 水災에 의한 무심천 주변의 잦은 범람에 의한 것으로 보인다. 여기에 북류하는 무심천이 청주읍성을 중심으로 한 지역에서 서쪽으로 돌출되어 곡류하고, 읍성 남쪽의 금천은 자연적으로 남쪽의 방어를 할 수 있는 구조이고 보면 고려시대의 羅城의 구조는 평지의 이러한 자연지리적 입지를 충분히 활용하였던 것으로 볼 수 있다. 하지만 나성이 돌로 쌓은 것이 아니고 흙으로 쌓거나, 돌을 흙에 섞어서 쌓은 때문에 흔적이 모호해진 것으로 여겨진다.

따라서 오늘날 논의되는 청주읍성은 고려시대 청주성의 나성 가운데 외성 부분으로써 내성이었던 산성과 분리된 상태에서 성립된 것으로 볼 수 있다.

---

19 車勇杰, 1993, 앞의 글, p.52

20 申虎澈, 1993, 『後三國建國勢力과 淸州地方勢力』湖西文化研究 제11집, 忠北大學校湖西文化研究 所, p.73~97

3. 朝鮮時代 淸州邑城

고려후기 공민왕대의 기록에서 보이던 나성의 구조는 조선전기 이후의 기록에서 보이는 邑城의 구조와 차이가 있는 것으로 보인다. 여기에 1390년 水災 이후 청주읍성은 새로이 수축된 것으로 여겨지나, 기록이 보이지 않는다. 다만 고려시대 후기의 禑王 · 昌王 · 恭讓王代의 읍성 축조는 內陸地方의 주요한 邑城을 포함하고 있음[21]을 고려하면 적어도 이 시기를 전후하여 청주 읍성이 새로운 형태로 변화한 것으로 추측되며, 현전하는 청주읍성터는 조선전기에 크게 개수 되었을 가능성을 배제할 수 없다.

여기에 조선시대 청주읍성의 규모 및 구조, 읍성과 관련한 주요 사건 등에 대해서 각종 史料을 순차적으로 살펴보면 다음과 같다.

1) 『世宗實錄』

『세종실록지리지』(1454)에는 "읍석성은 둘레 1,084步이고, 안에 우물 13곳 있는데, 겨울이나 여름에도 마르지 아니한다."[22]라고 하여 조선시대 청주읍성의 실체에 대해 처음으로 둘레를 언급하고 있어 주목된다.

여기에 어떤 척도를 사용했는지는 알 수 없으나, 營造尺(약 31.24㎝) 5척을 1步(156.2㎝)로 하여 환산하면 1,693.208m이다.[23] 그리고 이는 현전하는 청주읍성의 성벽구간으로 추정되는 교통로는 둘레가 약 1.74㎞를 보이고 있으므로 이와 비슷한 규모였을 것으로 보인다. 하지만 각 시기별로 用尺의 차이가 있을 수 있으며, 1步의 길이가 얼마인지 알 수 없으므로 신중한 판단을 요한다.

2) 『成宗實錄』

『성종실록』 성종 18년(1487) 2월 19일에 "청주의 축성은 급한 일이 아니며, 이제 듣건대 돌 줍는 軍夫가 밀과 보리를 밟아버린다고 하니, 청컨대 우선 정지하였다가 가을을 기다려서 쌓게 하소서.... 청주에 축성하는 일은 가을을 기다려서 하는 것이 좋겠다."[24]라고 하여 청주성을 개

21 車勇杰, 1989,「高麗 · 朝鮮前期 築城의 例」,『壬辰倭亂 前後 關防史研究』, 文化財研究所, p.33
22 『世宗實錄』「地理志」忠淸道 淸州牧 "邑石城 周回一千八十四步 內有井十三 冬夏不渴."
23 車勇杰, 2001,「淸州邑城의 沿革과 構造」,『淸州邑城南石橋 복원학술조사보고서』, 淸州市 · 淸州大學校博物館.
24 『成宗實錄』成宗 18년(1487) 2월 19일 淸州築城, 非急務也。今聞拾石軍夫, 踐踏车麥, 請姑停, 待秋而築.... 淸州築城事, 待秋成可也。

축하였음을 알 수 있으며, 石築構造임을 알 수 있다.

한편 같은 책에서 "청주성은 높이가 13척이고, 둘레가 5,443척이다."[25] 라고 하였다. 여기에 높이 13척은 營造尺으로 환산하면 13척×31.24㎝ = 406.12㎝이고, 둘레 5,443척은 영조척으로 환산하면 5,443척×31.24㎝ = 1.7㎞임을 알 수 있다. 여기에 둘레 1.7㎞는『세종실록지리지』의 기록에서 영조척 5척을 1보(156.2㎝)로 하여 계산한 길이 및『신증동국여지승람』에서 포백척으로 환산한 길이와 비슷한 수치이다.[26]

한편『成宗實錄』成宗 25년(1494) 4월 13일조에 "淸州・昌原 등지의 邑城을 쌓는 것을 감독하는데, ... 淸州牧使 金叔演 ....이 쌓는 것을 감독한 곳은 아울러 기한 안에 퇴락하였으니,...."[27]라고 기록되어 있어 淸州城이 1487년 축조하여 7년이 지난 1494년에 일부 頹落하였음을 보여주고 있다.

3)『新增東國輿地勝覽』

『신증동국여지승람』(1530)「성곽」조에는 "읍성은 돌로 쌓았으며, 둘레가 3,648척이고, 높이가 8척인데, 그 안에 우물 13개가 있다."[28] 라고 하였다. 이 시기에는 성곽의 길이를 다루는 척도로 布帛尺이 사용되었다. 여기에 3,648척은 布帛尺 遵守의 길이 46.73㎝으로 환산하면 3,648척×46.73㎝ = 1.7㎞ 이고, 높이 8척은 포백척으로 환산하면 8척×46.73㎝ = 373.84㎝이다.

따라서『성종실록』의 축조기록과 큰 차이가 없음을 알 수 있다. 그리고 같은 책에 忠州邑城은 둘레가 3,650척으로 기록되어 있어 서로 크기가 비슷하다.

4)『明宗實錄』

『명종실록』명종 2년(1547) 6월 24일에 "충청감사 김익수가 여러 고을의 수재 상황을 치계하기를, 청주는 남문 밖 시내가 넘쳐 읍내의 인가가 거의 다 물에 잠겨 돌다리 30여 개가 무너졌으며, 민가 16가구가 휩쓸려 떠내려갔고...."[29]라고 하였다. 이 시기에 청주읍성의 피해가 있을 수 있겠으나 자세한 기록이 전하지 않는다.

....

25 『成宗實錄』成宗 18년(1487) 2월 29일 淸州城, 高十三尺, 周五千四百四十三尺。

26 車勇杰, 2001, 앞의 글.

27 『成宗實錄』成宗 25년(1494) 4월 13일. 淸州, 昌原等邑城監築..... 淸州牧使金叔演.... 竝限內頹落....

28 『新增東國輿地勝覽』忠淸道 淸州牧 城郭條 "邑城 石築周三千六百四十八尺 高八尺 內有井十三."

29 『明成實錄』明宗 2년(1547) 6월 24일. 忠淸監司金益壽, 以列邑水災馳啓 淸州南門外, 川水漲溢, 州內人家, 幾盡水沈, 石橋三十餘間破落, 民家十六區漂流,"

5)『宣祖實錄』

『선조실록』선조 31년(1598) 12월 2일에 "충청도 병영이 외진 內浦에 위치하여 양남의 적로와 까마득히 멀다고는 하지만, 이미 설치한 병영을 경솔하게 폐지하기는 참으로 어렵습니다. 淸州 같은 곳은 3로의 요충지로서 恩津·金山·鳥嶺·竹嶺에서 쳐들어오는 적을 차단할 수 있습니다. 그러니 반드시 병사를 삼을 만한 사람을 얻어 목사를 겸하게 하고, 李時發이 훈련시킨 포수·살수를 소속시켜 그로 하여금 항시 훈련시키게 하소서."[30]라고 하였다.

이 기록은 임진왜란을 겪은 후 비변사에서 왜적의 방어 및 진의 설치에 관해 건의하면서 충청도병영이 따로 있지만, 淸州를 3로의 요충지라고 하여 중요시하고 있음을 알 수 있다.

6)『承政院日記』

『승정원일기』인조 3년 을축(1625)에 "조헌이 처음에 수십 명의 儒生과 뜻을 모아 의병을 일으킨 뒤 1천 6백 명을 모집하였다. 공주 목사 許頊이 義僧 靈圭를 얻어 그로 하여금 僧軍을 거느리고 조헌을 돕게 하니, 조헌이 군사를 합쳐 곧장 淸州 西門에 육박하였다. 적이 나와서 싸우다가 패하여 도로 들어가니, 조헌이 군사를 지휘하여 성에 올라갔는데, 갑자기 서북쪽에서부터 소나기가 쏟아져 내려 천지가 캄캄해지고 사졸들이 추워서 떨자 조헌이 탄식하기를 "옛 사람이 성공하고 실패하는 것은 하늘에 달려 있다고 말했는데 정말 그런 것인가?" 하고 맞은편 산봉으로 陣을 퇴각시켜 성 안을 내려다 보았다. 이날 밤 적이 화톳불을 피우고 旗를 세워 군사가 있는 것처럼 위장하고 진영을 비우고 달아났다."라고 하여 壬辰倭亂때에 淸州邑城 戰鬪에 대해 간략하게 기록되어 있다.

7)『仁祖實錄』

『인조실록』인조 16년(1638) 7월 11일조에는 행 좌승지 朴明榑가 상소하기를, "충청도의 兵營은 궁벽한 해안에 있어서 군사들이 번들러 가는 고통은 이루 말할 수 없습니다. 그리고 우리 조정 2백여 년 동안 일찍이 왜적의 배가 서해를 지나간 적이 없으니 直路에서 뜻밖에 일어나는 걱정을 대비하는 것이 해안보다 만 배나 절실합니다. 어리석은 신의 생각으로는 淸州 고을이 한 道의 중앙에 위치하고 있으니, 만약 兵使를 이 고을에 두면 湖南과 嶺南의 두 길을 단속하기가 더욱 편리하다고 여깁니다."하니, 상이 묘당으로 하여금 의논하여 처리하게 하였으나, 묘당이

---

30 『宣祖實錄』宣祖 31년(1598) 12월 2일. 忠清兵營, 僻在內浦, 其於兩南 賊路, 邈然懸絶。已設之營, 固難輕廢, 而如淸州, 乃三路要衝之地, 自恩津,金山,鳥·竹三嶺衝突之賊, 皆可以遮截。必得可爲兵使者, 而兼以牧使, 付以李時發, 敎出砲·殺手, 使之常爲訓鍊。

변통하기 곤란하다고 하므로 일이 끝내 시행되지 않았다.[31]

이 기록은 倭亂과 胡亂을 겪은 후에 군사적 설비를 다시 정비하는 과정에서 忠淸道 兵營을 海美에서 淸州로 이전하는 것을 상소하였으나, 시행되지 않았음을 알 수 있다.

8) 『孝宗實錄』

『효종실록』 효종 2년(1651) 11월 13일에 金堉이 아뢰기를 "호서와 영남 사이에 土賊이 아주 치성하여 여기저기 출몰하면서 도적질하는데, 도당이 자못 많다고 합니다. 그런데 호서의 병사와 수사가 모두 해변에 있습니다. 그러므로 식자들이 혹 淸州에다 兵營을 설치하는 것이 마땅하다고 합니다. 이는 대개 청주가 호서와 영남의 교차점에 있어서 제압할 수 있기 때문입니다. 목사 洪瑑은 본디 재주와 국량이 있으니, 병영을 옮기고 홍전을 병사로 삼으소서."하니, 상이 이르기를 "경솔히 변통할 수 없다. 비국의 여러 신하들과 서로 의논하여 다시 품의하라."[32] 하였다.

이 기록은 倭亂과 胡亂을 겪은 후에 군사적 설비를 다시 정비하는 과정에서 忠淸道兵馬節度使의 주둔지인 兵營이 海美로부터 淸州로 옮겨오게 된 배경을 이해 할 수 있다. 병영의 이전은 청주읍성이 읍성으로서 뿐만 아니라, 병영성을 겸하여 軍事都市로서의 기능을 더하게 되었다. 여기에 읍성을 보완하는 상당산성이 병영 소속으로 경영되어야 했다. 그리고 병영이 이동 된지 3년 뒤인 1654년 에는 沃川에 있던 中營 營將이 청주로 자리를 옮기었다.

9) 『顯宗實錄』

『현종실록』 현종 9년(1668) 2월 26일에 執義 李秞, 掌令 尹衡聖이 아뢰기를 "크고 작은 軍政을 반드시 계문하여 稟定하게 한 것은 군정을 중하게 하기 위해서입니다. 忠淸兵營을 淸州로 옮긴 뒤 그 당시의 兵使가 旗手 哨를 애당초 계품하지도 않고 마음대로 더 설치하고는 虞候로 하여금 전적으로 맡아 搜括하게 하였는데, 이를 지금까지 그대로 따라 왔습니다. 그러다가 전 병사 李元老가 비로소 잘못된 것을 깨닫고 상의하여 혁파하였습니다. 그런데 현재 병사로 있는 柳斐然은 감히 그대로 두자는 뜻으로 장황하게 치계하였으니, 사체를 잘 모름이 심합니다. 旗手를 더 설치하였을 때의 兵使와 虞候는 조사하여 죄를 주고, 유비연은 추고하소서."하니, 상이 따르

---

31 『仁祖實錄』仁祖 16년(1638) 7월 11일. 行左承旨朴明榑上疏曰 忠淸兵營, 僻在海曲, 軍卒赴番之苦, 有不可言, 而我朝二百餘年, 未嘗有倭船之過西海者, 直路不虞之備, 萬緊於海浦。臣愚以爲, 淸州爲邑, 處一道之中, 若置兵使於此州, 控扼湖、嶺之兩路, 允爲便當。上令廟堂議處, 廟堂以變通爲難, 事竟不行。

32 『孝宗實錄』孝宗 2년(1651) 11월 13일. 堉曰 "聞, 湖嶺之間, 土賊甚熾, 出沒剽盜, 徒黨頗多云, 而湖西兵、水使, 皆在海邊, 故議者或言, 宜設兵營於淸州, 蓋以淸州在湖嶺之交, 可以控制也。兵使洪瑑素有才局, 請移營, 而以瑑爲兵使。"上曰: "不可率爾變通。與備局諸臣, 相議更稟。"

지 않았다. 그 후에 병사와 우후는 우선 먼저 추고하라고 명하였다.[33]

이 기록은 충청병영을 청주로 옮긴 후, 충청 병사와 우후를 탄핵한 내용이다.

10)『備邊司謄錄』

『비변사등록』영조 4년(1728) 3월15일에 李麟佐 등이 청주성에서 叛亂하였다. 이듬해 1729년 10월 22일『비변사등록』에는 영조가 청주읍성의 상황에 대해 묻자, 예조참판 尹游가 아뢰기를 "읍성이 들 가운데 위치하였으며 좌우에는 큰 시내가 있고, 돌을 쌓아 성을 만들었는데 성모양 같지가 않고, 시냇가에 돌로 쌓은 곳은 모두 무너져 떠내려 갈 염려가 있습니다. 조정에서 바야흐로 2백석을 지급하여 修築하도록 하여 목사가 이미 역사를 시작하였습니다만, 원래 믿을만한 데가 아닙니다. 上黨山城에 이르러서는 성의 터가 참으로 좋고 지역 또한 要衝이기는 하지만 약간의 守堞軍 외에는 성을 수비하는 器械가 전혀 조치되지 않았으니 제때에 미쳐 대략이나마 갖추지 않을 수 없습니다. 금년에 모아들인 還耗(환곡을 수납할 때 원곡의 10분의 1을 더 거두어 들이는 것) 5백 석을 모두 지급하게 하였는데, 만약 1년의 耗穀을 모두 허락하여 山城의 각종 軍器를 조치하고 갖추게 한다면 좋을 듯합니다."[34]라고 하였다.

이 기록에서 보면 읍성보다 오히려 상당산성을 지킬 준비에 신경을 쓰고 있음을 알 수 있다. 한편 이 기록에서 청주읍성은 서쪽과 동쪽에 냇물이 있어 자연적인 참호를 이루고 있으며, 석축이 무너져 냇물에 씻겨 내려갈 염려가 있는 상황이어서 이 당시에 이미 수축작업이 진행되고 있었음을 알 수 있다. 이 수축된 상태의 청주읍성에 대한 것이『여지도서』에 기록된 읍성이었다고 여겨진다.[35]

11)『輿地圖書』

『여지도서』(1757~1765) 충청도 청주목 城池조에는 "읍성의 둘레는 장으로 계산하면 1,109 丈牛이고, 布帛尺으로 계산하면 3,328尺 5寸, 보로 계산하면 1,427步이다. 높이는 장으로 계산

---

33 『顯宗實錄』顯宗 9년(1668) 2월 26일. 執義李秞, 掌令尹衡聖啓曰: "大小軍政, 必啓聞稟定, 乃所以重軍政也。忠淸兵營, 移鎭淸州之後, 其時兵使旗手一哨, 初不啓稟, 私自加設, 使其虞(侯)〔候〕, 專管搜括, 因循至今。前兵使李元老, 始覺其非, 相議革罷。而時任兵使柳斐然, 敢以仍存之意, 張皇馳啓, 其不識事體甚矣。請加設旗手時, 兵使及虞候, 査覈科罪, 斐然推考。"上不從。其後兵使, 虞候, 命姑先推考。

34 『備邊司謄錄』英祖 4년(1728년) 3월 15일 "上曰, 邑城何如耶, 禮曹參判尹游曰, 邑城處於野中, 左右大川, 而累石爲城, 不似城樣, 川邊石築皆圮, 有蕩柝之患, 朝家方給二百石, 使之修築, 牧使已始役, 而元非可恃者, 至於上黨山城, 城基儘好, 地亦要衝, 而若干守堞軍外, 守城器械, 全不措置, 不可不及時略具, 今年會還耗五百石, 已爲劃給, 若盡許一年之耗, 使之措備山城, 各樣軍器, 則似好矣"

35 車勇杰, 2001, 앞의 글.

하면 3丈, 척으로 계산하면 8尺 8寸, 보로 계산하면 3步이다. 堞(성가퀴), 雉城, 曲城, 譙樓, 炮樓 모두 없다. 甕城은 둘인데, 남문과 북문 옆에 있다. 동문·남문·북문에는 모두 1층의 누각이 있고, 서문에는 누각이 없다. 우물은 12곳이고, 연못은 없다"[36]고 하였다.

　여기에서 읍성의 규모는 『신증동국여지승람』의 기록에서 보다 둘레가 320척이 줄어든 것으로 보이나, 포백척 2.5척을 1보(2.5×46.73㎝=116. 825㎝)로 하여 환산하면 1,427보×116. 825㎝=1.667㎞로서 이전의 기록과 비슷한 규모이다. 이러한 예는 『여지도서』의 상당산성의 둘레에 대하여 2,245丈이고, 포백척으로 7,275尺이고, 보로는 2,010步라고 하여 2.5尺이 1步로 되고, 3尺이 1丈으로 계산되었음을 알 수 있다.[37]

　한편 이전의 기록에서 보이던 13곳의 우물이 12곳으로 변하여 1곳이 줄어 기록되어 있음은 주목된다. 또한 甕城이 2곳이 남문과 북문 옆에 있다고 하여 이 시기를 즈음하여 남문과 북문에 옹성이 축조된 것으로 이해할 수 있다.

　그리고 같은 책의 「公廨」조에는 관아의 주요 건물이 언급되어 있는데, 客館은 22칸이며, 近民軒은 목사가 집무하는 관아로서 10칸이며, 景韓堂은 中東軒으로 8칸이며, 鄕射堂은 8칸이며, 州司는 6칸이며, 作廳은 8칸이며, 軍官廳은 6칸이며, 執事廳은 5칸이며, 武學堂은 여러 장교들이 머무는 곳으로서 10칸이며, 治賦堂은 관아의 서쪽 2리에 있는데 봄·가을로 군대를 사열하는 곳이며, 作隊將廳은 6칸이다.[38]라고 하였다. 그리고 「倉庫」조에서는 읍성 안에 있는 창고들이 언급되어 있는데 東倉은 20칸이며, 西倉은 24칸이며, 大同庫는 15칸이며, 軍作米庫는 6칸이며, 官廳庫는 6칸이며, 帳籍庫는 8칸이다. 라고 하였다. 그리고 「樓亭」조에서는 拱北樓와 望仙樓가 기록되어 있다.

12) 『日省錄』

　『일성록』正祖10년 丙午(1786) 6월3일에 忠淸兵使 具世勣이 장계하기를 "남쪽 옛 성의 벽면이 가지런하지 않은 곳 130보, 북쪽 체성의 무너져 내린 두 곳을 합해서 20보 및 北門의 虹霓門 밖 좌우 축대의 연결 부분이 벌어져 물러난 곳을 모두 개수하였습니다. 이어 門樓 3칸을 세우고, 南門樓 6칸, 西門樓 3칸 및 鋪樓 8좌까지도 기와를 덮었습니다. 3문 문루에는 단확을 칠하고, 4문 수직군포 각 2칸을 새로 세워서 기와를 덮었습니다. 여첩은 591타이니, 타마다 너비

---

36 『輿地圖書』忠淸道 淸州牧 城池條 "邑城 周圍以丈計之則一千二百九丈半 二布百尺計之則三千三百二十八尺五寸 以步計之則一千四百二十七步 高以丈計之則三丈 二尺計之則八尺八寸 二步計之則三步 堞雉城曲城譙樓炮樓並無 甕城二在南門北門傍 東門南門北門俱有一層樓西門無樓 井十二池無."

37 車勇杰, 2001, 앞의 글.

38 『輿地圖書』忠淸道 淸州牧 公廨條 "客館二十二間 近民軒牧使政堂十間 景韓堂中東軒八間 鄕射堂八間 州司六間 作廳八間 軍官廳六間 執事廳五間 武學堂諸將校處所十間 治賦堂在州西二里春秋閱武之所 作隊將廳六間."

는 2보 반이고, 높이는 주척으로 4척 5촌인데 완축하고 벽돌을 덮었으며, 안팎에는 회를 발랐습니다. 체성의 높이는 지면에 따라 일정하지 않은데, 가장 높은 곳은 주척으로 23척이고, 가장 낮은 곳 또한 18척을 밑돌지 않으며, 둘레는 1,489보입니다. 이번 5월 8일에 역사가 끝났는데, 체성의 역사는 모두 전 병사 김영수가 있을 때 진행한 것이고 신은 모두 예전의 규례에 따른 것일 뿐이니, 이어 완성한 것은 女堞·門樓·軍舖를 완축하고 벽돌을 덮고 회를 바른 것에 불과합니다. 신이 감독하는 방도에 어두워 역사를 마치는 것이 넉 달이나 지체되었으니 황공하기 그지없습니다. 이런 연유로 치계합니다."[39] 라고 하였다.

여기에 청주읍성은 기왕의 성곽을 지속적으로 개축하였음을 알 수 있다. 여기에 북문 문루 3칸을 세우고, 남문루 6칸, 서문루 3칸까지 기와를 덮고 단청을 하였다고 하는 것은 이전의 『여지도서』에서 동문·남문·북문에는 모두 1층의 누각이 있고, 시문에는 누각이 없다고 한 것과 차이를 보이고 있다.

체성의 높이는 지면에 따라 일정하지 않은데 가장 높은 곳은 주척으로 23척(23척×20.83㎝=약 479㎝)이고, 가장 낮은 곳 또한 18척(18척×20.83㎝=약 375㎝)을 밑돌지 않는다고 한 것은 이전의 기록과 큰 차이가 없었던 것으로 보인다.

그런데 둘레 1,489보는 이전의 『여지도서』에 보이는 1,427보보다 62보 커진 것으로 이해할 수도 있겠지만, 이는 用尺의 차이 혹은 성의 둘레를 재는 기준의 차이일 수 있다.

13) 『備邊司謄錄』

『비변사등록』純祖 元年(1801) 3월 28일에 領議政 沈煥之가 왕에게 아뢰는 가운데 "충청수사 金益彬이 본사에 보고한 牒呈의 사연을 보니, 병영의 성첩은 이제 이미 공고해졌으니 산성도 마땅히 수축해야 하겠습니다. 전에 구획해 준 상진곡의 모조 1천 석을 다시 2년을 기한으로 그대로 다시 획급하도록 허락해 주소서.' 하였습니다. 병영의 성첩은 지금 이미 역사가 완결되었으니, 산성 또한 요해의 관방이므로 이어서 즉시 수축하여 不虞에 대비하는 것이 좋을 듯합니다."[40] 라고

---

39 『日省錄』正祖10년 丙午(1786) 6월3일조 "忠淸兵使 具世勳狀啓南邊舊城面勢不齊處一百三十步北邊體城崩頹兩處合二十步及北門虹寬外左右築動退處盡爲修改而仍建門樓三間竝與南門樓六間西門樓三間及舖樓八座蓋瓦三門門樓施丹艧四門守直軍舖各二間新建蓋瓦女堞五百九十一垛每垛廣二步半高周尺四尺五寸完築蓋覽內外塗灰體城高低隨地不同而最高處周尺二十三尺最低處亦不下十八尺周回一千四百八十九步今五月初八日畢役體城之役皆在於前兵使 金永綏臣悉遵前規續成者不過女堞門樓軍舖及蓋覽塗灰而已臣董督昧方訖役遲滯至於四朔不勝惶恐緣由馳啓"

40 『備邊司謄錄』純祖 元年(1801) 3월 28일조 "又所啓, 卽見忠淸兵使金益彬報本司牒辭, 則以爲上黨山城, 實是要衝保障之地, 而築城年久, 體城間多崩圮, 雉堞全頹無餘, 門樓舖舍亦幾傾覆, 而營樣自來凋殘, 故曾於營堞之修築也, 至請常賑穀, 自朝家特許租萬石加分, 以其耗一千石, 十年區劃, 畢築之限, 乃在今年, 營堞今旣鞏固,"

하였다. 이러한 기록은 1801년에는 이미 여장의 축조까지 완성된 사실을 전하고 있다.

그런데 [淸州邑城圖]에서 보면 동문 ; 關寅門을 제외한 서문 ; 淸秋門 · 남문 ; 淸南門 · 북문 ; 玄武門에 누각이 그려져 있어 주목되며, 女堞에 대한 기록은『여지도서』에 성가퀴(堞)가 없다고 한 것과 큰 차이를 보이므로 [淸州邑城圖]는 이시기를 즈음하여 제작된 것으로 보인다.

14)『萬機要覽』

『만기요람』(1808)에는 청주 읍성은 석축이며, 둘레 3,328척이며, 정종 9년 을사(1785년)에 고쳐 쌓았다고 하였다. 이 기록에서 둘레 3,328척은 이전의『여지도서』의 기록과 같다.

한편 이 책에는 兵營이 성안에 있으며, 효종 2년 1651년에 해미에서 청주로 옮겨온 사실이 기록되어 있다.[41]

15)『淸州邑誌』

1840년 憲宗 때에 발간된 것으로 추정되는『청주읍지』의「城池」에는 읍성은 "돌로 쌓았고, 1,350步이다. 높이는 8척이며, 성안에 우물 13개가 있다. 여장은 566타가 있고, 포루가 8곳인데, 다만 2곳이 남아있다. 서문 · 남문 · 북문은 모두 홍예식이며, 또한 문루가 있으나, 동문은 문루도 없고, 홍예를 틀지 않았다."[42] 라고 하였다.

이 기록은 보다 후대에 편찬된 것으로 보이는『湖西邑誌』(1871),『忠淸道各郡邑誌』(1899) 등에 기록되어있어 주목된다.

16)『大東地志』

『대동지지』(1862)에 읍성은 본조 정조 9년 을사년(1785)에 개축하였다. 둘레는 1,427보이고, 옹성이 2곳, 문이 4곳, 우물이 12곳이다."[43]라고 하였다.

여기에 청주읍성은 다시 정조 때인 1785년부터 修築되었음을 알 수 있다. 둘레 1,427보를

則山城宜乎修築, 前劃常賑耗租一千石, 更限二年, 仍復劃許云矣, 兵營城堞今旣完役, 則山城亦爲要害之關防, 仍卽修築, 以爲陰雨之備似好矣, 加分租一萬石, 仍前加一年劃付, 以其耗, 俾爲取用於山城營築之地何如, 上曰, 依爲之."

41 『萬機要覽』軍政編, 關防, 忠淸道 淸州 "邑城 石築三千三百二十八尺 正宗 乙巳改築 兵營在城內 太宗 丁酉 施設於德山 戊戌 移設於海美 孝宗 辛卯 移設於此"

42 『淸州邑誌』"邑城 石築一千三百五十步 高八尺 內有井十三 堞五百六十六六垜 炮樓八處 只有二處 西南北門 俱有霓 又有層樓 東門無樓無霓焉"

43 『大東地志』忠淸道 淸州 城池條 "邑城 本朝 正祖乙巳改築周一千四百二十七步瓮城二門四井十二."

비롯하여 옹성, 문, 우물 등의 기록은 이전의『여지도서』의 기록과 차이를 보이지 않는다. 이 때의 수축은 이전의 기록에서 女檣의 기록이 보이므로 대략 城壁뿐만이 아니라 성벽 위의 女墻까지 쌓은 것으로 여겨진다.

17)『湖西邑誌』

1871년(고종8년)경에 혹은 순조 때의 기록인『湖西邑誌』에는 읍성은 "돌로 쌓았고, 둘레가 1,350보이고, 높이는 8척이며, 성안에 우물 13개가 있다. 여장은 566타가 있고, 포루가 8곳이나 6곳은 무너졌고 다만 2곳이 있다. 서·남·북 3개문은 모두 홍예식이며, 또한 문루가 있으나, 동문은 문루도 없고, 虹霓를 틀지 않았다."[44] 라고 하였다. 이 기록은『청주읍지』의「城池」의 기록과 동일하다.

18)『忠淸道各郡邑誌』

1899년경의 기록인『忠淸道各郡邑誌』「淸州郡邑誌」에는 "둘레가 1,350步이고, 높이가 8尺이다."[45] 라고 하였다. 이 기록은 1840년 憲宗 때에 발간된 것으로 추정되는『청주읍지』의 기록과 차이를 보이지 않는다.

19)『朝鮮寰輿勝覽』

『조선환여승람』(1933) 청주군「古跡」에서 "읍성은 석축이며, 둘레가 3,648척이고, 안에 우물이 13개 있으며, 포루가 8곳이다."[46]라고 하였다. 이 기록은 일제강점기의 기록으로서 이미 청주읍성의 성벽이 헐린 이후에 작성된 것이다.

20) 淸州邑城의 毁撤

청주읍성은 1910년 한일합방이 되어 관찰부 대신에 도청이 청주에 설치되었고, 1911년 4월 착공하여 1915년에 마친 市區改正事業을 명분으로 하여 먼저 사방의 성벽을 헐어 그 돌을 이용하여 하수구를 만들고, 남석교에서 일직선으로 남문을 경유하여 북문으로 통하는 간선도로 즉 성안길(중앙로)을 개수하였다.

---

44 『湖西邑誌』"石築 周一千三百五十步 高八尺 內有井十三 ○五百六十六垜 炮樓八処 六処頹 只有二処 西南北三門 俱有霓 又有層樓 東門無樓無霓"
45 『忠淸道各郡邑誌』「淸州郡邑誌」(1899) "邑城 石築 周一千三百五十步 高八尺"
46 『朝鮮寰輿勝覽』(1933) "邑城 石築 周三千六百四十八尺 高八尺 內有井十三 炮樓八"

Ⅲ. 문헌에서 확인되는 축성

1. 문헌사료를 통해 살펴본 체성의 축성법

조선시대 읍성을 포함한 성곽의 개축이 활발하였던 시기를 나누면 크게 성곽을 석축으로 대규모로 개축하였던 세종년간과 임진란 이후 파괴·멸실된 성곽을 새로이 개편된 군제를 토대로 개축하였던 인조년간, 도시의 확장과 발전된 문물의 수용에 따른 개축이 이루어졌던 영조년간으로 나누어 볼 수 있다. 청주읍성 역시 이러한 시기의 흐름에 따라 개축·확장을 반복해 왔을 것으로 사료된다.

청주읍성 체성의 축성법과 양식을 유추해볼 수 있는 기록으로 주목되는 것은 세종 16년 (1434)에 있었던 최윤덕의 건의문이다. 최윤덕은 "고려 때에는 모두 흙으로 성을 쌓아 민력(民力)을 낭비하고도 공(功)이 없었는데, 우리나라에는 축성할 석재가 없는 곳이 없음으로 마땅히 석성(石城)을 쌓아 영구하게 하십시오" 라고 건의하고 있다.

이 건의문에 따르면 최윤덕이 건의하기에 앞서 대부분의 성곽, 특히 읍성들은 고려시대 이래로 토성으로 축조하였음을 짐작해 볼 수 있다. 아울러 최윤덕의 건의 이후부터는 토성이 갖는 단점을 보완하기 위해 석성으로 바뀌어 갔을 것으로 생각된다. 실제로『세종실록지리지』에 수록된 하삼도(下三道)의 읍성 61개소 중 토성은 불과 5개소(8.2%)에 그치고 있어 건의 이후 원칙적으로는 석축을 기본으로 하였음을 알 수 있다.[47]

최윤덕의 건의에 의해 성행하기 시작한 석성은 이후 세종 20년(1438)에 새로운 축성 원칙을 담은 "축성신도(築城新圖)"가 반포될 때 그대로 수용되었던 것으로 믿어진다. 그러나 이보흠(李甫欽)은 "축성신도"의 반포 이후 나타난 문제점을 지적하고 새로운 축성법에 대하여 상소를 올리게 된다.[48] 즉, 기존의 축성방법은 내면(內面)에 돌 16척을 메우고 위에는 계단을 만들며, 상부는 박석(薄石)으로 깐 형태이나 이에 이보흠이 지적한 문제점을 살펴보면, 석성을 쌓는 데 너무나 많은 공력이 소비된다는 점과 계단을 만들고 박석을 깐 형태로 적의 침입이 용이하다는 점, 일부 돌을 빼내면 쉽게 무너지는 점, 상부에 덮은 흙이 없어 비가 오면 물이 스며들기 때문에 곧 무너져 내리고 마는 점 등을 지적하고 있다. 그리고 이보흠은 이러한 문제점을 해결하기 위해 자신이 군위현(軍威縣) 수령으로 있을 때 영일성(迎日城)을 쌓은 경험을 토대로 새로운 축성법에 대하여 제안을 하게 된다. 그 내용을 살펴보면, 외면(外面)의 6~7척은 큰 돌을 써서 쌓고, 내면(內面)의 7~8

---

47 심정보, 한국 읍성의 연구, 학연문화사, 1995. p.400
48 ≪世宗實錄≫ 102권 세종 25년 11월 3일 甲寅

척은 잡석(雜石)을 섞어 흙으로 단단하게 쌓을 것과 이렇게 뒤채움한 다음에는 그 위를 2척 두께로 흙을 덮을 것, 그리고 다시 그 위에는 떼(莎土)를 입히되 안으로 경사지게 하여 배수도 쉽고, 유사시 사람들이 오르내리기도 쉽도록 할 것을 제안하고 있다. 아울러, 이 때 필요한 흙은 성 밖에 해자를 굴착할 때 나오는 흙을 이용하면 추가로 공력(功力)을 들일 필요도 없고, 성벽이 이루어졌을 때에는 밖으로 해자도 완성되는 등 일거양득(一擧兩得)의 효과를 볼 수 있다고 하였다. 이를 통해 이보흠이 제안한 축성법은 편축법(내탁)과 유사한 형태임을 알 수 있다.

이렇게 보면 조선시대 전기의 읍성 축조방식은 "축성신도(築城新圖)"를 통해 반포된 축조방식과, 이의 문제점을 지적하고 새로운 대안으로 이보흠이 제시한 축성법이 있었을 것으로 사료된다.

조선후기의 축성기법을 유추해볼 수 있는 기록으로는 『반계수록(磻溪隧錄)』[49]의 「성제법(城制法)」에 수록된 기록이 있다. 내용을 살펴보면, 성저부(城底部)는 성곽의 3/5정도를 차지하고, 체성 기초는 땅을 깊고 넓게 파내려가 다지고 반석을 깔아 3~4척을 올린 다음 그 밖은 흙으로 채워서 기단석을 고정시킨다. 그리고는 그 위로 체성 허리 이하로 큰 정다듬한 돌을 쌓아 올리고 허리 이상은 벽돌로 석회를 이겨서 사이를 붙이면서 쌓아 올리는 형태이다. 이를 통해 당시 체성부의 하부기단 축성법과 내외부의 쌓기와 뒤채움에 대한 구조적인 내용을 추정해 볼 수 있다.

이외에도 축성의 규식(規式)에 관한 내용이 빈번히 나타나는데,[50] 이를 종합해보면 조선시대의 성곽 축성에는 보편적인 규식(規式)이 존재하였음을 알 수 있다.

2. 청주읍성의 축성 규모

청주읍성의 축성 규모는 크게 전체 둘레와 체성 높이의 측면에서 살펴볼 수 있다.

조선시대 청주읍성의 규모가 처음으로 나타나는 것은 『세종실록』지리지이며, "읍석성(邑石城)은 둘레가 1,084보(步)이고, 안에 우물 13곳이 있는데, 겨울이나 여름에도 마르지 않는다."고 하여[51] 청주읍성의 둘레와 우물의 수 등 기본적인 내용을 담고 있다.

『성종실록』에는 처음으로 청주읍성의 축조기사가 나온다. 성종 18년(1487) 2월 19일에 사헌부의 관리가 "청주의 축성은 급한 일이 아니며, 이제 듣자하니 습석군(拾石軍)이 밀과 보리를

---

49 조선시대 실학자 유형원(柳馨遠)이 효종 3년(1652)에 쓰기 시작하여 현종 11년(1670)에 완성하였다. 성리학의 근본 문제로부터 신선술·각종행정·군제·전제·병제 등 다양한 분야에 대한 내용을 담고 있다.
50 ≪世宗實錄≫ 세종 15년 1월 13일 : 적대의 규식, ≪成宗實錄≫ 성종 20년 2월 4일 : 성곽의 높이, ≪宣祖實錄≫ 선조 30년 3월 3일 : 여장의 규식 등의 기록과 같이 당시 축성에 관한 내용이 존재하였다.
51 ≪世宗實錄≫〈地理志〉忠淸道 淸州牧 "邑石城 周回一千八十四步 內有井十三 冬夏不渴"

밟아버린다 하니, 우선 중지하였다가 가을을 기다려서 쌓게 하소서…" 하니 왕이 "청주에 축성하는 일은 가을을 기다려서 하는 것이 좋겠다."고 하였다. 성종 18년 가을에 청주읍성을 개축한 사실을 알 수 있으며, 습석군에 대한 기록으로 보아 당시에 석성으로 축조하였던 사실 또한 분명하다.[52] 이 때 쌓은 청주성의 규모는 높이 13자이고 둘레가 5,443자라 기록되어 있다.[53] 성종 25년(1494) 2월에 쌓은지 5년이 지나도록 무너지지 않았을 경우에 성을 축조한 감독관에게 벼슬 등급을 올려준다는 규정에 의하여 감독자들에 대한 포상문제를 논의하는 자리에서 청주읍성이 높이가 낮고 작기 때문에 무너지지 않았다는 기록이 보인다.[54] 그러나 2개월 후인 성종 25년 4월 13일의 기록에는 청주목사 김숙연(金叔演)이 쌓는 곳을 감독한 곳은 기한 안에 퇴락하였다는 기록이 보여 일부 무너진 부분이 있었음을 보여준다.

이후 『신증동국여지승람』에는 읍성이 석성이고, 둘레가 3,648척, 높이가 8척, 성안에 13개의 우물이 있는 것으로 전한다.[55]

영조대에 편찬된 『여지도서』에서도 "읍성의 둘레는 장으로 계산하면 1,109丈 半 이고, 포백척(布帛尺)으로 계산하면 3,328尺 5寸, 보로 계산하면 1,427步이다. 높이는 장으로 계산하면 3丈, 척으로 계산하면 8尺 8寸, 보로 계산하면 3步이다. 垜(성가퀴), 치성(雉城), 곡성(曲城), 초루(譙樓), 포루(炮樓) 모두 없다. 옹성(甕城)은 둘인데, 남문과 북문 옆에 있다. 동문·남문·북문에는 모두 1층의 누각이 있고, 서문에는 누각이 없다. 우물은 12곳이고, 연못은 없다."[56]고 하였다.

『일성록』[57]에는 청주읍성 수축에 대한 내용이 매우 상세하면서 구체적으로 기술되어 있다. 정조(正祖) 10년 병오(丙午, 1786) 6월 3일에 충청병사(忠淸兵使) 구세적(具世勣)이 올린 장계를 보면 "남쪽 옛 성의 벽면이 가지런하지 않은 곳 130보, 북쪽 체성의 무너져 내린 두 곳을 합해서 20보 및 북문의 홍예문(虹霓門) 밖 좌우 축대의 연결 부분이 벌어져 물러난 곳을 모두 개수하였습니다. 이어 문루(門樓) 3칸을 세우고, 남문루(南門樓) 6칸, 서문루(西門樓) 3칸 및 포루(鋪樓) 8좌까지도 기와를 덮었습니다. 3문 문루에는 단확을 칠하고, 4문 수직군포 각 2칸을 새로 세워서 기와를 덮었습니다. 여첩은 591타이니, 타마다 너비는 2보 반이고, 높이는 주척으로 4척 5촌인데 완축하고 벽돌을 덮었으며, 안팎에는 회를 발랐습니다. 체성의 높이는 지면에 따

52 『성종실록』권200, 성종 18년 2월 己丑
53 『성종실록』권200, 성종 18년 2월 是月
54 『成宗實錄』권287, 성종 25년 2월 甲戌
55 『新增東國輿地勝覽』忠淸道 淸州牧 城郭條 "邑城 石築周三千六百四十八尺 高八尺 內有井十三."
56 『輿地圖書』忠淸道 淸州牧 城池條 "邑城 周圍以丈計之則一千一百九丈半 二布帛尺計之則三千三 百二十八尺 五寸 以步計之則二千四百二十七步 高以丈計之則三丈 二尺計之則八尺八寸 以步計之則三步 垜雉城曲城譙樓 炮樓並無 甕城二在南門北門傍 東門南門北門俱有一層樓西門無樓 井十二池無."
57 조선 영조 36년(1760) 1월부터 1910년 8월까지 왕의 입장에서 신하와의 만남 등을 기록한 일기이다.

라 일정하지 않은데, 가장 높은 곳은 주척으로 23척이고, 가장 낮은 곳 또한 18척을 밑돌지 않으며, 둘레는 1,489보입니다. 이번 5월 8일에 역사가 끝났는데, 체성의 역사는 모두 전 병사 김영수가 있을 때 진행한 것이고 신은 모두 예전의 규례에 따른 것일 뿐이니, 이어 완성한 것은 여첩(女堞)·문루(門樓)·군포(軍舖)를 완축하고 벽돌을 덮고 회를 바른 것에 불과합니다. 신이 감독하는 방도에 어두워 역사를 마치는 것이 넉달이나 지체되었으니 황공하기 그지없습니다. 이런 연유로 치계합니다."[58]라고 하였다.

이외에 『문헌비고(文獻備考)』, 『대동지지(大東地志)』, 『청주읍지(淸州邑誌)』, 『낭성지(琅城誌)』, 『조선환여승람(朝鮮寰輿勝覽)』등의 기록에는 성벽길이, 성벽높이, 성문개수, 우물개수가 기록되어 있으나 이전 기록의 내용과 차이를 보이지 않고 또한 성내 건축물이나 옹성 등 성벽 시설물에 대한 구체적인 기록이 보이지 않는다.

〈표 1〉 기록에 나타난 청주읍성의 규모

원전	둘레	높이	문지	문루	옹성	여장	포루	우물
세종실록	1,084步	-	-		-			13
신증동국여지승람	3,648尺	8尺						13
성종실록	5,443尺	13尺	-		-			-
여지도서	1,427步 3,328.5尺(布帛) 1,109丈半	8.8尺 (布帛)	4 (東西南北)	東南北門樓 西門無樓	2 (南北門)			12
일성록	1,489步	18尺~ 23尺(周尺)		北門樓 3칸 南門樓 6칸 西門樓 3칸		591垜 (너비 2步半, 높이 4尺5寸(周尺))	8座	
문헌비고	1,427步	3丈	4		2			12
대동지지	1,427步	-	4		2			12
청주목읍지	3,648尺	-			-			13
랑성지	3,648尺	8尺						13
청주읍지	1,350步	8尺	4	西南北門樓 東門無樓		566垜	8(2)	13
조선환여승람	3,648尺	8尺					8	13

58 『日省錄』正祖 10년 丙午(1786) 6월 3일조 "忠淸兵使 具世勣狀啓南邊舊城面勢不齊處一百三十步北邊體城崩頹兩處合二十步及北門虹霓外在石築動退處盡爲修改而仍建門樓三間並與南門樓六間西門樓三間及舖樓八座蓋瓦三門門樓施丹騰四門守直軍舖各二間新建蓋瓦女堞五百九十一垜每垜廣二步半高周尺四尺五寸完築蓋甓內外塗灰體城高低隨地不同而最高處周尺二十三尺最低處亦不下十八尺周回一千四百八十九步今五月初八日畢役體城之役皆在於前兵使 金永綏臣悉遵前規續成者不過女堞門樓軍舖及蓋甓塗灰而已臣董督昧方訖役遲滯至於四朔不勝惶恐緣由馳啓."

IV. 고지도에서 확인되는 축성

1. 여지도(輿地圖, 18세기 중엽)

여지도는 한양도성도 및 조선 군현지도, 조선전도, 그리고 천하도지도(天下都地圖)를 망라한 지도책이다. 정확한 제작 연대는 알 수 없으나 지도에 표기된 내용으로 보아 1789년에서 1795년 사이에 제작된 것으로 추정된다.

그림 1. 여지도(18세기 중엽)

여지도에 나타난 청주읍성은 것대산(지도에는 巨叱大山嶺, 484m) 아래, 무심천(無心川) 동쪽 연안의 저지대에 남북방향으로 긴 장방형의 성곽으로 축성되었다. 지도에서 보이는 바와 같이 남·북 2개의 성문은 홍예식으로 1층의 누각이 있고, 동·서문은 표시되지 않았다. 성벽에는 여장이 표시되어 있지 않다. 성안에는 병영(兵營), 본영(本官), 객사(客舍) 건물이 있고, 성 밖에는 향교(鄕校)와 중영(中營)이 위치하고 있다. 지도에서 읍치 서북쪽에 봉림수(鳳林藪)가 보인다.

2. 해동지도(海東地圖, 1750년대)

해동지도는 18세기에 제작된 조선의 각 도별 군현 지도집으로 이 지도에 나타난 청주 읍성은 우암산(지도에는 臥牛山, 338m) 아래, 무심천(無心川) 동쪽 연안의 저지대에 남북방향으로 긴 장방형의 성곽으로 축성되었다. 지도에서 보이는 바와 같이 서·남·북 3개의 성문에는 모두 1층의 누각이 있고, 동문은 표시되지 않았다. 성벽에는 여장이 표시되어 있다. 성안에는 병영(兵營), 본영(本官), 객사(客舍) 건물이 있고, 성 밖에는 향교(鄕校)와 중영(中營)

그림 2. 해동지도(1750년대)

이 위치하고 있다. 충청도 군현에서 장방형의 성곽을 가진 군현은 청주목(淸州牧)과 충청수영(忠淸水營)뿐이다. 지도에서 읍치 서북쪽에 봉림수(鳳林藪)가 보인다. 청주의 지형이 북쪽이 허하므로 이곳에 숲을 조성한 곳으로 수백년 된 나무가 5리에 뻗어 있다. 일종의 비보풍수(裨補風水)의 예로 볼 수 있다.

3. 청주목지도(淸州牧地圖, 18세기 중엽)

1872년 제작된 지방도 중 충청도 청주목 지도에 나타난 청주읍성은 남북방향으로 약간 긴 원형의 성곽으로 표시되었다. 읍성을 둘러싸면서 산줄기가 감싸고 있고 동쪽에는 숙종 때 다시 석축(石築)한 상당산성(上黨山城)이 포진하고 있다. 방위 표시는 없으나 남쪽을 지도의 상단으로 배치하였다. 각면 소속의 동리명과 호수(戶數)가 기재되어 있으나 건치연혁은 빠져 있다. 읍성의 내부에는 병영과 청주목 관아가 들어서 있고 중영(中營)은 읍성 남쪽에 위치해 있다. 각지의 제언과 사창이 표시되어 있으나 다른

그림 3. 청주목지도(18세기 중엽)

군현에서 통상 보이고 있는 장시(場市)나 점(店)은 표시되어 있지 않다. 읍성의 내부 용두사(龍頭寺) 터에는 현재도 남아 있는 당간지주가 그려져 있다. 이 동장(銅檣)은 행주형(行舟形)의 형국을 표시하기 위해 세워졌다고도 전해진다. 읍성 밖 남쪽으로는 남석교가 그려져 있는데 기원전 57년(漢 五鳳元年)에 세워진 것으로 주기되어 있다. 또한 읍성 북쪽에는 북수(北藪)가 그려져 있는데 이 지역이 군사적 요충지이기 때문에 숲을 조성하여 방어에 활용하기도 했다.

성벽 위에는 여장을 쌓았다. 읍성의 동·서·남·북문은 모두 누문식(樓門式)으로 표현되었으며, 남·북문의 옹성도 표현되지 않았다.

4. 호서전도(湖西全圖, 18세기 후엽)

호서전도는 18세기에 제작된 조선의 각 도별 군현 지도집으로 이 지도에 나타난 청주목은 여지도에 나타난 청주목보다 좀 더 생략하여 표현하고 있다. 청주읍성은 것대산(지도에는 명칭이 없음) 아래, 무심천(無心川) 동쪽 연안의 저지대에 남북방향으로 긴 장

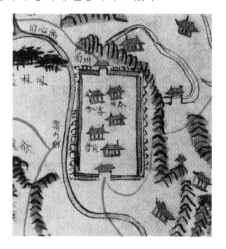

그림 4. 호서전도(18세기 후엽)

방형의 성곽으로 축성되었다. 지도에서 보이는 바와 같이 남·북 2개의 성문에는 1층의 누각이 있고, 동·서문은 표시되지 않았다. 남·북 2개의 성문은 여지도에서는 홍예식으로 표현하였으나 이 지도에서는 홍예를 표현하지 않고 약화하여 마치 평거형 성문처럼 보인다. 동·서·북 성벽에는 여장이 표시되어 있으나 남쪽 성벽에는 여장이 표시되지 않았다. 성안에는 병영(兵營), 본영(本營), 객사(客舍) 건물이 위치하고 있다. 지도에서 읍치 서북쪽에 봉림수(鳳林藪)가 보인다.

5. 청주읍성도(淸州邑城圖, 18세기 후반)

전남 구례의 운조루에 소장된 『여지도』속에 포함되어 있는 「청주읍성도」는 청주읍성의 형상을 명확하게 알 수 있는 자료로서, 읍성내외의 각종 시설과 건물 명칭이 자세하게 명시되어 있다.

읍성도에 나타난 청주읍성은 남북으로 긴 장방형 구조인데, 동문과 서문을 기준으로 읍성의 북쪽에는 동헌과 객사가 나란히 배치되었고 읍성의 중앙에는 사창이 위치하고 있으며 그 아래쪽에 충청도 병영이 자리를 잡았다. 읍성에는 4개의 문이 있었는데, 남문은 청남문(淸南門), 서문은 청추문(淸秋門), 동문은 벽인문(闢寅門), 그리고 북문은 현무문(玄武門)이라 하였다. 읍성의 내부는 남문과 북문을 연결하는 큰 길이 직선으로 이어져 있으며, 동문과 서문 사이는

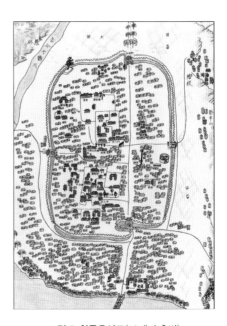

그림 5. 청주읍성도(18세기 후반)

어긋나는 통로로 연결되어 있다. 성벽 네 모퉁이는 모두 성벽을 따라 삼각지를 형성하면서 완만한 곡선을 이루고 있다. 그리고 남북 직선도로의 동쪽에는 용두사지 철당간과 청주목의 원형 옥사가 위치하였다. 우물도 성안에 8곳이 그려져 있다. 압각수를 비롯하여 버드나무 등이 사실적으로 그려져 있다.

성벽 위에는 여장을 쌓았다. 읍성의 서·남·북문은 모두 홍예식이며, 또한 문루가 있으나 동문은 홍예를 틀지 않은 평거식 문으로 보여진다. 특히, 남·북문은 옹성이 설치되어 있다.

6. 고지도 청주(제작 연대 미상)

이 지도는 회화식 그림 지도로, 제작 연대 및 제작자는 미상(未詳)이다. 그러나 북문 안쪽 서

편에 삼충사가 위치하고 있고, 동쪽으로 청주목의 옥사가 방형으로 표현되어 있으며, 동쪽 성벽이 많이 무너져 내린 것으로 보아 대한제국 말기에 제작된 것으로 추정된다.

읍성의 북쪽에는 동헌과 객사, 망선루가 나란히 배치되었고 그 아래쪽에 충청도 병영이 자리를 잡았다.

체성부분은 외벽은 석축하고 안쪽은 흙으로 내탁한 성벽구조임을 알 수 있다. 또한 성벽 위에는 일정 간격으로 포루로 추정되는 표현이 나타나고 있다. 읍성의 서·남·북문은 모두 홍예식이며, 또한 문루가 있으나 동쪽은 성벽이 허물어져 있으며, 문은 표시되지 않았다. 남·북문의 옹성도 표시되지 않았다.

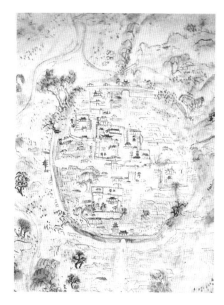

그림 6. 고지도 청주(제작 연대 미상)

7. 사진자료를 통해 본 체성의 구조

청주읍성의 형상을 명확하게 알 수 있는 자료로는 일제강점기에 찍은 남문(南門) 관련 2장의 사진자료가 있다. 사진자료의 상태가 선명하지 못하여 한 장은 외관의 모습을 확인할 수 있는 정도이며, 또 다른 한 장은 문루의 처마부분을 확인할 수 있는 정도이다.

사진을 보면 성문은 홍예문으로서 홍예종석의 좌우로 4개의 홍예석으로 상부를 구성하고 그 하부에 5매 정도의 선단석(扇單石)을 놓아 홍예부분을 받게 하였다. 홍예의 위에는 부형무사석(缶形武砂石)을 놓고 성문 좌우에도 각각 10~11단의 무사석(武砂石)을 놓아 견고하게 하였으

사진 1. 청주읍성 청남문(1920년)

사진 2. 청주읍성 청남문 현판(1921년)

며, 좌우측 상부에 누조석(漏槽石)을 각 1개씩 설치하였다. 사진을 보면 성벽 전체를 다듬은 돌로 축조하였는지는 알 수 없으나 문 부근의 석재는 다듬은 재질의 무사석임을 알 수 있다.

V. 발굴조사에서 확인되는 축성

1. 청주읍성 성벽구간 발굴조사 I

성벽구간 1차 발굴조사는 성벽이 잔존할 것으로 추정되는 구간 4개의 지점을 선정하여 조사를 진행하였다.

2개의 지점에서 성벽 기초 석렬이 확인되었다. 현재의 아스팔트 표면으로부터 약 50㎝ 깊이에서 석렬이 확인되었는데 남-북 방향으로 길게 이어져 약 23m 구간이 확인되었으며, 성벽의 폭은 안쪽의 공원지역으로 이어지므로 확인할 수 없었다.

사진 3. 청주읍성 기초 석렬

성벽의 기초 부분은 모래층 위에 적갈색 점토를 다짐한 층이 확인되었는데, 이전의 토루인지 혹은 기초부를 보강한 부분인지 명확하지 않다. 다만 조선후기의 성벽구조가 외벽을 석축하고, 내면은 토축하는 것이 일반적이라면 일정한 구간을 점토로 다짐한 후, 성벽을 축조하였을 가능성도 있다.

점토다짐층의 위층으로 작은 냇돌로 열을 맞추어 놓은 지대석이 있고, 그 위에 기단석이 확인되었으며, 지대석 및 기단석 외연의 하단까지 할석과 점토를 혼합하여 보축된 구조가 확인되었으며, 그 안쪽으로 점토와 냇돌 등을 섞어 다짐한 층이 확인되었다. 기단석은 크기는 대략 50~60×60cm이며, 상당 부분은 다듬지 않은 채 이전의 성돌을 재사용하고, 민가에서 사용하던 절구돌 등을 사용하기도 하였다.

2. 청주읍성 성벽구간 발굴조사 II

2011년 1차 발굴조사에서 확인된 조선시대 청주읍성의 성벽기초부와 연장하여 성벽의 잔존 폭과 성벽기초부 및 성내 시설등을 확인하고자, 청주 중앙공원 서쪽 담장 주변과 동남쪽 모서

사진 4. 청주읍성 성내 내황   사진 5. 청주읍성 남동쪽 구간

리 부분에 대하여 실시하였다.

발굴조사 결과 Ⅰ구역 청주 중앙공원 서쪽 담장주변에서는 성벽의 폭을 확인했는데, 성벽 바깥의 성벽기초석 외연에서부터 성벽 안쪽 끝부분에 해당되는 다짐층까지 약 7.5~8m가량 이어지는 것을 확인할 수 있다. 그리고 청주읍성의 성벽 안쪽 끝부분의 내황(內隍)으로 추정되는 도랑을 확인하였다. 또한 읍성 내부지역에서 건물지 초석 등을 확인하였다. 또한 읍성 내부지역에서 건물지 초석들을 확인하였다.

Ⅱ구역에서는 청주읍성의 동남쪽 모서리 부분 발굴조사에서 잔존유구가 확인되어 읍성의 진행방향을 확인할 수 있었다. 여기에 발굴조사 지점으로부터 회곡되는 성벽은 지금의 도로망과 통하고 있음을 알 수 있으며, 이는 조선후기 청주읍성도에 보이는 모습과 일치하는 것으로 보인다.

3. 청주읍성 성벽구간 발굴조사Ⅲ

청주읍성 3차 발굴조사에서는 읍성의 동남쪽을 제외한 각 회곡부의 성벽구간 잔존여부를 확인하기 위하여 발굴조사를 실시하였다.

발굴조사 결과 서남쪽 회곡부에서 성벽의 기저부를 확인하였으며, 북서쪽 회곡부에서는 성벽의 내황추정지를 확인하였다.

서남쪽 회곡부의 발굴조사 결과를 통해 구조는 기왕에 확인된 서벽구간 청주읍성 기저부와 마찬가지로 점토와 기와편 등을 혼입하여 기초를 다진 후, 지대석을 얹고, 기초석을 얹기도 하였다. 하지만 일부구간에서는 기초다짐 위에 지대석을 제대로 두지 않고 바로 기초석을 쌓은 뒤 높이를 맞추기 위하여 할석을 위에 두는 축조 모습을 볼 수 있었다.

북서쪽 회곡부의 발굴조사 결과 2012년 청주읍성 발굴조사에서 확인된 내황으로 추정되는

사진 6. 청주읍성 기초 석렬

토층과 유사한 모습을 볼 수 있는데, 이 당시의 조사 성과를 통해 보면 성벽의 너비는 체성부에서 내황까지 약 8m정도로 현재 확인되는 내황추정지에서 8m 이상 밖으로 벗어나 성벽이 위치하고 있을 것으로 추정된다. 따라서 청주읍성 서북쪽 회곡부는 시굴조사 지역보다 밖에 위치했을 가능성이 더 높을것으로 판단되며, 현재 청주읍성의 추정선을 수정할 필요성이 있을 것으로 보인다. 현재 잔존하는 성벽유구는 조선후기에 최종적으로 개축된 것으로 보인다. 성벽은 기저부만이 확인되었는데, 이는 일제시대 삭평되어 대부분 파괴되고 일부가 남아있는 상태이다. 성벽의 기저부 중 뒷채움부에서는 다짐을 할 때 채워넣은 청자편과 조선시대 분청사기편 등도 확인된다. 하지만 다짐층 내부에서 오목굽의 백자편 등이 함께 출토되는 것으로 보아 조선 후기에 수차례 개수되었을 것으로 보인다.

VI. 맺음말

위의 내용을 토대로 맺음말은 청주읍성의 규모와 구조에 대해 추정하고 마무리 지어보려 한다. 먼저 청주읍성의 규모와 구조를 추정해 보면 크게 체성 높이, 체성 폭(회곽도 폭, 내탁부 폭)으로 나누어 볼 수 있다. 문헌자료을 통하여 산정한 체성의 규모는 아래 표로 정리하였다.

〈표 2〉 청주읍성의 추정 체성 규모

구 분		산정 규모	산정 기준
체성높이		3.75~4.79m	· 문헌상에 나타나는 높이 참고 · 일제강점기에 찍은 남문 관련 사진자료 참고 · 해미읍성 등 현존하는 읍성의 높이를 참고하여 산정
체성 폭	상부	1.6~2.4m (여장 폭 : 약0.8m) (회곽도 폭 : 0.8~1.6m)	· 여장 폭은 해미읍성 등 현존하는 읍성의 여장 폭 참고하여 산정 · 회곽도 폭은 상부 폭에서 여장 폭을 제외한 값
	내탁부	4.7~6.0m	· 총 체성 폭은 2012년 발굴조사 잔존유구를 통해 추정 산정 · 체성 폭에서 여장 및 회곽도 폭을 제외한 폭을 내탁부 폭으로 산정

청주읍성 체성의 구조는 크게 외곽부 구조와 내탁부 구조로 나누어 볼 수 있으며, 앞장의

자료고찰을 통하여 산정한 내용을 토대로 체성의 원형추정 단면과 입면을 구성해보면 다음과 같다.

-청주읍성의 성곽 단면구조

발굴조사 자료를 살펴보면 기초는 아래에 적갈색 점토＋할석으로 적심을 다지고, 기초석은 다듬지 않은채 이전의 성돌을 재사용하기도 하였으며, 적심에는 자갈과 기와를 채워 넣은 구조로 하였다.[59] 따라서 체성의 단면구조는 점토와 기와편 등을 혼입하여 기초를 다진 후, 지대석을 얹고, 그 위에 기초석을 얹은 후 그 전면부로 다듬은 면석 또는 장방형의 돌을 쌓아올린 형태일 것으로 추정된다.

전면부의 돌은 조선시대 읍성에서 거의 공통적으로 나타나는 상부로 갈수록 돌의 크기를 상대적으로 작게 하여 외곽부 경사율 1:0.08~1:0.07 범위로 물려 쌓으며, 3~4단마다 뒷길이가 긴 심석을 하나씩 박아 전면부를 고정시킨 구조로 추정된다. 또한 내탁의 채움석은 10:4는 뒤채움석으로 채우되 하부는 큰 돌을, 상부는 작은 돌을 안정감 있게 쌓아올리며, 나머지는 토사와 뒤채움석을 혼합하여 쌓은 다음 그 위에 약 1m 폭으로 토사를 다져 쌓아 상면부에 잔디식재를 함으로써 유실을 방지한 구조로 추정된다.

성벽의 폭은 관련기록 및 잔존유구를 통해 추정해 보면 성벽 기초부에서 안쪽까지 약 7.5~8m의 너비를 갖추었던 것으로 보이며, 그 안쪽으로 폭 1.5~2m의 내황(內隍)을 두었던 것으로 보인다.[60]

- 청주읍성의 성곽 입면구조

청주읍성 체성의 입면 쌓기 구조는 조선시대 읍성에서 거의 공통적으로 나타나는 수평으로는 바른줄 쌓기, 수직으로는 막힌줄눈 쌓기와 통줄눈 쌓기가 혼용되었을 것으로 추정된다. 이는 축성에 사용된 돌의 크기가 일정치 못하고 제각기 달라 발생되었거나 축성이후 개·보수를 해오는 과정에서 쌓기 구조가 혼용된 것으로 판단되기 때문이다. 이에 따라 수평으로는 바른줄눈 쌓기로 동일하게 추정하나 원형에 가까운 막힌줄눈 쌓기와 통줄눈 쌓기가 혼용되어 축성된 경우와 막힌줄눈 쌓기로만 축성된 경우를 나누어 추정 입면을 작성하였다.

막힌줄눈과 통줄눈 혼용쌓기의 하부는 다듬은 장대석 또는 면석으로 기단부를 마련하고 상면부는 점차 돌의 크기를 줄여나가며 쌓아올리되, 하부는 막힌줄눈으로 쌓고 상부는 다듬은 돌을 크기에 따라 통줄눈과 막힌줄눈을 혼용하여 쌓아올린 형태이다. 막힌줄눈 쌓기의 하부는 장

59 (재)충청북도문화재연구원·, 2011『청주읍성 성벽구간 발굴조사Ⅰ』.
60 (재)충청북도문화재연구원·, 2012『청주읍성 성벽구간 발굴조사Ⅱ』.

대석 또는 면석으로 기단부를 쌓고 상부에는 상대적으로 돌의 크기를 줄여나가며 물려 쌓아 올린다. 또한 전체적으로 동일한 형태의 돌을 막힌줄눈으로 안정감 있게 쌓은 형태이다.

〈표 3〉 청주읍성의 추정 체성 구조

구분		내 용
사용재료		· 외곽 하부는 장방형의 다듬은 판석 또는 면석으로 기단부를 이룸. · 외곽 상부는 다듬은 자연석으로 크기가 일정치 않음 · 내탁부는 뒤채움석으로 자연석 또는 잡석과 토사를 섞어 축조함
쌓기 구조	외곽부 구조	· 일반적으로 성벽의 쌓기구조는 막힌줄눈 쌓기로, 통줄눈 쌓기의 경우 높은 구조물일수록 안전하지 못함. · 청주읍성 남문 사진자료의 쌓기구조는 수평으로 줄바르게 설치되어 있으나 수직으로는 막힌줄눈과 통줄눈 쌓기 양상이 같이 보이고 있음. · 이에 따라 수평은 바른줄 쌓기로, 수직은 막힌줄눈 쌓기와 막힌줄눈 · 통줄눈 혼용 쌓기를 제안함. · 외곽부 경사율은 1:0.08~1:0.07 범위로 산정함
	내탁부 구조	· 뒤채움석을 전체 체성 폭에서 10:4 폭으로 쌓고 나머지 10:6은 뒤채움과 토사를 섞어 쌓으며, 그 상면부 약 1m 두께로 흙을 덮어 잔디를 식재

- 여장의 규모와 형식 추정

여장은 체성 위에 설치하는 구조물로 적으로부터 몸을 보호하기 위하여 쌓은 담장을 여장이라고 한다. 여장은 모양에 따라 평여장 · 볼록여장(凸女墻) · 반원형여장 등이 있으며, 구조적으로는 성벽 상단에 납작한 돌이나 벽돌로써 눈썹처럼 밖으로 튀어나오게 미석(眉石)을 설치하고 그 위로 다시 낮은 담장을 쌓은 형태를 보이고 있다. 이러한 여장에는 활과 총을 쏘거나 방어하기 위한 총안(銃眼)을 설치하는 것이 보통이고, 여장의 1칸을 1타(垛)라 하고, 타와 타 사이를 타구(垛口)라 부르는데, 타(垛)는 성곽에 치(雉)를 설치하는 데 간격 기준[61]이 되기도 하였다.

청주읍성은 조선전기의 기록에는 여장과 관련한 기록이 없으며, 『여지도서(輿地圖書, 1757~1765)』에도 없다고 하였으나[62], 『일성록(日省錄, 1786)』에는 "여첩은 591타이니, 타마다 너비는 2보 반이고, 높이는 주척으로 4척 5촌인데 완축하고 벽돌을 덮었으며, 안팎에는 회를 발랐습니다."라는 여장에 대한 구체적인 내용이 기술

되어 있어 정조 10년(1786)개축공사 때 성벽뿐만 아니라 성벽 위의 여장까지 쌓은 것으로 여겨진다. 이 기록에 의하면 개략적인 여장의 규모 추정이 가능한데, 높이는 약 93.8cm(4.5척

---

61 『만기요람』에 수록된 「부 관방총론」의 내용에 따르면 50타(垛) 간격으로 치(雉)를 설치할 것을 명시하고 있다.
62 『與地圖書』忠淸道 淸州牧 城池條 "…… 垛雉城曲城譙樓炮樓並無 ……"

×20.83cm≒93.8cm)에 여장 하나와 사이 간격을 포함한 값이 약 272cm(약2.5보×108.9cm ≒272cm)임을 알 수 있다.

- 성문의 규모와 형식추정

성문은 읍성의 상징적인 시설물로 성문의 구성은 하부의 육축(陸築)과 문루(門樓)로 구분된다. 「청주읍성도」에 의하면, 청주읍성에는 동·서·남·북에 4개의 문이 있었다. 남문과 북문은 큰 길이 직선으로 연결되어 있었으며, 동문과 서문 사이는 어긋나는 통로로 연결되어 있었다.

청주읍성 남문은 읍성의 상징성으로 인해 우선적으로 복원이 필요한 대상이라 할 수 있다. 그러나 남문의 건축형식에 관한 실측과 문헌기록은 전해오는 것이 없다.

청주읍성 남문은 지금의 청주시 상당구 남문로 2가 남단에 위치한 청주약국 앞에 있었다. 일제강점기 때 찍은 2장의 사진자료를 통하여 당시의 모습을 추정할 수 있다.(사신 1, 2 참조)

사진을 보면 성문은 홍예문으로서 홍예종석의 좌우로 4개의 홍예석으로 상부를 구성하고 그 하부에 5매 정도의 선단석(扇單石)을 놓아 홍예부분을 받게 하였다. 홍예의 위에는 부형무사석 (缶形武砂石)을 놓고 성문 좌우에도 각각 10~11단의 무사석(武砂石)을 놓아 견고하게 하였으며, 좌우측 상부에 누조석(漏槽石)을 각 1개씩 설치하였다. 사진을 보면 성벽 전체를 다듬은 돌로 축조하였는지는 알 수 없으나 문 부근의 석재는 다듬은 재질의 무사석임을 알 수 있다.

문루의 정확한 구조와 규모는 사진자료에는 나타나지 않고 있으나, 문루 위에 보이는 몇몇 인물의 인체치수로부터 건물의 크기를 짐작할 수 있다. 문루는 정면 3칸, 측면 2칸으로 된 목조 건물이다. 가구형식은 사진자료 상으로는 명확하게 확인되지 않으나 당시대 충북지역 문루의 보편적인 특성을 따른 무고주 5량가로 사료되며, 양 협칸에는 충량이 중앙칸의 대량에 걸쳐져 있었을 것으로 추정된다. 사진에 보이는 남문의 공포형식은 출목이 없는 이익공 형식이다. 선행연구에 의하면 남문의 공포형식을 청주동헌의 것과 동일한 것으로 추정하면서 두 건물이 동시대에 건립되었을 가능성이 높은 것으로 보고 있다.

사진자료 상으로는 공포, 화반, 운공과 보머리 장식의 대체적인 형식은 보이지만 세부적인 조각형태는 보이지 않는다. 이는 앞으로 지속적인 자료발굴과 연구를 통해 실마리를 찾아야 할 것으로 생각된다.

서까래의 단면은 원형이고 부연의 단면은 방형이며 끝부분이 모두 경사지게 깎여있다. 평고대와 연함이 보이며 처마 끝단의 암키와의 형태로 보아 수키와 끝을 와구토로 마감하였을 것으로 사료된다. 용마루와 내림마루는 암키와를 여러 단으로 쌓아 높게 만들었고 양성바르기로 마감하였다. 이것은 중층으로 된 문루나 비교적 중요한 건물에서 자주 사용하는 수법인데 이를 통해 청주읍성에서 남문의 중요성을 알 수 있다.

　　지붕은 겹처마, 팔작지붕으로 되어 있다. 정면지붕의 수키와 열은 확실하게 보이지 않으나, 내림마루가 있는 양 귀부분은 각각 8열, 지붕면은 25열로 구성된 것으로 추정된다.

　　청주읍성이 일제강점기 시대에 훼손이 되었더라도 이러한 자료를 가지고도 충분히 청주읍성이 복원가능하다는 것을 보여줬다. 읍성은 가까운 과거의 대한제국말까지 도시경관은 물론 기능적으로도 중추적인 기능을 수행해 왔고, 그 지역 고유의 문화가 생성되고 발전하는 무대이기도 하였다. 그런 점에서 읍성의 복원은 곧 그 지역의 지역문화를 부활시키는 상징적인 작업이라고 할 수 있다. 필자는 청주에 오래살면서 청주의 옛 모습에 많은 관심을 가지게 되었고 금번 논총을 통하여 청주읍성의 종합적인 실상을 밝힐 수 있게 되어 다행스럽게 생각된다. 이를 바탕으로 청주읍성의 복원이 지속적으로 진행되기를 기대해본다.

군부대 문화재 조사현황과 보호 방안

방유리((재)한백문화재연구원)

| 목 차 |

Ⅰ. 머리말

문화재는 한 번 손상되면 원래의 상태로 다시 돌이키기 어렵다. 그러므로 문화재는 무지하거나 분별없는 개발로부터 보존되고 보호되어야 한다. 문화재의 훼손행위에는 문화재 보호 및 보존정책의 법적 기반이 있어야 하며, 지속적인 관심과 적극적 실행도 필요하다.

군부대는 남북분단 상황 속에서 국가기밀 보안지역으로 접근과 출입이 통제되어 있다[1]. 부대 내 산재한 문화재는 기초적인 현황실태조사가 시도되기도 했으나 극히 일부에 지나지 않았다. 그러나 2000년대 우리군 주둔지뿐만 아니라 주한미군 주둔지 내 대규모 시설물 조성공사는 사각지대로 여겨진 군부대 내 환경문제와 함께 문화재 조사 및 보호가 국민적 관심사[2]로 부각되었다. 이로 인해 2005년 주한미군 내 문화재 보호를 위한 SOFA 문화재보호분과가 신설되기에 이르렀다.

---

1 「군사기지 및 군사시설 보호법」, (,[시행 2020. 8. 28.] [법률 제16568호, 2019. 8. 27., 타법개정])군사기지 및 군사시설 보호법(약칭: 군사기지법)에서는 "군사시설"을 '전투진지, 군사목적을 위한 장애물, 폭발물 관련 시설, 사격장, 훈련장, 군용전기통신설비, 군사목적을 위한 연구시설 및 시험시설 · 시험장, 그 밖에 군사목적에 직접 공용(供用)되는 시설'로 정의하고 있다.

2 뉴시스, 2004.02.05.,「주한미군 스토리사격장, 환경파괴. 불법공사 논란 이어 문화재 은폐 의혹」
오마이뉴스, 2004.11.17.,「주한미군 스토리사격장 '불법 공사' 논란 문화유산연대-파주녹색환경모임, 문화재청에 공사중지명령 요구」

군 문화재 관련 정책 마련과 현안 과제 해결을 위한 본격적인 노력은 문화재청, 국방부, 주한 미군과의 협의를 통해 2006년부터 매장문화재조사전문기관의 지표조사부터 시작되었다. 이후 국내 여러 지역에 분포하고 접근성이 어려운 군부대의 특수성은 국방부의 협조 아래 문화재 청과 문화재조사기관의 체계적인 조사를 통해 부대 내 문화재에 대한 현황을 파악하게 되었고, 이에 대한 폭넓은 보호 · 보존방안 정책을 마련하기 시작했다.

본 글은 오랫동안 진행된 군 문화재 조사 경과를 살펴보고, 군 문화재 현황과 함께 앞으로의 보호 방안에 대해 정리해보려고 한다. 그리고 군부대 문화재를 보호하기 위해 만들어진 국방부 훈령인 군 문화재보호 훈령[3]에 대해 알아보고, 앞으로 실행 단계에서 보완할 점이 있는지 살펴 보고자 한다.

Ⅱ. 군 문화재 조사 경과

군 문화재 조사는 주둔지 내 체계적이고 종합적인 학술조사를 통해 문화유산 보호의 사각지 대를 해소하는 것이 첫 목표였다. 문화재청과 국방부의 협의로 시작된 2006년 첫 문화재조사 는 우리군 주둔지 3,816,471,744㎡와 주한미군기지 2,163만평에 대한 것이었다. 주한미군기 지는 우선 「LPP(연합토지관리계획)협정」[4] 개정에 따른 존속 기지를 중심으로 추진하되, 반환 예정부지(5,167만평)는 그 일정과 연계하여 단계적 조사로 진행되었다.[5]

군사보호구역으로 접근이 어려운 접경지역은 국립문화재연구소에서 1991년~2000년까지 지표조사가 실시되었고, 그 결과 총 653건의 문화유적을 확인하기도 하였다.[6] 제한적인 조사였 으나 이를 통해 확인되지 않은 문화재가 군 주둔지 내에 다수 존재할 것으로 추정되었다.

2006년 첫 조사는 군부대 문화재 조사의 특수성을 감안하여 문화재청에서 국방부, 주한미군 등 유관기관의 참여와 협조를 받아 연차에 따라 단계적 계획 속에 시작되었다. 한편 군 자체적 으로 '문화재지킴이'[7] 역할을 유도하여 문화재에 대한 관심을 높이고, 원활한 조사여건을 조성

---

3 「군 문화재보호 훈령」, ([시행 2021. 1. 19.] [국방부훈령 제2514호, 2021. 1. 19., 일부개정])
4 Land Partnership Plan(聯合土地管理計劃) 2001년 제33차 한미안보협의회의 한미 의향서 체결. (국방부, 2014, 『국방백서』, p.109)
5 군 문화재 조사 추진 경과는 『우리 군부대 문화재 모니터링 관리방안연구』(문화재청 · 한국문화재정책연구 원, 2015)와 각 년도 군부대 문화재 관련 입찰공고 및 과업내용서 등을 정리하였다.
6 국립문화재연구소, 2000, 『군사보호구역 문화유적 지표조사보고서 - 강원도편』
　국립문화재연구소, 2000, 『군사보호구역 문화유적 지표조사보고서 - 경기도편』
7 문화재청 · 육군본부, '1문화재 1지킴이 운동' 협약 체결. (문화재청 보도자료 2007.06.13)

하기 위하여 군부대 내 '문화유적 보존관리수칙' 제정도 추진되었다.

군부대 내 첫 조사 방법은 기본적으로 「매장문화재 보호 및 조사에 관한 법령」[8]과 「문화재 지표조사의 방법 및 절차 등에 관한 규정」[9]을 준용하되, 조사 지역의 여건 등에 따라 선택적 또는 탄력적으로 적용하도록 계획되었다. 이에 각 지역의 매장문화재조사기관이 나누어 해당 지역 군부대의 문화재 분포 유무와 성격, 그리고 보존상태 등을 현지조사한 후 그 결과를 (사)한국문화재조사기관협회 주관으로 마련된 군부대 보고서작성 표준통일안에 맞추어 작성되었다.

그러나 2006년 수립된 군부대 문화재 조사계획이 2007년 작전지역, 군사보호구역을 제외한 실제 군 주둔지로 한정하게 되면서 조사계획 사업대상의 범위가 축소되었다. 이것은 당초 예상된 군 주둔지 면적대비 조사대상 수량이 급증하였기 때문이다. 예를 들면, 6군단 조사 시 각 지역에 산재되어 있는 수많은 예하부대 주둔지까지 조사대상에 포함되면서 사업 기간 및 조사 진행의 현실성을 제고하기가 어려웠기 때문이다. 그리고 군 주둔지 중 훈련장은 군사훈련이 없는 기간에만 제한적으로 짧은 시간 출입이 허가되어 현장조사가 진행되었다. 그러나 이 시기는 장마기간이거나 혹한기 또는 혹서기 등으로, 이동이 어렵고 수풀이 우거지거나 눈에 지표면이 덮여있어 문화재 지표조사를 하기에 어려움이 현실적으로 많았다.

가장 문제점은 현지 도보조사가 필수인 매장문화재 지표조사 성격상 군부대 출입 및 조사 절차를 민간기관의 협의로 진행하기에는 현실적으로 어려웠다.

그리고 문화재 조사결과보고를 위해 필수적인 자료의 공개 행정 절차는 보안이 필요한 사항의 군사기밀보호시설 등이 포함되어 보다 밀접한 협의가 주요 문제로 대두되었다. 이에 한국문화재조사연구기관협회의 위탁주관 형태는 이후 문화재청이 직접 주관으로 변경되었다.[10]

2008년에는 군부대 조사가 처음 계획 대비 사업진행률이 저조함에 따라 기본계획의 사업기간 및 총사업비 변경을 통한 사업 추진의 현실성이 제고되어야만 했다[11]. 문화재청이 준용하는 회계예규 「공동계약 운용요령」에 의거하면 최대 5개 문화재조사전문기관이 공동수급체로 구성되므로 전국적으로 시행되어야만 하는 문화재 지표조사 조사인력 참여가 제한

---

8 「매장문화재 보호 및 조사에 관한 법률」 (약칭: 매장문화재법) ([시행 2021. 6. 9.] [법률 제17582호, 2020. 12. 8., 일부개정])

9 「지표조사의 방법 및 절차 등에 관한 규정」([시행 2020. 12. 28.] [고시 제2020-152호, 2020. 12. 28., 일부개정])

10 문화재청·한국문화재정책연구원, 2015, 『우리 군부대 문화재 모니터링 및 관리방안 연구』

11 문방위 소위지적사항(2008.11), 청장지시사항(2008.12.1)

되었다. 그리고 모든 군 주둔지를 조사대상으로 선정하였으나, 최전방 주둔지역 내 남북대
치 상황 속의 특수성과 위험성으로 인해 조사 지역 내 접근에 제약이 발생하였다. 이에 단
계별 사업대상 범위를 현실에 맞게 조정하여 축소하였다. 또한 지표조사 이후 정기 모니터
링 및 긴급 수습조사 등 군 주둔지 내 문화재 보호 관련 예산 추가의 필요성이 제기되어 당초
2006~2011년의 6개년 계획을 2006~2018년의 13개년 계획으로 사업 기간을 연장하고 총
사업비도 증액되었다.

우리군 주둔지에 대한 문화재 조사는 5군단 등 경기 · 강원 최전방 지역의 문화재 조사를 우
선 실시한 후 순차적으로 수도권 및 후방 부대의 문화재조사를 실시하였다. 그리고 지표조사가
완료된 지역은 다시 순차적으로 모니터링을 실시하여 군 주둔지 내 문화재의 관리와 보호를 위
한 체계적인 방안을 마련하였다. 군부대 문화재 지표조사 중 문화재 훼손 사항이 발견될 경우
발굴조사를 긴급으로 실시한 경우도 있다. 충주 공군비행단 부대 내에서 2기의 토광묘를 발굴
하고 수습조사를 실시한 것이 대표적인 예라고 할 수 있다.

주한미군 주둔지는 2008년까지 주한미군재배치 계획에 의거 존속예정기지의 조사가 완료됨
에 따라 2009년 이후 반환예정기지 중 SOFA 문화재보호분과위원회의 협의를 통하여 조사 대
상지를 선정해왔다. 그리고 지표조사가 완료된 주한미군 주둔지 중 대상지역을 선정하여 모니
터링 조사도 함께 실시되고 있으며, 주한미군 내 자체점검계획을 수립하고 있다.

군부대 문화재조사는 매년 단위로 문화재청이 국가전자종합조달 나라장터를 통해 용역을 공
개 입찰공고하여 일반경쟁, 협상에 의한 계약의 심사과정을 거쳐 문화재조사전문기관이 선정
된 후 진행되고 있다.

[표 1] 2006~2011년 주한미군 유형별 문화재조사 현황

구 분	매장문화재			유형문화재			자연문화재		합 계
	고분 · 묘	유적	산포지	건조물	동산	근대건축	명승	동 · 식물	
2006	39	1	9	11				1	61
2007	59	3	2	4					68
2008									0
2009	46			1					47
2010	3			1					4
2011			1	36					37
합 계	147	4	12	53	0	0	0	1	217

[표 2] 2006~2019년 우리군 유형별 문화재조사 현황

구 분	매장문화재			유형문화재			자연문화재		합 계
	고분·묘	유적	산포지	건조물	동산	근대건축	명승	동·식물	
2006	21	11	33	3		2		4	74
2007	10	3	23	7		7			50
2008	81	34	40	11	2	2	4	12	186
2009	62	25	6	13		6	2	5	119
2010	115	26	21	10	3	1	1	12	189
2011	51	25	36	12			3	2	129
2012	101	13	32	4	14	3		3	170
2013	37	2	23	1			1	2	66
2014	8	8	54	3	1				74
2015	50	13	54	18		3	3		141
2016	3	8	39	1	12	1	1		65
2017		1	3						4
2018	3	1	10		1	8			23
2019	3	4	7	2			1	1	18
합 계									1,308

조사방법은 군부대의 출입 일정이 허가될 때까지 문헌자료 및 각 해당 부대 주변지역의 건조물, 자연문화재, 민속문화재를 비롯하여 매장문화재 등 기존 조사자료를 수집하여 검토하고, 이를 기초로 하여 현장조사를 실시하는 방법으로 실시되었다. 현장조사는 조사원들에 의해 도보조사를 원칙으로 기존에 보고된 유적을 육안으로 확인하고, 조사지역 및 주변지역에서 새로운 문화재의 존재 가능성을 두고 군부대와 협의된 일정에 따라 조사하였다. 그리고 확인된 유적은 기록과 사진으로 남기고, 지형도에 그 위치를 표기하였다.

군부대 주둔지 내의 문화재 조사 수행 및 기록 작성은 먼저 고고학적으로 구석기~근현대의 지표상 또는 매장문화재에 대한 조사, 지역의 역사·문화적 변천 과정에 대한 역사학적 조사, 지역 내에서 문화재적 가치가 높은 역사적 건축물에 대한 조사, 지질, 민속 등 기타 필요한 사항에 대해 진행되었다. 근대건축물, 동굴, 식생에 대해서는 관련 전문가의 자문을 받아 함께 조사하였다.

군 관리구역 내에 위치한 모든 문화재를 확인 조사한 후, 조사 결과를 바탕으로 향후 지속적인 관리를 위한 구체적이고 효율적인 보존방안 제시에 주안점을 두었다. 이 자료는 이후 관리

모니터링과 보존대책 마련에 기초가 되었다.

지금까지 우리 군 주둔지에 대한 조사 진행 현황은 다음[표 3]과 같다.[12]

[표 3] 2006~2021년 우리군 문화재 조사현황

연도	문화재 (건)	육군	해군	공군
2006	74	자운대, 계룡대 30사단(일부), 11사단	-	광주 · 대구기지, K-16
2007	50	제9군단, 제2군단 직할 등	진해해군기지	제7전투비행단, 작전사령부, 근접지원단 등
2008	186	제6군단 직할 예 · 배속	해군사관학교, 교육사령부	제2방공포병, 수성기지, 8129 · 8789부대 등
2009	119	제5군단 직할 예 · 배속	진해해군기지 도서지역	-
2010	189	제1군단	연평도, 백령도 등 서해 해군 주둔 도서지역	-
2011	129	제3군단, 제8군단, 수방사	제1함대	제18전투비행단
2012	170	수도군단, 국방부 직속부대, 7군단, 2군단	제2함대	사천비행장, 광주비행장, 제주지역
2013	66	군수사령부, 31사단	제3함대	공군사관학교, 17 · 19 · 20 · 38 전투비행단
2014	74	1군 사령부 및 예하부대, 32 · 37사단	-	28전대, 8 · 10 · 17 · 19 · 20전투비행단, 재경대대, 15특임, 제2 · 제3방공유도탄여단
2015	141	35 · 39 · 53사단, 상무대 군수사 예하부대 등	해병1사단, 6전단 등	제5전투비행단, 교육사, 1여단 예하포대
2016	65	3군사령부, 1101공병단, 육군사관학교 등	해병대 사령부, 해병2사단, 군수사 등	-
2017	4	특수무기정비단, 2보급단, 육군부사관학교 등	221 전진기지	-
2018	23	2공병여단 도하중대, 105공병대대, 3군수지원사령부 등	-	8990부대, 8217부대
2019	18	27연대 열쇠종합훈련장 등	부산항만방어전대, 해양의료원 등	항공정보단, 방공관제사령부
2020	-	육군사관학교, 지상작전사령부 등	-	-
2021	진행	지상작전사령부, 항공작전사령부 등	직할부대, 해병대, 작전사 등	제3175부대 예하 4개소

---

12 문화재청 행정자료, 2019.10.14.,『군부대문화재현황』(http://www.cha.go.kr.)
　　나라장터 국가종합전자조달, 군부대 문화재조사 용역 공고 참조,(http://www.g2b.go.kr/)

군 문화재 조사는 현재도 계속 진행 중이다. 이는 그동안 문화재보호 사각지대였던 군 주둔지에 대한 꾸준한 현지조사를 통해 구체적인 문화재 현황을 파악했다는 점은 높이 평가할 만하다. 그리고 추가적으로 모니터링과 함께 군 자체 내에서 스스로 관리할 수 있는 상시점검 매뉴얼지침을 마련하였다.

적극적인 문화재 보호활동의 필요성에 따라 군부대 문화재 안내판 제작 및 설치지침[13]이 마련되었다. 자체적으로 제작하거나 부대 내에 시범실시된 것을 2019년 이후 대상 부대 현황에 따라 2종류의 문화재 안내판 기본 문안과 설치기준을 통일하였다. 그리고 안내판 설치 지점은 관할 부대와 협의하여 해당 부대 관리자의 접근성이 높은 곳(부대 관리 건물 옆·출입구 등)으로 선정하도록 하고 있다.

이와 함께 해외의 군부대 분화재조사 및 보존관리사례[14]를 소개하는 등의 군문화재에 대한 이해의 폭을 넓히는 연구도 진행되었다. 이 보존관리사례는 스위스 및 네덜란드, 영국 등에서 이루어진 군 문화재 관리보호방안으로 우리 군의 문화재보호활동이 더욱 활발하게 이루어질 수 있도록 자료로 제공되었다. 이 사례들은 민간기관과의 협력을 통하여 전시(戰時)와 같은 비상시는 물론 일상 시 문화재보호와 관리를 위한 군부대의 역할과 기능이 무엇인지를 보여주고 있다.

그리고 군부대의 문화재 관리를 위한 노력으로 문화재청과 국방부는 2006년부터 매년 군부대 문화재 관리교육을 실시하고 있다. 부대 내에서는 국방부 군문화재 보호규정상 민사·작전 담당관이 문화재 관리업무도 맡고 있다. 군 문화재 관리교육은 문화재 보호의 필요성을 공감하고, 군 주둔지 내에 있는 문화재를 자체적으로 보호하고 관리의 필요성을 찾아야 비로소 그 효과를 얻을 수 있을 것이다.

Ⅲ. 군 문화재 현황

군 주둔지 내에서 확인되는 문화재는 그 유형(類型)에 따라 매장문화재, 유형문화재, 자연문화재로 분류된다. 매장문화재에는 유물산포지, 선사유적, 건축유적, 무덤유적, 관방유적, 생산유적이 있다. 유형문화재에는 건조물과 동산이 있고, 자연문화재에는 명승 및 동식물이 해당된

---

13 입찰공고번호 20200223240-00, 문화재청「2020년도 군부대 문화재 조사 용역」과업내용서 붙임 3 참조(나라장터 국가종합전자조달 http://www.g2b.go.kr/)
14 문화재청, 2008,『해외 군부대 문화재조사 및 보존관리 사례집』.

다. 이외에 일반적인 문화재와 달리 자체적으로 관리되는 군사재(군사문화재)도 있다. 지금까지 조사된 군부대 내 문화재의 현황과 앞으로 보존관리를 위해 고려할 점을 유형별로 정리하면 다음과 같이 나눌 수 있다.

1. 매장문화재

유물산포지는 무덤, 집터 등과 같이 사람이 살았다는 분명한 흔적은 알 수 없지만, 지형적 요건과 함께 유물이 흩어져 유구의 존재 가능성을 예측할 수 있는 지역을 말한다. 땅속에 매장되어있는 상태이므로, 문화재 전문가가 아닌 일반인들이 파악하기에는 어려움이 있다. 따라서 도로, 탄약고나 유류고, 참호, 사격훈련장 등으로 활용되어 원지형이 훼손되기 쉽다. 그리고 군 건축물 조성을 위해 절토나 평탄화 이외에도 일부는 토사유입으로 인한 복토로 타 지형의 유물이 유입되어 지형과 지표가 교란된 경우도 있다.

선사유적은 선사시대 사람들이 남긴 생활·무덤·생산과 관련된 다양한 삶의 흔적이다. 군부대 내 선사유적은 유물산포지의 상황과 비슷하며, 현황과 문제점 역시 일반적인 유적과 달리 군부대 내에서 자체적으로 유적여부를 파악하기 어렵다는 것에 있다.

그러나 건축유적은 절터나 사람들이 살았던 집터 등의 흔적으로 축대시설이나 기둥을 세웠던 초석 등의 석축시설이 육안으로 확인된다. 오히려 건물지 기단석이나 초석 등의 유구가 일부 남아 가공되어 반듯한 석재를 부대 내에서 재활용하는 사례가 발생한다. 이에 유물은 원래의 위치를 상실하기도 한다.

무덤유적은 지석묘, 고분, 분묘 등이 해당되는데, 조선시대 무덤유적은 군집을 이룬 경우가 많아 군 주둔지 내 문화재 중 가장 많은 수를 차지하고 있다. 지석묘는 덮개돌이 남아 있어 지표에서 바로 확인되기도 한다. 그러나 봉분은 평탄화되어 육안으로 확인하기 어려운 경우도 많다. 조선시대 무덤 주변에는 문인석이나 비석 등의 석물이 남아 있는 경우가 많다. 그러나 이장후 석물만 남겨놓기도 하여 한곳에 모아서 별도 관리가 필요하다.

연고가 있는 무덤유적은 문중 관리자가 있어 군부대와 협의하여 정기적으로 관리하기도 하고 부대 내에서 별도 관리를 해주기도 한다. 그러나 지표조사 이후 군 문화재 모니터링시 현상변경된 경우도 발생하였다. 이는 해당 문중에서 이장을 하여 분묘가 없어지는 경우이다. 그러므로 군부대 내에서 무덤의 이장행위가 발생할 경우 지자체와 협의하여 문화재 전문가가 참관할 수 있도록 안내가 필요하며, 군부대 내 문화재 목록을 수정하는 등의 지속적 관리가 필요하다.

관방(關防)유적은 도로가 하나로 합쳐지는 곳이나 험한 고갯길에 성곽을 쌓고 군사를 배치하여 외침에 대비했던 유적을 말한다. 대표적인 시설로는 산성을 비롯하여 보루, 목책, 봉수, 돈대, 참호 등이 있다. 군 시설물들은 관방유적이 있는 전략적 요충지에 만들어진 경우가 많아 지속적인 관리가 요망된다. 특히 관방유적은 돌로 만들어진 구조물로 참호, 교통호, 진지 조성을 하면서 훼손되는 사례가 많다. 그리고 토성의 경우는 수목이 생장하여 가려지게 되어 전문가가 아니면 육안으로 확인이 어려워 성벽이 유실된 상태로 찾기 어려운 경우가 많다.

생산유적은 자기나 옹기, 토기 또는 기와 등을 만들었던 가마터, 철과 관련된 제철유적 등이다. 가마가 지표상에 드러나 대량의 도자기나 갑발 등이 지표에 산재할 경우는 인지하기 쉽다. 그러나 일반인은 유적으로서의 가치를 알기 어려워 방치되기 쉽고, 유적의 훼손 및 멸실 진행이 빠르다. 포천의 미군기지를 지표조사하면서 부대 내 도로변에서 많은 도사기가 절토면에 드러나 긴급수습발굴조사 한 사례가 있다.

매장문화재는 땅속이나 해저에 포장된 상태로 있으므로 원칙적으로 현상을 변경시키지 못하며, 허가없이 발굴할 수 없고 군부대 내라고 예외가 되지 못한다. 그러나 국가의 허가를 받는 경우는 예외적으로 발굴을 허용한다. 그러므로 문화재가 나오면 공사 자체를 할 수 없다는 선입견을 버리고 매장문화재 보호 및 조사에 관한 법률에 따라 행정절차를 진행하여야 한다. 그리고 군부대 시설조성 등 주둔지 내 각종 굴착사업으로부터 매장문화재의 사전 보호체계를 구축하고 개발과 보존의 군 문화재에 대한 관리방안을 모색해야 할 것이다.

2. 유형문화재

건조물은 목조건축물, 석조건축물, 근대건축물이 포함된다. 군부대에는 내 묘비 등의 분묘에 조성된 석조물 외에도 선정비(불망비, 공적비, 청덕비), 충효비(효자비, 열녀비, 정열비, 충의비) 등이 다수 확인된다. 건조물은 원위치에서 이전 설치된 사례들이 있는데, 이는 부대 조성 및 군 시설물 건립, 부대 내 도로개설이 주요 요인이었다. 그러나 건조물 중에도 정려각 또는 선정비는 해당 문중에서 관리되는 경우가 많아 비교적 상태가 양호하다고 볼 수 있다.

건조물 중 보존의 필요성이 있는 것은 관련 절차에 따라 문화재로 지정하여 관리해야 한다. 그리고 문화재의 보수와 정비는 관계전문가의 철저한 고증과 검토를 바탕으로 원형보존에 입각하여 시행하여야 한다. 특히 관리의 취약성이 있는 건조물은 꾸준한 모니터링을 통하여 사전 예방적 관리가 필요하다.

군 주둔지 내 유형문화재에는 일제 강점기에 만들어진 근대건축물이 다수 확인된다. 그러나 근대건축물 중에는 그 가치에 대한 인식이 부족하여 창고나 분리수거장으로 사용되기도 하였다. 이후 여러 분야 전문가의 문화재 조사 후 가치가 있는 근대건축물은 근거 자료를 군부대에 알리고 용도를 개선하여 더 훼손되지 않도록 노력을 기울이고 있다. 특히 미군기지 내 근대건축물은 반환대상지를 중심으로 개별 건축물의 연구가 진행되어 높은 성과를 얻고 있다.

근대문화유산은 예비문화재로서의 가치가 있다. 생성된 시기가 오래되지 않아 현재의 시점에서 그 문화재적 가치를 평가하기에는 어려움이 있으나 미래에는 그 가치를 높게 평가받을 가능성이 있다. 그러므로 근대건축물은 전문가에 의한 일제 조사를 거쳐서 역사성, 예술성, 현존상태 등을 평가하여 등록문화재로 지정하여 활용하도록 할 필요가 있다. 근대건축물은 건립연도가 짧고 건축물의 원래 용도가 근대의 시대상을 반영하고 있다. 따라서 근대건축물의 보존과 활용 시에는 내부공간의 변형을 최대한 억제하며 보존할 수 있도록 범위와 방향에 대한 검토가 필요하다.[15]

동산(動産)은 이동이 가능한 모든 문화재로 문서류, 회화, 조각, 무구 등이다. 군부대 내 동산문화재는 군사재로서 박물관 또는 사찰 등에서 별도 관리가 되고 있다. 이에 대해서 뒤 군사재에서 살펴보겠다.

3. 자연문화재

군부대 내 자연문화재 중 명승은 문화재로 인식되지 않거나, 관리주체의 부재로 인한 방치로 훼손되기 쉽다. 대표적인 자연문화재인 동굴은 안전상의 이유로 출입구를 봉쇄하여 내부 출입을 막거나, 주변 관리가 이루어지지 않아 방치된 상태이다. 대구 지저동 인공동굴은 조사 후 주변 정비를 하고, 출입구에 대한 관리를 강화하기도 하였다.

군부대 내 자연문화재로 확인되는 동식물은 주로 노거수이다. 보호수로 지정된 것은 지자체와 지역민들에 의해 적극적인 관리·보호가 되지만, 노거수에 대한 가치 파악이 제대로 검토되지 않아 방치된 것도 많아 일부 고사가 진행되기도 한다. 노거수는 문화재전문가가 점검하기에는 어려움이 있으므로 수목전문가가 참여하여 전문성을 높일 필요가 있다.

노거수는 특정 장소에만 존재하는 고유성, 희귀성, 문화적 요소를 간직하고 있으므로, 이를 보다 근원적으로 보존될 수 있도록 관리체계를 마련해야 한다. 노거수의 관리주체는 노거수가 위치하는 해당 지역의 지방자치단체장이 수행하는 것이 원칙이다.[16] 그러나 노거수 관련 시설

---

15 김정신, 2004, 「근대문화유산의 보존현황과 법제도 개선방안」, 『건축역사연구』13권, 한국건축역사학회.
16 「천연기념물(식물)상시관리 지침」([시행 2021. 1. 1.] [문화재청훈령 제549호, 2020. 11. 20., 제정])

물인 보호 울타리, 지주, 데크. 의자 등의 보호 및 편의시설의 관리는 해당 군부대에서 수행해야 한다.

노거수는 살아있기 때문에 관련 전문가가 신초(新梢) 길이, 잎의 크기, 색깔, 수량 등의 수목 활력도를 조사하고 병충해 피해 현황과 주변 시설물의 관리상태도 함께 점검이 필요하다. 특이 사항이 발생할 경우를 대비하여 처방과 유지관리를 위한 모니터링이 필수이며, 병충해 피해가 우려되는 기간에는 방제의 필요성과 시기도 검토되어야 한다.

이상의 군부대 문화재는 대부분 보존 관리가 잘되고 있으나 [표 4]와 같은 이유로 훼손되는 사례가 있어 주의가 필요하다.[17]

[표 4] 군 문화재 훼손 사례

형질변경(원지형훼손)

- 도로, 탄약고, 유류고, 참호, 교통호, 진지, 군부대 훈련장 조성 및 활용
- 배수로 조성, 군 건축물 건립 등으로 지형 절토 및 평탄화 진행
- 분묘의 봉분 삭평 또는 평탄화
- 송림 조성 등을 위한 수목 식재로 지형 훼손
- 유물산포지나 매장문화재유존지역 내 경작지 조성
- 외부 토사유입으로 해당 유구 매몰
- 타 유적의 유물이 유입되어 지형과 지표 유물 교란

이전·훼손·풍화

- 군부대 내 여러 사유로 원위치에서 이전 설치
- 석물 풍화, 도굴로 인해 훼손
- 일부 노거수 고사 진행
- 수목의 뿌리로 인해 지하 유구 훼손 우려
- 문중이 관리하는 분묘 중 후손들에 의해 석물 개·보수

관리 부재

- 관리자 부재 및 관심 소홀로 방치

4. 군사재

군부대 내에는 일반 문화재와 달리 군에서 별도로 관리되거나 지정된 군사문화재도 있다. 군 문화재보호 훈령과 육군 군사업무규정에서는 "군사재(軍事財)란 고대로부터 현대에 이르기까지 군사 활동과 관련된 역사적 유물 또는 유적과 이러한 역사적 사실을 기념하고 보존하기 위

---

17 방유리, 2018, 「군 문화재 모니터링 실시방안」, 『제12회 군문화재 관리교육』, pp. 37~76.

해 제작한 물자, 장비, 건조물, 조각품, 전적기념물 등을 말한다"[18] 라고 정의하고 있다.

[표 5] 군사재의 분류

구분	내용	비고
문서 (문헌)	※ 주요 문서 ·각종 작전문서 ·조직편성 ·지휘관의 지시문서 ·각종 보고서 ·국방정책 및 외교문서 ※ 간행물 ·군사 연구지 ·군 발간물 ·군사 도서 ·군사교범 ·군관련 미술품 ·기타	이에 해당하는 적의 문서
무기 (병기)	※ 고대 무기 ·도창, 투척무기 ·소총류, 갑주, 궁시 ·화포 ※ 현대 무기 ·소총, 자동화기, 포병화기 ·장갑, 로켓 ·함선, 항공기, 핵무기	이에 해당하는 적의 무기
장비 (비품)	※ 개인장비 ·복식, 휘장, 침구, 개인전투장구 ※ 부대장비 ·군기, 차량, 전투지원장비 ※특별장비 ·특수장병(개인)유품 ·전공자 소지품	이에 해당하는 적의 장비
시설	※ 군사유적 ·전적탑, 비, 성곽, 봉수 ·기념동상, 군사적지 ·전적지, 군 주둔기지, 숙영지 ·군사시설물	

군사재에 포함되는 대상물은 표 5와 같이 다양하다.[19] 무기뿐만 아니라 군사(軍事)와 관련한 사물 중 역사적 가치가 있다고 인정되는 대상물은 군사문화재가 될 수 있다.

현재 국내에서 군사재를 전문으로 전시 및 보존하는 군사전문박물관으로는 모두 7개소가 운영되고 있다. 박물관의 운영주체별로 살펴보면 제일 먼저 국립기관으로 육·해·공군에서 운영하고 있는 육군·해군·공군 박물관이 있다. 지방자치단체에서 운영하는 것으로는 동두천시의 자유수호평화박물관과 충남 논산시의 백제군사박물관, 강원도 화천군의 베트남 참전기념관이 있다. 이외에 사단법인 전쟁기념사업회에서 운영하는 전쟁기념관이 있다.[20]

군사재는 국방관련 등록문화재로 신청 후 관리될 수 있다. 요건은 국방 관련 역사적 인물·사건·장소와 관련된 유물과 유적, 군의 명예와 전통을 상징하는 자료, 전공을 선양하거나

---

18 「군 문화재보호 훈령」제2조.
19 李殷鳳, 1993, 「軍史財란 무엇인가」, 『군사』 26, p. 370
20 안재한, 2008, 「육군 군사재 정보화를 위한 유물분류(안) 제안」, 『군사연구』 124집, 육군본부 군사연구소, pp. 42~43.

업적을 추모하는 기념물, 군 장비·물자의 시제 또는 유일 표본으로 보존이 필요한 품목으로
군사문화재 심의위원회를 거쳐 지정된다. 일반적으로 군사문화재는 지정문화재, 등록문화재,
동산문화재로 구분되어 관리되고 있다.

현재 지정문화재는 국방부관리 계룡산 신도내 주초석 석재, 육군관리 연령군 신도비, 삼군부
청헌당, 해군 관리 이승만대통령 별장 및 정자가 있다.

등록문화재는 육군 관리 화천 인민군 막사, 해군관리 구 진해요항부사령부, 구 진해방비대별
관, 구 진해요항부병원, 제주 구 육군 제1훈련소 지휘소, 제주 구 해병훈련시설, 공군관리 남제
주 강병대교회, 남제주 비행기 격납고, 알뜨르비행장 지하벙커 등이 있다.

그리고 동산문화재는 육군박물관의 부산진순절도, 동래부순절도, 세총통, 대완구, 불랑기자
포, 조흡왕지, 박정희대통령 의전용 세단이 있고, 해사박물관의 중완구, 안중근의사 유묵과 공
사박물관의 국산1호 항공기 부활, 전쟁기념관의 이승만대통령 의전용 세단, 박정희대통령 의
전용 세단 등이 있다.

이와 같은 군사재들은 군 자체의 전문적인 박물관에서 체계적으로 관리되고 있다. 또한 군
역사관련 유물과 각종 자료를 수집하여 보존, 전시하기 위하여 전문인력을 확보하고 있다. 이
곳에서는 군사문화재를 전시하여 군 문화와 역사에 대한 홍보와 체험 등의 활용사업을 진행하
고 있다.[21]

IV. 군 문화재보호 훈령과 행정 절차

군 문화재 보호에 관심이 높아지자 정부 차원의 문화재 보존대책과 군 차원의 문화재 관리
및 보존 노력이 꾸준히 진행되고 있다. 1996년에는 이미 전쟁시 문화재보호에 관해 국방부, 합
참 그리고 각 군 본부에서 논의된 바도 있었다.[22]

그러나 본격적인 군 문화재에 대한 기본 조치는 2016년 2월 23일 국방부 훈령 제1885
호「군문화재보호 훈령」의 제정으로 정비되었다. 이 훈령은 군 문화재의 보존 및 관리 계획수
립·교육·활용, 비상시 군 문화재 보호에 대한 사항을 규정하고 있다.

최근 군부대 내 병영개선사업, 군부대 이전 및 축소에 따라 군부대 활용 및 개발사업으로 문화
재 조사가 증가하고 있어 이에 대한 구체적인 처리 절차는 중요한 관심사항이 되고 있다. 그리고

---

21 「군 문화재보호 훈령」제18조~22조.
22 합동참모본부, 『남한지역 문화재 보호지침』,(1996.6)

군사시설보호구역의 해체가 증가하고 있어 이곳의 매장문화재 조사도 활발하게 진행되어 업무 진행자들은 문화재 발견 후 처리 절차에 대한 합리적이고 구체적인 방안 제시를 원하고 있다.

개발을 원하는 자는 누구든 상관없이 매장문화재 보호 및 조사에 관한 법률에 의거 건설공사의 규모에 따라 해당 건설공사 지역에 문화재가 매장·분포되어 있는지를 확인하기 위하여 사전에 매장문화재 조사를 하여야 한다. 군부대 문화재는 신규 부대시설지역, 또는 특수작전지역, 지뢰지대 등이 아니라면, 거의 대부분의 지표조사는 수행되었다고 할 수 있다. 그러므로 매장문화재유존지역으로 판명된 경우에는 원칙적으로 훼손할 수 없지만, 문화재청장의 허가를 받아 매장문화재의 발굴허가를 받아 받고 개발과 문화재 보존의 합리적인 방안을 모색해야 한다.[23]

이외 군부대 내에서는 문화재조사의 직접적인 방법뿐만 아니라 우연한 굴착행위에서도 문화재가 발견될 수도 있다. 각급 부대 및 기관장은 군부대 내 매장문화재가 있을 가능성이 있다고 확인된 유물산포지 및 시설물에서는 군 작전행위, 교육훈련 등으로 인한 훼손이 발생할 수 있음을 인지해야 한다.

군 문화재보호 훈령에 따라 교육 훈련 또는 진지공사 등 부대 활동간 토지·수중 또는 건조물에 포장된 매장문화재를 발견한 경우는 발견지역의 외곽으로 보호를 위한 경시테이프(접근금지시설)를 설치하고 식별이 용이한 곳에 안내문을 공지하여 해당지역 원점 보존 및 현상변경 방지대책을 강구해야 한다. 해당 사실을 7일 이내 관할 자치단체장 또는 경찰서장에게 신고해야 하며, 국방장관에게 즉각 보고하여야 한다.[24]

군부대 내 문화재 발견시 보고 경로[25]는[삽도 1]과 같다. 매장문화재를 발견했을 때에는 그 발견자나 매장문화재유존지역의 소유자, 점유자 또는 관리자가 그 현상을 변경하지 말고 그 발견된 사실을 문화재청장에게 신고하여야 한다. 이 경우에 문화재청장은 해당 문화재의 소유자가 판명된 경우 발견자가 소유자에게 반환하게 하고, 소유자가 판명되지 않으면 유실물 공고 등의 조치가 이루어져야 한다. 문화재로 인정되는 유물(매장물 또는 유실물)은 문화재청장에게 보고되어야 한다. 이에 해당물이 문화재로 판명되는 경우에는 해당문화재의 소유자 유무를 확

---

23 「매장문화재 보호 및 조사에 관한 법률」([시행 2021. 6. 9.] [법률 제17582호, 2020. 12. 8., 일부개정])
24 「군 문화재보호 훈령」제12조 및 13조.
25 군부대 문화재 발견시 보고 경로는 다음 논문의 표를 참고하여 최초 발견자가 문화재에 대해 관할구청에 신고하기 어려운 상황을 고려하여 재수정하였다. (김태산·김희동, 2018, 「군부대 문화재 관리 및 보존에 관한 연구」, 『공사논문집』69권 1호, P.9.) 이 연구에서는, '등록문화재 또는 군사재로서의 가치 여부는 부대의 징에게 위임되어 있으며, 또한 부내의 장이 문화새 관리 및 보존의 책임까지 지고 있다'는 것과 '부대활동 간 매장문화재 발견 시 해당 경찰서장에게 7일 이내에 신고하도록 하고 국방부장관에게 즉 각적으로 보고하도록 한 법규' 등도 현실에 맞게 문화재에 대한 구체적인 처리절차가 모색되어야 한다고 지적하였다.

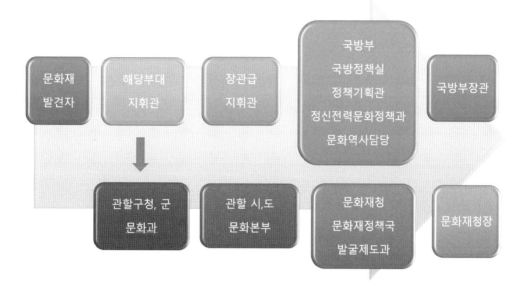

[삽도 1] 군 문화재 발견시 보고 경로

인하고, 정당한 소유자가 없는 경우 문화재는 국가에 귀속된다.

이와는 별도로 군부대 내에서 발견된 중요한 문화재는 지속적인 관리를 위해 국방관련 등록문화재로 지정하는 관심도 필요하다. 군 문화재 중 건설·형성된 후 50년 이상이 경과한 것으로, 국방 및 전쟁 등과 관련된 지휘시설, 전투시설, 막사시설, 구조물 등 역사적으로 보존가치가 있는 것 그리고 군의 역사, 예술, 병영생활 분야에서 기념이 되거나 상징적 가치가 있는 군 문화재는 관련 법령에 의거 문화재청에 등록문화재로 신청할 수 있다.[26]

그러나 이를 입증하기 위해서는 구체적인 사실의 기록과 그 의의를 밝힐 수 있는 사료와 증거의 수집이 선행되어야 한다. 따라서 각 부대 내에서는 이러한 자료들도 중요한 문화재가 될 수 있다는 생각으로 부대의 역사 등을 비롯하여 사진 및 관련 행사 기록 등을 체계적으로 보관하고 관리해야 한다.

국방관련 등록문화재는 부대 또는 기관장에 관리책임이 있다. 등록문화재가 있는 부대 또는 기관의 장은 원형보존을 위해 노력해야 하는 의무가 있으며, 멸실·훼손, 소유자 또는 관리자 변경 등 사유가 발생한 경우는 15일 이내 관할 지자체장에 신고하여야 한다.[27]

이외 군사재 지정은 각군 총장 및 국방부 유해발굴감식단장이 군사재 심의위원회를 운영하

---

26 「군 문화재보호 훈령」제14조.
27 「군 문화재보호 훈령」제15조.

도록 규정되어 있다. 군사재는 박물관 또는 부대 역사관 등에 전시되며, 국민 홍보의 목적으로 공공장소 또는 별도의 장소에 전시되기도 한다.

그러나 군 문화재보호 훈령은 각급 부대의 장 또는 기관의 장이 문화재 관리와 보존까지 전적으로 책임지도록 규정되어 있어 여러 한계를 가지고 있다. 따라서 군부대 또는 군시설 내 문화재에 대한 관리 보존 체계에 대한 현실적인 대안이 마련되어야 한다.[28] 그 대안으로 각 지역의 군부대와 지자체 문화재 담당관등의 유기적인 연락체제를 마련할 필요가 있으며, 해당지역의 문화재조사전문기관 등과 협약 등을 체결하여 문화재 전문 인력이 지역 군부대에서 자문이나 감정이 필요할 때 지원하는 방법도 있다.

V. 맺음말 - 군 문화재 보존 · 보호 방안

2006년부터 시작된 우리군 및 주한미군 주둔지에 대한 문화재조사는 현재 마무리되는 단계이다. 이제는 확인된 문화재를 어떻게 유지하고 관리하여 보존할 수 있는가에 집중할 때가 되었다. 군 문화재는 부대의 장이나 기관의 장, 또는 문화재청 일부 특정인이 관심이 있다고 해결될 수 없다. 따라서 앞으로 군부대 문화재 보존을 위한 관리체계 개선 및 방안을 마련하는 것이 중요하다. 이에 맺음말을 대신하여 앞으로 지속적인 군 문화재 보존과 보호를 위한 몇 가지 방안을 제시하도록 하겠다.

먼저 문화재 훼손방지를 위한 기초적인 보호 조치가 필요하다. 주둔지 내 문화재 인지를 위한 보호책, 안내판 설치를 최우선 사업이 되었던 이유이다. 일반인들은 문화재에 대한 인지가 부족할 수 있으므로 기본 안내시설을 만드는 것이 중요하다. 이에 부대 내에서는 자발적으로, 또는 문화재청의 안내판 설치사업을 통해 계속 그 수를 늘려가야 한다. 현재 모니터링을 통해 기존에는 없던 안내판 설치 사례가 점차 늘어나고 있어 군과 문화재청의 문화재 보호를 위한 실질적 노력이 진행되고 있음을 알 수 있다.

군부대에서는 자체적인 일상유지점검의 필요성을 인식하여야 한다. 그리고 문화재의 훼손 가능성을 검토하여 공사 발생 또는 작전 훈련 시에 문화재유존지역을 확인하고 정기적인 모니터링 실시도 필요하다. 문화재청에서는 문화재조사전문기관의 협조를 받아 문화재를 점검하는 양식을 일원화하여 각 부대에 보급하고 있다. 이때 군부대 문화재의 확실한 관리 주체가 있어

---

28 김태산 · 김희동, 2018, 앞의 논문, P.12.

야 한다. 문화재는 유형별로 해당 지자체와 문화재청 관련 부서에서 총괄관리가 필요한 사항이다. 그리고 비지정문화재의 관리는 지방자치법 시행령 제8조에 따라 시·군·자치구의 사무에 해당되고 있다. 따라서 실무를 할 수 있는 부대 내 관리자 지정 및 문화재 실태 파악이 중요하고, 군부대와 유기적으로 협의하고 실행되어야 한다.

그리고 군부대 문화재 보호방안 마련에는 부대 내부 관리체계 개선도 있다. 군부대 문화재에 대한 관리 인식 부재와 잦은 보직 이동에 대한 보완이 필요하다. 군부대 문화재 관리 담당자의 빈번한 교체는 문화재 관리의 연속성을 결여시킨다. 이에 국방부 및 각급 부대, 문화재청 간의 유기적인 인적 네트워크 구성이 필요하다. 일반적으로 일선 군부대 문화재 담당자는 교육 관련 또는 관리계 담당자가 본연의 임무와 함께 문화재 관리를 병행한다. 따라서 군부대 문화재 관리에 대한 인식이 부족할 수 있다. 문화재청과 국방부는 업무를 수행하는 각급 부대 담당자의 문화재 관리의 인식과 전문성을 높이기 위해 관리교육이 필요한 이유다.

최근에는 현상변경이 생기는 공사가 발생할 때 군 문화재 행정절차에 대한 인식도 높아져 문화재 지표조사 및 발굴조사를 하지 않는 경우는 거의 사라졌다. 이는 최근 공개입찰공고의 군부대 문화재 관련 용역 증가량만 보아도 짐작할 수 있다. 그러나 군 문화재와 시설공사 담당자의 부서가 서로 달라 군 시설물 개발행위 시 문화재 현황에 대한 공조가 따르지 않는 경우가 발생할 수도 있다. 따라서 국방부 내에 군부대 문화재 관리를 위한 전담부서를 마련할 필요도 있다.

군부대 문화재 조사가 본격화된 이후 문화재청에서는 문화재 조사가 완료되면 그 결과를 국방부 및 각급 부대에 통보하고 있다. 그러나 부대에서는 문화재 조사결과를 각급 예하 부대까지 하달하고 내용을 공유해야 하나 제대로 반영되지 않을 때도 있다. 따라서 군부대 문화재에 대한 관리 메뉴얼 및 안내 책자를 마련하여 군 문화재에 대한 자발적인 관심과 관리의 필요성이 확대하도록 해야 한다. 홍보 리플렛, 업무 메뉴얼과 영상자료 등의 각종 다양한 경로를 개발할 필요가 있다. 군 문화재 홍보자료는 행정자료로 작성하여 주기적으로 담당이 바뀌어도 인지할 수 있도록 공문서 하달과 대상자 업무공람이 가능하도록 해야 한다. 특히 문화재 관리에 익숙하지 못한 군 담당자들을 고려하여 전문용어사용을 알기 쉽게 설명해야 한다. 메뉴얼의 내용 구성은 문화재 관련 법령, 훼손 사례와 위반시 처벌규정에 대한 것과 군부대 조성사업시 문화재 관련 행정업무절차의 안내가 필수이다. 이때 군 문화재보호 관련 사례를 예로 제시하면 이해가 쉬울 것이다. 이외에도 군부대 내 교육시간 등을 활용하고, 일반 사병들에게 부대 내 문화재를 주제로 한 공모대회 등을 마련하여 포상 등의 방법을 통해 내부적으로 실질적인 홍보 효과를 높이는 것도 좋은 방법으로 생각된다.

군 문화재는 특정 시기 또는 특정인의 관심만으로 해결하기 어렵다. 이에 군 문화재 보존을 위해 국방부, 각급 부대와 문화재청, 문화재전문가 간의 인적 네트워크와 실질적인 관리체계를 공고히 하여 소중한 우리 문화재를 지켜나가는 지속적인 노력이 중요하다.

【참고문헌】

「군사기지 및 군사시설 보호법」(,[시행 2020. 8. 28.] [법률 제16568호, 2019. 8. 27., 타법개정])
「군 문화재보호 훈령」([시행 2021. 1. 19.] 국방부훈령 제2514호)
「매장문화재 보호 및 조사에 관한 법률」([시행 2021. 6. 9.] [법률 제17582호, 2020. 12. 8., 일부개정])
「천연기념물(식물)상시관리 지침」([시행 2021. 1. 1.] [문화재청훈령 제549호, 2020. 11. 20., 제정])

국립문화재연구소, 2000,『군사보호구역 문화유적 지표조사보고서 -강원도편』.
국립문화재연구소, 2000,『군사보호구역 문화유적 지표조사보고서 -경기도편』.
문화재청, 2006,『2006 군부대 문화재 조사 보고서』.
문화재청, 2007,『2007 군부대 문화재 조사 보고서』.
문화재청, 2008,『2008 군부대 문화재 조사 보고서』.
문화재청, 2009,『2009 군부대 문화재 조사 보고서』.
문화재청, 2010,『2010 군부대 문화재 조사 보고서』.
문화재청, 2010,『2010 군부대 문화재 모니터링 조사 보고서』.
문화재청, 2011,『2011 군부대 문화재 조사 보고서』.
문화재청, 2011,『2011 군부대 문화재 모니터링 조사 보고서-우리군』.
문화재청, 2012,『2012 군부대 문화재 조사 보고서-1·2』.
문화재청, 2012,『2013 군부대 문화재 모니터링 조사 보고서-우리군』.
문화재청, 2013,『2013 군부대 문화재 조사 보고서』.
문화재청, 2014,『2014 군부대 문화재 조사 보고서-공군·육군』.
문화재청, 2015,『2015 군부대 문화재 조사 보고서』.
문화재청, 2016,『2016 군부대 문화재 조사 보고서-우리군』.
문화재청, 2017,『2017 군부대 문화재 조사 보고서』.
문화재청, 2018,『2018 군부대 문화재 조사 보고서』.
문화재청, 2018,『2018 군부대 문화재 모니터링 조사 보고서-우리군』.
문화재청, 2019,『2019 군부대 문화재 조사 보고서』.

문화재청, 2019,『2019 군부대 문화재 모니터링 조사 보고서-우리군』.

문화재청, 2008,『해외 군부대 문화재조사 및 보존관리 사례집』.

국방부, 2014,『국방백서』

문화재청·한국문화재정책연구원, 2015,『우리 군부대 문화재 모니터링 및 관리방안 연구』.

김정신, 2004,「근대문화유산의 보존현황과 법제도 개선방안」,『건축역사연구』13권, 한국건축역사학회.

김태산·김회동, 2018,「군부대 문화재 관리 및 보존에 관한 연구」,『공사논문집』69권 1호.

방유리, 2018,「군 문화재 모니터링 실시 방안」,『제12회 군문화재 관리교육』.

방유리, 2019,「군 문화재 조사의 현재와 미래」,『제13회 군문화재 관리교육』.

안재한, 2008,「육군 군사재 정보화를 위한 유물분류(안) 제안」,『군사연구』124집, 육군본부 군사연구소.

李殷鳳, 1993,「軍史財란 무엇인가」,『군사』26, 국방부 군사편찬연구소.

조태환, 2017,「문화재 지정 근대 군사유적의 유형별 특징에 관한 연구」,『한국농촌건축학회 논문집』제19권 제4호, 한국농촌건축학회.

조태환, 2019,「한국전쟁 군사유적의 보호와 활용에 관한 연구」, 청주대학교대학원건축공학과 박사학위논문.

나라장터 국가종합전자조달 홈페이지 (http://www.g2b.go.kr/)

문화재청 홈페이지 (http://www.cha.go.kr.)

화성 남양동토성의 성벽 축조방식 연구

백영종((재)한성문화재연구원)

| 목 차 |

Ⅰ. 머리말

남양동토성[1]은 경기도 화성시 남양읍 남양리 1633-1번지에 위치하며, 남양고등학교를 중심으로 둘러싸고 있는 구릉상에 축조된 토축산성이다. 최근 이 일대는 남양읍의 신도시 개발로 인하여 남양동토성만 원지형을 유지하고 있을 뿐, 대부분의 주변 지역은 개발되어 지형변화가 이루어졌다. 성벽은 남양고등학교를 중심에 두고 담장처럼 외곽으로 돌아가고 있는데 서벽의 대부분과 남벽의 일부는 남양고등학교의 시설물이 만들어지면서 파괴된 것으로 보인다. 다만 시설물이 건축되면서, 그리고 남아있는 주변 지형을 통해 성벽이 완전히 멸실된 것은 아니고 건축물 아래쪽에 원래의 성벽이 남아있을 가능성도 전혀 배제할 수 없다.

토성의 북쪽으로는 동에서 서로 흐르는 남양천이, 서쪽으로는 남에서 북으로 흐르는 역골천이 있는데 이 두 하천은 토성의 북서쪽에서 합류한다. 지형적으로는 북쪽과 서쪽이 낮고, 반면에 동쪽과 남쪽은 높은 지형으로 이어지고 있다. 이러한 지형적인 입지로 보아 두 하천은 남양동토성의 자연해자(自然垓字) 역할을 수행하면서 서해에서 남양만(南陽灣)을 거쳐 내륙으로 통할 수 있는 주요 교통로를 감제하는 역할의 기능을 함께 수행한 것으로 생각된다. 따라서 토성

※ 이 글은 남양동토성 발굴조사에 대한 보고서 고찰 부분을 발췌하여 수정·보완하였다.

1 남양동토성에 대한 명칭은 남양 동(東)토성, 남양리(里)성, 남양리토성 등으로 불리어지고 있다. 이는 주로 토성이 위치하고 있는 지역명에 따라 명명된 이름으로 현재 지명은 남양읍 남양리에 위치하고 있어 남양리토성이 맞겠으나 기존에 조사된 자료와의 혼돈을 피하기 위해 남양동토성이라 명명하였다.

은 주로 북쪽과 서쪽을 방어하기 위한 목적이 크며, 이는 서해에서부터 시작하여 송산-남양까지의 수로와 그리고 내륙으로 이어지는 육로를 함께 통제할 수 있는 요충지에 자리하고 있다고 할 수 있다.

남양동토성의 발굴조사는 2017년 한국토지주택공사의 의뢰로 시작되었는데, 남양읍 일대의 도시개발사업에 앞서 문화재청에서 제시한 남양동토성의 원형보존 때문이다. 앞서 언급한 바와 같이 남양동토성의 서벽과 남벽 일부가 훼손되었는데 전체 구간을 복원할 수 없으니 기존 학교 출입을 위해 절개되었던 훼손된 성벽 2개소에 대해서 복원을 명한 것이다. 이 구간은 동벽에 해당한다. 이에 따라 성벽을 복원하기 위해 성벽의 축조방식과 현황, 구조를 파악하기 위해서 발굴조사를 계획하였다. 발굴조사는 시굴조사를 통해 성벽의 잔존 유무를 먼저 확인하였고, 이를 바탕으로 성벽의 구조와 축조방식을 명확하게 밝히기 위해서 2018년 훼손된 성벽에 대해서 발굴조사가 진행되었다. 지금은 발굴조사 결과를 바탕으로 복원되었고 정비가 이루어졌다.

이글은 최근 발굴조사된 성과를 바탕으로 남양동토성에 대한 성벽 축조방식에 대해 살펴보고자 한다.

[사진 1] 남양동토성 항공사진

Ⅱ. 남양동토성의 문헌기록

남양동토성의 첫 문헌기록은 『대동지지(大東地志)』 성지조에 "당성고현성(唐城古縣城)은 남양부 동(東)에 있는데 주위가 3,777척이다. 당성고진성(唐城古鎭城)은 남양부 서(西) 20리에 있는데 주위가 2,415척이다[2]"하여 두 개의 성을 별도로 기록하고 있다. 남양부의 위치가 현재의 남양읍 구시가지로 추정하고 있는데, 당성은 남양읍의 서쪽인 서신면에 위치하고 남양동토성은 남양읍의 남동쪽에 위치한다. 이러한 기록으로 미루어 당성고진성은 현재의 서신면 상안리 구봉산에 위치한 당성을 가리키는 것으로 보인다. 그렇다면 당성고현성은 남양부의 동쪽에 있었던 성곽을 기록한 것이며 현재의 남양동토성이 위치하는 곳으로 추정된다.

반면에 규모에 대해서는 3,777척을 1척 30㎝로 계산할 경우, 『대동지지』에 언급된 당성고현성은 1,133m이고, 당성고진성은 724m가 된다. 현재 남양동토성의 둘레는 771m이고, 화성 당성이 1,200m로 계측되고 있어 대동지지의 기록을 볼 때, 각각의 성 둘레는 반대의 측량치로 계측되고 있어 이에 대해서는 검토가 필요하다.

1891년 기록인 남양향교의 『교토양안(校土量案)』[3]에는 동토성(東土城)이라는 지명이 확인된다. 『校土量案』은 1891년 옛 남양향교를 글판이로 옮긴 직후 작성되었다. 기록에 따르면 음덕리면 서자(署字) 동토성외(東土城外) 조에는 "동토성 바깥 207번 토지는 서쪽을 침범하고 있다. 5등급의 직전인데 길이 90척, 폭 47척, 6두락 16부 9속의 면적이다."라는 기록이 있다. 『大東地志』에서는 당성고진성에 대해서는 거리를 기록하면서 당성고현성은 거리표시 없이 남양부 동에만 위치한다고 하였다. 이는 당성고현성이 남양부 관아의 지척인 거리에 위치하고 있었기 때문에 거리에 대한 표현이 없었던 것이 아닌가 생각해 볼 수 있다. 남양부 동쪽의 지척인 거리에 있는 성곽은 현재 남양동토성이 가장 가까운 곳에 있어 바로 이곳을 일컫는 것으로 보인다. 이러한 기록으로 인해 남양의 동쪽에 위치하고 있다는 토성이라는 의미로 남양동토성이라 불리우고 있으며, 이후 지역명에 따라 남양리성, 남양리토성 등의 별칭도 있다.

남양동토성에 대한 첫 조사는 1999년 경기도박물관에 의해 실시되었다. 토성의 형태는 방형이며, 축조재료는 토축이고 성벽 전체 둘레는 성벽 잔존부와 파괴부의 추정선을 연결할 때 771m 정도이다. 성벽은 북벽과 동벽, 서벽의 일부가 남아있고 남벽은 학교 신축시 완전히 파괴되었다. 성벽과 능선이 교차하는 지점에는 성벽을 돌출시켜 북동회절부와 북서회절부에 치

---

2 『大東地志』 城址條
　唐城古縣城府東周三千七百七十七尺 唐城古鎭城府西二十里周二千四百十五尺.
3 남양향교 『校土量案』 光緖17년(고종 28년) 10월 校宮量案.

성을 시설하였다. 성벽의 하단폭은 10~14m, 외벽 높이 3~6m, 내벽 높이 2~3m로 협축식의 성벽이다. 토성의 경영 시기는 고려~조선시대로 추정된다고 하였다[4]. 이후의 문헌에서도 동일하게 기록되어 있다[5].

조선시대 제작된 고지도에는 남양동토성에 대한 내용은 전무하다. 다만 고지도에서 토성이 자리한 일대에 남양향교가 표시되어 있으며 이곳을 역골이라 하였다. 남양향교는 1891년까지 역골의 현재 남양중고등학교 일대에 있었다고 하며 고지도에는 이 위치에 향교가 표시되어 있다. 이곳을 역골이라고 함은 조선중기까지 해문역(海門驛)이 있었기 때문이다. 이후 해문역은 마도면 석교리 역말쪽으로 옮겨갔다[6].

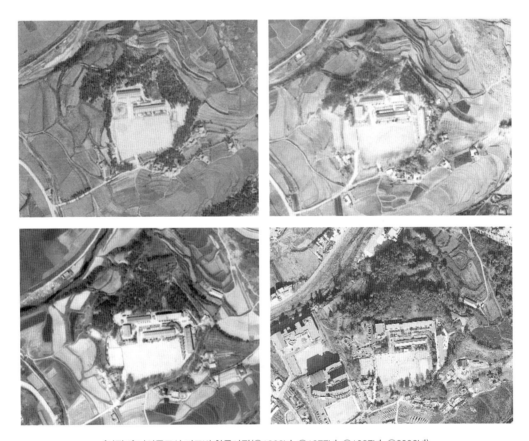

[사진 2] 남양동토성 연도별 항공사진(①1966년, ②1977년, ③1987년, ④2006년)

4 경기도박물관, 1999,『도서해안지역 종합학술조사Ⅰ』.
5 화성시사편찬위원회, 2005,『華城市史』.
   화성시·한국토지공사 토지박물관, 2006,『文化遺蹟分布地圖-華城市-』.
   國立文化財硏究所, 2011,『韓國考古學專門事典-城郭·烽燧篇』.
6 김병희, 2020,「남양동토성의 구조와 성격 검토」,『남양의 고고학-2020 남양도호부 학술포럼』.

[도면 1] 남양동토성 및 주변 근세지형도(1/50,000)

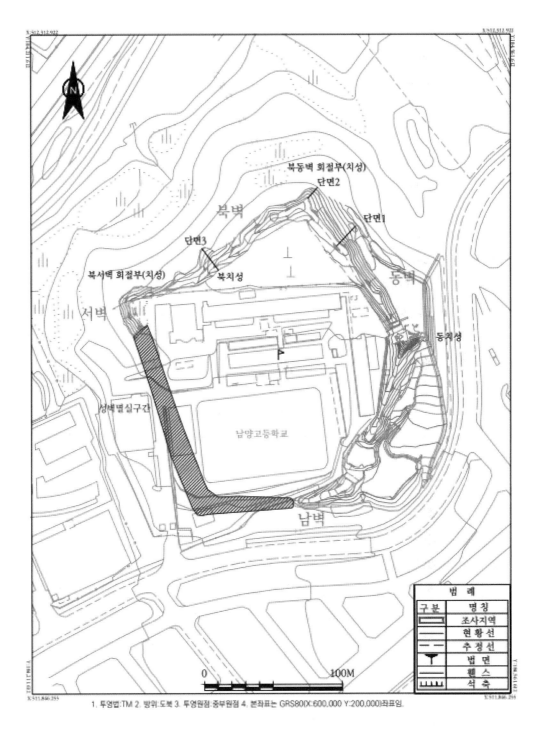

[도면 2] 남양동토성 현황도와 성벽 단면조사구간 표시도(1/2,000)

이밖에 남양동토성에 대한 자료는 항공사진과 남양고등학교 연혁에서 찾아볼 수 있다. 남양동토성의 내부에 위치하는 남양고등학교는 1954년에 개교하였다. 당시의 상황은 정확히 알 수 없으나 처음 개교 당시에는 모두 9학급이 있었으나 그 다음해인 1955년에 다시 9학급이 증설되면서 학교의 규모가 커진 것을 알 수 있다. 1966년 항공사진에는 토성 안쪽으로 북쪽에 건물, 중앙과 남쪽은 운동장, 출입시설 등이 들어서면서 원지형이 변화된 모습을 볼 수 있으나 다행인 서쪽과 남쪽은 원지형이 남아있던 것으로 추정된다. 과거 지형도와 비교해 보았을 때, 처음 개교된 후에는 성벽에 대한 훼손은 크게 진행되지 않았고 성내만 건축물이 들어서면서 거의 평탄화가 이루어졌다.

이후 1977년 항공사진에서는 서쪽 일대가 거의 사라져버렸고 남쪽도 남동쪽 일부를 제외하고 원지형이 보이지 않는다. 1981년까지는 이러한 지형이 유지되어 오다가 1987년에는 서쪽에 건물이 들어선 것이 확인되면서 서벽의 흔적은 대부분 보이지 않고 있다. 2006년 사진에서는 오늘날과 비슷한 모습이 확인되는 것으로 보아 원래의 모습은 완전히 사라졌다. 하지만 현 건축물은 완전하게 평탄화되어 건물이 신축된 것이 아니라 북서쪽에서 남서쪽으로 내려오면서 계단식으로 신축된 것으로 보아 건축물 아래쪽에는 일부 원래의 성벽이 남아있을 가능성도 전혀 배제할 수 없다.

Ⅲ. 남양동토성의 현황

남양동토성은 토축으로 축조되었으며 방형 내지 마름모꼴형의 평면형태를 하고 있다. 성벽은 북벽과 동벽이 잘 남아있고 서벽과 남벽은 학교 신축시 거의 파괴되었다. 다만 북서쪽 회절부와 남동쪽 회절부에 각각 서벽과 남벽으로 이어지는 성벽 일부만이 남아있다. 동쪽에서 서쪽으로 흐르는 능선상에 축조되어 동벽에 비해 북벽과 서벽은 접근이 쉽지 않으며 능선과 교차하는 지점에는 성벽을 돌출시켜 북동회절부와 북서회절부에 치성을 시설하였다.[7]

남양동토성은 당초 성벽의 둘레가 771m로 계측[8]되었으나 2018년 조사를 바탕으로 멸실된 구간을 추정하여 성벽은 이보다 작은 672m로 계측되어 약 100m 정도의 차이를 보인다. 이는 남벽이 전체적으로 훼손되었기 때문에 추정되는 계측치에 따라 달라진 것이다. 세부적으로 살

7 國立文化財研究所, 2011, 앞의 책.
  화성시 · 한국문화유산연구원, 2016, 『화성 당성 주변 학술조사 보고서』.
8 경기도박물관, 1999, 앞의 책, 200~204쪽.

펴보면, 북벽은 163m, 동벽은 226m이며, 남벽과 서벽은 각각 44m, 29m가 잔존하고 있다. 여기에 멸실된 남벽과 서벽의 추정 길이는 210m로 생각되고 현재 남아있는 남양동토성의 성벽은 전체 추정 둘레 672m 중에서 462m가 확인되고 있다.

문지로 추정되는 시설은 북동벽회절부구간에서 동쪽으로 약 10m 떨어진 지점에 단면 'U'자 형태로 움푹 패인 흔적이 있어 이곳이 문지로 추정되며, 동문지일 가능성이 높다. 이곳을 통하여 성 바깥쪽에는 유단식으로 낮아지면서 평탄지가 조성된 상태이며, 성 안쪽으로도 비교적 넓은 평탄지가 조성되어 있다. 그러나 어긋문 형태의 지형이나 문지를 보완적으로 방어하기 위하여 돌출된 구조물 등의 흔적이 발견되지 않았다. 다만 북동벽회절부구간에서 바깥으로 돌출된 시설물이 지형적으로 남아있어 이곳을 보호하기 위한 목적도 반영되어 축조되었을 가능성이 있다.

치로 보이는 시설은 기존에 북벽 일대에 3기가 확인된다고 보고된 바 있다. 2018년 조사 결과에서는 기존의 북동벽회절부, 북서벽회절부, 북벽 이외에도 발굴조사를 통해 확인된 동벽에서도 1개가 확인되어 현재까지 모두 4개가 있는 것으로 보인다. 이 밖의 시설물은 현재 토성 안쪽에 고등학교가 들어서면서 대부분 형질변화가 이루어진 상태로 원지형을 알 수 있는 곳이 없어 어떠한 시설물이 어디에 배치되었는지는 알 수 없다.

2018년 발굴조사에서는 남양동토성의 잔존하고 있는 성벽, 특히 북벽과 동벽에 대해서 단면 조사 및 현황조사가 이루어졌다. 북벽의 2곳, 동벽의 1곳 등 모두 3곳이다. 지표면에서 남아있는 성벽의 현황을 조사하였으므로 발굴조사를 진행한다면 다른 계측치를 보일 수 있다.

단면 1구간은 동벽에 해당한다. 성벽을 중심으로 바깥쪽은 급경사를 이루고 있는 반면에 안쪽은 완만한 경사를 이루면서 점차 낮아지고 있다. 외벽의 잔존하는 기울기는 39°이며, 하단부에 이르러 단을 두어 완만하게 다시 낮아지다가 현재 산책로와 만나는 지점은 평탄하다. 산책로는 과거 외환도일 가능성도 있다. 내벽의 모습은 명확하게 확인되지 않으며 이는 안쪽으로 곡간부처럼 형성되어 있어 학교가 신축된 건물까지 계속해서 낮아지고 있다. 미세한 차이를 보이지만 기울기에 있어 차이를 보이는 곳까지 감안하면 중심토루의 폭은 약 6.4m이다. 성벽의 잔존높이는 외벽을 기준으로 2.2m이다.

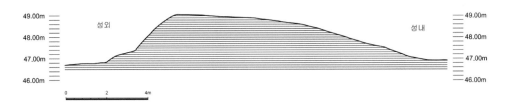

[도면 3] 성벽 1구간 단면도

단면 2구간은 북동벽 회절부에 축조된 치성벽에 해당된다. 북벽과 동벽이 만나는 모서리부근에 바깥쪽으로 성벽을 더 돌출시켰다. 치성은 북동쪽방향으로 돌출되어 있는데 이는 북벽과 동벽을 동시에 감제하기 위한 목적으로 생각된다. 더불어 이곳에서 동쪽으로 약 10m 떨어진 곳에 동문지로 추정되는 시설이 지표면에서 확인되고 있어 동문지를 보호하기 위한 목적도 있다. 성벽의 기울기가 차이를 보이는 곳을 중심으로 성벽과 치성벽이 구분되고 있다. 성벽의 중심토루로 추정되는 곳은 폭 약 6.4m이며, 치성의 중심토루 폭은 약 7m이다. 외벽의 기울기는 42°로 계측된다. 외벽의 가장 바깥쪽에는 산책로와 만나면서 평탄한 지형을 보이고 있으며 외환도일 가능성이 높다. 내벽은 단면 1구간과 마찬가지로 안쪽으로 곡간부가 형성되면서 학교쪽으로 점차 낮아지고 있는 형태이다. 외벽의 잔존높이는 4.8m이다.

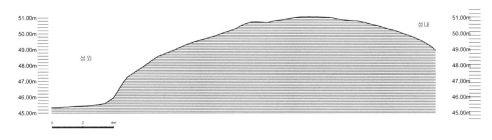

[도면 4] 성벽 2구간 단면도

단면 3구간은 북벽에 축조된 치성벽에 해당한다. 원래 북벽에서 북서쪽방향을 바라보고 돌출되었지만 북벽이 북동-남서방향으로 진행되고 있어 성벽 바깥에 직각으로 튀어 나온 형태이다. 중심토루 바깥쪽으로 완만하게 낮아지다가 치성에서 단을 이루고, 다시 완만하게 낮아지다가 경사를 이루고 있다. 따라서 지표상에서는 육안으로 성벽과 치성의 구분이 단차이로 인하여 구분되고 있다. 성벽의 중심토루 폭은 약 7m, 치성의 중심토루 폭은 5.7m 정도이다. 외벽의 잔존높이는 3.8m이고 기울기는 27°이다.

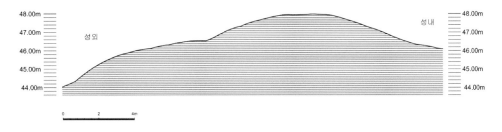

[도면 5] 성벽 3구간 단면도

이상과 같이 남양동토성의 성벽 중심토루는 약 6.4~7m로 추정되는데 2018년 발굴조사에서 성벽 중심토루 폭이 6.3~6.4m인 점을 감안하면 잔존하고 있는 성벽은 대체로 원형을 잘 유지하고 있을 가능성이 높다. 치성의 폭은 5.7~7m 정도로 확인되었고, 발굴조사에서 확인된 동치성의 경우 5.8m 이상으로 이 또한 비슷한 수치를 보인다. 그렇다면 현재 성벽의 잔존상태는 양호하다고 할 수 있다.

2018년 발굴조사지역의 성벽은 동벽 구간에 해당하며, 성벽이 가장 바깥쪽으로 돌출된 지점에 치성을 축조하였다. 치성이 축조되면서 주변에 문지가 있었을 것으로 추정되었으나 조사에서는 문지와 관련된 시설은 전혀 발견되지 않았다. 문지가 있었을 것으로 추정되었던 이유는 남양고등학교로 진출입하기 위한 출입로가 만들어져 있었고, 현재 남아있는 성벽의 평면모습이 흡사 '二'자형 또는 어긋문 형태의 모습을 보이고 있기 때문이다. 그러나 어긋문처럼 돌출된 성벽은 치성으로 확인되었고, 문지로 추정할 만한 시설은 이 일대가 훼손이 심하여 전혀 확인되지 않았기 때문에 문지로 추정하기에는 다소 어려움이 있다고 판단된다. 그리고 북동회절부 구간에 설치된 것으로 보이는 치성과 그곳에서 남쪽으로 약 10m 정도 떨어진 곳에 단면 'U'자 형태로 함몰된 지표면이 확인되고 있어 이 일대가 새롭게 동문지가 있었을 것으로 추정되는 곳이다. 기존의 다른 산성 조사사례에서도 문지는 능선부나 계곡부에서 약간 비켜난 지점에 만들어지고 있어 문지가 축조되는 입지조건과는 다소 차이를 보인다. 그리고 문지 바깥쪽에는 비교적 넓은 평탄지가 있는데, 문지로의 접근이 용이한 것으로 보면 적에게 취약할 수밖에 없는 단점이 있기 때문이다.

IV. 남양동토성의 성벽 축조방식

남양동토성의 성벽 조사는 기존에 절개된 2개 지점인 남동벽회절부의 절개된 지점(1999년 조사 동벽 절개구간 1)을 성벽 1구간, 동벽 중간지점의 절개된 곳(1999년 조사 동벽 절개구간 2-추정 동문지)을 성벽 2구간으로 구분하여 시굴조사를 실시하였다. 1구간에서는 3개의 탐색트렌치를 설치한 결과, 기저암반까지 깎여 나갈 정도로 성벽이 훼손되어, 성벽의 축조양상과 기타 시설물의 여부도 확인할 수 없었다. 다만 훼손된 성벽의 토층 단면에서 판축법과 기저부의 조성방법 등 일부만을 확인하였다. 2구간에서는 2개의 탐색트렌치를 설치한 결과, 1번 탐색트렌치에서 초축성벽의 판축양상과 후대에 성토 방식으로 수축된 양상을 파악할 수 있었다. 2번 탐색트렌치에서는 성벽 이외에 바깥쪽으로 돌출되어 쌓은 치성의 존재가 확인되었다. 그러나 당초 문지가 있었을 것으로 추정되는 지점에 대해서는 훼손정도가 심하여 문지의 존재여부를 파악할 수 없었다. 성벽이 훼손된 구간에 대해서는 성벽 단면에 나타나는 토층의 양상을 파악하여 축조방식을 유추해 보고 치성은 단편적인 조사를 통해 초축된 성벽과의 선후관계 및 축조방식을 파악해 보고자 한다.

남양동토성의 기본적인 축조방식은 원지형을 최대한 활용하여 성벽을 축조하기 위한 계획이 있었던 것으로 보인다. 이는 당초 지형을 이용하여 성벽을 축조함으로서 노동력과 재료를 절감하고, 지형을 이용한 높은 성벽은 방어에 극대함을 발휘할 수 있도록 치밀한 계획 아래 성벽을 축조하였던 것으로 추정된다. 성벽의 축조공정은 원지형인 능선부를 이용하여 기반암까지 수평으로 정지한 다음, 그 위를 다져서 기저부를 조성하고 이어 중심토루를 만든 후에 안쪽과 바깥쪽에 내외피 토루를 조성하여 성벽을 완성하였다. 돌출된 능선부는 사면부가 자연스럽게 성벽의 역할을 함으로서 높은 성벽처럼 축조가 가능하다. 치성이 축조되는 부분은 중심토루 바깥쪽에 일정한 규모의 중심토루를 한번더 조성하고 바깥쪽으로는 외피토루를 붙여 완성하였던 것으로 확인되었다.

성벽의 축조방식을 정리하면 다음과 같다.

남양동토성의 성벽 축조 방식은 먼저 능선부를 기반토까지 수평으로 정지하였다. 성벽 바깥쪽으로 급경사를 이루는 곳은 기반토를 'ㄴ'로 턱을 주어 기저부층이 바깥으로 밀리는 것을 방지하였다. 이러한 축조기법은 흔히 석축성벽을 축조할 때 기단석축이 밀리는 것을 방지하기 위해 마련된 방식과 동일하다. 기반토를 수평정지 한 기반토 상면으로는 갈색사질점토와 회갈색 사질점토를 이용하여 다져 기저부를 조성하였다. 지형적인 굴곡으로 인하여 기반토가 낮은 곳은 중심토루가 축조되는 기저부까지 암갈색 사질점토를 이용하여 보강한 흔적도 확인되었다.

중심토루는 기저부층 상면으로 회갈색 사질점토, 황갈색 사질토, 회갈색 사질토 등으로 교차 다짐하여 판축하였다. 그리고 가장 위쪽에는 명갈색 사질토로 마무리하였다. 조사범위의 한계와 훼손된 성벽을 조사하였기에 규칙적인 목주흔이나 판목흔 등의 흔적은 명확하게 밝혀지지 않았다. 다만 성벽 1구간 Tr.1의 토층단면상에서 확인된 단면 'U'자형의 모습, 성벽 2구간 Tr.2에서 성벽과 치성의 중심토루 사이에서 발견된 기둥구멍, 치성 바깥쪽에서 보이는 기둥구멍 흔적 등이 목주흔으로 추정될 뿐이다. 추정 기둥구멍은 단면 'U'자형의 구를 파고 기둥을 설치하였던 것으로 보이며, 판축구조물과 연관되었을 것으로 추정된다. 기둥구멍의 크기는 약 30~50㎝×35~60㎝×20~30㎝이다. 기저부 축조시에 조성되는 기단석축이나 기단석렬은 확인되지 않고 있어 무기단형식으로 축조하였다.

치성의 축조는 동벽 구간에서 중앙에 설치되었는데 북동쪽으로 진행되는 성벽과 남동쪽으로 진행되는 성벽이 만나는 지점이다. 이곳은 동벽 구간에서도 가장 바깥쪽으로 돌출된 곳에 설치되어 성의 동쪽지역을 관찰하고 방어하기에 용이한 지형적 특징을 가지고 있다. 따라서 성벽을 축조 한 후 치성을 덧붙여 조성하였던 것으로 보인다.

치성 중심토루 역시 성벽 중심토루와 같은 판축법을 이용하여 축조한 것으로 확인되었다. 기본적으로 성벽과 같이 기반암층 위로 암갈색 사질점토, 갈색 사질점토로 수평다짐한 후, 황갈색 사질토, 회갈색 사질점토, 회갈색 사질토 등으로 교차다짐하여 판축하였다. 다만 황갈색 사질토+풍화암반 파쇄토층의 사용 비중이 성벽 중심토루 보다 상대적으로 높은 것이 확인된다. 토층양상이 차이를 보이는 지점은 명확하게 구분이 되거나 판목 등의 흔적이 확인되지 않으며, 이는 성벽의 중심토루를 축조 후 치성을 덧붙여 축조하면서 축조상의 기준을 둔 것으로 보인다. 기단석축이나 기단석렬은 확인되지 않고 있어 치성 중심토루 역시 무기단형식으로 축조하였던 것으로 확인되었다.

치성의 북동쪽 기저부 층으로 중심토루와 외피토루의 분기점이 확인된다. 성벽과 치성의 중심토루 중앙의 목주흔을 기준으로 성벽의 중심토루 폭은 약 6.3~6.5m이며, 치성 중심토루 폭은 약 5.8m이다. 조사당시 남아있는 치성은 외벽쪽으로 훼손이 심하여 정확한 현황은 알 수 없지만 치성 축조 당시 성벽과 같은 크기의 판목구조물을 이용하였다고 판단할 때 치성의 중심토루는 지금보다 더 바깥쪽까지 축조하였을 것으로 보인다.

내피토루는 성벽 중심토루에서 성내측으로 약 5m의 범위로 확인되며, 기반토 위로 적갈색의 사질점토와 회갈색의 사질토, 갈색의 사질토, 암갈색 사질토 등을 이용하여 성토하여 조성

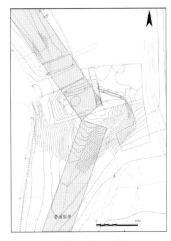 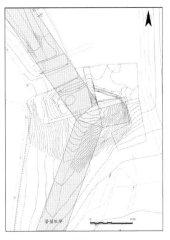 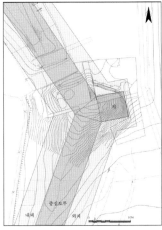

① 성벽 중심토루 축조　　② 치성 중심토루 축조　　③ 성벽 및 치성 내외피토루 축조

[도면 6] 남양동토성의 성벽 및 치성 축조순서 모식도

하였다. 외피토루는 치성의 중심토루에서 북쪽으로 약 2.4m만 확인되는데 이는 후대에 울타리 시설이 들어서면서 파괴되었으므로 현재 잔존하는 너비이다. 내피토루가 약 5m 정도 확인되므로 외피토루의 경우에서도 이와 유사한 너비만큼 축조하였을 가능성이 높다.

발굴조사된 결과를 바탕으로 치성이 설치된 동벽의 성벽과 치성의 축조과정은 다음과 같다.

초축된 성벽에서는 유물이 전혀 확인되지 않아 성벽의 축조시기를 명확하게 알 수 없었다. 다만 1999년 조사 당시에 고려시대 유물이 수습되었다고 보고 있어 이와 유사한 시기 이전에 축조되었을 가능성이 높다. 성벽 2구간 Tr. 2에서 후대의 수축된 성벽에서 출토된 자기편과 기와편 등을 토대로 조선시대에 와서 다시 수축되었던 것으로 보이고, 그 시기는 19세기 이후로 추정된다.

1) 성벽의 축성방식 검토

[표 1] 고려시대 토성 기저부층 조성 사례[9]

① 기저암반 정지(수평 및 경사식, 계단식)

② 기저층 보강

남양동토성이 위치한 경기도 화성시에서 확인된 토성 중에서 발굴조사되어 비교할 수 있는 사례는 화성 당성을 들 수 있다.[10]

---

9 동아세아문화재연구원, 2018, 『충주 호암동 복합유적 Ⅵ』, 41~42쪽.

10 漢陽大學校博物館, 1998, 『唐城-1次發掘調査報告書』.
_____, 2001, 『唐城-2次發掘調査報告書』.
김호준, 2017, 「화성 당성 및 주변 성곽의 나말여초기 이후 경영 연구」, 『선사와 고대』 52, 한국고대학회.

[도면 7] 화성 당성 2차 성곽 북벽 중심토루 및 기단열(당성 1차 보고서 p.52)

[사진 3] 평택 비파산성 중심토루 및 와적층   [사진 4] 평택 덕목리성 토축성벽 및 기단석렬

화성 당성의 2차 성곽 북벽의 토축성벽은 기저부 폭이 660㎝이며, 잔존하는 최고 높이는 300㎝이다. 성벽의 중앙은 중심토루로 기저부에는 석재들이 높이 차를 두며 깔려 있다. 안쪽의 중심토루 끝에서 성벽 안쪽으로 들어오면 와적층이 확인되며, 중심토루의 성 밖에는 후대에 덧댄 것으로 보이는 개축선도 확인된다. 개축선 끝에 일렬의 석렬이 성벽을 따라 놓여 있으며 석렬 밖으로는 또 다시 와적층이 확인된다. 토루 외면 바닥면에 와적층이 성벽을 따라 깔려 있는데, 그 폭은 약 50~70㎝이며, 두께는 20㎝ 내외이다.

전체적인 구조에서 보면 암반을 성 밖으로 약간 비스듬하게 정지한 다음 기초를 다질 석재를 놓고 그 위에 중심토루를 조성하였다. 이후 성벽 바깥쪽을 일직선으로 자르고 새로 토축을 하였으며 이 성벽의 끝선에서 기단석이 확인된다. 그리고 성 내외의 바깥면에 성내의 건물지에서 사용된 기와를 가져와 성벽을 따라 열을 지어 조성하였다.

화성 당성의 2차 성곽 토축성벽은 평택 서해안 지역의 평택 덕목리성·비파산성[11] 등과 같이 기단석축을 설치한 후 중심토루를 모래처럼 입자가 가는 흙과 굵은 흙을 번갈아 펴서 쌓으면서 다진 형식(일명 類似版築[12]이라 부름)으로 조성하였다.[13]

기단석축을 시설한 토축성곽 중 성곽의 평면이 방형 내지는 부정형이며 입지는 구릉 말단부

---

11 단국대학교매장문화재연구소, 2004, 『평택 서부 관방산성 시·발굴조사 보고서』.

12 羅東旭, 1996, 「慶南地域의 土城 硏究-基壇石築型 版築土城을 中心으로」, 『博物館硏究論集』5, p.22.

13 金虎俊, 2007, 「京畿道 平澤地域의 土城 築造方式 硏究」, 『文化史學』27호.

에 위치하고 있어 거의 평지성의 구조를 가지고 있는 천안 목천토성,[14] 공주 수촌리 토성,[15] 나주 회진토성,[16] 홍성 신금성,[17] 충주 견학리토성,[18] 평택 덕목리성 · 비파산성[19] 등은 기저부 석렬의 사용과 영정주 간격이 3.3∼3.8m 등의 축조 방법이 동일한 양상을 보이고 있다는 점을 들 수 있다. 이러한 성곽들은 통일신라∼고려 초에 축성된 것으로 보고 있다.[20]

① 강화 중성   ② 제주 항파두리 외성   ③ 충주읍성

[사진 5]

이와 관련하여 대몽항쟁기에 축성된 판축토성 중에 강화중성과 제주 항파두리 외성, 충주읍성은 기저암반을 정지한 후 그 위에 점질토를 피복하여 기저부를 조성하였다. 그리고 중심토루를 조성하기 위해 판축용 틀을 설치하였다. 여기에서 확인된 판축용 틀은 기저부 석렬 위로 4m 간격마다 초석을 놓아 영정주를 세운 후, 너비 20㎝ 내외의 횡판목과 종판목을 결구하여 틀을 구성한 후, 다시 바깥쪽으로 중간기둥과 보조기둥을 연결하여 판축틀을 고정하였다. 확인된 판축용 틀의 1개 작업공간은 길이 4m, 너비 4.5m이다. 그리고 중심토루를 조성한 후에 내 · 외피 토루를 덧붙였다. 그리고 성벽 내 · 외부에 내 · 외황을 조성하였다.[21]

이와 반대로 남양동토성은 무기단형식의 축조방식으로 평택지역에서는 용성리성과 무성산성[22], 농성[23]을 들 수 있다.

14 尹武炳, 1984, 『木川土城』.

15 國立公州博物館, 2002, 『公州 水村里 土城Ⅰ』.

16 林永珍 · 趙鎭先, 1995, 『會津土城』, 百濟文化開發研究院.
  　　서정석, 1999, 「羅州 會津土城에 대한 檢討」, 『百濟文化』 28輯 , 43∼75쪽.

17 李康承 · 朴淳發 · 成正庸, 1994, 『神今城 綜合發掘報告』, 忠南大學校博物館.

18 충북대학교박물관, 1992. 『중원 견학리 토성』.
  　　＿＿＿＿＿＿＿＿, 2002. 『충주 견학리토성』.

19 단국대학교매장문화재연구소, 2004, 『평택 서부 관방산성 시 · 발굴조사 보고서』.

20 강민식 · 윤대식, 2010.11, 「충주 견학리토성과 중부지역의 판축토성」, 『한국성곽학보』 18집, 68∼97쪽.

21 김호준, 2017, 『고려의 대몽항쟁과 축성』, 서경문화사.

22 단국대학교매장문화재연구소, 2004, 『평택 서부 관방산성 시 · 발굴조사 보고서』.

23 단국대학교매장문화재연구소, 2003, 『평택 농성 지표 및 발굴조사보고서』.

① 평택 무성산성   ② 평택 용성리성   ③ 평택 농성

[사진 6] 평택지역 무기단식 통일신라시대 이후 토성

이들 성곽 중 무성산성과 용성리성은 기저암반을 지형에 따라 정지한 후에 기저부를 조성하였다. 그 위로 점토와 모래 및 지역에 따라 약간 다른 토사를 섞어서 순차적으로 다져올려 중심토루를 축조하였다. 중심토루를 구성하는 토양은 각각 차이가 있지만 이는 주변에서 구할 수 있는 재료의 차이에서 기인한 것이지 공법상의 차이로 보기는 어렵다. 무성산성의 경우에서 알 수 있듯이, 여기에서는 점질토 보다 자갈과 석재를 섞어 사용하였다. 중심토루의 조성 방법은 판축과 유사하지만 일반적으로 고대의 판축토성보다는 정교하지 못하다. 하지만 수평을 맞추어 다져올리는 것은 비교적 정연한 편이다. 토루를 구성함에 있어서 마사토나 모래 또는 암반 부스러기를 중간 중간에 집어넣어 성벽의 견고성을 높였다. 다짐층 상면에는 사질이 많은 토사로 덮었는데 이는 보수과정에서 수차에 걸쳐서 이루어진 것으로 산성에 따라서 차이가 크다. 다만 농성은 기저층 위로 점토와 마사토를 교대로 성토하듯이 쌓아올려 토루를 조성하였다. 이들 성곽은 시굴조사만 진행되어 정확한 축조시기를 판단하기는 어렵지만, 무성산성은 통일신라시대 이후, 용성리성과 농성은 고려시대 후기에 축조된 것으로 판단된다.[24]

후대의 수축성벽은 성벽 2구간 Tr. 1에서 확인되는데, 초축성벽의 중심토루 및 외피토루 부분에 초축성벽의 정지된 암반보다 약 30㎝ 정도 낮게 굴토하였고, 갈색 사질토, 암갈색 사질토, 적갈색 사질토 등을 이용하여 성토하였다. 개축성벽의 폭은 현재 3.28m가 남아있다.

2) 치성의 축성방식 검토

치성은 성벽에 오르는 적을 공격하기 용이하도록 성벽보다 튀어나오게 만든 시설로써 고구려 성곽에서부터 확인된다. 고려시대 전기 북쪽과 동쪽 국경에 축성된 州鎭城에서 문의 개수보다 치성의 개수가 2배 이상 많은 성곽은 鐵州(문 7, 성두 18, 차성 4), 龜州(문 9, 성두 41, 차성

---

24 金虎俊, 2007, 「京畿道 平澤地域의 土城 築造方式 研究」, 『文化史學』 27호.

5), 德州(문 6, 성두 24, 차성 3), 猛州(문 6, 성두 19, 차성 2) 靜州鎭(문 10, 성두 45, 차성 9), 淸塞鎭(문 7, 성두 15, 차성 4), 樹德鎭(문 4, 성두 9, 차성 9) 등이 있다.[25] 그리고 문지의 양 옆에 축조된 치성을 敵臺라고 하며, 문지 방어를 극대화하기 위해 설치된다.

[사진 7] 남양동토성 북치성

최근에 고려시대 토축성곽 중에서 치성이 충주읍성(일명 호암동토성)에서 조사된 바 있다.[26] 치성은 총 5개소에서 확인되었다. 치성은 체성부의 중심토루 외벽면에 덧붙여 장방형의 기단석렬을 조성하였으며, 장축 660~680㎝×단축 460~520㎝이다. 치성간의 간격은 52.5m~70m 정도이며, 평균거리는 약 62m 정도이다. 충주읍성의 축조시기는 고려 대몽항쟁기 이전인 12세기 후반에서 13세기 전반으로 보고 있다.

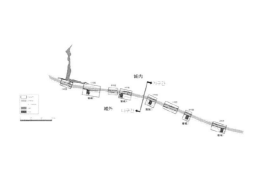

[도면 8] 충주읍성(충주 호암동 토성) 치성

25 김호준, 2017, 『고려의 대몽항쟁과 축성』, 서경문화사.
26 동아세아문화재연구원, 2018, 『충주 호암동 복합유적 Ⅵ』, 47~48쪽.

　　남양동토성의 치성은 무기단식 구조로 축조되어 통일신라~고려시대의 토축성곽 중에서 기존에 알려진 치성과는 새로운 축성기법이 밝혀진 사례라고 생각된다. 남한 지역에 고려시대 토축성곽에 대한 조사가 적은 관계로 이에 대한 종합적인 연구는 진행된 사례가 드물다. 향후 북한지역의 고려시대 성곽 조사가 진행된다면 비교 검토할 자료로 중요하다고 할 수 있다.

　　이상으로 남양동토성의 성벽과 치성의 축성방식을 살펴보았다. 성벽에서 축조당시의 유물이 출토되지 않아, 정확한 축성시기를 판단하기는 어렵다. 한편으로 성 내측에서 확인된 수혈유구는 내부의 퇴적토 상면에 성벽 기저부 성토다짐 층이 확인되고 있어 성벽 축조 이전시기에 조성된 것으로 확인되지만, 이 역시 유물이 출토되지 않아 유구의 성격과 시기 역시 알 수 없었다. 다만 성곽의 입지와 규모, 중심토루의 판축양식과 무기단식 구조 등으로 보아 평택지역의 무한성과용성리성, 농성의 양상과 유사한 점을 보이고 있다.

　　개축된 성벽에서 출토된 백자편은 굽의 형태가 다리굽·안굽이며. 번조받침은 굵은 모래받침이다. 그리고 내저면에 청화로 단순 초문을 표현한 것도 관찰된다. 이러한 제작기법으로 보아 유적 내에서 출토된 백자편은 대체로 18~19세기 무렵의 것으로 판단된다.[27] 따라서 남양동토성의 개축된 성벽은 출토된 백자류 등으로 미루어 보아 18~19세기경에 개축된 것으로 보인다.

V. 맺음말

　　2018년 남양동토성에 대한 발굴조사는 훼손된 성벽 구간에 대한 조사를 실시하여 판축법을 이용한 초축 성벽의 축조방식과 성토법을 통한 수축성벽의 축조 방식을 확인하였다. 또한 문지와 치가 있을 것으로 추정되는 성벽 2구간에서는 치의 존재를 확인하였다. 이번 발굴조사는 시굴조사 결과 성벽 2구간에서 확인된 치성과 성 내측의 수혈 및 기둥구멍에 대한 조사를 통해 성벽과 치의 축조방법 등을 확인하기 위해 2018년 5월 14일부터 동년 6월 12일까지의 일정으로 발굴조사를 진행하였다.

　　조사지역은 남양동토성 동벽 중간 지점으로 성벽이 후대 훼손되어 단절된 구간으로 남쪽으로 돌출된 성벽 구간이 확인되어 문지와 치가 있을 것으로 추정되던 지점이다. 조사결과 단절된 구간은 후대 진입로 공사 및 지장물 공사로 인한 훼손으로 문지와 관련된 시설은 전혀 확인되지 않으며, 동쪽으로 돌출된 구간은 치로 확인되었다.

---

27 김재형, 2017, 「조선 후기 지방백자 연구」, 충북대학교 석사학위논문.

치가 확인된 지점을 중심으로 발굴조사를 진행하였으며 조사결과 목주흔과 토층조사를 통해 성벽 및 치성의 축조 방법을 추정 해 보면, 첫 번째로 판축법을 이용하여 남쪽과 북쪽에서 이어지는 중심토루를 축조하고 두 방향의 토루가 만나는 지점을 기점으로 동쪽으로 돌출되게 최를 성벽의 중심토루에 붙여 조성한 것으로 확인된다. 두 성벽이 만나는 지점과 성벽의 중심토루와 치성의 중심토루의 기점으로 추정되는 지점에서 확인되는 목주흔을 기준으로 할 때, 성벽의 중심토루 폭은 약 6.5m, 길이 약 5.6m의 판축 구조물을 이용하여 축조한 것으로 추정된다. 성벽의 중심토루를 축조 후 같은 규모의 치를 덧대어 축조했다고 가정할 때, 현재 확인되는 치성의 중심토루 폭이 약 5.8m인 점을 감안하면 축조 당시의 치성은 동쪽 성외측으로 더 축조되었을 가능성이 있다. 성벽과 치는 중심토루를 축조한 후 폭 약 4.5m의 내피를 성토하여 축조한 것으로 확인된다.

남양동토성과 관련하여 성벽 이외에도 수혈유구 2기 및 청동기시대 주거지를 확인하였으며, 확인된 유구의 출토유물 및 성벽과의 선후관계를 통해 성벽의 축조시기를 추정할 수 있는 자료가 확인되었다는 점에서 의의가 있다.

안성 칠장사 慧炤國師碑의 양식적 계보와 의의

吳虎錫(단국대학교 석주선기념박물관)

| 목 차 |

Ⅰ. 머리말

고려시대 건립된 현화사비(1022), 삼천사 대지국사비(1046~1050), 칠장사 혜소국사비 (1060), 법천사 지광국사비(1085), 금산사 혜덕왕사비(1111) 등 5점의 석비는 비문을 통해 法相宗의 실체와 동향을 파악하는데 가장 귀중한 사료적 가치를 지니는[1] 동시에 미술사적 가치가 높은 매우 중요한 유물이다. 大智國師 法鏡으로부터 慧炤國師 鼎賢, 智光國師 海麟, 慧德王師 韶顯으로 이어지는 현화사 주지 계보와 이들과 관계되어 건립된 석조 유물은 고려시대 법상종계 미술의 특징을 보여준다고도 할 수 있다.

이 가운데 안성 칠장사에 위치한 혜소국사비는 고려 덕종 연간(1016~1034)에 개경 玄化寺 의 주지를 역임하였으며, 문종 연간(1046~1083)에는 왕사와 국사에 책봉된 법상종의 승려 정현의 행적을 기록한 龜趺螭首形의 석비이다. 혜소국사 정현은 속성이 李氏이며, 9세가 되던 972년(고려 광종 23) 부친 安城郡人 廉覵와 어머니 金氏 사이에서 태어났다. 980년(경종 5)에 화엄종 계열의 수원 光敎寺에서 대사 忠會에게 출가하여 정현이라는 법명을 얻었고 23세가 되던 994년(성종 13)에 법상종 사찰인 안성 漆長寺[2]의 融哲 문하로 옮겼으며, 靈通寺 계단에서 구

---

1 남동신, 2010, 「七長寺 慧炤國師의 生涯와 思想」, 『안성 칠장사와 혜소국사 재조명』, 칠장사, pp.22-23.
2 「慧炤國師碑銘」(1060)에는 '漆長寺', 『高麗史』에는 '七長寺'와 '七丈寺', 『新增東國輿地勝覽』·『梵宇攷』에는 '七長寺', 『輿地圖書』·『伽藍考』에는 '七賢寺', 「重建新造成記」(1878)에는 '七匠寺', 「大雄殿後佛幀改畵記文」 에는 '七長社'로 서로 다르게 기록되어 있으나 모두 현재의 칠장사를 지칭하는 이름이다.

족계를 받았다. 이후 덕종 연간에 法泉寺 주지를 거쳐 僧統에 오르고 현화사의 주지를 역임했다. 봉은사에서 왕사에 배수되었으며, 83세(문종 8)에 국사로 책봉되고 칠장사로 하산하였다. 그러나 같은 해 11월 15일, 세수 83세, 승랍 74세로 입적함에 칠장사 남쪽 언덕에 장사지내고 혜소국사라 贈諡 되었다. 비는 6년 뒤인 1060년(문종 14) 7월에 건립되었다. 혜소국사비는 1964년 일찍부터 그 중요성이 지적되었으며,[3] 2010년 혜소국사를 재조명하는 학술대회[4]는 혜소국사 정현과 비에 대한 주목할 만한 연구의 결실을 맺는 중요한 계기가 되었다.

이 글에서는 그동안 진행된 선행의 연구결과를 토대로 고려 전기에 건립된 법상종계 석조 귀부비를 비롯한 탑비의 양식을 살펴보고, 혜소국사비와의 비교 검토를 진행하고자 한다. 아울러 혜소국사비의 양식적인 계보와 의의를 살펴보고자 한다. 이를 통해 고려 10~11세기 석조귀부에서 보이는 각 양식의 형식을 분류하는 기준을 제시할 수 있을 것으로 판단된다.

II. 고려 법상종계 석비의 현황과 특징

혜소국사 정현은 고려 법상종 승려로서 1021년 낙성된 현화사의 초대 주지인 법경을 뒤이어 현화사의 2대 주지가 되었다. 현화사는 창건 이후 법상종을 대표하는 중심사찰로서 고려 불교계에 막대한 영향을 끼쳤다. 고려 중기 현화사와 법상종은 화엄종과 더불어 가장 많은 국사와 왕사를 배출할 정도로 고려 불교를 양분하는 세력이었다. 특히, 11세기에는 책봉된 국사와 왕사 7명 중 4명을 배출할 정도로 그 세력이 막강하였는데, 이는 현화사 창건과 왕실의 절대적인 후원에 의한 것이었으며, 이후 화엄종의 본거이자 문종의 원찰로서 흥왕사가 창건될 때까지 매우 영향력이 있는 교세를 보였다.[5]

〈표3〉 고려전기 법상종계 왕사 및 국사

승명	시호	책봉연대		비건립연대	건립위치
		왕사	국사		
法鏡(932~1027)	大智國師	1020	1032(추증)	1046~1050	서울 삼천사
鼎賢(972~1054)	慧炤國師	1049	1054	1060	안성 칠장사

3 申榮勳, 1964,「安城郡 七長寺의 調査」,『考古美術』통권53호, 考古美術同人會, pp.21-22.
4 칠장사, 2010,『안성 칠장사와 혜소국사 재조명』, 2010 칠장사 학술회의.
5 林相俊, 2006,「고려중기 法相宗系 碑 조각의 연구」,『강좌미술사』26, 한국불교미술사학회, pp.167-168.

海麟(984~1067)	智光國師	1056	1058	1085	원주 법천사
韶顯(1038~1096)	慧德王師	추증	-	1111	김제 금산사
德昌(생몰미상)	-	1105	-	-	-
德緣(생몰미상)	-	1117	1122	-	-
曇休(생몰미상)	定慧王師	仁宗朝	-	-	-

1. 현화사비

현화사비는 현화사의 창건 경위와 과정, 참가자 등에 대해 상세한 기록을 적고 있는데 귀부와 비신, 이수를 갖추고 있다. 현재 원위치에서 벗어나 개성 고려박물관 서편 언덕에 옮겨져 있으나 거의 완전한 모습을 유지하고 있다.

지대석은 여러 매의 장대석으로 구성하고, 상면에 호각형의 괴임을 마련하였으며, 그 위에 높은 받침과 귀부를 1석으로 조성하였다. 귀부 받침에는 측면과 상면에 선각으로 구름무늬(雲氣紋)를 빼곡히 새겨놓았는데, 이와 같은 표현은 고려시대 석조귀부 가운데 법천사 지광국사현묘탑비와 금산사 혜덕왕사진응탑비에서만 확인되는 특이한 예이다. 귀부의 네 발은 모두 정면을 향해 뻗어있으며, 발뒤꿈치에는 고사리처럼 끝이 말린 권운

도 1. 현화사비(1022)

문이 표현되어 대석의 구름무늬와 함께 특별한 공간에 있음을 상징하고 있다. 귀부의 목은 짧고 굵으며, 비늘이 전면을 감싸고 있다. 입은 굳게 다물고 있으며, 측면에 물갈퀴 형태의 장식이 있고, 정수리에서 뒷목까지 이어지는 돌기에는 일정한 간격으로 원형의 홈이 뚫려있다. 귀갑대에는 정연한 선문이 등간격으로 음각되었으며, 귀갑과 이어지는 부분에 굵은 연주문이 표현되었다. 6각형의 귀갑문은 테두리에 1조의 돌대를 돌려 도드라지게 하였는데, 목 뒤에서 꼬리까지 이어지는 등줄기는 끝이 동그랗게 말린 형태의 여의두문이 장식된 문양대로서 이를 중심으로 좌우에 귀갑문을 대칭되도록 배치하였다. 비좌는 면석부에 좌우대칭의 화문이 장식되고 상면에 복련문을 새겼는데, 모두 28엽(전후면9+9엽, 측면3+3엽, 모서리 각1엽)의 복엽연화문이다. 비좌 상면에는 각호형의 비좌받침을 마련하였다.

비신은 현화사비의 가장 특징적인 부분이다. 현종이 직접 쓴 정면의 제액 좌우에 日像紋과 月像紋을 새기고 그 위에 구름무늬 속에 나는 봉황을 좌우에 각각 1마리씩 음각하였으며 비신의 테두리는 구름무늬와 유사한 형태의 당초문을 일정한 간격으로 장식하였다. 비신의 측면은 구름 속을 나는 듯한 2마리의 용이 위아래에서 중앙을 향해 마주보는 배치로 조각되었는데 용의 발가락은 4지 또는 3지로 표현되어 있으며, 몸 전체에는 배 주름과 비늘문이 사실적으로 표현되어 있다. 비신의 제액부분 또는 비문 테두리에 문양을 장식한 10~12세기의 고려시대 석비로는 봉암사 정진대사원오탑비(965), 고달사 원종대사혜진탑비(975), 봉선홍경사갈기비, 영통사 대각국사비(1125), 법천사 지광국사현묘탑비, 영국사 원각국사비(1128), 단속사 대감국사비(1172) 등이 있으며, 비신 측면을 2마리의 용을 장식한 경우는 혜소국사비와 지광국사현묘탑비가 있고, 용문은 아니지만 연주문과 연당초문을 장식한 봉선홍경선사비갈이 있다.

현화사비 부분[6]　　　　　영통사대각국사비 부분[7]　　　　　단속사대감국사비편[8]

도 2. 비신 장식 문양 예

이수는 혜소국사비와 마찬가지로 위로 갈수록 넓어지는 평행사면형의 冠 형태로 아래 부분에 5단의 받침을 마련하고 구름무늬를 하단과 측면 모서리부분에 집중되도록 장식하고 있다. 이수의 용은 정면 5마리 뒷면 4마리로 모두 9마리의 용을 배치하였는데, 정면의 경우 중앙에 정면을 응시하는 용을 중심으로 좌우에 2마리씩의 용이 중앙의 용을 응시하도록 하였고, 뒷면에는 좌우에 2마리씩의 용이 모두 가운데를 향하도록 배치하였다. 이수 상단 중에는 아래가 넓고 위가 좁아지는 형태로 단을 마련하여 마치 2단으로 조성한 인상을 주고 있는데, 현재 남아있지 않은 보주 등의 상륜 부재를 받치도록 한 것으로 추정되며, 위에서 내려오는 모서리 부분에 귀꽃형의 장식이 있다.

6　국립중앙박물관 덕수5162의 부분.
7　국립중앙박물관 조선총독부박물관 유리건판 22429의 부분.
8　최영희, 1961, 「山淸 斷俗寺 大鑑國師 塔碑의 斷片」, 『考古美術』 통권12호, 考古美術同人會, p.25.

비문에 따르면 현화사비 제작에 참여한 장인들의 이름이 확인되는데, 먼저 전면에 비문 말미에 "대덕 사자사문 신 정진, 비서성저후 신 혜인, 신 능회 등이 왕명을 받들어 글자를 새기다. 유격장군 신 김저가 왕명을 받들어 비석의 덮개를 새겨 만들다."고 하였으며, 음기에는 "대덕 사자사문 신 석정진과 속비서성기후 신 혜인, 기후인 신 능회 등이 왕명[宣]을 받들어 새겼다"[9] 라고 하였다. 이와 같이 현화사비 건립에 참여한 장인들이 釋, 즉 승려 집단이 중심이 되었음을 알 수 있으며, 이수를 새긴 인물을 별도로 기록한 것으로 보아 분업을 통해 건립시간을 단축하였음도 추정할 수 있다.

이처럼 1022년 건립된 현화사 비는 그 전체적인 양식에 있어서 이전 시기에 건립된 석비의 양식을 계승하고 있지만 세부적으로는 새로운 장식과 조각 수법을 보이고 있다. 즉, 기본적으로는 종래의 양식을 유지하고 있지만 새로운 조각 기법과 장식을 적용하여 이진과는 차이를 보이는 이질적인 인상을 주고 있는데, 이와 같은 변화는 새로운 불교 사상과 철학에 의한 새로운 조각 기법의 채용[10]을 암시하는 것으로 여겨진다.

2. 삼천사 대지국사탑비

현화사가 창건되고 초대 주지로 임명된 대지국사 법경은 삼천사의 주지였다. 사지에서 발견된 비편을 단편적인 기록을 통해 볼 때, 법경은 고려 태조 19년(936)에 태어나 8세가 되는 계묘년(943)에 출가하였으며,[11] 1021년 현화사 주지가 된 후 얼마 되지 않아 왕사에 책봉되었고, 1027년 세수 92, 승랍 85세로 삼천사에서 입적하였다. 이후 1032년(덕종 원년) 奉恩寺에서 국사로 추증되었으며, 1046~1050년 사이에 부도와 탑비가 건립된 것으로 추정된다.

도3. 삼천사 대지국사탑비(1126) 귀부와 이수

---

9 "大德賜紫沙門臣定眞祕書省柢侯臣慧仁臣能會等奉　宣鑴字 游擊將軍臣金佇奉　宣刻造盖."
　"大德賜紫沙門臣釋定眞屬祕書省祇侯臣慧仁祇侯臣能會等奉　宣刻字."(이상, 「玄化寺碑」, 한국금석문종합영상정보시스템).
10 엄기표, 2011, 「안성 七長寺 慧炤國師碑의 양식과 미술사적 의의」, 『지방사와 지방문화』 14권 1호, 역사문화학회, pp.328-329.
11 정지희, 2009, 「北漢山 三川寺址 大智國師碑 龜趺 硏究」, 『강좌미술사』 32, 한국불교미술사학회, p.55.

대지국사탑비의 귀부는 방형의 대석과 귀부를 1석으로 조성하였는데, 대석 모서리는 호형으로 깎았으며, 발은 현화사비와 마찬가지로 네발 모두 정면을 향해 있다. 발뒤꿈치에는 배면이 아니 다리부분에 구름무늬를 장식하고 있다. 귀부 정면에 표현된 하갑은 꽃모양이며 반원형의 목주름은 턱 아래까지 이어진다. 입은 다물고 있으며, 위 송곳니가 표현되었고, 물갈퀴형의 장식이 입꼬리 끝에 크게 돌출되어 있다. 콧등에서 시작된 돌기는 목뒤까지 이어진다. 목에는 현화사비에서 보이는 비늘 무늬는 확인되지 않는다. 귀갑대에는 외곽에 직선의 세로줄을 돌리고 2줄의 돋을 대를 조각하고 그 사이에 연주문을 배치하였다. 목뒤와 네 발, 그리고 꼬리 부분이 반전되어 속이 드러나는 독특한 형태인데, 연잎처럼 조각하여 장식성을 높이고 있다. 이러한 귀갑의 표현은 거돈사 원공국사승묘탑비에서 유사한 형태가 확인된다. 그리고 봉선홍경사갈기비에서 목 뒤 부분의 귀갑을 반전시켜 연화문을 장식한 경우와도 유사한데, 법천사 지광국사현묘탑비에서도 목부분의 귀갑을 반전시켜 연잎과 같은 장식을 하고 있어 주목된다. 6각형의 귀갑문은 작고 촘촘한데 내부에 '王'자문을 음각으로 새겼다. 귀갑문에 별도의 문양을 새기는 것은 고려시대 석조귀부에 자주 등장하는데, 봉암사 정진대사원오탑비, 보원사 법인국사보승탑비(975) 등에서처럼 화문을 장식하기도 하며, 정토사 법경대사자등탑비는 '卍'자와 화문을 교차로 새기기도 하였다. 대지국사탑비 처럼 '왕'자를 새긴 경우는 법천사 지광국사현묘탑비에서 확인된다. 또한 거돈사 원공국사승묘탑비에서는 '卍'자와 화문과 더불어 '王'를 을 교차로 새기기도 하였다. 비좌는 매우 낮게 조성되었는데 면석부 없이 복련의 연화문으로 장식하고 1단의 받침을 돌출시켜 비좌를 마련하였다. 이와 같은 비좌는 금산사 혜덕왕사진응탑비에서 유사성을 볼 수 있다.

비신은 전체 양상을 알 수 없지만, 그동안 발견된 비편으로 볼 때 측면의 장식은 확인되지 않는다. 이수는 사각형의 형태로 구름무늬와 용무늬가 낮게 부조되고 상면에 연화문 장식을 두른 보주 받침이 확인되지만 현화사비와 유사성은 확인되지 않는다. 다만 이수 정면에 중앙에 연화좌에 화염문으로 장식된 여의보주를 조각하고 이를 마주보고 다투는 용의 표현이 등장한다. 현

봉암사 정진대사원오탑비
(965)

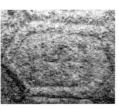
삼천사 대지국사탑비
(1050경)

거돈사 원공국사승묘탑비
(1025)

법천사 지광국사현묘탑비
(1085)

도4. 석조귀부 귀갑문의 무늬

화사비에서 확인되지 않았던 여의보주의 등장이라고 할 수 있다.

이처럼 현화사 초대 주지 법경의 대지국사탑비는 여러 면에서 현화사비와 차이를 보이지만, 귀두의 표현, 특히 물갈퀴 형태의 장식, 곡선을 보이는 귀갑대의 연주문 등에서 현화사비와의 동질성이 드러나고 있다.

3. 법천사 지광국사현묘탑비

지광국사 해린은 속성은 元氏이며, 법천사 寬雄을 찾아가 수학하고 개경 해안사 俊光의 제자가 되었다. 999년 龍興寺에서 구족계를 받고, 水多寺, 海安寺 주지를 역임하였다. 1045년(정종11)에 승통이 되었으며, 이듬해(문종1)에 궁중

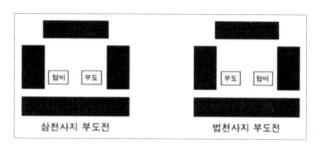

도5. 삼천사지부도전과 법천사지부도전의 배치(홍대한, 2015)

에 초청을 받아 唯心妙義를 강의하였다. 이후 해린은 정현이 칠장사로 하산한 1054년에 정현의 뒤를 이어 현화사 주지로 임명되었고, 현화사를 크게 중수하였으며, 1056년 왕사, 1058년에 국사의 자리에 오른다. 이후 1067년(문종 21)에 법천사로 하산하였고, 1070년 10월에 입적하여 1085년에 법천사에 탑과 탑비가 건립되었다.[12]

현묘탑비는 법천사지의 탑비전 구역에 남아있는데, 기존의 법천사 사역과는 독립적인 공간에 위치하고 있다. 이는 고려시대 유력한 승려들의 부도와 탑비의 건립이 중심사역에서 다소 이격된 별도의 공간에 건립되었던 풍습과 배치의 결과로 보인다.[13] 현재 해린의 부도와 탑비는 건물지로 둘러싸인 일종의 中庭 공간에 부도와 탑비가 나란히 있었을 것으로 추정되고 있다. 이러한 배치는 삼천사 대지국사탑비에서 보이는 배치와 유사하다. 이는 법상종의 조사숭배 사상을 새롭게 구현하기 위해 창안한 방식으로 이해되기도 한다.[14]

현묘탑비는 높이가 5m에 이르는 巨碑로서 판석형의 장대석으로 구성된 2단의 지대석 별석으로 조성된 귀부를 올리고 비신과 이수를 갖춘 귀부이수형의 일반적인 탑비형식을 취하고 있다.

12 吳虎錫, 2020, 「偃鳳寺址七層石塔의 搬出 旅程과 美術史的 考察」, 『文化史學』 53, 한국문화사학회, p.226.

13 엄기표, 「안성 七長寺 慧炤國師碑의 양식과 미술사적 의의」, p.312. 고려시대에 들어와 고승의 탑과 탑비가 나란히 건립된 예로는 서산 보원사지 법인국사보승탑과 탑비가 가장 빠른 예에 해당한다.

14 홍대한, 2015, 「法泉寺 智光國師玄妙塔과 塔碑 研究」, 『동아시아문화연구』 60, 한양대학교 동아시아문화연구소, pp.77-79.

도 6. 법천사 지광국사현묘탑비(1085)

도 7. 지광국사현묘탑비 비신 상면

하단 지대석에는 아무런 장식이 없으며, 상단 지대석에는 측면 면석부에 방형의 안상을 측면에 4개, 전·후면에 각각 3개씩 배치하고 상면에 음각선으로 물결 같은 구름무늬를 장식하였다. 귀부의 발은 모두 정면을 향하고 있으며 귀갑 아래의 腹甲 부분은 모두 구름무늬를 화려하게 조각하였다. 정면의 목 아래 부분에도 화려한 구름무늬가 표현되었고 목 중앙에는 주름과 비늘이 조각되었다. 귀두는 목이 다소 외소해 보이지만 측면에서 보면 목을 뒤로 젖힌 것처럼 약간 경사지게 올라가다가 머리를 앞으로 내민 형태이다. 입을 굳게 다물고 있으며, 윗니와 송곳니가 표현되었고 윗입술을 들어 위협적인 모습을 취하고 있다. 턱 아래부터 입꼬리 뒤로 이어지는 곳에 물갈퀴 모양의 수염을 표현하였으며, 정수리에서 목 뒤로 갈기가 이어진다. 왜소해진 목에 비해 머리가 앞쪽으로 돌출되어 있으므로 턱수염을 목 중간까지 붙이고 수염과 아래턱 사이를 뚫어 안정감을 더하는 동시에 기교를 보이고 있다. 귀갑대는 전제척으로 'S'자 형으로 유려한 곡선을 이루고 있으며 외곽에 줄무늬로 장시하고 연주문을 돌렸다. 목과 발 부분의 귀갑대는 반전되어 음각선의 장식을 더하여 대지국사탑비에서 보이는 연잎과 같은 효과를 내고 있다. 귀갑문은 돋을대를 이용하여 4각형으로 구획한 후에 내부에 연주문을 장식하고 다시 굵은 선으로 6각형의 문양을 새기고 그 안에 '王'자를 새긴 형태이다. 비좌는 끝이 뾰족한 복련의 연화문을 38엽(전후 14+14엽, 측면3+3엽, 모서리 각1엽)을 배치하였는데 연잎 끝단에 역시 끝이 뾰족한 사이 잎을 배치하고 있다.

비신은 현화사비와 혜소국사비에서 보이는 것과 같이 각 면에 2마리의 용을 배치하였는데, 중앙에 화염문 장식을 가미한 여의보주를 중심으로 아래의 용은 머리를 상부에 배치하여 승천하는 모습으로 여의주를 응시하고 있으며, 위의 용 역시 승천하는 모습으로 머리를 비신 상부에 두고 목을 꺾어 중앙의 여의주를 바라보는 모습을 하고 있어 세부적으로는 현화사비와 혜소국사비의 비신 용 조각과 차이를 보이고 있다. 비신 전면에는 화려한 문양이 가득 조각되어 특징을 보이고 있다. 비신은 상단, 비문 테두리, 題額 좌우측면의 부분으로 무늬의 구분이 가능하다. 먼저 비신 상단은 화엽형의 안상무늬로 구분하고 하단에 산과 구름무늬를 배치하였는데 중앙 산봉우리 위로 화려한 나무를 새겼다. 하단의 산은 모두 13개로 한가운데 산이 가장 크게 표현되었다. 봉우리 위의 나무는 각종 보배로 장식되어 寶樹, 즉 龍華樹를 표현한 것으로 보인다. 나무의 우측에 월상문, 좌측에 삼족오를 새긴 일상문을 배치하고 그 옆으로 향로를 들고 하늘을 나는 비천상 1구씩을 배치하였으며 사이에는 구름무늬를 장식하여 마치 수미산-용화수의 도솔천을 상징하고 있는 것으로 보인다. 도솔천은 미륵보살이 머물고 있는 정토세계로 세상의 중심에 위치한 수미산 위에 내원에 미륵보살이 살고 외원은 천인들이 오욕을 만족하며 사는 천상의 세계이다. 즉 도솔천은 미륵보살의 정토로서 미륵신앙을 기반으로 하는 법상종과 상통하는 도상이라고 하겠다. 안상문 외곽의 공간에는 좌우측으로는 瑞鳥 2마리와 인동무늬를 가득 새겼다. 다음으로 그 아래의 비문 테두리에는 줄기가 서로 연결된 모란당초무늬를 가득 새겼다. 제액의 좌우 측면에는 정방형의 구획을 하고 내부에 각각 1마리와 모란무늬를 빼곡히 새겨 놓았다.

지광국사현묘탑비의 이수는 현화사비와 혜소국사비와 마찬가지로 위로 올라갈수록 밖으로 벌어지는 역평행사변형이다. 하단에는 금강저 무늬를 새기고 각형2단, 각형 2단, 호형 1단, 다시 각형 1단의 받침을 마련한 다음 앙련의 연화문을 새겨 하부를 구성하고 구름무늬가 가득한 이수 면에는 모두 9마리의 용을 조각하였다. 정면에는 화염무늬가 장식된 여주보주 2개를 앞발에 각각 들고 작은 여의주를 입에 문채로 우측을 향해 고개를 돌린 용을 중앙에 배치하고 좌우측에는 중앙의 용을 향하는 용을 한 마리씩 배치하였다. 좌우 측면에는 중앙에 화염무늬가 장

이수 정면

이수 좌측면

도8. 법천사 지광국사현묘탑비 이수

식된 여의주를 향한 용 2마리를 조각하고 있다. 뒷면에도 중앙에 화염무늬가 장식된 여의보주를 새기고 좌우에서 이를 향해 고개를 돌린 용을 1마리씩 표현하였다. 이수의 모서리와 중앙부 (전후면 각 3개, 측면 각 1개)를 솟구쳐 올라오게 하고 귀꽃장식을 새겼다. 이수 상면에는 원형의 받침을 마련하여 앙련이 시문된 장식을 올리고 있다.

지광국사 해린의 부도와 탑은 탑비명에 의하면, 大安元年 중추월에 祕書省 陪戎校尉 臣 李英輔와 大匠 張子春 등이 왕명을 받들어 비문을 새겼다.[15] 지광국사현묘탑비의 세부 조각 수법은 부도에서 더욱 화려하고 장식적으로 나타나고 있는데 법상종의 고승인 해린의 부도이며, 조영 주체 역시 법상종의 계보를 잇는 韶顯에 의해 주도되었다는 것은 부도와 탑비의 성격을 파악하는데 중요한 요소이다.[16]

4. 금산사 혜덕왕사진응탑비

해덕왕사 소현(1038~1096)은 지광국사 해린의 뒤를 이어 현화사의 주지가 되었다. 소현은 당대의 대표적 외척세력이었던 李子淵 (1003~1061)의 다섯째 아들로, 이자연의 고모는 현종의 비로서 덕종, 정종, 문종 등 3명의 왕을 낳은 이였다. 소현은 11세가 되던 1047년 당시 海安寺 주지였던 해린에게 출가하여 제자가 되었다. 이러한 이유에서 소현은 지광국사 탑비명의 음기에 "玄化寺主 僧統"으로 제일 처음 기록된 인물이다. 12세에 復興寺의 계단에서 구족계를 받았으며, 1079년 금산사의 주지로 부임하여 크게 중창하였다. 1083년 開國寺와 慈雲寺의 회주가 되었고, 같은 해 승통에 올라 현화사의 주지가 되었다. 이후 금산사로 하산하였으며, 1096년 12월

도 9. 금산사 혜덕왕사진응탑비(1111)

15 "大安元年歲在乙丑仲秋月　日樹.", "祕書省陪戎校尉臣李英輔大匠臣張子春等奉　宣刻字."(한국금석문 종합 영상정보시스템「法泉寺智光國師玄妙塔碑」참조).
16 박지영, 2018,「원주 법천사지 지광국사탑의 莊嚴 고찰」,『미술사학』35, 한국미술사교육학회, p.173.

奉天院에서 입적하였다. 이에 숙종은 혜덕왕사의 시호를 내리고 탑호를 진응이라 하였다. 혜덕왕사 소현의 부도는 입적 후 1년 만에 세워졌으며, 탑비는 15년이 지난 1111년에 건립되었다.

금산사 부도전에 위치한 혜덕왕사진응탑비는 현재 귀부와 비신만 남아있는 석비이다. 귀부는 높다란 지대석과 1석으로 조성하였으며 혜소국사비와 마찬가지로 납작 엎드려 움츠린 모습이다.

지대석은 면석에 해당하는 측면과 상면의 빈 공간에 파도문 같은 음각선문을 새기고 그 위에 도드라지게 구름무늬(운기문)를 배치하였다. 귀부의 지대석에 새겨진 운기문이 있는 경우는 앞서 언급한 것처럼 현화사비와 지광국사현묘탑비에서 확인되는데, 이들은 모두 2단의 지대석 구성을 하고 있다.

배부분의 下甲은 물결무늬처럼 선각으로 표현되었고 발은 정면을 향해 '11'자 형태로 곧게 뻗어있다. 발가락의 주름과 발톱, 발뒤꿈치까지 모두 비늘을 조각하였으며, 발뒤꿈치에는 삼천사 대지국사탑비와 유사한 구름무늬가 확인된다. 腹甲 부분은 아무런 무늬가 없으며, 꼬리는 귀갑 위로 올라가 끝이 말려든 형태이다. 용두형의 귀두는 고개를 살짝 치켜들고 입을 굳게 다물어 윗 입몸을 드러낸 형태로 턱의 수염이 배부분까지 이어지고 있는데, 목이 꺾이는 부분에서 관통되어 법천사 지광국사현묘탑비의 조각 수법과 유사하다. 옆 턱에는 물갈퀴형의 수염이 표현되었고 정수리에서 이어지는 뒷목부분의 갈기에 일정한 간격으로 홈을 파놓았는데, 이는 앞서 살펴본 현화사비(1022), 혜소국사비(1060)에서 확인되는 표현 수법으로 주목된다. 귀갑대는 앞서 살펴본 귀부와 마찬가지로 유려한 'S'자형으로 돌아가고 있으나, 전체적으로 두꺼운 느낌을 준다. 귀갑대에는 아무런 장식이 없는 소문이지만, 목 뒷부분에서 반전되어있다. 소문의 귀갑대 안쪽으로 연주문을 돌리고 뒷목부분에서부터 꼬리까지 중앙 돌대를 중심으로 2중의 돋을 띠를 돌린 6각형의 귀갑문을 빼곡히 채워 조각하였는데 귀갑문 내의 중앙에는 4엽의 화문을 장식하였다. 비좌는 삼천사 대지국사탑비나 법천사 지광국사현묘탑비와 같이 복련의 연화문으로 테두리를 돌리고 비 홈을 마련하였다. 비신의 크기는 높이 281cm, 너비 150cm이며 두께는 18cm이다. 측면에는 아무런 문양이 없으며, 비신 전면의 비문 테두리에 연당초문이 새겨져 있다.

도10. 현화사비(1022) 측면   도11. 지광국사현묘탑비(1085)   도12. 혜덕왕사진응탑비(1111)
                                   지대석 무늬   지대석 무늬

Ⅲ. 혜소국사비의 양식 검토

혜소국사비가 있는 곳은 碑殿庵 또는 白蓮庵址로 알려져 있는데, 조선시대 문헌 및 지도에 기록된 내용을 살펴보면, 『輿地圖書』(1757~1765)를 비롯하여 『伽藍考』, 『竹山邑誌』(1832), 『京畿誌』(1842), 이밖에 1872년 제작된 지방도와 「寺刹錄」(18세기 후반), 『龍珠寺本末寺法』(1912), 『安城記略』(1925) 등에는 '碑殿庵'이라고 기록되어 있고, 『竹山府邑誌』(1899)에는 '白蓮庵'의 명칭이 확인되고 있다. 이 가운데 1872년 지방도를 보면 북쪽에서부터 상운암-비전암-칠장사의 순서로 입지해 있음이 확인된다. 한편, 혜소국사비에는 칠장사 남쪽 언덕에 장사 지냈다고 하였으므로 비문의 기록과 상반되는 배치임을 알 수 있다. 그러나 이는 고려 말 이후 칠장사가 여러 차례의 화마로 전소와 소실, 그리고 중창과 중수를 거듭하면서 변화된 결과가 반영된 것으로 추정된다. 즉, 칠장사의 연혁으로 볼 때, 현재 칠장사 중심사역은 정현이 대대적으로 중창하였던 11세기의 사역이 아님을 알 수 있다.[17] 이상에서 칠장사 "碑殿"의 비가 혜소국사비를 지칭하는 것이라는 점은 칠장사 관련 문헌자료를 통해 추정할 수 있다.

도 14. 칠장사 혜소국사비 전경(2018)

도 15. 혜소국사비 전경(1969년)

한편 비전의 존재는 정현이 생전에 종교적으로 또는 정치적으로 상당한 위상을 누렸음을 간접적으로 보여주는 것이다. 비각이 건립된 경우는 당대에 상당한 예우를 받았던 고승의 석비 건립 시에 정부 차원의 관심과 배려가 매우 높았음을 시사하는 것이기 때문이다.[18] 즉, 신라와 고려시대에 건립된 많은 석비 가운데, 비각이 건립된 예로는 신라시대의 고선사 서당화상비, 쌍봉사 철감선사징소탑비, 보림사 보조선사창성탑비와 고려시대의 봉암사 정진대사원오탑비(965), 고달사 원종대사혜진탑비(977) 등 소수에 불과하다. 따라서 비각의 건립은 매우 제한적

---

17 엄기표, 「안성 七長寺 慧炤國師碑의 양식과 미술사적 의의」, p.312.
18 엄기표, 「안성 七長寺 慧炤國師碑의 양식과 미술사적 의의」, pp.326-327.

이었음을 알 수 있다.

혜소국사의 임종과 비의 건립과정을 조금 더 자세히 살펴보면 다음과 같다. 비문에 따르면 정현은 칠장사에 하산한지 얼마 지나지 않아 제자들을 모아 마지막 설법을 한 후 1054년 11월 15일 칠장사에서 입적하였다. 이에 문도들은 정현의 시신을 관에 넣어 칠장사 남쪽 기슭에 매장한다. 문종은 정현의 입적 부음을 접하고 시호를 혜소국사라 내리고 부의 물품과 승록사 소속의 우가승록 惠英 등의 조문 사절단을 파견하여 장례식을 감호토록 하였다. 그리고 金顯에게 비문을 찬하도록 하여 1060년에 비가 건립되었다. 이처럼 국사를 역임한 정현의 시신을 관에 넣어 매장하였으며, 곧바로 국왕이 시호를 내린 것을 알 수 있는데, 시호와 함께 塔號가 내려졌다는 기록이 없고, 부도를 건립하였다는 내용 또한 문헌이나 구전되지 않으며, 현재까지도 칠장사에 혜소국사 정현의 부도와 관련된 흔적이 전혀 없는 것으로 보아 부도는 건립되지 않았던 것으로 추정되기도 한다. 하지만 고려시대 유력한 승려들의 경우 대부분 부도와 함께 탑비가 건립되었던 풍습과 배치 등으로 보아 혜소국사의 부도가 건립되었을 가능성도 배제할 수는 없다.[19]

한편, 대각국사 의천에 따르면 칠장사에는 재신 崔惟善(?~1075)이 찬한 혜소국사의 진영이 있었다고[20] 하므로 비의 건립과 동시에 眞堂이 건립되었을 가능성이 높다. 따라서 정현은 입적 직후 관에 시신을 매장하였거나 봉분 형태로 무덤을 조성하여 장례를 마치고 얼마 후 왕명에 따라 "慧炤國師碑"를 건립하였으며, 진영을 모신 진당을 칠장사에 세웠던 것으로 추정된다.

1. 귀부

혜소국사비의 귀부는 지대석과 함께 1석으로 치석하였으며, 상면에 비좌를 마련한 일반적인 귀부 형태이다. 지대석은 가로 204cm, 세로 251cm 크기의 사각형이다. 귀부의 네 발은 모두 정면을 향해 늘어는데, 공간이 트인 앞발과 달리 뒷발의 표현에 있어서는 제약이 따르게 되므로 앞발의 발가락은 5指이며, 뒷발은 3지만 표현되었다. 발가락은 1조의 음각선으로 뾰족한 발톱을 도드라지게 새겼고, 발가락과 발 등에 주름과 비늘을 반복적으로 표현하였다. 발가락을 앞으로 펼치고 발톱은 지대석 상면을 딛고 있어 매우 정적인 인상을 주고 있다. 이는 고려 초기 이후에 건립된

---

19 엄기표, 2004, 『신라와 고려시대 석조부도』, 학연문화사, pp.84-86.
     다만, 『朝鮮國京畿道竹山南嶺七賢山七長寺事實記』(1755)에 '국사가 83세로 입적하니 임금이 부고를 받고 크게 痛悼하였으며, 재물과 定覺道首慧炤國師의 시호를 내리고, 왕명으로 太子少保 金顯이 찬술한 행적비 명을 홍제관의 왼쪽에 구층의 사리탑은 오른쪽에 세웠다'고 하였는데 이 기록은 삼각산 弘濟院과 관련된 혜소국사의 행적이 후대로 오면서 윤색된 것으로 추정된다.

20 『大覺國師文集』 권17, 「漆長寺禮慧炤國師影」(남동신, 2010, 「七長寺 慧炤國師의 生涯와 思想」, 『안성 칠장 사와 혜소국사 재조명』, 칠장사, p.30에서 재인용).

도 16. 혜소국사비 귀부

귀부의 발 표현에서 보이는 정적이고 형식적인 모습과 같다고 할 수 있다.[21] 혜소국사비의 네발은 위에서 보면 앞·뒷발 모두 '11자 형태이고 측면에서 보면 '□'자로 뻗어 있는데, 이러한 모양은 고려시대 석조 귀부 비 가운데 개성 현화사비(1022), 영암 적연국사자광탑비(1023), 거돈사 원공국사승묘탑비(1025), 봉선홍경사갈기비(1026), 법천사 지광국사현묘탑비(1085) 등에서 보이고 있어 주목된다.

한편, 발뒤꿈치 뒤에 고사리처럼 위로 말려 올라가는 권운문 형태의 수염(肘毛)이 표현되었는데, 역동적이기 보다는 정적이고 형식화된 모습으로 현화사비의 표현과 매우 닮아있다.

귀부의 배에 해당하는 龜身(腹甲)은 정면의 목 부분과 측면의 발 부분, 뒷면의 꼬리가 있는 부분에서 비교적 높게 드러나고 있는데 이는 龜甲帶를 곡선형으로 치석한 결과로 보인다. 귀신의 표현을 살펴보면, 측면의 앞뒤 발이 빠져 나오는 부분과 뒷면의 꼬리가 나오는 좌측 부분에 2줄의 세로선을 음각하여 사실성을 더하고 있으나, 다른 문양은 표현되지 않았다. 귀신의 전면에는 하단에 낮고 유려한 'W'형의 2단 표현으로 下甲을 표시하였고, 목 부분은 굵고 짧게 직립하고 있어 매우 경직된 모습인데 중앙에 9줄의 주름을 표현하고 좌우에 비늘문을 새겼다. 꼬리는 귀부의 뒷면 중앙에서 나와 오른쪽으로 3번 구부러진 형태로 주름문과 비늘문이 장식되었다.

귀부의 머리는 용두의 형태로 정면 턱 중앙에서 목으로 이어지는 수염을 돌출시키고 음각선으로 세부 표현을 하였다. 수염은 3번에 걸쳐 살짝 구부러져 전체적으로 풍기는 경직된 龜頭의 모습과는 부자연스럽다. 턱수염을 목까지 이어지게 표현하고 있는 비로는 거돈사 원공국사승묘탑비(1023)을 비롯하여 부석사 원융국사비(1054), 영통사 대각국사비(1125) 등이 있으며, 법천사지 지광국사현묘탑비(1085)와 금산사 혜덕왕사진응탑비(1111), 안양사 귀부 등은 수염이 배 부분으로 이어지고 있으나, 턱과 목 사이에 구멍을 뚫어 더욱 입체적으로 표현하고 있다. 굳게 다문 입은 끝이 뾰족한 9개의 이빨과 좌우에 날카로운 송곳니를 표현한 윗니가 아래 입술을 물고 있는 형태이다. 금산사 혜덕왕사진응탑비, 고달사 원종대사혜진탑비(975), 법천사 지광국사현묘탑비, 안양사 귀부에서도 날카로운 윗니가 돌출되어 있다.

혜소국사비 귀부는 잇몸이 드러나 있으며, 잇몸 위로 윗입술을 대칭되는 8줄의 'S'자형으로 조각하였다. 입술 좌우측에는 윗송곳니 끝부분에 아래 송곳니를 1개씩 돌출시켰다. 입 뒤쪽으

---

21 엄기표, 「안성 七長寺 慧炤國師碑의 양식과 미술사적 의의」, p.314.

로는 물갈퀴형의 수염을 돌출시키고 그 위로 귀를 표현하였다. 물갈퀴형의 수염은 현화사비를 비롯한 여러 예가 확인된다. 넓적한 코는 중앙에 콧등이 돌출되었고 좌우 콧구멍에서 한 가닥의 수염이 좌우로 뻗어 있다. 정토사 법경대사자등탑비(943)와 거돈사 원공국사승묘탑비 등에서 유사한 표현이 남아있다. 눈은 정면을 응시하고 있는데, 눈동자가 원형으로 크게 돌출되었으며, 눈 위에 눈썹이 표현되었다. 정수리에는 문양대를 길게 돌출시켜 뒷목으로 이어지고 있다. 목의 뒷부분은 정수리 문양대에서 이어지는 반원형의 돌출대가 있는데 이는 용의 갈기의 표현으로 이곳에 일정한 간격으로 좌우에 홈을 파 배치하였으며, 돌출대와 좌우 목에 비늘을 장식하고 있다. 이처럼 뒷목 돌출대에 홈을 배치한 것으로는 현화사비와 금산사 혜덕왕사진응탑비 등이 있다. 귀부의 두부는 정면에서 볼 때 넓고 낮은 형태이며, 측면에서 보면 턱을 살짝 치켜들고 있으나 정수리부분이 납작한 형태로 전체적으로 육중한 인상을 주고 있다.

　귀갑은 두껍게 목에서 양 옆으로 곡선을 그리며 내려와 앞발을 감싸고 있으며, 측면을 경사지게 치석하여 두꺼운 형태이다. 귀갑대는 외곽을 따라 외반되면서 굴곡진 형태로 귀갑의 주름진 세로줄무늬를 밀집되게 선각하고 있다. 귀갑대 안쪽으로는 연주문을 돌리고 그 안쪽으로 6각형의 귀갑문을 새겼다. 귀갑문은 비좌를 중심으로 앞쪽으로는 횡방향으로 5줄의 귀갑문을 새겼으며, 측면 4줄, 비좌 뒤쪽으로는 6줄 등 모두 15줄의 6각형 귀갑문을 배치하였는데, 12열과 13열 사이, 13열과 14열 사이에 마름모형의 귀갑문을 배치한 점이 특이하다. 즉, 12열과 13열 사이에 새겨진 마름모는 좌측이 5개와 1/4개, 우측이 7개와 1/4개이며, 13열과 14열 사이에 새겨진 마름모는 좌측이 4개와 1/2개, 우측이 3개와 1/2개이다. 이는 6각형의 귀갑문 형태가 일정하지 않은 것과 상통하는 것으로 고려시대 건립된 석조귀부의 귀갑문 표현에 있어서 기법상 표현하지 않아도 되는 마름모 형태의 귀갑문을 추가한 것은 장인의 장식적인 기교가 더해진 세련된 감각으로 볼 수 있다.[22]

　이러한 혜소국사비의 귀갑문은 현화사비와 법천사 지광국사현묘탑비 등과 유사하게 귀갑문 중앙에 좌우 끝이 말린 마주보는 여의두문 형태의 대칭 무늬를 1조로 등줄기를 형성하고 있는데 반해 등줄기를 중심으로 좌우측의 귀갑문이 서로 다른 모양과 수를 보이는 비대칭으로 조각되어있고 있어 특이하다.

　귀부의 비좌는 면석에 해당하는 측면부에 구름무늬를 표현하고 상면에 복련의 복판 연화문을 새겼다. 비좌의 복련문은 4면 모두 중앙의 연꽃무늬를 중심으로 측면 모서리 쪽으로 갈수록 잎이 비스듬하게 벌어지는 방사형으로 펼쳐지고 있다. 연화문은 정면과 뒷면 각 13엽, 측면 각 3엽과 모서리 각 1엽으로 구성된 총 36엽으로 복판으로 연잎 사이마다 1조의 돋을대를 부가함

22　엄기표, 2010,「七長寺 慧炤國師碑의 樣式과 美術史的 義意」,『안성 칠장사와 혜소국사 재조명』, 칠장사, p.48.

으로써 돋을 새김한 연잎이 더욱 강조되고 있다. 한편, 모서리의 연꽃 연판에는 귀꽃과 같은 화문을 조각하여 별도의 장식을 더하고 있다. 비신의 괴임대는 외각에 2단의 괴임대를 돋을새김하고 다시 각호각형의 3단 괴임대를 마련하여 모두 5단을 이루고 있는데, 매우 세밀함을 보이고 있다. 비신이 삽입되는 홈의 크기는 128.5×21.5cm 이다.

2. 비신

혜소국사비의 비신은 현재 우측 상부에서 좌측 하부로 비스듬하게 깨진된 것을 붙여 놓은 것으로 전체 크기는 가로 127cm, 세로 227cm, 두께는 19.7cm이다. 비신은 상하에 낮은 비신 홈대를 거칠게 다듬어 마련하여 귀부와 이수에 마련된 홈에 삽입 고정되도록 하였다. 비신 앞면은 비명과 비문이 새겨지는 부분을 2조의 음각선으로 구획하고 그 안에 글자를 각자하였다.

혜소국사비는 이수에 별도의 제액을 하지 않고 비신 상면에 제

도 17. 혜소국사비 비신 상부와 측면

액한 경우로서, 제액은 자경 9cm 정도의 크기로 "贈諡慧炤國師碑銘" 8자를 2단으로 각자한 전서체이며, 본문은 세로 42행으로 해서체이다. 제1행은 "高麗國"으로 시작하여 "定覺 道首 都僧統 贈諡慧炤國師碑銘 幷書"로 끝나는 碑題이며, 제2행은 "朝議大夫~金顯奉宣撰"의 찬자, 제3행은 "宣德郞~閔賞濟奉宣書幷篆額"로 글쓴이를 새겼다. 다음으로 序에 해당하는 내용이 이어지는데, 머리말에 해당하는 도입부(제4행~5행), 가계와 출생(제5행~8행), 출가와 수학(제8행~11행), 승과 합격과 계율 수학(제11행~13행), 승계와 승직(제13행~29행), 하산과 입적(제30~34행), 입비 과정(제34행~37행)이 이에 해당한다. 그리고 頌(제38행~41행)을 쓰고, 마지막으로 제42행에 "淸寧六~陪戎校尉 臣 裵可成 大匠 臣 李孟春等 刻字"로 이루어진 조성연대와 각자 등을 적은 입비 사실로 구성되어 있다.[23]

....

23 남동신, 「七長寺 慧炤國師의 生涯와 思想」, pp.487-488 및 2011, 「七長寺慧炤國師碑銘을 통해 본 鼎賢의

일반적으로 탑비에는 조성 관련자 부분에 비문의 서자와 각자를 비록하여 음기에 후원한 사람의 명단이 나열되는데, 혜소국사비에는 음기가 확인되지 않고 崇禎3年(1630, 인조 8)의 추기만 확인된다.

혜소국사비 비신의 양식적 특징은 비명이 있는 제액 좌우에 음각된 문양과 비신 측면의 조각이다. 현재 제액 좌우가 파손되어 자세히 알 수 없지만 제액 우측에 음각된 구름무늬(운기문)가 확인된다. 비신 양 측면은 중앙에 배치된 화염형 보주를 향하고 있는 용이 상하에 1마리씩 돋을 새김 되어 있다. 이러한 장식과 장엄 요소는 현화사비와 법천사지광국사현묘탑비 등 고려시대의 일부 석비에서만 채용되고 있다.

3. 이수

혜소국사비의 이수는 평면 장방형으로 2단의 형태를 보이고 있다. 이수는 아래가 좁고 위가 넓은 역사다리꼴의 하단과 아래가 넓고 윗부분이 좁은 사다리꼴의 상단을 모두 1석으로 조성하고 상단 중앙 상면에 보주 받침을 마련하고 있어 '冠形□首'이라고 할 수 있다. 현재 이수 상면에 놓인 연화문이 조각된 원형석재와 반구형의 석재는 조각수법과 크기로 보아 원래의 것은 아닌 것으로 판단된다. 이수의 하단은 아래부터 각형, 외만한 호형, 내만한 호형, 각형 등 모두 4단으로 받침을 구성하고 있다. 또한 아랫단의 정면 좌우 모서리 부분이 살짝 위로 치솟은 형태로 마치 귀꽃을 표현한 듯한데, 이러한 외형에 따라 정면을 향해 입을 벌린 용의 목이 급격히 꺾여 다소 부자연스러운 모습을 하고 있으나, 돋을 새김한 용의 얼굴과 발, 비늘 등은 매우 역동적이다. 서로 엉켜 있는 용 사이의 빈 공간에는 구름무늬를 새기고 있다.

이수에는 모두 9마리의 용이 조각되었는데, 아랫단 정면에는 좌우에 1마리씩의 용두를 조각하여 중앙을 바라보도록 하고, 중앙의 용두는 오른쪽 하단을 바라보도록 배치하였다. 아랫단

이수 정면   이수 뒷면

도 18. 혜소국사비 이수

生涯와 思想」, 『한국중세사연구』 30, 한국중세사학회, pp.473-474참조.

측면에는 각각 1마리씩의 용두를 조각하였는데 모두 고개를 돌려 같은 방향(前面)을 주시하고 있어 이들 용이 주시하는 방향이 비의 앞부분이었음을 알 수 있다. 아랫단 뒷면에는 2마리의 용두가 서로 마주보고 있다. 이수의 상단 용 조각은 2개의 용두가 확인되는데 정면의 용두는 약간 오른쪽으로 치우쳐 있으며, 보주가 놓이는 윗부분을 45°로 보고 있고, 뒷면의 용두는 왼쪽에 배치되어 중앙쪽을 바라보고 있다.

한편, 이수부 하단의 윗면 가운데 부분에 상단이 돌출된 형태여서 하단 모서리와 상단 사이에는 넓게 홈이 마련되어 있어 물이 고일 가능성이 있다. 이에 이곳의 가장 낮은 부분에 해당하는 앞뒤 부분에 구멍을 뚫어 낙수가 되도록 하였음을 알 수 있다.

이상에서 살펴본 것처럼 칠장사 혜소국사비는 전체적인 양식이나 세부 치석수법, 표현양식 등에서 현화사비, 법천사 지광국사현묘탑비, 금산사 혜덕왕사진응탑비 등과 많은 유사성을 보이고 있다. 뿐만 아니라 봉선홍경사갈기비와도 세부 장식 수법이 닮아있으며, 귀부는 삼천사 대지국사탑비, 부석사 원융국사비, 반야사 원경왕사비(1125), 영통사 대각국사비(1125), 안양사 귀부 등과 양식적으로 상통하고 있음을 알 수 있다.[24]

IV. 혜소국사비의 계보와 의의

칠장사 혜소국사비는 귀부-비신-이수를 갖춘 이른바 귀부이수형의 전형적 석비양식을 취하고 있다. 석비의 전형적인 양식은 삼국통일 직후부터 중국 당나라의 영향을 받아 나타나기 시작하여 처음에는 태종무렬왕릉비 등 왕릉비에서 채용되었다가 신라말기 탑비의 건립이 널리 유행하면서 일반화되었으며, 고려시대 초까지 일반적 양식으로 건립되다가 서서히 간략화되거나 새로운 양식이 등장하면 다양화되었다.[25]

혜소국사비는 이러한 한국 석비 양식사에서 고려시대에 들어와 나타나는 변화의 시점에 위치한다고 할 수 있다. 그 변화의 시점에는 현종의 불교정책과 밀접한 관련을 갖는 것으로 여려 연구를 통해 밝혀지고 있다. 현종은 즉위하자 성종이 폐지하였던 연등회와 팔관회를 부활시키는 등 적극적인 불교정책을 추진하였다. 그리고 왕실의 원찰로서 현화사를 창건하였는데, 이를 계기로 법상종은 급속도로 종세를 확장되기 시작하였다. 현종은 1020년 당우가 세워지자 친히 가서 보고, 宋에서 가져온 대장경을 모본으로 하여 『고려초조대장경』의 완성을 보았으며, ㄱ 인

---

24 엄기표, 「안성 七長寺 慧炤國師碑의 양식과 미술사적 의의」, pp.324-325.
25 엄기표, 「안성 七長寺 慧炤國師碑의 양식과 미술사적 의의」, pp.327-330참조.

판을 현화사에 봉안하도록 하였다. 이와 같이 현종대 이후
현화사를 중심으로 한 법상종의 융성은 화엄종과 함께 고
려전기 교종의 2대 종파로서 자리 잡게 되었다.[26] 특히 혜
소국사 정현과 지광국사 해린은 왕사와 국사에 책봉되었고
현화사 주지를 역임한 점으로 보아 왕실로부터 더욱 존숭
받았음을 알 수 있으며, 정현의 제자가 靈念이 해린을 이어
현화사의 주지가 되고, 그 뒤를 이어 해린의 제자인 소현이
현화사 주지가 되는 점 등에서 이들 탑비에서 보이는 특징
은 고려 중기 법상종 미술의 특징을 보여준다고 하겠다.

혜소국사비의 귀부는 전체적으로 넓고 납작한 사가형으
로 둔중한 느낌을 주고 있지만, 이에 비해 측면의 귀갑대 아
래로 龜身部를 비교적 높게 노출시키고 있다. 발은 모두 정
면을 향하도록 하였으며, 발톱은 살짝 세워 구부리고 있다.
발꿈치에는 끝이 말려 올라간 구름무늬 조각을 더하고 있
는데, 현화사비에서도 동일한 유형의 수법이 확인된다. 이

도 19. 혜소국사비 3D실측 복원도
(칠장사, 2018)

러한 표현수법은 현종과 관계되거나 현화사 또는 법상종과 관련된 다른 사찰에 남아있는 귀부
의 발꿈치 장식과 다소 차이를 보이고 있다. 봉선홍경사갈기비(1026)과 삼천사 대지국사탑비
(1050경)에서는 뒤꿈치에 선각하고 있으며, 금산사 혜덕왕사진응탑비(1111)에서는 마치 수염
처럼 길게 펼쳐진 형태를 취하고 있다. 이와 같은 발뒤꿈치의 털 장식, 즉 주모는 11세기에 들
어와 나타나는 귀부의 조각 수법 가운데 하나로 표현 기법은 다르지만 다리가 길어지고, 비늘이
조각되는 등 고려시대 진행된 귀부의 龍身化를 보여주는 현상의 하나로 이해되기도 한다.[27] 한
편, 법천사 지광국사현묘탑비(1085)의 경우는 발가락으로 여의주를 잡고 있는데 발의 앞과 뒷
부분에 해당하는 거북이 몸에 고부조의 운기문을 새기고 있어 더욱 화려하고 장식적이다.

혜소국사비의 귀갑대 외연에는 음각된 주름무늬를 새기고 연주문을 돌렸는데, 이는 고려 전기
의 석비로는 현화사비, 봉선홍경선사비갈, 삼천사 대지국사탑비, 지광국사현묘탑비, 혜덕왕사진
응탑비 등 모두 현화사 또는 법상종과 관련된 사찰의 귀부에서만 확인되는 특징적인 요소이다.

26 김송이, 2006,『高麗時代 塔碑 硏究』, 이화여자대학교 대학원 석사학위논문, pp.25-26.
27 정지희,「北漢山 三川寺址 大智國師碑 龜趺 硏究」, p.65.

〈표 4〉 현화사와 법상종 관계 귀부(발의 표현과 귀갑대의 연주문)

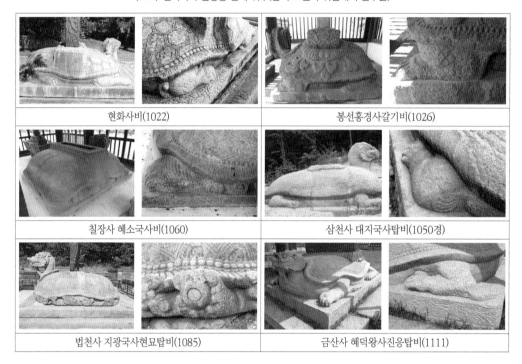

현화사비(1022)	봉선홍경사갈기비(1026)
칠장사 혜소국사비(1060)	삼천사 대지국사탑비(1050경)
법천사 지광국사현묘탑비(1085)	금산사 혜덕왕사진응탑비(1111)

혜소국사비의 귀부 머리는 굵고 짧으며, 목은 뒤로 살짝 젖히고 턱을 당긴 상태로 정면을 응시하고 있다. 전체적으로 굵고 짧은 목에 넓적한 용두는 이전 귀부에서 보이던 강인한 인상이 약화된 모습을 보이지만 금방이라도 차고 나갈듯한 자세로 약간의 긴장감을 주고 있다. 특히 몸을 잔뜩 움츠리고 있어 더욱 긴장감이 가중되는데, 현화사비와 혜덕왕사진응탑비의 귀부와 친연성이 강하게 나타난다.

혜소국사비 귀부의 귀두 표현에서 보이는 또 다른 특징은 아래턱에서 목까지 이어진 수염에서 확인된다. 수염은 세로의 음각선을 가미하고 'S'자형으로 내려와 끝이 뾰족하게 마무리되었는데, 현화사비에서 처음 등장하는 것으로 새로운 요소로서 주목된다. 봉선홍경선사비갈과 대지국사탑비의 귀부에서는 보이지 않지만, 부석사 원융국사비(1054), 지광국사현묘탑비, 혜덕왕사진응탑비를 거쳐 영통사 대각국사비(1125)까지 대략 1세기 동안 건립된 6개의 귀부와 안양사 석조귀부 에만 나타나는 점은 특이하다.[28] 또한 개성에서 비롯된 양식이 국사와 왕사의 비에서만 사용되고 있는 점에서 왕실이나 중앙정부에 소속되거나 밀접한 관련이 있는 장인 집단의 존재를 추정할 수 있다.

28 안양사 귀부는 전체적인 모습이나 형상에 있어서 법상종파와 관련된 석조 귀부와 양식적으로 강한 친연성을 보이는 점에서 비슷한 시기에 조성되었을 것으로 보이며 법상종 출신 고승의 탑비에 활용되었을 가능성도 있는 것으로 추정되고 있다(엄기표, 2019, 「안양 지역 석조문화의 특징과 의의」, 『안양박물관』, pp.175-176).

〈표 5〉 현화사 관계 귀부의 정면과 수염 표현

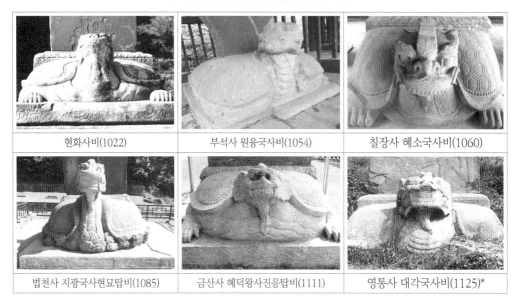

현화사비(1022)	부석사 원융국사비(1054)	칠장사 혜소국사비(1060)
법천사 지광국사현묘탑비(1085)	금산사 혜덕왕사진응탑비(1111)	영통사 대각국사비(1125)*

고려 전기 석조귀부의 귀두 표현에서 확인되는 한 유형은 입 꼬리 부분에서 귀 아래로 물갈퀴 형태의 장식을 가미하는 것이다. 귀부가 입을 벌리고 있거나 혹은 다물고 있더라도 송곳니(엄니)를 돌출시키는데, 이때 입 꼬리는 대부분 송곳니를 감싸며 반원형으로 표현되어 마치 입술이 뒤집어진 것과 같은 인상을 주고 있다. 물갈퀴 형태의 표현이 확인되는 고려 전기의 귀부를 살펴보면, 크게 두 가지 유형으로 나눌 수 있는데 물갈퀴형과 수염(갈기)가 결합된 혼합형과 물갈퀴형만 있는 단독형이다.

혼합형은 작은 물갈퀴에 바람에 날리는 듯 수염(갈기)를 표현한 유형인데, 신라시대의 봉림사 진경대사보월능공탑비(924)와 고려시대의 고달사 원종대사혜진탑비(975), 보원사 법인국사보승탑비(978) 등 주로 탑비의 조성연대가 10세기에 해당하는 특징을 보인다. 진경대사 심희(855~923)는 봉림산문을 크게 발흥시킨 선승으로 신라 경명왕의 총애를 받았고, 입적 후에도 경명왕이 직접 비문을 찬할 만큼 신라 왕실의 적극적인 후원을 받았다. 그의 심법제자였던 원종대사 찬유(869~958)는 고려 태조부터 광종대에 이르기까지 왕실과 밀접한 관계를 맺었다. 법인국사 탄문(900~975)은 화엄종 승려로서 귀법사에 주석하기도 하였으며, 입적 후에는 광종의 적극적인 관심과 후원으로 석조부도와 탑비가 건립된 인물이다.[29] 이처럼 10세기에 만들어진 3기의 탑비의 주인공 가운데 심희와 찬유는 사제지간으로 찬유와 탄문은 종파는 다르

29 審希(855-923), 璨幽(869-958), 坦文(900-975) 등에 대해서는 엄기표, 『신라와 고려시대 석조부도』, pp.53-81을 참조.

지만 광종이라는 왕실세력으로 모두 연결되고 있다. 이러한 관련성과 고려시대의 석조미술의
특징 가운데 하나가 전대의 양식을 계승하였다는 점에서 물갈퀴형 장식과 수염이 함께 표현하
는 것이 가능했던 것으로 이해된다.

〈표6〉 고려 전기 석조귀부의 귀두 표현(음영은 현화사 관계)

구분	귀부(귀두)		
물갈퀴와 수염 (혼합형)	봉림사 진경대사보월능공탑비(924)	고달사원종대사혜진탑비(975)	보원사 법인국사보승탑비(978)
물갈퀴 (단독형)	정토사 홍법국사실상탑비(1017)*	현화사비(1022)*	거돈사 원공국사승묘탑비(1025)
	봉선홍경선사비갈(1026)	삼천사 대지국사탑비(1050경)	칠장사 혜소국사비(1060)
	법천사 지광국사현묘탑비(1085)	금산사 혜덕왕사진응탑비(1111)	영통사 대각국사비(1125)*

  물갈퀴형 장식만 나타나는 단독형은 혜소국사비를 비롯하여 정토사 홍법국사실상탑비
(1017)를 비롯하여 현화사비, 거돈사 원공국사승묘탑비(1025), 봉선홍경선사비갈(1026), 삼
천사 대지국사탑비, 법천사 지광국사현묘탑비, 금산사 혜덕왕사진응탑비, 영통사 대각국사비

(1025) 등 11세기에 12세기 전반까지 나타나고 있다. 세부 표현은 조금씩 다르지만 갈퀴형의 날카로운 끝단을 향해 1조의 돌대를 표현하고 방사형으로 넓게 표현한 기본적인 형태나 수법은 동일하다. 이러한 표현이 주로 현화사비를 비롯한 법상종 계통의 승려, 특히 현화사 주지를 역임한 고승과 관련 있으며, 그 외의 귀부 또한 모두 국왕에 의해 국사나 왕사로 임명된 인물들인 점으로 보아 역시 왕실이나 중앙정부에 소속되어 국가적 조영과 불사를 담당했던 석공들로 구성된 장인집단의 영향이 아닐까 추정된다.

혜소국사비의 용두형 귀두에는 정수리에 난 뿔의 끝에서 뒷목을 따라 표현된 갈기에 좌우로 대칭되는 홈을 동일한 간격으로 표현한 것이 확인된다. 이 홈이 어떤 용도였는지 정확히 알 수 없지만, 현화사비와 혜덕왕사진응탑비에도 보이고 있는 요소로서 혜소국사비의 특징이라고 할 수 있다.

| 현화사비(1022) | 칠장사 혜소국사비(1060) | 금산사 혜덕왕사진응탑비(1111) |

도 20. 목 갈기에 원형 장식 홈이 표현된 귀부

| 봉암사 정진대사원오탑비(965) | 보원사 법인국사 보승탑비(978) | 현화사비(1022) |

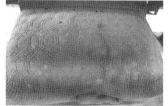   

| 칠장사 혜소국사비(1060) | 법천사 지광국사현묘탑비(1085) | 영국사 원각국사비(1180) |

도 21. 장식된 귀부의 귀갑문과 장식무늬

〈표7〉 고려전기 귀부형 석비의 비좌 유형과 무늬

구분		귀 부		
안상형	운문	정토사 법경대사자등탑비(943)	봉암사 정진대사원오탑비(965)	보원사 법인국사보승탑비(978)
	고사리문	연곡사 현각선사탑비(979)	거돈사 원공국사승묘탑비(1025)	영국사 원각국사비(1180)
	쌍어문	괴산 각연사 통일대사탑비(958~960)	산청 지곡사지 진관선사오공탑비(994)	합천 영암사지 적연국사자광탑비(1023)
운기형	복련문	고달사 원종대사혜진탑비(975)	현화사비(1022)	칠장사 혜소국사비(1060)
연화형	복련 / 앙련문	봉선홍경선사비갈(1026)		
	복련문	삼천사 대지국사탑비(1050경)	법천사 지광국사현묘탑비(1085)	금산사 혜덕왕사진응탑비(1111)

귀부의 귀갑문은 돋을대로 구획하여 6각형으로 표현하였고, 귀두의 뒤쪽과 비좌, 꼬리로 이어지는 한가운데에 세로의 등줄기를 넓게 표현하고 있는데, 마주보는 한 쌍의 여의두문[30]이 조합된 형태이다. 봉암사 정진대사원오탑비와 보원사 법인국사보승탑비에서 직선형의 등줄기 좌우에 臥蠶과 같은 길상무늬[31]를 좌우 대칭되도록 새겼으며, 현화사비에서 끝단이 둥글게 말린 형태의 문양대를 비좌와 꼬리 사이에 길게 표현하여 전혀 새로운 수법을 보이고 있다. 여의두문을 연결한 문양대는 혜소국사비에서 보이는 독특한 수법이기도 하다. 지광국사현묘탑비는 현화사비와 혜소국사비가 결합된 형태로 나타나고 있다. 시대가 많이 하강한 12세기 후반에 건립된 영국사 원각국사비에는 비좌에 선단이 꼬리를 향한 여의두문을 단독으로 부조하였다. 이상의 귀부의 등줄기에 여의두문을 장식한 고려시대 귀부 가운데 조형적으로 가장 원숙한 표현을 보이는 것이 칠장사 혜소국사비인 점과 고려시대 건립된 일부 석조 귀부에만 등장하고 있는 점도 주목된다. 덧붙여 설명하면, 정진대사 긍양(878~956)은 희양산문 지증대사 도헌의 선맥을 이은 선승으로 935년 봉암사에 주석하면서 태조, 정종, 광종과 관계를 맺었으며, 특히 광종으로부터 스승의 예를 받기도 하였다. 입적 후 광종은 시호와 탑호를 내리고 극진하게 예우하였으며, 탑비의 건립에도 적극 후원하였다. 원각국사 덕소(1107~1174)는 선종의 승려였으나 대각국사 의천에 의해 천태종이 성행하자 개종하였다. 의종으로부터 대선사의 법계를 받았고, 명종으로부터 왕사에 책봉되었으며, 극진한 대접을 받았다. 그러므로 정진대사와 원각국사 역시 왕실과 밀접한 관련을 맺었던 고승이었으므로 탑비의 건립에는 국가에서 파견된 장인이 주도하였을 것으로 추정된다.

비좌의 표현에 있어서 양식성이나 계열성이 확인되는 것은 먼저 비좌 측면 면석부의 장엄무늬와 조각수법에서 찾을 수 있다. 우리나라의 귀부는 唐에서 귀부-비신-이수 형태의 비가 신라에 유입된 이후 태종무열왕릉비에서 그 예가 처음 확인되는데, 귀부 비좌의 받침을 연화문으로 돌리고 있으나 측면에는 아무런 무늬가 없다. 이후 시간이 지남에 따라 측면부 면석의 장엄 요소가 증가하고 변화하는 양상을 보인다. 즉, 통일신라 초기에는 낮은 복련 위주의 표현이 주를 이루다가, 신라 하대가 되면 비좌의 높이가 높아지고 구름무늬와 안상, 귀꽃 등 장식적 조각을 통해 화려해진 경향을 보인다.[32] 10~11세기 건립된 비좌는 크게는 안상형, 구름무늬를 새긴

---

30 여의는 범어로 Anaruddha(阿那律陀)를 번역한 말로서 승려가 독경이나 설법 등을 할 때 지니는 佛具로서, 한자에서 心자를 전서체로 표현한 구름 모양의 머리장식을 붙여 만들었다고 하며, '마음'을 상징하며 그 도상은 '구름'으로 나타내었다. 통일신라시대의 불교적인 장식으로 유행하였던 보상화무늬와 보문무늬에서 그 형태를 찾아볼 수 있으며, 고려시대이후에 본격적인 공예미술의 장식무늬로 활용되었다(임영주, 1998, 『한국의 전통문양』1, 예원, p.122).

31 넓은 의미에서 단순화된 여의두문, 또는 구름무늬로 볼 수 있다.

운기형, 연화형으로 나눌 수 있다. 이와 같은 비좌의 표현 무늬는 단독으로 표현되지 않고 비좌의 받침과 비좌 상단의 무늬와 조화를 이루고 있어 신라 하대에 유행한 화려한 장식이 유지되고 있다. 안상형은 가장 기본이 되는 형식으로 안상 내에 구름무늬나 고사리문 등이 함께 조각되는데 고려시대에 들어와 고사리문의 도상이 널리 사용되었다. 한편, 특수한 경우로 쌍어용문 도상이 나타나기도 하였다. 운기형의 비좌는 고달사 원종대사혜진탑비를 시작으로 현화사비, 칠장사 혜소국사비에서 보이며, 비좌 상단의 복련문과 함께 조각되었다. 연화형의 비좌는 봉선 홍경선사비갈에서처럼 비좌 받침으로 복련문을 두르고 측면부에 앙화형의 꽃잎을 매우 장식적으로 표현한 특별한 경우도 있지만, 삼천사 대지국사탑비, 법천사 지광국사현묘탑비, 금산사 혜덕왕사진응탑비와 같이 복련의 연화문만으로 비좌를 조성하여 비좌가 매우 낮아지고 장식무늬 또한 단순해지는 변화를 보인다.

운기형에 속하는 칠장사 혜소국사비는 상단에 복련문으로 비좌 받침을 마련하고 있다. 이전에 건립된 안상형 비좌를 갖춘 정토사 법경대사자등탑비(943)나 보원사 법인국사보승탑비(978)등에서 나타나는 귀부의 등과 비좌의 높이가 거의 같아지도록 한 것과도 유사하지만 현화사비에서처럼 안상무늬는 구름무늬로 대체되고 그 상단에 낮게 부조된 복련문을 조각한 수법이 매우 닮아있다. 이는 혜소국사비가 대지국사탑비, 지광국사현묘탑비, 혜덕왕사진응탑비의 비좌에서처럼 비좌 상면의 복련문이 귀갑의 등에 낮게 올라가는 형태로 변화하는 중간 단계의 모습을 보여주는 예라고 할 수 있다.

이와 같이 현화사-법상종으로 이어지는 귀부형 석비의 비좌 표현에 있어서는 일반적으로 유행하던 안상형에서 벗어나 고달사지 원종대사혜진탑비에서 등장한 운기형의 요소가 채용되었다고 추정해 볼 수 있다. 또 귀부의 전체 형태가 넓적하게 변화하면서 비좌 또한 낮아지는 결과를 가져왔고 삼천사 대지국사탑비에 이러서는 비좌의 측면부가 사라지고 복련문만 남는 모습으로 변화되어 이후 건립되는 지광국사현묘탑비와 혜덕왕사진응탑비에도 영향을 주었던 것으로 판단된다.

비신은 칠장사혜소국사비의 가장 큰 특징으로 비신 양 측면에 귀부나 이수보다 더욱 장엄적이며 우수한 조각을 보이고 있다. 이와 같이 비신 측면을 문양 장식으로 조각한 석비는 신라시대에 건립된 봉림사 진경대사보월능공탑비와 현화사비를 비롯한 고려시대에 건립된 5기의 석비 등 모두 6기의 비가 있다.

---

32 정지희, 「北漢山 三川寺址 大智國師碑 龜趺 硏究」, p.66.

〈표 8〉 비신 측면 부조 석비 현황

구분	비명	건립연대	문양	소속종파	비고
1	봉림사 진경대사보월능공탑비	924(경명왕8)	獨龍	선종(봉림산문)	저부조
2	현화사비	1022(현종13)	雙龍	법상종	고부조
3	봉선홍경사갈기비	1026(현종17)	草花	-	고부조
4	칠장사 혜소국사비	1060(문종14)	雙龍	법상종	고부조
5	법천사 지광국사현묘탑비	1085(선종2)	雙龍	법상종	고부조
6	광통보제선사비	1377(우왕3)	獨龍	선종(사굴산문)	저부조

〈표 9〉 비신 측면 조각

탑비명	현화사비 (1022)	혜소국사비 (1060)	현묘탑비 (1085)	홍경사비 (1026)
비신				

(탁본, 단국대 석주선기념박물관 소장)

    비신 측면을 조각으로 장식한 탑비 가운데 가장 앞서 건립된 것은 924년 4월에 건립된 봉림사 진경대사보월능공탑비이다. 보월능공탑비의 비신 측면에는 1마리의 용으로 이루어진 운룡문이 조각되어 있는데 저부조로 선각에 가깝다. 이후 99년이 고려시대에 들어와 1022년 건립된 현화사비의 비신의 좌우 측면에 용문을 장식이 등장하였다. 2마리의 용이 배치된 고부조의 운룡문으로 전혀 새로운 구도와 장식으로 보는 것이 타당할 듯하지만, 앞서 언급하였듯이 진경대사가 고려 초 고달사의 원종대사의 스승으로서 자연스럽게 고려 왕실과 연결되고, 귀부 귀두의 얼굴 측면에 새겨진 수염과 물갈퀴형의 혼합형 장엄이 연결되는 것을 살펴보았다. 그리고 비좌 측면 면석부에 운기문을 화려하게 장식하고 복련으로 비좌 받침을 마련한 것, 귀부의 두부가 납작하게 마련된 점 등에서 친연성이 강하게 나타난다. 더욱이 진경대사보월능공탑비가 건립되고 100여년 가까이 지난 1022년에 지역적 거리가 먼 현화사에서 비신의 용문조각이 등장한 점에서도 현화사비의 비신 측면의 조각기법이 봉림사 진경대사보월능공탑비를 참조했을 가능성은 있지만 직접적인 영향이나 계승으로 보기보다는 고려시대에 현화사비를 건립하면서 적용한 새로운 경향으로 보는 것이 타당하다.[33]

현화사비에 보이는 측면 운룡문은 배의 주름과 등의 비늘이 새겨진 두 마리의 용이 중앙을 향해 입을 벌려 마주보고 있으며, 주면에는 구름무늬가 새겨져 있다. 용은 모두 앞발 4指, 뒷발은 3지이다. 칠장사 혜소국사비에서도 구름무늬 속에 두 마리의 용이 중앙을 향하고 있는 것은 같지만 중앙에 화염무늬로 둘러싸인 보주를 사이에 두고 다투는 모습으로 그려지고 앞발 5지로 차이를 보이고 있다. 이러한 용의 표현은 법천사 지광국사현묘탑비에서 다시 변화를 보인다. 2마리의 용과 중앙에 화염형 보주, 구름무늬 표현 등은 같지만, 현화사비나 혜소국사비의 경우처럼 하단 용은 위를 향하고 상단 용은 하강하는 구도를 벗어나 있다. 즉 하단의 용은 중앙의 보주를 향해 머리를 중앙 쪽으로 두고 비상하고 있지만 상단의 용은 하강하는 모습이 아니라 역시 비상하는 동작으로 상단에 머리를 배치하고 고개만 돌려 아래를 바라보고 있다. 발가락은 앞발과 뒷발 모두 4지로 표현된 점도 다르다.

비록 혜소국사비의 측면 문양은 현화사비나 지광국사현묘탑비에 비해 조각 기법이 뒤떨어지지만, 화염형 보주가 새롭게 추가되고 역동적 구도로 발전되었으며, 이러한 혜소국사비의 시도가 지광국사현묘탑비에 영향을 미쳐 새로운 회화적 구도를 완성시킨다는데[34] 의의를 찾을 수 있다.

이와 같은 비신 측면의 문양 장식은 고려시대 석비 양식사에서 볼 때, 고려 전기 법상종 계열의 사찰이나 현화사와 관련된 승려들을 위해 세워진 특정한 석비에 한하여 적용된 점은 매우 주목된다고 할 수 있다.

비신 정면의 상부에 조각 또한 현화사비를 비롯하여 지광국사현묘탑비에만 나타나는 도상이다. 현화사비는 현종이 부모의 극락왕생을 기원하기 위해 창건한 사찰과 관계된 내용을 기록한 것으로 비신의 용은 극락에 오를 수 있는 신물이며 해와 달은 극락을 표현한 것으로 해석될 수 있다. 법천사 지광국사현묘탑비의 경우는 현화사비보다 내용 구성이 더 상세해졌는데 하단 전체에 지상과 천상을 구분하는 13개의 봉우리로 이루어진 산을 배치하고 중앙에 화려하게 장식된 큰 나무(寶樹)를 배치하고 그 양 옆으로 해와 달, 비천상을 조각하였다. 이 가운데 보수의 묘사가 『彌勒大成佛經』에서 설명하는 "나뭇가지는 寶龍과 같이 백 가지 보배 꽃을 피우고, 하나하나의 꽃잎은 칠보색을 드러내고, 색색이 다른 과일이 중생의 뜻대로 열리니 천상계에도 인간계

---

33 엄기표, 「안성 七長寺 慧炤國師碑의 양식과 미술사적 의의」, p.332.
34 梁挺敏, 2007, 「高麗時代 石碑의 碑身彫刻 硏究」, 동국대학교 대학원 석사학위논문, p.81.

도 22. 칠장사 혜소국사비(1060) 비신 상부

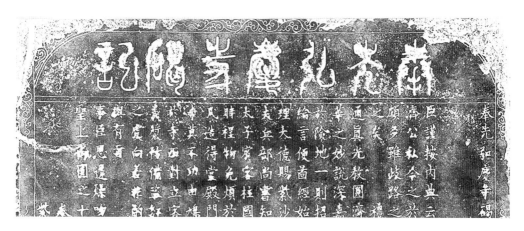

도 23. 봉선홍경선사갈기(1026, 탁본, 부분, 석주선기념박물관 소장)

도 24. 거돈사 원공국사승묘탑비 비신 상부(1025, 탁본, 부분)

에도 이에 비유할 곳이 없을 정도이며, 나무의 높이는 오십 유순이고 가지와 잎은 사방을 빛을 발한다.”는 龍華菩提樹에 대한 설명과 부합되는 점[35]은 흥미롭다. 따라서 법천사 지광국사현묘탑비에 보이는 刻畫의 의미는 지광국사가 도솔천에 왕생하기를 기원하는 상징적 의미를 지닌

----

35 朴相俊, 「고려중기 法相宗系 碑 조각의 연구」, pp.184-185.

도 25. 부석사 원융국사비(1054) 비신 무늬

다고 할 수 있다.

그러나 혜소국사비의 경우는 현재 비신 상부가 파손되어 정확히 알 수 없지만, 비 상단 우측에 끝이 운기문만 확인되고 있다. 음각선으로 구획한 제액의 크기와 비신의 나머지 공간을 고려해 볼 때, 현화사비나 지광국사현묘탑비에서처럼 일상문과 월상문, 비천 등의 표현은 없었던 것으로 판단된다.

이와 같은 혜소국사비의 비신 장엄은 봉선홍경선사갈기비의 구도와 조각이 매우 유사함을 알 수 있다. 즉, 봉선홍경선사갈기비의 비신은 음각선으로 제액을 구획하고 좌우 상단 모서리 부분을 호형으로 나누어 그 바깥쪽에 雲氣紋을 음각하고 있다. 또한 거돈사 원공국사승묘탑비의 비신 상부는 제액 좌우의 위쪽 모서리를 접듯이 이중의 빗금으로 구획하여 방형 비신의 귀퉁이에 직삼각형의 공간을 마련하고 그 안에 비상하듯 올라가는 구름무늬 3개를 시문하고 있다. 이밖에 부석사 원융국사비(1054)도 제액의 우측에 모서리를 접은 형태의 공간이 있으며, 그 안에 구름무늬의 일부가 남아있다. 이는 혜소국사비와 매우 유사한 표현으로서 혜소국사비의 건립과정에서 측면의 쌍운룡문은 현화사비에서, 전면 상단의 문양 구성은 원공국사승묘탑비와 봉선홍경사갈기비, 부석사 원융국사비 등에서 선례로 삼았음을 알 수 있으며, 이는 법상종, 현화사와 연결되며, 특히 모두 국사의 탑비 조각에 공통되는 요소인 점에서 주목된다.

이와 같이 비신 양 측면과 전면의 윗부분에 새로운 조각 요소를 채용한 것은 혜소국사비를 비롯한 석비들이 법상종의 교리와 사상을 내포하고 이에 상응하도록 표현한 것으로 추정할 수 있다. 또한 이들 석비는 법상종을 신앙하는 사람들의 후원이나 그러한 장인들에 의해 치석되고 건립되었음을 암시한다고 할 수 있다. 결과적으로 이와 같은 표현들은 입적한 고승에 대한 숭앙과 예우의 의미가 있다고 할 수 있는데, 행적이 기록된 비신에 대한 장엄적 의미를 더하여 신성성을 높이고 탑비의 수호와 고승에 대한 공양의 의미를 담고 있는 장인의 배려[36]라 할 수 있다.

혜소국사비의 관형 이수는 현화사비에서 나타난 형식이 계승되고 지광국사현묘탑비로 연결된다. 고려시대 일반적인 탑비의 이수 조각은 정면 중앙에 전액을 마련하고 상단에 화염형의 보주를 장식을 마련한 다음 좌우에 용을 조각하여 중앙의 화염형 보주를 수호하는 모습으로 표현되며 전면보다 후면에 용의 수가 더 많이 배치되는 형태이다. 그러나 현화사비를 시작으로

---

36 엄기표, 「안성 七長寺 慧炤國師碑의 양식과 미술사적 의의」, p.335.

나타나는 이수들은 아래가 좁고 위로 올라갈수록 벌어지며[37] 모서리 부분을 마치 귀꽃과 같은 형태로 솟아오르게 하고, 전액을 대신하여 정면 중앙에 용을 배치하고, 전면에 더 많은 수의 용을 조각한 형태로 차이를 보이고 있다. 또한 이수 상면의 중앙을 솟아오른 모습으로 치석한 다음 보주를 올리는 형태로서 상승감을 주는 동시에 전체적인 안정감을 더하고 있다.[38]

〈표 10〉 10~11세기 이수의 유형

일반형	고달사 원종대사혜진탑비(975)	보원사 법인국사보승탑비(978)	거돈사 원공국사승묘탑비(1025)
관형 (현화사형)	현화사비(1022)	칠장사 혜소국사비(1060)	법천사 지광국사현묘탑비(1085)
	봉선홍경사갈기비(1026)	삼천사 대지국사탑비(1050경)	

이상과 같이, 현화사비(1022), 삼천사 대지국사탑비(1046-1050), 법천사 지광국사현묘탑비(1085), 금산사 혜덕왕사진응탑비(1111)와 더불어 칠장사 혜소국사비(1060)는 '법상종', '현화사', '현화사주지'라는 공통점을 갖고 있다.[39] 현화사는 현종에 의해 정치적 의도를 가지고 창건되었으며, 이후 5대 소현에 이르기까지 법상종 출신의 승려로 하여금 주지가 임명되었다. 현종대의 석조미술에 대해서는 오대·송초의 미술과 유사성을 보일 뿐만 아니라 이전 시기에는 볼 수 없었던 새로운 형태의 여러 요소들이 발견되는 것으로 알려져 있다. 특히, 현화사비를 비롯

---

37 이와같이 이수부가 상부로 올라가면서 넓어지는 형태는 신라시대 이래 많이 있지만 관형(현화사형) 이수처럼 넓게 퍼지는 예가 드물어 법상종 계열 이수들의 친연성이 더욱 부각된다(엄기표, 「안성 七長寺 慧炤國師碑의 양식과 미술사적 의의」, p.338).

38 오호석, 「僊鳳寺址七層石塔의 搬出 旅程과 美術史的 考察」, p.235.

39 朴相俊, 「고려중기 法相宗系 碑 조각의 연구」, p.177.

하여 현종이 先考 안종의 원당으로 창건한 봉선홍경사(1016~1021창건)의 갈기비 등에 보이는 귀부 조각, 특히 가장자리에 연주문을 돌리고 비신측면에 쌍룡문과 연당초문이 조각되는 점은 현종대 미술의 장식성과 관련하여 주목되는 요소이다. 특히 이러한 요소는 이후 혜소국사비, 지광국사현묘탑비와 같이 고려 중기의 법상종 승려들의 탑비 조각에서도 나타나고 있어 그 계보를 확인할 수 있다.[40]

따라서, 칠장사 혜소국사비는 신라시대 이래로 전개된 귀부형 탑비의 양식을 유지하고 있지만 고려시대에 들어와 나타나는 여러 가지 새로운 요소가 가미되었음을 알 수 있다. 양식적 특징을 정리하면, 넓고 낮아져 납작 엎드린 듯한 귀부의 경직된 자세, 귀갑의 비대칭 주름무늬와 주연부 연주문, 그리고 여의두문이 장식된 등줄기 등에서 보이는 장식성, 낮아지는 복련의 비좌, 쌍룡문과 같은 비신의 측면 조각과 비신에 마련된 제액부 장엄, 특히 운기문으로 대표되는 장식무늬, 제액이 사라진 관형 이수에 나타나는 용의 배치와 조각 수법의 변화, 장식요소로서의 화염형 보주 조각 등을 들 수 있다. 이러한 여러 요소와 특징들은 왕실과 밀접한 관계를 맺고 왕으로부터 왕사, 국사 등에 책봉된 고승들의 탑비에서 두루 나타나는데, 특히 현화사비의 출현 이후 나타난 변화를 계승하고 있으며, 양식적으로는 봉선홍경사갈기비, 삼천사 대지국사탑비, 법천사 지광국사현묘탑비, 금산사 혜덕왕사진응탑비 등 현화사로부터 출발한 고려 법상종과 관계된 탑비와 강한 친연성으로 연결되고 있음 부인할 수 없다.[41]

이러한 결과는 당시 왕실과 현화사를 중심으로 한 법상종과의 밀접한 관계에서 비롯되었을 것이다. 현화사와 현화사 주지를 역임한 승려들, 특히 국사와 왕사들은 왕실과 밀접한 관계를 맺은 인물들이었으며, 그들이 하산하여 머물렀던 사찰들도 왕실을 비롯한 중앙정부와 지속적으로 밀접한 관계를 맺었다. 이에 따라 당대 최고의 법계에 오른 현화사 주지 출신 승려들과 관련된 사찰의 불사는 왕실과 중앙정부의 관심과 후원을 바탕으로 이루어졌을 가능성이 매우 높다. 법상종이 크게 발달하면서 그동안 많은 국가적 불사와 고승들의 입적에 따른 부도와 탑비 건립을 위해 왕실이나 중앙정부에 소속되어 활동한 전문 석공 집단이 법상종과 관련된 조성사업에도 적극 참여하게 되었을 것이다. 석공들이 법상종 관계 사찰의 불사에 지속적으로 참여함에 따라 양식적으로 연결되는 유사성을 보이는 탑비들이 현화사 주지 출신의 고승들이 하산하여 입적한 사찰에 건립되었다고 할 수 있다. 즉, 칠장사 혜소국사비를 중심으로 살펴본 탑비의

---

40 최성은, 2008, 「고려 현종대 석탑부조의 연구」, 『강좌미술사』 30, 한국불교미술사학회, pp.232-233.
41 이러한 양식적 특징들은 법상종뿐만 아니라 화엄종과 선종 등 타 종파에 해당하는 탑비에서도 찾아지기 때문에 법상종이라는 특정종파만의 양식으로 이해하기보다는 교리적 근거의 확보와 시대성을 염두한 포괄적인 이해가 필요하다고 지적되기도 한다(梁挺敏, 「高麗時代 石碑의 碑身彫刻 研究」, pp.82-85).

〈표 11〉 혜소국사비를 중심으로 본 11세기 석조귀부비의 관계

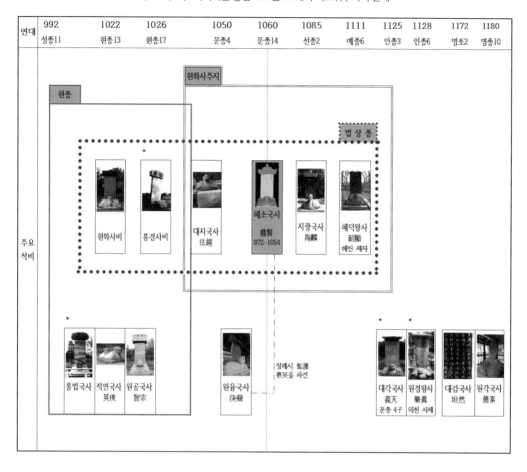

연대	992 성종11	1022 현종13	1026 현종17	1050 문종4	1060 문종14	1085 선종2	1111 예종6	1125 인종3	1128 인종6	1172 명조2	1180 명종10

특징은 법상종만의 특징이라기보다는 시대적 흐름에 따라 나타난 변화 또는 장인 집단의 차이에서 오는 결과로 볼 수도 있다. 그리고 지역이나 사찰의 성격, 탑비를 설계하거나 치석한 장인의 안목과 예술성, 승려에 따라 차별화된 탑비 건립 경향에 따라 세부적인 치석 기교나 장식이 조금씩 차이를 보이게 된 것으로 이해된다.[42]

42 엄기표, 2011, 「삼천사 대지국사탑비의 양식과 미술사적 의의」, 『북한산 삼천사지발굴조사보고서』, 서울역사박물관, pp.441-442.

V. 맺음말

혜소국사비는 1054년 11월 15일 정현이 입적하고 6년이 지난 1060년 7월 왕(문종)의 후원으로 건립되었다. 이후, 임진왜란의 병화에 파손되어 오랫동안 방치되어오다 1970년대 일시적으로 복원되기도 하였으나 현재는 귀부, 비신, 이수가 따로 떨어진 채 놓여있다.

혜소국사 정현은 안성 출신으로 화엄종 사찰에서 출가하였으나 칠장사 융철의 문하로 옮기면서 법상종 승려가 되었고 법천사의 주지를 역임하였다. 정현은 대지국사 법경을 이어 고려 법상종의 최고 사찰인 현화사의 2대 주지가 되었으며 왕사와 국사에 책봉된 당대의 최고 승려였다. 이에 정현이 칠장사에서 입적했다는 부음을 접한 문종은 비문의 찬과 비의 건립에 큰 관심을 가졌고 적극적인 지원을 하였다. 다시 말해, 왕실을 통해 비의 건립에 필요한 물적, 인적 자원이 확보되었기 때문에 當代의 석비 조각의 양식과 수법이 적용되었다고 할 수 있다. 따라서 혜소국사비가 이후에 조영되는 현화사비를 비롯한 왕사나 국사를 지낸 승려의 탑비와 양식적으로 연결되는 것은 당연한 결과임을 알 수 있다.

혜소국사비는 통일신라시대 이후로 유행한 귀부이수형의 일반적인 석비의 형태로 조영되었다. 전체적인 양식이나 세부 치석수법, 표현양식 등에서 현화사비, 봉선홍경사갈기비, 법천사 지광국사현묘탑비, 금산사 혜덕왕사진응탑비 등과 많은 유사성을 보이고 있다. 귀부는 삼천사 대지국사탑비, 부석사 원융국사비, 반야사 원경왕사비(1125), 영통사 대각국사비(1125)의 귀부와 양식적으로 상통하고 있으며, 이수는 현화사비, 지광국사현묘탑비와의 친연성이 확인된다. 혜소국사비의 가장 큰 특징은 비신으로 귀부나 이수에서 표현되는 장식무늬 보다 더욱 장엄적이며, 조각도 우수하다. 그러나 현화사비나 지광국사현묘탑비와 비한다면, 비면의 구성이 단순하고 측면의 용 조각기법도 다소 뒤떨어지는 편이다. 하지만 현화사비에서 보이지 않던 화염형의 도입, 역동적 구도로의 변화 등 진전된 양상을 보이며, 무엇보다 지광국사현묘탑비에 영향을 끼쳐 고려시대 가장 화려한 석조 귀부비를 완성시킨다는데 의의를 찾을 수 있다.

이처럼 혜소국사비는 한국 석비 양식사에서 고려시대에 들어와 새롭게 나타나는 변화의 시점에 위치한다고 할 수 있다. 또한, 혜소국사비에서 확인되는 많은 표현 수법은 현화사, 법상종 외에 왕사, 국사 등의 키워드로 연결될 수 있다. 혜소국사비와 친연성이 강한 석비들이 현화사와 현화사의 주지를 역임했던 왕사나 국사, 그리고 법상종과 밀접한 관련이 있기 때문이다. 그렇다고 해서 모든 양식이 법상종의 교리와 사상만을 내포하고 그것과 합치되는 표현과 조각기법만을 활용하였다고는 할 수 없다. 여기에는 입적한 고승에 대한 숭앙과 예우, 탑과 비에 대한 공양과 수호의 의미를 담아내기 위한 배려, 시대적 흐름에 따라 나타난 변화 또는 장인 집단의 차이, 지역성, 사찰의 성격, 탑비를 설계 내지 치석한 장인의 안목과 예술성, 승려에 따라 차별화된 탑비 건립 경향 등에 따라 다양하게 나타나는 세부적인 치석이나 장식 수법의 채용과 변화에 대한 이해가 선행되어야 할 것이다.

【참고문헌】

京畿道, 1988, 『畿內寺院誌』.

京畿道博物館, 1999, 『京畿道佛蹟資料集』.

기호문화재연구원, 2014, 『七長寺-칠장사 혜소국사비주변 발굴조사-』.

단국대학교 石宙善紀念博物館, 2007, 『攝影 名選 中』 高麗時代편.

檀國大學校 歷史學科, 1996, 『奉先弘慶寺址 學術調査報告書』.

대한불교조계종 칠장사, 2018, 『안성 칠장사 혜소국사비 정밀실측조사보고서』

서울역사박물관, 2011, 『북한산 삼천사지 발굴조사보고서』.

엄기표, 2004, 『신라와 고려시대 석조부도』, 학연문화사.

임영주, 1998, 『한국의 전통문양』 1, 예원.

김송이, 2006, 『高麗時代 塔碑 硏究』, 이화여자대학교 대학원 석사학위논문.

梁挺敏, 2007, 「高麗時代 石碑의 碑身彫刻 硏究」, 동국대학교 대학원 석사학위논문.

남동신, 2010, 「七長寺 慧炤國師의 生涯와 思想」, 『안성 칠장사와 혜소국사 재조명』, 칠장사.

_____, 2011, 「安城 七長寺慧炤國師碑銘」, 『한국중세사연구』 30, 한국중세사학회.

_____, 2011, 「七長寺慧炤國師碑銘을 통해 본 鼎賢의 生涯와 思想」, 『한국중세사연구』 30, 한국중세사학회.

朴相俊, 2006, 「고려중기 法相宗系 碑 조각의 연구」, 『강좌미술사』 26호, 한국불교미술사학회.

박지영, 2018, 「원주 법천사지 지광국사탑의 莊嚴 고찰」, 『미술사학』 35, 한국미술사교육학회.

申榮勳, 1964, 「安城郡 七長寺의 調査」, 『考古美術』 통권53호, 考古美術同人會.

엄기표, 2010, 「七長寺 慧炤國師碑의 樣式과 美術史的 義意」, 『안성 칠장사와 혜소국사 재조명』, 칠장사.

_____, 2011, 「안성 七長寺 慧炤國師碑의 양식과 미술사적 의의」, 『지방사와 지방문화』 14권 1호, 역사문화학회.

_____, 2011, 「삼천사 대지국사탑비의 양식과 미술사적 의의」, 『북한산 삼천사지발굴조사보고서』, 서울역사박물관.

_____, 2019, 「안양 지역 석조문화의 특징과 의의」, 『안양박물관』, 안양박물관.

吳虎錫, 2020, 「僊鳳寺址七層石塔의 搬出 旅程과 美術史的 考察」, 『文化史學』 53, 한국문화사

학회.

정지희, 2009, 「北漢山 三川寺址 大智國師碑 龜趺 硏究」, 『강좌미술사』 32, 한국불교미술사학회.

최성은, 2008, 「고려 현종대 석탑부조의 연구」, 『강좌 미술사』 30, 한국불교미술사학회.

최영희, 1961, 「山淸 斷俗寺 大鑑國師 塔碑의 斷片」, 『考古美術』 통권12호, 考古美術同人會.

홍대한, 2015, 「法泉寺 智光國師玄妙塔과 塔碑 硏究」, 『동아시아문화연구』 60, 한양대학교 동아시아문화연구소.

국립문화재연구소, 「한국금석문종합영상정보시스템」.

국립중앙박물관, 「조선총독부박물관 유리건판」(본문 해당사진 부분 * 표시).

화성 비봉 유적 조선시대 와요 小考

이동준((재)겨레문화유산연구원)

Ⅰ. 머리말

화성 비봉 유적은 행정구역상 화성시 비봉면 구포리·삼화리 일원에 위치하며, 한국토지주
택공사에서 시행하는 화성 비봉공공주택지구 조성사업의 일환으로 실시한 지표 및 시·발굴조
사를 통해 확인되었다[1].

화성 비봉 유적에서는 발굴조사를 통해 청동기시대 주거지 2기, 조선시대 건물지 13동·주
거지 128기·소성유구 56기·수혈 154기·석축 1기·석렬 3기·집석유구 1기·분묘 53
기·와요 1기·탄요 1기·삼가마 7기, 근대 건물지 1기 등 총 425기의 유구가 조사되었다.

이 가운데 이 글에서는 구포리 854-1번지 일원에 해당하는 9지점에서 조사된 조선시대 와
요에 대해 간략하게 살펴보고자 한다[2].

이를 위하여 와요 조사 내용을 바탕으로 Ⅱ장에서는 와요의 구조에 대해 간략하게 살펴본
후, Ⅲ장에서는 출토 기와를 출토위치별로 세분하여 문양과 제작기법을 중심으로 분석을 진행
하고, 평기와에 나타나는 제작기법 가운데 기와 내면 단부조정방식의 하나인 건장치기에 주목
하여 기존 연구의 재고를 통한 소급 필요성에 대한 나름의 의견을 피력해 보기로 하겠다. 또한

---

1 한백문화재연구원, 2008, 『화성 비봉지구 택지개발사업예정지역 문화재 지표조사』; 겨레문화유산연구
  원, 2021, 『화성 비봉 유적 -화성 비봉 공공주택지구 내 유적 시·발굴조사 보고서-』.
2 이 글은 필자가 화성 비봉 유적 조선시대 와요 보고서 작성 내용에 기초를 두었으며, 체제에 맞춰 일부 보
  완·수정하였다.

받침기와 검토를 통해 기초적인 분석 방법을 제시하겠다.

Ⅳ장에서는 이를 바탕으로 타 유적 와요와의 비교·검토를 진행하고, 출토 기와의 분석과 고고지자기 분석 등을 종합하여 조업시기와 수급관계를 추정해 보기로 하겠다.

Ⅱ. 와요의 구조

화성 비봉 와요는 9지점의 가장 북동쪽에 위치하며, 구릉 북사면 중복부~말단부 평탄지의 중심해발 21.8~26.1m의 완경사면에 단독으로 위치한다.

와요 1기를 제외한 관련 부속시설 등은 확인되지 않았고, 와요 폐기 이후 요전부에 후대에 축조된 1호 주거지와 성격미상 와열 각 1기가 조사되었다.

와요의 장축방향은 등고선과 직교한 S-27°-W이며, 사면 퇴적토인 황갈색 사질점토를 굴착하여 조성한 지하식 등요이다. 와요는 일부 훼손되었으나 요전부-아궁이-연소실-소성실-연

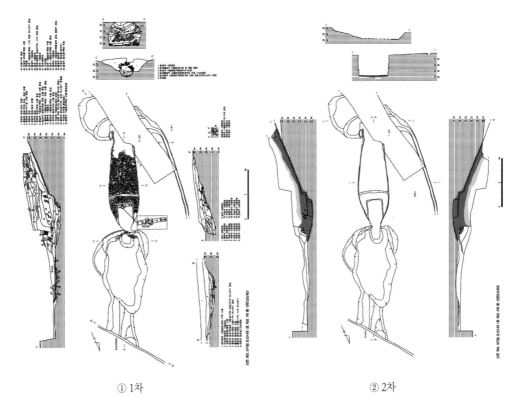

① 1차   ② 2차

도 1. 화성 비봉 조선시대 와요

도부가 모두 확인되었다. 전체적인 평면 형태는 소성실 후미로 갈수록 좁아지는 제형의 요체에 타원형의 요전부와 연도부 수혈이 부가된 형태이다. 요체의 규모는 (현)길이 1,008cm, 폭 250cm, 최대 깊이 348cm이며, 요전부와 연도부 수혈 및 남-북 방향으로 길게 이어지는 배수구까지 포함하면 (현)길이 1,764cm, (현)폭 921cm에 이르는 비교적 대형의 와요이다.

내부 층위는 최하단에는 아궁이~연소실의 최종 조업과 관련된 다량의 목탄 포함층이 얇게 깔려있고, 상면에는 소성실~연소실 벽체 붕괴 이전의 유수 퇴적층이 확인된다. 이후 천장과 측벽의 붕괴가 진행되면서 벽체가 다량으로 포함된 퇴적 양상이 나타나는데, 소성실 단벽 부근에서 붕괴가 이루어지기 시작하여 이 부분을 중심으로 지형과 역방향의 역경사 퇴적과 지형에 따른 경사 및 유수 퇴적이 동시에 이루어진 것으로 보인다. 전술한 층위의 양상은 남아있는 측벽의 범위와 대체로 일치하는 것으로도 추정 가능하다. 이후에는 완만한 'U'자상의 함몰 양상이 확인된다. 아궁이와 소성실의 단축 층위 양상을 통해 좌측보다 우측의 퇴적 양상이 상대적으로 깊게 나타나는 것으로 보아 남쪽에서 북쪽 방향으로 퇴적이 주로 이루어진 것으로 추정되며, 이러한 지형적 요인으로 인해 연도부의 배수로 역시 동일한 방향으로 조성된 것으로 보인다. 이후 어느 정도 측벽의 붕괴가 일단락된 이후 구 지표의 퇴적이 지속적으로 이루어진 것으로 파악되었다.

요전부는 아궁이와 연소실이 연결되는 부분을 비교적 넓게 파서 조성하였으며, 조업과정에서 한차례 보수가 이루어진 것으로 확인되었다.

최초(1차)에는 길이에 비해 폭이 넓은 횡타원형으로, 와요의 장축방향과 대체로 직교하는 평면 형태이다. 바닥은 북쪽으로 갈수록 약간 깊어지나 대체로 편평하다. 규모는 (현)길이 380cm, 최대 폭 493cm 가량이다. 2차는 폭에 비해 길이가 긴 종타원형으로, 와요의 장축방향과 대체로 일치시킨 평면 형태의 변화가 확인된다. 1차에 비해 약간 깊게 조성되었으며, 바닥은 대체로 편평하다. 규모는 길이 667cm, 최대 폭 374cm이다. 삭평으로 인해 요전부 북쪽으로 자연 구의 형태로 길게 이어진다. 요전부 바닥에는 목탄이 깔려 있었으며, 소량의 기와가 출토되었다.

아궁이의 평면 형태는 가마의 장축방향과 동일하게 타원형으로 축조하였다. 규모는 길이 111cm, 폭 119cm, 최대 높이 94cm이다. 생토면을 그대로 이용하여 조성하였으며, 바닥에는 목탄층이 완만한 'U'자상으로 얇게 퇴적되어 있었다. 단면 형태는 상광하협으로, 바닥은 비교적 편평하다. 입구는 폐와를 이용하여 아치형으로 축조하고 점토를 발라 마무리하여 터널형태로 조성하였다. 아궁이~연소실의 단면 형태는 외고내저형이다.

도 2. 아궁이 축조상태

연소실의 평면 형태는 보조소성실을 포함하면 역제형과 유사하며, 보조소성실을 제외한 화목으로 채워지는 공간을 기준으로 하면 폭에 비해 길이가 긴 종장방형의 평면 형태이다. 규모는 길이 325cm, 폭 90~122cm, 최대 깊이 119cm이다. 아궁이에서 연소실 방향으로 완만하게 떨어져 바닥으로 이어지며, 중앙에서 단벽으로 갈수록 약간 깊게 조성되었다. 측벽의 단면 형태는 비교적 직립하여 각진 형태로 바닥으로 이어진다. 바닥에는 목탄과 재가 20cm 가량 깔려 있었다.

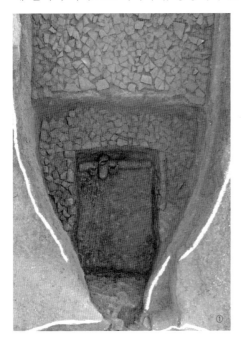

도 3. 연소실 와열 및 받침기와

보조소성실과 인접한 단벽 부근에서는 연소실의 단축 방향 폭에 맞춰 4매의 수키와를 외면이 위로 향하게 한 와열이 조사되었다. 와열의 상면에는 다시 외면이 위를 향한 3매의 수키와가 직교한 상태로 놓여 있었다. 이 3매의 수키와는 의도적으로 놓여 있는지는 불분명하며, 폐기 과정 중 소성실 또는 보조소성실에서 흘러내린 것으로도 추정할 수 있다. 와열의 성격과 용도는 명확하지 않다.

이와 함께 연소실 내부의 양 측벽과 단벽 등 3면에 보조소성실을 축조하였으며, 전체적인 평면 형태는 'ㄸ'형태와 유사하다. 연소실과는 높이 35cm, 기울기 80° 가량의 단벽으로 구분된다.

보조소성실의 길이는 좌측 185cm, 우측 193cm 내외로 큰 차이가 없으며, 뒤로 갈수록 좁아지는 형태이다. 단벽과 인접한 곳의 폭이 242cm로 가장 넓고, 보조소성실 각 면의 폭은 53~60cm 내외로 비교적 일정하다. 보조소성실에는 폐와를 이용한 받침기와가 전면에 깔려 있는 상태로 남아있었다. 재임된 기와가 남아있지 않았으나 연소실 제토 과정에서 완형에 가까운 수키와가 다량으로 출토되어 보조소성실에 재임되었던 기와가 폐기 과정에서 흘러내린 것으로 추정된다. 소성실과는 높이 40cm, 기울기 78° 가량의 단벽으로 구분된다.

소성실은 시굴조사 과정에서 유실되어 소성실 후미~연도부의 대부분은 확인되지 않았으나 평면 형태는 소성실 후미로 갈수록 좁아지는 제형으로 판단된다. 규모는 (현)길이 572cm, 폭 170~250cm이며, 남아있는 측벽을 기준으로 최대 깊이는 63cm이다. 그러나 내부 층위에 남아있는 벽체편을 고려하면 실제 천장의 높이는 1.5m 내외로 추정이 가능하다. 바닥은 소성실 후미가 대부분 결락되었으나 보조소성실과 마찬가지로 받침기와가 소성실 전면에 깔려 있는 상태로 조사되었다. 바닥의 경사도는 22° 내외이다. 소성실 바닥에서 완형의 암키와 1점만 출토되었다. 소성실의 양 측벽은 수직에 가깝게 거의 직립하는 형태이다.

연도부는 시굴조사 과정에서 훼손되어 구조적 특징을 명확하게 파악하기 어렵다. 소성실보다 낮은 경사도로 조성된 것으로 추정되며, 소결흔과 피열흔은 명확하게 확인되지 않는다.

연도부의 후미에는 횡타원형의 연도부 수혈과 남-북 방향으로 길게 요체의 동쪽으로 이어지는 배수구가 조사되었다. 연도부 수혈의 규모는 길이 182cm, 최대 폭 246cm 가량이며, 단면 형태로 미루어 보아 소성실과 약간의 단차를 두고 완경사로 조성된 것으로 추정된다. 배수구는 가마의 장축방향과는 약간 차이가 있다. 횡타원형 수혈을 서쪽으로 돌출시켜 아궁이 부근까지 8.4m 가량 구의 형태로 길게 이어지며, 폭은 24~29cm로 대체로 일정하다. 연도부 수혈의 형태로 보아 조업과정에서 한차례 보수를 통해 축소되었을 가능성도 있으나 와요 폐기 이후 구릉 상부의 유수로 인해 침식된 흔적으로도 추정이 가능하다.

연소실~소성실 종·횡단면의 절개조사를 실시한 결과 보수 및 수리 흔적은 확인되지 않았다. 이와 함께 소결흔은 단벽에서 소성실 후미로 갈수록 두께가 얇아지는데 보조소성실~연소실 단벽 부근이 13~17cm로 상대적으로 두꺼우며, 소성실은 5~10cm 가량이다. 이에 비해 피열흔은 위치에 따른 범위의 차이는 크지 않으며, 3~5cm 가량의 비교적 일정한 두께로 확인되었다.

고고지자기 분석 결과 A.D. 1370±10년 또는 A.D. 1760±20년의 연대가 확인되었다.

Ⅲ. 출토유물 분석

이 장에서는 와요에서 출토된 기와에 대한 분석을 진행해보도록 하겠다. 분석을 위해 필요에 따라 와요 폐기 이후 후축된 1호 주거지와 성격미상 유구에서 출토된 기와도 함께 다루어보겠다.

분석은 우선적으로 출토 기와의 외면 문양에 대한 분류를 진행하고, 제작기법을 확인할 수 있는 속성 가운데 하단 내면 단부조정에 위주로 진행하겠다.

마지막으로 받침기와에 대한 형태 및 크기에 따른 분류를 통해 기초적인 분석안을 제시해 보고자 한다.

1. 문양

와요에서 출토된 유물은 평기와가 대부분이며, 폐기 이후 유입된 자기가 소량 공반되었다. 출토 기와는 아궁이 축조용, 연소실 바닥 와열, 보조소성실 및 소성실 받침기와, 연도부 배수구 등 재활용된 폐와가 대부분이다. 이와 함께 재임기와로 추정되는 기와는 대부분 연소실에서 출토되었다. 출토된 기와는 모두 일부분이 결실된 수키와이다. 소성실에서는 재임된 완형의 암키와 1점만 출토되었다.

기와 문양의 수량은 직선계 사선집선문, 곡선계 호상집선문, 무문 순이며, 이밖에 아궁이 축조용 기와에서 직선계 삼각집선+동심원문이 1점 출토되었다.

우선 아궁이 축조에 재활용된 기와는 모두 46점이다[3]. 기와의 종류에 따라 수키와 41점, 암키와 5점으로 수키와의 수량이 월등하다. 한편 문양에 있어서는 무문 1점, 직선계 삼각집선+동심원문 1점, 직선계 사선집선(+종선)문 9점을 제외한 절대 다수인 35점이 곡선계 호상집선문이다. 상대적으로 수량이 적은 암키와 5점의 문양은 모두 직선계 사선집선문이다. 이러한 문양 구성은 직선계 사선집선문이 주를 이루는 소성실 및 보조소성실 받침기와의 문양과는 차이를 보인다.

연소실 와열 기와의 문양은 곡선계 호상집선문이 주를 이루고 있어 아궁이 축조용 기와와 문양 구성이 유사하며, 받침기와의 문양 구성과는 뚜렷한 차이를 보인다.

연소실에서는 모두 15점의 기와를 선별하였다. 선별된 기와는 모두 수키와로, 일부 결실되었으나 완형에 가까운 상태로 출토되어 보조소성실에 재임되었던 기와 중 남아있던 기와 일부가

---

3 아궁이 축조 재활용 기와는 접합과정을 거쳐 전량 수록한 수치이다.

폐요 이후 퇴적과정에서 연소실로 흘러내린 것으로 추정된다. 문양 구성은 곡선계 호상집선문 8점, 무문 4점, 직선계 사선집선문 3점이 출토되었다. 3종의 문양 가운데 곡선계 호상집선문이 절반가량 차지하고 있으며, 최종 조업 당시의 주 문양으로 추정된다.

소성실에 재임된 기와는 완형의 직선계 사선집선문 암키와 1점이 유일하다[4].

출토된 평기와의 문양은 아래의 〈도-4〉와 같다.

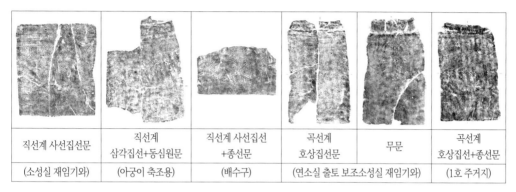

직선계 사선집선문	직선계 삼각집선+동심원문	직선계 사선집선 +종선문	곡선계 호상집선문	무문	곡선계 호상집선+종선문
(소성실 재임기와)	(아궁이 축조용)	(배수구)	(연소실 출토 보조소성실 재임기와)		(1호 주거지)

도 4. 와요 및 1호 주거지 출토 평기와 문양

직선계 사선집선문은 종선의 유무에 따라 세분되며[5], 사선집선문의 형태가 곡선화되는 과도기적 양상도 소량 확인되었다.

직선계 사선집선문은 총 41점이 출토되었다. 출토 위치에 따라 아궁이 축조용 9점, 보조소성실 재임 기와 3점, 연소실 받침기와 11점, 소성실 받침기와 16점, 추정 연도부 2점 등으로 구분된다. 이밖에 성격미상 와열에서 1점, 1호 주거지에서 2점 등 3점이 추가 확인되었다.

한편, 직선계 사선집선+종선문은 연소실 받침기와 4점, 소성실 받침기와 12점, 추정 연도부 1점, 연도부 수혈 배수구 1점 등 총 18점이 출토되었다.

전체적인 수량은 직선계 사선집선문이 월등히 많고 각 부분에 고루 재활용되었으나 직선계 사선집선+종선문은 주로 받침기와에 한정되어 사용된 차이가 있다.

직선계 사선집선문 가운데 특징적인 점은 5~7cm 가량의 비교적 넓은 타날판을 이용하여 암키와 외면 全面을 타날하지 않고 비교적 넓은 간격을 두고 부분적으로 타날된 기와의 존재이다. 이러한 문양 타날방식은 암키와에서만 확인되며, 구체적인 목적과 하한을 명확하게 알 수 없지만 조선 전기 와요에서 출토례가 많아[6] 이 시기의 특징적인 제작기법으로 판단된다.

---

4 조업 이후 의례적 행위로 1점만 소성실에 남겨 두었던 것으로도 추정해 볼 수 있다.

5 하단부가 결실된 기와는 종선의 유무를 확인하기 어렵기 때문에 실제 수량의 차이가 있을 수 있다.

6 겨레문화유산연구원, 2012,『서울 용산 한강로 유적 −서울 용산 국제빌딩주변 제4구역 도시환경정비사업

①아궁이 축조용 직선계 사선집선문(565)	②아궁이 축조용 직선계 사선집선문(595)	③소성실 받침기와 직선계 사선집선+종성문(683)	④추정연도부 직선계 사선집선+종선문(687)
⑤용산 한강로 1호요 직선계 사선집선+종선+화문(90)	⑥용산 한강로 1호요 직선계 사선집문+종선+화문(91)	⑦파주 파주리 6호요 곡선계 사선집선+종성+화문(249)	⑧남양주 평내동 2호요 직선계 사선집선+차륜문(도면17-2)

도 5. 부분타날 암키와

또한 타날 후 외면 상단에 횡방향으로 나타나는 물손질 조정으로 인해 대부분 문양이 지워지는 것이 일반적이나 소성실 받침기와로 사용된 직선계 사선집선문 기와 3점에는 문양이 그대로 남아있는 경우도 확인되었다. 이밖에 종방향 또는 사방향의 도구 정면흔이 횡방향의 물손질 없이 단독으로 이루어진 것과 함께 관찰되는 것도 보조소성실 재임기와 및 받침기와에서 8점 출토되었다.

곡선계 호상집선문은 직선계 사선집선문과 마찬가지로 종선의 유무에 따라 세분된다[7].

와요에서 곡선계 호상집선문은 총 52점이 출토되었으며, 1호 주거지에서는 곡선계 호상집선문 8점, 곡선계 호상집선+종선문 5점 등 13점이 출토되었다.

아궁이 축조용 46점 중 35점, 보조소성실 재임기와 15점 중 8점, 연소실 와열 기와 7점 중 5점 등 48점이 출토되어 최종 조업 당시의 기와의 주문양인 동시에 와요의 개·보수에도 재활용되었음을 알 수 있다. 그러나 연소실 받침기와 1점, 소성실 받침기와 3점만 확인되어 받침기와에는 거의 사용되지 않았다.

....

부지내 문화재 시·발굴조사-』; 2013, 『파주 파주리 유적 -파주 문산~연풍간 도로 확·포장구간내 유적 시·발굴조사 보고서-』; 畿甸文化財硏究院, 2002 『南楊州 好坪·坪內 宅地開發地區內 文化遺蹟 試·發掘 調査報告書(II)』.

7 곡선계 호상집선문은 외면 박리나 단부 조정으로 인해 타날판을 완전하게 복원할 수 있는 유물이 출토되지 않았다. 와요에서는 종선문이 부가된 문양은 1점도 확인되지 않았으나 1호 주거지에서는 5점이 출토되었다.

이에 비해 14점이 출토된 무문은 대부분 조와 당시 무문을 타날한 것이 아니라 문양 타날 이후 외면 2차 정면 과정에서 문양이 지워진 것으로 확인되었다[8]. 따라서 타날 흔적만 극히 일부분 남아있어 문양 종류를 명확하게 파악하기 힘든 것까지 포함시켰기 때문에 실제 수량은 더 적었을 것으로 판단된다.

이와 함께 문양이 확인되는 기와 중에서도 외면 2차 정면으로 문양의 대부분이 지워진 예가 35점 가량 확인되었다. 문양별로 곡선계 호상집선문이 25점으로 절대 다수를 차지하며, 직선계 사선집선문 4점, 직선계 사선집선+종선문 3점에서 확인되었다. 이를 통해 와요 조업 당시에는 외면 2차 정면의 제작과정이 일반적이었던 것으로 파악된다.

직선계 삼각집선+동심원문은 아궁이 축조용 기와에서 1점만 출토되었다. 전형적인 곡선계 호상집선문으로 변화되는 과도기적 문양으로 파악되며, 1호 주서시에서도 2점이 출토되었다.

와요 폐기 이후 후축된 1호 주거지에서는 암막새 2점과 평기와 20점의 유물을 선별하였다. 출토 정황으로 보아 와요에서는 암막새가 출토되지 않았으나 와요 조업 당시 막새의 소성 가능성도 추정해 볼 수 있다. 한편, 평기와는 수키와 16점, 암키와 4점으로 수키와의 수량이 절대적으로 많다. 수키와는 곡선계 호상집선문 8점, 곡선계 호상집선+종선 5점 등 곡선계 호상집선문 13점으로 가장 많고, 직선계 삼각집선+동심원문 2점, 직선계 사선집선문 1점이 확인되었다. 이에 비해 암키와는 무문 3점, 직선계 사선집선문 1점으로 확인되었다.

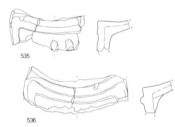

도 6. 1호 주거지 및 출토 막새

이상과 같은 문양 구성으로 보아 전체적인 출토 수량은 직선계 사선집선문이 조금 많지만 보조소성실에 재임된 수키와의 문양 구성으로 보아 최종 조업 당시의 주 문양은 곡선계 호상집선

---

8 아궁이 축조용 1점 · 연소실 와열 2점 · 보조소성실 재임기와 4점 · 보조소성실 받침기와 4점 · 소성실 받침기와 2점 · 추정 연도부 1점 등이며, 후축된 성격미상 와열 2점과 1호 주거지 3점 등 5점을 제외한 수치이다.

문으로 추정할 수 있다. 그러나 비록 1점만 출토되었지만 소성실에 재임된 암키와의 문양이 직선계 사선집선문인 점으로 미루어 보아 곡선계 호상집선문은 수키와의 주 문양으로 한정되었거나 두 문양이 모두 조업 당시의 주 문양으로 사용되었을 가능성도 배제할 수 없다.

2. 하단 단부조정

와요에서 출토된 모든 기와의 하단 내면 단부조정은 건장치기로 이루어졌다.

건장치기 폭은 외면의 문양 타날과 마찬가지로 중복되어 나타는 경우가 대부분이기 때문에 실제 건장채의 폭을 정확하게 파악할 수 없으나 폭은 대체로 1.0~1.5cm 가량이며, 예외적으로 1.0cm 미만인 것과 1.5cm 이상인 것도 소량 확인되었다.

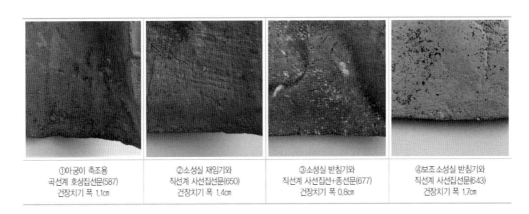

①아궁이 축조용
곡선계 호상집선문(587)
건장치기 폭 1.1cm

②소성실 재임기와
직선계 사선집선문(650)
건장치기 폭 1.4cm

③소성실 받침기와
직선계 사선집선+종선문(677)
건장치기 폭 0.8cm

④보조소성실 받침기와
직선계 사선집선문(643)
건장치기 폭 1.7cm

도 7. 하단 내면 단부조정 폭

이에 비해 건장치기 범위는 비교적 다양한 양상을 보인다.

건장치기는 3~5cm의 범위가 가장 많지만 2~3cm, 5~6cm에 해당하는 기와도 비교적 많은 수가 출토되었다. 7cm 이상인 것은 예외적인 것으로 판단된다.

건장치기 범위는 대체로 조선 전기에서 후기로 갈수록 짧아지는 것으로 인식되어 왔다.

건장치기는 하단 내면 단부 조정을 목적으로 행해지나 건장치기의 범위와 단부 조정 범위는 반드시 일치하지 않고, 건장치기 범위가 단부 조정 범위보다 길게 나타나는 경우도 많다. 또한 단부조정 길이가 하나의 기와에서도 반드시 일치하지 않고, 사방향의 편차를 보이는 것도 많다. 이러한 점은 건장채의 길이가 단부조정의 범위보다 크기 때문에 생긴 결과로 판단된다.

| ①아궁이 축조용
곡선계 호상집선문(564)
건장치기 범위 2.0㎝ | ②소성실 재임기와
직선계 사선집선문(650)
건장치기 범위 3.3㎝ | ③보조소성실 재임기와
무문(618)
건장치기 범위 4.8㎝ | ④소성실 받침기와
직선계 사선집선+종선문(683)
건장치기 범위 9.8㎝ |

도 8. 하단 내면 단부조정 범위

한편, 하단 외면의 단부조정은 3가지 방법으로 나누어 볼 수 있다.

우선 외면 하단 사방향 또는 종방향의 2차 타날이 이루어진 경우이다. 이는 건장치기와 함께 확인되는 가장 일반적인 방식으로 모두 50점이 출토되었다. 아궁이 축조용에서 가장 많은 22점이 출토되었으며, 보조소성실 13점, 소성실 1점 등 재임기와 14점, 받침기와 8점, 연소실 바닥 와열 4점, 성격미상 와열 및 추정 연도부 각 1점 등 고르게 출토되었다[9].

다른 하나는 2차 타날이 확인되지 않고 횡방향 정면흔만 남아있는 것으로, 총 21점이 출토되었다. 보조소성실 7점 및 소성실 받침기와 6점 등 13점이 출토되어 가장 많은 수량을 보이며 아궁이 축조용 5점, 추정 연도부 2점, 보조소성실 재임기와에서 1점이 출토되었다.

마지막으로 2차 타날 이후 횡방향 정면이 행해지는 경우이다. 전체 수량 가운데 소성실 받침

| ①아궁이 축조용
곡선계 호상집선문(587)
사방향 2차 타날 | ②소성실 재임기와
직선계 사선집선문(650)
종방향 2차 타날 | ③소성실 받침기와
직선계 사선집선+종선문(683)
횡방향 정면흔 | ④연도부 수혈 배수구
직선계 사선집선+종선문(688)
2차 타날 후 횡방향 정면흔 |

도 9. 하단 외면 단부조정

9 한편 1호 주거지 출토 기와는 사방향 또는 종방향의 2차 타날만 12점, 2차 타날 이후 횡방향 정면 1점 등으로 확인되었다.

기와 및 성격미상 와열에서 각 2점, 연소실 바닥 와열 및 연도부 수혈 배수구에서 각 1점 등 6점에서만 확인되었다. 문양은 직선계 사선집선문(+종선문)이 4점으로 가장 많고, 무문과 곡선계 호상집선문은 각 1점씩 확인되었다.

기존 연구에서는 하단 내면 조정방법을 무조정, 깎기, 물손질, 건장치기로 구분한 바 있으며, 물손질은 횡방향 정면흔과 동일한 개념이다[10].

물손질은 깎기 후 물손질인지, 건장치기 후 물손질인지 판단하기 어려워 대체로 이 두 가지 방법을 모두 포함하는 의미로 사용하고 있다. 따라서 물손질 조정만으로는 단부 조정이 이루어질 수 없기 때문에 2차 타날과 횡방향 정면이 동시에 이루어졌으나 횡방향 정면으로 2차 타날 흔적이 모두 지워진 것으로 파악된다.

또한 하단 내면 조정방법은 무조정 또는 깎기→물손질로 변화하며, 그 시점을 고려시대로 판단하고 통일신라시대 이전 기와와 고려 이후 기와를 구별하는 근거로 파악하였다. 한편 하단 내면의 흐릿한 사방향 요철면은 건장치기 여부가 불분명하고, 조선시대 후기 기와에서 하단 외면 선문 타날흔과 내면 요철흔이 뚜렷하게 확인되는 경우를 건장치기로 인식하고 있어 건장치기의 등장과 변화과정은 언급되지 않았으며, 미구가 소멸된 경복궁 출토 조선 후기 기와와 건장채와 조막손을 이용한 제와장의 예를 들어 조선시대 후기 이전 시기로 소급에는 유보적인 듯하다.

그러나 그간 조선 전기 와요와 출토 기와를 분석을 통해 건장치기는 조선시대 전기로 소급될 가능성이 매우 높으며, 고려시대 이후 물손질 정면이 조선시대 후기까지 지속되었다고 보기는 어렵다. 향후 더 많은 사례의 축적과 논의가 필요하겠지만 하단 내면 조정방법의 하나인 건장치기의 등장은 조선시대 이전으로 소급될 가능성도 충분히 고려해야 할 것이다.

위와 같은 결과를 통해 단부 조정 방식은 횡방향 정면흔의 유무에 따라 구분될 수 있으며, 보조소성실과 소성실에 재임된 기와의 절대 다수가 2차 타날인 것으로 보아 최종 조업 당시 단부 조정의 일반적인 제작방식임을 알 수 있다.

3. 받침기와

조선시대 와요의 소성실과 보조소성실 바닥에서 확인되는 받침기와 조사례는 일일이 열거하지 못할 만큼 많다. 그러나 이러한 받침기와는 형태와 방법에 따라 (횡)와열과 부와로 구분하여 서술하는 기초적인 분류에 아직 머무르고 있는 실정이다.

----

10 李仁淑 · 崔兌先, 2011, 「평기와 用語 檢討」, 『韓國考古學報』 第80輯, 韓國考古學會.

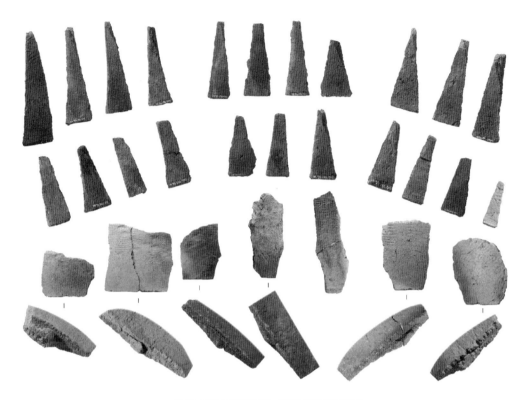

도 10. 울산 율리 유적 2 · 3호요 출토 받침기와

이와 관련하여 울산 율리에서 조사된 조선시대 와요 5기 중 2 · 3호요에서 출토된 '直角三角狀의 기와받침'으로 명명한 특수한 형태의 받침기와에 대해 간략하게 언급된 바 있다[11].

이 받침기와는 암키와의 하단을 잘라 떼어낸 것이다. 밑변은 일반적인 암키와의 하단을 그대로 이용하였고, 빗변과 수직변을 와도로 분할한 흔적이 남아있다. 이러한 기와의 성격은 재활용된 시설기와와 같은 용도로 파악하였다. 이러한 제작방식은 일반적 암키와의 재활용이 아니며, 목적성을 가진 의도적인 제작으로 판단할 수 있어 매우 주목되는 자료이다. 그러나 현재까지 이러한 받침기와는 이 시기의 여타 와요에서는 전혀 출토되지 않았다.

화성 비봉 와요는 소성실과 보조소성실 바닥에 거의 빈틈없이 와요 조업 당시의 폐와를 재활용하여 받침기와를 시설하였던 것으로 확인되었다.

받침기와는 현실적으로 전량을 분석하기에는 어려울 수밖에 없어 현장조사 및 유물 선별과정을 통하여 소성실 33점, 보조소성실 20점 등 총 53점에 대한 분석을 진행하였다.

우선 선별과 분석을 위해 와요의 장축방향과 잔존상태를 고려하여 1×1m의 크기의 그리드

11 蔚山文化財硏究院, 2011, 『蔚山靑松寺址기와가마遺蹟』.

로 나누어 소성실은 8개, 보조소성실은 4개로 구분하였다[12]. 각 그리드 별로 수습하여 경계에 걸쳐 있는 것까지 포함하여 접합 여부를 확인하였으나 내부조사 과정에서 비의도적으로 깨진 기와를 제외하면 동일 개체로 추정되는 기와를 포함하여 접합이 가능한 예는 전혀 확인되지 않았다. 이는 폐와를 1~2회 정도 간단하게 파쇄하는 성형 과정에서 주변이 같이 떨어져 나가 잔편이 발생했기 때문으로 판단된다.

받침 기와에 대한 분석 내용을 간략하게 정리하면 아래의 〈표 1〉과 같다.

표 1. 와요 출토 받침기와

출토위치		소성실							보조소성실						
종류		암			수			소계	암			수			소계
크기		대	중	소	대	중	소		대	중	소	대	중	소	
형태	삼각형	3	9	1	1	1	·	15	1	3	4	1	·	·	9
	방형	·	1	2	·	·	1	4	·	1	4	·	·	·	5
	장방형	1	4	·	·	2	2	9	·	1	·	·	2	·	3
	세장방형	4	·	·	·	1	·	5	2	·	·	·	·	·	3
소계		8	14	3	2	3	3		3	6	8	1	2	·	
합계		25			8			33	17			3			20

받침기와는 우선 종류에 따라 암·수키와를 구분한 후 다시 크기에 따라 대·중·소형으로, 형태에 따라 삼각형·방형·장방형·세장방형 등 4종으로 나누었다.

받침기와에 사용된 기와는 소성실의 경우 암키와 25점과 수키와 8점이며, 보조소성실은 암키와 17점과 수키와 3점으로 암키와가 대부분을 차지한다. 이는 기와 자체의 곡률을 감안하여 요상에 최대한 밀착시키기 유리한 암키와가 주로 사용된 것임을 알 수 있다.

크기에 따른 분류는 소형의 경우 길이와 폭이 15cm 내외로, 중형은 한 변의 길이가 15~20cm인 것으로, 대형은 한 변의 길이가 20cm 이상의 것으로 임의로 구분하였다.

전체 받침기와 수량에 비해 통계 분석의 수량이 절대적으로 부족하지만 이와 같은 분류를 통해 소성실은 중·대형의 기와가 27점으로 80% 이상의 비율을 보이며, 보조소성실은 중·소형의 기와가 16점으로 80%를 차지하는 것으로 조사되었다. 비록 크기에 따른 구성 비율이 절대적이진 않지만 중형의 받침기와를 중심으로 소성실에는 대형의 받침기와가, 보조소성실에는 소형의 받침기와가 주로 사용되었음을 알 수 있다. 이러한 구성비의 차이는 소성실과 보조소성실의 면적 차이에 따른 것으로 추정할 수 있다.

---

12 소성실은 연도부에서 연소실 방향으로, 남→북, 서→동 방향으로 구획하였으며, 보조소성실 역시 같은 방법으로 진행하였다. 소성실 후미는 잔존상태가 양호하지 못한 이유로 각 1개의 그리드로 구획하였다.

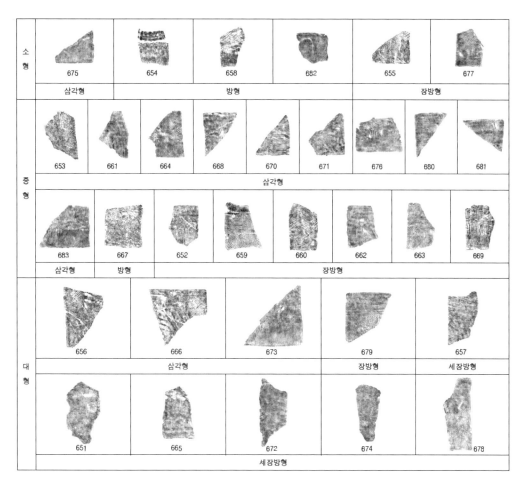

도 11. 소성실 받침기와

형태에 따른 분류 결과 소성실과 보조소성실 모두 삼각형의 구성 비율이 45% 가량으로 가장 많다. 다음으로 소성실은 장방형 27%, 보조소성실은 방형이 25%의 구성 비율을 보이고 있다. 이는 형태에 따라 세장방형은 대형이 대부분이고, 방형은 소형이 주를 이루는 크기에 따른 분류 결과와도 대체로 일치한다.

받침기와의 문양은 소성실의 경우 곡선계 호상집선문 3점, 무문 2점을 제외한 28점이 직선계 사선집선문이다. 직선계 사선집선문은 문양 하단의 종선 부가 유무에 따라 세분되며, 직선계 사선집선문 16점, 직선계 사선집선+종선문 12점으로 수량에 있어 큰 차이를 보이지 않는다[13].

보조소성실은 무문 4점, 곡선계 호상집선문 1점을 제외하면 직선계 사선집선문 11점, 직선

---

13 기와 하단이 결실된 경우에는 종선문의 부가 여부를 판단할 수 없기 때문에 실제 수량과는 차이가 있을 수 있다.

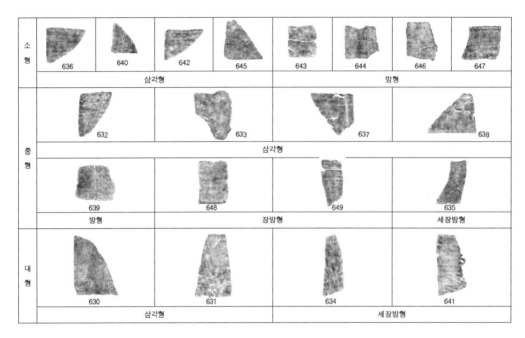

도 12. 보조소성실 받침기와

계 사선집선+종선문 4점 등 15점으로 가장 많다.

　이를 통해 받침기와는 대부분 직선계 사선집선문(+종선문)을 재활용하여 조성되어 아궁이 축조 및 연소실 와열에 재활용된 기와의 문양 구성과는 차이가 있다.

IV. 조업시기

　이 장에서는 앞서 살펴본 와요의 구조적 특징을 위치별로 나누어 타 유적과의 비교·검토해 보고, 와요의 구조와 출토 유물을 통해 와요의 조업 시기를 추정해 보겠다.

1. 와요의 구조적 특징

1) 요전부 및 연도부 수혈

　화성 비봉 와요의 요전부 수혈은 아궁이 및 부속시설의 구조 변화에 맞춰 한차례 보수하였 다. 1차 요전부 수혈은 횡타원형으로 조성되었으며, 이후 2차 요전부 수혈은 종타원형으로의 변화상이 확인된다. 이와 함께 연도부 후미에는 요체와 직교하는 횡타원형의 수혈과 함께 요체

의 서쪽을 돌출시켜 남-북 방향으로 길게 이어지는 배수구를 조성한 연도부 수혈이 조사되었
다. 연도부 수혈은 소성실과 약간의 단차를 두고 완경사로 조성된 것으로 추정된다. 연도부 수
혈의 형태로 보아 조업과정에서 한차례 보수를 통해 축소되었을 가능성도 있으나 와요 폐기 이
후 구릉 상부의 유수로 인해 침식된 흔적으로도 추정이 가능하다.

　이러한 요전부 및 연도부 수혈의 성격과 기능에 대해 기존의 조사 성과를 통해 간략하게 살
펴보면 다음과 같다.

　우선 연도부 수혈에 대해서는 대전 지족동에서 조사된 지하식 와요 2기의 조사 성과를 토대
로 처음 다루어진 바 있다. 보고자는 연도부 수혈을 와요 후면부에 설치된 배연시설의 구조로
파악하였다. 배연시설은 횡장방형의 배연토광과 보다 발달된 형식인 배수시설이 부가된 배연
조정구 등의 2가지 형태로 분류하였는데, 내부의 화염과 연기를 배출하는 구조는 서로 동일한
것으로 보았다. 이러한 연도부 수혈은 나말여초기 이래로 지속적으로 발달된 토기요 및 와요
배연시설의 계보를 잇는 것이며, 특히 조선시대에 배연시설의 규모가 확대되고 구조가 발달되
었음을 알려주는 사례로 파악한 바 있다[14].

　한편 평택 남산리 1호요의 보고자는 연도부 수혈이 연도부 양 측벽을 파괴하고 축조되었으
나 폐기 시점은 동일한 것으로 판단하고, 와요의 부속시설로 연도부 및 관련 구조의 기능이 추
가된 것으로 보았다. 즉, 와요의 초축시에는 수혈이 없는 연도부의 구조가 이후 초축 당시의 연
도부를 파괴하고 수혈이 추가된 발전된 구조로 파악하였다[15].

　원주 안창리 유적에서는 통일신라~조선시대 와요 25기가 조사되었다. 이 중 고려시대 와요
인 2 · 11 · 12 · 14 · 18호요 등 5기의 와요에서 연도부 수혈이 조사된 것으로 보고되었다. 평
면 형태는 원형 · 장타원형 · 부정형이며, 와요의 부속시설로 추정하였다[16].

　나주 송학리 유적에서는 고려~조선시대 와요 4기가 조사되었다. 이 가운데 고려시대 와요인
1호요는 단독으로 입지하는 반면, 조선시대 와요인 2~4호요는 모두 지하식으로, 병렬 배치되
어 있다. 이 가운데 2 · 4호요에서는 연도부 수혈이 조사되었다[17].

　이후 조선시대 와요 22기(지하식 21기)를 비롯하여 채토장, 폐기장, 공방시설로 추정되는 수혈
등 대규모 생산시설이 조사된 진해 남문동 유적의 조사 성과를 바탕으로 연도부에 조성된 수혈뿐
만 아니라 요전부에 굴착한 수혈 역시 지하식 와요의 축조공정과 관련된 것으로 파악하였다[18]. 이

14　錦江文化遺産研究院, 2010, 『大田 老隱 3地區 國民賃貸住宅團地 建設事業地區內 大田 智足洞 가마골 遺蹟』.
15　中央文化財研究院, 2008, 『平澤 移住團地 造成事業敷地內 平澤 南山里遺蹟』.
16　한강문화재연구원, 2010, 『원주 안창리 유적』.
17　馬韓文化研究院, 2010, 『나주 송학리유적』.
18　손성원, 2011, 「진해 남문동 유적 −조선시대 기와생산 유구를 중심으로−」, (제35회 한국고고학전국대회)

러한 견해는 양산 산막동 유적에서 조사된 조선시대 지하식 와요 8기의 조사 성과를 통해 더욱 구체화시켜 요전부와 연도부에 조성된 수혈은 요체의 축조방법 및 작업공간 확보와 관련된 지하식 와요의 부속시설로 파악하였다. 즉 요전부 수혈은 와요 구축의 부분적인 공정뿐만 아니라 요업을 위한 효율적인 공간으로도 활용되었던 것으로 파악하였다. 이와 함께 연도부 수혈은 요전부 수혈과 동시에 다양한 원형, 타원형, 세장타원형 등의 다양한 평면 형태로 조성되었으며, 구체적인 성격과 기능은 알 수 없으나 배연과 관련된 기능적인 함께 고려하였다[19].

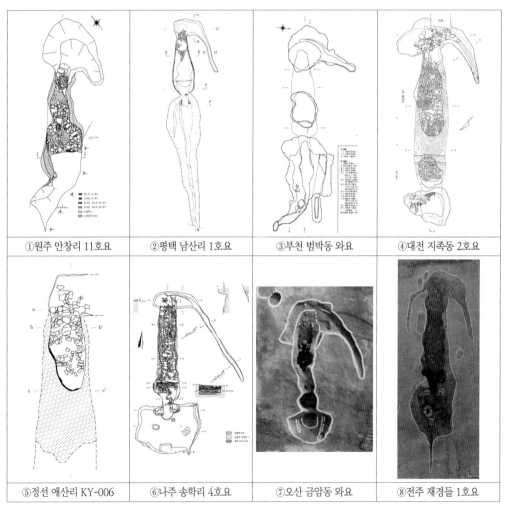

①원주 안창리 11호요　②평택 남산리 1호요　③부천 범박동 와요　④대전 지족동 2호요

⑤정선 애산리 KY-006　⑥나주 송학리 4호요　⑦오산 금암동 와요　⑧전주 재경들 1호요

도 13. 요전부 및 연도부 수혈

『삼국시대 남해안지역의 문화상과 교류』, 韓國考古學會.

19 우리문화재연구원, 2013a, 『양산산막일반산업단지조성부지 내 梁山 虎溪 · 山幕洞 遺蹟』; 2013b, 『양산산막일반산업단지 이주단지 조성부지 내 梁山 大石里 遺蹟』.

　이와 함께 서울 수서동 유적에서 조사된 지하식 와요 4기는 모두 요전부를 공유하고 있으며, 특히 3 · 4호요는 타원형의 연도부 수혈도 공유하는 구조로 확인되어[20] 축조 동시성을 판단할 수 있는 자료로 판단된다.

　이밖에 중부지역에서는 평택 남산리 1호요, 부천 범박동 와요, 오산 금암동(9-B지점) 와요, 정선 애산리 KY-006 등에서도 조사된 바 있다[21].

　최근 전주 재경들 유물산포지 발굴조사에서는 고려~조선시대 와요 30기가 조사되었다. 이 가운데 조선시대 지하식 와요인 1호요는 양 측벽을 돌출시킨 형태의 연소실 유단식 구조와 함께 연도부 수혈과 양 방향으로 암 · 수키와를 이용한 배수구가 확인되어 향후의 조사 성과가 주목된다[22].

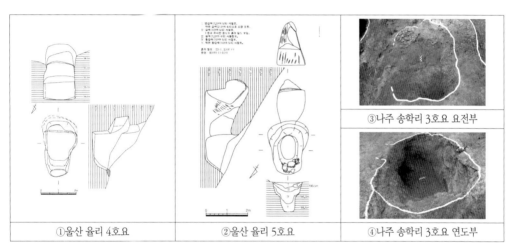

①울산 율리 4호요 　②울산 율리 5호요 　③나주 송학리 3호요 요전부 　④나주 송학리 3호요 연도부

도 14. 미완성 와요

　지하식 와요의 축조공정은 울산 율리 4 · 5호요, 나주 송학리 3호요 등 굴착 과정에서 폐기된 미완성 와요를 통해서도 일면을 확인할 수 있다.

　울산 율리 유적의 보고자는 미완성 와요 조사를 통해 요전부 굴착(5호요)과 연소실 굴착(4호

....

20　한강문화재연구원, 2015, 『서울 수서동 유적』.

21　평택 남산리 1호요는 아궁이~연소실은 지하식, 소성실 일부와 연도부는 지상에 상부구조를 마련한 반지하식으로, 정선 애산리 KY-006은 반원형의 소성실 천장이 남아있는 반지하식으로 보고되었다(中央文化財研究院, 2008, 『平澤 移住團地 造成事業敷地內 平澤 南山里遺蹟』 ; 한울문화재연구원, 2011, 『부천 범박동 유적 -부천 범박 국민임대주택단지 문화재 발굴조사-』 ; 경기문화재연구원, 2010, 『烏山 細橋 宅地 開發地區內 文化遺蹟 試 · 發掘調査 略報告書』 ; 韓國考古環境研究所, 2008, 『旌善 愛山里 遺蹟』.).

22　기호문화재연구원, 2020, 「새만금~전주간 고속도로 건설공사[제6 · 7 · 8공구] 문화재 발굴조사 8차 학술자문회의 -재경들 유물산포지 정밀발굴조사(3차)-」.

요) 등 2가지 방식을 제시하였다[23]. 그러나 5호요는 요전부와 연도부의 양방향 굴착이 이루어 졌던 것으로 보인다. 또한 나주 송학리 3호요는 소성실 후미의 암반층이 터널형태로 뚫려 있고, 요전부 방향에서도 굴착 흔적이 확인되었다[24].

이를 통해 나주 송학리 3호요와 울산 율리 5호요는 양방향 굴착이 확인되어 양산 산막동 와 요의 축조공정과 동일한 것임을 알 수 있다.

위에서 살펴본 바와 같이 요전부 및 연도부 수혈은 아직까지 그 기능과 성격을 명확하게 파 악할 수 없다. 그러나 진해 남문동 및 양산 산막동 와요, 미완성 와요인 울산 율리 4·5호요와 나주 송학리 3호요 등의 조사 성과로 보아 지하식 요체 축조를 위한 계획적인 축조 공정으로 파 악되며, 이를 통해 요전부의 작업공간 확보도 함께 이루어지는 효과가 있었던 것으로 보인다. 한편, 연도부 수혈 역시 요전부 작업공간과 마찬가지로 배연과 배수가 함께 이루어졌을 가능성 이 높은 것으로 판단된다.

원주 안창리 유적 고려시대 와요의 조사 성과로 보아 요전부 및 연도부 수혈은 조선시대 이 전부터 조성된 것을 알 수 있으며, 축조 공정의 계획성을 확인할 수 있는 자료로 파악된다. 이와 함께 원주 안창리 11호요와 평택 남산리 1호요, 정선 애산리 KY-006 등 반지하식으로 보고된 와요에서도 확인되어 반드시 지하식 와요의 축조공정으로만 볼 수 없을 것으로 판단된다[25].

2) 아궁이

아궁이는 폐와와 점토를 이용하여 아치형으로 천장부를 축조하고 점토를 발라 마무리하여 터널식으로 조성하였다. 바닥은 비교적 편평하며, 이맛돌과 봇돌 등 할석을 사용한 축조방식은 확인되지 않았다.

아궁이는 조사 과정에서 초축과 개·보수 흔적을 확인할 만한 뚜렷한 증거는 확인되지 않았 으나 요전부의 구조적 변화를 통해 가능성을 유추할 수 있다.

아궁이는 내부의 열기와 외부의 찬 공기가 접촉하는 부분으로, 균열이 생기기 쉽기 때문에 반복되는 조업으로 인해 아궁이를 보수하게 된다. 즉, 아궁이는 지하식 와요를 조성한 이후 최

---

23 蔚山文化財研究院, 2011, 앞의 책.
24 馬韓文化研究院, 2010, 앞의 책.
25 요체의 축조과정에서 아궁이~연소실은 지하식, 소성실은 반지하식으로 조성하는 경우 등으로 인해 반지 하식-지하식 와요의 분류가 개별 연구자마다 차이가 있을 수 있고, 지형 삭평 등의 요인으로 인해 반지하 식-지하식의 구분이 모호한 경우가 적지 않다. 그러나 대체로 반지하식-완경사, 지하식-급경사인 소성 실의 경사도를 참고하여 분류할 필요가 있을 것으로 보인다. 한편, 원주 안창리 유적에서 연도부 수혈이 조사된 5기의 와요 가운데 12호요만 지하식 와요로 보고되었다.

초의 조업은 요전부의 단벽을 터널식으로 굴착하는 기반 그대로를 사용하게 된다. 석재·점토·기와 등은 아궁이를 보수하는 단계, 즉 1차례 이상 조업이 이루어진 이후에 조성된다는 점을 감안하면 무시설식의 터널식 아궁이 축조를 제외하면 석재·점토·기와의 사용은 아궁이가 보수된 것으로 파악하였다[26]. 따라서 아궁이는 폐와와 점토를 이용하여 보수가 이루어진 것으로 추정할 수 있으며, 아궁이 축조에 재활용된 기와와 와요에 재임된 기와를 비교했을 때 고화력으로 인해 내·외면이 박리된 기와가 많다는 것을 제외하면 문양과 기타 속성 등에서 큰 차이가 없는 점도 또 하나의 방증이 될 수 있다.

3) 연소실

연소실 내부 보조소성실과 인접한 단벽 부근에서는 성격과 용도를 알 수 없는 와열이 조사되었다.

와열은 와적관과 유사한 형태로, 단벽의 폭에 맞춰 4매의 수키와를 외면이 위를 향하도록 미구를 겹쳐 놓았다. 3매의 기와는 완형 또는 완형에 가까우나 가장 동쪽에 있는 1점의 수키와는 연소실 폭과 맞추기 위해 의도적으로 절반가량 파쇄하여 놓았다. 문양은 4점 모두 곡선계 호상집선문이다. 상면에는 와열과 직교하여 3매의 수키와가 놓여 있었는데, 중앙에서 서쪽에 치우쳐 이분된 완형의 곡선계 호상집선문 수키와를 중심으로 양 옆에는 반파된 무문의 수키와가 놓여 있었다. 다만 이 3매의 수키와는 폐요 과정에서 상면에서 흘러내린 것인지 또는 의도적으로 놓았던 것인지는 불분명하다.

이러한 와열은 성남 창곡동 유적 바지구 5호요에서 유사한 형태가 조사된 바 있다. 본 유적과는 달리 보조소성실이 조성되지는 않았으나 단벽에 접해 수키와 외면을 위로 향하게 하여 단벽 폭에 맞춰 쌓은 것은 동일하며, 2매를 겹쳐 쌓은 점에서는 차이가 있다. 보고자는 단벽 전면을 점토와 수키와를 이용하여 보강한 것으로 파악하였다[27].

또한 김해 본산리 와요에서도 이와 유사한 구조가 조사되었다. 성남 창곡동 5호요와 같이 보조소성실은 설치되지 않았으나 단벽의 바닥에는 횡으로 연접하여 수키와와 암키와를 혼용하여 쌓은 3단의 단시설이 확인되었다. 단벽 중앙을 중심으로 시설되었으며, 수키와 3매를 외면이 위로 향하도록 놓아 1단을 구성하고 상면에는 길이 20cm 내외로 파쇄된 암키와를 쌓아 2~3단을 구성하였다. 보고자는 연소실 내부공간의 연소효과 상승과 소성실로 열을 효과적으로 전달하기 위한 시설로 추정하였다[28].

------

26 우리문화재연구원, 2013a, 앞의 책 ; 2013b, 앞의 책.
27 中央文化財研究院, 2014, 『慰禮地區 宅地開發事業 2-2區域內 城南 倉谷洞遺蹟』.

① 화성 비봉 와요   ② 성남 창곡동 5호요   ③ 김해 본산리 와요

도 15. 연소실 와열

김해 본산리 와요는 소성실의 평면형태가 제형이며, 직선계 사선집선문과 곡선계 호상집선문이 공반될 뿐만 아니라 고고지자기 분석 결과 연도부 또는 소성실은 1387±68년, 연소실은 1369±6년의 절대연대가 확인되어 본 유적의 와요와 비슷한 시기에 조업이 이루어진 것으로 추정할 수 있다. 한편 성남 창곡동 5호요는 소성실의 평면형태가 역제형이며, 전형적인 곡선계 호상집선문이 등장하는 단계로 조선 전기 이후에 조업이 이루어지는 것으로 판단된다. 따라서 현재로서는 와열의 설치 이유는 명확하지 않지만 시기적 · 지역적인 차이를 반영하는 요소로는 보이지 않는다.

연소실 와열에 대해 제와장 김창대는 현장 자문 당시 명확한 이유는 알 수 없으나 일반적으로 나무를 연료로 하는 가마에서는 화목을 던져 넣을 때 단벽이 상하지 않도록 벽돌로 계단을 만드는 것과 비슷한 이유로 추정하였다.

이러한 점으로 보아 현재로선 와열은 단벽의 보강 또는 보호하기 위한 용도로 설치했을 가능성을 우선적으로 상정할 수 있다.

한편 연소실 내부의 양 측벽과 단벽 등 3면에는 보조소성실을 축조하였다. 전체적인 평면 형태는 'ㄇ'형태와 유사하다. 절개조사 결과, 개축의 흔적이 확인되지 않아 초축 당시부터 보조소성실을 축조했던 것으로 확인되었다.

4) 소성실

소성실은 평면 형태가 후미로 갈수록 좁아지는 제형이다. 길이는 6m 내외, 폭 1.7~2.5m, 천장 높이 1.5m 내외로 추정된다. 바닥의 경사도는 22° 내외이다. 보조소성실과 마찬가지로 받침기와가 소성실 전면에 깔려 있는 상태로 조사되었다.

---

28 강산문화연구원, 2020, 『김해 본산리 8-75번지 유적 -고려~조선시대 기와가마 및 공방지 등-』.

2. 조업시기 및 수급관계

조업시기와 관련되어 기존 연구에서는 개별 연구자마다 소성실의 평면 형태와 크기에 따른 분류 및 분석 속성의 차이로 인하여 세부 편년에서 조금씩 차이는 있다.

제형 또는 짧은 주형의 소성실 평면 형태는 최문환의 분류에 따르면 15세기 전후의 조선 초기로, 김성진의 분류로는 2단계에 해당하는 15세기 중반~15세기 후반에 해당한다[29].

결론적으로 와요의 최종 조업 당시 주문양은 직선계에서 곡선계로 변화되는 시점으로 추정할 수 있으며, 조선시대 전형적인 곡선계 호상집선문이 출현하기 이전 단계인 점으로 미루어 조업 시기는 조선 초기로 파악된다.

이러한 조업시기 추정은 A.D. 1370±10년 또는 A.D. 1760±20년의 연대가 확인된 고고지자기 분석 결과와도 대체로 일치하는 것으로 판단된다.

마지막으로 와요의 수급관계를 파악하기 위해 유적 내 타 지점에서 출토된 기와와의 비교를 진행하였다.

비교 결과, 1·2지점의 건물지와 석축을 비롯하여 주거지·수혈·소성유구 등에서 와요 출토 기와와 동일한 기와가 비교적 많이 출토되었다.

1·2지점은 와요가 조사된 9지점과는 직선거리상 1㎞ 이내의 비교적 지근거리에 위치하고 있으나 건물지 출토 기와의 수량 자체가 그리 많지 않아 직접적인 수급관계를 상정하기에는 무리가 있다. 1-2지점 건물지는 잔존상태가 양호하지 못해 암키와 1점이, 2지점 3호 건물지에서는 수키와 1점과 암키와 2점 등 3점의 기와가 출토되었다. 이 가운데 와요 출토품과 비교가 가능한 것은 2지점 3호 건물지에서 출토된 직선계 사선집선문 암키와 2점에 불과하다. 또한 유적에서 조사된 건물지 가운데 가장 규모가 크고 잔존상태가 양호한 1-1지점 5호 건물지에서도 기와가 거의 출토되지 않아 주거지·수혈·소성유구 등 후대 유구에서의 재활용 가능성을 염두에 두더라도 9지점 와요와 2지점 건물지를 수급관계로 상정하기는 어려울 것으로 보인다.

---

29 김성진은 소성실의 평면 형태를 제형과 일자형으로 구분하고 제형에서 일자형으로 변화하는 것으로 보았으며, 오준정도 동일한 변화 양상으로 파악하였다. 필자는 장방형 또는 세장방형, 제형 및 역제형 등으로 구분하고 제형→역제형, 장방형→세장방형의 변화 양상으로 추정하였다. 최문환은 주형(舟形), 일자형(一字形), 선형(扇形)으로 나누고, 장폭비를 기준으로 각 형식별 짧은 것과 긴 것 등의 6가지의 세부형식으로 나누었다(金成鎭, 2004, 『조선전기 경남지역 瓦窯 및 평기와의 전개양상』, 東亞大學校 大學院 碩士學位論文 ; 김성진, 2011, 「조선시대 영남지역 瓦窯의 전개양상과 변천요인」, 『기와의 생산과 유통』(한국기와학회 제8회 정기학술대회), 한국기와학회 ; 吳俊廷, 2008, 『강원지역 조선시대 와요 연구』, 高麗大學校 大學院 碩士學位論文 ; 이동준, 2012, 「서울·경기지역 조선시대 와요지 연구」, 『겨레문화연구』 창간호, 겨레문화유산연구원 ; 최문환, 2014, 「조선시대 기와 가마의 구조 연구」, 『고고학』 제13권 제1호, 중부고고학회.).

따라서 현재까지의 조사 성과로는 유적과 유적 주변에서 와요의 수급관계를 명확하게 파악할 수 없다. 다만 개발과정에서 사업범위의 축소로 인해 와요가 조사된 9지점의 북쪽에 위치한 4~7지점에 대한 조사가 이루어지지 않았기 때문에 잔여 지점에 대한 조사가 이루어진다면 수급관계가 파악될 여지는 남아있다고 할 수 있다.

Ⅳ. 맺음말

본고는 화성 비봉 유적에서 조사된 조선시대 와요 1기의 조사 성과를 바탕으로 타 유적과의 비교·검토를 통하여 조업시기와 수급관계 등을 파악해보고자 하는 시도에서 작성되었다.

지금까지 살펴본 바를 간략하게 요약하면 다음과 같다.

우선, 와요의 구조는 구릉의 중복부~말단부에 단독으로 위치하는 지하식이다. 요전부 및 연도부 수혈이 확인되었으며, 아궁이는 폐와와 점토를 이용해 조성하였다. 또한 연소실에는 'ㄷ' 형태의 보조소성실이 확인되었으며, 소성실의 평면 형태는 제형이다. 연도부는 일부 훼손되었으나 배수구가 조사되었다.

둘째, 와요 출토 기와에 대한 분석 결과, 와요 최종 조업 당시 주문양은 직선계에서 곡선계로 변화되는 시점으로 추정할 수 있으며, 조선시대 전형적인 곡선계 호상집선문이 출현하기 이전 단계인 것으로 파악된다.

셋째, 와요의 조업시기는 기존 연구 성과를 바탕으로 와요의 구조적 특징에 의한 분기설정, 출토 유물 검토 등과 함께 자연과학분석에 따른 연대측정의 신뢰를 바탕으로 편년이 이루어지는 예가 많다. 이를 바탕으로 와요의 조업시기는 보조소성실의 존재와 제형의 소성실 평면형태, 조선시대 전형적인 호상집선문이 출현하기 이전 단계인 직선계와 곡선계가 공존하는 기와 문양과 A.D. 1370±10년 또는 A.D. 1760±20년의 연대가 확인된 고고지자기 분석 결과를 고려한다면 15세기 전반을 상회하지 않는 조선 초기로 판단된다.

이와 함께 본고에서는 기와 하단 내면 조정 가운데 하나인 건장치기에 대해 기존 연구에서는 조선 후기 이전으로 소급에는 유보적이었으나 화성 비봉 유적 와요 뿐만 아니라 조선 전기 와요와 출토 기와에 대한 여러 분석을 통해 건장치기는 조선시대 이전으로 소급될 가능성도 충분히 고려해야 할 것이다.

마지막으로 화성 비봉 유적 와요에서 생산된 기와의 수급관계에 대해서는 거의 다루지 못하였다. 동일 유적에서 조사된 건물지 등의 유구에서 출토된 기와의 비교를 진행하였으나 그에 따른 유의미한 결론에 도달하지 못하였다. 다만 사업 범위의 축소로 인해 와요가 확인된 9지점 북쪽 지역에 대한 추가적인 조사가 이루어진다면 수급관계가 파악될 여지는 남아있다.

현재 많은 개발 사업으로 유적 조사는 급증하고 있으나 현실적인 여러 제약으로 인해 연구 성과의 축적은 이에 미치지 못하고 있는 실정이다. 대규모 유적의 조사과정에서 와요 등의 생산유적이 확인되는 경우 수급관계를 파악하기 위한 노력이 필요할 것이다. 또한 수급관계가 명확하지 않다면 와요에서 생산된 기와에 대한 출토 범위라도 반드시 파악해야 할 것이다.

본고에서 시도한 바와 같이 유적에서 조사된 개별 와요에 대한 보다 면밀한 검토를 통해 와요의 세부 편년과 구조적 변천과정, 더 나아가 지역적 차이와 전국적 양상 등을 심도 있게 다룰 수 있지 않을까 하는 기대를 가지고 시도하였으나 의도에 미치지 못했음을 자인하지 않을 수 없다. 이는 전적으로 필자의 역량 부족에 기인한 것이며, 앞으로 지속적인 조사와 연구를 통해 계속 보완해 나가고자 한다. 많은 연구자들의 비판과 가르침을 부탁드리는 바이다.

【참고문헌】

1. 논문

金成鎭, 2004, 『조선전기 경남지역 瓦窯 및 평기와의 전개양상』, 東亞大學校 大學院 碩士學位
　　論文.

김성진, 2011, 「조선시대 영남지역 瓦窯의 전개양상과 변천요인」, 『기와의 생산과 유통』(한
　　국기와학회 제8회 정기학술대회), 한국기와학회.

손성원, 2011, 「진해 남문동 유적 -조선시대 기와생산 유구를 중심으로-」, (제35회 한국고고
　　학전국대회)『삼국시대 남해안지역의 문화상과 교류』, 韓國考古學會.

吳俊廷, 2008, 『강원지역 조선시대 와요 연구』, 高麗大學校大學院 碩士學位論文.

이동준, 2012, 「서울·경기지역 조선시대 와요지 연구」, 『겨레문화연구』 창간호, 겨레문화유
　　산연구원.

李仁淑·崔兌先, 2011, 「평기와 用語 檢討」, 『韓國考古學報』 第80輯, 韓國考古學會.

최문환, 2014, 「조선시대 기와 가마의 구조 연구」, 『고고학』 제13권 제1호, 중부고고학회.

2. 보고서

강산문화연구원, 2020, 『김해 본산리 8-75번지 유적 -고려~조선시대 기와가마 및 공방지
　　등-』.

겨레문화유산연구원, 2012, 『서울 용산 한강로 유적 -서울 용산 국제빌딩주변 제4구역 도시
　　환경정비사업 부지내 문화재 시·발굴조사-』.

＿＿＿＿＿＿＿, 2013, 『파주 파주리 유적 -파주 문산~연풍간 도로 확·포장구간내 유적
　　시·발굴조사 보고서-』.

＿＿＿＿＿＿＿, 2021, 『화성 비봉 유적 -화성 비봉 공공주택지구 내 유적 시·발굴조사
　　보고서-』.

경기문화재연구원, 2010, 『烏山 細橋 宅地開發地區內 文化遺蹟 試·發掘調査 略報告書』.

畿甸文化財硏究院, 2002 『南楊州 好坪·坪內 宅地開發地區內 文化遺蹟 試·發掘調査報告書
　　(II)』.

기호문화재연구원, 2020, 「새만금~전주간 고속도로 건설공사[제6·7·8공구] 문화재 발굴
　　조사 8차 학술자문회의 -재경들 유물산포지 정밀발굴조사(3차)-」.

錦江文化遺産研究院, 2010, 『大田 老隱 3地區 國民賃貸住宅團地 建設事業地區內 大田 智足洞 가마골 遺蹟』.

馬韓文化研究院, 2010, 『나주 송학리유적』.

우리문화재연구원, 2013, 『양산산막일반산업단지조성부지 내 梁山 虎溪·山幕洞 遺蹟』.

_____, 2013, 『양산산막일반산업단지 이주단지 조성부지 내 梁山 大石里 遺蹟』.

蔚山文化財研究院, 2011, 『蔚山靑松寺址기와가마遺蹟』.

中央文化財研究院, 2008, 『平澤 移住團地 造成事業敷地內 平澤 南山里遺蹟』.

_____, 2014, 『慰禮地區 宅地開發事業 2-2區域內 城南 倉谷洞遺蹟』.

한강문화재연구원, 2010, 『원주 안창리 유적』.

_____, 2015, 『서울 수서동 유적』.

韓國考古環境研究所, 2008, 『旌善 愛山里 遺蹟』.

한백문화재연구원, 2008, 『화성 비봉지구 택지개발사업예정지역 문화재 지표조사보고서』.

한울문화재연구원, 2011, 『부천 범박동 유적 -부천 범박 국민임대주택단지 문화재 발굴조사-』.

논산 개태사지 조사성과와 막새에 대한 일고찰

이호경((재)충청남도역사문화연구원)

| 목 차 |

Ⅰ. 머리말

개태사는 태조 19년(936) 창건된 이래 조선시대까지 사력(寺歷)이 이어져 왔다. 왕건이 개경에 창건한 법왕사와 왕륜사 등 10대 사찰과 더불어 고려 개국 초기에 창건된 개국 사찰이다. 개태사의 창건은 개국을 기념한 사찰의 의미를 넘어 태조의 후삼국 통일이라는 정치적 통일과 더불어 불교를 통한 민심의 통합이라는 사상적 통일을 이루고자 하였다는 점에서 정치·사상적으로도 그 위상이 높다.

개태사는 고려 태조의 영정을 봉안한 진전사원으로서 매우 중요한 역사성을 갖고 있다. 진전사원은 고려시대 국가정치와 종교라는 두 가지 큰 이념의 효율적 결합을 보여주는 사례로, 특히 고려 왕실의 진전사원은 왕실과 지방 호족들과의 연계 및 국가의 왕권과 다양한 사건이 연결된 역사적 산물로서 고려시대를 이해하기 위한 중요한 자원이기도 하다.

개태사지는 도지정문화재로 지정 이후에 1986년부터 시작된 발굴조사는 2016년까지 6차례에 걸쳐 진행되었으며, 그사이 한 차례의 학술지표조사가 이루어졌다. 유적의 정비 및 복원과 활용을 위한 목적으로 진행된 발굴조사는 현재까지 문화재 지정구역 및 보호구역 내에서 이루어졌으며, 개태사의 중심사역과 주변사역에 대한 윤곽이 확인되고 사찰의 가람배치에 대한 기본 현황을 파악되었다.

본고에서는 개태사지에 대한 발굴조사 결과에 따른 조사성과와 사지에서 출토된 막새의 현황을 분석하여 태조 왕건이 개창 한 왕실사찰로서의 개태사지 위상과 제와 기술의 전파양상에 대하여 일고찰 하고자 한다.

II. 개태사지 발굴조사 경과와 성과

1. 개태사지[1]의 현황

개태사지는 현재까지 지형의 큰 변화 없이 사역의 형태를 유지하고 있다. 서쪽의 주변 사역권에 마을이 조성되면서 유구의 훼손일 일부 진행되었으나 중심 사역권의 5단 대지와 주변 사역권의 4단 대지는 그대로 유지되고 있다.

옛 항공사진은 1948년부터 찾아지는데, 1973년도 항공사진은 비교적 지형을 뚜렷이 확인할 수 있다. 주변 사역권의 마을은 철거 전 마을 현황과 거의 일치하고 있다. 중심 사역권에는 금당이 위치한 곳과 남서쪽에 민가가 들어서 있는 모습이 확인된다. 중심사역의 금당지에 대한 조사가 진행되었던 1989년에는 중심 사역권에 대한 경작이 계속 진행되고 있는 모습과 주변 산림이 풍성해진 모습이 확인되고 있다.

이외에도 개태사의 현황을 확인 할 수 있는 옛 사진은 『조선고적도보(朝鮮古蹟圖譜)』[2]에서 찾

| 사진 1. 1973년 개태사지 항공사진 | 사진 2. 1989년 개태사지 항공사진 |

---

1 충남대학교박물관 · 논산시, 1993, 「開泰寺 I」
  공주대학교박물관 · 논산시, 2002, 「開泰寺址」.
  충남역사문화연구원, 2015, 「논산 개태사지 3차 발굴(시굴)조사 보고서」.
  충남역사문화연구원, 2015, 「논산 개태사지 4차 발굴조사 보고서」.
  충남역사문화연구원, 2018, 「논산 개태사지 5차 발굴조사 보고서」.
  충남역사문화연구원, 2018, 「논산 개태사지 6차 발굴조사 보고서」.

사진 3. 조선고적도보의 개태사지석탑과 개태사지철확

사진 4. 조선고적도보의 개태사지석조와 석조 하부의 또 다른 석조 모습

아지는데, 개태사지석탑과 철확, 석조등을 확인할 수 있다. 개태사지 석탑은 現개태사로 이전 및 복원되어 있고 철확 역시 現개태사에 보관되어 있다. 개태사지석조는 예전 위치에 그대로 보존되어 있는 것으로 보이며 민가 주택의 담장을 조성하면서 시멘트 타설 등으로 일부 훼손이 진행되었다. 4차 조사 당시 석조 하부에 대해 조사를 일부 진행하였는데, 지표에 노출된 석조 하부에 1기의 석조가 추가로 매몰되어 있는 현황도 확인되었다.

2. 발굴조사 성과

개태사지[3]에 대한 연구는 직접적인 발굴조사만 6차례 진행되었으며, 사찰이 위치한 지역과

---

2 1915년에서 1935년까지 조선총독부의 후원아래 낙랑시대로부터 조선시대까지의 고적의 도판을 모아 간행한 도록.
3 개태사지는 현재 절터로 남아있는 충남기념물 제44호 개태사지와 사지 남쪽의 새로이 사찰로 꾸며져 운

주변에 대한 광범위한 학술지표조사가 한차례 실시되었다. 그간 충청남도와 논산시의 꾸준한 노력으로 사지에 대한 학술조사를 지속적으로 실시하여 개태사의 가람배치를 확인할 수 있는 오늘에 이르고 있다.

표 1. 개태사지 발굴조사 연혁

1차 조사	1986년 충남대학교박물관 개태사지 석불입상 보호각의 중건을 위한 발굴조사
2차 조사	1989~1990년 충남대학교박물관 중심사역(1지역) 금당지와 중문지 · 회랑 일부에 대한 발굴조사
학술조사	2002년에 공주대학교박물관 개태사지 전역에 대한 학술 지표조사
3차 조사	2013년 충청남도역사문화연구원 개태사지 사역범위에 대한 시굴조사
4차 조사	2013년 충청남도역사문화연구원 중심사역 남쪽 마당지(2지역)에 대한 발굴조사
5차 조사	2015년 충청남도역사문화연구원 중심사역과 주변사역 사이의 대지(4지역)에 대한 발굴조사
6차 조사	2016년 충청남도역사문화연구원 중심지역(3지역) 석축 상단 발굴조사

1) 2차 발굴조사

개태사지 사찰 권역에 대하여 1989년 진행된 첫 발굴조사인 2차 발굴조사는 개태사지에 존재하는 2개의 대형 석축 가운데 동쪽에 위치하는 석축 북쪽지역 일부에 대하여 진행되었다.

당시 발굴조사는 중심사역 내 지표상에 노출되어 있는 3매의 대형 초석 주변과 석축 상면의 건물지에 대한 조사로 진행되었다. 3매의 대형 초석이 위치한 지점은 금당지로 명명하였으며 정면 5칸, 측면 4칸의 건물지로 3차례에 걸쳐 중건된 건물로 조사되었다. 정면의 주간거리는 350㎝로 등간격을 이루고 있으며, 측면은 남북

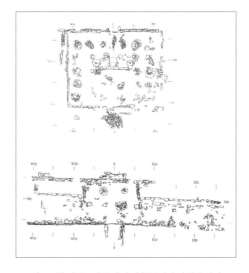

도면 1. 2차 발굴조사 금당지 및 중문지와 남회랑 평면도

영 중인 개태사로 구분된다. 구분을 위해 개태사의 舊址는 '개태사' 혹은 '개태사지'로, 남쪽의 운영 중인 개태사는 '現개태사'로 지칭하고자 한다.

사진 5. 2차 발굴조사 금당지 조사후 모습

사진 6. 2차 발굴조사 중문지 및 회랑지 모습

협칸이 240㎝, 중앙 어칸 2칸이 350㎝로 구성되어 있다. 5×4 규모의 건물의 예가 많지 않으나 무량사 극락전, 해인사 대적광전, 금산사 미륵전 등의 사례가 있다. 조사 도면과 사진을 살펴보면 실제 기단과 적심의 현황에서 다수 중복된 유구의 현황이 살펴지나 당시 조사는 하층 유구에 대한 조사까지는 이루어지지 않았다.

금당 남쪽 석축 상면에는 중문과 남회랑지가 확인되었다. 중문 역시 수차례 중건된 흔적이

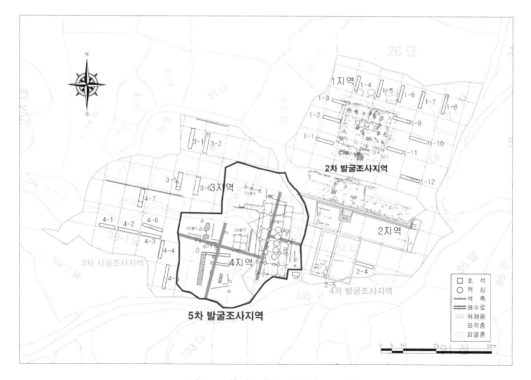

도면 2. 3~5차 시 · 발굴조사 현황(1/1,000)

사진 7. 3차 조사 중심사역 시굴조사 후 전경   사진 8. 3차 조사 주변사역 시굴조사 후 전경

확인되며 정면 3칸 측면 2칸의 규모로 조사되었다. 중문의 정면 주간거리는 400㎝, 측면 350㎝로 등간격을 이룬다. 중문의 동쪽과 서쪽으로 측면 1칸의 회랑이 배치되는 것으로 조사되다.

2차 발굴조사를 통해 동쪽 중심사역의 대형 석축과 계단지, 중문지과 금당지의 현황이 파악되었다. 이들 건물지와 석축, 계단지는 남북 축선에 배치된 건물현황으로 중심사역의 건물배치로 보았으며, 다만 금당지로 추정된 건물의 남쪽 부근이 중문과 매우 가깝게 조성되었던 점과 탑지의 현황이 파악되지 않은 점이 특징적이면서도 의문점으로 보고하였다.

2) 3차 발굴(시굴)조사

2013년 진행된 3차 조사는 개태사지의 사역의 중 민가와 경작이 진행되는 북쪽 일부를 제외한 사역권 9,890㎡에 대하여 시굴조사로 진행하였다. 이전의 조사에서 불전지로 추정되었던 동쪽 중심사역을 1지역, 기단석축 하단의 평탄대지를 2지역으로 구분하였다. 진전지로 추정되었던 지역은 3지역, 기단석축 하단의 평탄대지를 4지역으로 구분하여 조사를 진행하였다.

중심사역은 2차 조사에서 확인된 금당지를 기준으로 양측에 적심시설이 부분적으로 확인되었다. 건물지의 배치로 보아 회랑 등의 형태로 추정하였다. 이외에도 금당지의 북동쪽으로 건물지와 와적층이 확인되어 창건기 건물이 위치하고 있었던 것으로 파악되었다.

주변사역은 많은 수의 근·현대 건물로 인해 교란과 훼손이 진행된 지점이다. 3지역 기단석축 상면으로 2동의 건물이 확인되었으나, 대부분 훼손된 형태로 확인되었다. 기단석축과 배치로 보아 진전 등의 중심건물은 아닌 것으로 추정하였다. 남쪽에 위치하는 4지역에서는 다양한 건물지와 관련유구가 확인되었다. 경작지 등으로 인하여 2단으로 구성된 4지역은 3동의 건물지가 확인되었는데, 4지역은 높은 지역에 위치 한 건물지 2동은 대형석재를 활용하여 조성되어 있다.

동쪽과 주변사역에는 각기 큰 규모의 석축이 존재하고 있다. 중심사역에서는 길이 약 51m, 높이 약 4m의 규모이며, 주변사역의 기단석축은 길이 약 35m, 높이 약 3m의 규모이다. 중심사역의 기단석축 하부에서는 면을 다듬은 장대석을 이용한 초축시기의 장대석 석축이 약 1.1m 높이로 확인되어 창건기의 모습을 추정할 수 있었다. 주변사역의 기단석축 하부에서는 1m 하부에서 할석으로 조성한 석축이 확인되고 있어 진전지와 불전지의 창건기 모습이 상이 했을 것으로 추정된다. 각각의 석축 하부에서 확인되는 유물로 미루어, 현재 지표상에 노출되어 있는 할석으로 조성된 석축은 고려시대에 개축되었을 것으로 추정하였다.

3) 4차 발굴조사

2013년 진행한 3차 발굴(시굴)조사에서는 현재 지표상에 노출되어 있는 중문 및 회랑의 기단석축 하부에서 정교하게 치석된 장대석 석축이 새로이 확인됨에 따라 동년 바로 4차 조사를 진행하여 장대석 석축의 현황을 파악하기 위한 발굴조사가 진행되었다.

조사를 통해 확인된 석축은 사찰의 중심 권역의 기초를 이루는 대형 석축으로 폭 52m, 높이 4.5m에 이르며, 중앙에서는 폭 5.5m의 계단이 확인되었다. 장대석으로 조성된 기단석축 하단부는 지대석을 제외하고 최대 4단까지 잔존하고 있다. 각각의 단의 높이는 아래부터 43㎝-38

사진 9. 4차 조사 중심사역 석축 전경

사진 10. 충주 숭선사지 중심사역 석축

사진 11. 만월대 석축 모습

사진 12. 4차 조사 중심사역 석축 중앙 계단

㎝-36㎝-61㎝로 기단석축 전체에서 동일하다. 하단부의 3단까지는 비교적 낮은 높이를 유지하고 있으나 4단에서는 면석의 높이가 크게 증가하는 것이 특징이다. 또한 4단까지 들여쌓기 수법을 사용하여 안정감 있는 구조로 축조되었다. 또한 중앙부의 위치한 계단을 기점으로 오른쪽(동쪽)과 왼쪽(서쪽)의 지대석 높이가 다르게 관찰되었다. 주변 능선의 영향으로 계단의 오른쪽에서 왼쪽으로 지대가 낮아지고 있는데, 이에 맞춰 계단의 오른쪽 부분은 왼쪽 부분보다 면석 1개 높이만큼 높은 위치에 지대석이 조성되어 있다.

석축의 규모는 계단 폭 4.7m, 계단에서 동쪽 부분이 26m로 확인되며 서쪽부분이 20m가량 잔존하고 있다. 석축이 대칭의 규모 조성되었을 것으로 추정하면 전체 규모는 56.7m에 이를 것으로 판단된다.

석축과 계단부분을 조사하는 과정에서 장대석 면석이 다량 수습되었다. 기단석축에서 장대석 면석이 무너지면서 만들어진 토사와 석재들이 그대로 경사를 이루며 기단석축 하단부를 덮고 있었던 것으로 파악되었다. 기단석축 전면의 토사 하단부와 구지표면 사이에서 확인되는 유물은 대체로 귀얄문과 덤벙기법으로 제작된 분청사기까지 확인되고 있어, 기단석축의 붕괴시점은 분청사기가 제작되는 15세기경을 전후한 시기로 추정된다.

발굴조사에서 확인된 석축과 계단의 하단부는 그동안 토사에 덮여있던 부분으로 성밀하게 치석된 장대석으로 조성되어 있다. 장대석으로 치석된 석축과 계단은 개성 고려궁터의 만월대와 비견되는 고려시대 최고의 기술이 사용된 것으로, 고려시대 중앙의 기술력을 확인 할 수 있는 매우 중요한 사례이다. 개태사지에서 확인된 석축과 유사한 사례로는 고려 광종이 세운 숭선사(954)의 중심사역 석축이 있으며, 장대석 석축의 치석 및 축조 방식과 내부에 할석을 이용한 석축이 확인되는 점 등 동일한 축조기법을 확인할 수 있다.

4) 5차 발굴조사

2015년에 진행된 5차 조사는 중심사역과 주변사역 사이의 공간에 대하여 조사를 진행하였다. 3차 조사 당시 대형 초석이 확인됨에 따라 1지역과 3지역으로 향하는 중간단계에서 거치게 되는 출입시설이나 중요 기간시설이 확인될 것으로 기대되었다. 조사과정에서 확인된 유구로는 4동의 건물지와 석축 및 기타유구가 확인되었다.

조사된 4동의 건물지 가운데 개태사석조 주변에서 확인된 건물지는 정면 6칸, 측면 3칸의 대형 건물로 확인되었다. 건물지의 규모는 정면 6칸, 측면 3칸으로 측면의 주간거리는 중앙 어칸이 약 600㎝, 양 협칸이 350㎝로이며, 정면은 460~670㎝로 차이가 있다. 건물의 구조상 북쪽 두번째 칸의 주간거리가 670㎝로 가장 넓어 이곳을 경계로 북쪽 한 칸과 남쪽 4칸을 구분할 수 있으나 건물의 전체적인 규모가 확인되지 않고, 기단 및 석축 등의 유구로 구획되지 않은 점으

사진 13. 5차 조사 4지역 대형건물지 내 아궁이 모습

로 미루어 하나의 건물로 추정하였다. 다만 향후 조사에 따라 북쪽한 칸은 별도의 건물로 구분될 가능성도 남아 있다. 현재 확인되는 건물지는 남북방향 장축 30.5m, 동서방향 장축 13m에 이르며 남쪽 도로 하부로 확장될 수 있다.

건물지 내부에서는 5기의 아궁이 시설이 확인되었다. 아궁이의 배치는 1건물지 중앙 어칸에 건물의 장축방향을 따라서 5기가 1열로 배치되어 있으며 남쪽의 1기 가 별도로 조성되어 있는 모습이다. 아궁이의 형태는 원형으로 석재를 둘러 벽을 만들었고 바닥

중앙에 일부 석재 배치하였다. 주변으로는 다량의 재가 층을 이루고 재층 중간으로도 다시 석재와 원구형의 재사용층이 확인되고 있다. 바닥은 대체로 렌즈형태로 오목한 모습이며 3개소의 아궁이에서는 바닥 중앙면과 석재 표면에 지름 약 60㎝ 범위로 녹슨 철의 흔적과 철편 등이 소량 확인되고 있다. 아궁이를 조사하는 과정에서 상감청자편이 일부 수습되어 대체로 고려 말까지는 활용되었던 것으로 판단된다. 건물지의 동쪽 기단석축 측면 퇴적토에서 다량의 청자편이 출토되었는데 음각 및 반양각, 양각기법의 순청자편이 다량 수습되었다.

5차 조사에서 확인된 대형 건물지는 위치상 중심사역과 주변사역의 경계에 위치하고 있다. 특히 내부에서 5기의 대형의 원형 아궁이가 확인되고 있고 남쪽으로 개태사석조가 위치하고

도면 3. 6차 시 · 발굴조사 현황(1/1,000)

있어 개태사의 취사와 관련한 유구로 판단된다. 건물지 동쪽에서 다량 수습되는 청자편의 형태가 대체로 완의 형태로 고려시대 사찰이 명상과 관련하여 차를 애용하였다는 점을 생각할 때 항시 물을 사용할 수 있는 유구로 판단하는 것이 타당할 것이다. 특히 現개태사에 보관중인 개태사철확의 규모가 아궁이의 규모와 일치하고 있어 개태사철확이 사용되었던 유구로 추정해 볼 수 있다.

5) 6차 발굴조사

2016년 진행된 6차 조사를 통해 개태사지의 중심사역권역에 해당하는 면적에 대한 시굴조사를 완료하였다. 시굴조사를 통해 중심사역(1·2지역)과 주변사역(3·4지역)에 대한 건물지 현황을 대부분 확인할 수 있었다.

중심사역에 해당하는 1·2지역은 5개의 단으로 구분되는 대지로 구성되었다. 건물의 배치는 2지역으로 접근하여 계단을 통해 4.5m높이의 장대석 석축을 오르면 중문을 통과하게 되고 중문 정면에는 금당지가 배치된다. 금당 뒤편으로는 2단 대지와 3단 대지를 가르는 장대석 석축이 '凸'자 형태로 존재하며 2개소의 계단지가 확인되어 석 축 면에 각각 1개소씩 3개의 계단이 배치되었을 것으로 추정된다. 석축의 동쪽과 서쪽에 위치한 계단지를 중심으로 석축 상단과 하

사진 14. 1지역 조사후 전경 및 건물 배치모습

사진 15. 6차 조사 1지역 건물지 및 기단 모습   사진 16. 6차 조사 1지역 계단지 및 석축 모습

단에 각기 1동씩의 건물이 배치되는데 석축 상단의 건물 2동은 유사한 규모의 건물이 대칭적으로 배치되었다. 4단대지에는 소규모의 건물이 배치되나 주변으로 부석시설이 확인되고 중문과 금당의 중심축선상에 배치되어 있다.

주변사역에 해당하는 3·4지역은 4개의 단으로 구분되는 대지로 구성되었다. 각각의 단은 약 60m 전후의 동서방향을 장축으로 하는 대지로 구성된다. 각각의 대지에서는 건물지와 관련

사진 17. 6차 조사 주변사역 시굴 및 발굴조사 후 전경

된 석렬, 초석 및 기타유구가 확인되고 있으나 민가 건축으로 인한 훼손이 심하여 건물의 명확한 현황은 시굴조사를 통해 파악하기 어려운 현황이다. 다만 3지역의 서쪽 능선하단의 매실밭 내에서는 중복된 건물지 1동이 확인되고 있는데 대형의 초석과 기단이 비교적 잘 남아 있어 3지역의 서쪽부근에 대해서는 정연한 건물의 현황이 파악될 것으로 기대된다.

발굴조사를 진행한 3지역 2단 대지에서는 민가조성으로 인한 교란으로 유구가 대부분 훼손되었으나 2단 대지와 3단 대지를 구분 짓는 33m 길이의 석축 지대석과 면석 일부가 확인되었다. 하단의 석축이 약 66m에 이르는 대형 석축으로 2단 대지의 석축 및 3단 대지의 석축 역시 비슷한 규모로 배치될 것으로 판단된다.

6차 조사를 통해 확인된 조사결과를 종합하면 중심사역의 장대석을 사용한 석축이 1 · 2단 대지와 2 · 3단 대지를 각각 구분하도록 조성되어 있다. 또한 건물지의 배치가 중앙 중심축선 상에 계단지 및 주요 건물지가 배치되는 형태이다. 또한 대칭을 이루는 건물배치와 석축의 현황이 정연한 형태로 가람배치를 이루는 것으로 판단된다. 반면, 주변사역인 3 · 4지역에서는 석축의 현황은 비교적 정연한 구획을 가지고 있으나 건물의 배치가 일정하지 않고 적심과 초석의 현황으로 미루어 소규모나 위상이 높지 않은 건물이 다수 배치되었던 것으로 추정된다. 이러한 현황은 고려초기 가람배치에 있어서 중심사역은 평지가람과 같이 계획된 건물배치를 통해 사역을 구성하고 주변지역에 대해서는 다소 자유롭게 건물을 배치하는 형태와 같다.

이와 같은 조사결과에 따라 기존의 불전지 및 진전지로 이원화하여 구분하였던 개태사지의 사역권역은 정연한 건물배치를 갖춘 중심 사역권으로서의 중심사역과 아궁이시설을 갖춘 건물을 포함하여 다수의 건물이 배치되었던 주변 사역권역으로서의 주변사역으로 구분할 수 있다.

Ⅲ. 개태사지 출토 막새의 분석

1. 개태사지 출토 막새 현황

개태사지에 대하여 진행된 6차례의 시굴 및 발굴조사는 대체로 사역권을 모두 조사하였으나 조사의 목적이 사역 현황을 파악하는데 중점을 둔 시굴조사가 대부분이며 2차례 진행된 발굴조사 역시 중심사역의 축대 및 주변사역의 식당 등 부속시설에 해당하여 중심사역권 발굴은 미진한 현황이다.

다만, 시굴조사를 통해 중심사역권 불전의 배치와 현황을 파악하는데 큰 무리가 없는 현황으로 각각의 조사지점에서 출토되는 유물의 현황 또한 파악되고 있다. 중심사역권에서는 고려시대에서 조선시대 초기까지의 막새가 모두 출토되었으며, 주변사역에서는 막새의 출토빈도가 매우 낮은편이다.

현재까지 확인된 막새는 11종으로 조선시대 막새 1종과 동일 유사종류 1종을 제외한 9종류의 막새는 (표 2)와 같다.

개태사지 출토 막새는 대체로 연화문 계열과 일휘문계열로 나뉜다. 연화문막새는 모두 5종류가 확인되었는데 연화문1 연화문2는 중앙의 큰 자방과 연자를 두고 자방 외곽으로 꽃술대를 표현하였는데 연화문2는 꽃술대가 위치할 지점에 연자문을 돌렸다. 연판은 8엽으로 복판의 연판을 시문하였다. 연화문3과 연화문4는 연판을 세판으로 표현하였는데 연화문3은 중앙의 자방을 소형의 반구형으로 조성하고 꽃술대가 표현되었다. 연화문4는 중앙 자방을 낮은 평면으로 두고 연판과 자방의 경계를 돌대선으로 표현하였다. 마지막 연화문5는 중앙 반구형 자방과 6엽의 연판을 시문하고 주연을 1조의 돌대선으로 표현하였다.

표 2. 개태사지 출토 막새

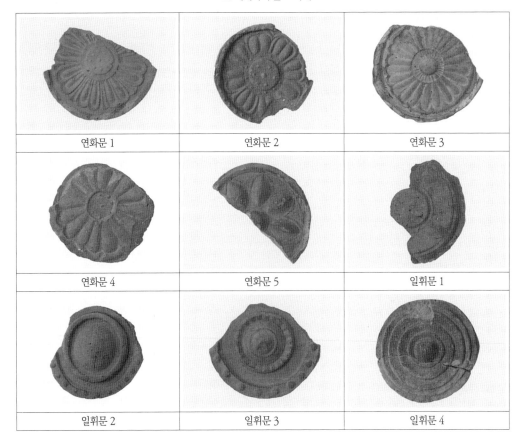

연화문 1	연화문 2	연화문 3
연화문 4	연화문 5	일휘문 1
일휘문 2	일휘문 3	일휘문 4

일휘문은 4종류의 막새가 확인된다. 일휘문1은 넓고 편평한 형태의 반구형 자방을 중심으로 1조의 돌대선을 돌렸고 주연부에도 조의 돌대선을 돌렸다. 일휘문2와 일휘문3은 장식성이 극대화된 형태로 일휘문2는 드림새의 절반 이상을 반구형 자방으로 표현하고 굵은 돌대선 1조를 시문하였다. 주연부는 폭을 넓게 조성하고 굵은 연주문을 시문하였다. 일휘문3은 일휘문 2와 유사한 형태이나 중앙의 자방을 반구형으로 크게 조성하고 자방 중앙에 1조의 얇은 돌대선을 돌리고 자방외곽을 꽃술대와 같이 꾸민 돌대선을 돌려놓은 형태로 제작하였다. 일휘문4는 중앙의 반구형 자방을 중심으로 드림새 전체를 4개의 원권으로 구분하였는데 원권 내부가 낮고 외부가 높게 조성하여 드림새 전체에 원문이 퍼져나가는 듯한 모습으로 표현되었다.

개태사지에서 출토된 막새는 고려초기 연화문막새의 모습에서부터 고려중기 일휘문막새와 고려 중기 이후 일휘문의 변형된 막새의 형태까지 간결하게 보여주는 사례로 중심사역 불전이 집중되는 지점의 시굴트렌치에서 출토되고 있어 향후 발굴조사 결과가 기대되고 있다.

2. 개태사지 출토 막새의 비교 검토

개태사지 출토 막새는 고려시대를 관통하는 문화적 양상과 시기적 양상을 고르게 보여주는 사례로 고려시대 조성된 왕실사찰과 왕사 및 국사의 하산처로 개창된 사찰 등에서 보이는 막새의 양상을 종합적으로 살펴볼 수 있다. 본 장에서는 개태사지 출토 막새와 다른 사찰 출토 막새를 비교하여 검토해보고자 한다.

1) 연화문막새

개태사지에서 출토되는 연화문막새는 복엽연화문막새 2종과 세판연화문막새 2종, 단판연화문막새 1종이 확인되었다. 이중 복연연화문막새는 8엽의 연판을 가지고 있으며 중앙 자방에는 1-6과의 연자문이 시문되고 자방주변으로 꽃술대 대신 연주문을 배치하였다. 주연부는 폭이 좁지만 연주문이 시문된 형태이다.

복엽연화문막새는 고려 초 사찰에서 확인되는 막새로 태조 진영을 모셨던 봉업사[4]와 신명숭선왕후를 위해 광종이 창건한 숭선사[5], 도봉서원(도봉사)[6] 등 고려초 창건된 사찰에서 유사한 형식의 막새가 출토되었다. 고려궁성[7]에서 출토된 복엽연화문수막새는 자방과 연판의 표현이

4 경기도박물관, 2002,『奉業寺』
5 충청대학박물관, 2006『충주 숭선사지(시굴 및 1~4차 발굴조사 보고서)』
6 서울문화유산연구원, 2014,『道峯書院』
7 국립문화재연구소, 2012,『개성 고려궁성 남북공동 발굴조사보고서 I』

뚜렷이 구분되도록 볼륨감 있는 형태로 제작되었는데, 고려궁성에서 만들어진 복엽연화문수막 새가 지방의 왕실사찰 등에 사용된 막새들의 원형이었던 것으로 판단된다.

표 3. 복엽 연화문막새

개태사지 연화문2	봉업사지	숭선사지
도봉서원	고려궁성	

복엽연화문수막새는 고려 초기에 제작되는 막새로서 봉업사와 숭선사지의 창건기 막새로 판 단되고 있는데 봉업사의 창건연대는 알 수 없으나 숭선사는 광종5년(954)에 창건되었으며, 개 태사는 태조19년(936)에 창건하여 940년에 완공하였으므로 10세기 중반을 전후하는 시기에 사용되었던 와당으로 판단된다.

2) 세판 연화문막새

연판을 세판으로 표현한 연화문막새는 통일신라시대부터 사용되는 막새로 개태사지에서는 복엽으로 제작된 8엽 연화문막새와 함께 고려초에 사용되는 막새로 일휘문막새가 나타나는 12 세기 이후로는 자방을 반구형태로 변형시켜 지속적으로 막새이다.

개태사지에서 출토된 세판 연화문3 막새는 24엽의 연판을 시문하였고 중앙에 반구형 자방과 꽃술대를 표현한 선문이 자방과 연판을 이어주고 있다. 연화문4 막새 역시 세판의 연화문막새 로 16엽의 연판을 시문하였고 중앙 자방은 평면에 연자를 시문하였고 자방과 연판 사이에 돌대선으로 구분된 형태이다. 특히 연화문4 막새는 법수사[8] 출토 막새와 동일한 형태를 보이고 있다. 영동 영국사에서 출토된 세판연화문막새는 16엽의 연판을 배치하였고 중앙의 반구형 자방과 자방 주변으로 연자문을 시문하였다. 연판에는 능선에 1조의 돌대선이 확인되며 간엽도 또렷이 표현되어 있다.

표 4. 연화문막새

개태사지 연화문3	개태사지 연화문4	법수사
영국사	개태사지 연화문5	영국사

개태사지 연화문3과 개태사지 연화문4의 차이점은 중앙 자방의 형태와 자방 주변 꽃술대 표현의 유무에서 차이가 나는데 자방의 형태가 평면인 연화문4는 법수사 막새와 같이 11세기 경 사용된 막새로 보아야 할 것이다. 개태사지 연화문3의 반구형 자방을 시문한 막새는 영국사 출토 세판 연화문막새와 같이 일휘문 파생 이후 고려 후기에 사용된 막새로 판단된다.

(표 4)의 개태사지 연화문5 막새는 중앙에 자방을 반구형으로 조성하고 6엽의 연판을 유엽형으로 시문하였다. 문양은 모두 부조가 강하고 자방과 연판에 1조의 돌대를 돌렸다. 동일한 형태로 영동 영국사에서 출토된 연화문막새 역시 동일한 형태로 표면이 마모되었으나 자방과 연판에 1조의 돌대선을 돌렸던 흔적이 남아있다. 동일한 형식의 두 와당 모두 자방이 일휘문의 반구형 자방을 시문한 형태로 일휘문 유행 이후 연화문화 일휘문이 결합되면서 파생한 막새로 판단된다.

---

8 이인숙, 2020, 「고려시대 막새 편년시론-성주 법수사지 발굴조사 출토품을 중심으로-」, 『한국기와학보』, 제2권.

3) 일휘문막새

일휘문막새는 11세기 중엽 갑자기 출현한 문양패턴의 막새로 그간 귀목문와당 등으로 불리웠으나 최근 연구[9]를 통해 일휘문의 발생과 유행을 화엄경의 주존불인 비로자나불의 상징인 광명 즉 태양이 구체적으로 형상화한 것으로, 출현과 성행은 문종이 법상종에서 화엄종으로 종단을 교체하면서 일어난 고려왕실 불교의 사상적 변화가 주요 배경과 원인으로 추정하였다.

11세기 중엽 발생하여 전국적인 사용빈도를 보여주고 있는 일휘문막새의 분류는 최정혜의 논고에서 제시한 기준에 따라 중앙의 반구형 자방에 2조의 돌대선을 돌리고 주연부를 따라 1조의 돌대선을 시문한 것을 전형양식(Ⅰ형식)으로 구분하였다.(표 5)

표 5. 전형양식 일휘문막새

| 혜음원지 | 도봉서원 | 고려궁성 | 봉업사지 |

개태사지에서는 중앙 반구형 자방 주변으로 1조의 돌대선을 돌린 일휘문막새와 변형된 막새가 출토되는데, 앞의 논문에서는 이를 변형양식으로 구분하고 다시 2개의 형식(ⅡA형식, ⅡB형식)으로 세분하였다.

(표 6)의 개태사지 일휘문1 막새는 반구형 자방에 1조에 원권을 돌린 형태로 주연부 안쪽에 마찬가지로 1조의 돌대선을 시문하였다. 자방 주변의 돌대선이 2조에서 1조로 변동되는 것은 전형양식(Ⅰ형식)에서 변형양식(ⅡA형식)으로 변경 된 형태로 개태사지 일휘문1 막새는 11세기 중엽 이후 변영양식 파생기에 조성된 막새로 판단된다. 개태사지 일휘문2 막새는 중앙의 반구형 자방이 거대해지고 자방 주변의 돌대선도 크고 두껍게 시문되어 있다. 주연부도 턱을 조성하고 연주문을 시문하였는데 연자의 크기도 매우 큰 편에 속한다. 대체로 문양을 크고 굵은 형태로 표현하여 장식성을 강조한 형태로 생각되는데, 기본 형식은 개태사지 일휘문1 막새와 같이 변형양식(ⅡA형식)에 해당한다.

---

9 최문환, 2005, 「파주 혜음원지 출토 막새기와 연구」, 단국대학교대학원 석사학위논문.
  최정혜, 2020, 「고려시대 일휘문막새의 출현과 전개」, 『한국기와학보』, 창간호.

표 6. 개태사지 출토 막새

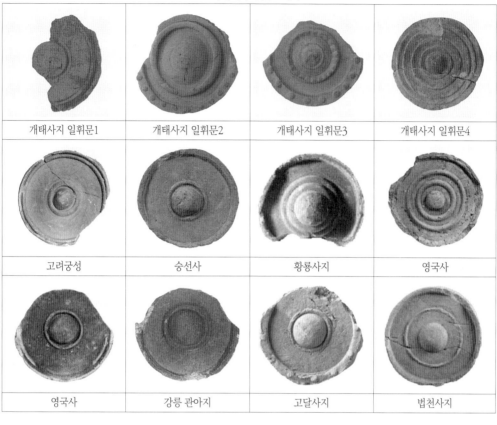

개태사지 일휘문1	개태사지 일휘문2	개태사지 일휘문3	개태사지 일휘문4
고려궁성	숭선사	황룡사지	영국사
영국사	강릉 관아지	고달사지	법천사지

　　개태사지 일휘문1·일휘문2는 기본적인 일휘문의 구조를 갖추고 있는 형태로서 고려궁성에서 확인되는 막새와 숭선사와 영국사에서 출토된 막새와 유사한 형태이다. 특히 여주 고달사지[10]와 충주 숭선사, 강릉 관아지[11]에서 출토된 일휘문막새는 중앙의 반구형 자방의 규모가 상대적을 큰 모양을 하고 있는데 자방을 크게 표현하는 부분에서 유사성이 살펴진다.

　　개태사지 일휘문4는 중앙의 반구형 자방을 표현하고 드림새 전체를 4개의 원권으로 구분하였는데 원권 내부가 낮고 외부가 높아 드림새 전체에 원문이 퍼져나가는 듯한 모습으로 드림새의 주연부를 별도로 구성하지 않았다. 앞의 논고에서는 일휘문1·일휘문2 막새와 같이 변형양식(ⅡA형식)으로 분류되었다. 개태사지 일휘문4 막새는 유사 형식의 막새를 찾기 어려우나 영

10　경기도박물관·기전문화재연구원, 2002, 『고달사지Ⅰ』
　　기전문화재연구원, 2007, 『고달사지Ⅱ』
　　경기문화재연구원, 2014, 『고달사지Ⅲ』
11　강원문화재연구소, 2005, 『江陵 官衙址』

국사지와 법천사지[12]에서 출토된 일휘문막새가 드림새의 중앙에 원형의 돌대선을 1조에서 2조 구성하여 중앙에서 광휘가 넓어지는 모양을 표현하여 개태사지 일휘문4 막새와 유사성을 보인다고 판단된다.

개태사지 일휘문3 막새는 일휘문2 막새의 변형으로 판단되는데 중앙 자방의 크기를 크게 표현하고 자방중앙에 1조의 돌대선을 돌리고 자방 외곽의 원형의 돌대선에 꾸밈을 넣어 화려하게 장식하였다. 자방 외곽의 돌대선을 화형으로 변형시킨 점 등에서 변형양식 이후의 고려후기 자유롭게 변화되는 일휘문막새의 양식으로 분류하여야 하나 중앙의 자방과 돌대선을 계단상으로 조성하였다는 점과 일휘문2 막새와의 연계성으로 미루어 변형양식(ⅡB형식)으로 구분할 수 있을 것으로 판단된다. 변형양식(ⅡB형식)에서 대표적으로 황룡사지[13] 출토 일휘문 막새가 있다.

Ⅳ. 맺음말

개태사지에 대한 발굴조사는 1986년 1차 발굴조사를 시작으로 2016년 6차 발굴조사까지 진행되었으나 2차 발굴에서 금당지에 대한 조사가 있었을 뿐, 중심사역에 대한 본격적인 발굴은 진행되지 못하고 있는 실정이다.

2002년 학술연구를 개태사지 사역을 동쪽과 서쪽으로 구분하고 동쪽을 불전지, 서쪽을 진전지로 구분하였다. 그러나 조사를 통해 개태사지는 동쪽이 중심사역이고 서쪽이 주변사역으로 확인되었다. 5개의 층단을 이루는 대지로 구성된 중심사역 정상부에 진전이 위치하였을 것으로 추정되고 있다.

중심사역(동쪽 1·2지역)은 5단의 대지에 조성되어 있다. 1단 대지는 출입을 위한 전위 지역이며 2단 대지와는 길이 약 57m, 높이 4.5m의 치석된 장대석으로 조성된 대형석축으로 구분된다. 2단 대지는 석축을 시작으로 중문과 남회랑을 갖추었으며 북쪽으로 금당지 동일한 축선상에 위치하고 있다. 금당지 뒤편으로 3단 대지와의 경계에 '凸'자형 석축과 3개소의 계단지가 조사었고 석축 상면의 3단 대지 위에 동쪽과 서쪽으로 대형건물이 대칭으로 배치되어 있다. 다시 북쪽으로 4단 대지에는 작은 규모의 건물지 1동이 별도로 위치하며 이 역시 중심사역의 중

---

12 강원문화재연구소, 2009, 『原州 法泉寺址Ⅰ』
　　강원문화재연구소, 2014, 『原州 法泉寺址Ⅱ』
　　강원문화재연구소, 2017, 『原州 法泉寺址Ⅲ』
13 문화재관리국 문화재연구소, 1984, 『황룡사 유적발굴조사 보고서Ⅰ』

도면 4. 개태사지 건물지 배치 현황(1/1,000)

심축선에 맞게 배치되어 있다. 5단 대지에서는 별도의 건물지는 확인되지 않았으나 정병 등의 유물이 확인되고 있어 추후 발굴조사를 통해 확인이 필요한 지점이다.

　주변사역(서쪽 3·4지역)은 4단의 대지로 구성되어 있다. 그간의 시·발굴조사를 통해 소규모의 다수 건물이 배치되는 지역으로 일부 대형건물지가 확인되나 건물의 성격이 식당 등의 용도로 추정되고 있어 승려 및 참배객의 생활에 필요한 건물들이 들어선 주변 사역권으로 판단된다.

　동쪽의 중심사역은 중심 축선을 통한 정연한 건물배치가 확인되고 있다. 2차 조사 당시 금당지로 추정했던 중앙 건물 외에 2동의 대형 건물이 추가로 확인되고 있어 다수의 불전을 가진 사찰로 파악된다. 진전과 관련해서는 중심사역으로 판단한 사역 내 최상단에 태조 이후 진전이 조성될 시 진전이 중건되어 배치되는 것으로 보아야 할 것으로 판단된다.

　6차 발굴조사까지 진행한 결과 개태사의 가람배치와 건물의 현황을 파악할 수 있었다. 중심사역에는 중문을 제외하고 6동의 불전과 2기의 장대석 석축 및 4개소의 계단이 확인되고 있다. 불전은 5단의 대지에 계단식으로 배치되어 있으나 평면형태는 평지가람의 형태를 옮겨 놓은 듯이 대칭되는 건물의 규모와 방향을 고려하여 조영되어 있다. 이러한 현황은 고려 광종 때에 창건된 '충주 숭선사지'와 같이 고려 초기 얕은 능선 상에 중심사역을 평지가람의 형태로 배치하는 유사한 가람배치의 일면을 보여주고 있다. 주변 사역권에서는 '개태사철확'의 원위치로 추정되는 대형 아궁이 시설이 5기가 확인된 식당 건물을 비롯하여 다수의 건물이 확인되고 있어 중심 사역과는 성격이 다른 건물들이 배치되었음을 알 수 있다.

출토유물에 있어서는 '개태(開泰)'명 기와를 비롯하여 석등과 탑부재, 등신불 이상 규모의 소조상편, 정병 등의 유물 등이 출토 되어 당시 개태사의 규모와 위상을 짐작해 볼 수 있는 유물들이 확인되고 있다.

개태사지에서 출토된 막새들은 고려초기 창건 사찰에서 출토되는 연화문수막새를 시작으로 일휘문막새의 전형양식과 변형약식의 변화상을 잘 보여주고 있다. 연화문수막새는 복엽의 8엽 연판을 시문한 연화문수막새는 고려궁성 출토 막새를 기본으로 봉업사지와 숭선사지 도봉서원(도봉사)등의 막새와 동일한 형식으로 고려초기 창건되거나 중건을 건친 사찰 등에서 동일한 형태로 출토되고 있다. 개태사가 창건된 940부터 숭선사가 창건된 954년을 포함한 10세기 중반경을 전후한 시기에 다량 사용된 형태로 파악되며 이후 막새 모방을 통해 유사한 형태의 막새가 지속적으로 제작되어 사찰 지붕의 유지보수에 사용되었다.

11세기 중엽 전국적인 유행을 만들어낸 일휘문막새는 개태사지에서도 다양하게 확인되고 있다. 개태사지 출토 막새들은 모두 변형양식의 막새들로 파악되고 있는데 변형양식(ⅡA형식)과 (ⅡB형식)이 모두 확인되고 있다. 남한의 중부지역과 남부지역까지 폭넓게 사용된 변형양식의 일휘문막새는 개성과 지방을 연결하는 연결고리라는 점에서 개태사지만의 장식적 특색과 보편적인 특징을 모두 보여주고 있다. 다만 11세기 중엽 전형양식의 일휘문막새가 와범의 관리를 통해 전파되었다면 개태사에서 전형양식의 일휘문막새가 확인되지 않는 점은 다소 의문이 든다. 다만, 중심사역에 대한 본격적인 발굴이 이루어진다면 이러한 의문이 해소될 수 있을 것으로 생각된다.

【참고문헌】

강원문화재연구소, 2005, 『江陵 官衙址』

강원문화재연구소, 2009, 『原州 法泉寺址Ⅰ』

강원문화재연구소, 2014, 『原州 法泉寺址Ⅱ』

강원문화재연구소, 2017, 『原州 法泉寺址Ⅲ』

경기도박물관, 2002, 『奉業寺』

경기도박물관·기전문화재연구원, 2002, 『고달사지Ⅰ』

경기문화재연구원, 2014, 『고달사지Ⅲ』

공주대학교박물관·논산시, 2002, 「開泰寺址」.

국립문화재연구소, 2012, 『개성 고려궁성 남북공동 발굴조사보고서Ⅰ』

기전문화재연구원, 2007, 『고달사지Ⅱ』

문화재관리국 문화재연구소, 1984, 『황룡사 유적발굴조사 보고서Ⅰ』

서울문화유산연구원, 2014, 『道峯書院』

충남대학교박물관·논산시, 1993, 「開泰寺Ⅰ」

충남역사문화연구원, 2015, 「논산 개태사지 3차 발굴(시굴)조사 보고서」.

충남역사문화연구원, 2015, 「논산 개태사지 4차 발굴조사 보고서」.

충남역사문화연구원, 2018, 「논산 개태사지 5차 발굴조사 보고서」.

충남역사문화연구원, 2018, 「논산 개태사지 6차 발굴조사 보고서」.

충청대학박물관, 2006, 『충주 숭선사지(시굴 및 1~4차 발굴조사 보고서)』

윤무병, 1986, 「開泰寺 三尊石佛殿 創建基壇 調査報告」, 『百濟研究』vol 19, 충남대학교 백제
　　문화연구소.

이인숙, 2020, 「고려시대 막새 편년시론-성주 법수사지 발굴조사 출토품을 중심으로-」, 『한
　　국기와학보』제2권.

이호경, 1997, 「고려시대 막새기와의 제작기법 연구」, 단국대학교대학원 석사학위논문.

최문환, 2005, 「파주 혜음원지 출토 막새기와 연구」, 『문화사학』23, 한국문화사학회.

최정혜, 2020, 「고려시대 일휘문막새의 출현과 전개」, 『한국기와학보』창간호.

둔황(敦煌) 발견 「환혼기(還魂記)」(S3092)의 소개와 번역

조충현(단국대학교 강사)

Ⅰ. 해제

도사(道士) 왕위안루(王圓籙, 1851-1931)가 1900년(혹은 1899년) 우연히 발견한 둔황 모까오쿠(莫高窟)의 한 숨겨진 석굴(현재는 '17굴'로 명명)에 수장되어 있던 6만 점 이상의 문서와 유물의 중요성을 여기서 새삼 강조할 필요는 없을 듯하다.[1] 그 중 필자는 이 글을 통해 당–송대(618-1279) 불교도의 사후세계 및 그 신들에 대한 연구에서 종종 언급되는 「환혼기」를 소개하려고 한다. 한국에서도 여러 연구자들이 「환혼기」에 관심을 보이고 있지만[2] 그 전문(全文)이 공개되거나 번역되지 않았으며 이와 관련한 주요 연구 성과도 잘 알려지지 않은 듯하기 때문이다.

현재 영국도서관(British Library)에 소장된 오렐 스타인(Aurel Stein) 컬렉션 문서 3092호(이하 'S3092'로 명명)에는 두 개의 텍스트가 필사되어 있다. 가로 43cm, 세로 30cm 크기의 종이 문서인 S3092의 앞면 1-8행은 표제는 없지만 흔히 "귀원문(歸願文)"이라고 불리는 염불 의례 지침문이다. 그 다음 "「환혼기」를 경건히 살펴본다(謹案還魂記)"라는 문장으로 시작하는 9행부터 25행까지, 그리고 이어서 뒷면의 1-7행까지가 「환혼기」에 해당한다.[3] 일관된 필체를

1 둔황 모까오쿠 17굴에서 발견된 문서와 유물 및 관련 연구에 대한 근래에 번역된 유용한 개관으로 다음을 참조. 유진보 2003; 발레리 한센 2015, 289-338; 하오춘원, 2020.
2 대표적으로 김정희 1996; 염중섭 2019; 이경란 2021.
3 「환혼기」와 관련 문헌을 면밀히 분석한 정아차이는 「환혼기」가 몇몇 문헌에서 확인되는 저승에 다녀온 체험담을 집록한 만당(晚唐, 836-907) 시기의 『환혼기』라는 책의 일부였을 것으로 본다. 그리고 그는

통해 동일 인물이 두 텍스트를 모두 필사했다는 것을 알 수 있다. 좌측 상단 모서리와 18행의 세 번째 글자 부분이 파손된 것 이외에 문서의 보존 상태는 양호하여 남아있는 부분의 문자를 식별하는 데에는 큰 문제가 없다.

S3092의 「환혼기」는 대력(大曆) 13년(778) 양주(襄州) 개원사(開元寺)의 승려 도명(道明)이 갑자기 죽어 염라왕(閻羅王)에게 불려갔다가 그것이 실수임이 밝혀져 다시 이승으로 돌아오던 중 지장보살(地藏菩薩)을 만났던 일을 서술한 500자가 채 되지 않는 짧은 이야기이다. 필자가 확인한 바로는 야부키 게이키가 오렐 스타인이 수집한 둔황 발견 문서 중 「환혼기」가 존재한다는 사실을 출판물을 통해 처음 알린 것으로 보인다. 야부키는 1916년과 1922-1925년 당시 영국박물관(British Museum) 소장 스타인 컬렉션의 고문서를 조사하고 그 중 일부를 사진 촬영하였다. 이를 정리한 도록과 해설서가 각각 1930년과 1933년에 출간되었으며 여기에 「환혼기」의 내용이 간략히 소개되고 S3092 앞면의 도판이 수록되었다.[4]

이 도록의 이듬해에 발간된 스타인 컬렉션 둔황 발견 회화의 카탈로그에서도 「환혼기」가 소개되었다. 이를 집필한 아서 웨일리는 컬렉션 중의 지장도 및 지장시왕도에 종종 등장하는 승려와 사자를 「환혼기」의 내용과 연관된 것으로 보았다.[5] 「환혼기」에서 도명은 이승으로 돌아오던 중 지장보살을 만났고 그 옆에 문수보살(文殊菩薩)의 화신(化身)인 금모사자(金毛獅子)가 있는 것을 보았다고 전한다. 실제로 둔황에서 발견된 여러 지장도, 지장시왕도에는 승려와 사자가 등장하며 그 중 일부에는 방제(榜題)에서 "도명(道明)", "사자(師[獅]子)" 등의 명문을 볼 수 있다(도 1).[6] 웨일리가 이점을 처음 지적한 이래로 불교미술에서 종종 볼 수 있는 지장보살, 승려, 사자의 조합은 「환혼기」에서 비롯했다고 여겨진다.[7]

S3092의 「환혼기」가 앞에 필사된 「귀원문」(가제)을 보완 설명하기 위해 발췌 인용된 것으로서 양자는 실제로는 하나의 텍스트를 이루는 것으로 파악한다. 이에 대해서는 IV장에서 상술한다.

4 矢吹慶輝 1930, 84-V; 1933, 249. 해설인 후자에는 주석에서 S3092가 1929년 11월 게이메이카이(啓明會)에서 발행한 『燉煌出土未傳稀覯佛典白寫眞出陳略目』의 196호에 "還魂記"라고 가제(假題)한 것에 해당한다고 하였지만 필자는 이 문헌을 확인하지 못했다. 한편 뤄푸창은 야부키의 출판 이전에 런던에 소장된 둔황 발견 문서 중의 일부 문헌 목록을 작성했는데 여기서는 「환혼기」가 확인되지 않는다. 羅福萇 1923.

5 Waley 1931, xxx-xxxii, 37의 n. 1. 아울러 그는 「환혼기」의 도명과 연관된 것으로 보이는 저승에 다녀온 몇몇 다른 도명을 소개하기도 했다. 정아차이도 저승을 다녀온 이야기의 형성이라는 관점에서 관련 자료를 살펴보았다. 鄭阿財 2010, 216-223.

6 대표적으로 프랑스 국립기메동양박물관(Musée national des arts asiatiques—Guimet) 소장 MG 17659 하단 우측의 지장도와 MG 17662를 들 수 있다. Vandier-Nicolas 1974, 214, 243.

7 한편 박영숙은 「환혼기」에서 문수보살이 동물로 변신하여 지장보살을 돕고 있다는 것이 비논리적이며 따라서 지장도에 보이는 동물은 원래 사자가 아니었지만(아마도 지옥과 관련된 개) 금모사자로 탈바꿈한 것이 아닌가 추정하였다. 朴英淑 1983, 19-20. 그가 지적했듯이 미쉘 수와미도 마찬가지로 문수보살에 대한 의문을 표명한 바 있다. ミシェル・スワミエ 1962, 47.

웨일리와 같은 시기 마쓰모토 에이이치도 「환혼기」에 주목했다. 그는 둔황 발견 지장시왕도에 등장하는 도명과 사자와 관련하여 우선 남송대(南宋, 1127-1279)의 불교사서인 『석문정통(釋門正統)』(1233)과 『불조통기(佛祖統記)』(1269)에 언급된 관련 내용을 소개했다. 이 두 문헌에서는 시왕이 세상에 알려지게 된 것이 저승을 다녀온 당대(唐, 618-907)의 승려 도명에게서 비롯했다고 말한다(〈부록〉을 참조).[8] 하지만 마쓰모토는 이것만으로 지장시왕도에 등장하는 도명과 사자에 대해 설명할 수 없다는 점을 인정하면서, 이 기사(記事)의 근원이 되는 것으로 보이는 새로운 자료로서 「환혼기」를 소개하고 그 내용을 지장시왕도와 연관지었다. 지장시왕도 중의 도명과 사자가 「환혼기」의 내용을 반영했다는 것은 웨일리와 마찬가지였다. 그러나 마쓰모토는 이에 더하여 자신이 "피모지장(被帽地藏)"이라고 칭한 머리에 두건을 쓴 지장보살의 형상도 이 「환혼기」에 근거한다고 보았다. 그가 「환혼기」의 내용을 상세히 설명하지 않았기에 그의 설명만을 따른다면 「환혼기」에서 지장보살이 머리에 두건을 쓴 것으로 서술되었다는 오해를 불러일으킬 수도 있다. 따라서 이에 대해 보다 정확히 설명할 필요가 있다. 저승에서 도명은 지장보살을 만났지만 처음에 그가 지장보살인지 알아보지 못했다. 이승에 알려진 지장보살의 모습이 저승에서 본 지장보살의 모습과 다르기 때문이었다. 지장보살의 요청으로 도명은 이승의 지장보살의 모습을 설명했다. 그 중 이승의 지장보살이 정수리를 덮지 않고 드러냈다는 내용이 있다. 이를 들은 지장보살은 이승에 알려진 모습이 잘못되었다고 말했다. 마쓰모토는 이 대화 내용을 통해 정수리를 드러내지 않고 덮은 저승의 지장보살이 둔황의 지장시왕도에서 볼 수 있듯이 두건을 썼다고 해석한 것이었다. 「환혼기」에서는 지장보살의 용모에 대해 꽤 구체적으로 묘사하는데 그 중 지장보살이 정수리를 가리고 있다는 내용에 주목한 것이었다.[9] 마쓰모토의 지적 이후 근래에 이르기까지 피모지장(또는 풍모지장風帽地藏)의 등장과 유행에 대한 논의에서는 예외 없이 「환혼기」가 언급되고 있다.[10][11] 지금까지의 조사와 연구에 따르면 현재 전하는 가장 이른 시기의 피모지

---

8 이는 남송대 일부 불교도의 인식이라고 보아야 할 것이다. 또한 「환혼기」에서는 시왕을 언급하지 않는다는 점에도 유의할 필요가 있다. 이에 대해 정아차이는 도명이 저승에 다녀온 이야기에 시왕의 전설이 후대에 덧붙여져 민간에 유통된 결과일 것이라고 추정하였다. 鄭阿財 2010, 220-221.

9 松本榮一 1932, 150-153.

10 근래의 대표적 연구로 다음을 참조. 王惠民 2012; 張總 2012; 簡佩琦 2016.

11 하지만 당시 웨일리와 마쓰모토가 「환혼기」의 전문을 소개했던 것은 아니었다. 그 뒤 1962년 출간된 세계 각지에 흩어진 둔황 발견 문서의 상당수를 망라한 목록집인 『敦煌遺書總目索引』에 「환혼기」의 전문이 처음 수록되었다. 商務印書館 1983(1962), 173. 그러나 타이저의 지적처럼 이 전사문(傳寫文)에는 잘못 옮겨지고 누락된 글자가 상당 수 존재하기 때문에 이를 연구에 이용할 수 없다는 한계를 가진다. Teiser 1988, 448, n. 35. 그로부터 20년에 가까운 시간이 지난 뒤 세계 각지에 흩어진 둔황 발견 문서의 도판 약 22만장을 수록한 『둔황보장(敦煌寶藏)』(전 140권)의 출간되었고, 이제 연구자들은 S3092의 앞뒤면의 텍스트를 도판을 통해 모두 확인할 수 있게 되었다. 黃永武 1982, 667-668. 현재는 국제둔황프로젝트

장보살은 쓰촨(四川)과 둔황에서 확인된다. 두 사례 모두 9세기 말에 제작되었으며[12], 이후 이 지역에서 피모지장보살은 대략 한 세기가량 유행했던 것으로 보인다.

　　이와 같이 둔황 발견 S3092의 「환혼기」는 지장보살, 승려, 사자 등이 등장하는 불교미술과 관련하여 흥미로운 정보를 전해준다. 반면 저승에 다녀온 도명을 주인공으로 하는 「환혼기」에 대한 정보는 다른 문헌에서 거의 확인되지 않는다.[13] 따라서 아래에서는 「환혼기」의 내용을 먼저 살펴본 후 그를 통해 추론할 수 있는 S3092의 「환혼기」라는 텍스트의 성격에 대해 시론적이나마 서술하도록 한다.

II. 원문

　　*아래의 원문은 가장 최근의 교감작업인 즈징의 원문[14]을 저본으로 하고 이를 미셸 수와미의 판독문[15]과 국제돈황프로젝트(International Dunhuang Project)의 웹페이지에서 열람할 수 있는 S3092의 디지털 도판[16] 및 『둔황보장(敦煌寶藏)』에 수록된 S3092의 도판[17]과 비교한 결과물이다. 비교 작업을 통해 저본에 누락된 한 글자("將伏奏閻羅王" 중의 "伏")를 보완하였다. 판독문 중 둥근 괄호 내의 글자는 추정자? 혹은 통용자(필자가 일부 추가)를, '■'는 한 글자가 결실된 것을, '|'은 앞면이 끝나는 지점을 표시한다. 표점은 필자가 일부 수정하였다.

　　謹案還魂記. 襄州開元寺僧道明, 去大曆十三年二月八日依本院, 巳時後午前, 見二黃衣使者, 云: "奉閻羅王勅令, 取和尚暫往眞(冥)司要對會." 道明自念: '出家已來, 不虧齋戒, 冥司追來, 亦何所懼.' 遂與使者徐步同行, 須臾之間, 即至衙府. 使者先入奏閻羅王: "臣奉勅令取襄州開元寺僧道明, 其僧見到, 謹取進旨." 王即喚入, 再三詢問. "據此儀表, 不合追來, 審勘寺額法名, 莫令追擾善人,

(International Dunhuang Project)의 웹사이트를 통해 S3092의 원색 도판을 열람할 수 있다. http://idp.bl.uk/

12　王惠民 2012, 274-276; 劉易斯 2020, 145-146.
13　앞서 언급한 『석문정통』과 『불조통기』를 예외로 할 수 있을지도 모른다. 그렇지만 두 문헌에서의 서술도 도명이 저승에 다녀왔다는 것만이 「환혼기」와 일치할 뿐 그 외의 내용은 물론 "환혼기"라는 표제도 언급되지 않는다. 주 8을 참조.
14　支景 2010.
15　ミシェル 1962, 49.
16　http://idp.bl.uk/database/oo_scroll_h.a4d?uid=3058545887;recnum=8046;index=2 (2023년 3월 7일 접속).
17　주 11을 참조.

妨修道業." 有一主者, 將伏奏閣羅王: "臣當司所追是龍興寺僧道明, 其寺額不同, 伏請放還生路." 道明旣蒙洗雪, 情地豁然. ■王欲歸人世. 擧頭西顧, 見一禪僧, 目比青蓮[18], 面如滿月, 寶蓮承足, 纓絡裝(莊)嚴, 錫振金鐶(環), 納裁雲水.

　菩薩問道明: "汝識吾否." 道明曰: "耳目凡殘(賤), 不識尊容." "汝熟視之, 吾是地藏也." "彼處形容與此不同." "如何閣浮提形■(容?)." "■■(身披錦?)襴, 手持志(至)寶, 露頂不覆, 垂珠花纓." "此傳之者謬. ■■■殿堂, 亦恌焉. 閣浮提衆生多不相識. 汝子(仔)細觀我, ■■■■色, 短長一一分明, 傳之於世. 汝勸一切衆生, 念吾眞言, ■■■■啼耶. 聞吾名者罪消滅, 見吾形者福生, 於此殿|■■■■者, 我誓必當相救." 道明旣蒙誨誘, 喜行難■, ■■虔誠, 懃荷恩德, 臨欲辭去, 再視尊容, 及觀■■■師(獅)子. 道明問菩薩: "此是何畜也, 敢近賢聖. 傳寫之時, 要知來處." "想汝不識, 此是大聖文殊菩薩化見(現)在身, 共吾同在幽冥救諸苦難." 道明便[19]去, 利那之間, 至本州院內, 再甦息. 彼(後?)會(繪)列丹青, 圖寫眞容, 流傳於世.

III. 번역

*아래의 번역문 중 사각 괄호 내의 내용은 번역문의 원활한 이해를 돕기 위해 문맥을 고려하여 필자가 추가한 구절이다. '⋯⋯'는 원문 중 결실된 부분이다. 한편 원문 중의 추정자(원 괄호 내 ? 표시 글자)는 번역에 반영하지 않았다.

　「환혼기」를 경건히 살펴본다.
　양주[20] 개원사의 승려 도명은 지난 대력 13년(778) 2월 8일 본 사원에 머물고 있었다. 사시 후 오시 전에 황색 옷을 입은 두 명의 사자를 보았다. [사자가] 말했다.
　"염라왕의 칙령을 받들어 화상을 데리고 명부의 관리에게 가서 대면하려고 합니다."
　도명은 생각했다.
　'출가한 뒤로 재와 계를 어기지 않았으니 명부의 관리가 추궁한들 두려울 게 무엇인가!'

---

18 수와미는 이 구절에서 "青蓮"은 의미상 부적당하며 다음 구절의 "寶蓮"과 "蓮"이 겹치기 때문에 "青蓮"은 "青漣"의 오기일 것으로 보았다. ミシェル 1962, 52의 주25. 흥미로운 의견이지만 여기서는 받아들이지 않는다. 불교 경전에서 눈을 푸른 연꽃에 비유하는 경우를 자주 접할 수 있기 때문이다. 대표적인 예로 둔황에서도 다수 필사되던 『유마힐소설경(維摩詰所說經)』에서는 보적(寶積)이 부처의 눈을 푸른 연꽃과 같다고 하였다. T475 14:537c.

19 즈징은 원 문서에서는 이 글자가 결실되어 "更"만이 남아있었지만 의미상 원래는 "便"일 것으로 추정했다. 支景 2010, 178. 그러나 『둔황보장』에서는 일부만 결실되었을 뿐 이 글자(便)를 볼 수 있다. 黃永武 1982, 668.

20 현 후베이 성(湖北省) 샹양 시(襄樊市)

결국 사자와 느린 걸음으로 동행했다. 잠깐 사이에 관아에 이르렀다. 사자가 먼저 들어가 염라왕에게 아뢰었다.

"신은 칙령을 받들어 양주 개원사의 승려 도명을 데려왔습니다. 이 승려를 살펴보소서. 경건히 분부를 받들겠습니다."

왕은 즉시 불러들여 다시 세 차례를 물었다. [그 후 말했다.]

"이 문서에 따르니 [이 자를] 데리고 온 것이 합당치 않다. 사원명과 법명을 세심히 살펴보고서 선한 이를 데려오지 말고, 수행하는 일을 방해하지 말라고 명했었다!"

집행자 한 명이 엎드리며 염라왕에게 말했다.

"신이 데려와야 했던 이는 용흥사의 승려 도명이었습니다. 사찰의 이름이 맞지 않습니다. [도명을] 놓아주어 삶의 길로 돌려보내기를 엎드려 청합니다."

도명은 바로 누명에서 벗어났고 상황은 반전되었다. …… 왕은 인간 세상으로 돌려보내고자 했다.

[도명은] 고개를 들어 서쪽으로 돌렸고 선승 한 명을 보았다. 눈이 푸른 연꽃 같으며 얼굴은 보름달과 같았다. 보배로운 연꽃이 발을 받치고 영락으로 장엄하였다. 석장에는 금제 고리가 흔들거리고 납의는 탁발승[의 것처럼] 마름질되었다.

보살(선승)이 도명에게 물었다.

"당신은 나를 알아봅니까?"

도명이 말했다.

"귀와 눈이 평범하고 천하여 존귀한 얼굴을 알아보지 못하겠습니다."

[보살이 말했다.]

"곰곰이 살펴보십시오. 나는 지장입니다."

[도명이 말했다.]

"저곳(이승)에서 [보살의] 용모는 이와 같지 않습니다."

[보살이 말했다.]

"염부제에서는 어떤 모습 ……"

[도명이 말했다.]

"…… 손에는 보배를 들고 정수리를 덮지 않고 드러냈으며 [몸에는] 진주와 꽃술을 드리웠습니다."[21]

[보살이 말했다.]

---

21 타이저는 이 구절을 정수리를 드러내고 거기에 진주와 꽃술을 덮지 않았다는 의미로 번역했다. Teiser 1988, 448. 그러나 "垂珠花縷"을 앞 문장인 "露頂不覆"과 연계하여 번역하는 것은 무리가 있어 보인다. 또한 그의 번역대로라면 정수리에 진주와 꽃술을 덮는 경우도 있었다고 볼 수 있는데 그 역시 어색한 것이 사실이다. 따라서 두 문장을 연결되지 않는 것으로 보고 진주와 꽃술이 드리워진 부분을 가리키는 단어가 문장에 등장하지 않았다고 보는 것이 타당할 듯하다.

"그것은 전하는 자의 오류입니다. …… 전각 …… 역시 그보다 인색합니다. 염부제의 많은 중생들이 [나를] 알아보지 못할 것이니 당신은 나를 자세히 살펴보고 …… 길고 짧음 하나하나를 분명히 하여 이를 세상에 전해주십시오. 당신은 일체 중생들에게 내 진언을 염송하도록 권하십시오. …… 내 이름을 들은 자는 죄가 사라지고, 내 모습을 본 자는 복이 생길 것이며, 이 전각에서 …… 자는 내가 반드시 구원할 것임을 맹세합니다."

도명은 가르침을 받고 나자 어려운 …… 행하는 것에 기뻐했다. …… 경건히 정성을 다했다. 부끄럽지만 감사하게도 은덕을 입었고 떠나려고 하기 전에 존귀한 모습을 다시 보고서 …… 사자(獅子)를 보았다.

도명은 보살에게 물었다.

"이것은 어떠한 짐승이기에 감히 현명하고 성스러운 [보살과] 가까이 있는 것입니까? [보살의 모습을] 돌려가며 베낄 때 유래를 알아야 하겠습니다."

[보살이 답했다.]

"당신은 알아보지 못하는 듯합니다. 이는 대성 문수보살이 화현한 육신입니다. 나와 함께 유명세계에서 여러 고난[에 빠진 중생]을 구제하고 있습니다."

도명은 곧 떠났고 찰나의 순간에 본 주(州)의 사원 안에 이르러 소생하였다. 거기서 여러 그림들을 모아 놓고 [지장보살의] 진실된 모습을 베껴 그린 것이 세상에 널리 전한다.

IV. 여론(餘論)

필자는 「환혼기」의 성격 내지는 용도와 관련하여 "「환혼기」를 경건히 살펴본다(謹案還魂記)" 는 첫 문장에 주목한다. 마치 독자의 행위(performing)를 지시하는 듯한 이 첫 문장은 이야기 로서는 상당히 이례적이다. 따라서 S3092의 「환혼기」가 이야기로서만 소비되기 위해 필사된 것이 아니라는 추정이 가능해진다. 바꾸어 말해 이 텍스트는 모종의 추가적인 용도를 가지고 있다는 것이다. 정아차이는 이와 관련하여 흥미로운 의견을 제기한 바 있다. 결론부터 말하자 면 그는 S3092의 「귀원문」(가제)과 「환혼기」가 실상은 하나의 텍스트인 것으로 파악한다. 「환혼기」가 염불 의례 지침서인 「귀원문」의 일부로서 이를 보완하여 설명하기 위해 인용되었다고 보는 것이다. 그에 따르면 「환혼기」 첫 문장 중 "경건히 살펴본다"는 구절이 바로 이점을 알려 준다.[22] 그의 의견을 이해하기 위해 먼저 S3092의 1-8행을 차지하는 「귀원문」을 살펴볼 필요 가 있다.

22　鄭阿財 2010, 207, 212.

염불 수행하여 정토에 왕생하고자 한다면 먼저 깨끗한 곳에 이 존상을 놓고 [자신의] 상황에 따라 향과 꽃으로 공양하는데 존상 앞에 이를 때마다 깊은 마음으로 합장하고 어떤 흐트러진 행동도 하지 않으며 이 한 차례의 인연에 집중하여 [불보살의] 이름을 부르며 경건히 예를 표한다. "극락세계[를 주재하고] 48대원[을 세운] 대자대비한 아미타불에게 귀의합니다. 모든 중생이 함께 한 마음으로 예를 다하여 귀의합니다." 열 번 절한다. "극락세계의 대자대비한 여러 보살과 일체 현명한 성인에게 귀의합니다." 한 번 절한다. 그 후 집중하여 바르게 앉고 한 마음으로 집중하여 아미타불을 만 번 혹은 천 번 왼다. 관세음, 대세지 [등] 여러 보살을 각각 108번 [왼다]. 다 외고 나서 말한다. "이 찬양과 염불의 공덕으로 법계의 모든 바른 마음가짐을 이롭게 하고, 이 선한 목소리를 받들어 함께 바른 신심을 얻고 무량수국에 왕생하길 바랍니다." 다시 삼배의 예를 하고서 도량을 나온다.[23]

정아차이는 「환혼기」의 첫 문장 이하의 내용이 「귀원문」의 첫 문장 "염불 수행하여 정토에 왕생하고자 한다면 먼저 깨끗한 곳에 이 존상을 놓고"를 해석하기 위한 것이라고 본다. 그에 따르면 앞서 인용한 「귀원문」 문장 중의 "이 존상"은 지장보살상이다. 또 뒤에 덧붙여진 「환혼기」는 예전과 다른 새로운 지장보살의 모습을 알리고 지장신앙과 정토와의 관계를 보여주기 위해 인용된 것이라고 설명했다.[24]

주목할 만한 의견이지만 아미타불과 관세음보살, 대세지보살 및 여러 보살의 이름을 외는 의례에서 지장보살상만을 본존으로 놓는다는 것은 납득하기 어렵다. 실제로 그런 사례가 있었는지 의문이다. 정아차이는 이 주장을 뒷받침하기 위해 룽먼석굴(龍門石窟)의 몇몇 조상기(造像記)를 제시하였다.[25] 이들 조상기는 아미타불, 관세음보살, 대세지보살과 지장보살이 함께 조성되었음을 알려준다. 물론 이것이 언급한 불보살이 서로 밀접한 관련이 있음을 말해주지만 이들

---

23 "夫欲念佛修行求生淨國者, 先於淨處置此尊像, 隨分供香花以爲供養, 每至尊前, 冥心合掌, 離諸散動, 專注一緣, 稱名禮敬. '南無極樂世界四十八願大慈大悲阿彌陀佛, 願共諸眾生, 一心歸命禮.' 十拜. '南無極樂世界大慈大悲諸尊菩薩 · 一切賢聖.' 一拜. 然後專注正坐, 一心專注, 念阿彌陀佛, 或萬或千. 觀世音 · 大勢志(至) · 諸尊菩薩, 各一百八. 念已, 稱云: '以此稱揚 · 念佛功德, 資益法界, 一切心定, 願承是善聲, 同得正念, 往生無量壽國.' 更禮三拜, 即出道場." 이 원문은 정아차이의 전사문을 저본으로 하여 국제돈황프로젝트 웹페이지에서 제공하는 S3092의 디지털 도판과의 비교를 거친 것이다. 표점은 필자가 일부 수정하였다. 鄭阿財 2010, 207; 주 15와 같음.

24 鄭阿財 2010, 208-211. 이에 더하여 그는 『구당서(舊唐書)』와 몇몇 둔황 발견 필사본 문서에서 "환혼기"라는 책의 제목이 언급된다는 점을 지적하고(이들이 모두 같은 책을 지칭하는 것인지는 확인할 수 없다고 한다), S3092에 필사된 「환혼기」는 『환혼기』라는 책의 일부분이라고 주장했다. 그에 따르면 만당오대(晩唐五代, 836-960) 시기에 『환혼기』라는 전기소설(傳奇小說)이 존재했고 여기에 도명의 「환혼기」와 같은 저승을 다녀온 이야기들이 집록(集錄)되었다. 鄭阿財 2010, 212-216

25 鄭阿財 2010, 209-210.

불보살을 염불하는 의례의 중심에 지장보살을 두는 이유를 설명하는 것은 아니다. 또한 「귀원문」에 지장보살이 언급되지 않는다는 점도 의아하다. 따라서 필자는 정아차이와는 달리 S3092의 「귀원문」과 「환혼기」가 애초에 인식되어 오던 것처럼 별개의 텍스트일 가능성이 크다고 본다. 실제로 내용상 양자가 연관되는 부분을 찾아보기 어렵다. 또 둔황에서 발견된 문서 중 서로 다른 성격의 텍스트가 하나의 두루마리에 필사된 사례를 흔히 볼 수 있다는 점도 상기된다.[26]

그러나 필자는 S3092의 「환혼기」가 이야기 이상의 용도를 가진다는 그의 기본적인 판단에는 동의한다. 그가 지적한 염불 의례는 아니지만 다른 모종의 의례에서 S3092의 「환혼기」가 독송되었을 가능성을 배제할 수 없다. 또 이 텍스트가 새로운 모습의 지장 내지는 지장신앙을 알리기 위한 용도를 가진다는 의견에도 주목할 필요가 있다. 아직은 충분한 근거가 제시되지는 못했지만 이러한 지적들이 앞으로 S3092의 「환혼기」에 대한 진진된 논의로 이어질 수 있기를 기대한다.[27]

〈부록〉

1. 종감(宗鑑), 『석문정통(釋門正統)』(1233) 권4 「이생지(利生志)」

『명보기』에서 말했다. 천제가 육도를 총괄하기에 천조라고 부른다. 염라왕이 있는 곳은 지부라고 부른다. [그는] 인간 중의 천자와 같다. 태산부군은 상서령의 수장과 같다. 오도대신은 육부의 상서와 같다. 귀신 세계의 나머지는 주, 현 등의 [관리와] 같다. 이외에 열 곳 전각의 이름이 있고 [그곳은] 여러 관청으로 나뉜다. 당 도명 화상이 명계로 들어가 [이에 대해] 하나하나 자세히 설명하였다. 따라서 그 이름이 기록되었고 보응에 부합한다. 처음에는 세상에서 [그 이름이] 어둡지 않았으나 역대 관제가 종종 다른 것과 같이 [그 이름이] 때에 따라 거듭 변했다. 또 『시왕경』이라는 것이 있는데 성도부 대성자사의 승려 장천이 찬술했다. 또 「수륙의문」의 서문에서 말하길 [시왕] 그림의 형식은 과로선인(당 장과로의 족자)에게서 [시작되었고] [시왕의 이름은] 도명 화상에 의해 알려지기 시작했다. 명계의 관청에는 시왕의 이름이 있지만 장경전에는 [이름의] 한 글자에 대한 이야기도 없다. [시왕의 이름과 관련한] 인연을 헤아려보니 그 연고

26 둔황 발견 문서 중 원문(願文)을 집록한 다음 책의 목록만 보아도 이러한 사례를 어렵지 않게 확인할 수 있다. 黃徵, 吳偉 1995.

27 그 이유를 밝히지 않았으나 아서 웨일리는 S3092 중 「귀원문」 이후의 텍스트를 「환혼기」의 발췌문(extract)일 것으로 보며 리오넬 자일스도 마찬가지이다. Waley 1931, xxx; Giles 1957, 199.

를 대강이나마 알게 되었다. 쌍왕(염라왕)을 드러내기 위해 열 곳의 관청으로 나누어 명성을 떨쳤다. 혹은 추복하는 방식을 드높이기 위해서 혹은 예수재를 알리기 위해서였다.[28]

2. 지반(志磐), 『불조통기(佛祖統紀)』(1269) 권33

시왕공. 세상에 전하길 당 도명 화상의 혼이 지부를 유람하다가 시왕이 죽은 사람들을 나누어 다스리는 것을 보았다. 그로 인해 세간에 [시왕의] 이름이 전해졌고 사람이 죽으면 이 공양(시왕공)을 많이 행한다. 시왕의 이름은 대장경과 전기 등에서 여섯 가지만을 볼 수 있다. 염라, 오관(두 이름은 『삼장재』에서 인용한 『제위경』에 보인다). 평등(『화엄감응전』에서는 곽신량이 사자를 따라 평등왕이 있는 곳에 이르렀다. "만약 어떤 사람이 알고자 한다면"이란 사구게[29]를 외어 풀려나 돌아왔다[고 한다]). 태산(『역경도기』에서는 승려 법거가 『금공태산속죄경』, 『효경원신계』를 풀이했는데 태산은 천제의 후손으로 사람의 혼을 부르는 것을 주관한다[고 한다]). 초강(『이견지』에서는 지주의 곽생이 꿈에서 명부에 갔는데 왕이 앉아서 인사하며 말하길 "나는 서문의 왕랑입니다. 명계의 관리가 나의 충, 효, 정직를 기록하여 사록이 나의 충효, 정직함, [남의] 물건을 해치지 않았음을 기록하여 초강왕이 되었고 12년이 지났습니다"[고 한다]). 진광(『이견지』에서는 남검의 진생이 죽고 나자 그 동생의 딸이 두 귀신에게 인도되어 궁전에 이르렀는데 [거기서 그곳의 왕이] 진광왕이라고 했다[고 한다]. 왕은 딸에게 "당신의 큰아버지를 구하고자 한다면 『팔사경』을 전[사]해야 합니다"라고 말했다. 딸이 깨어나고서 집안 사람들은 그 경전을 구해와 승려에게 천 번 외기를 청했다. 형이 동생의 꿈에 나타나 감사하며 "이미 하늘나라에 태어났다"고 말했다). 구양수가 시왕을 꿈에서 보았다(『통색지』 가우 6년).[30]

---

28 "據冥報記云. 天帝統御六道, 是謂天曹. 閻羅王者, 是謂地府, 如人間天子. 泰山府君, 如尚書令錄. 五道大神, 如六部尚書. 自餘鬼道如州縣等. 此外十殿之名乃諸司分者. 乃唐道明和尚入於冥中, 一一具述, 因標其號, 報應符合. 初匪罔世, 往往猶豫代官制不同, 隨時更變也. 又有十王經者, 乃成都府大聖慈寺沙門藏川所撰. 又水陸儀文敍曰. 圖形於果老仙人(唐張果老畫幀), 起教於道明和尚. 雖冥司有十王之號. 在藏殿無一字之談. 稽攷所因, 粗知其故. 由雙王之示, 實分十殿以强名, 或崇追薦之方, 或啓預修之會(云云)." X1513 75:304a. 이상은 필자의 번역이며 원문의 표점은 필자가 일부 수정하였다. 원문 중의 원 괄호는 괄호 내 내용이 주석임을 표시하며 번역문도 일부 예외를 제외하면 마찬가지이다. 이하 동일.

29 실차난타(實叉難陀)가 7세기 말 한역한 『대방광불화엄경(大方廣佛華嚴經)』 제19 「승야마천궁품(昇夜摩天宮品)」에 언급된 게송의 일부를 말한다. 이 "사구게"는 다음과 같다. "만약 어떤 사람이 삼세의 일체 부처를 알고자 한다면, 마땅히 법계의 본성을 관하라. 모든 것은 마음이 만들었을 뿐이다(若人欲了知, 三世一切佛, 應觀法界性, 一切唯心造)." T279 10:102a-b.

30 "十王供. 世傳, 唐道明和上神遊地府, 見十王分治亡人, 因傳名世間, 人終多設此供. 十王名字, 藏典傳記可考者六. 閻羅・五官(二名見三長齋引提謂經). 平等(華嚴感應傳, 郭神亮爲使者, 追至平等王所, 因誦"若人欲了知"四句偈, 得放回). 泰山(譯經圖紀, 沙門法炬譯金貢泰山贖罪・經孝經援神契, 泰山天帝孫主召人魂). 初江(夷堅志,

도 1. 둔황 모까오쿠 17굴 발견 지장시왕도(MG 17662)

피모지장이 주존이며 그 아래 좌우측에 각각 승려와 동물이 있다. 방제의 명문을 통해 이들이 도명과 금모사자임을 알 수 있다(주 6을 참조).

태평흥국(太平興國) 8년(983), 높이 225cm, 너비 159cm, 비단에 채색, 둔황 모까오쿠 17굴 발견, 프랑스 국립기메동양박물관 소장

국제돈황프로젝트 웹사이트, http://idp.bl.uk/database/oo_scroll_h.a4d?uid=25982865319;recnum=91287; index=1 (2020년 6월 10일 접속)

池州郭生夢入冥府, 王揖坐謂曰, 我是西門王郎, 冥司錄我忠孝正直不害物, 得作初江王, 一紀). 秦廣(夷堅志, 南劍陳生既死, 其弟之女見二鬼導至宮殿, 曰秦廣王也. 王謂女曰, 欲救伯若, 可轉八師經. 女窹, 家人來得經, 請僧誦千遍, 兄夢弟來謝曰, 已獲生天). 歐陽修夢十王(見通塞志嘉祐六年)." T2035 49:322a-b.

【참고문헌】

약어

S: 영국도서관(British Library) 오렐 스타인(Aurel Stein) 컬렉션 문서

T: 大正一切經刊行會 編, 『大正新脩大藏經』, 全85卷, 東京: 大正一切經刊行會, 1924-1934.

X: 河村孝照 編集主任, 『卍新纂大日本續藏經』, 全90卷, 東京: 國書刊行會, 1973-1989.

근대 이전 문헌

『大方廣佛華嚴經』, 實叉難陀 [T279].

『佛祖統紀』, 志磐 [T2035].

『釋門正統』, 宗鑑 [X1513].

『維摩詰所說經』, 鳩摩羅什 [T475].

S3092 [黃永武 1982, 667-668; 鄭阿財 2010, 207-208; 支景 2010, 178; http://idp.bl.uk/database/oo_scroll_h.a4d?uid=3058545887;recnum=8046;index=2 (2023년 3월 7일 접속)].

동아시아어 문헌

簡佩琦, 2016, 「敦煌披帽地藏之文本與圖像」, 『敦煌學』 32, 261-298.

김정희, 1996, 『조선시대 지장시왕도 연구』, 서울: 일지사.

羅福萇, 1923, 「倫敦博物館敦煌書目」, 『國學季刊』 1.1, 160-187.

劉易斯, 2020, 「四川資中西巖羅漢洞浮雕造像調査與分析」, 『大足學刊』 4, 128-154.

ミシェル・スワミエ(Michel Soymié), 1962, 「地藏の獅子について」, 『東方宗教』 19, 37-52.

朴永淑, 1988, 「高麗時代 地藏圖像에 보이는 몇 가지 問題點」, 『考古美術』 157, 18-31.

발레리 한센, 2015, 『실크로드: 7개의 도시』, 류형식 옮김, 서울: 소와당.

商務印書館 編, 1983(초판 1962), 『敦煌遺書總目索引』, 重印版, 北京: 中華書局.

松本榮一, 1932, 「被帽地藏菩薩像の分布」, 『東方學報』 3, 141-169.

矢吹慶輝 編著, 1930, 『鳴沙餘韻: 燉煌出土未傳古逸佛曲開實』, 東京: 岩波書店.

─── 編著, 1933, 『鳴沙餘韻解說: 燉煌出土未傳古逸佛曲開實』, 東京: 岩波書店.

王惠民, 2012, "敦煌所見早期披帽地藏圖像新資料." in Tenth-century China and Beyond:

Art and Visual Culture in a Multi-centered Age, edited by Wu Hung, 266–284. Chicago: The Center for the Art of East Asia, University of Chicago.

염중섭, 2019, 「『지장경』의 중국 유행시기와 인도문화권 찬술의 타당성 검토」, 『동아시아불교문화』 37, 165–189.

유진보, 2003, 『돈황학이란 무엇인가』, 전인초 역주, 서울: 아카넷.

이경란, 2021, 「지장보살의 외형적 특징에 관한 연구」, 『한국불교학』 97, 353–388.

張總, 2012, 「風帽地藏像的由來與演進」, 『世界宗教文化』 2012.1, 83–88.

鄭阿財, 2010(1998), 「敦煌寫本「道明和尙還魂故事」研究」, 『見證與宣傳: 敦煌佛教靈驗記研究』, 臺北: 新文豐出版有限公司, 205–240[『山鳥下聽事, 簷花落酒中: 唐代文學論叢』, 嘉義: 中正大學中國文學系, 1998, 693–735의 재수록].

支景, 2010, 「《道明還魂記》校訂」, 『南京師範大學文學院學報』 2010.9, 176–178.

하오춘원, 2020, 『돈황유서: 석굴 속 실크로드 문헌』, 정광훈 옮김, 서울: 소명출판.

黃永武 主編, 1982, 『敦煌寶藏』 25, 全140冊, 臺北: 新文豐出版.

黃徵, 吳偉 編校, 1995, 『敦煌願文集』, 長沙: 岳麓書社.

구미어 문헌

Giles, Lionel. 1957. *Descriptive Catalogue of the Chinese Manuscripts from Tunhuang in the British Museum*. London: The Trustees of the British Museum.

Teiser, Stephen. 1988. "'Having Once Died and Returned to Life': Representations of Hell in Medieval China." *Harvard Journal of Asiatic Studies* 48.2: 433–464.

Vandier-Nicolas, Nicole. 1974. *Bannières et peintures de Touen-houang conservées au Musée Guimet*, vol 2. Paris: Editions de la Centre National pour Recherche Scientifique.

Waley, Arthur. 1931. *A Catalogue of Paintings Recovered from Tun-huang by Sir Aurel Stein, K.C.I.E.* London: The Trustees of the British Museum and of the Government of India.

웹사이트

국제돈황프로젝트(International Dunhuang Project) http://idp.bl.uk/

상원사 영산전 석탑의 건립 배경과 양식

차민재(율곡연구원)

Ⅰ. 서론

상원사는 조선시대 왕실의 원찰로써 역할을 담당해 왔다. 조선 전기에 화마의 피해를 입어 폐허에 가까운 상태를 유지하다가 왕실의 원찰이 되면서 복원되었다. 특히 세조와의 인연은 상원사 중흥의 계기 되었다. 세조의 상원사 방문 인연으로 세조와 관련된 각종 유물들이 남아있다. 세조 스스로 불제자로 지칭하였던『上院寺 重創勸善文』, 문수보살의 친견을 상징하는 목조문수보살동자 좌상, 암살의 위협으로부터 구해준 고양이 석상, 그리고 영산전 석탑 등이 있다.

상원사 영산전 석탑에 대한 연구는 거의 이루어지지 않았다. 세조와의 인연으로 만들어진 다른 유물에 대한 연구가 다양하게 이루어진 반면 영산전 석탑에 대한 연구는 거의 전무하다. 이는 권선문이나 불상들처럼 발원문이나 기록이 없었을 뿐더러 탑 자체가 매우 훼손되어 있어서 연구도 쉽지 않았다. 주로 조선시대의 석탑들을 연구하는 과정에서 조선시대의 석탑으로 언급되는 것이 전부였다.[1] 건립의 주체에 대해서도 추정만이 난무할 뿐 정확한 연구가 필요한 상황이다.

영산전 석탑의 전반적인 상태도 좋지 못하다. 탑의 전체적인 크기는 약 2m 정도의 높이에 5층으로 구성이 되어있는데 과거 사진들과 비교할 때 옥개석들이 1층을 제외하고 모두 결실되었고 탑신들도 파손되고 뭉개진 형태이며 표면에 새겨진 각종 부조 역시 뭉개져서 알아보기 힘

---

1 송지현(2019),「朝鮮前期 石塔 研究」, 동국대학교 석사학위논문

든 지경이다. 이런 심각한 상황임에도 탑의 보수나 복구에 대해서는 논의조차 이뤄지지 못하였으며 일제 강점기에는 상원사의 主塔으로 이 탑이 사용되었음에도 상원사 내에서도 방치되고 있는 것이 현실이다. 특히 탑의 파손이 심한 상황에서 영산전을 방문하는 방문객들이 탑의 틈새에 시주금을 밀어 넣는 등 추가로 탑이 결실되거나 무너질 가능성도 배재할 수 없다.

본고에서는 영산전 석탑에 대해서 세 가지 관점에서 분석하였다. 첫째, 영산전 석탑의 건립 배경이다. 조선 초기 상원사를 방문하여 많은 일화를 남긴 세조를 중심으로 그가 강원도에서 진행하였던 순행의 과정을 정리하였다. 특히 상원사와 관련한 세조의 행적으로 중심으로 하는 佛事들을 살펴보았다. 둘째, 영산전 석탑의 현재 상황을 조사하였다. 탑의 현재의 모습을 과거에 촬영된 사진들과 비교하면서 탑의 본래모습을 추정해 보았다. 그리고 고려 경천사지 10층 석탑 및 원각사지 10층석탑과 비교를 통하여 영산전 석탑의 양식을 분석하였다. 셋째, 영산전 석탑의 양식적인 특징들과 세조와의 관계 등을 토대로 건립된 시기와 그 건립주체에 대해서 검토하였다. 이를 통해 영산전 석탑의 성격을 밝히고자 한다.

II. 탑의 건립 배경

조선이 숭유억불을 기치로 건국되면서 불교는 위축되었다. 당시 신료들은 불교를 배척하고 고려시대의 각종 폐단이 불교로 인한 것이라 주장하였다. 이 때문에 많은 절과 승려들이 가지고 있었던 각종 특권과 재산들을 몰수당하였다. 이러한 사회적 분위기 속에서 민간이 중심이 되어 불교를 믿으며 대규모의 불사를 진행하는 것은 힘든 상황이었다. 민간에서 줄어든 이러한 불사는 왕실을 중심으로 활발하게 일어나게 되었다. 유교를 숭상하는 조선이었으나 동시에 유교는 민심을 안정시키는 종교로서의 기능은 약했다. 왕실은 민심을 안정하고 안녕을 기원하는 여러 불사들을 진행하였다. 그리고 이러한 분위기 속에서 조선 초기에 가장 적극적으로 불사를 일으켰던 인물이 바로 세조였다. 상원사와 세조의 인연은 세조의 강원도 순행으로 이루어졌다.

1. 세조의 강원도 순행

세조의 강원도 순행은 1466년(세조 12) 3월 16일에 출발하여 다음 달인 윤3월 24일까지 이루어졌다. 3월 16일에 세조는 중궁과 더불어 강원도의 고성탕정으로 거동하였다.

강원도 고성 탕정에 거둥하다. 임금이 中宮과 더불어 강원도의 高城湯井에 거둥하였다. 李允孫을 내금위 장으로 삼고, 鄭軾을 獅子衛將으로, 許亨孫을 控弦衛將으로, 閔信達을 壯勇隊長으로, 吳子慶을 捉虎將으로, 勿巨尹 李徹을 輜重將으로, 儀賓 鄭顯祖를 雜類將으로 삼았다. 왕세자와 永膺大君 琰ㆍ밀성군 李琛ㆍ永順君 李溥ㆍ蛇山君 李灝ㆍ영의정 申叔舟ㆍ좌의정 具致寬ㆍ南陽君 洪達孫ㆍ左參贊 崔恒ㆍ중추부 지사 康純, 同知事 金守溫ㆍ金國光ㆍ尹欽, 이조 판서 韓繼禧ㆍ호조 판서 盧思愼ㆍ중추부 동지사 任元濬ㆍ襄陽君) 林自蕃ㆍ永嘉君 權擎ㆍ行大護軍 林得禎ㆍ巴山君 趙得琳ㆍ唐城君 洪純老ㆍ병조 참판 朴仲善ㆍ參知 韓致禮 등과 더불어 隨駕하고, 百官이 時服차림으로 都門 밖 길 왼쪽에서 祗送하였다. 大駕가 楊州의 灰谷川에 이르니, 경기 京畿觀察使 尹慈ㆍ節度使 金謙光ㆍ都事 許迪이 朝服차림으로 대가를 맞이하여 抱川의 每場에 이르렀다.[2]

세조는 강원도 순행을 하면서 中宮과 함께 왕세자와 永膺大君을 대동하였다. 그리고 百官 가운데 右議政 黃守身만이 궁궐을 지키게 하고 上黨君 韓明澮를 비롯하여 영의정 申叔舟ㆍ좌의정 具致寬 등 당시의 실세들을 隨駕하도록 하였다.

세조의 순행은 약 한달 정도의 일정으로 진행이 되었으며 16일에 도성을 출발하여 포천까지 나아갔으며 17일에는 철원직역에 도착, 18, 19일에 김화, 금성을 거쳐 20일에 금강산 유역에 도착하였다. 여기서 21일까지 장안사, 정양사에 거둥하였다가 돌아와서 표훈사에 머물렀다.[3] 이튿날에 다시 출발하여 22일 회양, 23일에 통천을 거쳐 25일에 高城溫井의 行宮에 도착하였다. 이곳에서 약 열흘간 머물며 나랏일을 처리하였으며 윤3월 6일에 금상산 유점사에 거둥하였다. 이후 윤3월 11일에 행궁을 떠나 다시 움직이기 시작하였으며 11, 12일 杆城郡을 거쳐 13일에 낙산사에 거둥하였다.

14일에 낙산사를 떠난 대가는 강릉 連谷里를 지나 15일에는 대관령 아래 丘山驛에 머물렀으며 16일에 臺山洞口에 이르렀다. 17일에는 상원사에 거둥하여 머물렀으며[4] 18일에는 상원사에서 과거를 열어 총 55인의 합격자를 뽑았다.[5] 이후 대가는 오대산을 떠나서 강릉의 거화전(평창)에 머물렀다. 그리고 19일 橫城의 實美院, 20일에 원주의 沙器幕洞을 거쳐 21일에 지평砥平, 鍾縣에 이르렀다. 22일에는 楊根郡, 23일에 平丘驛에서 머물고 최종적으로 24일에 한양 도성으로 환궁하였다.

---

2 『세조실록』 38권, 세조 12년 3월 16일(정사)
3 『세조실록』 38권, 세조 12년 3월 21일(임술)
4 『세조실록』 38권, 세조 12년 윤3월 17일(무자)
5 『세조실록』 38권, 세조 12년 윤3월 18일(기축)

2. 순행중의 불사

세조는 순행 중에 많은 불사를 행하였다. 세조는 순행 중에 민심을 살피는 동시에 여러 절들에 들려 시주를 행하고 불사를 일으켰다. 금강산에 도착하면서 장안사에 거둥하고, 또 정양사에 들리고 표훈사에 거둥했던 것을 시작으로 윤3월 6일에는 행궁에서 유점사로[6], 이동하는 중간에는 낙산사에도 머무른 것을 확인할 수 있다.[7] 그리고 순행의 마지막에는 오대산 상원사에 거둥하였다.[8] 이 때 사찰들에서 이뤄진 불사나 시주들을 살펴보면 다음과 같다.

장안사 · 정양사 등에 거둥하다. 장안사에 거둥하고, 또 정양사에 거둥하였다가 돌아와서 표훈사에 이르렀다. 刊經都監에 명하여 水陸會를 베풀게 하였다.[9]

호조로 하여금 금강산 여러 절에 시주하게 하다. 戶曹에 전교하기를, "中米 3백 석 · 찹쌀 10석 · 참깨 20석을 금강산 여러 절에 시주하라." 하였다.[10]

호조에 해마다 산중의 절에 시주하도록 전지하다. 戶曹에 전교하기를, "금강산에 나아가자 신령한 상서로움이 많이 나타났으니, 해마다 산중의 여러 절에 쌀 1백 석과 소금 50석을 내려 주게 하라." 하였다.[11]

이러한 시주와 불사들의 기록에 더불어 세조의 행적을 찬양하는 기사들도 찾아 볼 수 있다. 대부분이 왕의 행차 후에 신비로운 기운들이 나타나 좋은 징조임을 언급하며 죄수들을 방면하였다는 내용이다.

어제 甘露와 雨花가 있고, 瑞氣와 異香이 빛을 내며, 땅이 움직이고 雙鶴이 날며, 舍利分身의 기이함이 있었다 하여 百官이 陳賀하니, 전교를 내려 강도 · 절도 외의 죄를 赦宥하였다.[12]

의금부에 명하여 李得守 · 安仲敬을 경성에 보내어 가두게 하였다. 禮曹參判 姜希孟이 와서 문안하고, 인하여 《金剛山瑞氣頌》을 올리기를,……그러더니 잠깐 동안에 상서로운 바람이

6 『세조실록』38권, 세조 12년 윤3월 6일(정축)
7 『세조실록』38권, 세조 12년 윤3월 13일(갑신)
8 『세조실록』38권, 세조 12년 윤3월 17일(무자)
9 『세조실록』38권, 세조 12년 3월 21일(임술)
10 『세조실록』38권, 세조 12년 3월 21일(임술) 2번째 기사
11 『세조실록』38권, 세조 12년 윤3월 9일(경진)
12 『세조실록』38권, 세조 12년 3월 22일(계해)

공중을 쓸어 하늘 모양이 조금 드러나자 누런 구름으로 있던 것이 흰 瑞氣로 변하여 갈라져서 다섯 가지가 되었는데, 맨 끄트머리가 조금 구부러져서 모양이 兜羅手가 五倫指를 구부린 것과 같고, 자유 자재로 進退하며 뒤집어졌다가 바로 되었다가 하는 것이 방향이 없는데다가, 하물며 또 길게 펴지고 끌어서 바로 天腹에 걸쳐서 서북으로 향하였습니다 …… 아아! 하늘과 사람이 멀고 막혀서 感應의 이치가 미미한데, 한결같은 정성으로 공경하는 느낌이 佛天에 통하여 이러한 특수한 감응을 이루었으니, 그 이치는 무엇이겠습니까? 대개 정성이 결함이 없으면 道가 반드시 원만히 이루어짐은 부처와 더불어 무엇이 다르겠습니까? 부처와 부처가 서로 契合함은 그 기회가 매우 쉬우니, 이는 전하께서 여러 번 神變을 얻어 古今에 밝게 빛난 소이입니다. 신은 어떤 다행으로 눈으로 보게 되었으니, 삼가 拜手稽首합니다."……우리 왕은 매우 신령하시도다. 누가 그대를 미혹하게 하였는가? 왕이 그대의 껍질을 깨뜨릴 것이다. 누가 그대의 마음을 살렸는가? 왕이 그대를 도왔도다. 帝網을 단 것처럼 帝珠는 極이 없고, 寶燈을 켠 것처럼 빛과 빛이 서로 잇닿았다. 그대가 그대의 밝음을 궁구함은 우리 왕의 마음이며, 그대가 그대의 아름다움을 궁구함은 우리 왕의 아름다움이다. 이제부터 시작하여 塵墨에 미치도록 다함께 부처의 교화에 들어가서 聖域에 오르세.' 하였도다."[13]

특히 상원사에 거둥했을 때는 "舍利分身의 기이한 일이 있다 하여, 군중의 범죄자를 赦宥하였다."[14]고 기록하였다. 舍利分身은 부처님의 사리가 나타나는 현상을 의미하는데 이는 불교에 있어서 가장 중요한 유물 중 하나인 부처님의 사리가 왕이 거둥하여 머무는 상황에서 나타난 것은[15] 왕의 위엄을 보여주는 기록으로 보인다.

3. 세조와 상원사

상원사는 기존의 기록을 살펴보면 세종 연간에 큰 화재로 절이 소실된 상황이었다. 심지어 화재에 대한 보고 이후 실록의 기록을 보면 "이 절의 水陸齋는 고려 왕씨를 위한 것이다. 또 경상도에 見庵이 있었는데, 이 절도 이미 화재를 입었으니 革罷하라."[16]라고 되어 있었기에 절의 복원을 위한 어떠한 지원들도 이뤄지지 못하였던 것으로 보인다. 때문에 거의 40여년이 지난 세조대에 이르러서는 절은 거의 흔적만 남아있었던 상황이었을 것이다.

상원사와 세조가 연을 맺게 된 계기는 당시 그의 조언자였던 慧覺尊者 信眉의 영향이 컸다. 몸이 좋지 않았던 세조 본인의 건강기원을 위한 것과 더불어 당시에 일찍 요절하였던 세자의

---

13 『세조실록』38권, 세조 12년 3월 27일(무진)
14 『세조실록』38권, 세조 12년 윤3월 17일(무자)
15 기록된 날짜에 세조는 상원사에 거둥하여 과거를 시행하였다.
16 『세종실록』30권, 세종 7년 12월 19일(갑신)

명복을 위해 貞熹王后의 주도로 왕실 원찰을 추진하였다. 이에 그녀는 신미와 원찰로 선정할 절을 의논하였는데 당시 신미가 화재로 인하여 망가졌던 상원사의 중창을 제안하였다.[17] 세조도 이에 찬성하여 당시 상원사 중건을 위한 물자들을 지원하였고 이에 『上院寺 重創勸善文』이 작성되게 되었다.

> 중 信眉가 강원도 五臺山에 상원사를 構築하니, 承政院에 명하여, 경상도 관찰사에 馳書하여 正鐵 1만 5천 斤, 中米 5백 석을 주고, 또 濟用監에 명하여 綿布 2백 匹, 正布 2백 필을 주게 하고, 內需所는 綿布 3백 필, 정포 3백필을 주게 하였다.[18]

당시 상원사에 들어간 물자들의 공식적인 수량은 실록에 자세히 나타나 있다. 앞서서 순행당시 금강산의 절들에 시주한 분량에 비하면 상당한 시주를 한 것을 확인할 수 있다. 순행시 금강산에 시주한 품목은 주로 백미, 소금과 같은 생필품이 주 품목이었던 것에 비하면 상원사의 시주된 품목은 곡식, 철, 비단 등 다양한 품목들이었으며 호조에만 명했던 것과 달리 여러 관들에게 시주를 명한 것을 확인 할 수 있다.

이러한 상원사에 대한 세조의 지원들은 단순히 보은의 영역이라고만 보기는 어렵다. 특히 이러한 불사들을 제외하더라도 당시 세조의 불교에 대한 깊은 관심을 보여주는 대목이 있는데 高城溫井의 행궁에 머물 때 열린 경연에서 《楞嚴經》을 논하게 한 것이다.

> 鄭孝常·魚世恭·兪鎭을 불러 《楞嚴經》을 講하게 하였다. 어세공과 유진에게 명하여 서로 논란하게 하니, 두 사람의 묻고 대답하는 것이 더디므로, 임금이 말하기를 "너희들이 命을 받아 經을 읽으면서 오로지 뜻을 두지 아니하니, 이는 무슨 마음인가?" 하니, 어세공은 묵묵히 대답하지 아니하고, 유진은 대답하기를, "신은 명을 받은 날이 얼마 아니되고, 또 일의 번거로움으로 인하여 마음을 다하지 못하였습니다."하였다.
>
> 임금이 말하기를,

---

17 『拭疣集』 2, 「記類-上元寺重創記」, "其中臺之南, 有寺曰上元. 再罹鬱攸之災. 時則有幹善之士. 從而創造. 隨廢 隨起. 然其制阨狹而卑塞. 僧不樂居. 天順建元之八年四月. 我世祖惠莊大王. 不豫彌 旬. 太王太妃殿下憂懼. 遣內官咨於慧覺尊者信眉 大禪師學悅等. 雖中外寺社. 作法祝 上. 皆然. 于欲於名山勝地. 創一茄藍. 以爲別願之所. 如有國家祈請. 則就之於此. 卿 等遊歷四方. 必知其處. 其缺實聞. 信眉等對曰. 臺山. 我國名山. 而中臺上元. 地德尤 奇. 僧徒結際. 必有警枕之異. 不幸廚人失火. 化主力寡. 急於取辦. 僅得庇人. 若因其 舊基改構. 廣其規制. 以爲一山名刹. 當其祈祝. 別降香弊作佛事. 無如此寺便. 太王太 妃殿下傳旨. 僧言允當. 卽啓世祖. 命僧學悅. 主營締之務.(諭慶尙監司. 舟米五百石. 運于江陵. 濟用監出布一千匹. 以資經始.) 旣而. 世祖疾惡. 漸至平善. 太王太妃殿下 且驚且喜. 疑其山靈佛化默感於一言之頃. 世祖親製功德之疏頒示. 宗親宰樞. 欽承聖 旨. 占出所有. 仁粹王妃殿下. 承兩殿注意之隆. 益施租五百石. 以濟其乏. 於是. 悅公 早作夜思. 躬加督勉. 始於乙酉三月. 告訖於翌年丙戌."
18 『세조실록』 35권, 세조 11년 2월 20일(정유)

"명을 받은 날은 얼마 아니되나, 내가 이미 명이 있었는데 어찌하여 읽지도 아니하였느냐?" 하니, 대답하기를, "신이 과거에 오르지 못하여 과거 일에만 마음을 오로지하였기 때문에 다른 데에 미칠 겨를이 없었고, 벼슬한 뒤로는 職事에 여가가 없어서 아무리 읽고 싶어도 읽을 수가 없었습니다." 하므로, 명하여 어세공과 유진에게 장(杖) 30대를 쳐서 그 事由를 묻게 하였다. 인하여 中樞府同知事 鄭軾·左承旨 尹弼商에게 명하여 義禁府에 가서 또 杖 30대를 쳐서 묻게 하니, 어세공과 유진이 모두 대답하기를, "관청의 사무에 겨를이 없어서 부지런히 읽을 수가 없었습니다. 어찌 다른 뜻이 있겠습니까?" 하므로, 명하여 모두 가두게 하였다.[19]

그 뒤에 풀려나긴 했으나 직후에 두 사람 모두 파직 당하였다. 이 기록은 물론 왕의 명을 받고도 경연 준비를 소홀히 한 신하들에 대한 징계의 의미로 볼 수 도 있으나 당시 세조가 이 두 사람에게 했던 말일 보면 다음과 같다.

"너희들이 《楞嚴經》을 받아 읽은 날이 이미 오래였고, 내가 너희들에게 명하여 서로 講論하게 하였는데, 너희들이 내 명을 가볍게 여기고 서로 돌아보며 말이 없으니, 너희들이 만약 부처를 좋아하는 것을 잘못이라고 한다면, 마땅히 '임금의 잘못된 마음을 바로잡지 아니할 수가 없다.'고 하면서, 장차 마음을 다해 극진히 간하여 고쳐 깨닫기를 바라는 것이 진실로 그 직책이다. 너희들은 어찌하여 외면으로는 복종하고 마음으로는 그르게 여기느냐? 법으로 논하면 죄를 용서할 수 없으나, 이제 모두 용서한다."[20]

직접적으로 '부처를 좋아하는 것'이라고 언급까지 하였던 것을 알 수 있다. 또 『上院寺 重創勸善文』에 세조가 작성한 수결을 보면 자신을 '불제자 이도'라 낮추고 있는 것을 확인할 수 있다. 이는 당시 세조가 본인 스스로를 불교도로 생각하고 있었음을 추측해볼 수 있는 부분이라고 할 수 있을 것이다.

Ⅲ. 탑의 현황과 양식

1. 탑의 현황

영산전 석탑의 재질에 관련하여 고유섭 선생은 대리석으로 보았으나[21] 『전통사찰총서』에서

---

19 『세조실록』 38권, 세조 12년 윤3월 7일(무인)
20 『세조실록』 38권, 세조 12년 윤3월 8일(기묘)

상륜 보주

기단 하부석

전체 모습   기단 갑석

는 화강암으로 만든 탑이라 언급하였다.[22] 탑의 발견에 대해서도 현재 위치가 아닌 인근 계곡에서 폐탑을 모아 세웠다고도 하고, 영산전 옆에서 발견되었다고도 한다.

현재 남아있는 탑재는 기단 하부석과 중석 및 갑석, 1층탑신과 옥개석, 2,3,4,5층의 탑신석, 상륜부의 보주 등이다. 지금 영산전의 탑의 상태는 이 탑재들을 형태에 맞춰서 쌓아둔 모습으로 탑 사이사이에는 현재 신도들이 보시한 시주금이 가득하다.

기단부의 경우는 하부, 중석, 갑석이 모두 남아 있다. 중석의 경우 일부가 풍화된 모습이 보이나 4면 모두에 구름을 휘감은 4조룡의 모습이 확실하게 남아있다. 기단 하부와 갑석의 경우는 파손의 정도가 심하지만 하부에는 복련의 연화문을 새겼으며, 갑석에는 앙련의 연화문을 각각의 면에 새긴 것을 확인할 수 있다. 현재의 모습에는 갑석 또한 복련의 형태이나 일제 강점기 유리건판사진의 모습과 비교했을 때 갑석 자체가 뒤집혀 결구된 것으로 보인다. 따라서 연화문 또한 복련이 아닌 앙련일 것으로 추측된다.

탑신들의 상태는 전반적으로 결실부분이 상당하다. 먼저 초층탑신과 옥개석의 경우 서면의 三尊佛과 남, 동, 북면의 四佛이 남아있으며 옥개석은 남면에 옥개받침이 약간 확인되고 낙수면이 일부 보일 뿐 전반적인 형태가 모두 깎여 나가있다. 탑신에 새겨진 존상들은 전반적으로 같

21 대리석탑의 예의 유명한 개성 부소산(扶蘇山) 경천사지 십층석탑, 경성 탑동공원탑, 여주 신륵사 대리석칠층탑, 오대산 상원사 오층탑 등이 그것이다. (又玄 高裕燮 全集2-朝鮮美術史 下 各論篇($8ù, 2007), p. 87.)

22 『전통사찰총서』 강원도1(¬08TðlÐ, 1992), p. 61.

은 형태를 취하고 있는 듯하나 전반적인 상태가 좋지 못하여 정확하게 파악하긴 어렵다. 비교적 뚜렷하게 남아있는 몇몇 상들을 비교하면 같은 여래상을 연속하여 새긴 모습으로 추정된다.

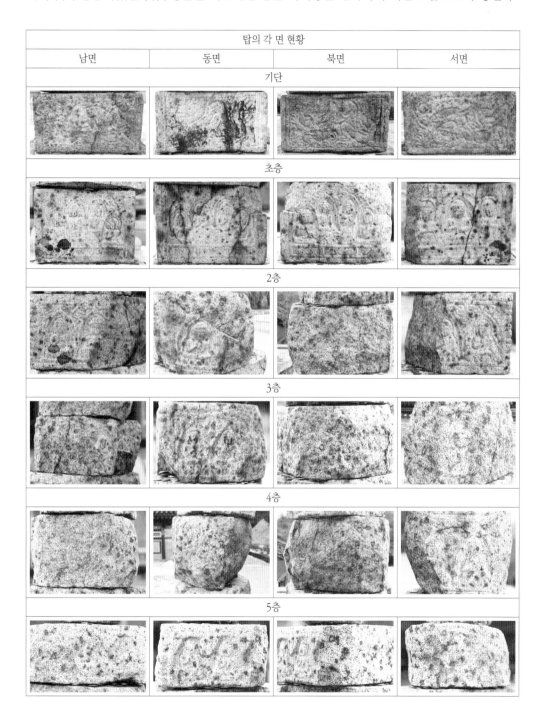

탑의 각 면 현황			
남면	동면	북면	서면

　　2층과 3층도 4면이 모두 확인되는 형태이나 결실 비율이 상당하다. 2층탑신의 경우 북면부분이 완전히 결실되어 있으며 3층은 남북 면이 완전히 떨어져 나가버렸다. 존상 역시 전반적으로 3존의 형태인 것은 확실하나 각 면마다 2존만 남거나 독존으로 양쪽이 모두 깎여 나간 모습 등 본래 크기의 2/3 정도만이 남아있다.

　　이런 상태는 4,5층의 탑신의 경우 더 심한 상황이다. 4층 탑신의 경우 일제 유리건판 사진과 비교하면 탑신 자체가 반 토막이 난 상황이다.[23] 다행이 서면의 경우는 3존 중 2존의 모습이 확인되고 있으나 북면의 경우는 완전히 뭉개진 상황이고 동면의 경우도 희미하게 흔적만 남아있다. 5층 탑신의 경우 4면이 모두 남아있긴 하지만 전반적으로 탑신의 형태가 원형에 가깝게 깎여버린 모습이다. 북면에 3존 중 2존의 모습이 비교적 선명하게 남아있고 동면과 남면에도 희미하게 흔적이 보이나 서면의 경우는 완전히 뭉개져 알아볼 수 없는 상황이다.

2. 과거의 모습

| 1912년 촬영[24] | 1935년 촬영[25] | 1965년 촬영[26] |

　　중앙박물관이 소장하고 있는 유리건판사진 중 영산전 석탑의 사진은 2장이 전해지고 있다. 1912년에 촬영된 '상원사 영산전 다층석탑'이란 명칭의 사진과 1935년에 촬영한 '상원사 대웅전 앞 오층석탑'이란 명칭의 사진이다. 유리건판사진 속 탑의 모습은 각층 별로 옥개석이 파손

23　다만 탑신 자체가 파손된 부분은 12년 사진에서도 확인된다.
24　국립중앙박물관 소장, 조선총독부 유리건판 사진 - 001727
25　국립중앙박물관 소장, 조선총독부 유리건판 사진 - 012439
26　월정사 성보박물관 소장, 정영호 촬영, 엄기표 제공

된 상태이나 남아 있었던 것을 확인할 수 있다. 두 사진 속의 탑의 모습도 약간의 차이가 있는데 12년에 촬영된 사진의 경우 기단의 하부석이 땅에 묻혀져 있는 상태임을 알 수 있으며 영산전 앞마당에 있던 석탑이 35년에는 문수전 앞으로 옮겨져 상원사의 주탑으로 모셔진 것을 알수 있다.

이후 1965년에 찍은 사진을 확인해보면 탑의 전반적인 석재들이 모두 심각하게 훼손된 것을 확인할 수 있다. 특히 2층부터 5층까지의 옥개석이 모두 결실되어버렸다. 기단의 경우는 비교적 피해가 덜한 상태이나 앞선 사진속의 모습과 달리 기단 갑석이 뒤집힌 채로 결구되어 있다. 이는 현재도 마찬가지인데 1946년의 화재 이후 탑을 복원하는 과정에서 발생한 오류로 추정된다.[27] 이러한 파손들은 상원사가 화재로 피해를 1946년에, 혹은 화마가 지나간 뒤 절을 복구하는 과정에서 탑을 옮기는 도중 파손되었거나 위치적으로 생각했을 때 화재로 인한 직접적인 피해를 본 것으로 보인다.

3. 탑의 양식

상원사 영산전 석탑과 양식적으로 가장 유사한 탑을 찾는다면 고려시대에 만들어졌던 경천사지 10층 석탑과 그 탑을 토대로 만들어진 원각사지 10층 석탑이 가장 유사하다고 할 수 있다. 비록 전체적인 크기에 있어서는 차이가 크나 전반적인 양식적 부분에서 상원사 영산전 석탑의 양식은 앞의 두 탑과 유사한 점이 많다.

1) 우주

기존의 석탑에서 탑신에 우주나 탱주를 새길 때는 특별한 장식을 하는 경우는 찾아보기 힘들었다. 보통은 그냥 일직선의 선으로 이뤄진 형태로 테두리를 만드는 모습이었다. 하지만 경천사, 원각사 석탑의 탑신과 기단부를 살펴보면 우주에 조각을 새긴 모습을 보인다. 상원사의 우주들은 대부분이 결실되어 정확한 확인이 불가하므로 경천사, 원각사의 양식을 비교해본다면 경천사지 10층 석탑의 경우 연화의 형태가 살짝 벌어진 상태로 좀 더 사실적인 형태로 조각되었다. 이후 건립된 원각사지 10층 석탑에서는 우주의 굵기가 커지고 사실성이 떨어지면서 도식화한 형태로 나타난다.

27 갑석의 받침 부분을 확인해보면 현재를 기준으로 아랫면 받침의 크기가 중석의 폭보다 좁은 것을 알 수 있다. 하부의 받침은 공간이 협소하여 정확한 실측이 불가능하였는데 상면 받침의 실측치가 54cm로 중석의 넓이보다 약 1cm 넓은 것을 확인할 수 있었다. 수치적인 비례로 보았을 때 갑석의 본래 모습은 현재와는 반대였을 것이다.

경천사	원각사	영산전

영산전 석탑의 경우 현재 2층의 남면에서만 우주가 남은 모습이 보인다. 이 상태로는 확인할 수 없는 관계로 과거 사진을 통해서 우주의 모습을 유추해보면 경천사지 10층 석탑의 좀 더 입체적이고 사실적인 모습보다는 원각사지 10층 석탑의 장식들과 같이 좀 더 도상화되고 단순해진 형태이나 영산전 석탑은 다시 경천사지 10층 석탑에 가까운 입체적인 장식들의 모습을 보이고 있다.

2) 기단의 운룡문

기단 중석에 나타난 운룡무늬 역시 찾아보기 힘든 부분이다. 일반적으로 용은 왕위를 상징하는 형상으로 왕실과 제작된 탑의 연관성을 증명할 중요한 부분이라고 할 수 있을 것이다.

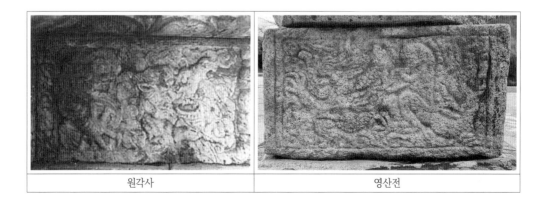

원각사	영산전

전반적인 양식을 비교함에 있어서도 전체적으로 구름에 둘러싸인 운룡의 모습에 두 조각 모

두 기단부의 중석에 위치함을 알 수 있다. 전반적인 조각의 사실성이나 입체감은 원각사지 10층 석탑의 모습이 좀 더 화려한 것을 알 수 있는데 이는 단순히 두 탑의 시기적인 차이에서라고 할 수도 있으나 원각사지 10층 석탑의 경우 주재료가 대리석인 것에 반해 영산전 석탑의 경우 석회질이 가미된 화강암인 것을 고려한다면 시기적인 차이보단 재질적인 문제로 인한 차이라고 보는 것이 올바르다고 본다.

3) 존상

탑들의 존상들을 비교함에 있어 가장 중요한 부분은 탑신에 새겨진 불상의 숫자들이다. 원각사지 10층 석탑의 경우 1~5층에는 5존을, 6~10층에는 3존을 세기고 있다. 더불어 하층, 적어도 1~5층까지의 존상들을 살펴보면 상층의 존상들 보다 훨씬 입체적이고 상세하게 묘사하고 있는 반면 6층 이상의 탑신에는 마치 도장으로 찍어 낸듯한 존상의 모습이 보인다.

영산전 석탑의 경우 탑신에 결실이 상당하여 정확하게는 파악할 수 없으나 적어도 현재 확인되는 존상은 1층에 3존과 4존, 2~5층에는 삼존을 세긴 것으로 확인이 되고 있다. 존상의 구성은 다르나 영산전 탑 역시 초층의 탑신은 비교적 세밀하게 묘사된 반면 2층부터의 존상들은 훨씬 단순하고 도식화된 모습을 보여준다.

경천사 8층

원각사 6층

영산전 2층

존상의 숫자나 도식과는 별개로 한 가지 주목해야할 부분이 있는데 경천사지, 원각사지 십층 석탑 3층의 서면과 영산전 석탑 초층의 서면이다. 세 곳 모두 같은 탑신의 조각들과는 차이를 보이는 부분이 있는데 경천사와 원각사의 경우 북,동,남면이 모두 삼존의 모습을 하고 있는데 서면에는 쌍존을 새기고 중앙에 감실을 조각하였다. 영산전 석탑의 경우도 다른 3면은 모두 사존을 새긴 모습이나 서면만이 3존을 새긴 모습을 확인할 수 있는데 구성은 다르지만, 전체적인 존상의 배치구도는 세 곳이 유사함을 보이는 부분이다.

| 경천사 3층 서면 | 원각사 3층 서면 | 영산전 초층 서면 |

이러한 세 탑의 존상 배치는 탑의 위치를 생각하면 특이한 부분이 있다. 세 탑 모두 서면의 존상배치가 일치하는데 이는 당시 탑의 위치를 보면 공통적으로 탑의 공덕 대상을 향하고 있는 모습을 보여준다. 경천사의 경우는 개경의 서쪽, 즉 중국을, 원각사의 서쪽은 경복궁이 위치하고 있으며 영산전의 서면은 한양의 방향과 일치한다. 경천사는 중국의 기황후를, 원각사는 세조의 원찰로서 만들어진 절들이다. 이점을 생각해볼 때 영산전 석탑 역시 같은 방향에 같은 배치를 둔 것은 세조를 위하여 지어진 것임을 증명하는 부분이라 할 수 있을 것이다.

IV. 건립 시기와 주체

1. 석탑의 건립 시기

영산전 석탑의 건립 시기를 추정할 때 문헌적인 기록은 세조의 행차를 기록한 실록이 유일하다. 그러나 실록의 기록에서는 정확한 시기를 기록한 기사는 찾아볼 수 없다. 때문에 실록이나 다른 기록들을 통하여 정확한 건립연도가 나타나 있는 탑들과의 비교를 통하여 건립시기를 추정해야 하는 상황이다.

앞서 세조와 상원사의 관계를 유추할 때 보았듯이 세조가 공식적으로 상원사와 연을 맺는 것은 1465년(세조 12)부터 1467년(세조 14)의 일이다. 당시 신미의 추천으로 상원사 중창을 위한 불사를 일으킨 세조는 66년에 상원사의 공사가 끝났음을 보고 받았으며, 이듬해 강원도 순행 중에 상원사를 직접 방문하였다. 이 순행이 당시 세조가 상원사에 들른 유일하면서 공식적인 기록이다.

동 시기에 건립된 석탑이자 공식적으로 기록이 남아있는 석탑은 세조의 주도 아래에 건립된 원각사 10층 석탑이 유일하다. 실록의 기록을 보면 원각사 건립이 처음으로 논의 된 것은 1464년(세조 10)의 일로[28] 이후 탑이 완성된 것은 1467년(세조 14)의 기록에 나타나 있다.[29] 두 탑은 양식적 유사성을 고려해 볼 때 영산전 석탑의 건립시기도 1467년 직후로 추정된다.

2. 건립 주체

영산전 석탑의 건립 주체를 일려주는 직접적인 자료는 없다. 국보인 『上院寺 重創勸善文』, 『朝鮮王朝實錄』, 오대산의 역사를 기록한 『五臺山事蹟記』 등 오대산의 역사를 기록한 문헌들은 수도 없이 많았으나 영산전 앞에 서 있는 석탑에 대한 기록은 찾아볼 수 없었다. 특히 세조와 관련된 원각사 불사의 기록이 상세하게 기록된 것과는 대조적이다.

앞서 설명한 것처럼 두 탑은 동시대에 건립된 탑이다. 하지만 관련 기록은 비교가 불가능할 정도로 차이가 있다. 공식적으로 실록에 기록되어있는 세조대에 원각사와 관련된 기사의 숫자는 총 58건이다. 그 내용도 단순한 보고가 아닌 원각사의 건립과정을 세조 본인이 꼼꼼하게 살피며 진행한 것을 알 수 있을 정도로 다양한 기사들이 남아있다.

1) 세조와 원각사의 건립

세조가 처음으로 원각사를 언급하며 제건을 명한 것은 1464년(세조 10) 5월 2일이다. 바로 이튿날에 신하들과 함께 이를 진행할 여러 직책들을 임명하였으며[30] 한 달 정도 뒤인 6월 5일에 군사 2천여 명을 대동하여 원각사 부지 주변의 민가 200여 채를 철거하는 작업을 진행하였다.[31] 이후 신하들과 이들에 대한 보상을 의논하고 절의 청기와를 올리는 일, 대종의 제작, 건립 도중 발생한 인명사고나 백성들에게 피해를 준 관리들을 처벌하는 등 원각사 건립 과정이 자세

28 『세조실록』 33권, 세조 10년 5월 2일(갑인)
29 『세조실록』 42권, 세조 13년 4월 8일(계묘)
30 『세조실록』 33권, 세조 10년 5월 3일(을묘)
31 『세조실록』 33권, 세조 10년 6월 5일(정해)

하게 기록되어 있다.

더불어 원각사에서 일어난 여러 상스러운 징조들도 함께 기록하고 있는데 주로 절에 서기가
가득 차 신비로웠다는 내용과 함께 이를 기념하여 죄가 가벼운 죄인들을 석방하는 기록이다.

> 孝寧大君 李가 아뢰기를, "이 달 13일에 원각사 위에 黃雲이 둘러쌌고, 天雨가 사방에서 꽃피어
> 이상한 향기가 공중에 가득 찼습니다. 또 瑞氣가 회암사에서부터 경도사까지 잇달아 뻗쳤는데,
> 절의 役事하던 사람과 都城 사람, 士女들이 이 광경을 보지 않는 자가 없었습니다."[32]

> 百官이 원각사에 瑞氣가 있었다고 하여 陳賀하니, 下敎하여 강도 외의 죄를 赦宥하고,
> 徒刑・流刑・付處된 사람들은 모두 석방하고, 職牒을 거두어 들인 사람과 資級을 강등시킨
> 사람도 모두 還給하였다. 불충・불효의 죄를 범한 자는 용서하는 例에 넣지 않았다.[33]

특히 공사자체를 명하고 주체했던 것은 세조였으나 실제 건립 실무에는 당시 왕실의 인사들
이 다수 포함되었다. 건립기관인 造成都監의 총 책임자라 할 수 있는 都提調의 역활은 孝寧大君
李補・臨瀛大君 李璆・永膺大君 李琰・永順君 李溥가 참여하였고 감찰관인 監役督察官으로 銀
川君 李禶・玉山君 李躋[34]가 공사에 참여하였다.

2) 영산전 석탑의 건립 주체

원각사의 건립에 대한 기록은 누가 참여했는지, 어떠한 작업을 진행했는지부터 어떠한 과정을
거쳐서 건립이 이루어졌으며 어떠한 행사가 행해졌는지 모든 것이 나와 있다. 하지만 이에 반하여
동시대에 건립된 것으로 추정되는 상원사 영산전 석탑의 경우는 관련된 기록을 찾아볼 수 없다.

실록에 기록된 상원사에 대한 기사들은 있으나 앞서 소개한 세조의 순행과정을 제외하면 직
접적인 상원사 공사에 관한 내용은 전혀 나와 있지 않다. 이는 상원사에 남아있는 세조와 관련
된 유물들, 특히 『上院寺 重創勸善文』에서 불제자라 칭하면서 자신을 낮추던 세조의 모습과는
뭔가 상반되는 모습이다. 아무리 신미라는 자신이 신뢰하는 승려가 공사를 지휘하는 상황이라
따로 하교를 내리거나 추가로 지시가 필요한 상태가 아니었다고 가정 하더라도 중간 중간 치러

---

32 『세조실록』 33권, 세조 10년 6월 19일(신축)
33 『세조실록』 33권, 세조 10년 9월 25일(을해)
34 孝寧大君 李補는 세종의 차남이며 臨瀛大君 李璆 세종의 4남, 永膺大君 李琰은 세종의 8남이다. 영永順君
　李溥는 세종의 5남인 廣平大君의 아들이며 銀川君 李禶은 태종의 서자들 중 장자인 敬寧君의 차남, 玉山
　君 李躋는 태종의 서자중 4남인 謹寧君의 장남이다. 이들 대부분의 당시 나이가 40~50대의 비슷한 연배
　들로 왕실의 큰 어른들이라 할 수 있는 인물들이었다.

졌을 공사와 관련된 불사들이나 순행 이후의 상원사의
상황에 대한 기사들을 찾기 어려운 부분은 의문이다.[35]

그런데 여기서 하나 더 주목해야 할 부분이 앞서 원
각사에 대한 기사들에서 세조의 직계 가족들, 왕후인 貞
熹王后나 세자였던 예종에 대한 언급이 전혀 찾아 볼 수
없다는 점이다. 원각사의 기사들을 살펴보면 왕실인사
들이 대거 공사에 직위를 가지고 직접적으로 참여하였
던 것이 확실하게 기록되어 있다. 그런데 이와는 반대로
세조의 아들들이나 딸들이 원각사 공사에 참여했다는
부분은 찾아볼 수 없다.

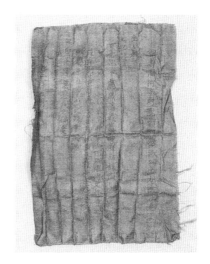

의숙공주 발원문[36]

직계 가족들의 불사에 대한 기록은 상원사의 유물들
에서 찾아볼 수 있다. 대표적인 것이 보물 793호로 지정되어있는 평창 상원사 목조문수동자좌
상 복장유물 들이다. 특히 이 중에서 주목해야 할 유물이 의숙공주와 그의 남편이었던 정현조
가 올린 발원문이다.

발원문은 세조의 둘째 공주였던 의숙공주가 세조 12년(1466)년 2월에 문수사에 세조와 왕실
의 안녕을 기원하고자 다수의 불·보살상들을 조성하였다는 내용을 담고 있다. 이 기록이 실제
로 확인할 수 있는 상원사에 대한 세조의 직계 가족과 관련된 유일한 기록이다.

이 외에도 함께 발견된 '피 묻은 명주적삼'은 상원사의 전설에 따르면 상원사에서 요양을 취
하던 중 문수보살을 만나던 순간에 입고 있었던 옷으로 전해지며 대방광원각수다라요의경은
세조 11년(1465)에 간행된 목판활자본으로 원각사를 세우고 난 뒤 효령대군에게 원각경을 교
정을 의뢰하고 완성된 것을 鄭蘭宗이 다시 옮겨 쓴 책이다. 두 유물 모두 세조와 직접 관련이 있
는 유물들이다. 이런 발원문 외에도 탑 자체에서도 중요한 부분이 있는데 앞서 살펴보았던 기
단부에 새겨진 운룡문이다.

사진에서 알 수 있듯이 현재 기단부에 새겨져있는 운룡문은 발톱이 4개인 4조룡의 모습을 띄
고 있다. 하지만 현재 원각사지 석탑의 운룡문은 확실하게 5조룡의 모습을 하고 있어서 차이를
보인다.

---

35 순행 후 실록에 기록된 세조가 상원사, 혹은 신미에 대하여 하교한 부분은 『세조실록』 44권, 세조 13년
  11월 26일에 기록된 "戶曹에 傳旨하여 강릉부 蒜山堤堰을 慧覺尊者 信眉에게 내려 주니, 신미는 그때 강
  릉의 臺山 상원사에 거주하고 있었기 때문에 이러한 명령이 있었다." 란 기사 뿐이다.

36 문화재청 국가문화유산 포털(https://www.heritage.go.kr/)

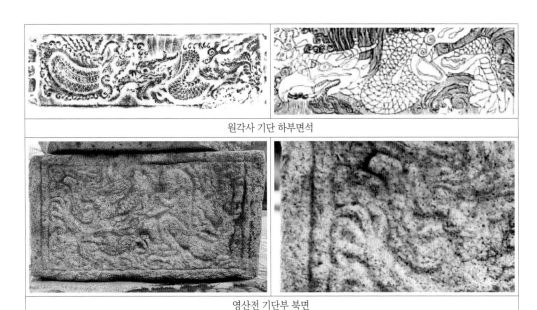

원각사 기단 하부면석

영산전 기단부 북면

....."예전에 내 四爪龍衣를 입었었는데, 뒤에 듣자니 중국에서는 친왕이 五爪龍을 입는다기에 나도 또한 입고 天使를 대접했는데, 그 뒤에 황제가 五爪龍服을 하사하셨다. 지금 세자로 하여금 사조용四爪龍을 입게 하면 내게도 혐의로울 것이 없고 중국의 법제에도 잘못됨이 없겠다."하매, 모두 말하기를, "진실로 마땅하나이다."......[37]

....."中宮의 從俗禮儀註를 예조로 하여금 詳定하게 하라. 세자의 冠服은 내가 마땅히 다시 商量하겠다." 하였다. 金何가 아뢰기를, "신이 世宗朝에 있을 때 여러 번 北京에 나아가 《大明集禮》를 詳考하였습니다. 황제는 곤룡포 위에 왼쪽 어깨에는 해가 있고 오른쪽 어깨에는 달이 있으며, 황태자로부터 親王·郡王은 곤룡포 위에 모두 五爪龍을 썼습니다. 이제 세자는 명을 받지 못했으니 우선 四爪龍을 써서 謙讓의 뜻을 두소서." 하니, 그대로 따랐다.[38]

위에 두 기사는 실록에 기록된 왕과 세자의 복식을 논하는 부분이다. 명에서 사신이 오기에 이를 맞이하기 위한 세자의 복식을 논의 하는 자리에서 세자에게 사조룡이 새겨진 의복을 입게 하는 것이 마땅하다는 내용이다. 이는 세종대에 사신을 접경함에서 처음 논의되었던 것으로 보이며 당시 세종은 자신은 오조룡을 사용하니 세자는 사조룡을 사용하는 것이 올바르다 하였으며 이는 세조대에 이르러서도 마찬가지였던 것으로 보인다. 즉 사조룡은 왕을 상징하는 것이

37 『세종실록』 125권, 세종 31년 9월 2일(기묘)
38 『세조실록』 3권, 세조 2년 3월 21일(경인)

아닌 세자를 상징하는 무늬라고 할 수 있다. 그리고 현재 기록으로 확인할 수 있는 세자의 위치에서 상원사를 방문했던 이는 예종 한 사람뿐이다.

위 두 유물의 상황을 종합해보면 결국 상원사와 관련된 불사는 세조와 왕실 종친, 조정이 주도한 원각사와는 반대로 신미를 정식으로 초청했던 貞熹王后를 중심으로 세자였던 예종, 딸이었던 의숙공주 등이 중심이 된 세조의 직계 가족들이 주도한 불사였을 가능성이 커 보인다. 이 때문에 나라의 주된 일을 기록하는 실록에 그 내용이 자세히 기록되지 못하였던 것으로 보이며 상원사 영산전의 석탑 또한 왕을 상징하는 오조룡이 아닌 세자를 상징하는 사조룡이 새겨져 예종의 세조에 대한 효심이 담긴 탑이라 할 수 있을 것이다. 즉 영산전 석탑의 구체적인 건립은 의숙공주의 발원문이 작성된 세조 12년(1466)을 기점으로 예종이 즉위하기 전인 세조 14년(1468) 사이에 이뤄진 것으로 추측해볼 수 있다.

V. 결론

상원사 영산전 석탑은 오대산에 있어서 크게 주목 받지 못한 유물이었다. 특히 석탑자체의 심각한 파손 상황은 탑에 관한 연구에 있어 가장 큰 걸림돌이었다. 다행이 일제 강점기에 촬영된 사진들을 통하여 탑의 본래 위치와 모습을 확인할 수 있었다. 이를 토대로 다른 석탑들과 비교가 가능해져 좀 더 정확한 건립시기를 유추하는 것이 가능해졌다.

영산전 석탑의 건립 배경은 상원사와 세조와의 인연이다. 세조는 1466년(세조 12) 3월 16일에 출발하여 다음 달인 윤3월 24일까지 강원도를 순행하였다. 강원도 순행 중에 수많은 불사를 통하여 자신의 불심을 과시하면서 상원사에서는 과거를 설행하기도 하였다. 세조는 강원도 순행을 계기로 상원사를 왕실 원찰을 추진하였다. 이에 상원사 중건을 위한 물자들을 지원하였고 이에 『上院寺 重創勸善文』이 작성되게 되었다.

영산전 석탑의 기본적인 양식적 기원은 경천사지 10층 석탑과 이를 토대로 만들어진 원각사지 10층 석탑이다. 우주의 경우 경천사지 10층 석탑이 좀 더 입체적이고 원각사지 10층 석탑의 장식들은 좀 더 도상화되고 단순해진 형태이다. 영산전 석탑은 다시 경천사지 10층 석탑에 가까운 입체적인 장식들의 모습을 보이고 있다.

존상의 경우 경천사지 10층 석탑, 원각사지 10층 석탑 3층의 서면과 영산전 석탑의 초층 서면이다. 세 곳 모두 같은 탑신의 조각들과는 차이를 보이는 부분이 있는데 경천사와 원각사의 경우 북,동,남면이 모두 삼존의 모습을 하고 있는데 서면에는 쌍존을 새기고 중앙에 감실을 조각하였다. 영산전 탑의 경우도 다른 3면은 모두 사존을 새긴 모습이나 서면만이 3존을 새긴 모습을 확인할 수 있는데 구성은 다르지만, 전체적인 존상의 배치구도는 세 곳이 유사함을 보이는 부분이다. 세 탑 모두 서면의 존상배치가 일치하는데 이는 당시 탑의 위치를 보면 공통적으로 탑의 공덕 대상을 향하고 있는 모습을 보여준다. 경천사의 경우는 개경의 서쪽, 즉 기황후가 있는 중국을, 원각사의 서쪽은 세조가 있는 경복궁이 위치하고 있으며 영산전의 서쪽 방향은 국왕이 있는 한양과 일치한다.

영산전 석탑의 건립 시기는 원각사 10층 석탑이 건립된 직후에 건립된 것으로 추정된다. 실록의 기록을 보면 원각사 건립이 처음으로 논의 된 것은 1464년(세조 10)의 일로 이후 탑이 완성된 것은 1467년(세조 14)의 기록에 나타나 있다. 두 탑은 양식적 유사성을 고려해 볼 때 영산전 석탑의 건립 역시 같은 시기로 추정된다.

영산전 석탑의 건립 주체는 세조가 아닌 세자와 공주 등이었다. 첫째, 세조가 주관한 원각사에 대한 실록의 기록을 비교해 보면 원각사 관련 기록은 58건 인데 비해 상원사 관련 기록은 전혀 보이지 않는다. 따라서 상원사의 불사에는 세조가 직접적으로는 관여하지 않았던 것으로 추측했다. 둘째 영산전 석탑의 기단에 새겨진 운룡문은 사조룡이다. 사조룡은 분명 왕의 상징이 아닌 세자의 상징임이 실록 등에서 확인할 수 있다. 셋째, 상원사 목조문수동자좌상 복장유물의 의숙공주 발원문을 통해 당시 상원사의 불사에는 그의 직계가족들이 직접적으로 참여했던 것이 확인된다. 영산전 석탑은 세조가 아닌 세자시절의 예종과 의숙공주 등이 부왕인 세조에 대한 효심을 바탕으로 건립된 탑이다.

【참고문헌】

1. 고문헌
『朝鮮王朝實錄』
『拭疣集』

2. 단행본, 도록
국립문화재연구소(2006), 『경천사 십층석탑(敬天寺 十層石塔)』01
_____, 『경천사 십층석탑(敬天寺 十層石塔)』02
_____, 『경천사 십층석탑(敬天寺 十層石塔)』03
궁중유물전시관(1994), 『이것이 탑골탑의 놀라운 조각들! : 원각사 10층 대리석탑 특별전』

3. 학술논문
김정희(2007), 「孝寧大君과 朝鮮 初期 佛敎美術: 後援者를 통해 본 朝鮮 初期 王室의 佛事」,
    『미술사논단』 25
김창현(2005), 「원간섭기 고려 개경의 사원과 불교행사」, 『인문학연구』32, 충남대학교 인문
    과학연구소.
김훈래(2013), 「여주 신륵사 다층석탑 연구건립 시기와 층수 추론」, 『미술사와 문화유산』 제
    2호
문명대(2014), 「경천사 십층석탑 16불회도 부조 도상의 연구」, 『天台學研究』 제17호
송지현(2019), 「朝鮮前期 石塔 研究」, 동국대학교 석사학위논문
안병희(2001), 「『上院寺重創勸善文』에 대하여」, 『韓國語文學論叢: 梅田博之教授 古稀記念』, 서
    울, 태학사.
이가윤(2021), 「경천사지 십층석탑(敬天寺址 十層石塔)의 양식과 성격」, 이화여자대학교 석사
    학위논문
정영호(2014), 「경천사 십층석탑과 원각사 십층석탑의 비교 연구」, 『天台學研究』 제17호
한상길(2009), 「朝鮮時代 水陸齋 設行의 사회적 의미」, 三和寺와 國行水陸大齋, 東海: 三和寺
    國行水陸大齋保存會, 東海市.
황수영(1959), 「高麗 興王寺址의 調査」, 『白性郁博士頌壽記念 佛教學論文集』, 동국대학교 백성
    욱박사송수기념사업위원회
홍대한(2012), 「高麗 石塔 研究」, 단국대학교대학원 고고미술사전공 박사학위논문.

용인 서봉사지 난방시설에 대한 일고찰

최문환 · 김현주((재)한백문화재연구원)

Ⅰ. 머리말

용인 서봉사지는 광교산 동쪽 중턱에 위치한 옛 절터로, 고려 명종 15년(1185)에 세워진 「현오국사탑비(玄悟國師塔碑)」(보물 제9호)가 남아있어 오랫동안 관심을 받아왔던 곳이다. 중원과 동·서원의 3원(院) 중, 탑비가 위치한 중원에 대해 2013년부터 2020년까지 총 5차례의 발굴조사를 실시하였다. 조사결과 6단의 전형적인 산지가람이 확인되었다. 서봉사지의 창건시기는 명확치 않았으나, 현오국사탑비가 세워진 명종 15년 이전에 이미 대가람을 이루고 있었음을 알 수 있었다. 그 후 서봉사는 대규모 산사태에 의해 일시에 건물이 무너졌다. 그리고 공백기를 지나 조선 태종대에 자복사(資福寺)로 지정되었을 당시를 즈음하여 3단을 중심으로 재건을 이루었다. 이때 3단은 소위 '사동중정형(四棟中庭形)'으로 가람을 배치하였다. 그 결과 서봉사지의 가람배치는 고려시대는 5~6단, 조선시대는 3단을 중심으로 배치된 설계와 잔존을 이루고 있었음을 밝힐 수 있었다.

서봉사지 난방시설 또한 시기에 따라 6단과 3단 건물지에서 뚜렷한 차이점을 보여주고 있었는데, 고려시대가 소극적 부분온돌인데 반해 조선시대는 매우 적극적인 전면온돌을 채택하였다. 본고에서는 이러한 난방시설의 차이를 주목하였다. 이를 위해 우선 다음 Ⅱ장에서는 형식을 분류를 통해 아궁이, 고래, 규모 등의 개별 특징과 함께 조합을 이루었을 경우의 특징을 살펴보았다. 그리고 Ⅲ장에서는 고려시대 부분온돌인 화갱(火坑)에서 전면온돌인 온방(溫房)과 같은 변화와 원인은 과연 무엇인지 살펴보았고, 가장 주요한 원인 중의 하나로서 기후의 변화를 주목하였다. 기후 변화의 근거는 문헌과 자연과학적인 연구에서 모두 확인되었고, 대부분 17~18세기를 중심으로 이상저온현상 즉 소빙기(Little Ice Age)가 전세계에 걸쳐 나타나고 있었음을 알 수 있었다. 다만 한반도의 화분분석을 통해 15세기 혹은 그 이전 시기부터 소빙기가 시작되었을 가능성을 확인하면서, 사찰에서 전면온돌이 이른시기에 나타나는 것 역시 기후변화가 원인이었을 가능성이 높을 것으로 추정되었다. 그리고 Ⅳ장에서는 조선시대 온돌이 아궁이의 형태와 고래의 규모 등에 따라 위계를 가지고 있었으며, 이는 부분온돌을 채택하였던 고려시대 전기의 사찰에서도 일정부분 나타나, 온돌에 대한 인식이 계승되고 있었음을 밝힐 수 있었다. 이번 글에서는 온돌의 변화 원인과 구조와 규모 등에 대해 두루 살펴보고자 하였으나, 연구 범위가 다소 방대한 관계로 서봉사지에 집중한 한계가 있었다. 그러므로 고려시대 화갱(火坑)에서 온방(溫房)으로 변화에 대한 다양한 사례에 관한 연구는 다음 과제로 남기고자 하였다.

Ⅱ. 서봉사지 난방시설 형식분류

서봉사지 난방시설은 크게 불을 때는 곳인 '아궁이', 연기가 지나가는 통로인 '고래', 그리고 연기가 밖으로 배출되는 '배연부'로 구분된다. 다만, 배연부는 일부 건물지에서만 확인되며, 잔존상태도 양호하지 않아 분석에서 제외하였다. 더불어 고려시대는 조선시대와 다른 부분온돌이므로 각 특징을 기술함으로써 형식분류를 대신하였다.

1. 고려시대

서봉사지의 고려시대 건물지는 1~6단에 걸쳐서 확인된다. 다만, 1~3단은 고려시대의 흔적이 산발적으로 확인될 뿐 건물의 형태나 규모 등은 파악할 수 없다. 고려시대의 중심사역은 5·6단에 해당되며, 고려시대 건물지가 밀집되어 위치한다.

5·6단에서 확인된 고려시대 건물지는 총 9동이다. 이 중 온돌이 시설된 건물지는 6-3이며, 서쪽 익랑 뒤편에 접하여 위치한다. 난방시설은 북동쪽 1칸에 위치하고, 고래 일부가 잔존하였다. 온돌의 평면형태는 방형이며, 고래의 배치는 '一'자형이다. 아궁이는 고래 남쪽에 위치한다. 아궁이가 실내에 위치하고, 온돌이 건물의 실외에 시설되었다는 점이 조선시대와 대별된다.

삽도 1. 서봉사지 6-3건물지 난방시설

2. 조선시대

서봉사지에서 조사된 조선시대 건물지는 21동이다. 이 중 온돌이 시설된 건물지는 14동으로 주로 3단에 집중되어 확인되었다. 이 중 잔존상태가 매우 불량한 4동을 제외하였다.

앞서, 고려시대 온돌과 대별되는 전면온돌과 아궁이의 실외 배치를 제외한 조선시대 온돌의 형식분류는 아궁이의 기능, 온돌의 규모, 고래의 배치형태에 따라 3가지를 구분하였다.[1] 먼저 아궁이는 기능에 따라 함실아궁이(Ⅰ)와 부뚜막아궁이(Ⅱ)로 구분할 수 있다.[2] 함실아궁이는 대

---

1 조선시대 건물지 중 3-3,11과 같은 경우 아궁이가 보다 중앙에 가까이 위치하고 있어, 부분온돌의 가능성
   을 배제할 수 없으나, 잔존흔적이 미미하여 부엌칸의 여부도 명확치 않았다. 따라서 본고에서는 부득이 검
   토 제외하였다.
2 보고서에서는 함실과 부뚜막 아궁이의 구분을 하지 않았고, 따라서 본고에서 취사 가능 여부에 따라 이를
   다시 구분하였다. 분류의 기준은 다음과 같다.
   문화재청, 2020,『문화재수리표준시방서』, pp.215. 225.

표적으로 3-2A건물지이다. 아래의 표와 같이 이 아궁이는 건물벽체 내에 위치하여 함실이 분명하다. 다만 보고서에서는 아궁이 내부에서 토기가 출토되었고, 좌우측으로 약 20~30cm 너비의 공간이 부뚜막으로 사용되었을 가능성을 언급하였다. 더불어 3-2B 건물지 아궁이는 약간의 돌출부가 있어 솥을 거치할 수 있었을 가능성을 배제하지 않았다. 부뚜막아궁이는 대표적으로 3-4.5 건물지를 들 수 있다. 아궁이가 벽체외부에 위치하고, 솥을 걸을 수 있는 반원형의 부뚜막이 뚜렷하다.

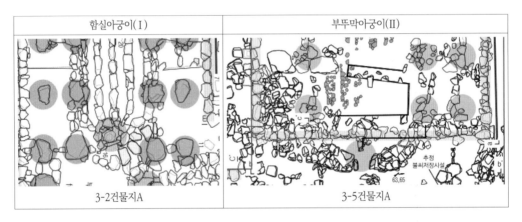

삽도 2. 아궁이 유형 분류

고래의 규모에 따라서 면적을 3가지로 구분하였다. 소형은 면적 15㎡이하(A)에 해당하며, 2단과 3단 일부에서 4곳이 확인되었다. 중형은 면적 16~25㎡(B)로 3단 북쪽 상부, 남쪽 하부, 그리고 5단 서쪽의 총 3곳이 확인되었다. 대형은 면적 26㎡이상(C)에 해당하며, 3단의 중간에 집중되고 있다.

고래의 평면형태는 '一'자형인 경우(a)와 'ㄱ'자형인 경우(b)로 세분하였다. 그 결과 대부분의 건물지는 '一'자형 고래로 방형 또는 장방형 형태의 방을 이루고 있었다. 3-2A는 'ㄱ'자형 고래로 확인되었다. 3-9A건물지는 고래 중간이 꺾였던 부분이 있지만 배연부인지 여부가 잔존흔적이 미미하여 명확치 않았다.

....

- 함실아궁이: 난방전용의 온돌방식으로 부뚜막 없이 방 구들 아랫목에 불을 땔 수 있는 함실을 둔 아궁이를 말한다.
- 부뚜막아궁이: 난방과 취사를 겸하기 위하여 솥을 올려놓을 수 있는 부뚜막을 설치하고 그 곳에 불을 땔 때는 아궁이를 말한다
한편, 서봉사지에서는 아궁이가 벽체외부에 돌출되어 있으나, 부뚜막시설이 명확히 확인되지 않는 형태를 함실아궁이로 포함하였다.

표 1. 고래 규모(면적)

연번	건물지명			고래 규모(면적)			
				가로	세로	면적(㎡)	유형
1	2	2		582	250	15	A
2		3		312	511	15	A
3	3	2	A	939	501	25	B
4			B	450	255	12	A
5		4		360	820	30	C
6		5	A	420	928	39	C
7			B	498	379	19	B
8		9	A	251	426	11	A
9		13		400	955	38	C
10	5	1		420	560	24	B

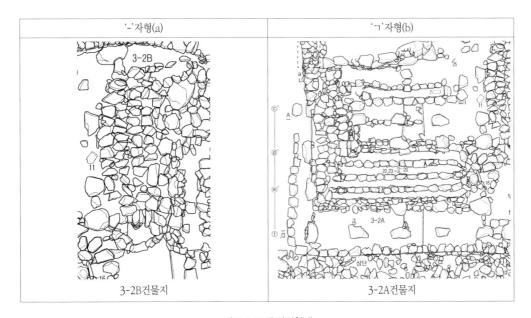

'-'자형(a)	'ㄱ'자형(b)
3-2B건물지	3-2A건물지

삽도 3. 고래 평면형태

이상의 형식분류를 기준으로 조선시대 건물지의 온돌을 간략히 정리하면 다음의 표와 같다.

표 2. 서봉사지 온돌 형식분류

연번	건물지명			아궁이		고래 규모(면적)			고래열 평면형태	
				함실(Ⅰ)	부뚜막(Ⅱ)	15㎡이하(A)	16~25㎡(B)	26㎡이상(C)	'ㅡ'자형(a)	'ㄱ'자형(b)
1	2	2		○		○			○	
2		3		○		○			○	
3	3	2	A	○			○			○
4			B	○		○			○	
5		4			○			○	○	
6		5	A		○			○	○	
7			B		○		○		○	
8		9	A	○		○				△(?)
9		13			○			○	○	
10	5	1		○			○		○	
합계				6	4	4	3	3	8	2

위의 표와 같이 서봉사지 조선시대 온돌의 주요 요소를 아궁이, 고래 규모, 고래열 평면형태로 구분하여 살펴보았다. 이를 종합하면 다음과 같은 특징이 있다.

첫째, 함실아궁이와 부뚜막아궁이를 기준으로 볼 때, 뚜렷한 특징은 부뚜막아궁이는 고래 규모 즉 면적이 중·대형인 건물지에 집중하여 시설되었다는 것이다. 반면 함실아궁이는 중·소형 건물지에 주로 쓰이고 있다. 즉 중대형 건물은 보다 넓은 면적을 난방하기 위해 땔감의 소비가 높을 수밖에 없었고, 대량의 땔감을 난방을 위해서만 쓴다고 하는 것은 어찌 보면 열효율적인 측면에서 매우 낭비라고 생각되었을 것이다. 다른 한편으로는 당시 자복사라는 큰 사찰에서 한꺼번에 많은 음식을 준비하기 위해서는 대량의 화력이 필요하였고, 이를 취사에만 사용하는 것 역시 낭비였기 때문에 이 둘의 결합은 매우 타당한 설계였다고 판단된다. 그런 측면에서 함실아궁이는 일부 취사의 가능성을 전혀 배제할 수 없지만, 주로 난방을 위한 시설이었음을 다시 한 번 반증한다고 할 수 있다. 그렇기 때문에 화력을 조금이라도 보존하기 위해 아궁이를 최대한 건물벽체의 내부나 가까이에 두었고, 열효율을 위해 규모 즉 면적을 중·소형으로 설계하였음을 알 수 있다.

둘째, 고래열의 평면형태는 대부분 'ㅡ'자형이며, 'ㄱ'자형은 1~2동에 불과하여 특별한 경우에만 적용하였던 것으로 보인다. 특히 3-2A건물지의 경우 금당지의 동쪽 옆에 인접하여 주지나 고승이 머물렀던 건물로 추정된다. 건축적으로도 앞뒤에 툇마루, 그리고 뒤편 석축으로 화개 등의 시설을 갖추는 등 다른 건물에 비해 편의나 조경적인 요소가 강조된 측면이 있다. 같은 맥락에서 건물의 형태 또한 특별히 'ㄱ'자형으로 설계된 것으로 보인다.

Ⅲ. 난방시설의 변화

1. 화갱(火坑)과 온방(溫房)

서봉사지 온돌의 형식분류를 통해 드러나는 고려와 조선시대의 가장 큰 특징 중의 하나는 부분에서 전면으로의 변화이다. 서봉사지 고려시대 온돌의 조성시기는 현오국사탑비 및 출토유물로 보아 12C대로 추정되고 있다. 당시 온돌과 관련한 기록은『선화봉사고려도경』이 가장 근접한다. 이 글에 따르면"서민들 대부분이 흙침상(土楊)을 사용하고, 땅을 파서 만든 화갱(火坑) 위에 눕는다."[3]고 전하며, 온돌이 서민들에게 쓰이고 있음을 지적한다. 이 때 갱(坑)이라는 용어는『구당서』고구려조의 쪽구들인 장갱(長坑)을 지칭[4]할 때도 사용된 점으로 보아, 중국에서는 계속적으로 우리나라의 전통적인 난방형태를 지칭하고 있음을 미루어 짐작할 수 있다.[5] 서봉사지 6-3건물지에서 확인된 난방시설 역시 문헌상 화갱(火坑)의 한 형태라고 할 수 있으며, 방형에 가까운 점이 좁고 긴 형태의 고구려 장갱(長坑)과 차이라 할 수 있다. 그러나 여전히 부분온돌이라는 측면에서 유사한 구조라고 볼 수 있고, 이후 등장하는 전면온돌과는 크게 대비된다.

이후 전면온돌에 대한 기록은 13세기를 지나면서 등장하는 것으로 알려져 왔는데, 대표적으로 최자(崔滋)(1188~1260)의『보한집』을 들 수 있다. 이 글에서는 "급히 불을 피워 온돌을 따뜻하게 하고…(중략)…문밖으로 나가 아궁이를 돌과 자갈로 막고 틈을 진흙으로 메웠다.[6]"라고 하여, 온기돌(溫其埃), 돌구(埃口)라는 용어와 함께 아궁이를 막기 위해 문밖으로 나갔다는 대목에서 조선시대 온돌구조와 별다르지 않은 전면온돌을 유추하고 있다.[7] 즉 아궁이가 밖에 있다는 점에서 실내에 아궁이를 두고 있는 부분온돌과 근본적인 차이점을 지적하고 있다. 이 외에도 이인로(李仁老, 1152~1220)의『동문선』에는 욱실(燠室)과 양청(涼廳)이라 하여[8] 온돌바닥과

---

3 『宣和奉使高麗圖經』卷28. 臥楊
　…若民庶則 多爲土楊 穴地爲火坑臥之….
4 『舊唐書』, w199, ³ 149, q7³ Øâ─
　其所居必依山谷, 皆以茅草葺舍, 唯佛寺・神廟及王宮・官府乃用瓦. 其俗貧窶者多, 冬月皆作長坑, 下燃熅火以取暖.
5 김준봉・정상규, 2008, 「문헌에 의해 분석된 한국 전통 온돌(구들)의 역사와 특성」, 『한국생태환경건축학회 논문집 8(6)』, 3-10. p.4.
　그 외 실제 집안과 환도산성을 비롯한 고구려 집터의 발굴 사례에서도 쪽구들 혹은 부분 온돌의 형태는 쉽게 찾아볼 수 있다.
6 『補閑集』卷下 黙行者
　急熱紫頭溫其埃而去…(중략)…塡行者來觀之無喜慍色 徐出戶 拾石礫 塡埃口泥其灰塗隙而上
7 주남철, 1987, 「온돌과 부뚜막의 고찰」, 『문화재』 20호. p.8.
8 『東文選』, w65, lþq451

마룻바닥으로 된 공간을 구분하였고,[9] 또한 이규보(李奎報, 1168~1241)의『동국이상국집』에는 온방(溫房)이라는 용어도 확인된다.[10] 즉 기존의 갱(坑)이라는 부분온돌에서 방(房)·실(室)이라는 공간 전체를 지칭하는 전면온돌로의 변화를 짐작할 수 있다.

한편, 전면온돌의 특징인 불을 지피는 아궁이와 난방이 이루어지는 고래(구들)의 공간 분리로 인해 몇 가지 변화가 나타난다. 그 중에서 첫째로 바닥의 변화가 있다. 조선시대 중기 김안로(金安老, 1481~1537)의『용천담적기』에는 "좁은 방에 장판이 유리쪽 같았고 깨끗한 벽에 아무런 다른 물건도 없었으니, 머리카락이나 부러진 바늘이라도 모두 더듬어 찾을 수 있었다.[11]" 라는 내용이 주목된다. 전면온돌 이전의 바닥은 크게 흙바닥(전바닥), 마루바닥으로 구분되고,[12] 궁궐과 관청, 사찰 등의 주요건물에 전(塼)이 사용된 것 외에는 대부분 위의 2가지가 주로 쓰였다. 서봉사지 고려시대 건물지에서도 확인된 바닥은 모두 흙바닥이었고, 6-3건물지의 부분온돌인 화갱(火坑)이 출토된 곳도 흙바닥을 이루고 있다. 즉 실내에서 신발을 신고 생활하였음을 알 수 있다. 하지만 위의 기록과 같이 전면온돌로 인해 바닥에 장판이 깔리면서 새로운 형태의 온돌바닥이 나타나게 된다. 더욱이 바닥의 장판과 함께 벽도 벽지를 사용한 것으로 보이는데, 이색(李穡, 1328~1396)의『목은집』에는 "의주 역참의 동쪽 상방에 자는데 한밤중에 불이 부서진 온돌을 따라 벽을 바른 종이에 붙었다.[13]"라는 기록이 남아있다. 즉 실내 공간이 장판과 벽지 등을 사용하여 머리카락이나 바늘을 찾을 수 있을 정도로 깨끗하게 되었다는 점이 매우 큰 변화였음을 알 수 있다. 다시말해 아궁이라는 불 피우는 공간의 분리로 인해서 재나 먼지, 그을음 등이 실내에서 사라졌기 때문에 이것이 가능했을 것이다. 다만 시기적으로 장판과 벽지가 처음 전면온돌과 함께 시작되었는지는 명확하지 않으나, 기록상 적어도 고려말에서 조선시대에는 같이 쓰이고 있음을 알 수 있다.

둘째는 실내의 청결에서 비롯된 것으로 보이는 전퇴칸 마루의 등장이다. 조선시대 마루는 일반적으로 대청마루, 쪽마루, 툇마루, 누마루로 구분된다.[14] 이 중 툇마루는 고려시대의 건축구

以面勢之東偏而建賓樓, 南嚮而崇主宇. 西序南廡, 共十四間, 更衣之次, 設食之所, 冬以燠室, 夏以涼廳.

9 주남철, 1997,『한국주택건축』, 일지사. p.44.

10 『東國李相國後集』, 卷5, 古律詩 89首
   李學士新作溫房. 十月九日, 會洞中諸老落成. 予亦參赴, 及酒酣, 於席上賦詩一首, 兼呈坐客.

11 『龍泉談寂記』
   且窄埃油牋. 滑如琉璃, 淨壁又無一物 墜毫斷針皆可捫數

12 주남철, 2006,『한국건축사』고려대학교출판부. p.207.

13 『牧隱集』
   宿義州站東上房 夜半火從埃缺處...

14 고영주, 1999,「조선반가 마루공간의 특징 및 의미에 관한 연구」, 건국대학교 건축대학원 석사학위논문.pp.19~24.

조와 비교하여 온돌과 함께 가장 뚜렷한 변화로 보인다. 서봉사지의 툇마루는 3- 3·4·5 건물지에서 확인된다. 전면온돌이 확인되는 모든 건물에서 툇마루가 확인되지는 않았지만, 고려시대의 좌·우익랑에 해당하는 6-4·6건물지와 비교하면 툇마루의 존재가 뚜렷하다. 고려시대의 승방 건물지에서는 실내외가 같은 흙바닥이기 때문에 신발을 신고 벗을 필요가 없었음을 감안할 때, 조선시대 승방건물의 툇마루는 장판이 깔린 온돌바닥과 외부의 흙바닥이 교차되는 공간에 신발을 신고 벗을 수 있도록 하는 편의적 기능이 우선시 되었다고 할 수 있다. 건축적으로는 툇마루의 이러한 기능을 실내의 폐쇄성과 외부의 개방성을 이어주는 과정공간 또는 완충공간이라는 개념으로도 이해되고 있다.[15]

2. 변화의 원인

화갱(火坑)으로부터 온방(溫房)으로의 변화는 부분온돌에서 전면온돌로의 변화라는 점에서, 그리고 온돌 건물의 증가라는 점에서 난방시설의 극적인 대형화와 확산화로 이해될 수 있다. 이는 연료 즉 땔감의 증가를 불러오게 되었고, 조선후기 이익(李瀷, 1681~1763)의 『성호사설』에서는 "사방의 산이 씻은 듯이 벗겨져서 서울 안의 장작이 계수나무처럼 귀한데 비록 천한 종들까지라도 따뜻한 방에서 잠을 자지 않는 자가 없으며. 산에 나무가 어찌 고갈되지 않을 수 있으랴!"[16] 라고 하여 온돌로 인한 땔감의 증가가 가져오는 산의 황폐화를 비판하기까지 이른다. 이렇게 산림자원의 황폐화를 무릅쓰면서까지 고려전기에 비해 전면온돌이 증가하는 이유를 단순한 현상이 아닌 필요조건인 환경에 주목하였다.[17]

주변 환경 중에 가장 주요한 요소는 기후의 변화이다. 즉 전세계적으로 발생한 이상저온현상 소위 '소빙기(Little Ice Age)'[18]가 가장 큰 원인 중에 하나이다. 이 때 낮아진 기온으로 인해 온

---

15 유병용, 손태진, 2012,「한국전통 주거건축에서 경계공간으로서 안채의 마루에 관한연구」,『대한건축학회 학술발표대회 논문집』Vol.32 No.2. p.316.

16 『星湖先生僿說』卷9.人事門. 馬通薪.
  國家昇平屈指四五十年間奢儉判別余幼少時每見人家團築馬通炳之房堗取其微溫聞長老言云前此人多寢廳堂惟老病者居室屋矣今則四山濯洗而京師炊桂雖僕隷之賤無不就煖屋亦不見有炳通爲薪者山木寧不竭乎黃山谷云張仲謀爲我作寒計惠送麒麟院馬通薪三百因以寶香二十餅報之馬通爲薪古亦有之

17 김현주, 2014,「화성 남양동 유적 조선시대 수혈주거지 연구」, 단국대학교석사학위논문.
  이 논문에서 글쓴이는 화성 남양동의 조선시대 수혈주거지가 일반서민이나 하위계층민의 주거형태로 보았으며, 전면온돌이 정착 확산되는 시기를 17~18세기로 보았고, 조선시대 소빙기가 가장 주요한 원인 중의 하나로 주장하였다.

18 Grove, J. M., 2004,『Little ice ages』ancient and modern, Taylor & Francis.
  전 세계적으로 약 A.D.1400~1900년 사이에 저온 상태가 지속되면서 빙하가 확장되었던 시기

돌이 확대되었듯이, 의식주 전반에 걸쳐 변화가 동시에 일어나게 된다.

먼저 의류에서는 조선시대 소빙기의 영향으로 방한 의복이 발달하는 것으로 보았다. 이때 목화의 도입과 조선 초기 목화의 대량재배 성공을 매우 중요한 요소로 보았는데, 이를 통해 기층민까지 무명옷 뿐만 아니라, 솜을 넣은 누비옷 등 보다 적극적인 방한을 위한 의복 착장이 일어났다는 것이다.[19]

농업에 있어서도 17세기 중국 강남(江南)에 대흉이 있었다는 문헌기록을 근거로 당시 가장 극심한 소빙기가 원인[20]이었음을 주장하거나[21], 우리나라의 차(茶) 역시 같은 이유로 1770년『여지도서』에 따르면, 산지가 총 21개소 격감함은 물론, 작설차의 생산 감소가 언급되는데, 이는 차나무가 아열대기후에 적합한 나무로써, 소빙기에 대규모 냉해를 입었기 때문이라고 주장한다.[22]

조선시대 이상저혼현상에 대한 주장은『조선왕조실록』에 근거하기도 한다. 조선시대 天變災異와 같은 우박 · 서리 · 때 아닌 눈 등의 현상이 발생한 기록의 빈도를 정리하였는데, 1501~1750년 사이의 기사 건수가 전체 82.5%를 차지할 정도로 많다는 것이다.[23] 이상저온현상은 동해의 결빙 기록에서도 찾아볼 수 있다. 효종 6년(1655) 봄과 숙종 35년(1709) 음력 6월에도 결빙이 있었는다는 기록[24]을 포함하여 총 9차례가 확인되는데 17세기 이후에 집중되

김연옥, 1985,『한국의 기후와 문화-한국기후의 문화역사적 연구』, 이화여자대학교출판부, pp.503~517.
현대의 온난한 기후와 비교할 때 연평균 기온이 1~1.5℃정도 낮은 상태의 기후가 몇 년을 주기적 혹은 상당기간 지속되는 시기로 우리나라의 경우 조선시대에 해당되며, 세계적으로 소빙기의 영향으로 빈번한 재해와 기근에 시달렸다. 소빙기의 기후적인 특징으로는 주로 서리, 우박, 천동, 벼락, 돌풍, 추위, 가뭄 등 한랭한 이상기후현상을 동반한다.

19 홍보라, 간호섭, 2016,「한반도의 기후적 요인에 따른 한국 전통 특수의상연구」,『服飾』vol.66 no.3. p.112. 대표적인 방한 의류로는 여성의 경우 치마 안에 받쳐 입는 누비바지나 솜바지, 머리에 쓰는 처네(천의), 남녀공용으로 배자 등을 예로 들었다.

20 Geoffrey Parker,『Europe in Crisis, 1598-1648』. p.22.(김문기, 2007,「17세기 江南의 氣候와 農業」. 동양사학회 학술대회발표논문집, p.99.에서 재인용)
농업에 있어 여름동안의 평균기온이 1℃정도 내려가면, 식물의 성장기가 3주 내지 4주 정도 지연되어 곡물경작의 한계고도가 500피트정도 낮아지는 결과를 초래한다.

21 김문기, 2010,「17세기 中國과 朝鮮의 小氷期 氣候變動」,『역사와 경계』77. pp.133-194.

22 이현숙, 2003,「조선시대 차산지 연구-소빙기를 중심으로-」,『한국차학회지』Vo9 No2, pp.23~39.

23 이태진, 1996,「小氷期(1500-1750) 천변재이 연구와《朝鮮王朝實錄》;global history의 한 章」,『역사학보』149, pp.203~236.
반면, 이에 대해 박성래는『조선왕조실록』의 천변재이 기록이 '과학적 자료'라기보다는 '정치적 기록'이라는 점을 들어 자료의 신빙성을 제기하였다.(박성래, 1996,「李泰鎭교수 "소빙기(1500-1750)의 천체현상적 원인-《조선왕조실록》의 관련 기록 분석」,『역사학보』149, pp.237~254.)

24 『肅宗實錄』35년 7월 21일 庚寅.
江原道 杆城海水, 六月成氷, 廣可十餘把, 厚如紙.

고 있다.[25] 이러한 점을 보아 일반민가에서 전면온돌이 전국적으로 보급된 것은 17세기 이후였다.[26] 물론 이전 15~16세기 사대부 주택에도 온돌은 환자치료나 손님접대 등 특수한 목적을 가지고 시설되었으며, 16세기 중엽이 되면 사대부층에서도 많이 사용되었다. 그 후 17세기 초가 되면 온돌 보급이 지역과 계층의 구별 없이 확대되어 궁궐에까지 파급되었다.[27]

하지만, 사찰에서는 고려 말~조선 초 건물지에서 전면구들이 확인되고 있어 일반민가와 다른 현상이 나타난다. 이는 산지에 자리하고 있다는 사찰의 위치를 고려하더라도 이상저온현상이 17세기 이전에도 나타나고 있었을 가능성을 제기한다. 예를 들어 동해안 석호 퇴적물의 화분분석자료를 통해 중세암흑 저온기(AD350~700년), 중세온난기(AD700~1200년), 소빙기(AD1200~1700년)로 기후를 구분한 조사 결과가 있다.[28] 이는 오히려 서봉사지를 비롯한 사찰의 난방시설과 부합된다고 할 수 있다. 더불어 우리나라의 고산습지에 쌓인 화분(花粉)을 분석결과는 3시기로 구분되었는데, 약 2000~1000년BP, 약1000~400년BP, 약 400년BP~현재까지다. 이 중 약 400년BP를 기준으로 참나무 등의 활엽수에서 소나무와 같은 침엽수로 변화하는 소빙기로 전환되고 있음을 밝혔다.[29] 복수의 화분분석 결과, 이상저온현상이 17세기 이전부터 발생했을 가능성이 높다고 할 수 있다. 즉 일반민가와 달리 사찰은 이보다 이른 조선전기 혹은 고려후기까지 전면온돌이 시설되었을 가능성이 제기되는 이유이며, 향후 이에 관한 세밀한 조사와 문헌분석 등이 더 필요한 상황이다.

IV. 온돌과 위계

앞서 전면온돌은 기후변화에 따른 결과였고, 그러므로 시기적으로 사찰의 경우 고려말에서

---

25 김문기, 「17세기 中國과 朝鮮의 小氷期 氣候變動」, 『역사와 경계』77.
26 김정숙, 2006, 「온돌과 주거 생활의 변화」, 『조선시대 생활사3-의식주, 상라있는 조선의 풍경』, 역사비평사, pp.276~296.
  권석영, 2010, 『온돌의 근대사: 온돌을 둘러싼 조선인의 삶과 역사』, 일조각.
  정정남, 2018, 「18세기 이후 조선사회의 온돌에 대한 인식변화와 난방효율 증대를 위한 건축적 모색」, 『건축사연구 27(3)』, pp.15~26.
27 이호열, 1991, 「조선전기 주택사 연구」, 영남대학교대학원 박사학위논문.
28 Park, J, 2011, A modern pollen-temperature calibration data set from Korea and quantitative temperature reconstructions for the Holocene, The Holocene, 21, 1125-1135.
  (박정재, 2013, 「남한지역의 홀로세 중후기 기후변화」, 『기후변화』제8권 제2호. p.135.에서 재인용.)
29 윤순옥·김민지·황상일, 「한반도 고산습지의 식생환경과 역사시대 기후변화」, 『한국지형학회지』 제21권 제4호. pp.69~83.

조선시대 초에 전면적으로 채용되었을 가능성을 지적하였다. 이와 함께 장판바닥과 툇마루 등 입식생활에서 좌식생활로 변화를 짐작할 수 있는 건축적 요소가 등장함을 발견할 수 있었다. 그리하여 현재 온돌은 우리나라를 대표하는 최고의 전통난방시스템으로 인식되고 있다.[30] 하지만 고려시대 전기 서긍의『선화봉사고려도경』을 보면 화갱(火坑)은 서민을 위한 시설이며, 귀족은 와탑(臥榻)과 상(床)등을 많이 사용하였다고 밝히고 있어[31], 온돌은 오히려 격이 떨어지는 건물에 사용하였던 것임을 알 수 있다.

서봉사지의 고려시대 건물지에서 온돌건물은 익랑건물의 뒤에 위치하고 있어 상대적으로 중요도가 떨어진다고 할 수 있다. 반면 금당지로 추정되는 5-3건물지를 비롯한 좌우익랑건물지에서는 화덕의 흔적도 발견되지 않고 있다. 이러한 양상은 비슷한 시기에 조성된 파주 혜음원지에서도 나타난다.[32] 화갱(화덕)시설이 발견되는 건물은 상대적으로 위계가 떨어지는 행랑채라고 볼 수 있는 공간에 주로 나타나고 있다. 그 외 주요전각은 역시 흙(전(塼))바닥과 마루바닥이 사용되었고, 화갱(火坑)이나 화덕 등의 온돌시설은 전혀 확인되지 않고 있다.『고려도경』에도 귀족들이 겨울철 난방을 위해 주로 로(爐)를 사용하였던 기록[33]으로 볼 때, 화덕(화갱(火坑)) 시설이 있는 공간이 위계가 떨어지며, 난방 또는 취사의 용도로 쓰였을 것으로 판단되었다.

이러한 전통은 조선시대에도 온돌과도 연결되어 위계에 따른 구분이 있었던 것으로 확인되

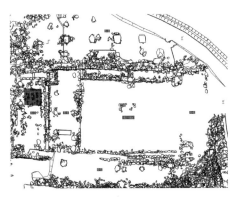

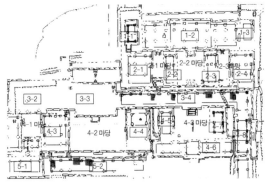

삽도 4. 고려시대 서봉사지 화갱(火坑) 위치   삽도 5. 파주 혜음원지 화갱(火坑) 위치

30 장경호, 1996,「우리나라 온돌의 발달」,『대한설비공학회 학술발표대회논문집』. p.59.
31 『宣和奉使高麗圖經』卷28. 臥榻
   臥榻之前 更施矮榻三面立欄楯 各施錦 綺茵褥復加代席莞簟之安 若民庶則多爲土榻 穴地爲火坑臥之...
32 단국대학교매장문화재연구소, 200,『파주 혜음원지-1~4차보고서-』.
33 『宣和奉使高麗圖經』
   이 책에서는 난방기구로 "온로"(溫爐) "박산로"(博山爐) "정로"(鼎爐)등이 확인되었다.(주남철, 1987,「온돌과 부뚜막의 고찰」,『문화재』20호. p.8.에서 재인용)

었다. 조선시대 서봉사지의 가람은 사동중정형(四棟中庭形)으로 대표된다. 중앙에 마당을 중심으로 상단으로 금당이 위치하고, 중단인 좌우로 승방이, 하단으로 출입구를 비롯하여 부엌 · 창고 등이 위치하는 배치이다.

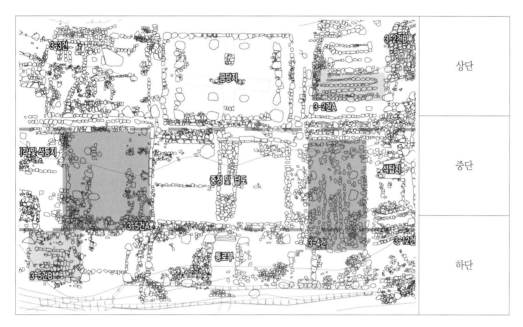

삽도 6. 조선시대 사동중정형(四棟中庭形)과 온돌의 가람배치

위의 도면을 보면 상단은 부처님과 고승의 공간이며, 중단은 일반 승려들의 공간, 하단은 행자나 부엌 일꾼들의 공간으로 위계가 나누어진다. 이를 온돌과 대비하면 상단의 금당지는 무시설이고, 좌우 건물지는 온돌이 잘 남아있는 3-3건물지의 경우 온돌의 규모가 작은 개별 온돌과, 함실아궁이가 특징임을 알 수 있다. 중단은 다수를 위한 대형난방 공간만으로 구성되어있다. 하단은 부뚜막아궁이가 특징임을 알 수 있다. 즉 상단과 하단 온돌의 가장 큰 특징은 부뚜막과 함실아궁이이며, 상단과 중단 온돌의 차이는 개별온돌과 다수를 위한 온돌로 구분된다. 이를 간략히 표로 정리하면 다음과 같다.

표 3. 3단 공간구성과 온돌

	공간구성	온돌
상단	금당, 소형승방	무시설, 소형 개별온돌, 함실아궁이
중단	중정, 대형승방	대형 온돌
하단	출입구, 부엌, 창고 등	부뚜막아궁이

위의 표에서도 나타나듯이 온돌로 나타나는 위계에 있어 중요한 요소는 취사라고 할 수 있었다. 그러므로 고승이 머무르는 곳의 온돌은 난방만을 위해 함실아궁이를 설치해 격을 높이고, 승려가 머무는 곳은 온돌을 놓지만 부엌으로부터 격리함으로써 오로지 경전과 교리연구에 정진할 수 있는 공간으로 만들었으며, 마지막으로 하단에서 취사를 위한 부뚜막아궁이를 설치함으로써 상부구조를 떠받치는 체계를 완성하게 된다. 특히 사찰에 있어 난방시설에 보이는 이러한 체계는 다음의 표와 같이 서봉사지와 혜음원지 등을 통해 보았을 때 전면온돌이 사용되기 전에도 같은 맥락을 보이고 있다는 점에서 주목할만하다.

표 4. 3단 온돌체계와 위계

| | 고려시대 전기 | | 조선시대 |
	서봉사지	혜음원지	서봉사지
상단	금당(온돌×)	금당(온돌×)	금당(온돌×), 승방(온돌○, 취사×)
중단	승방(화갱○, 온돌×)	승방(온돌×)	승방(온돌○)
하단	출입구, 행랑, 창고 (온돌×, 취사?)	출입구, 행랑, 창고 (화갱(덕)○, 취사○)	출입구, 행랑, 창고, 부엌(취사○)

V. 맺음말

서봉사지의 창건시기는 명확치 않으나, 현오국사탑비가 세워진 명종 15년 이전에 이미 대가람을 이루고 있었다. 이 때 사역의 중심은 5~6단으로 추정되었다. 그 후 서봉사는 대규모 산사태에 의해 일시에 건물이 무너졌다. 그리고 공백기를 지나 조선 태종대에 자복사(資福寺)로 지정되었을 당시를 즈음하여 3단을 중심으로 재건을 이루었다. 이때 3단은 소위 '사동중정형(四棟中庭形)'으로 가람을 배치하였다. 그 결과 서봉사지의 가람배치는 고려시대는 5~6단, 조선시대는 3단을 중심으로 배치된 설계와 잔존이 이뤄지고 있다. 이에 따라 난방시설 또한 뚜렷한 특징과 함께 같은 시공간 안에서도 다양한 해석을 가능케 하였다.

먼저 조선시대 온돌의 주요 요소를 아궁이, 고래 규모, 고래열 평면형태로 구분하여 살펴보면, 첫째, 부뚜막아궁이는 고래 규모 즉 면적이 중·대형인 건물지에 집중하여 시설되었다. 반면 함실아궁이는 중·소형 건물지에 주로 쓰이고 있었다. 즉 중대형 건물은 보다 넓은 면적을 난방하기 위해 땔감의 소비가 높을 수밖에 없었고, 대량의 땔감을 난방을 위해서만 쓴다고 하는 것은 어찌 보면 열효율적인 측면에서 매우 낭비라고 생각되었을 것이다. 둘째, 고래열의 평면형태는 대부분 '一'자형이며, 'ㄱ'자형은 1~2동에 불과하여 특별한 경우에만 적용하였던 것으로 보인다. 특히 3-2A건물지의 경우 건축적으로도 앞뒤에 툇마루, 그리고 뒤편 석축으로 화개 등의 시설을 갖추는 등 다른 건물에 비해 편의나 조경적인 요소가 강조된 측면이 있다.

다음으로, 갱(坑)이라는 부분온돌에서 방(房)·실(室)이라는 공간 전체를 지칭하는 전면온돌로의 변화는 단순한 규모의 변화가 아닌 구조의 변화를 가져왔다. 즉 불을 지피는 아궁이와 난방이 이루어지는 고래(구들)의 공간 분리가 가장 뚜렷한 변화인데 이로 인해 몇 가지 변화가 나타난다. 그 중에서 첫째가 바닥의 변화이다. 즉 실내 공간이 장판과 벽지 등을 사용하여 머리카락이나 바늘을 찾을 수 있을 정도로 깨끗하게 되었다는 점이 매우 큰 변화였음을 알 수 있다. 이는 아궁이라는 불 피우는 공간의 분리로 인해서 재나 먼지, 그을음 등이 실내에서 사라졌기 때문이었다. 둘째는 실내의 청결에서 비롯된 것으로 보이는 전퇴칸 마루의 등장이었다. 고려시대의 승방 건물지에서는 실내외가 같은 흙바닥이기 때문에 신발을 신고 벗을 필요가 없었음을 감안할 때, 조선시대 승방 건물의 툇마루는 장판이 깔린 온돌바닥과 외부의 흙바닥이 교차되는 공간에 신발을 신고 벗을 수 있도록 하는 편의적 기능을 위해 툇마루가 필요했을 것으로 추정되었다.

한편, 이렇게 극적인 전면온돌의 등장은 기후변화와 따른 결과 중 하나일 것으로 추정하였다. 문헌과 자연과학 분석을 통해 소위 소빙기가 조선시대 특히 17~18세기를 중심으로 형성되었을 것으로 추정되었고, 일반민가의 경우, 이때 전면온돌이 전국적으로 확대되었을 것으로 보았다. 하지만 복수의 화분분석 결과, 이상저온현상이 17세기 이전부터 발생했을 가능성이 높았다. 그러므로 일반민가와 달리 사찰은 이보다 이른 조선전기 혹은 고려후기까지 전면온돌이 시설되었던 이유 역시 기후변화와 관련이 있었던 것으로 추정되었다. 하지만 향후 이에 관한 세밀한 조사와 문헌분석 등이 더 필요한 상황이었다.

또 다른 한편, 온돌의 규모와 아궁이의 취사여부 등에 따라 상단부터 하단에 이르는 3단의 위계를 지켜 설계되었음을 알 수 있었다. 상단의 고승이 머무르는 곳의 온돌은 난방만을 위해 함실아궁이를 설치해 격을 높이고, 중단의 승려가 머무는 곳은 온돌을 놓지만 부엌으로부터 격리함으로써 오로지 경전과 교리연구에 정진할 수 있는 공간으로 만들었으며, 마지막으로 하단은 취사를 위한 부뚜막아궁이를 설치함으로써 상부구조를 떠받치는 체계를 구현하였다. 그리고 이는 고려시대에도 파주 혜음원지의 경우 화갱(火坑)이 오로지 하단에만 위치함으로써 같은 맥락을 발견할 수 있었다.

마지막으로 앞서 언급한 사찰의 전면온돌과 기후변화의 관계에 대한 좀더 세밀한 연구뿐만 아니라, 화갱(火坑)에서 온방(溫房)으로의 변화과정에 대한 보다 폭넓은 사례 연구가 되지 못한 점은 이 글의 한계로 지적하며 향후 과제로 남기고자 한다.

南原 萬福寺址 출토품으로 본 高麗時代 기와의 製作과 使用

최영희(강릉원주대학교 강사)

목 차

Ⅰ. 머리말

萬福寺址는 전라북도 남원시 서남쪽에 위치한다. 麒麟山에서 뻗어 내린 산줄기가 유적의 서편과 동북편을 감싸고 남쪽으로는 넓은 평야가 펼쳐진, 전형적인 背山臨水의 지형을 갖춘 곳이다. 문헌기록을 살펴보면, 『東國輿地勝覽』 卷39, 南原 佛宇條에 高麗 文宗代(1046~1083년 재위)에 창건되었다고 하며, 朝鮮 肅宗代에 간행된 『龍城誌』 佛宇 舊誌에는 신라말 道詵國師가 지었고 丁酉再亂(1597년) 당시 全燒‧廢寺되었다고 전한다.

만복사지에 대한 발굴조사는 1979년에서 1985년까지 7차례에 걸쳐 전북대학교박물관에서 실시하였다. 이 과정에서 창건기 가람은 東塔西金堂의 배치로 조영되었으나, 조선시대 대규모 중창을 통해 一塔三金堂의 가람을 이룬 것으로 추정되고 있다[1]. 이후 2014~2015년 경남발전연구원 역사문화센터에서 寺域의 남쪽 외곽에 대한 발굴조사를 진행하여 3기의 건물지가 추가적으로 확인되었다[2].

만복사지에서 출토된 유물 중 가장 큰 비율을 차지하는 것은 단연 기와로, 사찰의 시‧공간적 흐름과 건물의 존속 상황을 엿볼 수 있는 중요한 자료임에 틀림없다. 본 글에서는 수막

※ 본 글은 2020년 10월 23일 한국건축역사학회 학술세미나 '만복사지 조사 성과와 과제'에서 발표한 내용을 정리한 것이다.
1 전라북도‧전북대학교 박물관, 1986, 『萬福寺 發掘調査報告書』.
2 경남발전연구원 역사문화센터‧남원시, 2017, 『남원 만복사지』.

새 · 암막새의 와당문양과 성형방식에 기초하여 기와의 제작시기를 구분 · 설정하고, 유구별 출토양상을 통해 기와의 사용 양상에 대해서도 살펴보고자 한다.

Ⅱ. 만복사지 기와의 제작 시기

만복사지에서는 고려~조선시대를 중심으로 제작 · 사용된 기와가 다수 출토되었다. 조선시대 기와 중에는 여러 종류의 年號 · 紀年銘 막새가 존재하여 정확한 연대를 알 수 있는 반면, 고려시대의 기와는 명문이 확인되지 않고 오랜 기간 사용된 다양한 개체들이 함께 출토되어 편년의 근거를 확보하기 어려운 상황이다.

그렇다고 이러한 현상이 만복사지의 경우에만 한정된 것은 아니다. 기와라는 유물에 대해 편년자료로서의 역할을 기대하는 경향이 크지만, 실제로는 출토상황만으로 제작 · 사용 · 폐기의 시점을 구분하기 어려운 데다가 고려시대에는 이전 시기에 비해 제작방식의 변화폭이 크지 않기 때문이다. 지금까지의 고려시대 기와 연구가 와당문양의 양식적 검토에 편중되었던 원인도 바로 거기에 있을 것이다. 따라서 만복사지에서 출토된 고려시대 막새의 시간축을 설정하기 위해서는 타 유적에서 확인된 막새의 전반적인 변화상을 적극 참고할 필요가 있다.

본 글에서는 편의상 수막새 · 암막새의 제작 시기를 크게 4期(Ⅰ~Ⅴ期)로 구분한 뒤, 수막새는 유사 형식에 따라 群으로 세분하고 조합되는 암막새를 살펴보겠다. 또한, 각 시기 · 각 群의 와당문양 및 제작방식과 타 유적의 유사자료를 비교하여, 그 시간적 위치를 추론해보고자 한다.

1. Ⅰ기

Ⅰ기는 新羅末 · 高麗初부터 高麗時代前期에 걸쳐 제작 · 사용된 기와를 포함한다. 이 시기에는 경주지역을 중심으로 유행하였던 전형적인 통일신라시대의 연화 · 당초문 막새가 연속적으로 사용되면서, 새로운 표현방식이 속속 등장하는 특징을 보인다. 문양의 출현 및 존속기간은 지역마다 조금씩 차이가 있어 일률적인 편년 기준을 대응시키기 어렵지만, 현재까지 확인된 타 유적의 사례들을 참고하여 3群(a · b · c)으로 구분, 검토를 진행하고자 한다.

1) a群
a群은 無文의 주연을 가진 수막새이다〈그림1-①~③〉.

기존에는 무문 주연부의 요소를 삼국시대의 소산으로 당연시하는 경향이 있었으나, 경주지역을 벗어나면 같은 형식의 막새들이 羅末麗初 이후까지 존속되는 경우를 확인할 수 있다. 대표

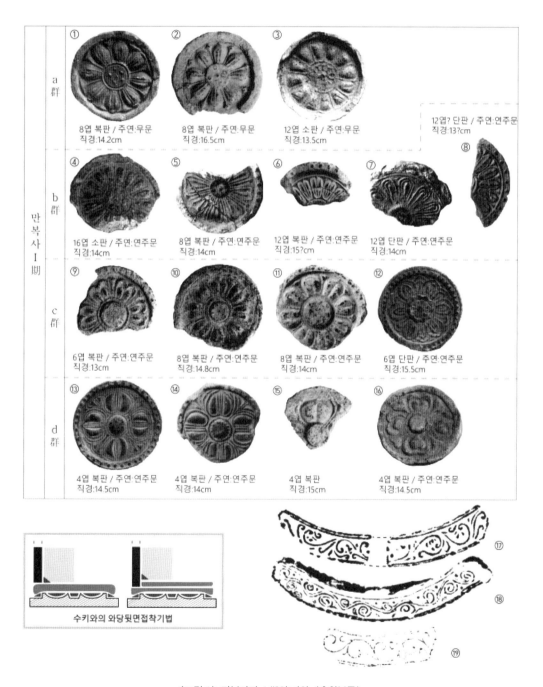

〈그림 1〉 만복사지 Ⅰ期의 기와 〈축척부동〉
: (전라북도 · 전북대학교박물관1986)의 사진 및 도면을 재편집, 도식-필자 작성

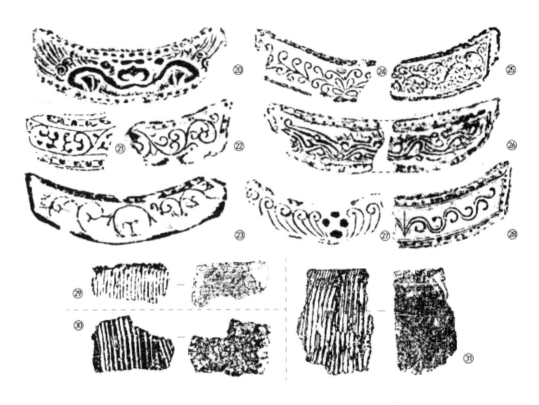

〈그림 2〉 만복사지 Ⅰ期의 기와 〈축척부동〉
: (전라북도 · 전북대학교박물관1986)의 사진과 도면을 재편집

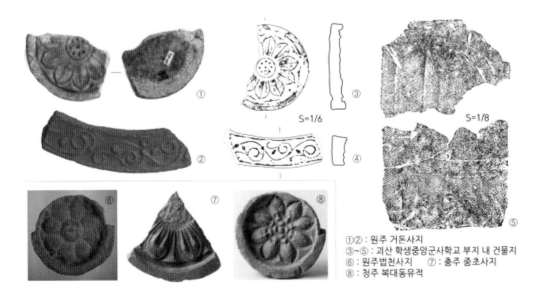

①② : 원주 거돈사지
③~⑤ : 괴산 학생중앙군사학교 부지 내 건물지
⑥ : 원주법천사지   ⑦ : 충주 충초사지
⑧ : 청주 복대동유적

〈그림 3〉 무문 주연의 연화문수막새 〈축척부동〉 : (최영희2017)의 그림을 재편집

적인 사례로 원주 거돈사지와 괴산 학생중앙군사학교 부지 내 건물지에서 출토된 무문 주연의 8엽單瓣연화문 수막새를 들 수 있다. 이 수막새는 문양형식 뿐 아니라 접합방식(원통접합 후 분할법) 또한 古式의 방식이 구사되었으며, 셋트를 이루는 당초문암막새는 일견 7세기대의 소산으로 보이지만, 나말여초 이후에 등장하는 長板타날형식의 격자문 암키와와 조합되는 것으로 확인되었다〈그림3-①~⑤〉[3].

만복사지 출토 수막새①②와 같이 무문 주연을 가진 8엽複瓣연화문은 경주 및 부여지역에서 600년을 전후하는 시기에 등장하지만, 기술적으로는 통일신라시대 및 고려시대의 가장 일반적인 접합기법(수키와의 와당뒷면접착방식)을 취하고 있다. 수막새③ 또한 같은 방식으로 제작되었으며, 자방의 표현을 통일신라시대 이전으로 소급하기는 어렵다. 편년근거를 확보하기 위해서는 앞으로 접합된 수키와 및 암키와와의 조합상을 추출하여야 한다는 전제 하에, 일단은 a群의 시간적 위치를 나말여초로 추정해 두고자 한다. 막새의 중요한 기술요소인 접합방식은 수키와를 와당의 뒷면에 부착하고 보토하는 '수키와 와당뒷면접착기법'(〈그림1〉의 도식 참조)으로 공통되며, 이것은 기본적으로 Ⅰ期·Ⅱ期·Ⅲ期의 모든 수막새·암막새에 해당된다. a群의 수막새와 대응되는 암막새가 있다면, 와당의 상-하 폭이 좁고 당초문의 배치가 단순하며 무문의 주연을 가진 개체〈그림1-⑰⑲〉일 가능성이 크다.

2) b群

b群은 통일신라시대 막새의 전통을 계승한 와당문양의 一群이다〈그림1-④~⑧〉.

특히 전형적인 통일신라시대 細瓣형식의 연화문을 시문한 수막새④(16엽素瓣연화문수막새)는 인접한 實相寺에서 많은 수가 출토된 수막새의 一例와 꽃잎·사잇잎과 자방의 형태가 매우 닮아있으며, 크기(와당직경 14~15cm)도 같다〈그림4〉. 세판형식의 연화문 또한 통일신라시대부터 고려시대전기까지 그 제작과 사용이 이어지는 것으로 알려져 있다. 太祖 王建이 後三國의 통일을 기념하여 창건한 논산 개태사를 비롯하여 여주 고달사지, 원주 법천사지·거돈사지·흥법사지, 영월 흥녕사지, 양양 진전사지, 충주 김생사지, 울주 간월사지 등에서 나말여초 이후로 편년되는 사례가 확인되고 있다[4]. 수막새④ 또한 유적의 전반적인 양상을 볼 때 a群의

---

3 同范관계의 수막새·암막새 및 암키와의 동일한 조합은 괴산 학생중앙군사학교 부지 내 건물지 부근에서 생산되어 약 68km 떨어진 거돈사지에까지 공급된 것으로 보인다. 이 외에도 원주 법천사지, 충주 중초사지, 청주 복대동유적 등지에서 문양은 삼국시대의 고식 연화문에 가깝지만 통일신라시대 이후의 것으로 재검토가 필요한 수막새들이 출토된 바 있다〈그림3〉.

4 최정혜, 2020, 「고려막새의 변화양상과 의미」, 『한국중세고고학회 춘계학술대회 자료집』, 한국중세고고학회.

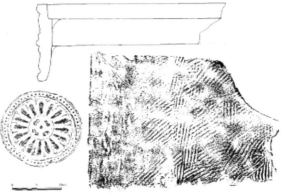

〈그림 4〉 실상사 출토 막새-16엽소판연화문수막새+포도당초문암막새
(축적부동) : 출전-(국립부여문화재연구소1999)

수막새①②와 마찬가지로 나말여초 이후에 제작·사용된 것으로 생각된다. 같은 지역권 내에 소재한 실상사의 사례도 포도당초문암막새 및 長板타날형식의 평행선문 평기와와 조합되고 있는 것으로 보아[5], 이 지역에서는 해당 문양형식이 꽤 오랫동안 유지되었음을 알 수 있다. 다만, 만복사지에서 短板, 혹은 中板타날형식의 평행선문 암키와·수키와의 존재가 소량이나마 보고된 점〈그림2-㉙~㉛〉을 고려할 때, 통일신라시대 이전으로 소급될 가능성을 완전히 배제할 수는 없을 것이다. 자료의 축적을 통해 지역적 편년의 틀이 마련되기를 기다려본다.

수막새⑤~⑧ 또한, 꽃잎 형태의 차이(단판/복판형식)는 있지만, 앞서 언급한 세판형식 연화문의 영향을 받아 다양하게 도안된 경우로 볼 수 있어, 나말여초부터 고려시대전기까지의 수막새 제작 경향을 반영한다.

b群의 수막새와 대응되는 암막새를 확정하기는 쉽지 않지만, a群의 수막새들과 대응되는 것으로 추정할 수 있는 그림1-⑰⑲와 함께, 1-⑱, 2-㉑~㉓과 같이 연주가 배치된 돌출형 주연 내부에 통일신라시대 당초문의 기본적 도안을 유지하고 있는 개체를 후보에 올릴 수 있을 것이다.

---

5 삼척 흥전리사지에서는 유사한 문양형식의 수막새가 중판타날형식과 장판타날형식의 수키와와 함께 조합되어, 과도기적 양상을 보이기도 한다.
최영희, 2022, 「삼척 흥전리사지 출토 기와로 본 신라 조와기술의 수용과 전개」, 『삼척 흥전리사지 조사성과와 활용』 학술대회 발표자료집, 강원도·삼척시·재)불교문화재연구소.
최근, 경주지역에서도 통일신라시대로 인식되었던 문양을 가진 막새들이 고려시대 전기까지 지속된 사례가 지적·보고된 바 있다.
김유성, 2021, 「후삼국시대 경주 사천왕사 출토 인동문암막새에 대하여」, 『후삼국의 경쟁과 와전문화』 학술대회 발표자료집, 한국기와학회.

3) c群

고려시대 전기에 들어서면 복판형식의 연화문이 보다 다양하게 활용되는 양상을 보인다. c群의 수막새(6·8엽복판연화문수막새)〈그림1-⑨~⑪〉역시 후삼국통합 이후에 나타나는 와당문양의 대표적인 형식 중 하나로, 꽃잎의 길이가 짧고 볼륨감 있게 표현되며 넓은 자방의 주변에 장식이 더해지기도 한다. 충주 숭선사지 창건와, 개경 고려궁성, 부여 정림사지, 여주 고달사지와 원향사지, 원주 거돈사지 등 전국적으로 폭넓게 분포하는 것으로 알려져 있는 문양형식이다〈그림5〉.

한편, 수막새⑫와 같이 꽃잎 및 사잇잎의 장식성을 강조한 보상화문계통의 연화문도 같은 시기 다양한 모습으로 확인된다.

c群의 수막새와 대응되는 암막새로는 그림2-㉔~㉘을 염두에 두고자 한다. 수막새와 마찬가지로 연주가 배치된 돌출형 주연을 가지며, 당초문의 도안이 조금씩 변형되는 양상을 고려한 결과이다. 특히, 암막새㉗은 仰蓮形 연화문을 시문한 사례로, 충주 정토사지·김생사지·미륵리사지, 안성 봉업사지, 울주 간월사지 등지에서 확인된 바 있다. 후삼국기 이후에 나타나는 암막새 도안의 새로운 현상으로 여겨진다[6].

충주 숭선사지　개성 고려궁성　개성 고려궁성　부여 정림사지

원주 거돈사지　원주 고달사지　여주 원향사지　여주 원향사지

〈그림 5〉 타 유적 출토 복판연화문수막새

6 최정혜, 2020, 앞의 글.

4) d群

d群은 4엽의 복판연화문 수막새이다. 시기는 c群과 크게 차이가 없을 것으로 여겨지나, 해당 시기의 새로운 문양형식 중 하나로 만복사지 내에서 출토비율이 높은 점을 고려하여 별도로 구분하였다.

반구형 자방을 중심으로 4엽의 연판을 배치하고 여러 줄의 양각선으로 구획한 도안이 매우 독특한데, 4종류의 와범별 문양(⑬~⑯)이 확인되었으며 그 가운데 2종은 같은 와범에서 제작된 것은 아니나 문양의 구조와 표현방식이 동일한 同型의 개체이다(⑬⑭). 수막새⑬은 고려시대 막새 중 가장 많은 수가 출토되었다.

4엽의 연화문 수막새는 충주 정토사지, 청주 분평동유적, 원주 법천사지와 거돈사지, 강릉 굴산사지 등지에서 확인되었으며〈그림6〉, 주위 깊게 살펴본다면 나말여초~고려전기에 걸쳐 보다 넓은 지역에 분포할 것으로 생각된다. 특히, 법천사지 출토품은, 꽃잎의 형태에는 다소 차이가 있지만, 고려 宣宗2년(1085)에 제작된 智光國師玄妙塔·塔碑가 위치한 塔碑殿址의 造營 당시 제작된 것으로 확인, 시간적 근거를 제공한다[7]. 이 문양형식에 대해서는 高句麗 수막새에 사용된 연화문에서 영향을 받은 것으로 보는 견해도 있다[8].

한편, 보고서에서는 ⑬⑭의 4엽복판연화문수막새가 쌍조문암막새와 셋트를 이루는 것으로 추정하고 있는데[9], 이 부분에 대해서는 재고가 필요하다. 수막새⑬⑭, 그리고 같은 문양유형으로 묶을 수 있는 수막새⑮⑯은 모두 돌출형 주연부에 연주가 시문되었으나, 쌍조문 암막새는 평면형 주연을 갖고 있어 표현방식의 차이가 크다. 발표자는 쌍조문 암막새가 後代에 보수용으로 만들어진 기와라 생각한다. Ⅰ기 d群과 함께 제작되었던 암막새가 어떤 문양에 해당되는지 판

원주 법천사지

원주 거돈사지

충주 정토사지

청주 분평동유적

〈그림 6〉 타 유적 출토 4엽연화문수막새

7 강원문화재연구소, 2014, 『원주 법천사 Ⅰ』.
8 전라북도·전북대학교 박물관, 1986, 앞의 보고서. ; 최정혜, 2020, 앞의 글.
9 전라북도·전북대학교 박물관, 1986, 앞의 보고서.

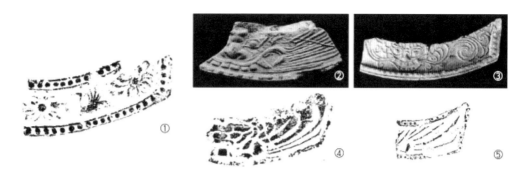

〈그림 7〉 실상사 출토 쌍조문① · 귀면②~⑤ 암막새 (축척부동)

단하기 어렵지만, 실상사지에서도 여러 종류가 공존하였던 귀면문 암막새, 내지는 선행하는 별도의 쌍조문 암막새의 존재 가능성을 추정해볼 수 있다〈그림7〉. 특히 귀면문 암막새는 수량은 많지 않지만, 출토 구역이 수막새⑬과 겹쳐진다.

이상의 내용을 종합해볼 때, c群의 4엽복판연화문수막새는 a,b群에 비해 시기가 조금 더 떨어져 11세기대의 것으로 추정할 수 있다. 즉 만복사가 문종대에 창건된 것이라 한다면, 이 시기 창건의 주체가 되었던 막새는 c群의 4엽복판연화문수막새(지름 14~15cm)라 할 수 있다.

2. Ⅱ기

Ⅱ기는 日輝文 막새의 一群이다〈그림8-Ⅱ期의 ①~⑤〉. 시기적으로는 일휘문 막새가 본격적으로 제작 · 사용되는 12세기경으로 추정하고자 한다. 수막새는 모두 반구 주위 및 무문의 주연 주위에 1줄의 원권을 돌리는 형태로 공통되며, 크기는 와당 직경 13~16cm로 다양한 편이다. 별도의 장식을 부가하는 이른바 변형된 일휘문의 사례가 보이지 않는 것은 만복사지 출토 일휘문 수막새의 특징 중 하나라 여겨진다. 다만 암막새는 Ⅲ기의 수막새와 조합되어 다양한 양상을 띄고 있다.

일휘문 수막새 중 가장 많은 수를 차지하는 것은 와당직경 약 16cm의 개체이다〈그림8-Ⅱ期의 ③〉. 일휘문 막새는 2017년도 조사과정에서도 다수 출토되었는데, 직경 15cm의 수막새와 3개의 반구를 배치한 암막새의 셋트관계가 확인되었다〈Ⅱ期의 ①, 그림8-⑥〉. 이 외에도 일휘문 암막새가 다수 출토되었으나, 각각의 조합관계를 대응시키기는 어렵다.

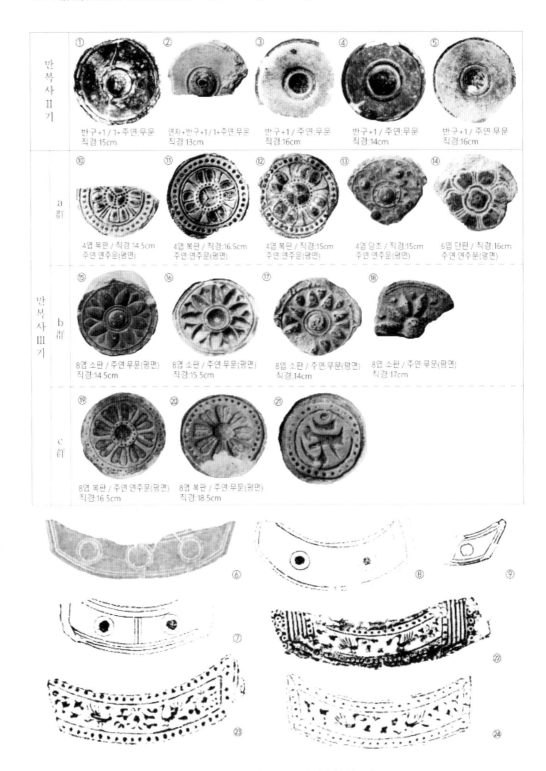

〈그림 8〉 만복사지 Ⅱ · Ⅲ期의 기와 (축척부동)

3. III기

1) a群

III期 a群은 평면형 주연부를 가진 연화문·인동당초문 수막새로〈그림8-⑩~⑭〉, 그 시기는 13세기대 이후로 추정된다.

이 가운데 ⑩~⑫의 4엽복판연화문수막새는 일견 I期 d群 ⑬⑭의 와당문양〈그림1-⑬⑭〉, 즉 본 글에서 상정한 만복사지의 창건수막새와 매우 유사하지만, 평면형 주연부와 함께 자방의 내부 및 그 주변에 연주를 장식하는 차이가 있다. 크기는 와당직경 14.5~16.5cm의 범위에 포함되며, 16.5cm의 개체가 가장 많이 출토되었다. III장에서 다시 설명하겠지만, 본 글에서는 문양형식 및 출토 양상을 고려하여, 이 수막새를 I期 d群 ⑬⑭의 보수용 기와로 상정하고자 한다.

셋트를 이루었던 암막새에 대해서는 주연의 형태가 같은 쌍조문암막새⑫⑬로 여겨진다. 쌍조문의 도안은 통일신라시대에서 나말여초에 걸쳐 사용되는 것이 일반적이나, 수막새가 창건기의 도안을 차용하였듯이 암막새도 I期에 사용되었던 도안을 모방·사용하였을 가능성을 추정해볼 수 있다. 수막새·암막새 모두 3종류의 와범별문양이 확인되어 다량의 생산이 의도되었음을 알 수 있으며, 출토비율로도 그러한 현상이 증명된다. 특히, 암막새⑫는 암키와를 구부린 뒤 와범을 스탬프처럼 찍어낸 예외적인 방식으로 성형되었는데[10], 그러한 과정에서 주연부 바깥쪽까지 연결되는 시문범위가 확인된다. 이것은 단의 차이가 없는 평면형 와범의 형태를 여실히 보여주는 것으로, I단계의 돌출형 주연부를 갖는 막새의 와범과 구조적인 차이를 인식할 수 있다.

이 외에도 자방 주위로 인동당초문을 시문한 수막새〈그림8-⑬〉와 6엽단판연화문수막새〈그림

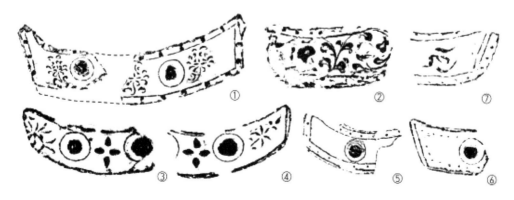

〈그림 9〉 만복사지 III期의 암막새 (축척부동)

10 독특한 성형방식이나, 2점만이 확인되어 그 자체에 제작기술적 의미를 부여하기는 어려울 듯하다.

8-⑭〉는 일휘문 수막새의 등장 이후에 나타나는 문양 요소, 즉 평면형 주연과 더불어 반구형 및 花形의 자방을 가진다는 점에서 같은 시기로 구분하였다. 반구형 자방과 초화문을 번갈아 배치한 그림9-①, 반구형 자방과 당초문을 함께 사용한 그림9-②의 암막새가 대응될 가능성이 크다.

2) b群

b群으로 구분한 수막새는 모두 반구형자방과 꽃잎을 함께 배치한 8엽소판연화문수막새로, 13세기대 이후 일휘문의 영향을 받아 기존의 연화문과 복합·변형되어 출현하는 도안으로 보는 것이 일반적이다. Ⅲ期의 일휘문수막새처럼 원권을 돌린 무문의 주연을 갖는 경우와 a群과 마찬가지로 연주가 돌아가는 평면형 주연을 표현한 경우로 나누어진다. 이 문양군은 시기적으로 a群과 큰 차이 없이 그 사용위치를 조금씩 달리하며 오랜 기간 공존되었을 것으로 추정된다.

수막새와 유사한 소판의 꽃잎을 중심으로 반구형 자방과 당초문을 배치한 그림9-③④의 암막새가 셋트를 이루었을 것이라 추정된다.

3) c群

c群에는 일휘문의 영향을 받은 반구형 자방을 중심으로 복판형식의 꽃잎을 배치한 8엽복판연화문수막새〈그림8-⑲⑳〉와 梵字文수막새〈그림8-㉑〉가 해당된다.

수막새⑲⑳은 꽃잎의 형태가 매우 유사하면서도 주연의 표현방식과 자방 주변의 장식 등에 차이를 보인다. a群, b群의 양상을 함께 고려할 때, 일휘문수막새의 등장 이후 주연의 두 가지 표현방식이 일정 기간 공존하였던 것이 아닐까 생각된다. 주연의 형태를 고려할 때, 그림9-⑤⑥의 암막새와 조합될 것으로 추정된다.

범자문수막새는 고려시대후기부터 등장하여 고려말·조선초까지 유행한 것으로 알려져 있다. 장식문양의 유무, 범자의 배치상태 등을 통해 시기를 세분하는데, 그림8-㉑은 한 글자만을 중앙에 두고 주연 안쪽으로 연주문을 장식한 단순한 형태는 비교적 이른 시기로 보는 것이 일반적이다. 다만, 범자문 또한 연화문만큼이나 지역성이 크게 나타나는 도안인 만큼 시기를 간단히 결정하기에는 무리가 있다. 범자를 시문한 암막새 중 접합방식이 동일한 개체는 그림9-⑦ 한 점 뿐이다.

주목하고 싶은 점은 타 유적에서는 이상의 수막새가 두 가지 성형방식으로 제작된다는 점이다. 한 가지는 지금까지 설명한 모든 막새와 동일한 접합방식, 즉 수키와·암키와를 와당 뒷면에 접착하는 방식이며, 또 한 가지는 둔각의 일체형 성형대(와당과 평기와가 연결된 형태)를 사용함과 동시에 와범을 스탬프처럼 압날하여 시문하는 방식이다. 후자의 경우, 접합각도가 둔각

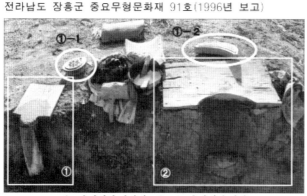
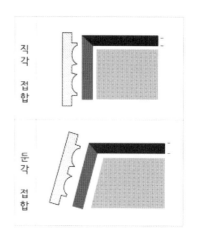

〈그림 10〉 일체형 성형대 및 압날식 시문법의 도식과 민속례

을 이루고 와당 뒷면에 포흔 내지는 分離沙가 관찰된다〈그림10〉. 서창호는 명문이 있는 공주 사자암지, 영암 도갑사지 등의 출토품을 참고하여 해당기법이 14세기대부터 등장하는 것으로 설명한 바 있다[11]. 그러나 원주 법천사지에서는 13세기대부터 같은 제작방식을 구사하되 직각의 성형대를 사용한 사례가 있으며, 완도 용장성 궁성지에서는 전자의 접합기법을 취하면서도 접합각도를 살짝 둔각으로 두는 사례가 확인되어, 해당기법의 출현 시기 및 지역적 차이에 대해 재검토가 필요함을 시사한다[12].

만복사지 Ⅲ期 c群의 막새는 모두 전자(수키와의 와당뒷면접착기법)에 해당하며 접합각도도 직각을 유지하고 있다. 향후 자료의 축적을 통해 남원지역에 후자의 기술요소가 도입되는 시기를 검토해야 하겠지만, 고려말·조선초에 출현한다는 일반적인 흐름에서 본다면 만복사에서는 고려말을 중심으로 일정 시기동안 기와의 제작이 이루어지지 않은 것으로 볼 수 있다[13].

4. Ⅳ기

Ⅳ기의 막새는 둔각접합의 사례를 획기로 삼아 구분하였다. 즉, 일체형 성형대 및 와범의 스탬프식(압날식) 시문방식을 구사한 막새들로, 만복사지에서 출토된 조선시대의 명문 막새는 모두 이 제작방식에 해당된다. 앞서 설명한 바와 같이, 이 방식은 고려말에 출현하여 조선시대 및 근현

---

11 서창호, 2008, 「고려말 조선시대 암막새의 변천과정」, 『고고학』9-1호, 중부고고학회.
12 최영희, 2017, 「중원지역 조와기술의 전개」, 『중원의 기와』, 국립중원문화재연구소.
   최영희, 2019, 「龍藏城 출토 기와에 대한 검토」, 『진도 용장성 왕궁지』, 목포대학교박물관.
13 혹 필자가 실물을 확인하지 못한 자료에 대해 오류가 있을 가능성도 있음을 언급해 둔다.

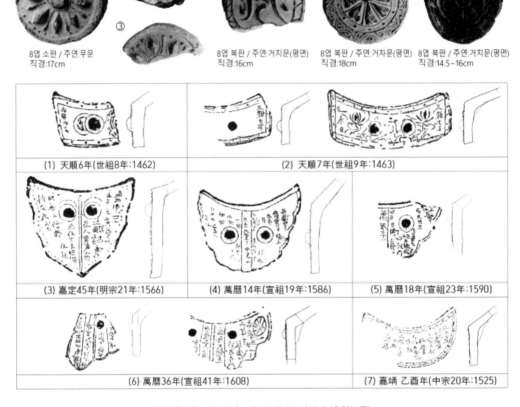

〈그림 11〉 만복사지 IV期 수막새 · 암막새 (축척부동)

대까지 이어진 것으로 여겨지며, 역삼각형 암막새의 출현과도 연동되는 것으로 알려져 있다.

수막새의 문양형식은 III期의 c群과 비슷한 양상을 보인다. 반구형 자방을 중심으로 단순한 형태의 꽃잎을 배치하고, 주연부가 퇴화된 연화문, 주연의 자리에 거치문대를 배치한 범자문 · 연화문의 도안이 해당된다〈그림11-①~⑥〉. 특히 상-하로 긴 타원형 수막새는 이 중 가장 시기가 늦을 것으로 보인다〈그림11-⑥〉.

암막새는 年號 · 紀年銘이 다수 확인되어, 그 변화양상을 명확히 가늠할 수 있다. 1462~1463년에 제작된 암막새는 와당의 상-하 폭은 넓어지지만 선대의 형태를 유지하고 있는 반면, 한 세기가 지난 후 16~17세기대부터는 역삼각형 와당에 건축의 경위 및 시주자에 대한 정보를 기록하는 변화를 보인다.

III. 만복사지 기와 사용의 전개

본 글에서는 만복사지 막새의 출토 수량을 통해, 건물에 따른 기와의 사용에 대해 추론해보고자 한다[14]. 다양한 종류의 막새가 출토된 만큼 지붕을 이루었던 기와 또한 복잡한 양상을 띠고 있으나, 본 글에서는 만복사 조영의 큰 흐름을 잘 보여주는 사례를 중심으로 논지를 진행하였다.

이 내용은 건축자재의 하나인 기와의 양상만을 고려한 결과로, 향후 건축학적 성과를 참고하여 재검토가 필요할 것이다.

1. 고려시대

1) 만복사 창건기

고려시대 수막새 중 가장 많은 수를 차지하는 것은 앞서 만복사 창건와(11세기)의 주문양으로 비정한 4엽복판연화문수막새〈그림1-⑬〉이다. 이미 설명한 바와 같이, 同型관계의 문양 2종〈⑬⑭〉과 同類型의 문양 2종〈⑮⑯〉이 존재하므로, 적어도 4개의 와범을 통해 다량의 개체가 제작되었음을 알 수 있다. 출토 위치를 살펴보면, 주요 건물지를 벗어나 강당지 동편유구 (A·B·C 모두 포함)에 집중되며, 서금당지, 강당지, 목탑지, 중문지에서도 소량 출토되었다. 셋트를 이루는 암막새에 대해서는 근거를 찾기 어려운 상황이나, 2종의 문양이 확인된 귀면문 암막새가 서금당지, 강당지, 강당지 동편유구에서만 확인되어 후보가 될 수 있을 것 같다.

이와 더불어, 매우 적은 수량이지만 통일신라시대 와당문양의 전통을 유지하고 있어 나말여초를 전후한 시기로 추정되는 연화문 수막새(제작 I 기-a·b群:〈그림1-①~⑧〉)도 넓게 분포하며, 동시기의 것으로 추정되는 당초문·인동문 암막새〈그림1-⑰~⑲〉는 서금당지, 강당지, 강당지 동편유구에서만 출토되었다. 해당 건물지들의 시기가 만복사 창건기까지 올라가는 것을 증명하는 동시에, 만복사가 세워지기 이전 또 다른 건물이 존재하였을 가능성도 무시할 수 없다.

2) 만복사 중건 1기

그 다음으로 출토량이 많은 수막새를 살펴보면, 반구형 자방을 갖는 8엽연화문수막새〈그림8-15〉, 평면형 주연을 갖는 4엽복판연화문수막새〈그림8-⑪〉, 범자문수막새〈그림8-㉑〉, 일휘

---

14 만복사지 발굴조사 보고서에는 각 유구에서 출토된 막새의 종류와 수량을 보고한 통계포가 게재되어 있다. 전라북도·전북대학교 박물관, 1986, 『萬福寺 發掘調査報告書』.

문수막새〈그림8-③〉의 순서를 보인다〈그림13〉.

　이 가운데 일휘문수막새는 복수의 와범이 확인되었다. 모든 와범이 동시에 제작·사용된 것이라 단언할 수 없지만, 모두 同型문양임을 감안하여 수량을 합해보면 총 54점으로 출토 비율

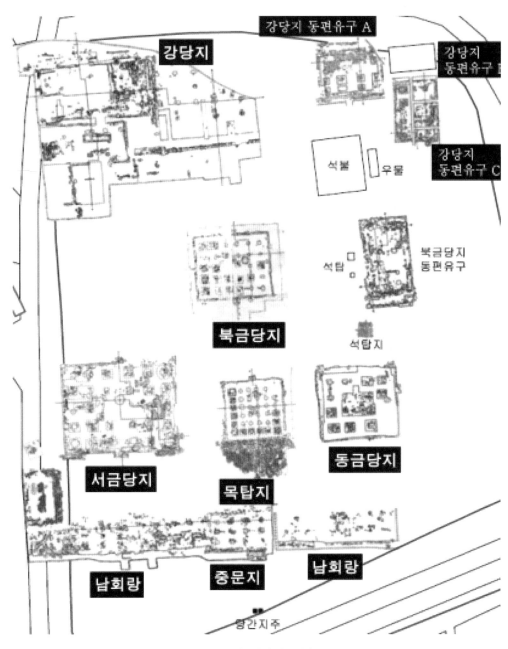

〈그림 12〉 만복사지 건물 배치도

이 단연 높다. 가장 많은 수를 차지하는 것은 와당직경 16cm의 개체로 창건수막새의 크기와 약간 차이를 보인다. 출토 위치는 강당지에서 집중적으로 확인되는 한편, 북금당지와 동금당지에서는 거의 출토되지 않았다. 일휘문수막새와 조합을 이루었을 것이라 생각되는 일휘문 암막새 또한 복수의 와범이 확인되었으며 출토비율 역시 수막새와 거의 같다. 목탑지와 강당지, 서금당지, 중문지에서 출토되며, 역시 북금당지와 동금당지에서는 보이지 않는다.

그런가하면, 목탑지와 서금당지에서는 일휘문의 영향을 받은 8엽소판연화문〈그림8-⑮〉이 다수 출토되었는데, 이 또한 북금당지와 동금당에서는 확인되지 않는다.

즉 중건 1기에 다량다종의 일휘문막새가 유입되었으며, 그것은 창건기 건물에 대한 대규모 중보수가 이루어진 것으로 해석할 수 있다. 시기는 막새의 편년에 기초하여 12세기대로 여겨진다.

3) 만복사 중건 2기

창건수막새의 와당문양과 유사하지만 자방을 연주문으로 화려하게 장식하고 평면형주연을 갖는 4엽복판연화문수막새〈그림8-⑪〉는 중문지 이외의 모든 건물에 분포하고 있다. 이 문양형식 또한 복수(3종)의 동형 와범에서 제작되었는데, 그 중 직경 16.5cm의 개체가 대부분을 차지하며 서금당지에서 집중적으로 출토되었다. 한편, 서금당지에서 수막새⑪과 비슷한 비율을 보이는 암막새는 바로 쌍조문암막새〈그림8-㉓〉이다. 쌍조문암막새 역시 3종의 동형 와범이 확인되어, 수막새⑪과 암막새㉓은 셋트를 이루어 제작 및 사용된 것을 알 수 있다. 쌍조문은 통일신라시대부터 등장하지만 해당사례는 주연을 평면형으로 제작한 후대의 것임을 명확히 할 필요가 있다. 쌍조문암막새는 서금당지 외에도 여러 건물에 고루 분포하는데, 서금당지, 강당지, 그리고 강당지 동편의 출토비율이 상대적으로 높다. 특히, 강당지 동편에서 창건수막새와 비슷한 비율로 출토되는 현상[15]은 수막새⑪과 암막새㉓이 창건와에 대한 보수와로 사용되었기 때문이라 해석할 수 있다. 더불어, 서금당지에서는 두 막새가 조합을 이루고 있는 반면 강당지 동편에서는 창건수막새〈그림1-⑬〉와 보수용암막새㉓이 함께 사용되었음을 알 수 있는데, 이것은 수막새는 그대로 사용하되 암막새만 보수와로 교체하였기 때문이라 해석할 수 있다. 기와의 교체방식과 보수와의 사용방식을 엿볼 수 있는 중요한 자료라 생각된다. 강당지 동편의 A·B·C 유구가 금당지, 목탑지, 강당지와 더불어 창건기부터 매우 중요한 역할의 건물이었음을 추정케한다.

---

15 보고서에서 창건수막새로 사용된 4엽연화문수막새와 쌍조문암막새를 셋트관계로 상정한 것은 강당지 동편에서 공반되는 양상이 뚜렷이 나타났기 때문이다.

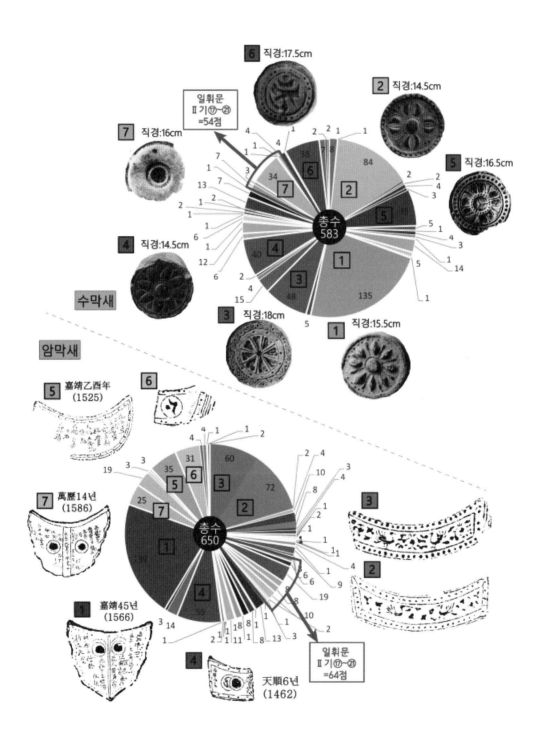

〈그림 13〉 만복사지 수막개 · 암막새의 문양별 출토 비율 (비율이 높은 것을 중심으로 표시)
: 1986년 보고서의 통계표에 기초하여 작성

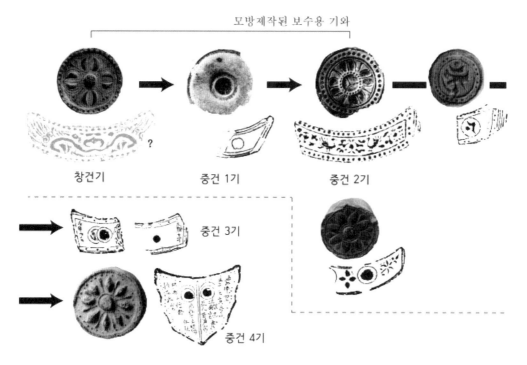

〈그림 14〉 주요 막새로 본 건축의 획기

이 시기에는 수막새⑪과 더불어 수막새⑮〈그림8-⑮〉 역시 목탑지와 중문지에서 출토비율이 높다. 두 와당문양은 도안에 있어서는 다른 모습을 보이지만 연대의 차이는 크지 않은 것으로 보인다. 즉, 일휘문막새의 영향을 받은 후행 형식의 연화문수막새〈그림8-⑮~⑱〉 역시 이 시기 다수 유입·사용되었던 것을 알 수 있다.

또한, 이 시기에는 일휘문막새와 일휘연화문수막새가 거의 출토되지 않았던 북금당지와 동금당지에서 해당기와가 확인되기 시작하고 있어, 보수와의 제작·사용시기부터 이 두 건물지가 존재하였을 가능성이 크다. 즉, 13세기대에 들어, 창건기부터 존속하였던 주요 건물들에 대한 대규모의 중보수가 진행되었으며, 더불어 동금당지와 북금당지에 대한 건축이 이루어진 것으로 추정할 수 있다.

이후 앞서 언급한 중건2기의 주된 기와들에 비해 다소 시기가 늦은 것으로 추정되는 범자문기와〈그림8-㉑〉가 서금당을 중심으로 다수 출토되어, 만복사 건물에 대한 크고 작은 중보수가 계속적으로 진행되었음을 알 수 있다. 특히, 축조시기가 가장 올라가는 서금당과 강당지는 건물의 규모만큼이나 꽤 여러 차례의 건축행위가 빈번히 이루어졌던 것으로 보인다.

2. 조선시대

앞서 고려시대의 기와 사용을 통해 크게는 2번의 중건기를 상정하였다. 그러나 만복사지에서 가장 많은 수량이 확인된 것은 조선시대 기와이다. 유구별로 보아도 전체적으로 분포율이 높은데, 보고서에서도 언급하였듯이 강당지 동편 유구A · B · C에서는 확인되지 않는 것으로 보아, 해당 건물은 조선시대부터 건축행위가 멈춘 것으로 추정된다.

절대연대를 알 수 있는 명문와의 흐름을 쫓아보면, 世祖8~9년(1462~1463)에 제작된 기와가 사역 전체에 걸쳐 확인되고 있어〈그림11-(1)(2)〉, 15세기후반 중보수가 이루어진 것을 알 수 있다. 이후 明宗21年(1566)에 제작된 암막새〈그림11-(3)〉가 가장 높은 비율로 확인되는 것은 16세기에 들어 매우 큰 규모의 중건이 이루어졌음을 시사한다. 이 때 함께 사용된 수막새는 역시 가장 큰 비율을 보이는 그림11-①의 연화문수막새로 추정된다.

이상의 두 시기를 중건3 · 4기로 설정하는 것이 가능할 것이며, 명문 암막새는 17세기 전반에 이르기까지 나타나고 있다.

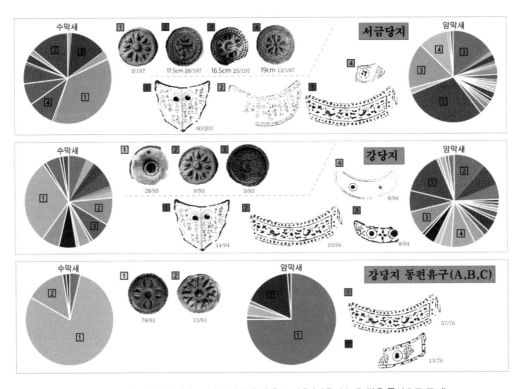

〈그림 15〉 만복사지 수막새 · 암막새의 유구별 출토 비율 (비율이 높은 것을 중심으로 표시)
: 1986년 보고서의 통계표에 기초하여 작성

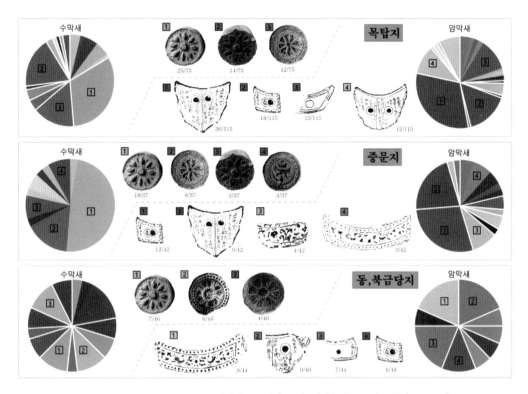

〈그림 16〉 만복사지 수막새·암막새의 유구별 출토 비율 (비율이 높은 것을 중심으로 표시)
: 1986년 보고서의 통계표에 기초하여 작성

Ⅳ. 맺는말

이상, 만복사지에서 출토된 기와를 대상으로 제작과 사용의 전개양상을 정리·고찰하였다. 기와 연구는 시공 건물과의 관계가 매우 중요하다. 그러나 유물의 특성 및 출토상황의 한계로 인해, 유물 자체의 변화상을 살피거나 생산의 측면에 편중된 연구경향을 보여 온 것이 사실이다. 만복사지의 경우, 80년대에 조사와 보고가 이루어졌음에도 불구하고, 보고서의 내용을 통해 막새의 모든 형식을 살필 수 있고, 건물지별 출토비율의 통계표가 존재하여 자료의 활용 폭이 매우 넓은 장점을 가진다. 본 글에서는 충실한 검토가 이루어지지 못하였으나, 앞으로 고려시대 기와 연구의 좋은 모델을 제시할 수 있는 대상이라 생각된다.

여기에 더하여 발표문을 작성하면서 주목되는 점을 간단히 언급해보면, 가까이에 위치한 實

相寺, 龍潭寺, 大栗里遺蹟 등지에서 좀처럼 同范 내지는 同型式의 기와[16]를 찾을 수 없다는 것이다. 앞으로 자료의 추가와 함께 풀어나갈 과제이나, 고려시대에 일정 규모로 운영되었던 실상사와 만복사에서 同范의 막새가 확인되지 않았다는 점은 매우 흥미롭다. 같은 지역에 존재하였던 두 사원의 조영에 별도로 생산된 기와가 사용되었음을 의미하기 때문이다. 향후 자료의 축적과 함께 또 하나의 과제로 남겨두고자 한다.

* 일본 대지진이 있었던 해인 2011년의 봄, 일본의 대학에서 공부하고 있었던 필자에게 걸려온 전화 너머로 들렸던 박경식 선생님의 다급한 목소리가 아직도 생생하다. 지진이 시작된지도 모르고 있었던 이른 때라 머쓱하게 전화를 끊고 나서 많이 놀랐던 기억이다. 항시 엄격하신 듯 따뜻한 선생님에 대한 기억이기도 하다.

지금까지의 노고에 존경과 감사의 인사를 드린다.

---

16 同范막새는 같은 와범(성형틀)에서 제작된 막새, 同型式막새는 와범은 같지 않지만 같은 와당문양을 의식하여 제작한 개체를 말한다. 기와 연구에서 동시성, 생산 내지는 사용주체의 유사성, 수급범위 등을 해석하는 객관적 기준으로 활용된다.

【참고문헌】

-보고서-
강원문화재연구소, 2014, 『원주 법천사Ⅰ』.
경남발전연구원 역사문화센터 · 남원시, 2017, 『남원 만복사지』.
국립부여문화재연구소, 1999, 『실상사-발굴중간보고』.
국립문화재연구소, 2009, 『개성 고려궁성』.
동국대학교 박물관, 2003, 『강화 선원사지 발굴조사 보고서』.
불교문화재연구소 · 대한불교조계종 실상사, 2018, 『남원 실상사Ⅱ』.
전라문화유산연구원 · 남원시, 2014, 남원 용담사 – 남원 용담사.
전라문화유산연구원 · 익산지방국토관리청, 2014, 남원 대율리유적.
전라북도 · 전북대학교 박물관, 1986, 『萬福寺 發掘調査報告書』.

-논문-
류성룡, 2020, 「고려 건축과 조선 건축의 지붕 가구 비교」, 『한국중세고고학회 춘계학술대회 자료집』, 한국중세고고학회.
서창호, 2008, 「고려말 조선시대 암막새의 변천과정」, 『고고학』9-1호, 중부고고학회.
이상규, 2012, 「고려~조선시대 범자문 와당 연구」, 단국대학교 대학원 석사학위논문.
이호경, 2007, 「고려시대 막새기와의 제작기법 연구」, 단국대학교 대학원 석사학위논문.
차인국, 2012, 「전북지역 통일신라~고려시대 평기와 연구」, 전북대학교 대학원 석사학위논문.
최영희, 2017, 「中原地域 造瓦技術의 展開-충북 · 경기서부 · 강원영서지역의 막새를 중심으로-」, 『중원의 와당』, 국립중원문화재연구소.
최영희, 2019, 「龍藏城 출토 기와에 대한 검토」, 『진도 용장성 왕궁지』, 목포대학교박물관.
최정혜, 2020, 「고려막새의 변화양상과 의미」, 『한국중세고고학회 춘계학술대회 자료집』, 한국중세고고학회.

횡성(橫城) 중금리 사지와 쌍탑 연구

홍대한(국립농업박물관)

| 목 차 |

Ⅰ. 머리말

횡성은 삼국 중 뒤처져 있던 신라가 확장되면서 신라의 지배영역에 포함되었다. 이 시기는 신라가 대대적으로 영토확장을 추진하던 진흥왕 때였다. 통일신라 때 횡성을 포함한 강원도 영서 지역은 삭주(朔州)로 칭하였고, 경덕왕(景德王) 16년(757)에 한주현(漢州縣)으로 개칭하고 삭주의 영현(領縣)으로 삼았다.[1] 그러나 1864년 김정호가 편찬한 『대동지지(大東地志)』에는 횡성은 본래 신라 어사매현(於斯買縣)이라고 기록하고 있어 경덕왕 때 한주(漢州)로 바뀌기 전의 명칭이 횡천(橫川)이었는지 어사매(於斯買)였는지 불분명하다.[2]

신라 말 횡성은 북원(北原)에서 양길(梁吉)이 활동하면서 그의 세력 아래 있다가 궁예가 세력을 도모하면서 후고구려[泰封] 지배에 놓이게 되었다. 그 후 궁예가 신하들에 의해 축출되고 왕건이 고려를 건국함으로써 횡성은 고려의 영역으로 흡수되었다.

이렇듯 횡성은 신라의 변경에 있어, 중앙 정치와는 거리를 두고 있었다. 하지만 팔부신중이 조각된 우수한 쌍탑이 세워진 중금리 사찰을 통해 강원도의 주요 거점으로 주목받기 시작했음을 확인할 수 있다.

현재 횡성호 수몰로 이전되었지만, 1963년 故 정영호 교수의 조사를 통해 사지의 규모와 쌍탑으로 조성된 석탑 2기의 현상을 확인할 수 있다. 이 탑은 이중기단과 상층기단 면석에 팔부신

1 『高麗史』58, 志 권제12, 地理 3
2 金正浩, 『大東地志』 권15, 江原道 橫城條

중상이 조각된 신라 정형양식 석탑으로, 9세기 말 조성으로 추정된다. 이러한 사실을 통해 경주에서 멀리 떨어져 있는 강원도 지역에도 9세기 말에는 대규모 사찰이 조성될 수 있을 만큼 통치제도가 정비되었음을 알 수 있다.

이 글에서는 횡성의 불교문화 특징과 강원도 지역 신라 석탑의 전파경로, 중금리 사찰의 성격과 석탑의 미술사적 의의를 살펴보고자 한다. 이를 통해 신라 석탑의 발전과 강원도 지역 석탑과의 관련성 및 의의를 검토하겠다.

Ⅱ. 통일신라 석탑의 강원도 진출 시기

1. 통일신라 쌍탑 건립과 가람(伽藍) 배치

사찰은 교주를 상징하는 불상의 봉안 장소인 금당(金堂)을 중심으로 탑과 강당 및 부속시설로 이루어진다. 고대의 가람 배치는 이 중 탑과 금당의 관계를 기준으로 발전했는데, 통일신라 이전에는 회랑으로 구성된 중심 공간에 탑과 금당이 각기 1동이라는 공통점을 갖고 있다.

삼국통일 이후 건립된 사찰에서는 기존과 달리 쌍탑식(雙塔式) 가람(伽藍)의 등장과 금당과 별도 공간에 탑을 세우는 탑원식(塔院式) 가람, 동서에 각기 금당과 탑을 두는 동당서탑식(東堂西塔式) 가람(伽藍)이 나타난다. 이러한 변화는 금당 또는 불상과 탑에 대한 인식의 변화에 기인한 것으로, 2기의 석탑이 등장함으로써 가람 구조의 급격한 변화를 가져왔다.

표 1. 통일신라 쌍탑 및 쌍탑식 가람 현황　※ 목탑으로 표기하지 않은 곳은 석탑 건립

연번	지역	명칭	건립 시기	금당 본존	비고
1	경주	감은사지	7세기	미상	
2		사천왕사	679년	미상	목탑
3		감은사	682년	미상	
4		망덕사	685년	미상	목탑
5		장항리사지	8세기 초	미상	
6		천군동사지	8세기 초	미상	
7		남산 남리사지	8세기 초	미상	
8		황룡동 황룡사지	8세기 초	약사불	佛國寺古今歷代記
9		원원사	8세기 중	미상	
10		보문사	8세기 중	미상	목탑
11		불국사	8세기 중	비로자나	

12	경주	전(傳) 인용사	8세기 말	미상	
13		남산동사지	8세기 말	미상	
14		황룡사 서쪽 사지	8세기 말	미상	
15		인왕동사지	8세기 말	미상	
16		숭복사	9세기 초	노사나불	崇福寺碑文
17		남산 기암곡	9세기 말	미상	
18	경북	갈항사	758년	비로자나	
19		장연사	9세기 초	미상	
20		운문사	9세기 중	미상	
21		봉화 서동리 사지	9세기 말	미상	
22		봉화 천성사 삼층석탑	9세기	미상	봉성초등학교 1기
23		청암사 수도암	9세기 말	비로자나	
24		부석사 동쪽 사지	9세기 말	미상	부석사로 석탑 이전
25		동화사 금당암	9세기 말	미상	
26		부인사	9세기 말	미상	
27		북지장사	9세기 말	미상	
28		화남리 삼층석탑	나말여초	미상	한광사 동서 쌍탑 중 1기
29	경남	간월사	8세기 말	미상	
30		영축사	8세기 말	미상	
31		단속사	9세기 초	미상	
32		월광사	9세기 초	미상	
33		망해사	9세기 중	미상	팔각원당형 쌍탑
34	전라	화엄사	9세기		
35		실상사	9세기 말	미상	
36		보림사	870년	비로자나	
37		선암사	9세기 말	미상	
38	강원	횡성 중금리사지	9세기 중	미상	
39		인제 한계사지 남북석탑	9세기 말	미상	
40		원주 상원사지	나말여초	석가불	
41	충북	용암사 동·서 삼층석탑	고려	미상	보물 제1338호
42		속리산 금강골 쌍탑	고려	미상	충북 유형 제200호

현재까지 조사된 통일신라 현존 쌍탑 또는 쌍탑 가람과 사지(寺址)는 40여 곳이다. 통일신라 전체 사찰 중 쌍탑 가람이 차지하는 비율은 높지 않다. 하지만 금당 앞에 동일 형식의 석탑 2기를 함께 세운다는 것은 삼국시대 석탑에서는 찾아볼 수 없는 새로운 변화로 주목된다.

쌍탑의 등장 배경에 대해서는 그간 『법화경(法華經)』「견보탑품(見寶塔品)」에 따른 조영으로 보는 주장[3]이 지배적이었다. 이에 따라 불국사의 동서 쌍탑 역시 석가탑과 다보탑으로 보아왔다. 그러나 최근 조사된 고려 시대 불국사 석탑 중수문서에서 석가탑을 서석탑(西石塔)으로 다보탑은 무구정광탑(無垢淨光塔)으로 표기하여 「견보탑품(見寶塔品)」이 교리적 배경이 아니었음이 확인되었다.

쌍탑 가람의 기원에 대해서는 중국 북조(北朝)에서 시작되어 수(隋)에서 발전된 모습을 보였다는 주장[4]과 『금광명경』 등 교리적 영향에 기인한다는 주장[5] 등이 제기되었다. 이 가운데 중국 기원설은 수대(隋代) 쌍탑 가람에서 수문제와 부인 독고 황후와 관련된 기록이 발견되는데, 이들을 성인으로 간주하는 이성(二聖)이라는 정치적 배경에서 비롯되었다는 내용이다. 다시 말해 황제와 황후를 성인으로 간주하고, 이들의 지원 아래 창건된 사찰에 이성을 상징하는 쌍탑을 건립했다는 것이다.

또한, 신라의 쌍탑은 호국 사상과 통일을 주도한 태종무열왕과 문무왕을 중국의 이성과 동일 개념으로 간주하였다.

『금광명경』에서 교리적 배경을 찾은 주장은 삼신(三身) 설에 기초해 금당과 쌍탑을 삼신의 구현이라고 했다. 쌍탑 가람 출현 이후 이전의 가람 배치 형식이 사라지게 된 것은 기존 좌우 금당의 개념이 쌍탑으로 대체된 것이라는 것이다.

불상과 봉안하는 금당과 사리를 모신 탑은 근본적으로 동일 개념이다. 따라서 금당과 탑이 대체되는 것은 교리상 가능한 일이다. 하지만 삼국시대부터 불교의 변화상을 고려해 볼 때 불상 중심에서 탑 중심으로 공덕 신앙의 대상이 바뀌었지, 기존 조형의 대상이 다른 것으로 대체되었다고 볼 수 있는 뚜렷한 근거는 확인되지 않는다. 따라서 단탑과 쌍탑 가람의 변화는 사찰 내 공간 활용의 기능적 변화 측면에서도 고찰이 이루어져야지 후원자와 교리라는 단순 논리로 이해하기에는 한계가 있다고 판단된다.

우리나라 최초의 쌍탑 가람은 신라가 삼국을 통일하는 7세기 후반 사천왕사 창건이다.[6] 쌍탑 출현과 관련지어 주목되는 점은 익랑(翼廊)의 등장이다. 사천왕사, 감은사, 망덕사, 천군동 사지, 불국사 등 초기 쌍탑 가람에서는 중문-금당-강당의 사찰 평면구조에서 좌우로 익랑을 설치하여 금당과 탑, 강당의 구조를 나누었다. 이것은 쌍탑과 금당이 유기적 관계 속에서 성립되었음을 의미한다. 쌍탑 가람중에서 본존불이 남아있는 경우가 적어 명확히 밝힐 순 없지만, 청암

3 신용철, 「통일신라 석탑 연구」, 동국대학교 박사학위논문, 2006, p.251.

4 양은경, 「신라 쌍탑가람의 기원과 출현배경」, 『미술사학연구』 308, 한국미술사학회, 2020, p.53.

5 한정호, 「신라 쌍탑가람의 출현과 신앙적 배경」, 『石堂論叢』 46, 2010, p.195.

6 김동하, 「신라 사천왕사 창건 가람과 유물 검토 발굴조사 성과를 중심으로」, 『한국고대사탐구』 23, 한국고대사탐구학회, 2016, pp.209~243.

사 수도암과 보림사에는 비로자나불상을 모셨고, 숭복사에는 노사나불을 봉안했다. 따라서 선행연구에서 주장해온 『법화경』에 따른 조영으로 쌍탑이 조성된 것이 아님을 알 수 있다.

최초의 쌍탑 가람인 사천왕사는 『관정경(灌頂經)』에 근거한 문두루비법(文豆婁祕法)과 『금광명경(金光明經)』에 기초한 불교관이었다고 생각된다. 특히 명랑(明朗)이 자신의 집을 희사하여 금광사(金光寺)라고 한 것은 『금광명경』을 반영한 것이다. 따라서 초기 쌍탑의 등장에는 명랑의 호국 사상으로부터 영향받았을 것이다.

그러나 8세기 이후부터는 불국사를 기점으로 새로운 변화가 나타난다. 비록 호국 사상이나 『금광명경(金光明經)』에 기반하여 쌍탑의 조영을 창안했다고 해도, 사천왕사 이후부터 교리의 변화를 반영하여 새로운 가람배치를 만들어 낼 필요성이 제기되었을 것이기 때문이다.[7]

통일신라 쌍탑 가람의 발굴성과를 토대로 사역과 당탑(堂塔) 규모 사이의 변화를 살펴보면 다음과 같다. 사찰의 면적은 주불전(主佛殿) 영역의 규모로 사찰의 위상을 판단할 수 있는 요소이다. 사역 면적은 사천왕사지가 7,047㎡로 가장 크며, 후대로 갈수록 축소되다가 숭복사지(崇福寺址)에서 4,071㎡로 다시 확대되어 통일신라 초기 규모와 유사한 모습을 보인다.

표 2. 통일신라 쌍탑 가람 사역 면적과 금당 비율

구분	사천왕사	감은사	망덕사	천군동	영축사	불국사	인왕동	숭복사
정면(m)	79.0	73.4	62.2	54.33	64.0	48.06	46.6	51.8
측면(m)	89.2	64.65	68.4	66.95	56.4	65.33	62.4	78.6
면적(㎡)	7,047	4,745	4,254	3,637	3,610	3,140	2,908	4,071
정면:측면	1:1.13	1:0.88	1:1.10	1:1.23	1:0.88	1:1.36	1:1.34	1:1.52

사역 면적이 점차 축소되는 것은 국력과 관계된 것으로, 통일 초 사천왕사와 감은사지는 성전사원(盛典寺院)으로 창건됐지만, 통일신라 하대 왕위쟁탈과 국력 쇠퇴로 경주에 대형사찰 창건이 어려워진 점이 원인이다. 단지 숭복사는 경문왕 때 대대적인 개수가 있었기 때문에 일시적으로 규모가 증가했다.

사역 형태는 주불전(主佛殿) 영역과 외곽 형태로, 정면과 측면 길이 비율로 형태의 변화를 알 수 있다. 감은사와 영축사지(靈鷲寺址)는 정면과 측면 길이 비율이 1:0.88로 정면 길이가 측면보다 긴 동서 장방형이다. 이외 사찰은 정면보다 측면이 긴 남북 장방형이다.

----

7 이를 반영하듯 불국사가 대웅전, 극락전, 관음전, 비로전, 지장전 등의 영역으로 구분된 것이 밀교 만다라를 연상시키고 있다는 점에서 『대일경』에 따른 태장계만다라와 『금강정경』에 따른 금강계만다라 사상에 의건한 조영이라는 주장이 있다. (신현숙, 「경주 석굴암과 불국사의 사상적 배경」, 『전통문화』 6, 1984)

사역의 형태를 시기별로 살펴보면 통일신라 초인 7세기에는 1:0.88~1.13, 8세기 초~중엽 1:088~1.36, 8세기 말~9세기 1:1.34~1.52의 비율을 보인다. 이 가운데 동서 장방형 사역 구조인 감은사와 영축사지를 제외하면 사역 형태는 점차 남북방향으로 변모했음을 알 수 있다. 감은사와 영축사지가 동서 장방형인 것은 중문지(中門址) 전면으로 사역 확장이 어려운 지형적인 특징 때문이다.

목탑을 포함한 쌍탑 2기의 면적을 합친 규모를 기준으로 면적 변화를 살펴보면 다음과 같다.

표 3. 통일신라 쌍탑 가람 사역 면적과 금당 비율

사지명	사천왕사	감은사	망덕사	천군동	영축사	불국사	인왕동	숭복사
한변길이(m)	6.45	6.71	4.80	4.14	3.70	4.38	3.21	2.86
쌍탑면적(㎡)	83.2	90.0	46.1	34.3	27.4	38.4	20.6	16.4

탑의 면적은 감은사지가 가장 넓고, 숭복사지(崇福寺址)가 가장 좁다. 이것은 쌍탑뿐 아니라 석탑이 점차 소형화되어가는 통일신라 석탑의 특징을 반영하고 있다. 목탑지(木塔址)는 사천왕 사지와 망덕사지를 비교하면 약 1/2 수준이다. 건립 시기가 거의 같지만 망덕사지가 축소된 것은 사천왕사(四天王寺)를 위해 임시로 창건된 사찰[8]인 점에서 소규모로 창건되었을 것이다.

주목되는 점은 감은사지 쌍탑의 규모가 사천왕사지 등 목탑보다 대형이라는 점이다. 이것 역시 통일을 주도한 문무왕의 원찰(願刹)로 창건된 것이 원인이었을 것이고 점차 사찰창건의 확산과 국력 쇠퇴로 축소되는 경향을 보인다. 그러다가 불국사에서 잠시 확대된 것은, 8세기 중엽 경문왕대(景文王代)에 불교문화가 전성기를 맞이하면서 국가의 전폭적인 지원이 있었기 때문이다.

통일기 경주지역에 건립된 쌍탑은 사역의 축소와 비례가 시대 별로 같지 않지만, 삼국시대에 비하면 매우 축소되었다. 건물도 쌍탑 가람에서는 금당과 강당지는 확대되지만, 탑의 규모와 탑 사이의 간격은 후대로 갈수록 감소하는 경향을 보인다.

대체로 8세기 중엽 이후 조성된 쌍탑의 크기는 7m 넘는 대형이 드물다. 통일 초기에 건립된 쌍탑과 차이를 보이며 9세기부터는 석탑의 축소화 경향이 더욱 두드러진다.

이러한 변화는 석탑이 장엄 기능으로 변화해 가는 것으로 볼 수 있으며, 금당보다 탑의 기능이 상대적으로 약화한 것이다. 사천왕사에서 오방신(五方神)의 배치로 쌍탑 가람이 처음 조성된 이후 후대로 가면서 국가 차원보다는 원찰(願刹) 또는 개인 발원에 의한 조성이 증가하고, 전국적인

----

8 『三國遺事』 권제2, 紀異 제2, 文武王 法敏條, 王先聞唐使将至, 不冝見玆寺, 乃別刱新寺於其南待之. 使至曰 "必先行香扵皇帝祝壽之所天王寺." 乃引見新寺, 其使立扵門前曰, "不是四天王寺乃望德遥山之寺" 終不入

불사가 증가하면서 소규모 사찰창건이 증가하는 경향을 보인다. 이러한 변화는 사찰 규모의 축소를 가져오고 쌍탑도 장엄(莊嚴)적인 요인을 가지는 원인이 되었다. 쌍탑 가람의 유행은 통일신라 가람 배치의 정형을 만들어 냈는데, 엄격한 좌우대칭을 통한 사역 공간의 전형을 만들어 냈다.

2. 원주, 홍천지역 석조미술의 영향과 횡성의 특징

횡성은 원주와 홍천의 남북 중앙에 있다. 따라서 동일 문화권 또는 두 지역과 긴밀하게 교류하면서 불교와 문화를 발전시켰을 것이다. 홍천은 신라의 삼국통일 후 다른 고구려계 영토와 함께 삭주를 포함된 신라 북변지역으로 신라 하대에 군사 조직인 10정이 있었다. 아울러 북한강 수계에 속하는 홍천강 등이 지나며 수운을 이용하기 쉬운 지리적 이점을 가지고 있다.

홍천지역의 대표적인 불교 유적으로는 물걸리 사지가 있다. 홍천에 대규모 사찰이 창건된 배경은 10정의 존재와 무관하지 않다. 이곳은 군사요충지로 신라가 지방에 배치한 군단 중 현재 강원도에 해당하는 우수정(牛首停), 하서정(河西停), 벌력천(伐力川) 등 3곳에 설치됐다. 우수정과 하서정은 신라 영토개척 과정에서 영서와 영동지역의 거점지역에 배치한 것이지만 홍천에 해당하는 벌력천은 그것과는 성격을 달리하는 것이다.

벌력천정(伐力川停)이 있는 삭주는 신라 북쪽 경계의 군사핵심지로서 7세기 이후부터 주목받기 시작했다. 전초기지 성격이었던 이곳은 전방에 상당한 규모의 군사시설을 갖춘 군사지역을 포괄하였던 것으로 알려져 있다.[9] 신라 왕실은 북으로 춘천, 동으로 인제를 거쳐 영동지역의 하서정과 연결되고 남으로는 횡성과 원주를 거쳐 여주와 충주, 제천, 영월지역과 연결되며, 서쪽으로는 양평을 거쳐 한산정과 쉽게 연결되는 지역인 홍천에 주목했다. 신라는 이러한 교통요지에 군대를 배치함으로써 인근지역을 지원할 수 있는 교두보를 확보하고자 했다.

군진(軍陣)이 위치한 곳 주변에는 군사들의 신앙 및 지역민 교화를 위해 사찰이 경영되었다.[10] 물걸리 사지와 홍천 읍내의 석화 산성과 희망리 사지, 대미산성과 수타사의 경우가 이에 해당한다. 물걸리 사지 주변은 서울과 영동지방의 교통중심지이며, 홍천에 집결된 세곡이 화양강과 관천강을 거쳐 현재 춘천 소양교 부근의 소양강창으로 수송되었다. 특히 신라 하대 서해안으로 들어온 중국문화가 홍천을 지나 영동으로 전파되는데 중요한 구실을 하였다.

홍천 괘석리 사지에 세워졌던 사사자석탑은 화엄사와 제천 사자빈신사지, 금장암지 등 사자석탑과 동일 양식으로 화엄종 사찰과의 연관성을 보여준다. 물걸리 사지 불상 3구 중 중심이 되

---

9 박경희, 「홍천 물걸리사지 불교조각 연구」, 위덕대학교 석사학위논문, 2017, p.51.
10 정병삼, 「의상의 미타신앙과 그 사회적 성격」, 『한국불교학』 16, 1991, pp.164~166.

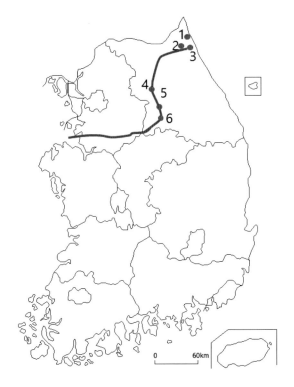

1. 속초 향성사지
2. 양양 선림원지
3. 양양 진전사지
4. 홍천 물걸리 사지
5. 횡성 중금리 사지
6. 원주 거돈사지

도 1. 통일신라 석탑의 강원도 확산 경로

는 것은, 8세기 후반 조성의 비로자나불좌상이다. 비로자나는 8세기 후반 화엄종의 주존불(主尊佛)로 유행했는데 이 지역 화엄종의 영향력을 보여주는 사례라고 할 수 있다. 홍천은 양양과 맞닿아 있는데 도의가 주석한 진전사지와 그의 제자 염거와 홍각이 주석한 선림원지가 있어 선종의 영향이 미쳤을 것으로 볼 수 있다.

물걸리 사지의 불교 조각은 수운의 중심지에서 벗어난 곳에 조성되었지만, 경주 중앙양식의 강한 영향을 반영하였다. 신라의 통일 후에도 변방 지역에 대한 통제는 완전하지 못했다. 그런데 8세기 말 홍천지역의 불상 조성에 중앙에서 파견된 장인이 관여한 것으로 볼 수 있는 것은, 늦어도 8세기 후반에는 강원지역에 대한 신라의 통제력이 완성되었고 홍천뿐 아니라 횡성도 같은 양상을 보여줬을 것으로 볼 수 있는 근거가 된다.

현재까지 조사된 최북단 통일신라 석탑은 향성사지 삼층석탑이다. 이외 진전사지·선림원지·한계사지·물걸리사지·중금리사지·거돈사지 등에서도 통일신라 정형양식 석탑이 건립되었다. 강원도 지역에 통일신라 석탑의 건립은 9세기부터 본격화된다. 석탑 건립은 사찰창건과 연결되는데 이 시기 창건된 사찰의 위치와 시기를 순서대로 연결해 보면, 강원지역은 크게

2가지 경로를 통해 확산하였다. 영동지방 통일신라 석탑의 북방한계선에 해당하는 속초·인제·양양 지역은 토함산-팔공산-안동-태백산-설악산(1경로)으로 이어지는 경로를 통해 불교문화가 유입되었다. 횡성지역은 토함산-팔공산-상주-충주-원주-홍천-설악산(2경로) 경로의 사찰과 관련되었다.[11]

진전사지와 선림원지는 선종과 관계된 곳이고 인제-홍천-횡성은 군사요충지다. 원주지역 경로의 상주(尙州)는 신라가 고구려 남하에 대응하는 전초기지 역할을 수행했던 곳으로 군사적 요충지였다.[12] 따라서 이 지역은 일찍부터 문화 및 군사적으로 활용할 수 있는 통로가 개설되어 있었다고 판단된다. 특히 상주를 통해 충주로 이어지는 경로는 아달라(阿達羅) 이사금(尼師今) 때 계립로(雞立路)가 개척되었고 죽령(竹嶺)이 개통된 점으로 보아 북방으로 진출할 수 있는 안정적인 경로가 만들어진 것으로 보인다.[13] 그러므로 상주는 통일신라 때 경주를 중심으로 발달한 불교문화를 북과 서쪽으로 연결하는 역할을 담당한 것으로 생각된다.

횡성은 원주와 인접한 문화권으로 강원도 통일신라 석탑의 영서 지역 북방한계선에 해당한다. 따라서 이 지역을 중심으로 서해안으로 이어지는 통일신라 석탑의 건립 범위는 확장될 개연성이 있다.[14] 이상의 검토를 통해 횡성은 동해안에서 강원도 서쪽으로 진출하는 불교의 교두보 역할을 담당했고, 서해안으로 들어온 중국문화가 동쪽 지역으로 전달했던 홍천과 지리적으로 인접한 곳에 있었음을 확인했다. 따라서 동서 두 지역의 교통로 상의 이점 및 군사요충지로서의 중요성으로 인해 중금리 사지 석탑이 건립된 사찰이 창건될 수 있었던 것으로 볼 수 있다.

III. 중금리 사지와 쌍탑 건립

1. 중금리 사지와 석탑 조사연혁

현재 중금리는 횡성댐 건설에 따른 수몰로 접근할 수 없는 상황이다. 수몰 지역 이주민들의 민속문화를 기록한 『화성(花城)의 옛터』에 따르면 중금리에는 불교와 관계된 지명 몇 곳이 확인

---

11 박경식, 『통일신라 석조미술 연구』, 학연문화사, 2002, p.45.
12 서영일, 「5~6세기 高句麗 東南境 考察」, 『史學志』 24, 단국대학교 사학회, 1991, p.22.
13 『三國史記』 「新羅本紀」 卷2, 阿達羅尼師今 2년, 5년조; 정영호, 「尙州방면 및 秋風嶺 北方의 古代 交通路 研究」, 『國史館論叢』 16, 국사편찬위원회, 1990, p.238; 정영호, 「金庾信의 百濟攻擊路 研究」, 『史學志』 6, 단국대학교 사학회, 1972, pp.19-61.
14 정성권, 「경기도 내 통일신라 석불의 존재 가능성에 대한 고찰」, 『역사와 경계』 86, 부산경남사학회, 2013, pp.1-36.

된다. 먼저 현 중금리 쌍탑이 위치했던 곳을 탑둥지로 불렀다. 이외 빈골, 군량골, 툰터골, 불당골 등 사찰과 관계된 지명이 남아있다. 탑둥지 지명은 탑이 둥지를 틀고 있다는 의미로, 비교적 소규모 사찰이 있었던 것으로 보인다.

표 4. 중금리 지명 유래 현황[15]

지명	탑둥지(탑동)	빈골	군량골	툰터골	불당골
내용	통일신라 절터로 추정되는 곳에 2개의 석탑이 있는 자연부락	탄둔지 정면 긴 골짜기. 탑둔지 절에 부속된 암자가 있었다는 절골과 맞닿아 있다. 그 너머에 방학골(放鶴谷)이 있다.	군량골(軍糧谷; 굴량골) 中金里 2반, 전에 花田縣이 있을 때 花田里에 그 治所가 있었고 이곳에는 군량을 쌓았다는 창고가 있었다고 함	군대 주둔지가 있었다고 함	옛 적 암자가 있던 자리로 큰 불당이 있었다고 함

중금리 사지는 횡성댐 수몰지구에 속해 있는 곳이다. 마을은 용림이산(해발 288m)을 배산(背山)으로 전방으로는 계천의 물줄기가 산자락을 휘감고 흐르는 지형이었다. 1998년의 횡성댐 건설로 중금리, 부동리, 화전리를 잇는 계천 줄기의 마을 5곳이 수몰되었고 이때 절터로 수몰되었다.

사지에 대한 최초 보고는 1963년 故 정영호 교수가 『고고미술(考古美術)』에 횡성지역 불교 유적을 소개한 것이다.[16] 보고에는 중금리 석탑을 동서 석탑으로 명명하고, 갑천면 중금리 탑동

사진 11. 중금리 전경(1997년)

---

15 횡성군, 『花城의 옛터』, 1996, pp.186~188

16 정영호, 「횡성 중금리 쌍탑과 신대리 석탑」, 『고고미술』 제6권 제5호, 고고미술동인회, 1963, pp.77~78

(속칭 탑둥지) 484번지 이문선(李文善) 가옥 옆 밭 가운데에 2기의 석탑이 남아 있다고 했다. 당시 두 탑 간의 거리는 8m로 기록하였다. 조사 당시 동탑은 오래전 붕괴 상태로 부재만 부근에 산재해 있지만, 서탑은 일부 손상은 있지만 비교적 원형을 유지하고 있었다.

상대적으로 보존상태가 좋았던 서탑을 대상으로 진행된 조사를 기록을 살펴보면 다음과 같다.

서탑은 약 5m 규모의 이중기단인데 상층기단 중간 부분까지 매몰되어 잡석을 제거한 후에야 구조양식을 알 수 있었다. 하층 면석(面石)은 각 면 2매 석이고 중앙에 탱주 1주와 양 우주를 각출했다. 하층 갑석 상면에는 사분원 몰딩과 각형 받침으로 상층기단을 받았다. 상층기단 면석은 1주의 탱주로 양분하여 좌상의 팔부신중상을 2구씩 조각했는데, 1매 혹은 2매의 석재로 짜여 있어 전체 4매 석이 넘는다. 상층기단 갑석은 4매 석으로 부연이 있고 상면에는 각형 2단의 받침으로 탑신을 받고 있는데, 각층 탑신은 1석이며 우주를 각출했다. 옥개석은 5단 받침과 상면에는 2단의 각형 받침을 표현했다. 3층 옥개석 상면에는 구경 1.1㎝, 깊이 15㎝의 찰주공(刹柱孔)이 있고, 노반석(露盤石)에는 구경 10.5㎝의 구멍이 관통되어 있다. 낙수면이 평박(平薄)하고 전각의 반전도 경쾌한 편이다. 각 층에는 체감도 있어서 전체적으로 균형 잡힌 아담한 탑이다. 옥개(屋蓋) 및 낙수면(落水面)과 각층 받침 수법 등은 봉화군 춘양면 서동리의 동서삼층석탑과 동일 계통이다. 이런 점으로 보아 중금리 쌍탑 팔부신중상(八部神衆像)의 조각 수법이나, 각 부재의 짜임이 주는 인상이 신라 하대로 추정케 한다. …(중략)… 법당지(法堂址)는 일부가 깎여 민가가 들어섰으며, 나머지 대지도 민가와 경작지로 변해 다른 유구를 확인하기 어렵다. 다만 석탑의 남쪽이 경사지어 이곳이 과거 석축지(石築址)로 추정된다. 이곳 석탑에 대해서는 『조선보물고적조사자료(朝鮮寶物古蹟調査資料)』 529항에 보이는데 여기에는 석탑 1기만 기록되었지, 쌍탑에 관한 내용은 언급되어 있지 않다. 죽령 이북 강원도지방에 아직 쌍탑 유례가 발굴조사 된 바 없는데 이렇게 귀중한 유적을 빨리 복원하여 보존하는 당국의 시책이 절실하다. 실측치는 아래와 같다.[17]

구분	1층	2층	3층
탑신 고(㎝)	85	29	24
탑신 폭(㎝)	94	84	73
옥개 길이(㎝)	165	145	124

정영호 교수가 중금리 사지와 쌍탑을 조사한 1963년 당시 동탑은 무너진 상태였지만, 사지 주변에 탑재가 산재해 있었고 복원할 수 있다는 의견을 제시했다. 그런데도 1943년 간행된 『조선보물고적조사자료(朝鮮寶物古蹟調査資料)』에는 쌍탑에 대한 언급 없이 서탑에 대한 현황만

---

17 정영호, 「횡성 중금리 쌍탑과 신대리 석탑」, 『고고미술』 제6권 제5호, 고고미술동인회, 1963, p.77.

사진 12. 중금리 사지 서탑 전경(1963년)   사진 13. 중금리 사지 서탑(1970년대 초)

기록되어 있다.

이것은 『조선보물고적조사자료(朝鮮寶物古蹟調查資料)』 간행의 기초 자료가 된 「고적 및 유물 대장」의 특성 때문으로 추정된다. 대장은 1916년부터 1933년 보존령 시행 전까지 보존 가치가 있는 조선의 고적과 유물만을 조사하여 등록한 대장이기 때문이다. 따라서 이미 무너진 동탑은 보존 가치가 없었기에 기록하지 않았을 것으로 추정된다.

두 기록을 통해 중금리 사지 동서 쌍탑 중 동탑은 1916~33년 조사 당시 이미 붕괴(崩壞)된 상태였고, 정영호 교수가 현장을 찾았을 때까지 현상을 유지해 온 것으로 추정된다. 서탑 주변에 잡석이 쌓여 있었던 것은 사지(寺址)를 밭으로 경작하는 과정에서 노출된 잡석을 모아 둔 것이지만, 경작이 시작된 시점은 알 수 없는 상황이다.

1998년 중금리 사지를 포함한 중금리 마을 전체와 부동리, 화전리를 잇는 계천(桂川) 줄기의 마을 다섯 곳이 수몰되었는데, 댐 건설을 담당한 한국수자원공사에서 1994년 강원대학교에 의뢰해 댐 상류 수몰 예정지구에 대한 문화재 지표조사를 진행했다.[18] 지표조사를 통해 횡성군 갑천면의 중금리와 부동리, 화전리 일원의 여러 곳에서 중금리 사지를 비롯한 구석기와 철기시대에 이르는 여러 선사시대 유적의 존재가 확인되었다.[19]

이후 강원대학교와 한림대학교 공동조사단에 의해 1996년 6월부터 12월 사이에 시굴 조사를 시행하였고,[20] 시굴을 끝낸 12월부터 1997년 10월까지 발굴이 계속됐다.[21] 시굴 조사와 발

---

18 중금리 사지에 대해서는 정영호 교수 조사 이후 정연우에 의해 간략한 조사가 이루어졌다. (정연우, 「橫城郡의 佛敎遺蹟」, 『橫城郡의 歷史와 文化』, 강원도 · 횡성군, 1995, pp.161~201.)
19 한국수자원공사, 『횡성댐 수몰 지역 문화재 지표조사보고서』, 강원대학교 박물관, 1994.
20 한국수자원공사, 『횡성댐 수몰지구 시굴조사 약보고서』, 한림대학교 박물관, 1997.

굴을 통해 확인된 중금리 사지의 현황을 살펴보면 다음과 같다.

1) 중금리 사지 조사개요

사지가 위치한 지점은 계천(桂川) 변의 충적평야 지대에 속하는데, 계천은 횡성군 청일면(晴日面) 태기산에서 발원하여 남서향으로 곡류하다가 갑천면 화전리와 중금리를 지나서 궁천리에서 대관대천(大官垈川)과 합류한 후 약 4㎞ 하류인 공근면 금계천과 합류하여 섬강으로 유입한다. 섬강 유역은 태백산맥과 인접하여 대부분이 해발 600~1,200m에 이르는 고봉 지대를 형성하고 있다.[22]

중금리 사지 전면에는 계천이 활모양으로 완만하게 꺾이면서 흐르는데 쌍탑은 구릉 위에서 계천을 굽어보는 장소에 자리 잡고 있다. 쌍탑 전면에서 곡류(曲流)하는 계천의 남쪽 대안(對岸)은 가파른 절벽으로 되어 있고, 북쪽 대안은 낮은 구릉지대로서 이곳에 중금리 사지가 있다. 쌍탑과 계천 사이에는 일부 논과 밭으로 경작되고 있었으며, 건물지로 추정되는 쌍탑의 후면에는 중앙부 대부분이 논으로 경작되었고 주변에 민가 6채가 산재해 있었다.

사지는 중금리 438-1번지 외 2필지의 약 4,000평에 해당하는 지역으로, 한림대학교에 의해 1996년 12월 시굴 조사가 시행됐다. 강원도 유형문화재 제19호로 지정된 중금리 쌍탑지(雙塔址)의 후면에 해당하는 사지는 시굴 당시 논으로 경작 중이었으며, 한국수자원공사와 주민들 사이의 보상 지연으로 지장물 철거가 이루어지지 않은 상태에서 진행됐다.

사진 14. 중금리 사지 지표조사(1994년 7월)[23]

---

21 한국수자원공사, 『횡성댐 수몰지역내 문화재 발굴조사 보고서(3)』, 한림대학교 조사단, 1998.
22 건설부, 『횡성다목적댐 건설사업 환경영향평가서』, 1991.7.

도 2. 중금리 사지 건물지 유구 도면

시굴 조사는 문지(門址) 확인을 위해 탑의 보호 철책 동남 및 서남 모서리 부분을 기준으로 남쪽으로 진행했는데, 쌍탑의 기단 외곽선과 평행 방향으로 이루어졌다. 조사 결과 잔존 유구는 확인할 수 없었고 일부 와편(瓦片)만이 채집되었다. 다음으로 금당지 확인을 위해 쌍탑의 북쪽으로 조사를 진행했지만 역시 유구를 확인할 수 없었다. 조사가 이루어진 2곳 모두 경작 등으로 교란이 발생했고, 삭토(削土) 과정에서 유구가 훼손된 것으로 확인되었다.

반면 동서 방향으로 진행된 조사에서 강돌을 이용해 조성한 석렬(石烈)이 지표 아래 80㎝ 지점에서 남북으로 설치된 것이 소토(燒土)와 함께 확인되었고, 와편(瓦片)과 토기편 등이 출토되었다. 서쪽 끝에서는 인두대(人頭大) 크기의 강돌 판석을 치밀하게 깔아서 조성한 말각(末角) 방형의 유구가 적심석과 강돌 석렬과 연결되어 있었다. 말각 방형 유구는 유구의 동북 모서리 부분만 노출되었는데, 조성된 형태로 판단하면 불상 대좌나 중요 시설물의 기초를 위한 적심석과 같은 시설로 추정된다.

----

23 강원대학교,『횡성 댐 수몰지역내 문화재 발굴조사보고서(1)』, 한국수자원공사, 1998, p.59 사진3 인용

이상과 같이 1996년과 1997년 이루어진 사지에 대한 조사가 이루어졌는데, 시굴에서는 사역 범위 확인을 진행했고 발굴에서는 석탑의 하부구조 확인과 건물지 조사 등이 이루어졌다.

2) 중금리 쌍탑 조사

발굴 당시 쌍탑은 보호 철책을 둘러서 비교적 안전하게 보존되어 있었으나 탑신이나 옥개석 여러 부분이 파손되어 있었다. 그리고 탄신 전체 표면에 풍화 손상이 발생한 상태였다. 쌍탑은 1974년 수리 복원되었는데, 두 탑 사이 거리는 8m이고 서남향을 하고 있었다. 탑을 중심으로 기단부 주변을 조사한 결과 이중기단을 조성하기 위해 돌을 쌓아 조성한 부석(敷石) 다짐과 동편과 남편 경사를 축석(築石)으로 막은 축대가 노출되었다.

양 탑에 대한 조사는 이중기단의 초층 기단 밑의 기단토(基壇土) 조성상태까지 파악하였는데, 이미 하층 기단뿐 아니라 기단토(基壇土)를 새로 조성하고 탑을 복원하는 과정에서 시멘트를 사용한 구조물이 노출되었다.

1974년 복원 때 시멘트가 사용되었지만, 탑의 위치에 대해서는 원위치를 유지하고 있는 것으로 조사됐다. 한편 건물지는 석탑의 정북 쪽이 아닌 서쪽 평탄지에서 확인했는데, 이곳에서는 사역 전면 축대와 금당지, 강당지, 서쪽 건물지 등 3동의 건물지가 확인되었다. 건물지는 창건 이후부터 조선 시대에 걸쳐 여러 차례 중창되었으며, 교란과 중첩이 심해 유구 형태 구별이 어려운 상태였다.

사진 15. 중금리 사지 발굴 전 전경

사진 16. 중금리 사지 동서 쌍탑(1994)

표 5. 쌍탑 가람의 사역 비교[24]

명칭	시대	사역(㎡)	쌍탑 간 중심거리(m)	지대석 너비(㎝)	비고
사천왕사지	7세기	12,840	41.2	-	목탑지
감은사지	7세기	5,624	38.9	서탑 동서 852 남북 817	
망덕사지	7세기	24,304	32.7	817	목탑지
불국사 석탑	8세기	-	26.61	서탑 동서 496 남북 556	
천군동 사지	8세기	-	25.67	동탑 동서 505 남북 505	
보문사지	8세기	8,949	52.10	-	목탑지
장항리 사지	8세기	3,580	9.23	서탑 동서 727 남북 669	
원원사지	8세기	184,998	16.6	동탑 동서 556.5 남북 547 서탑 동서 561.5 남북 551	
남산동 사지	9세기	-	26.83	동탑 동서 533 남북 535.5	
숭복사지	9세기	-	19.23	-	

조사단이 분석한 바에 따르면 금당지로 추정되는 건물지는 정면 5칸, 측면 3칸 규모이며, 금당지 후방에는 강당지가 있으나 정면 5칸 규모로 추정하였다. 금당지 서쪽 앞에 있는 건물지는 민가가 있던 자리로 조선 시대 구들이 확인됐다. 발굴을 통해 출토된 유물로는 압출양각 청자편을 비롯해 순청자, 상감청자, 분청사기, 백자편과 토기편 및 선문, 어골문, 집선문 와편, 어골문에 "棟樑堅惠主又戒堅"이 종으로 쓰인 명문 와편, 인동당초문 암막새, 연화문 수막새 등의 막새 종류와 귀면와, 벼루 등이 있다. 출토유물은 통일신라~조선 후기의 양상을 띠고 있다.

조사단은 탑이 건물과 중심축선 상에 배치되지 않은 이유를 산지 지형 때문으로 판단했다. 그러나 석탑 북편이 평탄지였음에도 불구하고 유구가 확인되지 않은 점은 건물지 서쪽 영역에 탑이 세워졌던 것을 현재 위치로 이전한 것으로 볼 수 있다. 따라서 산지 지형을 고려한 가람배치가 아니라 금당과 석탑이 동일 축선 상에 배치되는 통일신라 9세기 후반의 일반적인 쌍탑 가람과 같은 배치였을 것으로 추정된다.

더욱이 표5와 같이 통일신라 쌍탑의 석탑 간 거리는 전대보다 점차 가까워지는 현상을 보이

---

24 김성우, 「통일신라 시대 불교 건축의 변화」, 『건축역사연구』 제1권 2호, 한국건축역사학회, 1992, pp.68~82. 내용을 토대로 작성

지만 20m 이상을 유지하였던 것으로 보인다. 그런데 1963년 정영호 교수 조사 당시 서탑과 무너진 동탑 간 거리는 8m에 불과한 것으로 조사됐다. 비록 산지 사찰이라는 공간적 한계가 있지만, 8m 이내로 두 탑이 근접해 건립되었을 가능성이 매우 낮은 점을 고려한다면, 건물지 서쪽 영역에서 조사 당시의 위치로 석탑을 옮겨 세웠던 것으로 추정된다.

3) 중금리 동서삼층석탑 이전

1996~1997년 기간 진행된 발굴조사는 중금리 사지의 현황조사 목적과 함께 수몰 예정지구에 남아있던 중금리 동서삼층석탑 이전계획을 전제로 진행됐다. 발굴 당시 동서삼층석탑에 대한 실측 조사가 동시에 진행되었는데, 발굴보고서에 당시 실측도면이 게재되어 있다.[25]

실측도면에는 팔부신중이 조각된 상층기단부터 상륜부까지를 포함하였는데, 하층기단은 제외했다. 망향의 동산으로 이전된 동서삼층석탑의 하층 기단을 새롭게 조성한 것을 고려한다면 1997년 실측도 작성 당시 하층 기단이 원형이 아니라는 판단으로 생략했거나, 시멘트 기단 위에 상층기단을 직접 올렸던 것으로 추정된다.

횡성댐 준공에 따른 저수량 증가로 중금리 사지 동서삼층석탑은 1998년 현 망향의 동산(갑천면 태기로구방5길 40, 구방리 512번지)으로 이전하였다. 원위치에서 동쪽으로 2.2Km 떨어

도 3. 중금리 사지 동탑 북면

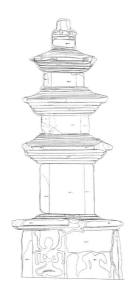

도 4. 중금리 사지 서탑 북면

25 한국수자원공사, 『횡성댐 수몰지역내 문화재 발굴조사 보고서(3)』, 한림대학교 조사단, 1998. pp.260~261.

도 5. 횡성댐 수몰지구 내 중금리 사지 위치(적색 원)

도 6. 大正 7년(1918) 발행 1:5만 지도 중 갑천면 중금리 (도엽번호 320, 甲川里)

진 망향의 동산은 횡성댐을 조망할 수 있는 고지대로, 중금리 삼층석탑 이외 수몰지구에 있던 석조물들을 이전하여 보존하고 있다.

이와 함께 석탑 주변에 흩어져 있던 다수의 치석재(治石材)를 함께 이곳으로 이전되었으며, 망향의 동산 내 화성의 옛터 전시관에는 석탑재 일부가 전시되어 있다.

망향의 동산 내 현 중금리 동서삼층석탑은 화성의 옛터 전시관 기준으로 향 정문 좌측 서탑, 우측 동탑으로 배치했다. 우측 동탑이 세워진 방향이 북쪽이기 때문에 방위를 기준으로 석탑의 배치를 설명하면 북탑과 남탑이 된다. 석탑 주변에는 낮은 금속펜스가 설치되어 있다.

2) 석탑의 특징과 팔부신중 조각

중금리 삼층석탑은 동서 쌍탑으로 조성됐는데 모두 이중기단을 갖춘 삼층석탑으로, 상층기단 면석에 팔부신중을 고부조로 조각하였다. 석탑은 보존상태가 양호한 편이지만 하층기단, 면석, 갑석 등에 신재를 교체한 부분이 있고 일부 옥개석 모서리 부분이 파손되어 있다. 두 탑 모두 상륜부 일부를 갖추고 있다.

서탑(화성의 옛터 전시관 향 좌측 석탑)은 현재 남쪽에 배치되어 있다. 높이 4.43m이며 석탑 하층기단은 면석과 저석, 갑석이 모두 별도로 조성했다. 현재 저석 부분과 면석 대부분이 신재로 축조되었다. 면석은 8매 석재로 구성되었는데, 현재 3매만 원 부재이다. 각 면의 탱주는 1주씩 모각(模刻)했다. 면석은 전체 신재를 이용했다. 상층기단 면석은 총 7매의 석재로 구성됐는

사진 17. 현 망향의 동산 내 중금리 동서 삼층석탑 전경(좌: 동탑)

데, 현재 북면에 있는 부재만 두 면이 1매 석이며 나머지는 각 면 1매씩이다. 이 가운데 2매는 신재로 교체됐고, 북면의 면석은 하부가 보수되었다.

상층기단에는 탱주로 각 면을 구획하여 좌상 형식의 팔부신중을 조각했다. 팔부중 배치는 현재 기준으로 남면에는 야차(夜叉)와 아수라(阿修羅), 동면에는 가루라(伽樓羅)와 신 부재, 북면에는 마후라가(摩睺羅伽)와 긴나라(緊那羅), 서면에는 신 부재와 건달바(乾闥婆)로 추정된다. 일반적으로 팔부신중은 천룡팔부라고도 하는데, 불국토(佛國土) 세계를 지키는 8명의 선신(善神)을 통칭하는 말이다. 신들이라는 의미로 팔부중(八部衆), 혹은 신이면서 장군이라는 의미로 팔부신장(八部神將)이라고 부르기도 한다.

천룡팔부와 팔부중은 천신과 용신 외에 다른 6명의 신을 합친 신들을 묶어서 부르는 이름이라는 점에서 같다. 일찍 찬술된 여러 경전에 부처의 설법을 듣기 위해 모여든 여러 중생의 하나로 천룡팔부, 팔부중이라는 명칭이 혼용되지만, 8명의 이름이 일일이 거론되는 경우는 많지 않다. 천룡팔부의 이름이 등장하는 『법화경(法華經)』, 『무량수경(無量壽經)』, 『반야심경(般若心經)』 등에는 경전에 따라 여래(불타) 팔부중과 사천왕팔부중으로 분류된다. 여래팔부중은 천·용·야차(夜叉)·건달바(乾達婆)·아수라(阿修羅)·가루라(迦樓羅)·긴나라(緊那羅)·마후라가(摩睺羅伽)이며, 사천왕에 소속된 팔부중은 용·야차·건달바·비사사(毘舍闍)·구반다(鳩槃茶)·벽협다(薜荔多)·부단나(富單那)·나찰(羅刹)이다. 사천왕 팔부중은 4명의 사천왕 각각의 권속으로 보살에서 천신, 사천왕, 팔부중에 이르는 위계질서 체계에 속해 있다. 따라서 신 부재로 교체된 2곳에는 천과 용이 조각된 것으로 추정된다.

상층기단 갑석은 4매 결구식(結構式)이며 현재 2매는 신재로 교체되어 있다. 하부에는 부연이 있고 상면에는 각호형의 탑신 괴임을 표현했다. 탑신석은 1층과 2층의 체감이 분명하게 차이 나는데 2:1:1의 비율을 보인다. 3층 탑신석은 현재 신재로 교체되었다. 옥개석의 받침은 모두 5단이며 물끊기홈이 있다. 상륜부에는 노반과 보개, 보륜이 순서대로 쌓여 있는데 최상부 보륜의 찰주공 부분은 시멘트로 채워져 있다.

동탑(화성의 옛터 전시관 향 우측 석탑, 북쪽)은 높이 4.27m 규모로 지대석 일부가 남아있다. 하층 기단부는 저석, 면석, 갑석이 개별 조성되었는데 저석은 모두 신 부재이고 면석도 2매석을 제외하고는 신 부재로 교체되었다. 갑석 구조는 서탑과 동일하며 모두 신 부재로 조성했다. 상층기단 면석은 8매의 석재를 사용해 개별적으로 축조했다. 현재 기준 남면에는 건달바와 야차, 동면 용과 신 부재, 북면 긴나라와 마후라가, 서면 아수라와 천이 배치된 것으로 추정된다. 옥개석과 탑신석 및 상륜부 구성은 서탑과 동일 형식이다.

표 6. 중금리 서(西) 삼층석탑 팔부신중상

서탑 기단부 동면	서탑 기단부 서면 팔부신중상
서탑 기단부 서면	서탑 기단부 서면 팔부신중상
서탑 기단부 남면	서탑 기단부 남면 팔부신중상
서탑 기단부 북면	서탑 기단부 북면 팔부신중상

표 7. 중금리 동(東) 삼층석탑 팔부신중상

동탑 기단부 동면	동탑 기단부 동면 팔부신중상
동탑 기단부 서면	동탑 기단부 서면 팔부신중상
동탑 기단부 남면	동탑 기단부 남면 팔부신중상
동탑 기단부 북면	동탑 기단부 북면 팔부신중상

중금리 동서삼층석탑은 기단부의 구성방식, 체감, 옥개석 받침 등의 형태를 통해 9세기의 후반의 특징을 확인할 수 있다. 특히 쌍탑으로 가람(伽藍) 배치는 강원도에서 드문 예에 속하며, 팔부신중상 조각 역시 양양 진전사지 삼층석탑과 선림원지 삼층석탑을 제외하고는 유일하다. 특히 중금리 삼층석탑의 팔부신중상 조각은 청도 운문사 동서삼층석탑 조각상과 친연성이 강해 운문사-진전사-중금리 사지 팔부신중상이 서로 동일 계통의 석탑으로 영향을 받은 것으로 추정된다.

화성의 옛터 전시관 내에는 석탑 상륜부 석재가 전시되어 있다. 모두 6매인데 석탑 상륜부를 구성했던 부재로 추정된다. 이들 부재 각각의 특징을 다음과 같다.

표 8. 화성의 옛터 전시관 내 중금리 동서삼층석탑 잔존 부재 현황

구분	규격(㎝)	특징	추정 명칭	비고
석탑재 1	7.3×8.5×9.5	양면에 화염문 양각	수연(水烟)	
석탑재 2	19×9.3×9.5	단면에 화염문 조각	〃	
석탑재 3	7×15.5×6	중앙이 관통된 원통형 부재 외면에 두광 불좌상 조각	보륜(寶輪)	
석탑재 4	12×9.2×5	외면에 운문(雲文) 양각	〃	
석탑재 5	10×14.5×6.5	당초문, 운문 양각	〃	
석탑재 6	길이 27, 두께 9	중앙 찰주공 보륜 상면 1단 괴임, 귀꽃	보개(寶蓋)	

표 9. 화성의 옛터 전시관 내 중금리 동서삼층석탑 부재 현황[26]

중금리 사지 석탑재	중금리 사지 석탑재 4

26 문화재청, 『한국의 사지』 현황조사 보고서, 2016 下, 불교문화재연구소, 2016, p.388 사진 인용

중금리 사지 석탑재 1

중금리 사지 석탑재 5

중금리 사지 석탑재 2

중금리 사지 석탑재 6

중금리 사지 석탑재 3

중금리 사지 석탑재 6 하면

팔부신중상은 사천왕의 권속으로서 사천왕팔부중(四天王八部衆)과 여래 설법의 장, 열반 장에 등장하는 불타팔부중(佛陀八部衆)의 2가지가 있다. 각종 경전에 등장하는 팔부중의 도상 특징을 살펴보면 우리나라에서는 여래(불타) 팔부중이 다수를 차지하고 있다.[27] 사천왕팔부중과 불타팔부중 중 건달바(乾闥婆)와 용(龍), 야차(夜叉)만이 불타팔부중과 같고 나머지는 다른 도상 특징을 보인다.

중국에서 알려신 팔부신중상 가운데 가장 많은 조상이 남아있는 곳은 사천성(四川省) 지역으

27 장충식, 「통일신라석탑 부조상의 연구」, 『고고미술』 154 · 155호, 한국미술사학회, 1982, pp.99~100.

로 그 수량이 약 80여 곳에 이른다. 이곳의 팔부신중은 주로 감실(龕室) 내부 주요 조각상의 배후에 묘사되어 있는데 부조로 머리와 상체 일부만 조각된 경우가 많다. 廣元 皇澤寺千佛崖多寶窟의 경우 8구의 상이 묘사되었고, 巴中西龕5號龕左壁에는 6구의 팔부신중이 묘사되었다.[28]

그런데 이들 팔부신중은 8구로 구성된 것이 아니라 4구에서 10여 구에 이르기까지 숫자가 고정되지 않고 도상적으로도 불분명한 경우가 많아 때에 따라서는 팔부신중에 속하는 것인지 확실치 않은 경우가 많다.[29]

팔부신중의 제작 시기에 대해서는 명확한 자료를 확인할 수 없다. 다만 경전을 살펴보면 쿠마라지바[鳩摩羅什] 번역『묘법연화경(妙法蓮華經)』과 구나발타라(求那跋陀羅) 번역『과거현재인과경(過去現在因果經)』에 팔부신중이 처음 등장한다. 이후 여러 경전에 등장하고 있어『묘법연화경』이 번역되는 5세기부터 7세기에는 팔부신중 도상이 성립된 것으로 생각된다. 당시 팔부신중 도상은 불확실한 도상이었지만 당대(唐代)에 접어들면서 도상으로 정착된 것으로 보인다.

중국 벽화에 표현된 팔부신중은 변상도나 열반도(涅槃圖)에 등장하는데, 이때는 제보살(諸菩薩)과 비구 무리, 다른 천부상(天部像)과 같이 등장하는 경우가 많으므로 8구의 팔부신중 모두를 표현하지 않아도 설법을 듣기 위한 장면묘사에 지장이 없었을 것이다. 조각 표현 역시 여러 여래나 보살의 후면에 상체 일부만을 표현하였다.

팔부신중은 8구가 항상 일괄(一括)로 구성되어야만 하는 특수한 도상임에도 불구하고 도상적으로는 아수라(阿修羅), 건달바(乾闥婆), 가루라(迦樓羅) 등 몇 종의 도상만이 상징적으로 묘사되어 완전한 형태의 팔부신중 도상은 성립되지 않았다. 이와 달리 통일신라 팔부신중은 불탑에 부조상으로 조각됐는데, 이것은 중국의 불탑과 우리나라 불탑의 형식 차이에서 이유를 찾을 수 있다. 석탑 외면에 표현되는 팔부신중의 위계나 상층기단 면석(面石)에 탱주(撑柱) 때문에 8면으로 구획된 공간이 팔부신중을 표현하기 최적의 공간 역할을 한 것이다.

석탑 팔부신중상은 8세기 중엽 이후 창림사지 석탑을 필두로 크게 유행했다. 대부분 경주지역에 집중되어 있는데, 8세기 후반부터 지방 양식의 대두와 함께 점차 경주 이외 지역으로 확산 양상을 보인다. 수도 경주를 벗어난 팔부신중상은 도상의 변화가 나타난다. 경상북도 북부 영양지역의 팔부신중을 대표하는 석탑으로는 화천동(化川洞) 사지 삼층석탑과 현일동(縣一洞) 사지 삼층석탑을 들 수 있다.

하층 기단에는 십이지신상, 상층기단에 팔부신중상, 초층 탑신에는 사천왕이 부조되어 있는데 처음으로 입상의 팔부신중상이 등장한다. 이것은 9세기 들어 나타나는 지방 양식의 특징 가

28 廣元市文物管理所,「廣元千佛崖石窟調査記」,『文物』第6期, 1990, pp.14~15.
29 신용철,「慶州 南山 昌林寺址 三層石塔의 硏究」, 동국대학교 석사학위논문, 2000, p.61.

운데 하나로, 상층기단은 체감이 급격하게 감소해 면석의 너비가 줄어들고 높이가 증가하는 특징을 보인다. 상층기단 면석이 장방형에서 세장방형(細長方形)으로 변화했다.

이것은 상층기단에 좌상 형식의 팔부신중상을 표현하기 적합하지 않아 입상 형태로 조각하게 된 원인이 되었다. 탱주(撑柱)로 구분한 면석 숫자에 맞추어 면마다 신장상 들이 빽빽하게 들어서는 것이다. 형식도 차이를 보이는데 자세는 움직임이 없는 정적(靜的)으로 표현되었고, 구름 형태 대좌는 사라지고 견고한 바위 형태의 암좌(岩座) 위에 서 있다. 갑주(甲胄)를 착용한 옷 주름이 전반적으로 두꺼워 신체 윤곽은 관찰하기 어렵다. 손목에는 대류(大袖)가 길게 내려져 있어 무장(武將) 형태와는 차이를 보여준다.

머리, 허리, 다리 부분에서 대칭으로 뻗은 천의 자락은 동적(動的) 움직임보다는 어색해 보인다. 특이한 점은 경주지역 팔부신중상은 천의가 표현되지 않았던 아수라상(阿脩羅像)에 천의가 표현되었다. 일정한 형식을 따르던 경주지역 팔부신중상과 달리 지방에서 자유로운 변화를 반영한 것인지 분명하지 않지만, 경주와 지방 사이에서 점차 팔부신중상 도상 표현에서 9세기를 기점으로 나타나기 시작한 점은 분명하다.

현일동 사지 석탑은 지리적으로 화천동 사지 석탑과 가까워 양식적으로 영향을 받았다. 화천동 사지 석탑보다 세장감(細長感)이 강화되어 불안전한 조형미를 보이며, 상층기단 면석이 급격히 좁아졌다. 팔부신중상의 조각 기법 역시 화천동 사지 석탑보다 형식화가 진전됐다. 옷 주름을 두껍게 표현하여 신중을 강조하려고 했지만, 신체 비례가 화천동 사지 석탑 조각상보다 경직되고 세련미를 잃었다.

갑주는 초층 탑신의 사천왕과는 달리 세부 생략이 많고 대류(大袖)를 길게 늘어뜨리고 천의는 머리와 다리 부분에만 형식적으로 표현했다. 8구의 팔부신중 모두 두광을 표현했는데 산청 범학리 삼층석탑과 함께 희귀한 예에 속한다. 조영 시기는 화천동 사지 석탑보다 늦은 9세기 중엽으로 추정된다.

강원도에서 팔부신중이 조각된 석탑은 드문 편인데 진전사지 삼층석탑은 하층 기단에는 천인(天人), 상층기단에 팔부신중, 초층 탑신에 사방불을 배치했다. 지방에서 제작된 조각 중 가장 우수한 조각 솜씨를 보여준다. 도상과 형식 모두 경주 팔부신중상을 그대로 답습하고 있으나 지물(持物)에서 차이를 보인다. 진전사지 삼층석탑의 8구의 신중들은 갑주를 비롯한 세부 표현에서 형식화가 나타난다.

신림원지 삼층식탑 역시 우수한 조각 수법을 보여주는데, 이곳 동종 수조 때 경주 영묘사(令妙寺) 일조 화상(日照和尙)과 해인사(海印寺)를 창건한 순응화상(順應和尙) 등이 참여한 점을 통해 경주의 팔부신중 양식을 수용한 것으로 보인다. 팔부신중의 배치방식은 경주(慶州)와 동일한데, 다리 자세는 발에서 교각을 이루는 것과 한쪽 다리를 비스듬히 세운 것 등 다양한 형식을 취하고 있다. 전체적으로 도식화 양상을 보이는데 진전사지와 가까운 9세기 중엽 제작으로 추정된다.

중금 동서삼층석탑은 팔부신중상이 조각된 쌍탑 중 신라 최북단에 위치한다. 또한 석탑의 전체적인 형태나 팔부신중상 조각 수법도 선림원지 석탑과 유사성을 보여 9세기 중후반 제작으로 볼 수 있다. 강원도에는 이밖에 금강산 신계사(神溪寺) 반야보전지(般若寶殿址) 앞에 팔부신중상이 조각된 석탑 1기가 조사되었다.

3. 상륜부 특징

중금리 동서삼층석탑 상륜부는 대부분 훼손됐지만, 일부 부재가 현 화성의 옛터 전시관에 보관 중이다. 상륜부에는 사각형 노반(露盤) 위로 연화문이 조각된 석재와 원기둥 형태 석재가 올려져 있다. 연화문이 조각된 부재는 보륜(寶輪)의 일부로 추정되며, 표면에 여래좌상이 조각된 원기둥 석재는 보륜을 연결하는 구조물로 판단된다.

화성의 옛터 전시관 내 전시 중인 일부 석탑재 가운데 표면에 인물상이 조각된 원기둥 형태 석재 역시 보륜을 연결하던 부재 일부로 추정된다. 인물상은 결가부좌 한 자세의 여래상이다. 석탑에 여래상을 표현한 것은 초층 탑신석에 사방불로 조각된 경우가 있지만, 중금리 석탑과 같이 상륜부에 표현한 사례는 매우 이례적이다.

실상사 동서 삼층석탑의 상륜부는 통일신라 석탑 상륜부 중 유일하게 원형을 유지한 형태로, 대다수 실상사 삼층석탑의 상륜부 구조를 따르고 있다. 반면 중금리 석탑의 상륜부 여래상 조각은 기존과 다른 구조다. 이와 비교할 수 있는 사례로는 고려 초 유행한 보협인석탑이 있다.

사진 18. 중금리사지 동 삼층석탑 상륜부

사진 19. 중금리사지 동 삼층석탑 상륜부 세부

사진 20. 정도사지 오층석탑 상륜부 　　　　　사진 21. 청양 삼층석탑 상륜부

보협인석탑은 마이형(馬耳形) 상륜부를 특징으로 하는데 정도사지 오층석탑과 청양 삼층석탑 상륜부에는 마이형 장식의 흔적이 확인되고 있어 주목된다. 정도사지 오층석탑은 노반과 복발만이 남은 상륜이 표현되어 있는데, 노반의 네 귀퉁이에 돌출된 입식(立飾)이 남아있다. 청양 삼층석탑은 노반석 상부 4 귀퉁이에 마이형 장식을 표현한 후, 중앙부에 2조의 돌대(突帶)가 표현된 복발을 설치한 후 앙화를 더했다.

　비록 정도사지(淨兜寺址)와 청양 삼층석탑이 중금리 사지 삼층석탑과 같은 여래상을 직접 표현하지 않았지만, 상륜부의 변화를 가져온 것은 새로운 조탑사상(造 思想)과 교리의 등장을 추정할 수 있다.

Ⅳ. 중금리 사지 석탑의 건립 시기와 미술사적 의의

　중금리 사지 동서 삼층석탑은 통일신라 석탑의 경주 외곽 지역으로의 확산뿐 아니라, 쌍탑 가람 건립과정을 확인할 수 있는 중요한 자료다. 강원도에 건립된 쌍탑은 중금리 이외 치악산 상원사(上院寺)와 인제군 한계사지(寒溪寺址) 남북석탑이 있다. 하지만 한계사지 석탑은 별개 석탑으로 건립된 것이기 때문에, 중금리와 상원사 삼층석탑만이 쌍탑으로 건립된 사례로 볼 수 있다. 또한 탑신에 팔부신중상이 조각된 석탑은 양양 진전사지 삼층석탑(국보 제122호)과 선림원지 삼층석탑(보물 제444호)을 포함한 3곳에 불과하다.

　중금리 삼층석탑이 강원도 지역 석탑에서 주목받는 이유는 쌍탑으로 건립되었기 때문이다. 쌍탑 건립은 신라 불교건축과 교리의 변화를 가져왔다. 쌍탑 가람의 출현과 맞물려 신라의 중요 가람 배치 형식이었던 일탑삼금당(一塔三金堂) 가람이 소멸되고, 사리기 형식도 변화되는 현상이 나타나기 때문이다. 이것은 불탑이 여래의 묘처(墓處)라는 전통적인 인식에서 벗어나 여래의 주처(主處)로 변화되고 있음을 반영한다.

쌍탑 건립은 7세기 감은사와 사천왕사를 시작으로 경주 중심으로 건립되었다. 신라가 명목상 676년 삼국을 통일했음에도 불구하고 불교를 통한 사상적 통합은 8세기에 가서야 구체적 성과를 이룰 수 있었는데, 경상북도와 경상남도 지역의 사찰창건과 석탑 건립이 확대되기 시작했다. 반면 전라도와 강원도 등 경주 외곽 지역은 9세기에 가서야 사찰 창건이 본격적으로 이루어졌다. 비록 지방관 파견과 중앙통제가 8세기부터 진행되었음에도 사찰 창건이 지연된 것은, 지방에 대한 통제가 완벽하지 않았음을 보여준다.

중금리 사지가 위치한 횡성은 동해안에서 강원도 서쪽으로 진출하는 불교의 교두보 역할을 담당했고, 서해안으로 들어온 중국문화가 동쪽 지역으로 전달했던 홍천과 지리적으로 인접한 곳이다. 또한 교통과 군사요충지였던 원주와 가까웠기 때문에, 동서를 연결하는 매개 장소 역할을 담당했다. 비록 9세기 중엽부터 쌍탑이 건립되었지만, 치악산 상원사 삼층석탑에 앞서 쌍탑이 건립된 것은 중금리 사지의 중요성을 반증하는 사례라고 할 수 있다.

중금리 사지는 산지 가람에 속하지만 비교적 평탄 대지를 확보한 장소였다. 경주에 창건된 쌍탑 가람이 평지에 건립된 후 점차 산지로 이동한 것과 달리, 8~9세기 경주 외곽 사찰은 처음부터 대부분 산지 사찰의 입지를 취하고 있다. 9세기 들어 선종 불교가 유행한 것과 무관하지 않겠지만, 교통로나 군사 목적이 고려된 장소를 사찰 입지로 선정한 것이 중요했다고 생각된다.

중금리 삼층석탑의 팔부신중상 조각은 청도 운문사 동서삼층석탑 조각상과 친연성이 강해 운문사-진전사-중금리 사지 팔부신중상이 서로 동일 계통의 석탑으로 영향을 받은 것으로 추정된다. 이것은 앞서 언급한 8~9세기 사찰 창건이 경북과 경남을 거쳐 호남과 강원도 지역으로 확산과정을 보여준다. 경주와 청도를 잇는 교통로를 거쳐 강원도 동해안으로 신라 세력이 진출했고, 다시 서해안 방향으로 이동하는 중간 장소인 중금리에 사찰이 창건된 것이다. 특히 이곳에 팔부신중상이 조각된 쌍탑이 건립된 것은, 횡성을 근거로 영서지방에서 활동하던 유력 세력의 후원과 불교 세력이 동참했을 가능성을 보여준다.

상륜부 부재에 여래좌상을 조각한 것은 통일신라 석탑 중 유일한 사례다. 석탑은 부처의 유골을 봉안하는 장소이기 때문에, 하층 기단에 십이지신상, 팔부신중상, 사천왕 등의 호법 신중을 위계 순서로 배치하는 것이 교리상 가능하다. 9세기에 들어서는 사리 봉안 장소가 초층 탑신으로 통일되면서, 이곳에 사방불을 조각하기도 했다. 하지만 상륜부에 여래상을 조각한 것은 기존 석탑 양식과는 다른 것으로, 경주의 석탑 양식을 바탕으로 횡성 등 강원도 지역의 지역 양식이 가미된 것으로 볼 수 있다. 이러한 지역 양식의 등장은 석탑을 건립할 수 있는 장인의 확보 여부와 함께 강력한 후원 세력의 존재 가능성을 제시한다.

　이상의 검토를 통해 중금리 사지 동서 삼층석탑은 9세기 통일신라 석탑의 강원도 지역 진출 시기를 확인할 수 있는 기준작으로서의 의미를 확인할 수 있었다. 특히 팔부신중상 조각이 경상도 지역과의 친연성을 보여주고 있어, 중금리 석탑이 건립되는 9세기 중엽 경에는 신라 전역의 사찰과 이곳에서 활동하던 장인들이 교류하고 있었던 것으로 보인다.

【참고문헌】

(사료)
횡성군,『화성의 옛터: 횡성댐 수몰 지역 지리지』, 1996
『가람고(伽藍考)』
『범우고(梵宇攷)』
『세종실록지리지』

(보고서 및 단행본)
강원대학교,『횡성댐 수몰지역내 문화재 발굴 조사 보고서(1) : 횡성 화전리 주거지유역 발굴
        조사 보고』, 한국수자원공사, 1998
강원대학교,『횡성댐 수몰지역내 문화재 지표조사 보고서(2) : 횡성댐 문화재 발굴조사 개요
        및 부동리 구석기유적 발굴조사 보고』, 한국수자원공사, 1998
한림대학교,『횡성댐 수몰지역내 문화재 지표조사 보고서(3)』, 한국수자원공사, 1998
박경식,『통일신라 석조미술 연구』, 학연문화사, 1994

(논문)
신용철,「통일신라 석탑 연구」, 동국대학교 박사학위논문, 2006
홍대한,「고려 석탑 연구」, 단국대학교 박사학위논문, 2011
정영호,「횡성 중금리 쌍탑과 신대리 석탑」,『고고미술』제6권 5호, 고고미술동인회, 1963
전지혜,「강원도 지역 석탑 조영의 양식적 교류양상」,『문화재』49-2, 국립문화재연구소,
        2016
양은경,「신라 쌍탑가람의 기원과 출현배경」,『미술사학연구』308, 한국미술사학회, 2020

자료

1.『조선보물고적조사자료(朝鮮寶物古蹟調査資料)

横城郡

番号	種別	場所	所有	摘要
1	城址	甲川面 新垈里	國有林 稻足ノ林野	鳳腹山德高山城ト稱シ婆岐山ノ西面山腹ノ甲種要害ニ在リ石城ニシテ周圍約三町ヲ有ス往昔卓異王ノ築ケルモノナリトイフ全部崩壞ス
2	石塔	〃	私有田	四重方塔ニシテ高サ十六尺一節ヲ缺ク換シゝゝゝ傾ケルモ概シテ完全ナリ
3	〃	甲川面 中金里 塔洞	〃	四重方塔ニシテ高サ十三尺最下ノ塔身ノ中央ノ柱ニ佛像彫刻シアリ稍完全ナルモ大ク傾ケリ
4	石佛	公根面 上土洞里	國有林	於仁洞部落ノ西北方約六町余山腹岩窟内ニ在リ坐像ニシテ高サ約一尺乃至一尺五寸ノモノ十三体ヲ在シ其ノ内三体ハ頸部折損シ二体ハ開体クシ在シ其ノ他ハ概シテ完全ナリ

2. 1963년 정영호 교수 조사자료, 『고고미술』

八cm—一·九cm。

橫城 中金里 雙塔과 新坮里 石塔
—— 橫城佛蹟 其四 ——

鄭　永　鎬

一、中金里 東・西 三層石塔

甲川面中金里塔洞(俗稱 탑동지) 四八四番地 李文善氏宅(三七歲) 옆 밭가운데 東、西로 三層石塔이 二基、遺存한다(兩塔의 거리는 八m인) 東塔은 오래전부터 倒壞되어 塔材가 附近에 散亂한데 西塔은 各部에 多少의 磨損은 있으나 三層屋蓋까지 比較的 完形에 가까워서 全體의 規模나 樣式 및 手法 等을 알 수 있다. 西塔의 各部를 實測한바 規模가 같고 同一한 塔이므로 여기에 爲先 西塔에 對하여 略述코자 한다.

全高 約五m로서 二層基壇인데 上層中間部까지 埋沒되어 있어서 下層까지 除土 및 雜石의 除去作業을 하여 그 構造樣式을 알 수 있었다. 下基面石은 各面 二枚로 되었으며 中央에 撑柱一柱와 兩隅柱가 陽刻되었고 下甲石 上面에는 四分圓의 몰딩과 角形의 坐像의 八部神像을 陽刻하였는데 各面石各面은 一柱의 撑柱로 兩分하여 二驅씩 坐像의 八部神像을 陽刻하였는데 各面石은 一枚 或은 二枚石으로 짜여져있어 都合四枚가 넘는다. 上甲石은 四枚石으로서 副椽이 있고 上面에는 角形二段의 발침으로 塔身을 받고 있는데 各層塔身은 一石씩이며 隅柱가 刻出되었고 上面에는 角形二段의 屋身을 발친은 五段式이고 上面에는 二段의 角形발침으로서 그위의 屋身을 받고 있는데 三層屋蓋上面에는 徑 一○·五cm의 圓孔이 貫通되었다. 落水面이 平며 落下된 露盤에는 徑 一○·五cm의 圓孔이 깊이 一五cm의 擦柱孔이 있으 薄하고 轉角의 返轉도 輕快한 편이며 各層에 遞減도 있어서 全體的으로 均衡잡힌 雅淡한 塔이다. 屋蓋 및 落水面과 各層발침 手法 等은 奉化郡 春陽面 西洞里의 東西三層石塔과 同一한 系統이라 하겠는데 이런 點으로

第六卷　第五號　通卷五十八號

八cm—一·九cm。

보아 이곳 雙塔의 八部神像의 彫刻手法이나 各部材의 짜임 이 주는 印象이 新羅下代로 推定케 한다.

倒壞된 東塔의 各部材는 大部分 現場原位置에 殘存하나 그中 初層塔身이 約六○m 떨어진 東北方밭에 옮겨져 있고 上基面石(八部神像) 이 洞里石橋로 使用 下基面石이 民家의 장독대 等으로 쓰여져 있는데 이 部材들은 모두 收拾될 수 있으므로 原形의 復原이 可能한 것으로 생각되나 理하여 貴重한 一貌를 보았으면 좋겠다. 西塔도 埋沒部分을 整어 民家가 들어서있는 그外 地帶도 모두 民家와 耕作地로 되어있어 다른 遺構는 全혀 調査할 수 없는데 다만 石塔의 南쪽이 傾斜지어 있어 곳이 過去 石築址가 아니었던가 여기에는 「朝鮮며 여기에는 「朝鮮寶物古蹟調査資料」五二九頁에 이곳 石塔에 對하여는 一基만이 記錄되어 있 雙塔이라는 것은 全혀 알려지지 않다. 雙塔의 類例가 發見調査된 바 없는데 이렇듯 貴重한 遺蹟을 早速히 復元하여 保護하는 當局의 施策이 時急하다 할 것이다. 實測値는 西塔 一層 二六五 二層一四五 三層一二四이다. 屋蓋長 一層八五 二層一二九 三層二四 幅一層九四 二層八四 三層七三 …… 塔身高 一層八五 二層一二九 三層二四

— 77 —

3. 수몰 이전 중금리 사지 내 동서 삼층석탑 (1998년)

중금리 사지 동 삼층석탑

중금리 사지 서 삼층석탑

4. 중금리 사지 동서 삼층석탑 부재

중금리 사지 삼층석탑 부재 1

중금리 사지 삼층석탑 부재 2

원주 법천사관련 문헌 검토

황정욱((재)강원고고문화연구원)

Ⅰ. 머리말

원주 법천사지는 강원도 원주시 부론면 남한강변에 위치하는데, 이 지역은 강원도와 경기도, 충청북도가 남한강을 경계로 인접한 곳이다. 때문에 조운이 활발해지는 고려시대에는 13조창의 하나인 흥원창을 중심으로 경제중심지가 형성되어, 법천사를 비롯하여 거돈사, 흥법사, 고달사와 같은 대형 사찰의 입지 배경이 되고 있다.

법천사에 대한 문헌기록을 살펴보면 통일신라시대에 창건되어, 고려시대에 들어오면서 법상종의 중심사찰로서 크게 부상한 것으로 알려져 있다. 특히 11세기 智光國師 海鱗[1]의 하산소로 선정되면서 크게 중창하여 대찰의 면모를 갖추었고, 해린의 사후에는 고려 석조미술의 대표작으로 손꼽히는 '智光國師塔'과 '智光國師塔碑'가 세워져 고려시대 불교미술의 중요유적으로 평가되고 있다. 조선시대의 법천사는 화엄종의 자복사에 선정되어 지역의 중심사찰로 자리했으나, 임진왜란 중 폐사한 것으로 보인다.

법천사는 고려시대 국사의 하산소로 선정될 정도의 사격을 가지고 있었고, 현재도 국가사적으로 지정될 정도의 넓은 사역과 두 기의 국보를 갖출 정도의 대찰이었으나, 아쉽게도 寺誌는 전해지지 않으며 남아있는 문헌자료 또한 소략하다. 한편 '지광국사탑비'에 법천사와 관련한 비교적 많은 자료가 제공되고 있으나, 묘비의 특성상 묘주와 관련된 내용에 국한되고 있어 법

---

1 海鱗(984(성종 3)~1070(문종 24)) : 속성은 原州 元氏로 고려 문종 때 國師를 지낸 法相宗 승려.

천사를 전체적으로 조망하기에는 한계가 있다.

현재까지 알려진 법천사의 창건 및 중창, 폐사와 관련된 주요 기사들을 정리하면 다음과 같다.

- 725년(신라 성덕왕 24) 창건[2].
- 928년(고려 태조 11) 釋超가 법천사에서 賢搴律師에게 受戒[3].
- 1067년(고려 문종 21) 지광국사 해린 하산소로 지정[4].
- 1160년(고려 의종 14) 毅宗 법천사에 행차[5].
- 1164년(고려 의종 18) 법천사 주지 覺倪가 獺嶺院에서 어가를 맞이함[6].
- 1217년(고려 고종 4) 金就礪가 黃驪縣 법천사에서 거란병을 격퇴[7].
- 1407년(조선 태종 7) 원주 법천사를 資福寺에 선정[8].
- 1609년(조선 광해군 1) 許筠이 폐사된 법천사 답사[9].

위의 기사 중 법천사의 창건년도를 725년으로 특정하는 내용은 근거자료가 빈약하다는 지적이 있다[10]. 한편 1160년 의종이 법천사에 행차하였다는 기록과 1164년 법천사 주지 각예가 달령원에서 의종을 접대한 기록에 대해서는 해당 기사에 언급되는 '법천사'의 위치를 개성과 원주로 달리 보고 있는 견해가 있다.

본 고에서는 법천사에 대한 여러 기록 중 재고의 여지가 있는 725년 창건내용과 고려 의종의 행차내용에 대해 가능한 다양한 자료의 대조를 통해 검토코자 한다.

---

2 한국정신문화연구원, 1994, 『한국민족문화대백과사전』, p.576.
　한국역사연구회편, 1996, 「지곡사 진관선사 오공탑비」, 『譯註羅末麗初金石文 下』, p.444, 각주 44.
3 이지관, 1995, 「智谷寺眞觀禪師悟空塔碑」, 『校勘譯註歷代高僧碑文』.
　한국역사연구회편, 1996, 「지곡사 진관선사 오공탑비」, 『譯註羅末麗初金石文 下』, p.444.
4 지광국사탑비의 기록(1085년 건립)
5 『高麗史』 世家 卷十八 毅宗 十四年 四月 辛酉.
6 『高麗史』 世家 卷十八 毅宗 十八年 三月 丙午.
7 『高麗史』 列傳 券一百三 第十六.
　『高麗史節要』 第十五卷 高宗 四年.
8 『朝鮮王朝實錄』, 太宗七年 丁亥 辛巳.
9 許筠, 「遊原州法泉寺記」, 『惺所覆瓿藁』.
10 지현병, 2007, 「원주 법천사지 발굴조사 현황과 과제」, 『운곡학회연구논총 2』, p.18.

Ⅱ. 창건기록 검토

1. 725년 창건 내용 검토

법천사의 창건년도를 725년으로 특정하는 내용은 『한국민족문화대백과사전』[11]과 『譯註羅末麗初金石文』 중 「智谷寺 眞觀禪師 悟空塔碑[12]」 두 곳에서 확인된다. 이 중 「지곡사 진관선사 오공탑비」는 본문에서 해당 내용을 언급한 것이 아니라, 법천사를 설명하기 위해 각주에 『한국민족문화대백과사전』의 내용을 인용한 것으로 본 고에서는 논외로 한다.

『한국민족문화대백과사전』 불교유적편의 법천사 관련 내용을 발췌하면 다음과 같다.

"법천사 : 강원도 원주시 명봉산에 있었던 남북국시대 통일신라의 제33대 성덕왕 당시 창건한 사찰. 725년(성덕왕 24)에 창건되었으며, 고려 문종 때 지광국사가 이곳에 머물면서 대찰의 면모를 갖추게 되었다…"

그리고 해당 내용의 집필자는 근거자료로 『韓國寺刹全書』를 제시하였다. 『한국사찰전서』에는 법천사라는 사명을 가진 사찰이 모두 7곳 수록되어 있으며[13], 그 중 원주 명봉산 법천사에 대한 내용의 전문을 옮기면 다음과 같다.

법천사 : 강원도 원주군 명봉산에 있다. 고려 승려 지광의 탑비가 있다.

○ 泰齋 柳方善이 일찍이 이 절에 있으면서 학문을 강의하니, 배우러 오는 사람들이 멀리에서 모여들어 權擥, 韓明澮, 康孝文, 徐居正은 뒷날 모두 큰 명성이 있었다. 그들이 이곳에서 학문을 배울 때 탑 위에(또는 탑에 대해) 시를 써놓은 것이 지금도 남아 있다(東國輿地勝覽, 梵宇攷)[14].

○ 옛 터는 원주군 부론면 법천리(院村)주변 여러 정(町)에 펼쳐있다. 지광국사현묘탑비와 당간지주가 있으며, 탑비는 고려 선종 2년에 건립되었다(寺塔古蹟攷)[15].

---

11 한국정신문화연구원, 1994, 『한국민족문화대백과사전』, p.576.

12 한국역사연구회편, 1996, 「지곡사 진관선사 오공탑비」, 『譯註羅末麗初金石文 下』, p.444, 각주 44.

13 『한국사찰전서』에는 경기도 개성, 충청남도 회덕 계족산, 전라남도 무안 승달산, 경상남도 하동 법산, 경상남도 고성 무량산, 강원도 원주 명봉산, 평안남도 삼화 석골산 등 7곳의 법천사가 수록되었다. 권상로, 1990, 『韓國寺刹全書』, 퇴계당전서간행위 · 1994, 『한국사찰사전 상』, 이화출판사.

14 "泰齋柳方善嘗在此寺講學. 受業者自遠而集若權擥韓明澮康孝文徐居正. 後皆有大名. 塔上題咏至今猶在"-東國輿地勝覽, 梵宇攷

15 "古址在原州郡富論面法泉里(院村)而積亘數町 有智光國師玄妙塔碑及幢竿支柱塔碑高麗宣宗二年建立"-寺塔古蹟攷

○ [遊原州法泉寺記] 춘주의 남쪽 30리[16] 되는 곳에 산이 있는데 飛鳳山이라 하며, 그 산 아래 절이 있어 法泉寺라 하는데 신라의 옛 사찰이다. 나는 일찍이 듣기를, 泰齋 柳方善 선생이 그 절 밑에 살자, 權吉昌(길창은 권람의 봉호)·韓上黨(상당은 한명회의 봉호)·徐四佳(사가는 서거정의 호)·李三灘(삼탄은 이승소의 호)·成和仲(화중은 성간의 자)이 모두 쫓아와 배워 이 절에서 업을 익혀 문장으로 세상을 울리고, 혹은 공을 세워 나라를 안정시켰으므로, 절의 명성이 이로 말미암아 드러났으니, 지금까지도 사람들이 그곳을 말하고 있다. 내 어머니의 산소가 그 북쪽 10여 리쯤에 있으므로 매년 한 번씩 가서 성묘하였으나, 법천사라 하는 곳에는 아직 가본 적이 없었다. 금년 가을에 휴가를 얻어 와서 얼마 동안 있었는데, 마침 智觀이란 승려가 墓菴으로 나를 찾아 왔다. 인하여 기축년(1589)에 일찍이 법천사에서 1년 간 지낸 적이 있다고 하였다. 그래서 유흥이 솟아나 지관을 이끌고, 새벽밥 먹고 일찍 길을 나섰다. 험준한 두멧길을 따라 고개를 넘어 소위 鳴鳳山에 이르니, 산은 그다지 높지 않으나 봉우리가 넷인데 서로 마주 보는 모습이 새가 나는 듯했다. 개천 둘이 동과 서에서 흘러나와 마을 어귀에서 합쳐 하나를 이루었는데, 절은 바로 그 한가운데 처하여 남쪽을 향하고 있었다. 그러나 난리에 불타서 겨우 그 터만 남았으며, 무너진 주춧돌이 토끼나 사슴 따위가 다니는 길에 여기저기 흩어져 있었고, 비석은 반 동강이 난 채 잡초 사이에 묻혀 있었다. 살펴보니 고려의 승려 智光의 탑비였다. 문장이 심오하고 필치는 굳세었으나 누가 짓고 쓴 것인지를 알 수 없었으며 실로 오래되고 기이한 것이었다. 나는 해가 저물도록 어루만지며, 탁본하지 못한 것을 한스럽게 여겼다. 중(지관)은 "이 절은 대단히 커서 당시에는 상주한 이가 수백이었지만, 제가 일찍이 살던 소위 禪堂이란 곳은 지금 찾아보려 해도 가려 낼 수가 없습니다."하였다. 이에 서로 한참 탄식하였다. 절의 동편에 석상과 자그만 비석이 있어, 살펴보니 묘가 셋인데 모두 표지가 있었다. 그 중 하나는 本朝의 정승 李原 모친의 묘요, 하나는 泰齋 柳方善의 묘인데, 그 아들 승지 柳允謙이 뒤에 묻혀 있었다. 나는, "이원의 어머니는 곧 나의 선조 埜堂先生의 따님이시다. 나는 듣기를 정승이 처음에 그 모친을 장사할 때 術者가 '그 땅에는 王氣가 있다.'고 말했는데, 끝내 이 때문에 죄를 얻었으므로 자손들이 감히 뒤따라 묻히지 못했다 했다. 태재 유방선은 곧 사위인데, 이곳에 거주했으니 반드시 이로 인하여 끝내 궁한 채 죽었기 때문에 여기에 묻힌 것이 아니겠는가. 연대가 오래되어 알 수 없구나."했다. 인하여 배회하고 둘러보며 옛 일을 애달파하는 마음을 이기지 못하여 지관에게, "인생에 궁달과 성쇠가 있는 것은 실로 운명이다. 그리고 불후의 명성이란 이런데 있지 않다. 이원이 佐命功臣으로서 대신의 지위를 차지하여 부귀와 權寵이 일시에 자자했으며, 사람들이 모두 우러르며 추종했건만 끝내 이 때문에 誅를 당하여 버림받아 죽고 말았다. 유윤겸은 세종대왕을 섬겨 侍從臣이 되어 대궐을 출입하며 거듭 거룩한 은총을 입어 마침내는 왕명의 출납을 맡기에 이르렀으니, 귀하게 되었다고 할 만하다.

---

16 허균의 「遊原州法泉寺記」에는 "原州之南五十里"라고 되어 있으나 인용과정에서 오류가 있었던 것으로 보인다.

태재는 학문과 덕행을 지니고도 家患으로 인하여 그 몸이 禁錮되어 한참 곤궁할 때에는 베옷이 몸을 제대로 가리지 못하였으며, 날마다 끼니를 거르고 도토리·밤 따위를 주워 자급하면서 산중에서 곤궁하게 지내다가 남은 일생을 마쳤다. 이제 그의 시를 보면 孟參謀와 賈長江과 같으니, 얼마나 곤핍하고 가난에 시달렸는지를 알 수 있다. 위의 두 분에 비하면 영달과 초췌가 어떻다 하겠는데 지금 수백 년이 지난 뒤에도 사람들이 그의 글을 읊으며 그 인품을 상상해 마지않을 뿐더러 심지어는 보잘것없는 산과 촌스러운 절이라 기이하고 화려한 구경거리도 아니다. 또한 세상에 소문이 나고 『여지승람』에 실려 전한다. 저 두 분의 화려하고 드날리던 모습은 지금 어디에 있는가. 비단 그 육신만이 매몰되었을 뿐 아니라, 그 이름을 말해도 사람들은 어느 시대 사람인지조차 모른다. 그렇다면 일시에 이득을 누리는 것이 만대에 이름을 전하는 것과 어찌 같겠는가. 후세 사람들로 하여금 취사선택하게 한다면 전자이겠는가, 후자이겠는가?"하였다. 지관은 껄껄 웃으며, "공의 말씀인즉 옳습니다. 다만 천추만세의 이름은 적막한 身後의 일이라는 두보의 시가 있으니, 옛사람이 또한 명성이 누가 된다고 하여 남에게 알려지기를 원치 않은 자도 있으니 도대체 홀로 무슨 마음에서였을까요?"하였다. 나는 크게 웃으며, "이것은 그대 불가의 교리가 아닌가."하고 나서 말고삐를 나란히 하여 돌아섰다. 기유년(1609, 광해군 1) 9월 28일에 쓰다(惺所覆瓿稿)[17].

---

17 「유원주법천사기」의 번역은 '김성찬, 2014, 「원주 법천사지의 문헌적 고찰」, 『법천사Ⅱ』.'에 수록된 내용에 부가하였다.
　"[遊原州法泉寺記]原州之南五十里. 有山曰飛鳳. 山之下有寺曰法泉. 新羅古刹也. 余嘗聞泰齋柳先生方善居于寺下. 權古昌韓上黨徐四佳李三灘成和仲. 皆就學隷業於寺. 或以文章鳴於世. 或立功業以定國. 寺之名. 由是而顯. 余亡妣夫人. 葬于其北十里許. 每年一往省焉. 所謂法泉寺. 尙未之游. 今年秋. 乞暇而來. 稍間. 適有上人智觀訪余于墓菴. 因言己丑歲. 曾住法泉一臘. 游興遂發. 拉上人蓐食早行. 從峽路崎岅逾嶺. 至所謂鳴鳳山. 山不甚峻. 有四峯對峙如齒. 二川出於東西. 至洞口合爲一. 寺正據正中面南. 而煅於兵. 只有餘址頹礎. 縱橫於兔閴鹿逕之間. 有碑半折. 理於草中. 視之. 乃高麗僧智光塔碑. 文奧筆勁. 不能悉其名氏. 眞古物而奇者. 余摩挲移晷. 恨不能摹搨也. 上人曰. 此利甚鉅. 當日住社幾千指. 我曾寓所謂禪堂者. 今欲認之. 不可辨矣. 相與嗽噓者久之. 寺東偏有翁仲及短碣. 就看則三墓皆有表. 一則國朝政承李原之母之墳. 一則泰齋之藏. 而其子承旨允謙從焉. 余曰. 原之夫人. 卽吾之先祖野堂先生諱錦之女. 吾聞政丞初窆其母. 術者言其地有王氣. 終以是獲罪. 故子孫不敢從. 泰齋卽贅也. 其居此必因是而卒窮以死. 故仍卜兆也歟. 年代久遠. 不可知矣. 因徘徊俯仰. 不勝其弔古之懷. 謂上人曰. 人之有窮達盛衰. 固其命也. 而名之不朽. 不在於是. 原以佐命勳臣位台揆. 富貴權寵. 熏藉一時. 人皆仰而趨之. 終以此見忌廢死. 而允謙事莊憲王. 爲帷臣出入禁闥. 荐被恩渥. 竟至於喉舌納言. 可謂貴矣. 泰齋則抱負文行. 因家患錮其身. 方窮阨時. 布褐不掩體. 日倂食. 拾橡栗以自給. 枯槁於山中. 以了殘年. 今看其詩如孟參謀賈長江. 可知其困楚酸寒. 其比二公. 榮悴爲何如. 而至今數百年後. 人誦其文. 想見其爲人不替. 至令殘山野利非奇偉瑰秀之觀. 亦聞於世. 而載在輿地. 彼二公之芬華顯揚者. 今何在哉. 不徒其身之理沒. 而道其名. 人莫曉爲何代人. 然則與其享利於一時. 曷若流名於萬代乎. 使後人取舍. 其在是乎. 在彼乎. 上人瞿然曰. 公之言則是矣. 但千秋萬歲名. 寂寞身後事. 而古人亦有以名爲累. 不願知於人者. 抑獨何心耶. 余大噱曰. 是汝家法也. 亟聯轡而回. 己酉秋九月二十八日. 記."-惺所覆瓿稿

살펴본 바와 같이 『한국사찰전서』에는 법천사의 창건과 관련하여 허균의 「유원주법천사기」를 인용하여 "春州之南 三十里 有山 曰飛鳳山 山下有寺 曰法泉 新羅古刹也"라고 법천사가 신라때 고찰이라고만 기록하고 있을 뿐 창건연대를 특정하지는 않았다.

그런데 『한국사찰전서』에 수록된 전라남도 무안군 승달산 법천사에 대한 기록에는 사찰의 창건연대를 특정하고 있다. 내용의 전문을 옮기면 다음과 같다.

> 법천사 : 전라남도 무안군 승달산에 있다. 세상에서 전하기를 圓明國師가 살던 곳이다(東國興地勝覽)[18].
> ○ 세속에서 전하기를 開元 13년(725년) 서역 金地國의 승려 淨明이 창건하였다. 宋高宗 紹興年間(1131~1162) 臨川(寺)의 승려 圓明이 중창하였다(梵宇攷)[19].
> ○ 현의 남쪽 20리에 있다(伽藍考)[20].
> ○ 옛 터는 務安郡 朴谷面 新積里에 있다. 전하는 말이 임진왜란으로 뜻하지 않게 불이 나서 타고 남은 불상 등 여남은 것을 牧牛庵에 보관하였다고 한다(寺塔古蹟攷)[21].

이를 인용한 『한국민족문화대백과사전』 불교유적편의 무안 법천사 관련 내용을 발췌하면 다음과 같다.

> "법천사 : 전라남도 무안군 몽탄면 승달산에 있는 남북국시대 서역 금지국의 승려 정명이 창건한 사찰. … 725년(성덕왕 24)에 서역 금지국의 승려 정명이 창건하였고, 1131년(인종 9)에서 1162년(의종 16) 사이에 원나라 임천사의 승려 원명이 중창하였다…"

이와 같이 '무안 법천사'에 대한 내용은 『한국사찰전서』의 기록을 충실히 옮기고 있다. 이상의 내용을 통해 볼 때 사전의 편찬과정에서 '원주 법천사'와 '무안 법천사'에 대한 자료가 서로 혼동되어 '원주 법천사'의 창건연도를 725년으로 특정한 것으로 생각된다.

한편 『한국민족문화대백과사전』 건축유적편의 '원주 법천사지' 관련 내용에는 『운곡학회연구논총[22]』과 문화재청 게시물을 참고하여 다음과 같이 기술하였는데, 창건시기를 특정하지 않았다.

---

18 "在全羅南道務安郡僧達山 世傳圓明所居"-東國興地勝覽
19 "俗傳開元十二年 西域金地國僧淨明始創 宋高宗紹興年間 臨川僧圓明重創"-梵宇攷
20 "在縣南二十里"-伽藍考
21 "古址在務安郡朴谷面新積里 傳云壬辰兵燹羅災 燒殘之佛象及什器等 牧牛庵保管云"-寺塔古蹟考
22 지현병, 2007, 「원주 법천사지 발굴조사 현황과 과제」, 『운곡학회연구논총 2』, 운곡학회.

"정확한 창건연대는 알 수 없지만『高麗史』,『新增東國輿地勝覽』,『東文選』등의 문헌에 전하는 바에 의하면, 신라 말인 8세기에 산지가람으로 세워져 고려시대에 대대적으로 중창된 사찰이다."

결론적으로 원주 법천사의 창건연도를 알 수 있는 문헌자료는 현재까지 확보되지 않았다. 때문에 원주 법천사의 창건연도를 725년으로 특정하는 것은 재고되어야 할 것으로 판단된다.

2. 원주 법천사의 창건시기 검토

앞 장에서 살펴본 바와 같이 원주 법천사는 현재까지 寺誌가 확인되지 않으며, 그 창건시기나 과정을 명확히 알 수 있는 문헌 또한 남아있지 않아 창건시점을 특정할 수는 없다. 다만 몇몇 문헌[23]에서 단편적으로 신라시대 사찰이라는 기록을 남기고 있으며, 우리나라에 전파된 법상종의 경우 성덕왕대 승려 道證의 귀국으로 원측계의 유식학이 본격적으로 전수되기 시작하고, 경덕왕때 도증의 제자인 태현에 의하여 집대성되어 종파로 성립된 점으로 미루어[24], 법상종의 대표사찰이었던 법천사도 늦어도 8세기경에는 창건된 것으로 추정할 수 있다.

현존하는 원주 법천사에 대한 기록 중 가장 오래된 것은 928년 釋超(912~964)가 법천사에서 賢眷律師에게 구족계를 받았다는 것이다[25]. 이 기사를 통해 928년 법천사가 官壇寺院으로서 戒壇을 갖추고 있었음을 알 수 있으며, 이 당시 이미 어느 정도 사격을 갖추고 있는 사찰이었음을 짐작할 수 있을 뿐이다. 이렇듯 많지 않은 문헌기록만을 통해 법천사의 창건시기를 가늠하는 것은 한계가 있으며, 현재로서는 비교적 활발히 진행되고 있는 고고학적 조사성과를 통해 법천사의 창건시기를 유추해 볼 수 있다.

원주 법천사지에 대한 발굴조사는 2001년 1차 조사부터 2021년 14차 조사까지 진행되었다. 조사결과 법천사는 전체사역이 각각의 독립적 역할을 하는 별원들을 계획적으로 구성한 '多院式伽藍構造'로 조성되었음이 확인되었다[26]. 사역 내 각각의 별원들은 담장 또는 회랑으로 구분되어 고유의 역할을 담당하고 있었던 것으로 파악되어 마치 계획적으로 조성된 작은 마을을 연상케한다. 법천사의 중심사역은 쌍탑 1금당의 가람배치로 조성되었으며, 금당 뒤편에 강

---

23 법천사의 창건을 짐작할 수 있는 문헌은 허균의『惺所覆瓿稿』중「遊原州法泉寺記」와, 그 내용을 토대로 작성된 권상로의『韓國寺刹全書』가 있으며, 두 문헌 모두 법천사에 대해 "新羅古刹"로 표현하고 있다.
24 耘虛龍夏, 2004년 수정판,『佛敎辭典』, 동국역경원. 에서 부분발췌 정리.
25 한국역사연구회편, 1996,「지곡사 진관선사 오공탑비」,『譯註羅末麗初金石文 下』, p.444.
26 황정욱, 2014,「원주 법천사지에 대하여」,『강원고고연구』, 고려출판사.

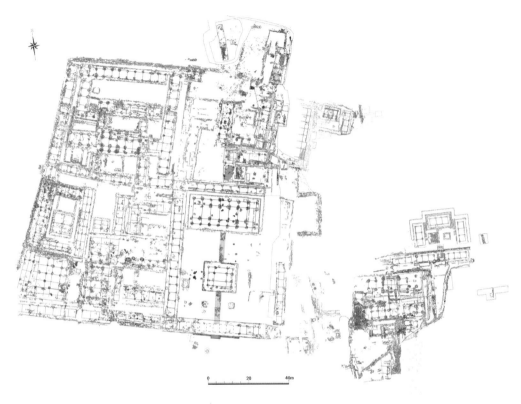

원주 법천사지 조사 현황도

당이 위치한다. 지광국사 해린의 고유영역인 탑비전지는 사역의 동편 산기슭에 위치하며, '지광국사탑비' 서편에서 국보 '지광국사탑'의 원위치가 확인되었다.

한편 중심사역에 대한 발굴조사 결과 지광국사의 하산소 선정에 따라 11세기 후반 경 대규모 중창된 건물지 아래에서 이보다 이른 시기의 건물지 유구가 확인되었다[27].

이들 선대 건물지는 후대인 고려전기 건물지 하부에 겹치듯 중복되어 있기 때문에 그 전체 규모를 명확히 확인할 수는 없으며, 다만 유구 내에 탐색트렌치를 설치하여 적심시설 등 단편적인 모습만을 확인할 수 있다[28]. 고려 전기의 적심시설이 비교적 큰 할석을 사용하여 지름 2m 안팎으로 크게 축조된 것에 비해, 선대 건물의 조성에 사용된 적심시설은 상대적으로 크기가 작은 냇돌을 사용하여 축조하였다. 이러한 적심 축조 기법은 일반적으로 신라의 건물축조 방법으로 알려져 있으며, 선대 건물지와 그 주변에서 고식 연화문 수막새 등 와전류와 인화문 토기 뚜껑 등 법천사 출토 유물 중 이른 시기로 편년되는 유물들이 출토되었다.

....

27 본 문에 사용된 조사 사진은 "(재)강원고고문화연구원, 2017, 『原州 法泉寺 III』"에서 인용하였다.
28 (재)강원고고문화연구원, 2017, 『원주 법천사 III』.

　와전류 중에는 고식의 단판 연화문 수막새가 가장 이른 시기로 편년된다. 법천사지 출토 연화문 수막새는 공주의 백제 대통사지에서 유래된 고식 신라 수막새의 전통을 따르고 있으며, 7세기 전반으로 편년되는 경주 황룡사지 출토품과 유사하다[29]. 그러나 법천사지 출토 수막새는 구상권[30]이 약하게 남아 있고, 2매의 와범을 붙여 제작한 흔적이 남아 있는 등 경주에서 출토된 7세기 초로 편년되는 신라 고식 수막새와는 차이가 있다. 법천사지에서 출토된 단판 연화문 수막새는 원주에 북원경이 설치되는 7세기 중후반 경 신라 고식 수막새 제작수법에 따라 현지에서 제작된 것으로 생각된다.

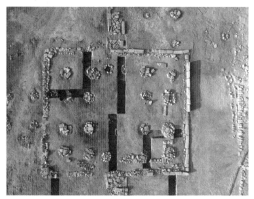

법천사지 금당지 하부 선대 건물지

법천사지 강당지 하부 선대 건물지

---

29 최병현, 2014, 「원주 법천사지와 북원소경-법천사의 창건시기를 중심으로」, 『원주 법천사지의 재조명-학술심포지엄 자료집』, p.14.

30 구상권은 원통형의 기와에 드림새를 별도로 만들어 붙이는 과정에서 남게 되는 흔적으로 고식의 막새제작 방법의 결과이다.

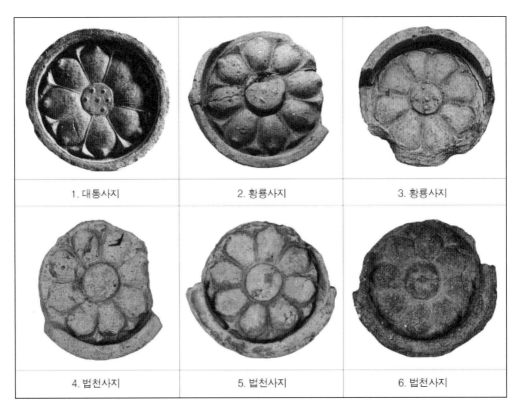

<table>
<tr><td>1. 대통사지</td><td>2. 황룡사지</td><td>3. 황룡사지</td></tr>
<tr><td>4. 법천사지</td><td>5. 법천사지</td><td>6. 법천사지</td></tr>
</table>

연화문 수막새 비교

　법천사지에서 출토된 토기 중 고려 이전에 제작된 것은 6~7세기로 편년되는 대부완과 7세기 말~8세기 초로 편년되는 인화문 유개합 뚜껑, 8세기 중엽 이후로 편년되는 인화문토기편 등이 확인된다. 이 중 인화문 유개합 뚜껑은 제작기법으로 보아 경주에서 제작된 것으로 추정된다.

　한편 탑비전지 주변에 대한 발굴조사에서도 삼국시대 불상[31]과 7세기 중반으로 편년되는 연화문 수막새, 8세기 말에서 9세기초로 편년되는 중국 월주요청자편 등 법천사의 전성기인 고려 전기 이전의 모습을 유추할 수 있는 유물들의 출토되었다.

　다만 소형불상이나 토기는 유물의 특성상 빈번한 이동이 가능하여 유물의 편년을 건물지의

31　삼국시대인 7세기 중후반으로 편년되는 청동불입상은 법천사 1기(나말여초기)에 해당하는 유구에서 통일신라시대 유물들과 함께 출토되었다. 이에 대해 청동불입상을 실견 편년한 최성은교수(덕성여대)는 법천사의 주변에 위치한 삼국시대 유적인 법천리 고분군을 고려하여 삼국시대에도 이 지역에 불교문화가 존재할 수 있었을 가능성도 있으며, 새로 지은 불전에 이전시대부터 전해 내려오던 불상을 모시는 일은 흔한 예이기도 하다는 견해를 제시하였다(최성은, 2018, 「고려중기 법상종 사원의 불교조각」, 『미술자료 제94호』, pp.34~35.).

대부완

인화문 유개합 뚜껑

인화문토기 동체

〈수막새(7세기 중후반)〉

〈청동불입상(7세기 중후반)〉　　　　　〈越州窯産 청자(8세기말~9세기초)〉

편년과 단순 비교하는 시도는 위험하며, 비교적 이동이 적은 와전류와의 공반관계를 함께 살펴야 한다.

　이를 종합하면 법천사지에서는 출토된 유물은 6~7세기대로 편년되는 신라토기가 가장 이르며, 7세기 말에서 8세기 초로 편년되는 인화문토기가 확인되어 고려 이전시기까지 그 명맥이 단절 없이 이어지고 있음을 알 수 있다. 와전류는 7세기 중후반까지 올려볼 수 있는 단판 연화문 수막새가 출토되어 법천사를 포함한 그 주변지역에 빠르면 7세기 중반에는 막새를 사용한 격이 높은 기와건물이 지어져 지속적으로 사용되었음을 알 수 있다. 한편 고신라에서 막새를 사용할

지광국사탑비 중 "法皐寺"명

수 있는 건물은 수도 경주에서도 궁궐과 주요사찰에 국한되었음을 고려할 때 7세기 중반이후 법천사지 일대에 존재했던 건물은 신라에 의해 세워진 주요사찰이었을 것으로 파악된다.

이는 신라 문무왕 13년(673년) 전국을 9주로 개편하고 678년 원주에 북원소경을 설치하였다는 『三國史記』의 기록을 고려할 때, 교통의 요지인 법천사지 일대에 존재하던 사찰이 북원소경 설치시기에 신라에 의해 건립되어 중심사찰로 발전되었을 가능성이 높다.

다만 그 사찰이 지금 우리가 인지하고 있는 원주 법천사 자체인지, 법천사의 전신으로 추정되기도 하는 '지광국사탑비'에 기록되어있는 '法皐寺'인지, 아니면 또 다른 이름으로 불리던 신라사찰이었는지는 현재로서는 알 수 없으며, 이는 차후 새로운 자료의 등장을 기대해야 할 부분이다.

Ⅲ. 의종 행차기록 검토

고려사에는 1160년(毅宗 14) 의종이 법천사에 행차한 기록[32]과 1164년(의종 18) 법천사 주지 覺倪가 獺嶺院에서 의종을 영접하는 기록이 있다[33].

1. 1160년 기록

1160년 4월 의종이 사찰에 행차[34]한 기록은 다음의 두 건이다.

【출전】『高麗史』世家 권 제18 毅宗 14년(1160년) 4월 戊午(10일).
〔원문〕戊午王如玄化寺
〔번역〕무오일(4월 10일)에 왕이 현화사에 갔다.

---

32 『高麗史』世家 권 제18 毅宗 14년(1160) 4월 辛酉.
33 『高麗史』世家 권 제18 毅宗 18년(1164) 3월 丙午.
34 고려시대 국왕이 궁을 벗어나는 행위는 '行', '行幸', '如', '親行', '巡行', '歷巡' 등으로 기록되는데, '친행'은 주로 의례와 관련된 행차에 사용되었고, '순행'은 서경이나 남경을 방문하는 경우에 사용되었으며, '역순'은 여러 지역을 두루 행차할 때 사용되었다. '행', '행행', '여'는 일반적인 행차에 많이 사용되었다(전경숙, 「고려시대 국왕의 개경 절 행행과 도성의 공간활용」, 『역사와 담론 vol 1. 85』).

【출전】『高麗史』世家 권 제18 毅宗 14년(1160) 4월 辛酉(13일).
〔원문〕辛酉遂幸法泉寺
〔번역〕신유일(4월 13일)에 드디어(또는 뒤이어) 법천사에 행차하였다.

위의 기록을 가감 없이 받아들이면 의종은 사흘 간격으로 현화사(개성 靈鷲山에 위치)와 법천사에 행차한 것으로 보인다. 이 기록에 대해 의종의 대장경 조판 독려를 통한 지지세력 규합을 목적으로 해석한 다음과 같은 견해가 있다[35].

> "의종은 법천사 행차에 앞서 3일전에 개경 현화사를 찾았다. 개경과 원주가 약 130Km 정도 떨어져있는 것을 감안하면 현화사를 들른 후 곧바로 법천사 행차를 나선 것으로 추정된다. 두 사찰이 당시 법상종을 대표하는 사찰이었던 것을 감안한다면 의종은 현화사와 법천사 행차를 통해 대장경의 조판을 독려하여 지지세력의 규합을 의도하였던 것이 아닌가 한다."

의종은 즉위 초부터 개경에 기반을 둔 문신세력들에게 심한 제약을 받았고, 왕위를 엿보는 반역음모로 인해 항상 신변의 위협마저 느껴 항상 주변을 경계하였다. 문신에게 거리를 두고 무신을 등용하는 등 최측근 정치세력들의 경쟁 관계 속에서 왕권을 강화코자 하는 노력을 하였고, 그 과정에서 불교계의 실세인 법상종 대표사찰 두 곳을 연이어 방문했다는 내용은 당시의 정치상황을 고려할 때 크게 문제가 되지 않아 보인다.

하지만 개성에서 원주까지의 이동거리를 고려할 때, 일반 여행객의 이동과 여러 의례가 따르는 어가의 이동을 비교하면 개성 현화사에서 원주 법천사까지 3일만에 이동하는 것은 무리가 있다.

이와 관련하여 고려 국왕의 남경(서울) 순행[36]에 대한 연구[37]를 참고하면, 개경에서 남경까지, 그리고 남경에서 환궁까지 소요되는 시일은 직로로 가면 4~5일, 우회로로 가면 14일이 걸렸으며, 대체로 9~10일이 걸렸다고 한다. 고려 국왕의 남경순행은 직선거리 상(개성 만월대→서울 경복궁(청와대 주변)) 약 60km이고, 교통여건 상 수도와 수도에 준하는 중심도시간 이동(개경↔남경)으로 이동 조건이 양호하다.

반면 원주 법천사 행차길은 직선거리로 130km가 넘고, 교통망이 불리한 중심도시에서 지방

---

35 강원문화재연구소, 2009,『원주 법천사 I』
36 '巡行'은 서경과 남경을 방문하는 경우에만 사용한 용어로, 단순 방문을 의미하는 '行'과 '如'에 비해 일정 상 체류기간은 비교대상이 될 수 없으나, 행차에서 환궁까지 소요되는 시일은 좋은 비교자료가 된다.
37 김철웅, 2013,「고려 국왕의 남경 순행과 의례」,『향토서울 제85호』.

도시로의 이동(개경↔원주)임을 감안할 때[38] 개성에서 원주까지 3일만에 도착하는 것은 당시 상황을 고려할 때 불가능에 가깝다.

한편 『高麗史』에 기록된 의종의 사찰행차 기록은 모두 207건인데, 평양 묘향산의 보현사·금수산의 영명사 등 2~3건[39]을 제외하고는 모두 개성 또는 그 주변을 벗어나지 않는다. 또한 의종의 행차 기록 중 사찰에서 머문 기록은 80건으로 모두 개성 내에 위치한 곳이다. 의종은 측근세력 내부의 갈등이 고조되는 불안한 정치상황 속에서 항상 신변의 위협을 느끼고 있었기 때문에 서경, 남경을 제외하고는 장거리 행차를 하지 않았던 것으로 생각된다.

때문에 의종이 행차한 법천사가 원주가 아닌 개성 또는 그 주변에 위치했던 같은 이름의 사찰일 가능성을 제기한다.

의종의 법천사 행차기록에 대하여 『한국사찰전서』에 기록된 내용의 전문[40]을 옮기면 다음과 같다.

> 법천사 : 경기도 개성에 있다[41].
> ○ 고려 의종 14년(庚辰) 여름 4월 辛酉(13일) 법천사에 행차하였다[42].
> 18년(甲申) 3월 丙午(21일) 왕이 거처를 인지재로 옮기는 도중, 예종 당시 궁녀의 아들인 법천사 주지 각예가 술과 안주를 마련하여, 어가를 달령원에서 맞이 하였다(高麗史)[43].

『한국사찰전서』를 편찬한 권상로는 1160년 기록에 나오는 법천사를 개성에 소재한 사찰로 단정하고 있으며, 아울러 1164년 기록에 나오는 각예가 주석한 법천사 역시 원주가 아닌 개성에 소재한 사찰로 파악하고 있다.

이상의 내용을 통해 볼 때 단정할 수는 없으나 1160년 의종의 법천사 행차기록은 원주에 위치한 법천사가 아닌 개성(또는 개성 주변)에 위치했던 법천사에 대한 기사일 가능성이 높다.

....

38 고려시대 개성에서 원주로 가는 가장 빠른 길은 조운선의 이동로를 참고할 때 해로를 통해 한강 하류에 들어선 후 한강을 거슬러 가는 길이며, 육로로 이동했을 경우는 이보다 더 많은 시일이 소요되었을 것으로 추정된다.

39 기록에 나오는 법천사가 원주에 소재한다고 가정할 경우 의종이 개경주변을 벗어나 사찰에 행차한 경우는 3차례가 된다.

40 권상로, 1990, 『韓國寺刹全書』, 퇴계당전서간행위·1994, 『한국사찰사전 상』, 이화출판사.

41 "法泉寺 在京畿道開城"

42 "高麗毅宗十四年(庚辰)夏四月辛酉(十三日)辛酉遂幸法泉寺"

43 "十八年(甲申)三月丙午(二十一日)將移御仁智齋法泉寺住持覺倪睿宗宮人之子備酒饌迎駕於獺嶺院"-高麗史

2. 1164년 기록

『고려사』 의종 18년(1164년) 기록은 법천사 주지 각예가 인지재로 향하는 의종의 어가를 달령원에서 맞이하여 술과 안주를 대접하고 왕이 취하자 귀법사로 모셨다는 내용이다.

> 【출전】『高麗史』世家 권 제18 毅宗 18년(1164) 3월 병오.
> 〔원문〕丙午將移御仁智齋法泉寺住持覺倪睿宗宮人之子備酒饌迎駕於獺嶺院王吟賞風月與諸學士
> 唱和未已王被酒徑入歸法寺日已暮侍從失王所之夜半乃還
> 〔번역〕丙午(3월 21일)에 왕이 거처를 仁智齋로 옮기는 도중, 예종 당시 궁녀의 아들인 法泉寺
> 주지 覺倪가 술과 안주를 마련하여 어가를 獺嶺院에서 맞이하였다. 왕이 자연 경관을 감상하며
> 학사들과 시를 주고받다가 자리가 파하기도 전에 술에 취해 곧장 歸法寺로 들어가 버렸다. 날이
> 저물어도 호종한 사람들이 왕의 행방을 몰랐는데 왕은 한밤중이 되어서야 돌아왔다.

'인지재'는 개성 남서편 扶蘇山의 '慶龍齋'를 1162년 중수한 후 새로 붙인 이름이다[44]. '달령원'은 『新增東國輿地勝覽』에 기록된 長湍郡 洛山寺洞에 있는 '獺嶺'이라는 고개에 위치한 '院'으로 추정된다[45]. '장단군'은 경기도 서북부에 위치한 군으로 동쪽은 연천군, 서쪽은 개풍군, 남쪽은 파주군, 북쪽은 황해도 금천군과 접하고 있다[46]. 귀법사는 고려 광종이 개성에 창건한 사찰이다. 한편 각예는 자신이 창건한 '聖壽院'에서 의종을 모시고 연회를 베풀기도 하는데[47], '성수원' 역시 개성에 있었다.

기사에 나오는 지명들의 위치를 살펴보면 모두 개성 또는 그 주변이며, 각예가 의종에게 술과 안주를 대접한 곳도 개성 외곽임을 알 수 있다. 또한 국왕 행차 시에는 驛·館 보다 주로 院을 이용했던 점을 고려할 때[48] 도성에서 인지재로 가는 길에 들르는 원에 각예가 미리 술과 안주를 준비하고 있었던 것으로 보인다. 그런데 개성에서 원주까지 거리를 고려할 때 원주 법천사 주지 각예가 개성 근처에서 왕을 접대한다는 것은 선뜻 이해하기 어렵다.

이에 대해서는 다음의 세 가지 가능성을 생각해 볼 수 있다.

---

44 『高麗史節要』권 제11 毅宗莊孝大王, 壬午 16년(1162)
45 『新增東國輿地勝覽』권 제12 4장 京畿道 長湍都護府 山川
　　"獺嶺 : 在洛山寺洞"
46 한국정신문화연구원, 1994, 『한국민족문화대백과사전』.
47 『高麗史』世家 권 제18 毅宗 20년(1166) 4월 甲申.
　　"夏四月甲申王與僧覺倪夜宴於聖壽院乃覺倪所創也"
48 김철웅, 2013, 「고려 국왕의 남경 순행과 의례」, 『향토서울 제85호』, p.30.

첫 번째, 원주 법천사에 있던 각예가 의종의 행차소식을 듣고 달령원에 나가 왕을 접대했을 가능성이다. 이 경우 앞 장에서 살펴본 바와 같이 원주에서 개성까지 거리를 감안할 때 그 가능성은 희박하다. 즉 달령원에서 의종을 맞이할 때 각예는 이미 개성 또는 그 주변에 있었을 것이다.

두 번째, 각예가 원주 법천사에 주석하고 있었으나 실제로는 개성에 머물고 있었을 가능성이다. 이러한 예는 '圓明國師 澄嚴'과 같이 김제 歸信寺에 주석하면서 실제로는 개성 興王寺에 거하며 멀리서 통솔했다는 기록에서 찾아볼 수 있다[49]. 이와 같이 각예도 원주 법천사의 주지였으나 실제 개성에 거주하고 있었을 가능성도 있다. 하지만 징엄의 경우 이자겸 세력의 전횡을 피해 김제 귀신사에 주석하였으나 왕명으로 개성 흥왕사에 머물렀던 특수한 경우였으므로 각예의 경우로 바로 대입하기는 어려운 점이 있다.

세 번째는 개성 또는 그 주변에 법천사라는 이름의 사찰이 있었을 가능성이다.

이와 관련해서 앞 장에서 『한국사찰전서』에 언급된 '개성 법천사'를 검토한 바 있다. 이 책에서는 1160년 의종의 법천사 행차 기록과 1164년 법천사 주지 각예와 관련된 『고려사』 기록 모두를 개성에 소재한 법천사에 대한 기록으로 단정하고 있다. 또한 『한국사찰전서』를 참고한 사전들에도 개성 법천사의 존재를 담고 있다[50].

한편 국보 영주 흑석사 목조아미타여래좌상의 복장유물 중 '井巖山 法泉寺堂主彌陀三尊願成諸緣普勸文'과 '佛復藏記'를 통해 개성 소재 법천사를 유추할 수 있다.

그 내용에 따르면 보권문은 1457년(세조 3), 복장기는 1458년(세조 4)에 작성되었으며, 아미타여래좌상은 1458년에 제작되었다. 문제는 이 불상의 원 봉안처인 '井巖山 法泉寺'의 위치이다. 불상이 제작되던 시기는 단종의 복위를 도모하던 사육신이 처형되고(1456년), 단종 마저 사사되던(1457년) 때이다. 불상은 세조의 명에 의해 제작된 것으로 보이며, 효령대군을 비롯하여 태종의 후궁 의빈 권씨, 명빈 김씨 등 많은 왕실인사들의 후원이 있었다.

흑석사 아미타여래좌상의 원 봉안처인 정암산 법천사에 대해서는 몇 가지 다른 견해들이 제시되었다. 먼저 불상의 원 봉안처를 원주 법천사로 보는 견해이다[51]. 이는 불상의 시주자이자 세조를 옹립한 당시 실세 한명회가 원주 법천사에서 유방선에게 수학한 기록에 착안하여, 한명

49 「興王寺圓明國師墓誌」, 『韓國金石全文』, 韓基汶, 1998, 「寺院의 特殊한 機能」, 『高麗寺院의 構造와 機能』, 민족사, p.382.에서 재인용.
50 耘虛龍夏, 2004년 수정판, 『佛敎辭典』, 동국역경원.
51 박형진, 「남한강과 섬강에 깃든 문화유적-고려시대 불교성지였던 법천사」, 원주투데이(2004.12.06).

회가 세조에게 법천사에 부처님을
봉안하도록 권유했을 것으로 보고
보권문에 나오는 정암산 법천사를
원주 법천사로 비정한 것이다.

다른 견해는 보권문에 나오는
정암산을 개성 주변인 積城縣(경
기도 양주시 남면과 파주시 적성
면 일대)에 있는 것으로 비정하
는 견해이다[52]. 이는 『世宗實錄』에
1448년 三軍鎭撫所에서 강무장을
선정하는 과정에 의 여러 산들 중
적성현 정암산이 언급되어 있는
점에 착안하여, 흑성사 아미타여

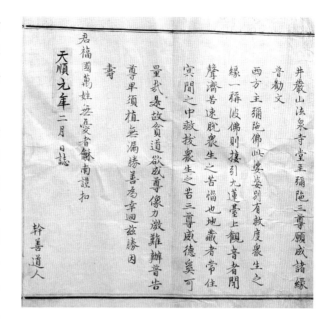

정암산법천사당주미타삼존원성제연보권문[53]

래좌상의 원 봉안처인 정암산 법천사가 적성현에 있었던 것으로 비정한 것이다. 더 나아가 성
춘경은 불상의 시주자 중의 한 명인 의빈 권씨의 무덤이 있는 경기도 연천군 장남면 반정리 일
대에 '寺洞(또는 寺內洞)'이라는 지명이 남아있어, 의빈 권씨의 무덤이 있는 산이 '정암산', 사동
일대가 법천사터일 가능성이 있는 것으로 보았다[54].

이상의 내용을 정리하면 '흑석사 목조아미타여래좌상'의 원 봉안처로 기록된 정암산 법천사
는 적성현에 있던 사찰이었던으로 볼 수 있다. 적성현은 각예가 의종을 접대했던 달령원이 위
치했을 것으로 비정되는 장단현과는 임진나루를 사이에 두고 인접하고 있다.

따라서 『고려사』 의종 14년(1164년)에 기록된 각예가 주석했던 법천사는 적성현 정암산에
있었던 사찰로 보는 것이 가장 현실성 있는 의견이라고 생각된다.

---

52 성춘경, 2008, 「조선전기 불교조각-전라도지역을 중심으로」, 『박물관기요 23』, p.37.
　　김태형, '김태형의 영주지역 불교문화유산 답사기- 18. 영주시 이산면 흑석사', (2020.4.15.)
53 문화재청, 국가문화유산포털(heritage.go.kr)
54 연천군·한국토지박물관, 2000, 『연천군의 역사와 문화유적』, pp.581~582.
　　육군사관학교화랑대연구소, 2007, 『문화유적분포지도-연천군』, p.297·303.

IV. 맺음말

원주 법천사는 통일신라기에 창건되어 임진왜란 전후한 시기에 폐사되기까지 대략 800년 이
상 법등을 밝혔다. 고려초 '官壇寺院'으로 선정될 정도의 사격을 가지고 있었으며, 국사를 지낸
법상종 승려 지광국사 해린의 하산소로 선정되면서 크게 중창되어 고려 전기 전성기를 맞는다.
또한 남한강 주변 경제 중심지에 입지하여 역원으로 기능하면서 경제적 부를 누리기도 했던 것
으로 보인다. 조선 초에도 '資福寺'에 선정되는 등 명찰로서의 가치를 인정받기도 하였으나, 이
후 사세는 급격히 쇠락해 진 것으로 보이며, 결국 임진왜란 중 폐사되어 중창되지 못한다. 폐사
된 법천사지에는 마을이 들어서고, 유학자 정시한의 서원이 들어선다. 일제가 한반도를 침탈할
때 지광국사의 묘탑도 제자리를 잃고 일본으로 팔려갔다가 이제야 제자리로 돌아올 준비를 하
고 있다. 한국전쟁을 치르며 부도전을 받치던 석축이 무너져 정비, 보수를 위한 발굴조사가 이
뤄진다. 이후 30년 가까운 시간이 흐른 뒤 법천사지에 대한 본격적인 발굴조사가 시작되어, 다
시 20여년 동안 14차에 걸친 조사가 진행 중이다.

원주 법천사가 세상에 알려진 후 많은 문헌자료들이 축적되었고, 오랜 발굴조사를 통해 창건
기를 추정할 수 있는 고고학적 자료들도 확보되었다. 寺誌가 남아있지 않고, 사서나 지리지에
남은 자료 또한 단편적인 것들 뿐이어서, 문헌에 '법천사'라는 단어만 나오면 원주 법천사와 연
결시켜 보려고 시도했던 것도 사실이다.

하지만 검증되지 않은 내용들은 불필요한 포장이 되어 법천사의 본질을 가리게 되었다.

그래서 법천사와 관련된 문헌 중 재고가 필요한 두 가지를 골라 사실여부를 확인코자 하
였다.

먼저 법천사의 창건연도를 725년(신라 성덕왕 24)으로 특정지은 내용은 『한국사찰전서』를
전거로 삼고 있으나 확인결과 근거가 없는 것으로 판단된다. 한편 고고학적 발굴조사를 통해
특정된 창건연도보다 이른 최소 7세기 중반 이전에 막새를 사용한 격이 높은 건물이 사용되었
던 것으로 확인되었으며, 이 건물지의 성격과 명칭을 명확히 파악하기 위해서는 차후 더 많은
자료의 확보가 필요하다.

두 번째 1160년(고려 의종 14) 의종의 법천사 행차기록과 1164년(고려 의종 18) 법천사 주
지 각예가 달령원에서 의종에서 술과 안주를 대접하는 기록에 나오는 법천사는 개성 일원에서
이뤄지는 일들에 대한 기록으로 판단되어, 원주 법천사가 아닌 개성 주변에 소재한 법천사라는

이름의 다른 사찰일 것으로 추정하였다.

역사시대를 대상으로 하는 고고학 연구에는 문헌적인 자료의 검토는 필연적임을 상기하고, 문헌자료와 고고학적 자료를 상호 보완하여 당시 문화를 복원해야 하는 역사고고학 연구의 의무를 다해야 할 것이다.

또한 법천사지에 대한 발굴조사를 통해 새로운 자료가 확인될 수도 있고, 뜻하지 않은 곳에서 새로운 문헌자료가 확보될 수도 있다. 그에 따라 열려 있는 생각과 철저한 검증으로 자료를 살펴야 할 것이다.

【참고문헌】

『高麗史』

『高麗史節要』

『朝鮮王朝實錄』

『新增東國輿地勝覽』

許筠, 「遊原州法泉寺記」, 『惺所覆瓿藁』.

권상로, 1990, 『韓國寺刹全書』, 퇴계당전서간행위.

권상로, 1994, 『한국사찰사전 상』, 이화출판사.

韓基汶, 1998, 『高麗寺院의 構造와 機能』, 민족사

김성찬, 2014, 「원주 법천사지의 문헌적 고찰」, 『법천사Ⅱ』.

김철웅, 2013, 「고려 국왕의 남경 순행과 의례」, 『향토서울 제85호』.

김혜원, 1996, 「지곡사 진관선사 오공탑비」, 『譯註羅末麗初金石文 下』,

성춘경, 2008, 「조선전기 불교조각-전라도지역을 중심으로」, 『박물관기요 23』,

이지관, 1995, 「智谷寺眞觀禪師悟空塔碑」, 『校勘譯註歷代高僧碑文』.

전경숙, 2018. 「고려시대 국왕의 개경 절 행행과 도성의 공간활용」, 『역사와 담론 85』.

지현병, 2007, 「원주 법천사지 발굴조사 현황과 과제」, 『운곡학회연구논총 2』.

최병현, 2014, 「원주 법천사지와 북원소경」, 『원주 법천사지의 재조명』,

최성은, 2018, 「고려중기 법상종 사원의 불교조각」, 『미술자료 제94호』

최연식, 2018, 「지광국사탑비문역주」, 『고려 미 · 상, 지광국사탑을 보다』.

황정욱, 2014, 「원주 법천사지에 대하여」, 『강원고고연구』, 고려출판사.

(재)강원문화재연구소, 2009, 『원주 법천사 Ⅰ』.

(재)강원고고문화연구원, 2014, 『원주 법천사 Ⅱ』.

(재)강원고고문화연구원, 2017, 『원주 법천사 Ⅲ』.

문화재청, 국가문화유산포털(heritage.go.kr)

박형진, 「고려시대 불교성지였던 법천사」, 워주투데이(2004.12.06.)

김태형, '18. 영주시 이산면 흑석사', (2020.4.15.)

연천군 · 한국토지박물관, 2000, 『연천군의 역사와 문화유적』

육군사관학교화랑대연구소, 2007, 『문화유적분포지도-연천군』

耘虛龍夏, 2004년 수정판, 『佛敎辭典』, 동국역경원.

한국정신문화연구원, 1994, 『한국민족문화대백과사전』.